Scott Foresman - Addison Wesley
MATEMÁTICAS
INTERMEDIAS

Curso 2

Edición para Texas

AUTORES

Randall I. Charles   John A. Dossey   Steven J. Leinwand

Cathy L. Seeley   Charles B. Vonder Embse

L. Carey Bolster • Janet H. Caldwell • Dwight A. Cooley • Warren D. Crown
Linda Proudfit • Alma B. Ramírez • Jeanne F. Ramos • Freddie Lee Renfro
David Robitaille • Jane Swafford

Scott Foresman
Addison Wesley

Editorial Offices: Menlo Park, California • Glenview, Illinois
Sales Offices: Reading, Massachusetts • Atlanta, Georgia • Glenview, Illinois
Carrollton, Texas • Menlo Park, California

http://www.sf.aw.com

Cover artist: Robert Silvers, 28, started taking photographs and playing with computers at the same time, about 19 years ago. He always thought of computer programming as a way to express himself much as he does with photography. Silvers has melded his interests to produce the image on this cover.

Photo Credits for Texas Front Matter: **iii** GHP Studio* **iii (Background)** John Banagan/ The Image Bank **iv–xiv** GHP Studio* **xvTR** Bob Daemmrich/Stock Boston **xvTL** Pictor/ Uniphoto **xvBL** Mark Langford **xvBR** Joe Viesti/Viesti Associates, Inc. **xviT** Charles Doswell III/Tony Stone Images **xviCL** Bob Daemmrich/Stock Boston **xviiTC** Bob Daemmrich/Stock Boston **xviiTR** Joe Viesti/Viesti Associates **xviiB** Laurence Parent **xviiiT** Ken Cole/Earth Scenes **xviiiBR** Joe Viesti/Viesti Associates **xviiiBR** Sam C. Pierson, Jr.

*Photographs provided expressly for Addison Wesley Longman, Inc.

Printed in the United States of America

ISBN 0-201-36357-7

3 4 5 6 7 8 9 10–VH–02 01 00 99

Resolución de problemas en el capítulo 1

Mediante el uso de datos de la vida real, podrás resolver problemas relacionados con la geografía y los deportes.

TECNOLOGÍA

- Utilidad de graficación
- Paquete de análisis de datos
- World Wide Web
- CD-ROM interactivo

Álgebra

Aprenderás a graficar datos en un diagrama de dispersión y a utilizarlo para buscar tendencias.

CAPÍTULO

| 1 | 2 | 3 | 4 | 5 | 6 | 7 | 8 | 9 | 10 | 11 | 12 |

COMPRENSIÓN DEL MUNDO DE LOS DATOS...2

ENFOQUE EN LA RESOLUCIÓN DE PROBLEMAS **Leer el problema** **4**

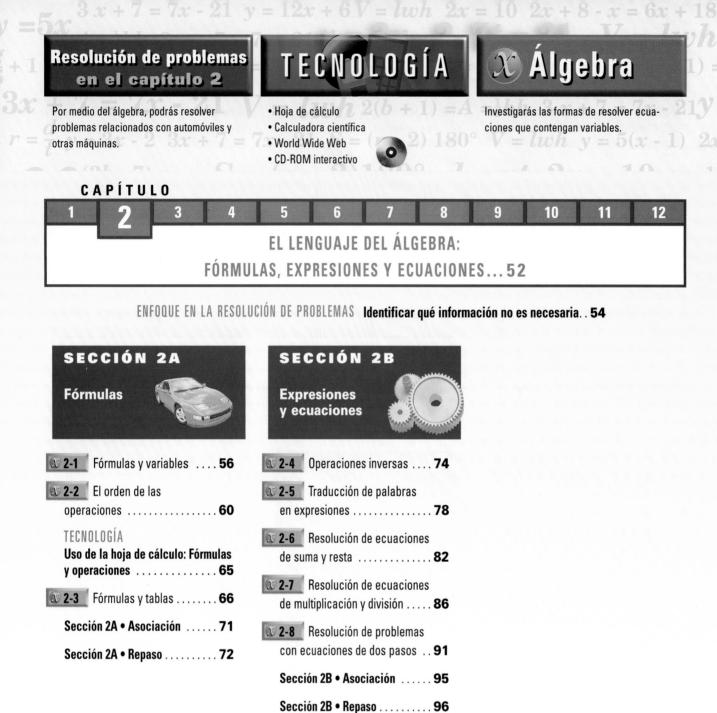

Resolución de problemas en el capítulo 2

Por medio del álgebra, podrás resolver problemas relacionados con automóviles y otras máquinas.

TECNOLOGÍA

- Hoja de cálculo
- Calculadora científica
- World Wide Web
- CD-ROM interactivo

Álgebra

Investigarás las formas de resolver ecuaciones que contengan variables.

CAPÍTULO

| 1 | **2** | 3 | 4 | 5 | 6 | 7 | 8 | 9 | 10 | 11 | 12 |

EL LENGUAJE DEL ÁLGEBRA:
FÓRMULAS, EXPRESIONES Y ECUACIONES... 52

ENFOQUE EN LA RESOLUCIÓN DE PROBLEMAS **Identificar qué información no es necesaria. . 54**

Resolución de problemas en el capítulo 3

Los decimales y las fracciones te ayudan a investigar distancias astronómicas y pasajes musicales.

TECNOLOGÍA

- Calculadora científica o gráfica
- Hoja de cálculo
- World Wide Web
- CD-ROM interactivo

Álgebra

Utilizarás tu destreza para resolver ecuaciones que contengan decimales.

CAPÍTULO

| 1 | 2 | **3** | 4 | 5 | 6 | 7 | 8 | 9 | 10 | 11 | 12 |

COMPRENSIÓN NUMÉRICA: DECIMALES Y FRACCIONES...102

| **Resolución de problemas en el capítulo 4** | **TECNOLOGÍA** | ⓧ **Álgebra** |

Mediante el uso de fracciones, podrás resolver problemas relacionados con la bolsa de valores y proyectos de construcción.

• Hoja de cálculo
• Calculadora de fracciones
• World Wide Web
• CD-ROM interactivo

Aprenderás a resolver ecuaciones que contengan fracciones y números mixtos.

CAPÍTULO

| 1 | 2 | 3 | **4** | 5 | 6 | 7 | 8 | 9 | 10 | 11 | 12 |

OPERACIONES CON FRACCIONES...164

ENFOQUE EN LA RESOLUCIÓN DE PROBLEMAS **Identificar qué información no es necesaria . . 166**

Resolución de problemas en el capítulo 5

Las fórmulas geométricas te ayudarán a resolver problemas relacionados con edificios fuera de lo común, tableros de juego y campos deportivos.

TECNOLOGÍA

- Software de geometría
- World Wide Web
- CD-ROM interactivo

Álgebra

Utilizarás fórmulas para determinar perímetros y áreas en figuras geométricas.

CAPÍTULO

| 1 | 2 | 3 | 4 | **5** | 6 | 7 | 8 | 9 | 10 | 11 | 12 |

GEOMETRÍA Y MEDICIÓN...208

Resolución de problemas en el capítulo 6

Las razones, tasas y proporciones te ayudan a investigar el cuerpo humano y a explorar las diferentes especies de ballenas.

TECNOLOGÍA

• Calculadora científica
• World Wide Web
• CD-ROM interactivo

x Álgebra

Utilizarás las proporciones para hallar valores desconocidos como el tiempo que tarda un delfín en nadar una distancia determinada.

CAPÍTULO

| 1 | 2 | 3 | 4 | 5 | **6** | 7 | 8 | 9 | 10 | 11 | 12 |

RAZONES, TASAS Y PROPORCIONES...270

Resolución de problemas en el capítulo 7

Los mapas y modelos de monstruos en una película, muestran la utilidad de las escalas. Las tasas te ayudarán a resolver problemas acerca de la conservación del ambiente.

TECNOLOGÍA

• Software de geometría
• World Wide Web
• CD-ROM interactivo

x Álgebra

Utilizarás las proporciones para determinar la longitud en figuras geométricas, mapas o modelos a escala.

CAPÍTULO

| 1 | 2 | 3 | 4 | 5 | 6 | **7** | 8 | 9 | 10 | 11 | 12 |

PROPORCIÓN, ESCALA Y SIMILITUD...320

Resolución de problemas en el capítulo 8

Los porcentajes te ayudarán a resolver varios problemas, desde cómo determinar el número de especies de murciélagos hasta calcular los precios en un almacén de descuento.

TECNOLOGÍA

• Hoja de cálculo
• World Wide Web
• CD-ROM interactivo

Ⓧ Álgebra

Utilizarás tus destrezas para resolver ecuaciones a fin de calcular porcentajes desconocidos.

CAPÍTULO

| 1 | 2 | 3 | 4 | 5 | 6 | 7 | **8** | 9 | 10 | 11 | 12 |

PORCENTAJES...382

ENFOQUE EN LA RESOLUCIÓN DE PROBLEMAS **Interpretar enunciados matemáticos ... 384**

Resolución de problemas en el capítulo 9	TECNOLOGÍA	 Álgebra
Los números positivos y negativos te ayudan a describir y analizar la estructura de la tierra y de los juegos en un parque de diversiones.	• Hoja de cálculo • World Wide Web • CD-ROM interactivo	La comprensión de las operaciones con números enteros, te permitirá resolver ecuaciones que incluyen números negativos.

CAPÍTULO

1	2	3	4	5	6	7	8	**9**	10	11	12

NÚMEROS ENTEROS...428

Resolución de problemas en el capítulo 10

Las destrezas para resolver ecuaciones se pueden utilizar para investigar datos acerca de los insectos, el clima y situaciones relacionadas con empresarios jóvenes.

TECNOLOGÍA

• Utilidad de graficación
• World Wide Web
• CD-ROM interactivo

(x) Álgebra

Resolverás problemas relacionados con números enteros mediante el uso de tablas, gráficas y operaciones inversas.

Resolución de problemas en el capítulo 11

El área total y el volumen te ayudan a medir esculturas y juguetes para niños. Los patrones de caleidoscopio son útiles para practicar con las transformaciones.

TECNOLOGÍA

• Hoja de cálculo
• Software de geometría
• World Wide Web
• CD-ROM interactivo

X Álgebra

Utilizarás fórmulas para calcular el área total y el volumen de figuras de tres dimensiones.

CAPÍTULO

| 1 | 2 | 3 | 4 | 5 | 6 | 7 | 8 | 9 | 10 | **11** | 12 |

GEOMETRÍA: SÓLIDOS, CÍRCULOS Y TRANSFORMACIONES...550

Resolución de problemas en el capítulo 12

Los ejemplos del trabajo de detective y los juegos de mesa te mostrarán cómo puedes utilizar la probabilidad para analizar una situación.

TECNOLOGÍA

• Calculadora gráfica
• World Wide Web
• CD-ROM interactivo

Álgebra

Utilizarás fórmulas para ayudarte a calcular probabilidades geométricas.

CAPÍTULO

| 1 | 2 | 3 | 4 | 5 | 6 | 7 | 8 | 9 | 10 | 11 | **12** |

CONTEO Y PROBABILIDAD...622

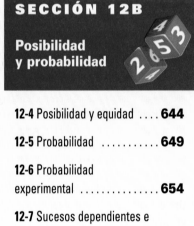

Atracciones estelares de Texas

El mundo de las matemáticas está conectado con el mundo que te rodea. Este año estás invitado a investigar las matemáticas y a desarrollar tus destrezas y capacidad para resolver problemas. Usarás datos reales para resolver problemas cotidianos.

Supónte que eres el encargado de organizar un acontecimiento especial en Texas. ¿Qué conocimientos matemáticos usarías para planearlo y organizarlo?

Fiestas del Llano

Feria estatal de Texas

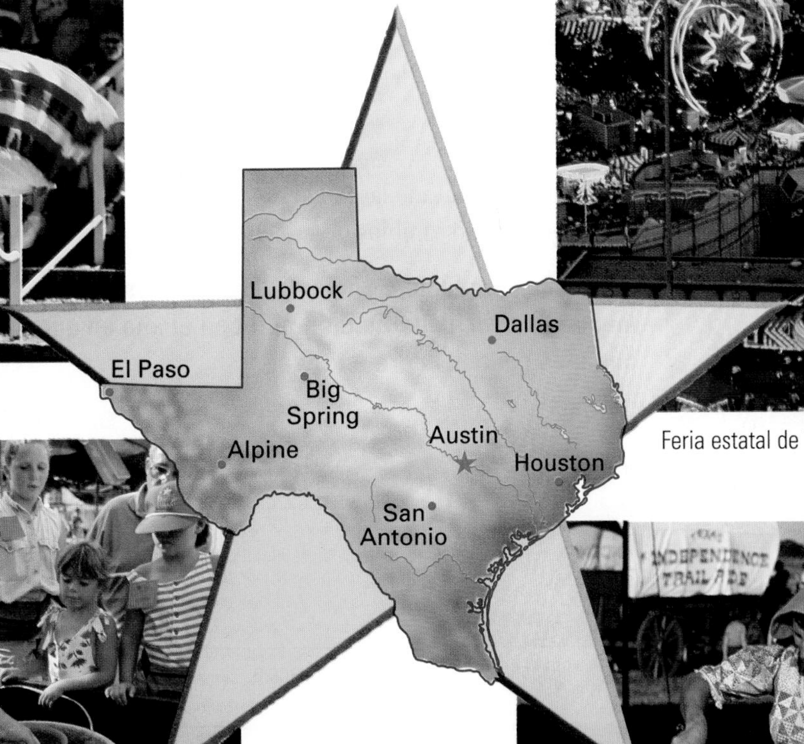

Festival Tradicional de Texas

Si te interesa aprender más sobre los acontecimientos realizados en Texas o deseas obtener datos relacionados, busca información en el World Wide Web. Visita la página mathSURF, localizada en la dirección **http://www.mathsurf.com/tx.** Todos los capítulos muestran nuevas direcciones Web.

Festividad de San Jacinto

Enfoque en las destrezas

Esta es la oportunidad de repasar tus conocimientos matemáticos y descubrir algunos datos interesantes sobre Texas.

Suma o resta. Una de las respuestas es el récord de tornados que han azotado a Texas en un solo día. El resultado contiene dos dígitos consecutivos y es un número primo.

1. $8 + 11$

2. $28 + 39$

3. $\$2.07 + \$2.98$

4. $82 - 31$

5. $\$24.18 - \$23.76$

6. $\$2413 - \$5.07$

¡En Texas han ondeado las banderas de seis naciones a lo largo de ocho cambios de gobierno!

Halla cada producto o cociente. Las respuestas, de menor a mayor, deberán coincidir con el año en que ha ondeado cada bandera en Texas.

7. 373×5

8. 607×3

9. 102×18

10. 65×26

11. $5535 \div 3$

12. $6076 \div 4$

13. $13{,}027 \div 7$

14. $15{,}165 \div 9$

España

Francia

España

México

Texas

Estados Unidos

Estados Confederados

Estados Unidos

15. Sin hacer una división, ¿cómo puedes saber si el año en que naciste es divisible entre 2? ¿Y entre 5?

El Festival de las Culturas Étnicas del Estado de Texas se realiza en una población localizada sobre la carretera estatal más larga de Estados Unidos. Esta carretera cruza Texas de norte a sur, a lo largo de 903 millas.

El festival mencionado celebra la unión de las culturas afroamericana, checoslovaca, inglesa, francesa, alemana, nativa estadounidense, escocesa, entre otras.

Halla cada respuesta. Ordena los valores entre 1 y 903 y usa las letras correspondientes para obtener el nombre de la población donde se celebra dicho festival.

16. $4.5 + 3.4$ [N]

17. $8.6 - 0.15$ [G]

18. $12.3 + 0.246$ [R]

19. 15×0.6 [E]

20. 70.3×100 [Y]

21. 0.2×0.2 [D]

22. $7.46 \div 2$ [I]

23. $0.526 \div 0.5$ [B]

24. $29 \div 10$ [L]

25. $6.39 \div 5$ [L]

26. $0.99 \div 0.9$ [A]

27. $0.5 \div 100$ [C]

Símbolos oficiales de Texas El jalapeño es el chile oficial de Texas. Prickly es el cactus oficial. La raza Longhorn de ganado es el mamífero oficial. Divide cada nombre en las fracciones indicadas. Por ejemplo, separa JALAPEÑO en cuartos (ja-la-pe-ño). Usa las letras requeridas de cada palabra. Estas letras forman el nombre del árbol oficial de Texas.

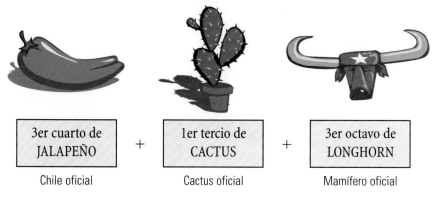

| 3er cuarto de JALAPEÑO | + | 1er tercio de CACTUS | + | 3er octavo de LONGHORN |

Chile oficial · Cactus oficial · Mamífero oficial

Árbol oficial

Halla cada suma o diferencia.

28. $\dfrac{3}{2} + \dfrac{1}{2}$ **29.** $\dfrac{5}{16} + \dfrac{2}{16}$ **30.** $\dfrac{1}{4} + \dfrac{1}{4}$

31. $\dfrac{7}{12} - \dfrac{5}{12}$ **32.** $\dfrac{7}{8} - \dfrac{5}{8}$ **33.** $\dfrac{7}{10} - \dfrac{2}{10}$

34. $\dfrac{1}{2} - \dfrac{1}{4}$ **35.** $1 - \dfrac{1}{3}$

Halla cada producto.

36. $\dfrac{1}{2} \times 6$ **37.** $\dfrac{1}{5} \times 5$

38. $\dfrac{1}{3} \times \dfrac{1}{3}$ **39.** $3 \times \dfrac{1}{4}$

40. Halla el área de este cartel de Texas: $\dfrac{1}{2} \times \dfrac{1}{3}$

$\dfrac{1}{2}$ yd

$\dfrac{1}{3}$ yd

Trabajo de detective

Los números sombreados (15, 20, 25, 30 y 35) forman un patrón de múltiplos de 5. En el esquema también están ocultos los patrones de múltiplos del 1 al 10. Cada patrón contiene 5 múltiplos consecutivos, ya sea en posición horizontal o vertical, pero no en forma diagonal. Trata de hallar los nueve patrones que faltan.

			6	12	35							
			12	24	30							
			15	20	25	30	35	3	6	9	8	9
			18	16	30	36	42	6	7	8	9	10
10	20	18	16	14	12	35	42	49	9	18	27	36	45
	40	32	24	16	8	40	48	8	12	16	20	30	40
		35	42	49	56	63	54	16	15	20	25	30	36
			35			30	40	50	60	70		
						36	55	54				
						32	60	48				

MANUAL
PARA RESOLVER
PROBLEMAS

Vivimos en una era de información. Hoy día, gracias al uso de la Internet y otras herramientas, es posible tener acceso a más información y con mayor rapidez que nunca. Pero saber cómo *buscar* información y cómo *usarla* ¡requiere de dos destrezas diferentes!

La llave del éxito en la mayoría de las profesiones es la capacidad para resolver problemas. Si no cuentas con buenas destrezas para resolver problemas, no podrás utilizar la información más precisa y actualizada.

Si bien tanto tu maestro como tu libro de texto son una buena guía para que puedas resolver problemas de manera eficaz, debes explorar el mundo real por ti mismo. Conforme investigues problemas de mayor complejidad, necesitarás utilizar un razonamiento lógico, contar con la tecnología adecuada y trabajar en equipo.

A lo largo del camino, en ocasiones deberás preguntar a tus compañeros: "¿Qué crees TÚ?" y en otras te corresponderá responder. En el primer caso, aprenderás las estrategias creativas utilizadas por tus compañeros de clase; mientras que en el segundo, aprenderás a presentar tus ideas a los demás con claridad y confianza.

Los estudiantes que ves en la fotografía de esta página, compartirán sus ideas contigo a lo largo de este libro. Sin embargo la pregunta clave siempre será

"¿Qué crees tú?"

1. ¿Por qué es importante escuchar las estrategias creativas usadas por tus compañeros de clase?

2. ¿De qué manera el hecho de compartir tus ideas con otros estudiantes te puede ayudar a resolver problemas?

Resolución de problemas

> ▶ **Enlace con la lección**   Es probable que en tus clases anteriores de matemáticas hayas resuelto diversos problemas. Ahora observa con mayor atención algunos métodos que pueden ayudarte a resolver problemas. ◀

Resolución de problemas   Para empezar

En tu vida diaria resuelves varios problemas. Algunos son evidentes, como calcular cuánto cambio te deben dar cuando pagas por algo. Por lo general, recurres a tus conocimientos de matemáticas para encontrar una solución rápida a problemas como éste.

Otros problemas, como decidir el tipo de actividad escolar en la que te gustaría participar, son más difíciles de resolver. En este caso, existen muchas opciones, cuyo resultado no es muy claro. Incluso hay problemas, como elegir una ocupación, que quizá no tengan una solución exacta o permanente. Así, resuelves los problemas de la mejor manera posible, pero debes estar preparado para buscar otras soluciones en caso de que la situación cambie.

Ante cualquier tipo de problema, necesitas un plan o estrategia para resolverlo. Este plan de acción te ayudará a comprender el problema, desarrollar una solución creativa y comprobar que la solución sea lógica.

Resolución de problemas

Comprende
Planea
Resuelve
Revisa

GUÍA PARA RESOLVER PROBLEMAS

❶ COMPRENDE el problema

- ¿Qué sabes?
- ¿Qué necesitas para hallar la respuesta?

❷ PLANEA

- ¿Alguna vez has resuelto un problema similar?
- ¿Qué estrategias aplicarías?
- Da una respuesta aproximada.

❸ RESUELVE el problema

- ¿Necesitas probar otra estrategia?
- ¿Cuál es la solución?

❹ REVISA

- ¿Contestaste la pregunta correcta?
- ¿Tiene sentido tu respuesta?

Ejemplo

La señora Cutler desea instalar un panel de pino en una pared de su taller que mide 8 pies de alto y 12 pies de ancho. Si un panel de 8 pies por 9 pulgadas de ancho cuesta $9.95, ¿cuánto costarán los paneles?

❶ COMPRENDE el problema

Ya *sabes* el tamaño de la pared así como el tamaño y costo de cada panel. Ahora *necesitas hallar* el costo de todos los paneles que se requieren para cubrir la pared.

❷ PLANEA

Ya has *resuelto problemas similares* al calcular el costo de un número de artículos con el mismo precio. Para hallar el costo total, multiplica el número de objetos por el precio unitario.

Así, puedes dar una *respuesta aproximada*. Si cada panel mide como 1 pie de ancho, se requieren alrededor de 12 paneles; entonces el costo total sería 12 • $10 ó $120.

Una *estrategia* posible consiste en hacer un diagrama para calcular el número de paneles.

❸ RESUELVE el problema

Al empezar el bosquejo de la pared, quizá decidas usar la división para calcular el número de paneles que debes dibujar.

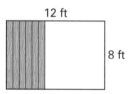

Pero como ya sabes el número de paneles requeridos, ¡no necesitas un bosquejo! Por tanto, *prueba otra estrategia.* Utiliza la división para determinar el número de paneles.

Número de paneles $= 144 \div 9 = 16$ 12 pies = 144 pulgadas.

Costo total $= 16 • \$9.95$ ó $159.20

La *solución* es que el costo de los paneles será de $159.20.

❹ REVISA

Has *contestado la pregunta correcta.* Como tu respuesta se acerca a tu cálculo aproximado de $120, *tu respuesta tiene sentido.*

Comprobar | Tu comprensión

1. ¿Qué estrategias adicionales podrías haber aplicado para resolver el problema?

2. ¿Por qué es importante tener un plan antes de comenzar a resolver un problema?

Resolución de problemas

ESTRATEGIAS

- Busca un patrón
- Organiza la información en una lista
- Haz una tabla
- Prueba y comprueba
- Empieza por el final
- Usa el razonamiento lógico
- Haz un diagrama
- Simplifica el problema

Busca un patrón

En ocasiones, los números incluidos en un problema forman un patrón. Para resolver el problema, puedes hallar la regla que crea el patrón y luego utilizarla para encontrar la respuesta. ◄

Ejemplo

Debra elaboró una lista de sus antecesores directos. Ella se autonombró Generación 1, sus padres eran la Generación 2, sus abuelos la Generación 3, y así sucesivamente. ¿Cuántas personas había en la Generación 6?

Haz una lista con la información que tienes:

Generación 1: 1 persona

Generación 2: 2 padres

Generación 3: 4 abuelos

Cada generación se duplica con relación a la generación anterior. Aplica esta regla para continuar el patrón:

Generación 4: $4 \times 2 = 8$ bisabuelos

Generación 5: $8 \times 2 = 16$ tatarabuelos

Generación 6: $16 \times 2 = 32$ tatatatarabuelos

La Generación 6 estaba conformada por 32 personas.

Haz la prueba

a. Los estudiantes de la Escuela Lincoln utilizan una red telefónica para transferir información importante. El presidente hizo 3 llamadas para iniciar la red. En la segunda ronda, se hicieron 9 llamadas y en la tercera 27 llamadas. ¿Cuántas llamadas se hicieron en la quinta ronda?

b. En una semana, una planta de tomate creció de 0.78 metros a 0.87 metros. De continuar a esta tasa de crecimiento, ¿qué altura tendrá la planta tres semanas después?

Organiza la información en una lista

Resolución de problemas

ESTRATEGIAS

- Busca un patrón
- Organiza la información en una lista
- Haz una tabla
- Prueba y comprueba
- Empieza por el final
- Usa el razonamiento lógico
- Haz un diagrama
- Simplifica el problema

En ocasiones el problema te pide determinar de cuántas maneras se puede hacer algo. Para resolver el problema, puedes hacer una lista y contar todas las posibilidades. La clave para llegar a una solución correcta consiste en organizar tu lista con cuidado para no omitir otras posibilidades o duplicar alguna de ellas. ◄

Ejemplo

El jugo de fruta cuesta 40¢ en una máquina despachadora. ¿Cuántas combinaciones de monedas de 25¢, 10¢ y 5¢ se necesitarían programar para que la máquina las acepte?

Puesto que 2 monedas de 25¢ hacen 50¢, no puede haber más de 1 moneda de 25¢ en cualquier combinación. Empieza por hacer una lista de las combinaciones con 1 moneda de 25¢.

Después, haz la lista de las combinaciones con 0 monedas de 25¢. Empieza con las combinaciones de 4 monedas de 10¢, luego señala las combinaciones de 3 monedas de 10¢ y así sucesivamente.

Por último, haz una lista de las combinaciones con 0 monedas de 25¢ y 10¢, sólo incluye las correspondientes a las de 5¢.

La máquina se debe programar para aceptar 7 combinaciones de monedas de 25¢, 10¢ y 5¢.

25 ¢	10 ¢	5 ¢
1	1	1
1	0	3
0	4	0
0	3	2
0	2	4
0	1	6
0	0	8

Haz la prueba

a. Todas las claves telefónicas en una región del país consisten en los dígitos 2, 3 y 7. Si ningún dígito se puede repetir, ¿cuántas claves que sólo contengan 2, 3 y 7 son posibles?

b. Las bolsas para libros del Búho Sabio vienen en forma cuadrada o de gota. Cada forma está disponible en color rojo, azul, verde o amarillo, y en tamaño pequeño, mediano y grande. ¿Cuántas opciones de color, forma y tamaño están disponibles?

Haz una tabla

Con frecuencia un problema que relaciona dos conjuntos de números puede resolverse con una tabla. Una tabla te ayuda a organizar los datos para que puedas ver la relación numérica y hallar la respuesta. ◄

Ejemplo

En enero, Hershel empezó un trabajo donde le pagaban $2500 al mes. En febrero, Keithia entró a trabajar con un salario de $3000 mensuales. ¿En qué mes el total de sus ingresos fue el mismo?

Haz una tabla para organizar los datos de los ingresos de cada persona.

Mes	Enero	Febrero	Marzo	Abril	Mayo	Junio
Total de Hershel	2,500	5,000	7,500	10,000	12,500	15,000
Total de Keithia		3,000	6,000	9,000	12,000	15,000

La tabla muestra que la cantidad por la cual el total de Hershel superaba al de Keithia disminuyó cada mes desde febrero hasta junio.

En junio, las dos cantidades totales fueron idénticas.

Haz la prueba

a. En abril, los duraznos en lata se vendieron a 79¢ y las peras en lata costaban 91¢. Si cada mes el precio de los duraznos se incrementa 3¢ y el de las peras 1¢, ¿cuánto costarán ambas frutas cuando sus precios sean iguales?

b. En un punto de inspección de tráfico, los oficiales de seguridad ambiental verifican el monóxido de carbono cada 18 automóviles y los tubos de escape dañados cada 15 autos. Si el primer automóvil en la inspección es el auto 1, ¿cuál será el número del primer automóvil que pase por la verificación por ambos problemas?

Piezas selectas de
LA COLECCIÓN DE DURAZNOS
de Shelley M.

DURAZNOS FELICES
15 de octubre de 1961

Duraznos Los Muy Buenos
8 de febrero de 1963

Duraznos Manjar
20 de septiembre de 1964

Duraznos Brinca de Gusto
12 de mayo de 1968

Duraznos El Mejor
17 de marzo de 1970

Duraznos Pura Miel
5 de noviembre de 1971

Duraznos Sabrosos
19 de abril de 1975

Duraznos
30 de julio de 1979

Duraznos ¡Deliciosos!
11 de junio de 1982

Duraznos Estrella
1° de diciembre de 1985

Roz Chast ©1995 de New Yorker Magazine, Inc.

Prueba y comprueba

Resolución de problemas

ESTRATEGIAS

- Busca un patrón
- Organiza la información en una lista
- Haz una tabla
- **Prueba y comprueba**
- Empieza por el final
- Usa el razonamiento lógico
- Haz un diagrama
- Simplifica el problema

Si no estás seguro de cómo resolver un problema, prueba la respuesta de manera lógica y luego compruébala. Si es incorrecta, revísala de arriba abajo. Repite el patrón *prueba-comprueba-revisa* hasta que encuentres la respuesta correcta, o bien busca la que más se aproxime al resultado esperado. ◄

Ejemplo

Un rectángulo tiene un área de 60 in². La longitud excede a la anchura por 7 pulgadas. Calcula las dimensiones del rectángulo.

Prueba: Primero prueba con una longitud y anchura donde su producto sea 60.

Prueba $l = 10$ y $w = 6$. $10 \times 6 = 60$

Comprueba: La longitud debe ser 7 veces mayor que la anchura. $10 - 6 = 4$

Razona: La diferencia no es bastante grande; por tanto, necesito incrementar la longitud.

Revisa: Prueba $l = 15$ y $w = 4$. $15 \times 4 = 60$

Comprueba: $15 - 4 = 11$

Razona: Ahora la diferencia es *demasiado* grande; por tanto, necesito una longitud *entre* las dos opciones que propuse.

Revisa: Prueba $l = 12$ y $w = 5$. $12 \times 5 = 60$

Comprueba: $12 - 5 = 7$ ✔

El rectángulo mide 12 pulgadas de longitud y 5 pulgadas de anchura.

Haz la prueba

a. León hizo llamadas de larga distancia a dos amigos. Una de ellas duró 8 minutos más que la otra. De acuerdo con el recibo telefónico, el total de las dos llamadas suma 42 minutos. ¿Cuánto tiempo duró cada llamada?

b. Dos trenes están a 225 millas de distancia y viajan en direcciones opuestas en vías paralelas y adyacentes. Si la velocidad promedio del tren que viaja rumbo al este es de 50 millas por hora y la del tren que se dirige al oeste es de 40 millas por hora, ¿cuánto tiempo les tomará encontrarse?

Resolución de problemas

ESTRATEGIAS

- Busca un patrón
- Organiza la información en una lista
- Haz una tabla
- Prueba y comprueba
- Empieza por el final
- Usa el razonamiento lógico
- Haz un diagrama
- Simplifica el problema

Empieza por el final

Puede haber problemas donde se te proporcione el resultado de una serie de pasos y tú deberás buscar el valor inicial. Para resolver este tipo de problemas, empieza por el final, paso por paso, hasta llegar al principio. ◄

Ejemplo

La calculadora Astro se introdujo en 1993. En 1994 su precio se incrementó $8, pero en 1995 bajó $14 a causa de la poca demanda que tuvo. En 1996 el precio se redujo a la mitad, a $18, ante la competencia de una nueva calculadora. Halla el precio original.

El problema describe tres pasos consecutivos (incremento del precio, precio rebajado, precio rebajado a la mitad). También proporciona el resultado (el precio final fue de $18). Para resolver el problema, empieza por el final hasta llegar al principio.

Paso	Qué sucedió	Conclusión
3	El precio se rebajó a la mitad, es decir, a $18.	Antes de este paso, el precio era el *doble* de $18, es decir, $36.
2	El precio se rebajó $14 de $36.	Antes de este paso, el precio era $14 *más que* $36, es decir, $50.
1	El precio se incrementó $8, es decir, a $50.	Antes de este paso, el precio era $8 *menos que* $50, es decir, $42.

El precio original de la calculadora era $42.

Haz la prueba

a. En una subasta, las camisetas se rebajaron $4. Pei compró 3 camisetas, pero a su cuenta se le agregaron $2 de impuestos, por lo que el costo total ascendió a $26. Calcula el precio de las camisetas antes de la oferta.

b. El monte Whitney, el pico Harney, el monte Davis y la montaña Woodall son los puntos más altos en California, South Dakota, Pennsylvania y Mississippi, respectivamente. El monte Whitney es como dos veces más alto que el pico Harney. En tanto el monte Davis tiene alrededor de 4020 pies menos que el pico Harney y es 4 veces más alto que la montaña Woodall de 806 pies. ¿Qué altura tiene el monte Whitney?

Usa el razonamiento lógico

← Resolución de problemas

Resolución de problemas

ESTRATEGIAS

- Busca un patrón
- Organiza la información en una lista
- Haz una tabla
- Prueba y comprueba
- Empieza por el final
- Usa el razonamiento lógico
- Haz un diagrama
- Simplifica el problema

Para resolver un problema mediante el razonamiento lógico, determina los datos que están relacionados. Luego, haz tu trabajo paso por paso desde los datos con los que cuentas hasta encontrar la solución. Mientras trabajas, ten cuidado de no hacer falsas suposiciones o de obtener conclusiones que no estén basadas en los datos proporcionados. ◄

Ejemplo

Freda, Miguel y Ann son un maestro, un minero y un escritor, aunque no necesariamente en ese orden. Si Ann es la hermana del maestro y Miguel nunca ha conocido al maestro ni al minero, ¿cuál es la profesión de cada persona?

Considera las pistas una a la vez. Elabora una cuadrícula para llevar un registro de tus conclusiones.

1. Ann es la hermana del maestro, por tanto, ella no es el maestro.

	Maestro	Minero	Escritor
Freda			
Miguel			
Ann	no		

2. Miguel no conoce al maestro ni al minero.

Miguel debe ser el escritor.

Freda debe ser la maestra.

Esto significa que Ann es el minero.

	Maestro	Minero	Escritor
Freda			
Miguel	no	no	sí
Ann	no		

Haz la prueba

a. Las materias favoritas de Xiao, Gina y Dena son las matemáticas, la historia y las artes. A Dena le desagradan las artes y Gina conoce a los estudiantes a quienes les agrada más las matemáticas y las artes. Relaciona a los estudiantes con sus materias favoritas.

	Maestro	Minero	Escritor
Freda	sí	no	no
Miguel	no	no	sí
Ann	no	sí	no

b. Antoine, Bill y Carlos viven en Dallas, Seattle y Miami. Bill es hermano del hombre que vive en Seattle. Antoine o Carlos viven en Dallas. Antoine es hijo único. Relaciona a las personas con las ciudades donde residen.

Resolución de problemas

ESTRATEGIAS

- Busca un patrón
- Organiza la información en una lista
- Haz una tabla
- Prueba y comprueba
- Empieza por el final
- Usa el razonamiento lógico
- Haz un diagrama ———
- Simplifica el problema

Haz un diagrama

Un problema puede implicar objetos, lugares o situaciones físicas. Para resolver estos problemas, haz un diagrama para que puedas ver las relaciones entre los datos. Después utiliza las relaciones para encontrar la respuesta. ◄

Ejemplo

Alicia, Brenda, Cal y Damont están formados en fila en la cafetería. Damont se encuentra en algún lugar detrás de Brenda; Alicia está en algún lugar detrás de Cal, y Brenda en algún lugar detrás de Alicia. Determina el orden de los cuatro estudiantes.

Haz un diagrama para ordenar las relaciones entre los estudiantes. Utiliza letras para representar sus posiciones.

Comienza con el primer dato: Damont está destrás de Brenda	**Al frente B D**

El segundo dato no proporciona información acerca de Damont o Brenda, así que pasa al tercero: Brenda se encuentra detrás de Alicia. Entonces, agrega a Alicia en tu diagrama.	**Al frente A B D**

Ahora utiliza el segundo dato: Alicia se encuentra detrás de Cal.	**Al frente C A B D**

Los estudiantes se encuentran en este orden: Cal, Alicia, Brenda y Damont.

Haz la prueba

a. Clint es mayor que Laleh pero más joven que Bonnie. Adam es mayor que Laleh pero menor que Clint. En tanto Bonnie es más joven que Dylan. Ordena a los 5 estudiantes de mayor a menor edad.

b. Un pastel de cumpleaños mide 12 por 9 pulgadas. Tiene velas alrededor de las cuatro esquinas, con intervalos de 1 pulgada con respecto del borde. ¿Cuántas velas tiene el pastel?

Simplifica el problema

Resolución de problemas

ESTRATEGIAS

- Busca un patrón
- Organiza la información en una lista
- Haz una tabla
- Prueba y comprueba
- Empieza por el final
- Usa el razonamiento lógico
- Haz un diagrama
- Simplifica el problema

Un problema puede contener números muy grandes o necesitar, en apariencia, de muchos pasos para resolverlo. En lugar de resolver el problema dado, resuelve uno similar pero más sencillo. Busca atajos, patrones y relaciones. Luego aplica tus conocimientos para resolver el problema original. ◄

Ejemplo

Existen 64 equipos en el torneo estatal de fútbol. Los equipos se eliminan al perder un juego. ¿Cuántos juegos se deben llevar a cabo para determinar al campeón?

Podrías dibujar un diagrama que liste a los 64 equipos y contar el número de juegos que se deben realizar. Pero como esto sería demasiado complicado, mejor busca algunos torneos más sencillos.

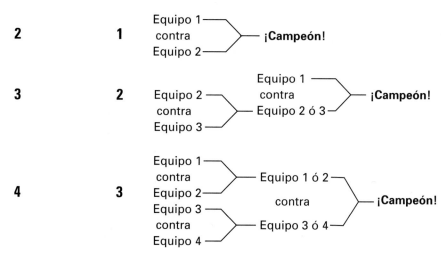

Número de equipos	Partidos por jugar

El número de partidos que se deben jugar, siempre es 1 menos que el número de equipos. Por tanto, un torneo con 64 equipos requiere $64 - 1 = 63$ partidos.

Haz la prueba

a. ¿Cuántos cortes debes hacer en un lazo largo para elaborar 47 cuerdas para saltar?

b. ¿Cuántas trayectorias hay del punto *A* al punto *B*? Sólo te puedes mover en la dirección de las flechas.

Comprensión del mundo de los datos

➤ **Enlace cultural**
www.mathsurf.com/7/ch1/people

➤ **Enlace con Entretenimiento**
www.mathsurf.com/7/ch1/ent

Alrededor del mundo

Una gráfica de línea quebrada de la población de Asia formaría una curva muy pronunciada. En 1750, había 476,000,000 habitantes y en 1950, 1,368,000,000. Mientras que en una gráfica de la población de Antártida la línea sería constante.

Arte y Literatura

El Oxford English Dictionary, lista por lo menos 1000 palabras por cada letra del alfabeto. Con sólo 152 palabras, la letra *x* es un valor extremo.

Entretenimiento

El trofeo Hart Memorial se otorga al jugador más valioso de la Liga Nacional de Hockey. El jugador de hockey que ha recibido este premio en más ocasiones es Wayne Gretzky.

Ciencias

Un diagrama de dispersión puede demostrar una fuerte tendencia entre la cantidad de nieve en el invierno y las posibilidades de inundación para la próxima primavera.

Ciencias sociales

Quillayute, Washington, se considera la zona más húmeda de Estados Unidos, con una precipitación pluvial anual de 105 pulgadas.

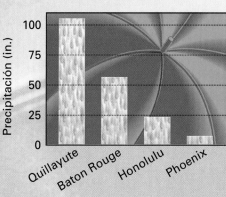

Precipitación pluvial anual

IDEAS CLAVE DE MATEMÁTICAS

Mostrar la información en gráficas de barras, gráficas de línea quebrada, diagramas de puntos y tablas arborescentes te ayuda a interpretar los datos.

Una gráfica de barras con una interrupción o una escala inconsistente se puede interpretar de manera errónea.

Los valores promedio, intermedios y más comunes en un conjunto de datos son la media, la mediana y la moda.

Un diagrama de dispersión muestra las relaciones entre dos tipos de datos.

Dibujar una línea de tendencia entre los puntos en un diagrama de dispersión te ayuda a hacer predicciones sobre los datos.

PROYECTO DEL CAPÍTULO

Resolución de problemas

Comprende
Planea
Resuelve
Revisa

En este proyecto vas a organizar tus propios juegos olímpicos con diferentes competencias. Tus actividades pueden incluir matemáticas, adivinanzas o juegos intelectuales y de atletismo. Primero, haz una lista de los juegos que decidas incluir. Las competencias se pueden realizar y calificar en diferentes tiempos.

3

Resolución
de problemas

Comprende
Planea
Resuelve
Revisa

Enfoque en la resolución de problemas

Leer el problema

Al leer un problema, quizá te satures de información. Pero si desglosas la información en partes pequeñas, podrás comprender el planteamiento del problema. Haz algunas preguntas para cerciorarte de comprender cada parte.

Lee los siguientes problemas y contesta las preguntas correspondientes.

1 Las trillizas Oben elaboraron un edredón al coser cuadros cortados de las frazadas de sus bebés. Jo cortó 12 cuadros, pero Tyra cortó 4 menos que Jo. Por su parte, Tasha cortó el doble de cuadros que Tyra. ¿Cuántos cuadros cortaron en total?

a. ¿De qué trata el problema?

b. ¿Qué es lo que se pregunta?

c. ¿Cuántos cuadros cortó Jo?

d. ¿Cuántos cuadros cortó Tyra?

e. Escribe una pregunta sobre el tema y luego contéstala.

2 En la tienda de colchas Amish, Mike observa una colcha Lone Star de $550 y otra Country Love que cuesta el doble. El vendedor ofrece a Mike ambas colchas a cambio de su edredón Wedding Wreath que tiene un costo de $800 y su colcha Sampler de $900. ¿Debería Mike aceptar este trato?

a. ¿De qué trata el problema?

b. ¿Qué es lo que se pregunta?

c. ¿Cuánto cuesta la colcha Sampler de Mike?

d. ¿Cuánto cuesta la colcha Country Love?

e. Escribe una pregunta sobre el tema y luego contéstala.

Un mundo de geografía

Con sus altas montañas, valles profundos, bosques exuberantes y áridos desiertos, esta Tierra es un lugar asombroso. El estudio de las características físicas de la tierra se llama *geografía*. Los geógrafos estudian el tamaño, forma y características del mundo.

Los geógrafos utilizan las matemáticas para comprender el mundo. Por ejemplo, considera el caso de la población mundial. Quizá sabes que crece con gran rapidez, pero este dato no es suficiente para comprender los detalles de ese crecimiento. De ahí que las matemáticas sean útiles para describir datos de varias maneras:

• Según la actual tasa de crecimiento, la población mundial se duplica cada 40 años.

• Cada año nacen cerca de 180 millones de bebés; 500,000 por día, 21,000 por hora y 350 por minuto.

• Cerca del 90% de la población mundial está conglomerada en un 20% de la Tierra.

En las siguientes lecciones, aprenderás a utilizar las matemáticas para organizar, mostrar e interpretar datos.

1 Proporciona un ejemplo de la manera como los datos geográficos ayudan a comprender el mundo.

2 Describe una manera de mostrar en forma visual uno de los datos presentados en esta página acerca de la población.

Interpretación de gráficas

Vas a aprender...

■ a leer e interpretar gráficas de barras.

■ a leer e interpretar gráficas circulares.

...cómo se usa

Los meteorólogos utilizan gráficas de barras y circulares para mostrar datos relacionados con el clima. Por ejemplo, una gráfica de barras es útil para comparar la precipitación pluvial de este año con el promedio anual.

Vocabulario

gráfica circular

sector

gráfica de barras

eje vertical

eje horizontal

▶ **Enlace con la lección** En tus anteriores cursos de matemáticas, examinaste los diferentes tipos de gráficas que se utilizan para mostrar información. En esta lección, aprenderás a leer e interpretar los dos tipos de gráficas más comunes. ◄

| Investigar | Gráficas |

Datos de población

Utiliza estas gráficas de la población del sureste de Asia para responder las siguientes preguntas.

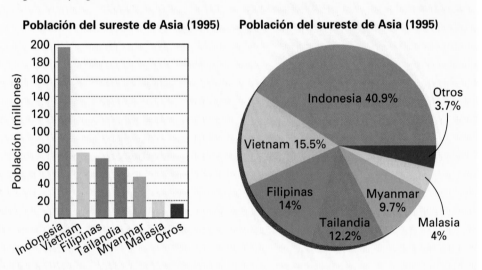

Población del sureste de Asia (1995)

Población del sureste de Asia (1995)

1. ¿Qué país tiene una población de alrededor de 60 millones? ¿Qué gráfica utilizaste? ¿Por qué?

2. ¿Qué país tiene casi la mitad de la población del sureste de Asia? ¿Qué gráfica usaste? ¿Por qué?

3. ¿Cuál gráfica ilustra mejor la población actual de cada país? Explica tu respuesta.

4. ¿Cuál gráfica ilustra mejor la porción de la población del sureste de Asia correspondiente a cada país? Explica tu respuesta.

5. ¿Qué conocimientos obtienes de cada tipo de gráfica?

Una **gráfica circular** está dividida en **sectores** en forma de tajadas. Los sectores indican la comparación de las porciones de un conjunto de datos con relación a un todo.

El tamaño de un sector se puede comparar con el círculo en su totalidad. Aunque también es posible comparar el valor de los datos al observar el tamaño de los sectores.

Edad de los ciudadanos jamaiquinos

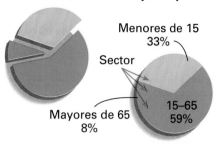

Menores de 15
33%

Sector

Mayores de 65
8%

15–65
59%

Ejemplos

La gráfica circular muestra información acerca de la mano de obra en Australia.

1 ¿Qué tipo de trabajo es más común?

Las finanzas ocupan el sector más grande, con un 34%.

2 ¿Cuáles son los dos tipos de trabajo que conforman la mitad del total de la mano de obra?

Puesto que 16% + 34% = 50%, las finanzas y la industria conforman la mitad del total de la mano de obra.

Mano de obra australiana

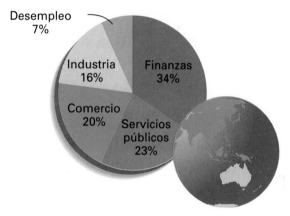

Desempleo
7%

Industria
16%

Comercio
20%

Finanzas
34%

Servicios públicos
23%

Haz la prueba

¿Cuáles son los dos tipos de trabajo que conforman el 43% del total de la mano de obra en Australia?

Una **gráfica de barras** emplea barras para mostrar datos numéricos. La longitud de la barra indica el valor de los datos. En una gráfica de barras, el tamaño de cada valor se puede determinar al observar el **eje vertical** ; en tanto que el **eje horizontal** tiene un rótulo para cada barra. Las gráficas de barras son útiles para describir y comparar valores de datos.

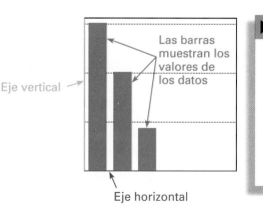

Eje vertical

Las barras muestran los valores de los datos

Eje horizontal

Ejemplos

Determina si es mejor usar una gráfica de barras o una circular para mostrar la siguiente información.

3 El número de barriles de petróleo exportado por Arabia Saudita en los últimos 4 años.

Una gráfica de barras porque el número de barriles se puede leer a partir del eje vertical.

4 La comparación entre el dinero gastado en la extracción de un barril de petróleo y el costo total de la producción de un barril de petróleo.

Una gráfica circular porque el sector que representa el costo de extracción se puede comparar con el círculo en su totalidad.

Haz la prueba

¿Qué tipo de gráfica sería la mejor opción para mostrar el costo de un barril de petróleo en los últimos 3 años?

Un eje en una gráfica de barras se puede "interrumpir" para facilitar la lectura de la gráfica. Sin embargo, esto puede causar errores de interpretación por parte del lector. Por ejemplo, en una encuesta de preferencias de votantes, Smith (32%) y Jones (30%) se muestran casi empatados.

Pero en una gráfica con el eje vertical interrumpido, parece que Smith le lleva una gran ventaja a Jones. Esta gráfica puede causar errores de interpretación.

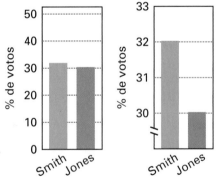

Comprobar Tu comprensión

1. ¿Cuándo es más conveniente utilizar una gráfica de barras para mostrar datos? ¿Y una gráfica circular?

2. Explica por qué la suma de los porcentajes en una gráfica circular siempre es 100.

3. ¿Por qué una gráfica de barras con el eje vertical interrumpido puede causar una interpretación errónea?

Práctica y aplicación

| Para empezar | Utiliza la gráfica de barras para el ejercicio 1 y la gráfica circular para el ejercicio 2.

1. a. ¿Cuál volcán es el más alto? ¿Y el más bajo?

b. ¿Cuáles son los dos volcanes que tienen aproximadamente la misma altura?

c. ¿Qué muestra el eje vertical?

2. a. Comprensión numérica Haz una lista de los océanos, de mayor a menor tamaño.

b. Cálculo aproximado ¿Qué porcentaje de la superficie terrestre que se encuentra cubierta por agua pertenece al océano Pacífico?

Volcanes del mundo

Altura (ft): 20,000 / 10,000 / 0

Etna, Colima, Hekla, Ruíz, Azuma, Camerún

Tamaño de los océanos

Índico, Ártico, Atlántico, "Los demás océanos", Pacífico

3. Geografía Determina si es mejor usar una gráfica de barras o una circular para mostrar los siguientes datos:

a. La altura de las seis montañas más altas de los Andes.

b. El porcentaje anual mundial de producción de carbón de varias naciones.

c. El tiempo que le dedicas a diferentes actividades durante el día.

Utiliza la gráfica que muestra la cantidad de agua almacenada en las 10 presas más grandes del mundo para los ejercicios 4 y 5.

4. Ciencias La presa Waditharthar almacena agua suficiente para tomar mil millones de duchas. Usa la gráfica para calcular las duchas que podrías tomar con el agua de las cataratas de Owens.

5. | Para la prueba | ¿Cuáles presas almacenan más agua que la presa Aswan High?

Ⓐ Waditharthar y Zeya

Ⓑ Kariba y Akosombo

Ⓒ Las cataratas de Owens y Bratsk

Ⓓ Bratsk y Kariba

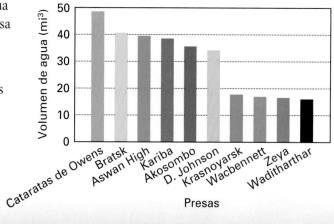

Volumen de agua de las presas más grandes del mundo

Volumen de agua (mi³): 50 / 40 / 30 / 20 / 10 / 0

Cataratas de Owens, Bratsk, Aswan High, Kariba, Akosombo, D. Johnson, Krasnoyarsk, Wacbennett, Zeya, Waditharthar

Presas

6. Ciencias sociales La siguiente gráfica de barras es errónea. ¿Aproximadamente cuántas veces es más grande la población de Tokio y Bombay que la de Seúl?

Predicción (2015) de población en ciudades asiáticas

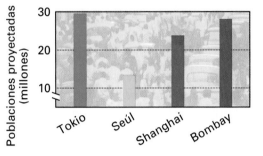

7. Posibilidad La gráfica muestra qué hace tu mejor amiga las tardes de los sábados. ¿Qué estaría haciendo probablemente tu amiga si llegaras de manera inesperada?

Actividades del sábado por la tarde

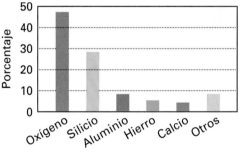

Resolución de problemas y razonamiento

Las gráficas siguientes muestran la misma información. Úsalas para resolver los ejercicios 8 y 9.

Composición de la corteza terrestre

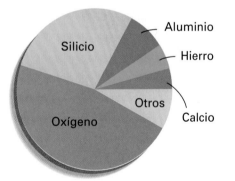

Composición de la corteza terrestre

8. Razonamiento crítico ¿Por qué las gráficas muestran la palabra "otros"?

10. Razonamiento crítico Indica dos conjuntos de datos que se representarían mejor con: **a.** Una gráfica circular y **b.** Una gráfica de barras.

9. Comunicación Utiliza una de las gráficas para comparar las cantidades de silicio y aluminio en la corteza terrestre. ¿Cuál gráfica usaste? ¿Por qué?

11. En tu diario Las gráficas circulares también se llaman, de sectores o "de pastel". ¿Por qué piensas que reciben ese nombre?

Repaso mixto

Escribe cada cifra en forma numérica. *[Curso anterior]*

12. Tres mil doscientos uno

13. Dieciséis mil dos

14. 15 millones

Haz estas sumas. *[Curso anterior]*

15. $34 + 99$

16. $28 + 176$

17. $543 + 395$

18. $196 + 952$

19. $25 + 27 + 56$

20. $379 + 32 + 8$

Elaboración de gráficas de barras

▶ **Enlace con la lección** En las páginas anteriores aprendiste a leer e interpretar los datos mostrados en una gráfica de barras. Ahora, crearás una gráfica de barras a partir de una tabla de datos. ◀

Investigar | Gráficas de barras

Barras y franjas

Materiales: Utilidad para graficar

La tabla muestra la altura de las ocho cataratas más altas.

1. Introduce los datos en la utilidad para graficar. Fija el valor mínimo sobre el eje vertical en 0 y el valor máximo sobre el eje vertical en 4000. Luego, elabora una gráfica de barras.

Catarata	Altura (ft)
Ángel, Venezuela	3212
Tugela, Sudáfrica	2014
Utigord, Noruega	2625
Mongefossen, Noruega	2540
Yosemite, Estados Unidos	2425
Ostre Mardola Foss, Noruega	2154
Tyssestrengane, Noruega	2120
Kukenaom, Venezuela	2000

2. ¿De qué manera la gráfica muestra los datos con eficacia? ¿En qué sentido no es efectiva la exhibición?

3. Cambia el valor máximo o mínimo del eje vertical para que los datos se puedan comparar con más facilidad. Describe el cambio y las razones del mismo. ¿El nuevo despliegue se podría interpretar de manera errónea?

Aprender | Elaboración de gráficas de barras

Vas a aprender...

■ a crear una gráfica de barras a partir de una tabla de datos.

■ a elaborar una gráfica de doble barra.

...cómo se usa

Las revistas y los periódicos requieren de mostrar la información en un formato que sea fácil de comprender. Las gráficas de barras logran este objetivo.

Vocabulario

escala

intervalo

gráfica de doble barra

La **escala** de una gráfica de barras es la "regla" que mide la altura de las barras. El **intervalo** es la cantidad de espacio que existe entre los valores de la escala. Antes de crear una gráfica de barras, necesitas elegir tanto la escala como el intervalo.

También debes determinar si utilizarás barras verticales u horizontales. Debes basar tu elección en lo que deseas que la gráfica comunique.

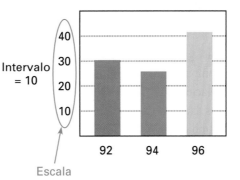

Ejemplo 1

Elabora una gráfica de barras para las cordilleras más largas del mundo.

Paso 1 Elige si utilizarás barras horizontales o verticales. Puesto que las cordilleras se extienden en forma horizontal, una gráfica de barras horizontales será la mejor forma de mostrar estos datos.

Las cinco cordilleras más largas del mundo		
Cordillera	**Continente**	**Longitud (mi)**
Andes	América del Sur	4500
Montañas Rocosas	América del Norte	3750
Himalaya-Karakoram	Asia	2400
Cordillera Divisoria	Oceanía	2250
Transantártida	Antártida	2200

Paso 2 Determina la escala y el intervalo. El valor de escala más alto debe ser un poco mayor que el valor del dato más grande. Quizá sea más fácil dividirlo en intervalos iguales.

Un número con uno o más ceros con frecuencia es una buena elección. Usa 5000 como el valor de escala más grande y un intervalo de 1000.

Paso 3 Dibuja una barra para cada valor de los datos a fin de determinar su longitud.

Paso 4 Rotula y colorea las barras y luego asigna un título a la gráfica.

Las cinco cordilleras más grandes del mundo

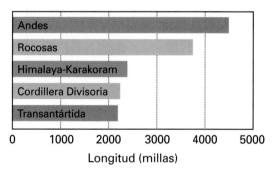

De acuerdo con la distribución de los datos, puedes elegir interrumpir una escala o empezarla con un número diferente de cero. En cualquier caso, cuida los detalles para que los lectores no la interpreten de manera errónea.

Las **gráficas de doble barra** te permiten comparar dos conjuntos de datos relacionados. Cada doble barra compara los datos en un año determinado. Los cambios de un año a otro también son fáciles de identificar.

Población de América del Norte y América del Sur

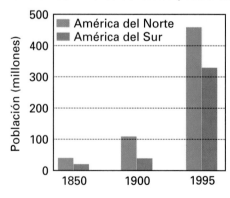

Ejemplo 2

Esta tabla compara la población de las áreas metropolitanas de las ciudades de New York y México. Elabora una gráfica de doble barra con estos datos.

Población de New York y México (millones)		
Año	Ciudad de México	Ciudad de New York
1950	3.1	12.3
1970	9.4	16.2
1990	20.2	16.2

Ciudad de México

Ciudad de New York

Al momento de crear una gráfica de doble barra, deberás considerar los dos conjuntos de datos. De lo contrario, los pasos serían los mismos que los utilizados en una gráfica de barras sencillas.

Paso 1 Usa una gráfica de barras vertical.

Paso 2 Determina la escala y el intervalo. El mayor valor debe ser un poco más grande que el valor máximo de *ambas* columnas de la tabla. Utiliza 24 como el valor de escala más alto y un intervalo de 6.

Paso 3 Dibuja pares de barras para representar los valores de los datos para cada año y asigna un color a los datos de cada columna. Indica el color asignado a cada barra.

Paso 4 Rotula los ejes y proporciona un título a la gráfica.

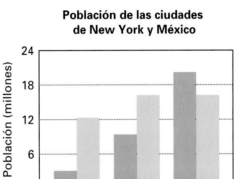
Población de las ciudades de New York y México

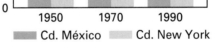

Haz la prueba

Elabora una gráfica de doble barra para los datos sobre riego.

Tierra irrigada (millones de acres)		
Año	India	Estados Unidos
1960	27.1	28.7
1970	20.9	29.6
1980	18.1	26.1
1990	16.7	22.4

Sugerencia

En una gráfica de doble barra, debes indicar el color de la barra que corresponde a cada conjunto de datos.

Comprobar | Tu comprensión

1. ¿Cómo determinas la escala y el intervalo que usarás en una gráfica de barras?

2. ¿Se puede mostrar cualquier dato en una gráfica de barras? Explica tu respuesta.

3. ¿Cómo se puede cambiar una gráfica de barras verticales por una de barras horizontales?

Práctica y aplicación

1. | **Para empezar** | Utiliza la gráfica de población para responder las siguientes preguntas.

a. ¿Cuál es el valor más alto mostrado en el eje vertical?

b. ¿Cuál es el intervalo?

2. Geografía Sigue los pasos a continuación para elaborar una gráfica de barras sobre la longitud de algunos ríos de Europa.

a. ¿Qué tipo de gráfica de barras sería la más conveniente para mostrar los datos: horizontal o vertical?

b. Ordena los ríos de menor a mayor longitud.

c. ¿Qué valor elegirías como el más alto en tu eje? ¿Y cuál sería el intervalo?

d. Elabora una gráfica de barras para estos datos.

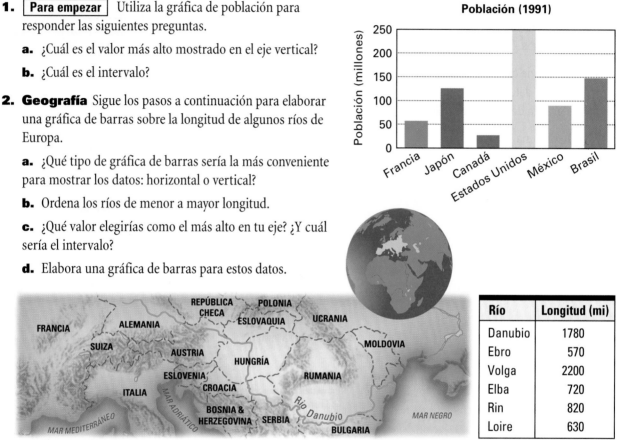

Población (1991)

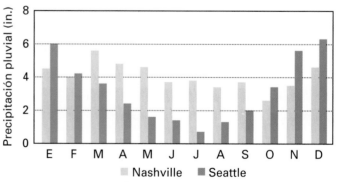

Río	Longitud (mi)
Danubio	1780
Ebro	570
Volga	2200
Elba	720
Rin	820
Loire	630

3. | **Para la prueba** | ¿En qué mes se presentó la mayor diferencia de precipitación pluvial entre Nashville y Seattle?

Ⓐ Abril Ⓑ Julio

Ⓒ Noviembre Ⓓ Diciembre

Elige la escala y el intervalo más conveniente para graficar cada conjunto de datos.

4. 70, 35, 55, 10, 43, 25, 80

5. 4700, 2000, 3400, 1650, 2800

6. 5, 8, 12, 11, 3, 6, 2, 9, 14

7. 190, 234, 179, 140, 322, 356

Precipitación pluvial mensual

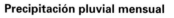

8. **Historia** En 1910, muchas personas emigraron a Estados Unidos: 460,935 del norte y el oeste de Europa; 465,356 del este y sur de Europa; 89,534 de América Latina; 23,533 de Asia y 1,072 de África. Elabora una gráfica de barras para mostrar estos datos.

9. **Ciencias sociales** Los datos muestran la altura, en metros, de los diez edificios más altos del mundo. Elabora una gráfica de barras con un eje interrumpido. 415, 421, 452, 348, 374, 443, 417, 452, 369, 381.

10. Haz una gráfica de doble barra con los datos de las tres ciudades más pobladas de América del Sur.

Población 1994 y proyecciones 2015 (miles)		
Ciudad	1994	2015
San Pablo, Brasil	16,110	20,800
Buenos Aires, Argentina	10,914	12,400
Río de Janeiro, Brasil	9,817	11,600

Resolución de problemas y razonamiento

11. **Razonamiento crítico** Observa la tabla que muestra el salario de Armando para los años 1996–2000.

    a. ¿Estos datos se mostrarían mejor en una gráfica de barras o en una circular?

    b. Elabora una gráfica con los datos.

    c. ¿Qué observaste acerca del salario de Armando entre los años 1996–1999?

    d. ¿Qué crees que le sucederá a Armando en el año 2000?

Año	Salario ($)
1996	20,000
1997	23,000
1998	26,000
1999	29,000
2000	35,000

12. **En tu diario** En ocasiones, una gráfica tiene un eje "interrumpido". Explica su significado y por qué a veces debes utilizar una gráfica de este tipo.

Repaso mixto

Escribe cada cifra en forma verbal. [Curso anterior]

13. 428　　14. 2,489　　15. 43,185　　16. 130,396　　17. 3,734,790

Realiza las siguientes restas. [Curso anterior]

18. 94 − 23　　19. 45 − 29　　20. 147 − 32　　21. 235 − 49　　22. 527 − 76

El proyecto en marcha

Diseña las actividades para tus juegos olímpicos al crear las reglas de las competencias de atletismo y determinar métodos lógicos para realizar las preguntas y registrar las calificaciones. En los siguientes días, lleva a cabo tus juegos. Conforme se desarrolle cada actividad, anota los resultados de cada competidor en la tabla.

Resolución de problemas

Comprende
Planea
Resuelve
Revisa

Diagramas de puntos y tablas arborescentes

Vas a aprender…

■ a elaborar un diagrama de puntos.

■ a crear tablas arborescentes.

…cómo se usa

Los entrenadores de baloncesto necesitan llevar un registro del progreso de cada jugador. Un diagrama de puntos proporciona una panorámica clara del desempeño de los jugadores.

Vocabulario

diagrama de puntos

valor extremo

tabla arborescente

▶ **Enlace con la lección** Ya sabes cómo utilizar una gráfica de barras para presentar información. En esta lección, aprenderás dos formas de mostrar la frecuencia con que ocurren los valores y cómo están distribuidos. ◀

| **Investigar** | **Diagramas de puntos** |

Tiempo de duplicación

El *tiempo de duplicación* es el lapso que tarda una población en duplicarse. A mayor rapidez del crecimiento poblacional, el tiempo de duplicación es menor. La tabla anexa muestra los tiempos de duplicación en los 44 países de África, localizados al sur del Desierto del Sahara.

Tiempo de duplicación poblacional (años)						
25	23	23	21	21	22	21
27	28	20	24	26	25	28
27	22	28	35	19	19	24
22	22	20	23	25	48	26
22	22	23	38	20	28	25
27	26	22	20	19	19	22
18	22					

1. Dibuja y rotula una recta numérica que incluya todos los tiempos de duplicación presentados en la tabla. Marca una × para cada tiempo de duplicación y apílalas según se requiera. Se proporciona un ejemplo de las × correspondientes a las cifras 23, 24 y 25.

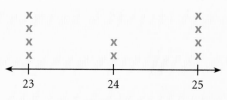

2. ¿Qué muestra tu diagrama de puntos una vez que lo has completado?

3. ¿En qué se parecen un diagrama de puntos y una gráfica de barras? ¿Cuáles son sus diferencias?

4. En 1994, la nación de Namibia tenía una población de 1.5 millones con un tiempo de duplicación de 22 años. Si este tiempo de duplicación no cambia, ¿en qué año ascendería a 3 millones? Explica por qué.

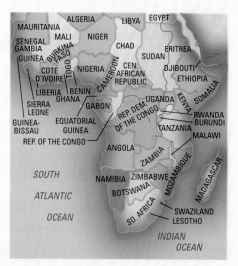

Un **diagrama de puntos** muestra las veces en que se presenta cada valor de datos. La recta numérica y las × son útiles para organizar los datos. Los diagramas de puntos facilitan la observación de los valores separados del resto, llamados **valores extremos** .

Diagrama de puntos

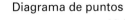

Ejemplo 1

Elabora un diagrama de puntos con los datos y describe el resultado obtenido.

Número de jugadores en un equipo					
Béisbol	9	Equipo de balonmano	7	Liga de Rugby	13
Baloncesto	5	Hockey	6	Unión de Rugby	15
Criquet	11	Lacrosse masculino	10	Fútbol	11
Hockey de campo	11	Lacrosse femenino	12	Softbol, lanzamiento	9
Fútbol americano	11	Netbol	7	Bola rápida	11
Fútbol canadiense	12	Polo	4	Voleibol	6
Fútbol galo	15	Hockey sobre patines	15	Water polo	7

Paso 1 Determina una escala. Puesto que el valor de datos más pequeño es 4 y el mayor es 15, elige una escala del 4 al 16. Utiliza un intervalo de 2.

Paso 2 Marca una × para cada valor de datos.

El diagrama de puntos muestra que un equipo común se compone de 11 jugadores. Más de la mitad de los valores está en el intervalo de 9 a 13. También son comunes los equipos de 7 y 15 jugadores.

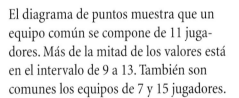

Número de jugadores en un equipo

> **Resolución de problemas**
> **TEN EN CUENTA**
>
> Resulta fácil omitir un valor, por tanto, asegúrate de que el número de × que traces coincida con el número de valores de datos en la tabla.

Al igual que los diagramas de puntos, las **tablas arborescentes** a menudo muestran la frecuencia y distribución de los valores. En las tablas arborescentes, los datos se presentan de manera horizontal.

Cada valor se divide en un *tallo* y una *hoja*. En los valores de dos dígitos, las decenas forman el tallo y las unidades la hoja. Los valores de un solo dígito tienen tallos de 0 y en los valores de tres dígitos, el tallo son los primeros dos dígitos.

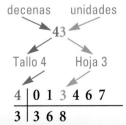

Así, la cifra 123 se representaría como 12 | 3.

Ejemplo 2

La tabla adjunta muestra un registro diario de las temperaturas altas en Auckland, Nueva Zelanda, durante el mes de abril. Elabora una tabla arborescente con los datos.

Registro diario de temperaturas altas en Auckland, Nueva Zelanda (°F)					
75	67	83	90	79	74
70	71	72	78	76	67
66	80	77	77	84	74
64	76	79	82	76	85
71	81	69	83	75	84

Paso 1 Ordena los valores de los datos de menor a mayor.

64, 66, 67, 67, 69, 70, 71, 71, 72, 74, 74, 75, 75, 76, 76, 76, 77, 77, 78, 79, 79, 80, 81, 82, 83, 83, 84, 84, 85, 90

Paso 2 Separa cada elemento en una tabla arborescente. Utiliza el dígito de las decenas para el tallo y el dígito de las unidades para las hojas.

Paso 3 Haz una lista de los tallos de mayor a menor y luego lista las hojas en orden junto a los tallos correspondientes.

Tallo	Hoja
9	0
8	0 1 2 3 3 4 4 5
7	0 1 1 2 4 4 5 5 6 6 6 7 7 8 9 9
6	4 6 7 7 9

El diagrama muestra que la mayoría de los valores se encuentra en el rango de los 70. Asimismo, indica que la temperatura más alta es de 90°F y la más baja es de 64°F.

Haz la prueba

a. Elabora un diagrama de puntos con estos datos.

b. Haz una tabla arborescente con estos datos.

c. Compara ambas gráficas.

Edad de empleados entrevistados					
21	27	30	33	17	20
15	23	21	30	42	24
30	17	21	16	22	23
16	21	30	17	23	28

Comprobar | Tu comprensión

1. ¿Cómo representarías 589 en una tabla arborescente? ¿Y el valor 6?

2. ¿Por qué piensas que las tablas arborescentes tienen ese nombre?

3. Explica cómo usarías un diagrama de puntos para determinar si existe algún valor extremo en un conjunto de datos.

Práctica y aplicación

1. **Para empezar** Sigue los pasos a continuación para crear un diagrama de puntos con el número de pasas que hay en cada una de las 24 cajas.

32	35	29	31	30	33	31	32	34	32	36	33
32	34	33	30	35	31	33	33	32	32	34	32

a. Encuentra el número menor de pasas.

b. Halla el número mayor de pasas.

c. Dibuja una sección de la recta numérica que incluya los dos valores.

d. Escoge un intervalo.

e. Marca una $\times$ para cada valor del cuadro.

f. ¿Existe algún valor extremo?

2. **Deportes** El beisbolista Rod Carew, registrado en el Salón de la Fama de Béisbol, obtuvo 3053 hits en su carrera en las ligas mayores. La siguiente tabla muestra el total de cuadrangulares en las 19 temporadas jugadas desde 1967 hasta 1985.

8	1	8	4	2	0	6	3	14	9
14	5	3	3	2	3	2	3	2	

a. Haz un diagrama de puntos del total de cuadrangulares anotados por Rod Carew.

b. ¿Qué indica el diagrama de puntos sobre los cuadrangulares de Rod Carew?

3. La tabla arborescente muestra el número de llamadas telefónicas hechas por los 20 compañeros de clase de Joan durante dos semanas. ¿Cuál fue el mayor número de llamadas realizadas? ¿Y cuál fue el menor?

Llamadas telefónicas

Tallo	Hoja
4	7
3	5 9
2	0 1 2 6
1	1 2 2 4 5 6 6 7
0	0 3 5 8 8

4. Representa los datos del ejercicio 3 en un diagrama de puntos. ¿Qué muestra con mayor claridad este tipo de diagrama que una tabla arborescente?

5. **Para la prueba** Considera un valor con un tallo de 52 y una hoja de 4 en una tabla arborescente. El número representado es:

ⓐ 4 ⓑ 52.4 ⓒ 452 ⓓ 524

Haz un diagrama de puntos para cada conjunto de datos y señala si hay algún valor extremo.

6. 2, 3, 1, 2, 1, 4, 2, 2, 4, 2

7. 11, 13, 14, 17, 11, 12, 12, 14, 17, 12

Haz una tabla arborescente para cada conjunto de datos.

8. **Ciencias** Días de incubación para pájaros de varias especies: 27, 19, 35, 28, 25, 16, 40, 39, 32, 29, 31.

9. Número de estudiantes que pertenecen a varias asociaciones escolares: 12, 38, 5, 23, 8, 25, 14, 19, 25, 16, 23, 28, 17, 20.

Resolución de problemas y razonamiento

10. **Razonamiento crítico** Esta tabla arborescente comparativa, muestra el promedio diario de la temperatura en abril en Boston, MA, y Portland, OR. Úsala para comparar el patrón de temperaturas en las dos ciudades durante dicho mes.

Boston, MA		Portland, OR
	7	1
2 2	6	0 0 0 1 1 1 1 2 3 3 4 5
9 8 7 7 7 5 3 3 1 1 1 0	5	2 5 5 5 6 6 6 7 8 9 9
8 8 8 7 4 4 2 2 0 0	4	2 2 3 4 4 5
6 6 4 3 3 0	3	

11. **Razonamiento crítico** La siguiente tabla muestra las edades de los 20 primeros presidentes de Estados Unidos al momento de llegar al poder.

    a. Haz una tabla arborescente que muestre estos datos.

    b. ¿Qué conclusiones obtienes de tu tabla?

    c. ¿Consideras que un diagrama de puntos es una forma lógica de mostrar estos datos? Explica tu respuesta.

12. **En tu diario** ¿Qué tienen en común un diagrama de puntos y una tabla arborescente? ¿En qué difieren?

Presidente	Edad	Presidente	Edad
George Washington	57	James Polk	49
John Adams	61	Zachary Taylor	64
Thomas Jefferson	57	Millard Fillmore	50
James Madison	57	Franklin Pierce	48
James Monroe	58	James Buchanan	65
John Quincy Adams	57	Abraham Lincoln	52
Andrew Jackson	61	Andrew Johnson	56
Martin Van Buren	54	Ulysses Grant	46
William Harrison	68	Rutherford Hayes	54
John Tyler	51	James Garfield	49

Repaso mixto

Haz las siguientes multiplicaciones. *[Curso anterior]*

13. 82×5

14. 6×68

15. 89×40

16. 17×44

17. 130×62

18. 42×556

19. 850×417

20. 526×421

21. 23×907

Redondea al millar más cercano. *[Curso anterior]*

22. 9,489

23. 100,687

24. 543

25. 23,500

26. 187,555

27. 4,499

28. 1,475,327

29. 499

30. 1,750

31. 9,631

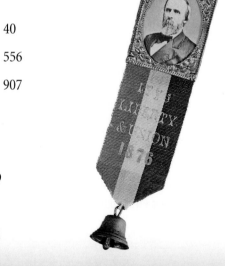

Media, mediana, moda y rango

▶ **Enlace con la lección** Has usado diferentes tipos de gráficas para mostrar los valores en un conjunto de datos. Ahora, aprenderás a utilizar un solo número para describir una colección de datos. ◄

Investigar | Media

Alimento para el pensamiento

Materiales: Papel cuadriculado, tijeras, cinta adhesiva

Al incrementarse la población, se requiere más alimento para la gente de todo el mundo. La *tierra cultivable* es terreno adecuado para levantar cosechas.

| Tierra cultivable en América Central ||
País	Cantidad
Belice	2
Costa Rica	6
El Salvador	27
Guatemala	12
Honduras	14
México	12
Nicaragua	9
Panamá	6

1. Usa el papel cuadriculado para hacer una gráfica de barras horizontales con los datos de la tabla adjunta. Haz la gráfica lo bastante grande de manera que puedas recortar las barras con facilidad.

2. Recorta cada barra y pega los lados angostos uno tras otro para formar una barra larga. Asegúrate de que las barras no se traslapen. Dobla la barra larga por la mitad, luego vuelve a doblarla por la mitad, y después dóblala por la mitad otra vez.

3. Desdobla la barra larga y cuenta el número de secciones. ¿Qué representa el número de secciones? ¿Qué muestra la longitud de la barra completa?

4. Mide la longitud de una sección. ¿Cómo se relaciona la longitud de una sección con la longitud de la barra completa?

5. Explica de qué manera la longitud de una sección resume la tabla.

Vas a aprender…

■ a encontrar la media, mediana, moda y rango en un conjunto de datos.

■ a determinar qué resume mejor un conjunto de datos: la media, la mediana o la moda.

…cómo se usa

Al momento de decidir qué deben sembrar, los agricultores necesitan considerar la temperatura, precipitación pluvial y producción promedio.

Vocabulario
media

mediana

moda

rango

Por lo general se usan cuatro números para resumir una colección de datos; cada uno de ellos tiene un propósito específico.

¿LO SABÍAS?

Cuando se habla de *promedio*, por lo general se hace referencia a la media.

La **media** es el *promedio* de un conjunto de datos. Para calcular la media, se debe dividir la suma de los valores de los datos entre el número de datos.

La **mediana** es el valor *intermedio* del conjunto si los valores están en orden. De no haber un valor intermedio, la mediana es la media de los dos valores intermedios.

La **moda** es el valor *más común.* Si ningún valor se repite, no hay moda. Pero si dos o más valores se presentan más de una vez y el mismo número de veces, entonces hay dos o más modas.

El **rango** es la diferencia entre el mayor y el menor valor de los datos.

Ejemplo 1

Halla la media, la mediana y el rango de los siguientes valores de datos.

36, 8, 3, 13, 75

Media

$$\frac{36 + 8 + 3 + 13 + 75}{5} = 27$$ Divide la suma de valores entre el número de datos.

La media es 27.

Mediana

3, 8, $\boxed{13}$, 36, 75   Coloca los valores en orden.

$\uparrow$

El valor intermedio de los datos es 13.

La mediana es 13.

Rango

$75 - 3 = 72$ Resta el valor de datos menor al valor mayor.

El rango es 72.

Haz la prueba

Encuentra la media, la mediana y el rango de los conjuntos de datos.

a. 28, 14, 59, 41, 50   **b.** 54, 45, 28, 36, 90, 23

▶ Enlace con Lenguaje

Para referirse al rango de un conjunto de datos, las personas suelen decir: "desde (el número menor) hasta (el número mayor)". Así, el rango de este conjunto de datos se puede describir como: "desde 3 hasta 75".

La media se usa con más frecuencia para resumir un conjunto de datos. Pero cuando existen valores extremos, la mediana ofrece una mejor percepción que la media. La moda es útil para resumir pocos valores de datos cuando la mayoría de ellos son los mismos.

Ejemplo 2

Halla la media, mediana y moda de los siguientes datos sobre las expectativas de vida en seis países del Caribe. Luego determina cuál medida resume mejor los datos.

Expectativas de vida en países del Caribe						
País	Cuba	Puerto Rico	Jamaica	Trinidad y Tobago	República Dominicana	Haití
Expectativas de vida (años)	77	75	75	70	69	45

Media

$$\frac{77 + 75 + 75 + 70 + 69 + 45}{6}$$ Suma los valores.

$$= \frac{411}{6} = 68.5$$ Divide el resultado entre el número de datos.

La media es 68.5 años.

Mediana La mediana es la media entre 70 y 75.

$$\frac{70 + 75}{2}$$ Suma los dos valores intermedios. **45 69 70   75 75 77**

$$= \frac{145}{2} = 72.5$$ Divide el resultado entre el número de valores intermedios.

La mediana es 72.5 años.

Moda Como la expectativa de vida de 75 años aparece en dos ocasiones, la moda es 75 años.

La *media* (68.5) está influenciada por Haití (un valor extremo) ya que es menor que cinco de los seis valores de datos. La *moda* (75) se encuentra cerca del límite superior de los datos. Así que el mejor resumen de los datos es la *mediana* (72.5).

Comprobar Tu comprensión

1. ¿Por qué te interesaría conocer la media, mediana o moda de un conjunto de datos?

2. ¿De qué manera afecta un valor extremo a la media, mediana y moda?

Práctica y aplicación

1. ⬚ **Para empezar** ⬚ Ordena cada conjunto de datos de menor a mayor. Luego encuentra la mediana de cada conjunto.

a. 5, 17, 6, 23, 34, 26, 19
b. 48, 39, 27, 52, 45, 47, 49, 38

2. Observa este conjunto de datos: 2, 5, 8, 4, 3, 7, 5, 4, 6, 4, 8. ¿Con qué frecuencia aparece cada valor? Encuentra la(s) moda(s) para este conjunto de datos.

3. La tabla muestra la estatura de los estudiantes de la clase de la Srita. McPherson.

Estatura (in.)	57	58	59	60	61	62	63	64
Número de estudiantes	2	5	8	7	4	2	0	2

a. Halla la media, la mediana, el rango y la moda.

b. ¿Cuál de estas medidas resume la clase con mayor exactitud?

4. Mei Li obtuvo calificaciones de 85, 78, 65, 77, 91, 88, 80, 93 y 90 puntos en sus pruebas de matemáticas.

a. ¿Cuántas pruebas realizó?

b. ¿Cuántos puntos en total obtuvo en su calificación?

c. ¿Cuál es el promedio (la media) de su calificación?

5. **Deportes** En la temporada de 1994, los equipos de la Conferencia de Fútbol Americano recibieron de sus adversarios 234, 204, 352, 327, 298, 306, 406, 356, 312, 327, 320, 320, 323 y 396 puntos en contra de sus equipos. ¿Cuál es la media de los puntos anotados?, ¿la mediana?, ¿la(s) moda(s)?, ¿y el rango?

6. **Comprensión numérica** Determina si la media, la mediana o la moda es la mejor manera de resumir el siguiente conjunto de datos: 10, 4, 11, 33, 6, 12, 9, 4, 7. Explica por qué.

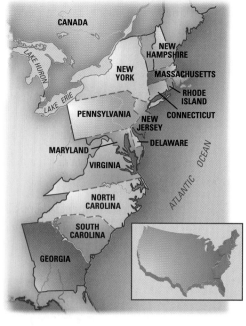

7. **Ciencias sociales** Para responder las preguntas, usa la tabla que muestra la población en 1993 de los 13 estados que conformaron las colonias originales.

a. Encuentra la media de la población de estos 13 estados.

b. ¿Es la media un número adecuado para resumir estas poblaciones? ¿Por qué?

Estado	NH	MA	RI	CT	NY	NJ	PA	DE	MD	VA	NC	SC	GA
Población (× 100,000)	11	60	10	33	181	78	120	7	49	63	67	36	66

8. **Comprensión numérica** Utiliza esta gráfica de puntos para calcular la media aproximada.

9. Halla la media, la mediana y la moda de los datos.

10. ¿Cuál es la mediana del puntaje representado en la tabla arborescente?

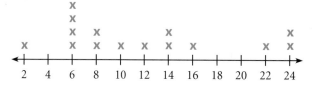

Tallo	Hoja
4	4 5 7 8 9 9
3	0 2 5 5 8
2	3 7 7 7

11. **Para la prueba** Observa el siguiente conjunto de datos: 16, 24, 17, 18, 16, 22, 23, 18, 18. El número 18 representa:

    Ⓐ Sólo la media.   Ⓑ Sólo la media y mediana.

    Ⓒ Sólo la mediana y la moda.   Ⓓ La media, la mediana y la moda.

Resolución de problemas y razonamiento

12. **Escoge una estrategia** Seis cerditos en una camada tenían un peso promedio de 8 lb. Menciona dos maneras para calcular el peso de cada cerdo.

13. **Comunicación** Siempre puedes encontrar la media y la mediana en un conjunto de datos, pero en ocasiones no será posible hallar la moda. ¿Por qué?

14. **Razonamiento crítico** Carlotta se encontraba en una entrevista de trabajo. Ella comentó que la mediana de su salario en la compañía era de $43,000. ¿Deberá Carlotta esperar recibir ese salario? Explica por qué.

15. **Razonamiento crítico** El promedio de densidad de población en Alaska es de 0.99 personas por milla cuadrada. Explica esta afirmación.

Resolución de problemas
ESTRATEGIAS

- Busca un patrón
- Organiza la información en una lista
- Haz una tabla
- Prueba y comprueba
- Empieza por el final
- Usa el razonamiento lógico
- Haz un diagrama
- Simplifica el problema

Repaso mixto

Haz las siguientes divisiones. *[Curso anterior]*

16. 56 ÷ 8   **17.** 47 ÷ 5   **18.** 567 ÷ 9   **19.** 682 ÷ 7   **20.** 588 ÷ 34

Ordena los siguientes valores de menor a mayor. *[Curso anterior]*

21. 7,286 6,999 8,003   **22.** 13,145 13,201 12,895   **23.** 288 8,822 8,282 28 8,882 82 2,228

TECNOLOGÍA

Uso de un paquete de análisis de datos • Gráficas de mediana y rango

Problema: Durante los primeros siete días del año escolar, una tienda vendió 8, 12, 23, 5, 8, 15 y 3 calculadoras, así como 8, 8, 7, 10, 15, 9 y 2 computadoras. Construye una gráfica de mediana y rango para cada conjunto de datos. ¿Cuál conjunto se "extiende" más? ¿Cuáles puntos aparentan ser valores extremos?

Puedes usar un paquete de análisis de datos para contestar estas preguntas. Estos paquetes forman parte de los programas de estadística y están integrados en las calculadoras de graficación.

1 Introduce los conjuntos de datos. Si utilizas una calculadora de graficación, introdúcelos en forma de lista; pero si usas un paquete de análisis de datos, entonces introdúcelos por columna.

2 En tu calculadora de graficación, selecciona el menú para graficar estadísticas. Tus dos primeros trazos deben consistir en graficar L1 y L2 como un diagrama de mediana. Si usas el paquete de análisis de datos, selecciona el icono correspondiente al diagrama de mediana.

3 Interpreta tus diagramas de mediana. La línea que aparece a la mitad del cuadro muestra la mediana de los datos. Mientras los extremos del cuadro son *cuartiles*, es decir, las medianas de la parte media inferior y media superior de los datos. Los extremos de los rangos muestran los valores menores y mayores del conjunto de datos.

Solución: En el paso 3, los datos sobre la venta de calculadoras (el primer conjunto) se muestran más extendidos, por lo que su gráfica es más larga. Al observar esta gráfica, el 23 parece ser un valor extremo. En la gráfica inferior, tanto el 2 como el 15 aparentan ser valores extremos.

INTÉNTALO

Construye una gráfica de mediana y rango para los siguientes conjuntos de datos y luego contesta las preguntas del problema.

a. 33, 38, 43, 30, 29, 40, 51, 27, 42, 23, 31

b. 11, 14, 18, 5, 16, 8, 19, 10, 17, 20, 34

POR TU CUENTA

▶ ¿En qué medida una calculadora de graficación o un paquete de análisis de datos facilita la interpretación de datos?

▶ ¿Qué te dice una gráfica de mediana con rangos demasiado largos acerca de ese conjunto de datos?

▶ Imagina que dos conjuntos de datos tienen la misma mediana y la misma longitud de rango. Pero si una de las gráficas en el diagrama es más larga, ¿qué puedes decir acerca de ambos conjuntos de datos?

Al principio de esta sección, viste que la geografía ayuda a las personas a comprender el mundo. Ahora tendrás la oportunidad de tomar decisiones con relación a cómo mostrar y resumir los datos geográficos.

Un mundo de geografía

Materiales: Equipo de arte para crear una exhibición

1. Estudia la tabla. ¿Qué relaciones observas entre los valores de los datos? Cuando descubras algo en los datos que pueda ayudar a otras personas a tener una mejor comprensión del mundo, escribe uno o dos enunciados que definan tu descubrimiento.

País	Persona (por mi^2)	Incremento anual de población (%)	Expectativas de vida al nacer (año)	Ingreso anual por habitante ($)	Porcentaje que vive en ciudades
Bélgica	854	0.2	76	15,440	95
Brasil	48	1.9	65	2,680	74
Egipto	151	2.4	60	600	45
Guinea	86	2.5	42	480	22
Haití	636	2.9	45	370	29
Nepal	383	2.5	50	170	8
Polonia	320	0.4	71	1,700	61
Singapur	14,206	1.4	75	12,310	100
África del sur	93	2.6	64	2,520	56
Corea del sur	1,190	1.1	71	5,400	74

2. Crea dos tipos de gráficas o diagramas que ayuden a comunicar las relaciones que hayas observado entre los valores de datos.

3. Calcula la media, la mediana y la moda para dos colecciones de datos que tú elijas. Determina cuál resumen de datos puede ayudar a otros a comprender mejor lo que estás mostrando. Explica tu respuesta.

REPASO 1A

Usa las gráficas para resolver los ejercicios 1 y 2.

1. ¿Qué porcentaje de la mano de obra de Canadá no está empleada en el área de servicios?

2. ¿Cuál gráfica muestra con mayor acierto la parte proporcional de personas que trabajan en la manufactura?

Mano de obra canadiense (1996)

Mano de obra canadiense (1996)

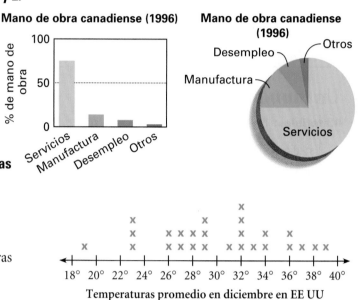

El diagrama de puntos muestra las temperaturas de varias ciudades de Estados Unidos. Úsala para realizar los ejercicios 3–5.

3. ¿Observas algún valor extremo?

4. Halla la mediana y la moda de las temperaturas mostradas.

5. Elabora una tabla arborescente con estos datos.

Temperaturas promedio en diciembre en EE UU

Geografía Usa la tabla para resolver los ejercicios 6–9.

6. Haz una gráfica de barras horizontales para mostrar los datos.

7. ¿Qué país tiene el sistema de canales más grande?

8. Encuentra en la tabla la longitud media de los canales.

9. Si se incluyeran los 15,000 km del sistema de canales de Francia, ¿cómo afectaría esto la respuesta del ejercicio 8?

Sistemas de canales internos	
País	Longitud (km)
China	138,600
Rusia	100,000
Brasil	50,000
Estados Unidos	41,009
Indonesia	21,600
Vietnam	18,000

Para la prueba

En una prueba de elección múltiple, si conoces la media de un número de datos no listados y se te pide encontrar la cantidad total de los valores de datos, debes multiplicar la media por el número de elementos.

10. Un conjunto de cinco valores de datos tiene una media de 26. ¿Cuál es el total de los valores de los datos?

Ⓐ 26　　　　Ⓑ 31　　　　Ⓒ 130　　　　Ⓓ 265

Tendencias y relaciones en los datos

Deportes de todo el mundo

"¡GOOOOOOOL!"

El equipo local de fútbol anota de nuevo y la multitud grita con pasión. La competencia es feroz en cualquier nivel, ya sea en un juego en el patio trasero o en la final de la Copa Mundial de Fútbol. En cualquier lugar del mundo, para los deportes no existen barreras de lenguaje o de distancia. Trátese de fútbol o baloncesto, de natación o tenis, por todas partes encontrarás aficionados que analizan el progreso de sus equipos favoritos y los prospectos para el futuro.

Los entrenadores llevan un seguimiento de diferentes tipos de estadísticas, tanto de su equipo como de sus adversarios. Todas estas estadísticas ayudan a determinar el rendimiento actual de un equipo y a hacer predicciones para su desempeño futuro.

Si bien el estudio de una lista de datos y números toma tiempo, una gráfica puede mostrar dicha información con mayor claridad. Así, en esta sección aprenderás a analizar y mostrar datos.

1 Describe una tendencia que hayas observado en tu vida diaria.

2 ¿Qué otro tipo de seguimiento de estadísticas podría requerir un entrenador? ¿Cómo se pueden medir estas estadísticas?

3 ¿Cómo identificarías el deporte más popular?

1-5 Gráficas de línea quebrada

Vas a aprender...

■ a leer e interpretar gráficas de línea quebrada.

■ a reconocer tendencias.

...cómo se usa

Los fisioterapeutas pueden ver con rapidez el mejoramiento del desempeño de sus pacientes mediante la revisión de una gráfica de línea quebrada de sus estadísticas.

Vocabulario

gráfica de línea quebrada

tendencia

gráfica de doble línea quebrada

▶ **Enlace con la lección** En la sección anterior, aprendiste a crear desplegados de datos. Ahora aprenderás a mostrar los datos que cambian con el transcurso del tiempo y a usar estas presentaciones para predecir el comportamiento futuro de los datos. ◀

Investigar   Gráficas de línea quebrada

Materiales: Utilidad de graficación

Un torneo tendencioso

1. Introduce la primera columna de datos en una utilidad de graficación. Luego determina una escala y elabora la gráfica de línea quebrada de la primera columna de datos. Después introduce la segunda columna de datos.

2. Describe ambas líneas. ¿Qué tienen en común? ¿En qué difieren?

3. Una de las líneas muestra una tendencia. ¿Cuál es? ¿Cómo puedes usar la gráfica para hacer una predicción sobre los valores futuros de los datos?

4. Predice la asistencia total esperada para la Copa Mundial de Francia 1998. Explica cómo determinaste tu predicción.

Torneo masculino de la Copa Mundial de Fútbol		
Año	**Asistencia (millones)**	**Goles (por juego)**
1962	0.8	2.8
1966	1.6	2.8
1970	1.7	3.0
1974	1.8	2.6
1978	1.6	2.7
1982	1.8	2.8
1986	2.4	2.5
1990	2.5	2.2
1994	3.7	2.7

Aprender   Gráficas de línea quebrada

La gráfica de barras adjunta muestra los resultados de las ganadoras del salto de altura femenil en los Juegos Olímpicos de 1968 a 1996. Si la parte superior de las barras se conectara con una recta y se eliminaran las barras, se crearía una gráfica de **línea quebrada**.

Salto de altura femenil en Juegos Olímpicos

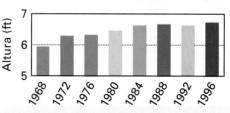

Una gráfica de línea quebrada muestra cómo cambian los datos con el paso del tiempo. Una **tendencia** es una orientación clara del posible comportamiento futuro de los datos. Esta gráfica muestra que se ha incrementado la tendencia de la altura alcanzada por las ganadoras olímpicas.

Salto de altura femenil en Juegos Olímpicos

Si extendieras una gráfica de línea quebrada, podrías usar la dirección de los datos para predecir el comportamiento futuro de los mismos.

Ejemplos

1 Haz una gráfica de línea quebrada con los siguientes datos.

Número de equipos en la NBA							
Año	Equipos	Año	Equipos	Año	Equipos	Año	Equipos
1960	8	1970	14	1980	22	1990	27
1965	9	1975	18	1985	23	1995	29

Resolución de problemas
TEN EN CUENTA

Asegúrate de que el mayor valor mostrado en tu eje sea mayor que el valor más alto que necesitas mostrar.

Paso 1 Dibuja y rotula los ejes. Como las líneas cronológicas son horizontales, coloca las unidades de tiempo sobre el eje horizontal e indica una escala para el eje vertical.

De ser posible, ajusta la escala de 0 a un número que termine en 0. Divide la escala en intervalos que sean fáciles de leer y comprender.

Paso 2 Traza un punto para cada valor y luego une los puntos.

Paso 3 Asigna un título a la gráfica.

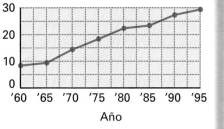

Equipos de la NBA

Enlace con Historia

En 1891, un maestro de educación física llamado James Naismith clavó dos canastas de duraznos al balcón del gimnasio y pidió a sus estudiantes que intentaran arrojar el balón dentro de las canastas. ¡Así fue como nació el baloncesto!

2 Usa la gráfica para predecir el número de equipos de la NBA en el año 2010.

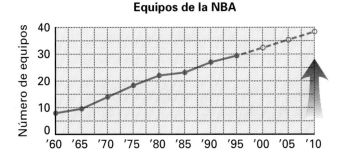

Equipos de la NBA

Para predecir el número de equipos en el 2010, amplía la gráfica de manera razonable. Esto muestra una predicción de alrededor de 38 equipos. Recuerda que la predicción será verdadera sólo si la tendencia continúa.

Una gráfica de línea quebrada puede causar una interpretación errónea si la escala está interrumpida o empieza con un número diferente de cero. La escala de esta gráfica se extiende de 8% a 11%. Como resultado, muestra un agudo incremento, mismo que no podría mostrar una escala de 0% a 11%.

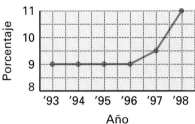

Sé precavido con las interpretaciones erróneas de las gráficas de línea quebrada que aparecen en los periódicos y revistas. Por tanto, asegúrate de que los cambios que realices en tus gráficas estén marcados con claridad.

Recuerda que puedes graficar dos conjuntos de datos relacionados en una **gráfica de doble línea quebrada** .

Ejemplo 3

Elabora una gráfica de doble línea quebrada y descríbela.

Venta de zapatos deportivos en Estados Unidos								
	1987	1988	1989	1990	1991	1992	1993	1994
De baloncesto ($ millones)	169	226	293	428	449	456	407	407
Para aeróbics ($ millones)	401	327	425	389	381	376	318	305

Se dibuja una línea para representar cada conjunto de datos y se le asigna un rótulo. La gráfica muestra que la venta de zapatos de baloncesto se incrementó, mientras que la de zapatos para aeróbics descendió.

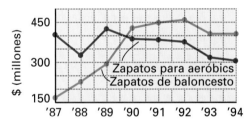

Venta de zapatos deportivos en EE UU

Haz la prueba

Elabora una gráfica de doble línea quebrada con estos datos y descríbela.

Características de casas nuevas			
	1970	1980	1990
Aire acondicionado central (%)	34	63	76
Por lo menos una chimenea (%)	35	56	66

Comprobar Tu comprensión

1. ¿Por qué una gráfica de línea quebrada es una manera adecuada para mostrar los datos que cambian con el tiempo? ¿Cómo indican las tendencias estas gráficas?

2. Proporciona un ejemplo de un conjunto de datos para el cual se pueda utilizar una gráfica de barras, pero no una gráfica de línea quebrada.

Práctica y aplicación

Países que compiten en los Juegos Olímpicos

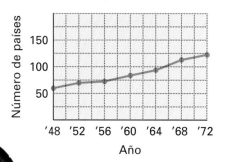

Para empezar La gráfica muestra el número de países que han participado en los Juegos Olímpicos de verano de 1948 a 1972.

1. ¿Qué tendencia observas en la gráfica?

2. ¿Cuál es el intervalo en el eje horizontal? ¿Y en el vertical?

3. Deportes La tabla muestra el puntaje total de Josie después de cada entrada de boliche. Elabora una gráfica de línea quebrada para mostrar esta información.

Entrada	1	2	3	4	5	6	7	8	9	10
Puntaje	8	24	40	48	67	76	104	123	132	150

Anfitriones de Internet

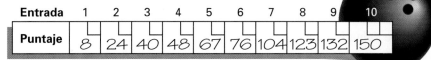

Tecnología Usa la gráfica de anfitriones de Internet (son los sitios donde están almacenadas las páginas Web) para realizar los ejercicios 4 y 5.

4. Predice el número de anfitriones para 1998.

5. ¿Qué otro tipo de gráfica se podría utilizar para mostrar estos datos?

Ciencias sociales Usa la tabla de la media del número de personas por casa en Estados Unidos de 1850 a 1980 para resolver los ejercicios 6 y 7.

Año	1850	1860	1870	1880	1890	1900	1910	1920	1930	1940	1950	1960	1970	1980
Media	5.50	5.28	5.09	5.04	4.93	4.76	4.54	4.34	4.11	3.67	3.37	3.33	3.14	2.75

6. Haz una gráfica de línea quebrada para mostrar estos datos.

7. Describe cualquier tendencia que observes en la gráfica.

8. Usa los datos de la tabla para elaborar una gráfica de doble línea quebrada. Luego describe la gráfica.

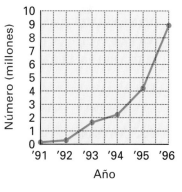

Transporte usado por viajeros				
	1960	1970	1980	1990
Vehículos privados (%)	69	81	86	88
Transporte público (%)	13	8	6	5

9. **Para la prueba** El tiempo del récord mundial de la carrera de relevos de 4×400 m ha descendido con el paso de los años. ¿Cuál de las siguientes gráficas representa este hecho con mayor exactitud?

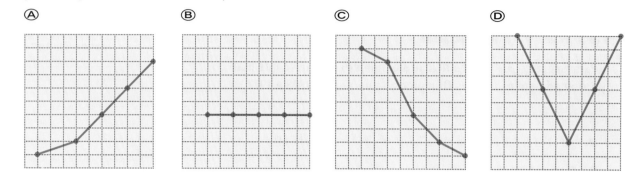

Ⓐ   Ⓑ   Ⓒ   Ⓓ

Resolución de problemas y razonamiento

Razonamiento crítico El equipo Carolina Panthers se incorporó a la NFL en 1995. La gráfica de doble línea quebrada muestra el número de puntos anotados y permitidos por este equipo en los primeros nueve juegos de su primera temporada. Utiliza la gráfica en los ejercicios 10 y 11.

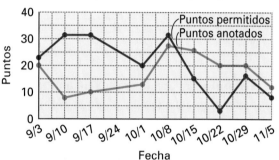

Carolina Panthers (1995)

10. Haz un cálculo aproximado de la mayor y menor cantidad de puntos anotados y permitidos en un juego.

11. ¿En cuántos juegos anotaron más puntos que sus oponentes? ¿Cómo obtienes este cálculo? ¿Cómo puedes saber si el juego resultó en un empate?

12. **Comunicación** Una gráfica de línea quebrada es útil para predecir los valores de los datos a futuro. ¿Pero será acertada tu predicción? Explica tu respuesta.

Repaso mixto

Realiza las siguientes sumas o restas. *[Curso anterior]*

13. $4,512 + 9,439$

14. $6,302 - 2,154$

15. $34,293 + 67,262$

16. $89,684 - 56,158$

17. $452,972 + 318,964$

18. $579,532 - 417,359$

Escoge una escala y un intervalo adecuados para crear una gráfica de barras con los siguientes datos. *[Lección 1-2]*

19. $270, 100, 430, 650, 280$

20. $1300, 2400, 3400, 400$

21. $20, 110, 90, 130$

22. $1000, 1500, 750, 250$

23. $21, 12, 35, 47$

24. $1138, 1257, 1049, 1317$

Diagramas de dispersión y relaciones

▶ **Enlace con la lección** — Ya sabes dibujar gráficas de doble barra y gráficas de doble línea quebrada para comparar valores de datos relacionados. Ahora conocerás un tipo de gráfica que se puede utilizar para investigar dichas relaciones. ◀

Vas a aprender…

■ a leer e interpretar diagramas de dispersión.

■ a elaborar diagramas de dispersión.

■ a reconocer las relaciones entre los datos.

…cómo se usa

Los químicos a menudo elaboran diagramas de dispersión para estudiar de qué manera los factores físicos afectan a los químicos y a las reacciones químicas.

Investigar | Diagramas de dispersión

Diagramas de muchos lanzamientos

El equipo femenil de softbol de lanzamiento rápido de Estados Unidos ganó el Campeonato Mundial en 1994. La gráfica adjunta muestra datos acerca de algunas jugadoras que participaron en este torneo.

1. ¿Quién hizo más hits? ¿Cuántos obtuvo?

2. ¿Cuáles jugadoras hicieron el mismo número de hits? ¿Cuántos hits obtuvieron?

3. ¿Cuáles jugadoras estuvieron el mismo número de veces al bate? ¿Cuántas veces?

4. ¿Qué representa un punto sobre el eje vertical? Explica tu respuesta.

5. Imagina una línea desde el punto que representa 0 hits y 0 veces al bate hasta 10 hits y 10 veces al bate. ¿Por qué no hay puntos abajo de la línea?

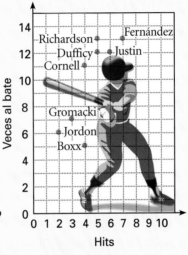

Hits y veces al bate

Vocabulario

diagrama de dispersión

correlación positiva

correlación negativa

sin correlación

Aprender | Diagramas de dispersión y relaciones

Puedes investigar la relación que existe entre dos conjuntos de datos al trazar un **diagrama de dispersión** . Cada conjunto de datos está representado por un eje con su propia escala; y cada par de valores está señalado por un punto.

Para trazar un punto, debes hallar el valor de los datos en cada eje. Para ello, extiende una recta horizontal desde un eje y una recta vertical desde el otro eje. Luego marca un punto donde las líneas se cruzan.

Diagrama de dispersión

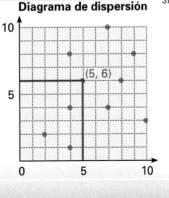

(5, 6)

Ejemplo 1

▶ **Enlace con Ciencias**

La escala Fahrenheit de temperatura lleva el nombre de su inventor, Gabriel Daniel Fahrenheit, quién vivió de 1686 a 1736.

Haz un diagrama de dispersión con los datos de la tabla. Luego describe el diagrama.

Ciudad	Altitud (ft)	Temperaturas más altas (°F)
Denver, CO	5283	99
Helena, MT	4157	98
Phoenix, AZ	1092	113
Reno, NV	4500	102
Spokane, WA	1898	101
Syracuse, NY	408	88

Paso 1 Escoge los ejes y la escala. Ya se estableció el eje horizontal para representar las altitudes. La escala de altitud va de 0 a 6000 pies. Como no hay temperaturas por abajo de los 88°F, la escala empieza en 85°F.

Paso 2 Grafica cada punto. El punto *H* representa la temperatura de 98°F y una altitud de 3828 pies de Helena, MT.

Paso 3 Rotula el diagrama de dispersión.

La mayoría de las temperaturas se agrupa alrededor de 100°F y las altitudes están distribuidas a un mismo nivel, de 0 a 6000 pies.

Haz la prueba

Elabora un diagrama de dispersión con los datos de la tabla y describe el resultado obtenido.

Sugerencia

Asegúrate de tener el espacio suficiente para mostrar todos los puntos de datos en tu diagrama.

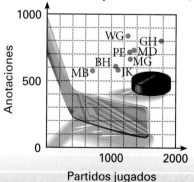

Altitud y temperatura

Puentes famosos de Estados Unidos		
Puente	**Longitud (ft)**	**Anchura (núm. de carriles)**
Brooklyn	1595	6
George Washington	3500	14
Golden Gate	4200	6
Verrazano Narrows	4260	12

Este diagrama de dispersión presenta los datos de las anotaciones y partidos jugados por los jugadores de la Liga Nacional de Hockey con más goles en su carrera. El diagrama muestra que el total de anotaciones por jugador tiende a aumentar conforme se incrementa el número de partidos jugados.

Anotaciones de por vida (hasta la temporada 1995–96)

Cuando dos conjuntos de datos se incrementan al mismo tiempo, muestran una **correlación positiva**. Un diagrama de dispersión con correlación positiva presenta una oblicuidad ascendente a la derecha.

Cuando un conjunto de datos se incrementa y el otro disminuye, los conjuntos muestran una **correlación negativa**. Un diagrama de dispersión con correlación negativa presenta una oblicuidad descendente a la derecha.

Cuando dos conjuntos de datos no se incrementan ni disminuyen al mismo tiempo, se muestran **sin correlación**.

Correlación positiva

Correlación negativa

Sin correlación

Ejemplos

Indica si los conjuntos de datos tienen correlación positiva, negativa o sin correlación.

2 El número de estudiantes que elaboran un trabajo y el tiempo que les toma hacerlo.

A *mayor* número de estudiantes, *menor* tiempo de elaboración: correlación *negativa*.

3

Edad	11	18	7	13	15	10	9
Código de área	205	302	408	508	914	610	818

El diagrama de dispersión muestra una distribución aleatoria de los puntos; se muestran *sin correlación*.

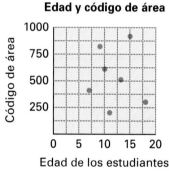

Edad y código de área

Código de área / Edad de los estudiantes

Haz la prueba

Determina si los conjuntos muestran una correlación positiva, negativa o sin correlación.

a. El número de horas que has estado despierto y el número de horas antes de ir a la cama.

b. El número de revistas que compras y el precio total que pagas por ellas.

Sugerencia

Resulta conveniente dormir bien antes de una prueba importante en vez de quedarte a estudiar hasta avanzada la noche.

Comprobar Tu comprensión

1. ¿Qué tienen en común los diagramas de dispersión y los diagramas de puntos? ¿En qué difieren?

2. ¿Por qué en ocasiones es mejor escoger una escala que no empiece en cero?

Práctica y aplicación

1. | Para empezar | Sigue los pasos a continuación para elaborar un diagrama de dispersión.

   a. Escoge una escala para ambos ejes.

   b. Marca el intervalo en cada eje.

   c. Asigna un rótulo a ambos ejes.

   d. Marca los puntos.

   e. ¿Qué tipo de correlación muestra tu diagrama de dispersión?

Puntos anotados en el Super Bowl, 1990–95						
Equipo ganador	55	20	37	52	30	49
Equipo perdedor	10	19	24	17	13	26

Ciencias Usa el diagrama de dispersión de las expectativas de vida y tamaños de animales africanos, en los ejercicios 2 y 3.

2. ¿Qué animal tiene la mayor expectativa de vida? ¿Y la menor?

3. ¿Cuál es la expectativa de vida de un gorila? ¿Y la de un rinoceronte?

4. Deportes Elabora un diagrama de dispersión para mostrar los siguientes datos. Determina si existe una correlación entre ellos.

Expectativas de vida y peso

Partidos jugados	4	7	9	14	15	18	20	23
Servicios as	13	20	28	44	47	56	59	70

5. La tabla muestra la altura, en pulgadas, de algunos estudiantes y sus madres. Haz un diagrama de dispersión para mostrar esta información.

	A	B	C	D	E	F	G	H	I	J
Madre	54	52	60	56	60	66	60	66	64	62
Estudiante	54	58	58	60	62	62	66	66	68	60

Determina si los siguientes conjuntos muestran una correlación positiva, negativa o sin correlación.

6. El tiempo que le toma a un paracaidista aterrizar y la altitud del avión cuando el paracaidista salta.

7. El tiempo que le toma a un corredor recorrer 400 metros y la velocidad a la cual corre.

8. El tiempo transcurrido en la fila de espera para entrar al cine y la duración de la película.

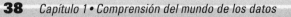

9. **Para la prueba** ¿Qué punto en el diagrama de dispersión representa una calificación perfecta en una prueba?

Ⓐ *P*   Ⓑ *Q*   Ⓒ *R*   Ⓓ *S*

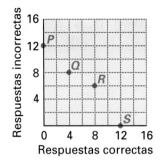

10. **Deportes** ¿Cuál de estos diagramas de dispersión muestra la longitud de las zancadas comparada con el número de zancadas dadas en una carrera de 100 m?

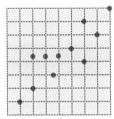

11. **Comunicación** Describe un conjunto de pares de datos que tengan una correlación negativa.

Resolución de problemas y razonamiento

12. **Razonamiento crítico** Este diagrama de dispersión muestra el total de goles anotados en una serie de encuentros de fútbol, graficados contra el número total de tiros a gol. ¿Observas algo inesperado con relación a la gráfica? Explica tu razonamiento.

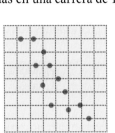

13. **Razonamiento crítico** Este diagrama de dispersión muestra el número de autos que cruzan un puente de cuota en diferentes días del mes de mayo. Describe cualquier patrón que observes.

Autos sobre el puente de cuota

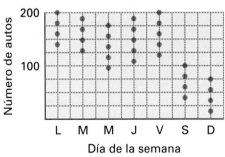

Repaso mixto

Haz las siguientes multiplicaciones o divisiones. *[Curso anterior]*

14. 345×531

15. $842 \div 22$

16. $6{,}241 \times 390$

17. $5{,}924 \div 50$

18. $7{,}238 \times 942$

19. $6{,}319 \times 2{,}733$

Elabora una tabla arborescente para cada conjunto de datos. *[Lección 1-3]*

20. $23, 32, 24, 34, 32, 31, 25, 36, 28, 27, 21, 41, 29$

21. $7, 4, 8, 12, 14, 9, 21, 23, 17, 21, 10, 11, 16, 19, 12$

El proyecto en marcha

Después de haber completado todos tus eventos deportivos, observa los datos que recopilaste para cada uno de ellos. Determina el tipo de gráfica que mostraría de manera más adecuada los resultados de las competencias y luego dibújala. Identifica al ganador de cada evento. Quizá desees organizar una ceremonia de clausura donde se reconozca a todos los ganadores.

Resolución de problemas

Comprende
Planea
Resuelve
Revisa

Líneas de tendencia

Vas a aprender...

■ a construir líneas de tendencia.

■ a usar las líneas de tendencia para hacer predicciones.

...cómo se usa

Los entrenadores necesitan saber si el calendario de entrenamiento que siguen produce los resultados deseados. Una manera de verificarlo es hacer un diagrama de dispersión para comprobar la tendencia.

Vocabulario

línea de tendencia

▶ **Enlace con la lección** Como ya sabes elaborar un diagrama de dispersión para mostrar la relación entre dos conjuntos de datos, es tiempo de usar esa relación para hacer predicciones acerca de los datos. ◀

| **Investigar** | **Líneas de tendencia** |

Tendencias y relaciones

Usa el cuadro de puntuación de los juegos del Campeonato de Baloncesto Femenil de la NCAA en 1996 para responder las siguientes preguntas.

Cuadro de puntuación de la Universidad de Tennessee				
Jugadora	**Estatura (ft-in)**	**Minutos**	**Asistencias**	**Puntos**
Holdsclaw	6-2	34	3	16
Conklin	6-3	23	3	14
Johnson	6-4	28	1	16
Marciniak	5-9	37	5	10
Davis	5-6	32	8	8
Jolly	5-10	10	1	2
Laxton	6-0	12	0	4
Thompson	6-1	21	0	12

1. Elabora un diagrama de dispersión con los datos sobre "Minutos" y "Puntos". Luego dibuja un segundo diagrama de dispersión con los datos sobre "Asistencias" y "Estatura".

2. Describe la diferencia entre las formas de los diagramas de dispersión. ¿Encuentras algo especial sobre los datos que explique esto?

3. ¿Piensas que las jugadoras de estatura alta tienden a tener muchas asistencias? ¿Las que juegan durante varios minutos tienden a anotar muchos puntos?

4. Supónte que una jugadora jugó durante 40 minutos. ¿Cuál sería una buena predicción para el número de puntos anotados por ella? Explica tu respuesta.

5. Imagina que una jugadora tuvo 10 asistencias. ¿Cuál sería una buena predicción para su estatura? Explica por qué.

6. Describe el método que usaste para hacer tus predicciones. ¿Cuáles son los factores determinantes si la predicción resulta ser verdadera?

Aprender | Líneas de tendencia

Cuando los conjuntos de datos muestran una correlación negativa o positiva, puedes trazar una **línea de tendencia** que se aproxime a los datos. Una línea de tendencia debe tener el mismo número de puntos de datos por arriba que por abajo de ella. Al extender la línea de tendencia, puedes hacer predicciones sobre los datos.

Línea de tendencia

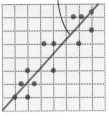

Ejemplos

1 Dibuja un diagrama de dispersión y una línea de tendencia para el número de triunfos y los años de trabajo de los ocho entrenadores de fútbol colegial con el mayor número de juegos ganados.

Años	30	44	27	30	38	33	57	23
Triunfos	259	319	234	278	323	238	314	231

El diagrama de dispersión muestra una correlación positiva entre los triunfos y los años como entrenador.

Para dibujar una línea de tendencia, toma una regla de plástico transparente y posiciónala de manera que un número igual de puntos se encuentre por arriba y por abajo de la línea de tendencia. Luego, dibuja la línea.

2 Usa una línea de tendencia para predecir el número de triunfos para un entrenador que ha trabajado como tal durante 35 años.

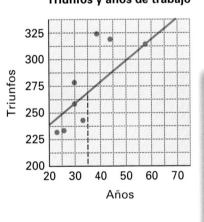

Triunfos y años de trabajo

El punto sobre la línea de tendencia que se encuentra directamente sobre 35 (años) es alrededor de 270 (triunfos). Así, la línea de tendencia sugiere que un entrenador puede ganar 270 juegos en 35 años.

Haz la prueba

a. Dibuja un diagrama de dispersión y una línea de tendencia para estos datos.

Horas viendo la TV (promedio por día)	2.4	5.1	1.8	3.3	3.9	4.7
Libros leídos (promedio anual)	11	3	12	6	6	2

b. Usa una línea de tendencia para predecir el número diario de horas ante la TV para una persona que lee 14 libros al año.

Para la prueba

Es conveniente usar una regla transparente en vez de una de madera para que puedas localizar todos los puntos de los datos.

▶ **Enlace con Historia**

La televisión se inventó en 1923. La primera emisión televisiva que se transmitió a todo el territorio de Estados Unidos fue el 4 de septiembre de 1951, cuando el presidente Truman pronunció un discurso en San Francisco.

¿QUÉ CREES TÚ?

Taro y Melissa querían calcular el precio justo por un trineo motorizado con una antigüedad de 10 años. Estos son los datos que encontraron en los avisos clasificados.

Precio de trineos motorizados usados					
Antigüedad (años)	2	5	3	8	6
Precio ($)	4800	3700	4000	2300	3000

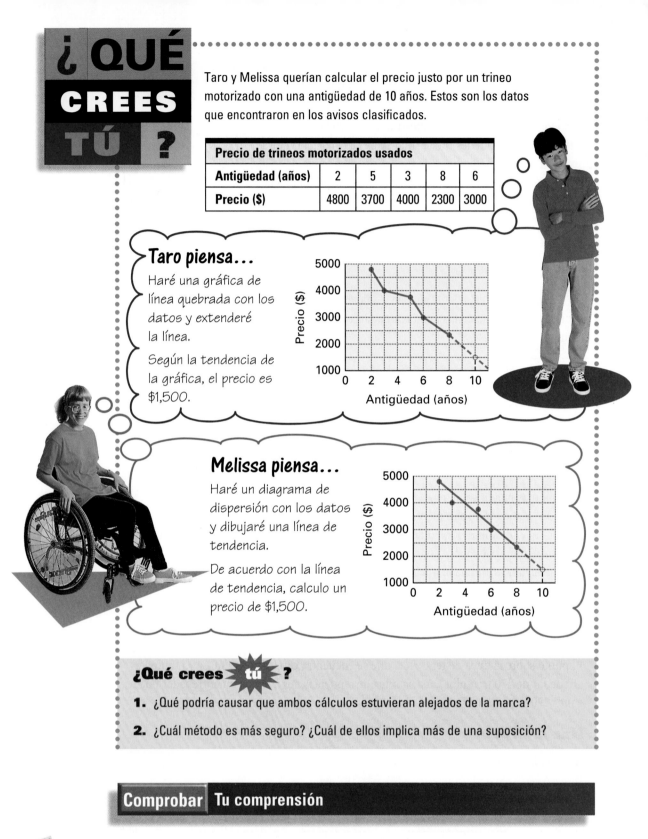

Taro piensa...

Haré una gráfica de línea quebrada con los datos y extenderé la línea.

Según la tendencia de la gráfica, el precio es $1,500.

Melissa piensa...

Haré un diagrama de dispersión con los datos y dibujaré una línea de tendencia.

De acuerdo con la línea de tendencia, calculo un precio de $1,500.

¿Qué crees tú?

1. ¿Qué podría causar que ambos cálculos estuvieran alejados de la marca?

2. ¿Cuál método es más seguro? ¿Cuál de ellos implica más de una suposición?

Comprobar Tu comprensión

1. ¿Cómo determinas dónde debes dibujar una línea de tendencia?

2. ¿En un diagrama de dispersión puede haber más de una tendencia? ¿Por qué?

Práctica y aplicación

1. **Para empezar** El Torneo Abierto de Golf de Sybox, ha incrementado el precio de sus boletos en los últimos 4 años. Usa la tabla para hacer un diagrama de dispersión del promedio diario de asistencia por cada precio del boleto.

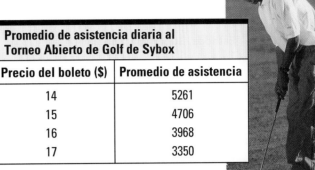

Promedio de asistencia diaria al Torneo Abierto de Golf de Sybox	
Precio del boleto ($)	**Promedio de asistencia**
14	5261
15	4706
16	3968
17	3350

   a. Escoge una escala para ambos ejes.

   b. Marca los intervalos en tus ejes.

   c. Rotula ambos ejes y señala los puntos.

   d. Coloca tu regla de manera que el mismo número de puntos de datos se encuentren por arriba y por abajo de sus bordes.

   e. Dibuja la línea de tendencia.

2. El diagrama de dispersión muestra el número de peces capturados y el tiempo dedicado a la pesca. Copia la gráfica y dibuja una línea de tendencia. Predice el número de peces que podrías capturar en 6 horas.

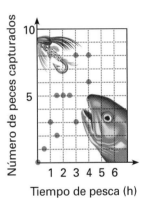

Número de peces capturados

Tiempo de pesca (h)

3. **Consumo** Elabora un diagrama de dispersión con los datos de la siguiente tabla. Después dibuja la línea de tendencia.

Precio del CD ($)	13.99	12.99	11.99	17.99	19.99	21.99	22.99
Número de canciones	15	23	18	14	25	16	22

4. **Para la prueba** La gráfica muestra los tiros a gol y los goles anotados por los jugadores de un equipo de hockey. Si esta tendencia continúa, ¿cuál de estos números es una predicción acertada sobre la cantidad de goles que podría anotar un jugador en 15 tiros a gol?

   Ⓐ 0   Ⓑ 2   Ⓒ 5   Ⓓ 8

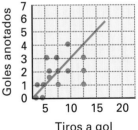

Goles anotados

Tiros a gol

5. **Nutrición** La tabla muestra los gramos de grasa y el número de calorías contenidos en una porción de 8 onzas de leche.

   a. Haz un diagrama de dispersión y dibuja una línea de tendencia.

   b. Usa tu línea de tendencia para predecir cuántas calorías hay en una porción de leche con 6.0 gramos de grasa.

Grasa y calorías en la leche		
Tipo de leche	**Grasa (g)**	**Calorías**
Entera	8.5	150
2% baja en grasa	4.7	120
1% baja en grasa	2.5	100
Descremada	0.4	85

6. Comunicación El diagrama de dispersión muestra la superficie territorial de algunos estados y la población correspondiente en 1996.

a. Describe el diagrama.

b. ¿Puedes usar el diagrama para hacer predicciones?

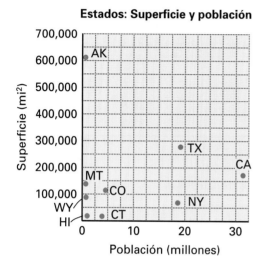

Estados: Superficie y población

7. Deportes La tabla muestra el número de medallas ganadas por seis países en los Juegos Olímpicos de 1996.

a. Haz un diagrama de dispersión y dibuja una línea de tendencia.

b. Usa tu línea de tendencia para predecir cuántas medallas de oro se espera que obtenga un país que ha ganado un total de 200 medallas.

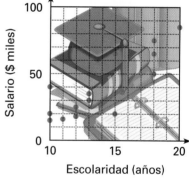

Cuadro de medallas 1996		
País	Oro	Total
EE UU	44	101
Alemania	20	65
Rusia	26	63
China	16	50
Australia	9	41
Francia	15	37

Resolución de problemas y razonamiento

8. Razonamiento crítico El diagrama de dispersión muestra la escolaridad y el ingreso promedio de los empleados en una compañía.

a. ¿Existe una tendencia general?

b. ¿Cuáles puntos parecen ir en contra de la tendencia general?

9. Razonamiento crítico ¿Piensas que un diagrama de dispersión que muestre el número de partidos de baloncesto jugados con el total de puntos anotados por un jugador podría mostrar una tendencia positiva o negativa? ¿Por qué?

10. _En tu diario_ Describe cómo se usan los diagramas de dispersión y las líneas de tendencia para hacer predicciones sobre los valores futuros de los datos.

Salario y escolaridad de empleados

Repaso mixto

Realiza estas sumas, restas, multiplicaciones o divisiones. _[Curso anterior]_

11. $349 + 468 + 2713$

12. $47{,}362 \times 25$

13. $60{,}042 - 5{,}476$

14. $23\overline{)4839}$

15. 3748×406

16. $9{,}365 - 8{,}715$

Encuentra la media, mediana y moda(s) para cada conjunto de datos. _[Lección 1-4]_

17. $38, 28, 35, 29, 38, 40$

18. $11, 37, 28, 37, 37, 18$

19. $109, 98, 92, 94, 112$

En esta sección observaste que en ocasiones los conjuntos de datos están relacionados. También aprendiste a descubrir y analizar esas relaciones. Ahora aplicarás estos conocimientos para buscar relaciones en las estadísticas de béisbol.

Deportes de todo el mundo

El equipo de béisbol Florida Marlins, tiene jugadores capaces de conectar cuadrangulares y la velocidad necesaria para robar bases. Los *cuadrangulares* (CD) son pelotas que por lo general salen del terreno de juego. Las *carreras limpias* (CL) ocurren como resultado de las acciones del bateador. Las *bases robadas* (BR) son las que se producen cuando un corredor en base corre a la siguiente base al momento en que se lanza la bola. A continuación se muestran los totales de la temporada 1995 de la alineación titular de Florida.

1. Haz un diagrama de dispersión con los cuadrangulares en el eje horizontal y las carreras limpias en el eje vertical.

Jugador	CD	CL	BR
Gary Sheffield	16	46	19
Jeff Conine	25	105	2
Terry Pendleton	14	78	1
Greg Colbrunn	23	89	11
Quilvio Veras	5	32	56
Andre Dawson	8	37	0
Kurt Abbott	17	60	4
Charles Johnson	11	39	0
Chuck Carr	2	20	25

2. Determina si existe una correlación positiva, negativa o sin correlación entre los cuadrangulares y las carreras limpias. De haber una correlación, dibuja una línea de tendencia.

3. Haz un diagrama de dispersión con los cuadrangulares en el eje horizontal y las bases robadas en el eje vertical.

4. Determina si existe relación entre los cuadrangulares y las bases robadas. De ser así, traza una línea de tendencia.

5. Predice el número de carreras limpias para un jugador de los Marlins que ha anotado 30 cuadrangulares. Explica cómo hiciste tu predicción.

6. Predice el número de bases robadas para un jugador de los Marlins que ha anotado 30 cuadrangulares. Explica tu respuesta.

1. Da un ejemplo de un diagrama de dispersión que muestre:

    a. una correlación positiva. **b.** una correlación negativa.

    c. sin correlación.

2. La tabla adjunta muestra la distancia total de frenado de un auto a diversas velocidades. Haz una gráfica de línea quebrada con estos datos y úsala para predecir la distancia de frenado de un automóvil que viaja a 70 mi/h.

Distancia de frenado	
Velocidad (mi/h)	**Distancia de frenado (ft)**
50	188
20	45
30	78
10	20
40	125

3. **Comunicación** Si la distancia de frenado a 50 mi/h cambiara a 200 pies, ¿cómo se modificaría tu predicción? Explica tu respuesta.

4. **En tu diario** Describe la diferencia entre una gráfica de línea quebrada y un diagrama de dispersión.

Usa la tabla adjunta para resolver los ejercicios 5–7.

5. Haz un diagrama de dispersión con los datos de la tabla.

6. Dibuja una línea de tendencia en tu diagrama de dispersión.

7. Usa tu línea de tendencia para predecir el promedio de asistencia esperado para un equipo con 110 triunfos.

Asistencia en la División Oeste de la Liga Americana, 1995		
Equipo	**Triunfos**	**Promedio de asistencia**
Minnesota	56	14,690
Cleveland	100	40,038
Milwaukee	65	15,318
Kansas City	70	17,614
Chicago	68	22,673

Para la prueba

A menudo se te pide comparar conjuntos de datos con las gráficas. Resulta útil hacer un bosquejo rápido de los puntos de datos suficientes para reconocer una relación. También es útil verificar cualquier característica de fácil identificación, como los valores de datos repetidos.

8. ¿Cuál sería la gráfica adecuada para este conjunto de datos?

Año	1990	1991	1992	1993	1994	1995	1996
Triunfos	19	22	25	18	20	24	23

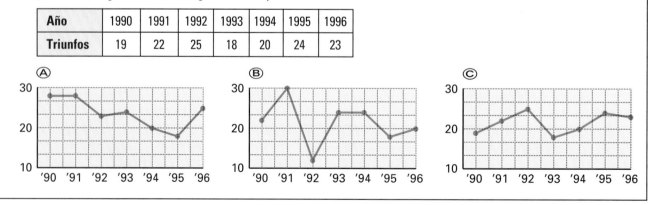

Histogramas

Ya has mostrado datos en diversas formas. Un histograma es otra manera común de ilustrar datos numéricos.

Una estación de radio elaboró una encuesta a 100 personas en cinco categorías de edades para encontrar cuántas de ellas disfrutan de la música rap. La tabla de frecuencia adjunta muestra los resultados de la encuesta. La columna de la frecuencia indica cuántas personas de cada categoría de edad dijeron disfrutar de la música rap.

Categoría de edad	Frecuencia
50–59	5
40–49	9
30–39	18
20–29	40
10–19	28

Puedes exponer estos datos en una gráfica de barras llamada histograma. En un histograma no existe espacio entre las barras.

Las categorías de edades se muestran en la parte inferior del histograma. La altura de cada barra indica el número de personas en cada categoría.

Observa que el número de años en cada categoría de edad es el mismo. Cuando expones datos en un histograma, todos los grupos deben tener el mismo tamaño.

Resultados de la encuesta de música

Haz la prueba

Trabaja en equipo para hacer un histograma que muestre la siguiente información.

Mediana de ingresos semanales en Estados Unidos, 1993				
Categoría de edad	25–34	35–44	45–54	55–64
Ingresos ($)	439	519	543	492

Organizador gráfico

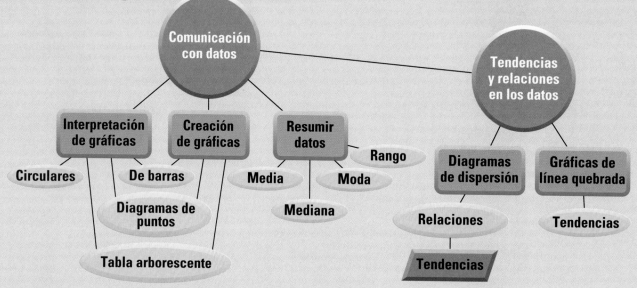

Sección 1A Comunicación con datos

Resumen

- Una **gráfica circular** utiliza **sectores** de un círculo para representar datos.

- En una **gráfica de barras** los datos se representan por la longitud de las barras que pueden ser **horizontales** o **verticales**. Se debe elegir una **escala** y un **intervalo**. Las **gráficas de doble barra** muestran dos conjuntos de datos en la misma gráfica.

- En un **diagrama de puntos**, las columnas de × muestran la frecuencia en que ocurren los valores. Es fácil determinar cuáles elementos aparecen con más frecuencia y cuáles son **valores extremos**.

- Usa una **tabla arborescente** para mostrar la distribución de los valores.

- La **media** en un conjunto de datos es la suma de los valores dividida entre el número de datos. La **moda** es el (los) número(s) que aparece(n) con más frecuencia. La **mediana** es el valor intermedio en un conjunto de datos ordenados. El **rango** es la diferencia entre el valor mayor y menor de los datos.

Repaso

1. Elabora una gráfica de barras para mostrar estos datos. 45, 23, 10, 62, 73, 50, 35

2. Halla la media, mediana, moda(s) y el rango. 14, 23, 7, 25, 23, 19, 7, 51, 11, 23

3. Elabora una tabla arborescente para ilustrar: 32, 22, 45, 23, 33, 37, 41, 28, 34, 42

4. ¿Qué tipo de gráfica muestra mejor la variedad de música de los CD de los estudiantes?

5. ¿Cuáles son los dos continentes cuya superficie cubre casi la mitad del territorio mundial?

Superficie de los continentes

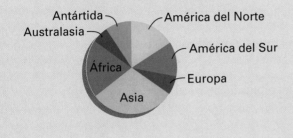

6. Elabora una gráfica de barras con el eje vertical interrumpido para mostrar los cuatro aeropuertos más concurridos del mundo en 1994. Explica por qué tu gráfica se podría interpretar de manera errónea.

Aeropuerto	Pasajeros (millones)
Chicago O'Hare	66
Atlanta Hartsfield	54
Dallas—Ft. Worth	53
Londres Heathrow	52

7. Elabora un diagrama de puntos para mostrar el tiempo de los finalistas en una carrera.

Minutos	30	50	60	70	80	90	120
Finalistas	5	4	8	7	6	3	2

Sección 1B Tendencias y relaciones en los datos

Resumen

■ Una **gráfica de línea quebrada** muestra datos graficados como puntos que después se conectan con rectas. Es posible mostrar dos conjuntos de datos relacionados por medio de una **gráfica de doble línea quebrada**. La **tendencia** de los datos se puede observar desde una gráfica de línea quebrada.

■ Los **diagramas de dispersión** muestran si un dato de doble valor tiene **correlación positiva, negativa** o **sin correlación**. Se puede trazar una **línea de tendencia** en un diagrama de dispersión y usarla para predecir los valores de los datos.

Repaso

8. ¿Cuál diagrama de dispersión muestra una correlación positiva?

a.

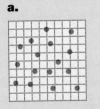

b.

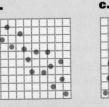

c.

9. La siguiente tabla muestra la posición en la categoría individual de la tenista profesional Conchita Martínez al final de cada año. Elabora una gráfica de línea quebrada para mostrar los datos.

Año	1991	1992	1993	1994	1995
Posición	9	8	4	3	2

10. Elabora un diagrama de dispersión con los datos de los jugadores de un equipo de voleibol. Dibuja una línea de tendencia y predice el número esperado de faltas en el servicio para un jugador con 20 servicios as.

Servicio as	4	5	8	10	15
Faltas en el servicio	7	12	16	21	33

Ciencias sociales Usa la gráfica circular que muestra la población por edades de Estados Unidos en 1990 para las preguntas 1 y 2.

1. ¿Cuál categoría de edad fue la mayoría de la población de EE UU en 1990?

2. ¿Cuáles son las dos categorías de edad que juntas son alrededor del mismo tamaño que la categoría Menores de 20 años?

3. Explica por qué estas dos gráficas sobre la temperatura promedio mensual en Dallas–Fort Worth parecen tan diferentes.

Población en EE UU, 1990

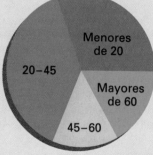

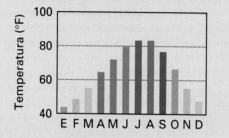

Usa la tabla en las preguntas 4–6.

4. ¿Cuántos niños hay en la familia más numerosa? ¿Cuántos niños hay en total?

Niños en una familia	1	2	3	4	5	6	7
Número de familias	5	8	7	3	2	0	1

5. Haz un diagrama de puntos con los datos y úsalo para detectar cualquier valor extremo.

6. Encuentra la media, la mediana, la(s) moda(s) y el rango de los siguientes datos. ¿Cuál medida resume de manera más adecuada la información acerca de las familias: la media, la mediana o la moda?

7. Haz un diagrama de dispersión con los datos de la tabla. Dibuja la línea de tendencia y úsala para predecir la altura de un hombre de 25 años de edad. ¿Tiene sentido esta predicción?

Edad (años)	Nacimiento	2	4	8	12	16	18
Altura (in.)	20	34	40	51	59	68	69

Tarea para evaluar el progreso

Oceanía es el nombre asignado a Australia, Melanesia, Nueva Zelanda y Papúa Nueva Guinea. Muestra de dos maneras los datos presentados en la tabla y describe cómo ayuda cada una a comprender los datos.

	Australia	Melanesia	Nueva Zelanda	Papúa Nueva Guinea
Población en 1995	18,100,000	5,800,000	3,600,000	4,300,000
Población en 2015 (aproximación)	29,000,000	10,100,000	4,400,000	7,500,000

Evaluación del progreso

Escoge un problema.

MASCOTAS POPULARES

Las mascotas a menudo juegan un papel importante en nuestras vidas. Ya sea que naden en una pecera o que se acurruquen en una alfombra, requieren de muchos cuidados y atenciones. Haz una encuesta para encontrar las mascotas más populares en tu salón. Halla el costo promedio de la manutención de cada tipo y el tiempo requerido para su cuidado. Elabora un cartel para mostrar tus resultados. Muestra tus datos en una de las formas aprendidas en este capítulo.

Salto a la capital

Nuestra nación está conformada por 50 estados que tienen su propia capital. Haz una lista de las capitales y cuenta las letras de sus nombres. Muestra tus resultados en un diagrama de puntos. ¿Detectas algún valor extremo? ¿Están agrupadas en un número particular de letras? Escoge una capital típica para representar los estados. Averigua cómo obtuvo su nombre y por cuánto tiempo ha sido capital de estado. ¿Es más antigua o más moderna que la capital de tu estado?

¡Lanza los dados!

Lanza un grupo de cuatro dados 100 veces y anota el total obtenido en cada ocasión. Haz una tabla arborescente para mostrar tus resultados. Describe cualquier patrón que observes. Escoge otra forma de exponer tus datos y compara las dos gráficas. Explica qué muestra tu segunda gráfica que no se perciba en la tabla arborescente.

¿QUÉ VEN EN LA TV?

Una cadena de televisión desea vender tiempo de publicidad para cuatro de sus programas. Hizo una encuesta para determinar el número de espectadores. Los números representan millones de espectadores.

Programa	Mujeres	Hombres	Adolescentes	Niños
A	6.1	3.9	9.0	8.5
B	8.0	3.7	4.6	3.4
C	5.0	7.4	1.8	0.5
D	4.4	4.0	5.8	4.2

Haz una gráfica de doble barra para usarla cuando vendas el tiempo de publicidad en programas atractivos para los adultos. Luego elabora una segunda gráfica cuando vendas publicidad en programas para adolescentes y niños. Como fabricante de una patineta nueva, usa las gráficas para decidir en qué programas comprarías tiempo publicitario. Explica tus elecciones.

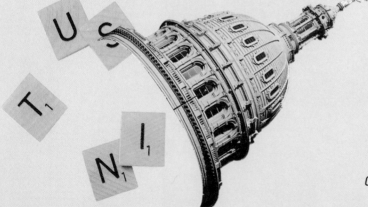

Entretenimiento

La calificación de un clavadista olímpico equivale a las calificaciones otorgadas por los jueces, multiplicadas por el grado de dificultad del clavado.

Arte y Literatura

Cuando Charles Dickens escribió *David Copperfield*, fue remunerado de acuerdo con una fórmula basada en el número de palabras que escribió. *David Copperfield* fue una de sus obras más extensas.

Alrededor del mundo

En el año 1700 a.C., un sacerdote egipcio llamado Ahmes, fue la primera persona en utilizar el símbolo de igualdad.

expresiones y ecuaciones

Enlace con Ciencias sociales
www.mathsurf.com/7/ch2/social

Ciencias

Puedes usar el canto de los grillos en un árbol nevado para determinar la temperatura.

Ciencias sociales

El ábaco de la antigua China fue una de las primeras calculadoras. Las calculadoras electrónicas que usan el orden de las operaciones en forma automática surgieron hasta el siglo XX.

IDEAS CLAVE DE MATEMÁTICAS

Una variable es un símbolo que representa uno o más valores numéricos.

Una fórmula muestra cómo están relacionadas diversas variables. Las fórmulas describen relaciones de la vida cotidiana.

El orden de las operaciones indica qué hacer en primer lugar, luego en segundo y así en lo sucesivo cuando calculas el valor de una expresión.

Cuando resuelves una ecuación o una desigualdad, encuentras el (los) valor(es) de la variable que hace que la ecuación o desigualdad sea verdadera.

Una operación inversa anula una operación. Cuando resuelves una ecuación o desigualdad, usas operaciones inversas para aislar la variable.

PROYECTO DEL CAPÍTULO

Resolución de problemas

Comprende
Planea
Resuelve
Revisa

En este proyecto, vas a desarrollar un plan para dirigir un negocio. Primero determina el tipo de negocio que te gustaría administrar. Puedes considerar cortar el césped, cuidar niños o mascotas, o algún otro servicio.

Enfoque en la resolución de problemas

Identificar qué información no es necesaria

En ocasiones un problema contiene más información de la que tú necesitas. Para **comprender** mejor el problema, debes distribuir toda la información y determinar los datos que requieres para resolver el problema.

Para cada problema, identifica la información numérica que no es necesaria. Sin embargo, quizá algunos problemas carezcan de información que no es necesaria. (No requieres resolver los problemas.)

1 Un pájaro carpintero picotea un árbol 14 veces por segundo. Existen 209 especies de pájaros carpinteros. ¿Cuántas veces podría picotear de continuo un árbol un pájaro carpintero en 15 segundos?

2 Un correcaminos adulto mide como 600 centímetros de largo. En distancias cortas, un correcaminos puede correr a una velocidad de 20 kilómetros por hora. Si corriera durante 2 horas, ¿qué tan lejos correría?

3 Los pingüinos Emperador producen un solo huevo por pareja que procrea cada año. Imagina que hay 180 pingüinos procreando en una colonia. En un año, ¿cuántos huevos piensas que depositarían estos pingüinos?

4 El ave doméstica más cara es la guacamaya jacinta. Estas aves pueden tener un costo hasta de $12,000, y llegan a vivir un promedio de 50 años en cautiverio. Un parque de aves exóticas tiene una guacamaya jacinta de 7 años y le costó $7,000. ¿Cuánto tiempo más piensas que puede vivir esta guacamaya?

Fórmulas

Estados Unidos adora los autos...
antiguos y modernos

La fascinación de los estadounidenses por los automóviles comenzó en 1901, cuando salió la primera producción en serie de autos, los Olds Dash. Un año antes, se habían fabricado poco menos de 4000 autos en Estados Unidos. Hacia 1910, las fábricas estadounidenses producían 500,000 unidades cada año. Hoy día, más de 9 millones de automóviles se fabrican anualmente.

Muchas personas de todas las edades sueñan con conducir un auto nuevo. Pero en ocasiones tienen que desistir de este sueño después de calcular el costo de compra y mantenimiento del automóvil.

Necesitas usar las matemáticas para calcular el costo total del mantenimiento de un auto para determinar si puedes afrontar los gastos. Las relaciones matemáticas y los símbolos te permiten calcular el costo de tu "máquina de ensueño".

1 ¿Por qué es importante considerar otros costos además del precio de un auto?

2 ¿Qué clase de costos forman parte de poseer y conducir un auto?

3 ¿En qué otra situación, aparte de los autos, la gente puede aplicar las matemáticas para calcular los costos totales?

Fórmulas y variables

Vas a aprender...

■ a usar fórmulas para mostrar las relaciones entre cantidades.

■ a utilizar variables para representar cantidades.

■ a sustituir valores por variables.

...cómo se usa

Los analistas del ambiente utilizan fórmulas para determinar la cantidad de ácido contenido en la lluvia.

Vocabulario

fórmula

variable

sustituir

▶ **Enlace con la lección** En el capítulo anterior, utilizaste gráficas de línea quebrada y diagramas de dispersión para mostrar las relaciones entre cantidades. Ahora aprenderás a mostrar dichas relaciones mediante el uso de símbolos. ◀

Investigar | Fórmulas

¡Calienten sus motores!

1. Las 24 horas de Daytona, es una carrera de automóviles que se celebra cada año en Daytona Beach, Florida. Equipos de 3 a 5 pilotos conducen sus autos las millas que puedan recorrer en 24 horas. La siguiente tabla muestra la velocidad promedio, en mi/h, de algunos autos que terminaron la carrera de 1996. Puedes calcular el número de millas recorridas por un automóvil en una carrera, si multiplicas la velocidad promedio del auto por 24. Copia y completa la tabla a continuación.

Velocidad promedio	103	96	95	93	90	88	82
Millas							

2. Usa símbolos para representar la relación entre la velocidad promedio de los autos, la distancia y el tiempo requerido para completar la carrera.

3. Explica cómo podrías usar la relación por sí misma para encontrar el número de millas recorridas por un auto con una velocidad promedio de 110 mi/h.

4. La primera carrera de Daytona, celebrada en 1962, sólo duró 3 horas. Dan Gurney condujo un Ford Lotus a una velocidad promedio de 104 mi/h para obtener el triunfo. Cambia tu relación para calcular el número de millas recorridas por el Ford Lotus de Gurney. Explica el cambio en la relación.

Aprender | Fórmulas y variables

Una **fórmula** es una regla que muestra las relaciones entre cantidades. Se usa una **variable** para representar una cantidad cuyos valores pueden cambiar o variar. Y, por lo general, las fórmulas contienen variables.

Con frecuencia se utilizan letras para representar variables. Escoge letras que te recuerden lo que representan.

Para encontrar la relación entre el perímetro (longitud que lo rodea) de un cuadrado y la longitud de un lado, asigna la variable *s* para representar la longitud de un lado de un cuadrado y la variable *p* para representar el perímetro del cuadrado. La relación es la fórmula $p = 4 \cdot s$. Observa que $4 \times s$ está escrito como $4 \cdot s$, aunque también se podría escribir como $4s$.

Fórmula

$$p = \mathbf{4} \cdot s$$

Variables

En ocasiones conoces los valores de algunas variables en una fórmula y puedes remplazar estas variables con los valores que ya conoces. La acción de remplazar variables con valores se llama **sustituir**.

Ejemplos

1 La fórmula para calcular el costo (C) de un tanque de gas es $C = p \cdot g$. Encuentra el costo del tanque de gas si el precio por galón (p) es $1.70 y el número de galones (g) es 12.

Precio por galón   **Número de galones**

$$C = p \cdot g$$

$$= \$1.70 \cdot 12 \qquad \text{Sustituye \$1.70 por } p \text{ y 12 por } g.$$

$$\text{Costo} = \mathbf{\$20.40} \qquad \text{Haz la multiplicación.}$$

El costo del tanque de gas es $20.40.

2 Jeremy es cocinero en un restaurante de comida casera. Él usa la fórmula $c = \frac{f}{8}$ para cambiar onzas fluidas (f) a tazas (c). Calcula cuántas tazas equivalen a 32 onzas fluidas.

$$c = \frac{f}{8} = \frac{32}{8} \qquad \text{Sustituye 32 por } f.$$

$$= 4 \qquad \text{Haz la división.}$$

Cuatro tazas equivalen a 32 onzas fluidas.

Haz la prueba

a. La fórmula para obtener el promedio (A) de dos números (a y b) es $A = \dfrac{a + b}{2}$. Utilízala para calcular el promedio de 10 y 18.

b. El costo de una afinación (C), el cargo por hora (h) y el número de horas laboradas (n) están relacionados mediante la fórmula $C = h \times n$. Si la tarifa por hora es de $40, encuentra el costo de una afinación que se realiza en 4 horas.

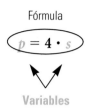

¿LO SABÍAS?

Un galón de gasolina sin plomo costaba $0.61 en 1976.

▶ **Enlace con Ciencias**

El sistema métrico decimal es usado por los científicos en todo el mundo. Un litro equivale como a 34 onzas fluidas, es decir, un poco más de un cuarto de galón.

1. Proporciona un ejemplo de una variable y explica lo que representa.

2. Da un ejemplo de una fórmula que uses en tu vida diaria.

2-1 Ejercicios y aplicaciones

Práctica y aplicación

1. **Para empezar** La fórmula $p = 2 \cdot l + 2 \cdot w$ se puede utilizar para hallar el perímetro de un rectángulo.

   a. Nombra las variables de esta fórmula.

   b. Usa la fórmula para hallar el perímetro de un rectángulo con una longitud (l) de 6 cm y una anchura (w) de 4 cm.

Geometría Puedes utilizar la fórmula $A = l \cdot w$ para calcular el área de un rectángulo. Sustituye los valores dados en la fórmula. Luego usa la fórmula para encontrar A.

2. $l = 15$ cm, $w = 5$ cm

3. $l = 10$ m, $w = 23$ m

4. $l = 8$ in., $w = 14$ in.

5. $l = 12$ ft, $w = 20$ ft

Ciencias La fórmula $v = \dfrac{d}{t}$ se utiliza para hallar la tasa o velocidad promedio cuando conoces la d (distancia) y el t (tiempo). Sustituye los valores por d y t en la fórmula. Luego usa la fórmula para calcular v.

6. $d = 150$ mi, $t = 3$ h

7. $d = 10$ km, $t = 23$ h

8. $d = 800$ mi, $t = 1$ h

9. $d = 12$ km, $t = 20$ h

Ciencias Usa la tabla siguiente para resolver los ejercicios 10 y 11.

Animal	Cheetah	León	Cebra	Jirafa	Elefante	Pollo
Máxima velocidad (mi/h)	70	50	40	32	25	9

10. A estas velocidades, ¿qué tan lejos puede viajar un cheetah en 30 minutos? ¿Y un elefante?

11. ¿Qué tanto más lejos que una jirafa puede viajar un león en 30 minutos?

12. **Salud** La fórmula $C = 13m$ relaciona las calorías "quemadas" (C) y los minutos que dura la carrera (m). Halla el número de calorías "quemadas" en 30 minutos de carrera.

13. **Para la prueba** Usa la fórmula $g = \dfrac{c}{16}$ para convertir tazas (c) en galones (g). ¿Cuántos galones equivalen a 64 tazas?

Ⓐ $\dfrac{1}{4}$ gal   Ⓑ 4 gal   Ⓒ 48 gal   Ⓓ 1024 gal

Resolución de problemas y razonamiento

14. Tienes que arreglar el estéreo de tu auto. El taller de reparación cobra $10 por hora, más $30 por visita. Usa la fórmula $C = 10h + 30$, donde C es el costo y h las horas.

a. ¿Cuál sería el costo si la reparación dura 3 horas?

b. Escoge una estrategia ¿Sería la misma cantidad que pagarías si llevaras tu estéreo en una ocasión por 1 hora y luego en otra por 2 horas? Explica tu razonamiento.

15. Comunicación Piensa en una fórmula que hayas usado antes. Escribe un problema de la vida diaria para el cual utilizarías esta fórmula.

16. Razonamiento crítico Algunas fórmulas que se usaron en el pasado ahora son obsoletas. Por ejemplo, las unidades como los palmos (p), los dedos (d) y las cuartas (c) alguna vez se utilizaron para medir longitudes.

a. Dado que $p = d \div 4$ y $s = p \div 3$, ¿cuántas cuartas de longitud tiene un objeto que mide 24 dedos?

b. ¿De dónde crees que provienen las palabras *dedos*, *palmos* y *cuartas* (y *pies*)?

> **Resolución de problemas**
> ## ESTRATEGIAS
> - Busca un patrón
> - Organiza la información en una lista
> - Haz una tabla
> - Prueba y comprueba
> - Empieza por el final
> - Usa el razonamiento lógico
> - Haz un diagrama
> - Simplifica el problema

Repaso mixto

Redondea cada número como se indica. *[Curso anterior]*

17. 23,685; al millar más cercano

18. 45,684; a la decena más cercana

19. 7,466; a la centena más cercana

20. 754,391; al millar más cercano

21. 295,972; a la centena más cercana

22. 1,864; a la decena más cercana

23. 74,614; a la centena más cercana

24. 8,397; a la decena más cercana

25. 146,199; al millar más cercano

26. 187,243; a la decena de millar más cercana

27. 3,824,341; a la decena de millar más cercana

28. 4,179,486; a la decena de millar más cercana

Haz una gráfica de línea quebrada para mostrar los siguientes conjuntos de datos. *[Lección 1-5]*

29.

Año	'90	'91	'92	'93
Altura (in.)	42	46	47	49

30.

Año	'80	'85	'90	'95
Ganancia ($1000)	328	625	763	947

El orden de las operaciones

▶ Enlace con la lección
Has utilizado fórmulas para mostrar las relaciones entre cantidades. Ahora aprenderás a usar fórmulas que implican varias operaciones. ◀

Vas a aprender...

■ a usar el orden de las operaciones para encontrar los valores de las expresiones.

■ a utilizar las propiedades asociativa, conmutativa y distributiva.

...cómo se usa

Los astrónomos utilizan las propiedades asociativa, conmutativa y distributiva para resolver y simplificar ecuaciones complejas que describen el movimiento de las estrellas y los planetas.

Vocabulario

expresión

Propiedad conmutativa

Propiedad asociativa

Propiedad distributiva

Investigar | El orden de las operaciones

Materiales: Calculadora científica

¿Puedo tomar su orden?

1. Introduce 12 [+] 9 [÷] 3. ¿Qué respuesta obtienes? ¿Qué operación ejecuta primero tu calculadora: la suma o la división?

2. Algunas calculadoras dan una respuesta de 7 al paso 1. ¿Cómo obtienen estas calculadoras ese resultado?

3. Introduce (12 [+] 9) [÷] 3. ¿Qué respuesta obtuviste? ¿Cómo obtuvo tu calculadora esa respuesta?

4. Usa tu calculadora para encontrar el valor de las siguientes expresiones. Menciona cuál operación se ejecutó primero.

   a. $4 + 3 \times 2$ **b.** $(4 + 3) \times 2$ **c.** $16 - 4 \div 2$ **d.** $(16 - 4) \div 2$

5. Imagina que usas una calculadora científica y una fórmula con tres operaciones. Una de ellas es suma o resta; otra es multiplicación o división; y una más se hace entre paréntesis. ¿Cuál operación ejecutará primero tu calculadora?, ¿y en segundo lugar?, ¿y en tercer lugar?

Aprender | El orden de las operaciones

Una **expresión** es un enunciado matemático que puede consistir en variables y/o números y operaciones. Por ejemplo, $4 + 3 \cdot 2$ y $b + 4$ son expresiones.

El valor de una expresión puede depender del orden en el cual se ejecutan las operaciones. En seguida se muestran dos maneras de hallar el valor de $7 + 3 \times 2$:

Primero suma $7 + 3$.	Primero multiplica 3×2.
↓	↓
$7 + 3 \times 2 = 10 \times 2 = \mathbf{20}$	$7 + 3 \times 2 = 7 + 6 = \mathbf{13}$

El resultado de evaluar una fórmula como $D = a + b \cdot c$ depende del orden en el cual se ejecutan las operaciones.

Para indicar el orden que se debe seguir, en ocasiones se requiere utilizar símbolos de agrupación. Los paréntesis y las barras de división son dos tipos de símbolos de agrupación.

EL ORDEN DE LAS OPERACIONES

1. Simplifica lo que está dentro de paréntesis, o bien sobre o abajo de la barra de división.	$2 + 3^2 \times (4 + 3)$ $2 + 3^2 \times (7)$
2. Simplifica los exponentes.	$2 + 9 \times 7$
3. Multiplica y divide de izquierda a derecha.	$2 + 63$
4. Suma y resta de izquierda a derecha.	65

Existen diversas formas de indicar la multiplicación.

3 por n se puede escribir como $3 \times n$, $3 \cdot n$, $3(n)$ o $3n$; y $a \cdot b$ también se escribe ab.

En las hojas de cálculo, se utiliza un asterisco (*) para indicar la multiplicación: $3 * n$.

Ejemplos

1 Encuentra el valor de $2(6 + 4) - 3 \cdot 5$.

$2(6 + 4) - 3 \cdot 5 = 2(10) - 3 \cdot 5$ Realiza primero las operaciones dentro de los símbolos de agrupación.

$\qquad\qquad = 20 - 15$ Multiplica 2(10) y 3 · 5.

$\qquad\qquad = 5$ Haz la resta.

2 Un mecánico de automóviles ordenó ocho bujías para auto y cuatro para camión. Las bujías para auto cuestan \$0.75 y las de camión \$3.00. Encuentra el valor de $8 \cdot 0.75 + 4 \cdot 3$, es decir, el costo total de estas partes.

$8 \cdot 0.75 + 4 \cdot 3 = 6 + 12$ Multiplica 8 • 0.75 y 4 • 3.

$\qquad\qquad = 18$ Haz la suma.

El costo de estas partes es \$18.

Haz la prueba

Halla el valor de cada expresión.

a. $3 + 8 \div 2$

b. $\dfrac{6 + 3}{3} - 1$

c. $(2 \times 5) - 1 + 5^2 \div 5$

d. $14 \div 7 + 8(3)$

Junto con las reglas del orden de las operaciones, las propiedades **conmutativa**, **asociativa** y **distributiva** te ayudarán a encontrar los valores de las expresiones.

PROPIEDAD	EJEMPLO (números)	EJEMPLO (variables)
Propiedad conmutativa de la suma	$2 + 7 = 7 + 2$	$a + b = b + a$
Propiedad conmutativa de la multiplicación	$4 \cdot 9 = 9 \cdot 4$	$ab = ba$
Propiedad asociativa de la suma	$3 + (5 + 1) = (3 + 5) + 1$	$a + (b + c) = (a + b) + c$
Propiedad asociativa de la multiplicación	$8 \cdot (2 \cdot 9) = (8 \cdot 2) \cdot 9$	$a(bc) = (ab)c$
Propiedad distributiva	$5(7 + 2) = 5 \cdot 7 + 5 \cdot 2$	$a(b + c) = ab + ac$

- La propiedad conmutativa establece que el *orden* no influye cuando sumas o multiplicas.
- La propiedad asociativa establece que la forma de *agrupación* no influye cuando sumas o multiplicas.
- La propiedad distributiva establece que multiplicar una suma de dos números por un tercero es lo mismo que multiplicar cada número en la suma por el tercer número y luego hacer la suma.

Ejemplo 3

Sólo se fabricaron 104 autos Dual-Ghia. La fórmula $N = 4D$ relaciona el número de neumáticos (N) con el número de Dual-Ghias (D). ¿Cuántos neumáticos se necesitaron para todos los Dual Ghia?

$N = 4(104)$	Sustituye.
$= 4(100 + 4)$	Escribe 104 como 100 + 4.
$= 4 \cdot 100 + 4 \cdot 4$	Usa la propiedad distributiva.
$= 400 + 16$	Haz la multiplicación.
$= 416$	Realiza la suma.

Se necesitaron 416 neumáticos.

CÁLCULO MENTAL

Cuando multipliques un número mayor por uno menor, divide el número mayor en dos números que sean más fáciles de multiplicar y usa la propiedad distributiva de la multiplicación en forma mental.

Haz la prueba

Evalúa estas expresiones. **a.** $6(405)$ **b.** $307 \cdot 8$ **c.** $12 \cdot 205$

Comprobar Tu comprensión

1. ¿Son necesarios los paréntesis en la expresión $7 + (10 \div 2)$? Explica tu respuesta.

2. ¿Hay una propiedad conmutativa para la resta? ¿Y para la división? ¿Por qué?

Práctica y aplicación

Para empezar Menciona la operación que debe realizarse primero.

1. $12 - 6 \times 2$ **2.** $18(24 + 36)$ **3.** $64 \div 2 \cdot 3$ **4.** $\dfrac{16 + 4}{5}$

¿La expresión contiene símbolos de agrupación? ¿Cuáles son?

5. $24 \div (6 - 5)$ **6.** $24 \div 12 + 2$ **7.** $\dfrac{14 + 4}{9}$ **8.** $20 \cdot 3 \div 2$

Halla el valor de las siguientes expresiones.

9. $16 - 12 \div 4$ **10.** $3^2 \cdot 2 - (8 - 2) \div 3$ **11.** $83 + 2(4 - 1)$

12. $11(3 + 1) \div 2^2 + 3$ **13.** $72 - 30 \div (2 + 3)$ **14.** $7^2 - \dfrac{(5^2 + 1)}{2} \cdot 3$

15. **Para la prueba** Halla el valor de $a + 2 \cdot b$ si b es 4 y a es 3.

     Ⓐ 10   Ⓑ 11   Ⓒ 18   Ⓓ 20

Comprensión numérica Copia los siguientes enunciados e inserta paréntesis para hacerlos verdaderos.

16. $18 + 12 \div 3 + 1 = 11$ **17.** $18 + 12 \div 3 + 1 = 21$

18. $7 \times 2 + 3 \times 6 = 102$ **19.** $7 \times 2 + 3 \times 6 = 140$

¿Cuál propiedad se muestra?

20. $12 + 48 = 48 + 12$ **21.** $12 \cdot (14 \cdot 16) = (12 \cdot 14) \cdot 16$

22. $28 + (30 + 34) = (28 + 30) + 34$ **23.** $47 \cdot 39 = 39 \cdot 47$

24. $5(3 + 4) = 5 \cdot 3 + 5 \cdot 4$ **25.** $(6 + 2) \cdot (5 + 7) = (5 + 7) \cdot (6 + 2)$

26. Imagina que organizas una exhibición de mascotas. La primera mañana participarán 40 perros. Necesitas asignar 4 minutos a cada perro para su presentación y 1 minuto para limpiar después de mostrar a cada uno. ¿Cuánto durará la sesión de la mañana? ¿Qué propiedad usarías para encontrar la respuesta?

27. **Consumo** La fórmula $C = p + ip$ da el costo total (C) de un artículo, donde p es el costo del artículo antes de cargar el impuesto e i es la tasa de impuesto.

   a. ¿Cuál es el costo total de una batería para auto de $62 si la tasa de impuesto es de 5% (0.05)?

   b. La fórmula $C = p(1 + i)$ también te dará el costo total. Úsala para calcular el costo total de una batería de $62.00 con la misma tasa de impuesto.

   c. ¿Cómo están relacionadas las fórmulas?

Resolución de problemas y razonamiento

28. **Razonamiento crítico** Usa exactamente cuatro 4 y una combinación de $+, -, \times, \div$ y paréntesis para escribir tres expresiones diferentes que sean equivalentes a 1.

29. José usa la fórmula $p = 2l + 2w$ para calcular el perímetro (p) de un rectángulo con una longitud (l) y una anchura (w). Phan usa la fórmula $p = 2(l + w)$. ¿Los dos hallarán el perímetro correcto? ¿Por qué?

30. **Razonamiento crítico** Wanda invita a cuatro amigas a comer. Cada una ordena una ensalada y una bebida. Existen dos maneras de calcular la cuenta, ¿cuáles son? ¿Qué propiedad se manifiesta por el hecho de que ambos métodos dan el mismo resultado?

EL PARADERO

Menú

Ensalada	$1.49
Sopa	$1.29
Hamburguesa	$1.89
Bebidas	$0.79

Repaso mixto

Haz un cálculo aproximado de cada suma. *[Curso anterior]*

31. $48 + 27$

32. $275 + 305$

33. $89 + 38 + 61$

34. $7,846 + 4,874$

35. $32 + 61 + 78$

36. $3,275 + 2,305$

37. $97 + 78 + 35$

38. $15,321 + 26,453$

Elabora un diagrama de dispersión para mostrar los datos y describe la relación. *[Lección 1-6]*

39.

Edad del niño	2	6	3	4	8	5	7	3	8	2
Primos	7	3	6	3	4	4	8	3	7	8

40.

Juegos	5	2	7	8	4	1	6	10	3
Hits	9	3	10	14	4	3	8	13	5

El proyecto en marcha

Piensa acerca de los costos de iniciar y administrar un negocio. Elabora un cuadro que liste las cosas que necesitarás para tu negocio y el costo de dar servicio al número de consumidores que esperas.

Resolución de problemas

Comprende
Planea
Resuelve
Revisa

TECNOLOGÍA

Uso de la hoja de cálculo • Fórmulas y operaciones

Problema: Tu equipo de baloncesto ha anotado 85, 90, 73, 100, 76, 92, 87 y 75 puntos en los últimos ocho juegos. ¿Cuántos puntos anotó tu equipo en total? ¿Cuál es el promedio de puntos de tu equipo?

Usa las fórmulas integradas de tu hoja de cálculo para responder estas preguntas.

1 Introduce los puntajes dentro de la hoja de cálculo como se muestra:

	A	B	C	D	E	F	G	H	I
1	Puntos anotados	85	90	73	100	76	92	87	75
2	Total =								
3	Promedio =								

	A	B	C	D	E	F	G	H	I
1	Puntos anotados	85	90	73	100	76	92	87	75
2	Total =	678							
3	Promedio =								

2 En la celda B2, introduce la fórmula de suma integrada en tu hoja de cálculo. Puede tener un icono similar a éste: Σ.

3 En la celda B3, introduce la fórmula que calcula el promedio.

	A	B	C	D	E	F	G	H	I
1	Puntos anotados	85	90	73	100	76	92	87	75
2	Total =	678							
3	Promedio =	84.75							

Solución: El total es 678 puntos. El promedio es 84.75 puntos.

INTÉNTALO

a. Halla la suma y el promedio de 721, 789, 765, 345, 234, 143, 908 y 709.

b. Encuentra la suma y el promedio de 23, 34, 67, 88, 54, 27, 28, 21, 41 y 55.

POR TU CUENTA

▶ ¿Por qué piensas que las hojas de cálculo tienen fórmulas integradas?

▶ ¿Cuáles son las ventajas y desventajas de usar una hoja de cálculo para encontrar un promedio? Explica tu respuesta.

▶ Introduce la fórmula personalizada "=(B1+C1+D1+E1+F1+G1+H1+I1)/8" en la celda B4. Compara la respuesta con el promedio de la celda B3. Explica lo que observas.

2-3 Fórmulas y tablas

Vas a aprender...

■ a usar una fórmula para hacer una tabla de valores.

■ a realizar una fórmula cuando se te proporciona una tabla de valores.

...cómo se usa

Cuando los agentes de seguros analizan reclamaciones, usan tablas de valores que están basadas en fórmulas.

Resolución de problemas
TEN EN CUENTA

Busca un patrón para calcular la relación entre los valores en una tabla o en una hoja de cálculo. Observa cómo cambian los valores en cada columna.

▶ **Enlace con la lección**   Como ya sabes sustituir valores cuando se te da una fórmula, ahora crearás tablas a partir de fórmulas y hallarás las fórmulas desde las tablas. ◀

Investigar   Fórmulas y tablas

Biografías de autos

Materiales: Software de hoja de cálculo

En una hoja de cálculo, si deseas multiplicar el número de la celda A2 por 5 y guardar el resultado en C2, debes escribir "=A2*5" en la celda C2 y luego apretar Enter.

La hoja de cálculo ofrece datos sobre el Motorette, un auto que estuvo a la venta de 1946 a 1948.

	A	B
1	Número de autos	Número de neumáticos
2	1	3
3	2	6
4	3	9
5	4	

1. ¿Qué patrón observas que relacione los valores de las columnas A y B? ¿Cuál fórmula usarías para la celda B5?

2. Introduce la información sobre el Motorette en una hoja de cálculo y completa las 4 hileras siguientes.

Esta información es de un auto de 1983, el Thrust 2.

	A	B
1	Distancia (mi)	Tiempo (h)
2	633	1
3	1266	2
4	1899	3
5	2532	

3. ¿Qué patrón observas que relacione los valores de las columnas A y B? ¿Cuál fórmula usarías para la celda B5?

4. Introduce la información sobre el Thrust 2 en una hoja de cálculo y completa las 7 hileras siguientes.

5. Elabora una hoja de cálculo para el automóvil compacto Eshelman 1955.

	A	B	C	D
1	Número de autos	Peso (lb)	Distancia (mi)	Gasolina (gal)
2	1	250	70	1
3	2	500	140	2

6. ¿Qué datos extraños hallaste sobre el Motorette, el Thrust 2 y el Eshelman?

Puedes usar una fórmula para hacer una tabla de valores. Asigna un rótulo a las hileras y columnas de una tabla. Los valores se derivan de la sustitución hecha en la fórmula.

Ejemplo 1

La fórmula del impuesto sobre ventas en Nebraska es $t = 0.05 \times c$, donde c es el costo de los servicios y t es el impuesto. Úsala para hacer una tabla de impuestos por los servicios ofrecidos en Lava Autos Sparkling.

Multiplica el costo de cada servicio por 0.05.

Servicios	Básico	Especial	De lujo	Súper	Personalizado
Costo (c)	$4.00	$5.00	$8.00	$11.00	$16.00
Impuesto sobre ventas (t)	$0.20	$0.25	$0.40	$0.55	$0.80

Haz la prueba

El área de un cuadrado se puede calcular mediante la fórmula $A = s \cdot s$, donde A es el área y s es la longitud de un lado. Usa la fórmula para hacer una tabla de las áreas de cuadrados, cuyos lados tienen una longitud de 2, 3, 5, 8, 10 y 12 pulgadas.

Si *empiezas* con una tabla de valores, puedes usar tu comprensión numérica para encontrar la fórmula que se utilizó para hacer la tabla.

Ejemplo 2

PISTA

La función constante en muchas calculadoras te puede ayudar a calcular y comprobar los valores en una tabla. Para $D = 30g$, puedes:

Introducir 1 [×] 30 [=]

luego 2 [=]

3 [=]

Halla una fórmula que relacione t y d.

Tiempo (t)	1	2	3	4	5	6
Distancia (d)	50	100	150	200	250	300

Estudia la tabla. Observa que en cada columna, la distancia recorrida equivale al tiempo multiplicado por 50.

La fórmula es $d = 50t$.

Haz la prueba

Halla una fórmula que relacione las variables.

a.

x	1	2	3	4
y	8	16	24	32

b.

m	6	7	8	9
n	2	3	4	5

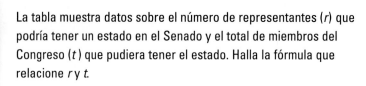

La tabla muestra datos sobre el número de representantes (*r*) que podría tener un estado en el Senado y el total de miembros del Congreso (*t*) que pudiera tener el estado. Halla la fórmula que relacione *r* y *t*.

Representantes (*r*)	1	2	3	4	5	6
Total de miembros (*t*)	3	4	5	6	7	8

Kimberly piensa...

En cada columna, el valor de *t* es 2 veces más que el valor de *r*.

La fórmula es $t = r + 2$.

Jacob piensa...

En cada columna, el valor de *r* es 2 veces menos que el valor de *t*.

La fórmula es $r = t - 2$.

¿Qué crees tú?

1. ¿Los dos métodos te permitirán hallar el valor de *r* si sabes el valor de *t*? ¿Cuál de los dos es más fácil de usar si conoces el valor de *t*?

2. ¿Los dos métodos te permitirán hallar el valor de *t* si sabes el valor de *r*? ¿Cuál de los dos es más fácil de usar si conoces el valor de *r*?

Comprobar | Tu comprensión

1. Imagina que las hileras y columnas de una tabla están intercambiadas. ¿La nueva tabla muestra una información diferente? Explica tu respuesta.

2. ¿Crees que siempre hay una fórmula que relacione dos conjuntos de números *cualesquiera*? Explica tu respuesta.

Práctica y aplicación

1. | **Para empezar** | La fórmula $H = 24 \cdot D$ relaciona el número de horas (H) con el número de días (D).

   a. Sustituye 3 por D para hallar el número de horas en 3 días.

   b. Sustituye 4 por D para hallar el número de horas en 4 días.

   c. Usa tus respuestas de **a** y **b** a fin de empezar a llenar la tabla. Luego llena el resto de la tabla.

Días	3	4	5	6	7	8
Horas						

2. Consumo En 1973, el precio promedio de la gasolina normal en Estados Unidos era de $0.39 por galón. La fórmula $C = 0.39G$ relaciona el costo (C) con el número de galones adquiridos (G). Haz una tabla que muestre el costo de 2, 5, 7, 9 y 12 galones de gasolina en 1973.

3. Ciencias La escala Kelvin de temperatura se utiliza algunas veces en las ciencias. La fórmula $K = 273 + C$ relaciona los grados Kelvin (K) con los grados de Celsius (C). Haz una tabla que muestre las temperaturas Kelvin correspondientes a las de Celsius de 0°, 20°, 40°, 60°, 80° y 100°.

Halla una fórmula que relacione las variables.

4.

u	1	2	3	4
v	5	6	7	8

5.

x	3	4	5	6
y	15	20	25	30

6.

p	7	8	9	10
q	2	3	4	5

7.

m	2	3	4	5
n	12	18	24	30

8.

x	5	6	7	8
y	50	60	70	80

9.

w	11	12	13	14
v	1.1	1.2	1.3	1.4

10. **Para la prueba** ¿Cuál fórmula muestra la relación de las variables en la tabla?

k	4	6	8	12
j	2	3	4	6

Ⓐ $j = 2k$ Ⓑ $j = 2 + k$ Ⓒ $k = 2j$ Ⓓ $k = 2 + j$

11. **Salud** Para determinar cuánta medicina para adulto se debe dar a un niño, algunos médicos usan la fórmula $C = \frac{Y}{Y + 12} \cdot A$, donde C es la cantidad de medicina que se debe dar al niño, Y es la edad del niño en años y A es la cantidad de medicina que por lo general se le da a un adulto. Haz una tabla para un niño de 4 años a fin de mostrar la cantidad de medicina que se le debe dar cuando la dosis para un adulto es de 4 g, 8 g, 12 g y 16 g.

Resolución de problemas y razonamiento

12. **Comunicación** El sonido viaja a una velocidad de 1480 metros por segundo en el agua a una temperatura de 20°C. La fórmula $D = 1480s$ relaciona la distancia (D) y los segundos (s).

    a. Haz una tabla de valores para ver la distancia que puede viajar el sonido de 0 a 10 segundos.

    b. En el agua, a una temperatura de 10°C, el sonido viaja a 1450 metros por segundo. ¿Cómo cambia este dato los valores de la tabla? ¿Y cómo modifica la fórmula?

13. **Razonamiento crítico** La intensidad del sonido disminuye con gran rapidez conforme te alejas de la fuente del sonido. La fórmula $I = \frac{100}{d \cdot d}$ proporciona la intensidad (I) del sonido que tiene 100 watts de potencia a una distancia determinada (d) desde la fuente del sonido. ¿Cuántas veces es más intenso el sonido a 1 pie de distancia que a 10 pies?

Repaso mixto

Haz un cálculo aproximado de las siguientes restas. *[Curso anterior]*

14. $52 - 24$ 15. $81 - 32$ 16. $625 - 238$ 17. $499 - 328$

18. $81 - 47$ 19. $572 - 297$ 20. $8324 - 7632$ 21. $7811 - 3236$

Haz un diagrama de dispersión para ilustrar los datos. Dibuja una línea de tendencia y predice los valores de y cuando x = 9. *[Lección 1-7]*

22.

x	2	5	3	7	3	8	2	5	1	6	4
y	4	6	5	7	4	6	3	5	3	5	4

23.

x	10	8	3	4	7	1	4	6
y	2	1	7	7	3	9	4	4

En esta sección aprendiste de qué manera las variables y las fórmulas te ayudan a comprender las relaciones entre las cantidades de la vida cotidiana. Ahora podrás aplicar estos conocimientos a una situación probable: Imagina que acabas de cumplir 16 años y alguien te obsequió un auto nuevo. La pregunta es, ¿puedes hacerte cargo de su funcionamiento?

Estados Unidos adora los autos... antiguos y modernos

Se te ha obsequiado un auto nuevo Freebie de cuatro cilindros. El automóvil te salió gratis, pero los gastos diarios son tu responsabilidad: el cuidado de los frenos, la gasolina que debes comprar y el mantenimiento del motor. La Asociación Americana de Automóviles calcula que un auto de cuatro cilindros cuesta en promedio $0.80 por milla recorrida.

1. Completa la tabla para un auto de cuatro cilindros.

Millas recorridas (m)	10	20	50	100	500	1000	2000
Costo (c)							

2. Escribe una fórmula que relacione las dos variables de la tabla.

3. Calcula la distancia promedio que recorrerías cada día. ¿Cuál sería el costo de operación del automóvil por día? ¿Y por un año?

La tabla muestra que el costo diario de operación de tu auto depende de la distancia que recorres. Pero existen otros *costos fijos* que debes pagar aunque no lo conduzcas: el seguro, las cuotas de registro y licencia, los impuestos, entre otros. Estos gastos pueden llegar a miles de dólares al año.

4. Imagina que los costos fijos de tu auto son de $3000 por año. Completa la siguiente tabla que muestra el costo total anual, incluidos los $3000.

Millas anuales (m)	6,000	9,000	12,000	18,000	24,000
Costo anual (a)					

5. Escribe una fórmula que relacione las millas anuales (m) y el costo anual (a).

6. Usa tu cálculo aproximado del paso 3 para determinar el costo de operación anual de tu auto.

Evalúa las siguientes expresiones.

1. $9 + 12 \div 3 - 3$

2. $\dfrac{3^2 + 3}{3 \cdot 2^2}$

3. $14 \div 7 \cdot 4 - 1$

4. $42 \cdot 2 - 2.1$

5. $\dfrac{2 + 6}{2} + 3 \cdot 4$

6. $6^2 \div 4 + 5 \cdot 3 + 1$

Coloca los paréntesis necesarios para hacer cada enunciado verdadero.

7. $9 \times 9 - 9 \div 9 = 0$

8. $9 \times 9 - 9 \div 9 = 8$

9. $9 \times 9 - 9 \div 9 = 80$

Evalúa las siguientes fórmulas para los valores dados.

10. $t = \dfrac{D}{r}, D = 1000, r = 50$

11. $C = ph, p = 12, h = 10$

Halla la fórmula que relacione las variables.

12.

u	1	2	3	4
v	10	11	12	13

13.

x	2	4	5	6
y	6	12	15	18

14. La fórmula $t = \dfrac{d}{s}$ mide el tiempo recorrido por una tormenta en horas. Una gran tormenta se localiza a 160 millas de Miami. Completa la tabla para calcular el número de horas que le tomará llegar a Miami a diferentes velocidades.

Velocidad (s) en mi/h	5	8	10	20
Tiempo recorrido (t) en h				

15. Describe los pasos que usas para sustituir los valores contenidos en una fórmula.

Para la prueba ●

Cuando se te pide encontrar el valor de una expresión que contiene varias operaciones, resulta conveniente escribir la expresión en una hoja por separado y usar con mucho cuidado el orden de las operaciones, mediante el método de paso a paso.

16. Halla el valor de $12 + 3 \cdot 4^2(7 - 5) + \dfrac{4 + 2}{3}$.

Ⓐ 62   Ⓑ 110   Ⓒ 146   Ⓓ 482

¿Una máquina eficiente?

👉 ¿Consideras un cumplido el decir que cierto invento es una "Máquina Rube Goldberg"? El caricaturista Rube Goldberg (1881-1970) disfrutaba burlarse del amor a las máquinas que impera en Estados Unidos. Él "inventó" muchas máquinas complicadas pero poco útiles. Esta caricatura muestra un invento para despertarse en las mañanas.

👉 Gracias a sus "inventos" Rube Goldberg figura en el *Webster's New World Dictionary*: "cualquier invento complicado... ideado para desempeñar una operación sencilla en apariencia". Las máquinas de Goldberg implican una serie de acciones realizadas en cierto orden.

👉 De igual forma, las operaciones matemáticas con frecuencia se pueden describir como una serie de acciones. En esta sección aprenderás acerca de estas operaciones. Verás cómo las operaciones de hacer y "deshacer" te pueden ayudar a resolver problemas con mayor facilidad que como lo hace la máquina de Rube Goldberg para despertar a una persona.

OLVÍDESE DE QUEDARSE DORMIDO.
AL SALIR EL SOL, UNA LUPA **(A)** QUEMA UNA BOLSA DE PAPEL HACIENDO UN AGUJERO **(B)** POR EL CUAL GOTEA AGUA QUE CAE EN UN CUCHARÓN **(C)**, CUYO PESO PERMITE LEVANTAR LA COMPUERTA **(D)** A FIN DE DAR PASO A UNA PELOTA PESADA **(E)** QUE RUEDA POR EL CANAL **(F)**, LO CUAL JALA LA CUERDA **(G)** QUE LEVANTA LA CAMA **(H)** EN POSICIÓN VERTICAL HASTA COLOCARLO A USTED DIRECTO SOBRE SUS ZAPATOS **(I)**.

P.D. USTED NO PUEDE REGRESAR A LA CAMA Y DORMIR UNOS CUANTOS MINUTOS MÁS, PUESTO QUE NO HAY LUGAR PARA ELLO.

RUBE GOLDBERG

1 ¿Cómo escribirías "triplica el cinco y después súmale 2" en lenguaje matemático?

2 Describe una fórmula matemática que implique varios pasos.

Operaciones inversas

▶ **Enlace con la lección** Has aplicado fórmulas, variables y el orden de las operaciones para expresar relaciones y encontrar los valores de las expresiones. Ahora *invertirás* el orden de las operaciones para resolver problemas. ◄

Vas a aprender...

■ a utilizar operaciones inversas.

...cómo se usa

Un diseñador de juegos de computadora a menudo tiene que trabajar de manera inversa y anular los pasos de un juego para corregir los errores y hacer las mejoras convenientes.

Vocabulario

operaciones inversas

Resolución de problemas
TEN EN CUENTA

Elabora una tabla para llevar el registro de los "doggles" producidos cada día.

Investigar | **Operaciones inversas**

Viernes, jueves, miércoles...

Un inventor ha creado una máquina que hace gafas de natación para perros, llamadas "doggles". Las siguientes pistas describen la primera semana de operación de esta máquina.

A. El lunes todo estuvo en orden, excepto por las interrupciones telefónicas de los dueños de tiendas de mascotas que deseaban saber cuándo podían hacer su pedido de doggles.

B. El martes fue todo un éxito: la máquina duplicó la producción del lunes.

C. El miércoles una botella de pegamento cayó dentro de la máquina, por lo cual la producción se interrumpió durante 2 horas. Por tanto, la producción de este día se redujo 4 veces con relación al día anterior.

D. El jueves, dos trabajadores se reportaron enfermos. La producción de este día se redujo a la mitad de lo alcanzado el miércoles.

E. El viernes se produjeron 23 pares de doggles, es decir, 5 veces más de lo producido el jueves.

1. Comienza con la primera pista y trabaja a partir del final para calcular la cantidad de pares de doggles producidos el lunes.

2. Explica cómo resolviste el problema.

Aprender | **Operaciones inversas**

Imagina que recorres en tu bicicleta 4 millas hacia el norte y luego decides regresar al punto de partida. Para ello tienes que recorrer 4 millas hacia el sur. El hecho de viajar hacia el norte y después hacia el sur son acciones inversas porque se "anulan" entre sí.

Imagina que sumas 5 a un número y deseas regresar al número con el que comenzaste. Para ello podrías restar 5. La suma y la resta reciben el nombre de **operaciones inversas** así como la multiplicación y la división. El inverso de la acción de multiplicar por 4 es dividir entre 4. Las operaciones inversas "anulan" entre sí.

$$2 \boxed{+5} = 7 \qquad 7 \boxed{-5} = 2$$

$$2 \boxed{\cdot 4} = 8 \qquad 8 \boxed{\div 4} = 2$$

En ocasiones, es necesario anular más de una acción. El orden en que se realizan las acciones determina el orden en el cual se anulan. En la mañana antes de ir a la escuela, lo más probable es que te pongas primero los calcetines y luego los zapatos. Para anular estas acciones, debes quitarte primero los zapatos y después los calcetines. Las operaciones inversas funcionan de la misma manera.

Ejemplos

1 El mecanismo siguiente es un proceso de operación inversa. Si se introdujera 9, ¿cuál sería el resultado?

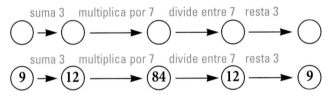

El resultado es 9.

2 Un número se multiplica por 4 y luego se le resta 5 al resultado. ¿Qué operaciones se requieren para regresar al número original?

Se necesita sumar 5 para anular la resta, luego se divide la suma entre 4 para anular la multiplicación.

Haz la prueba

a. Si se introdujera 12 al mecanismo del ejemplo 1, ¿cuál sería el resultado?

b. Un número se divide entre 2 y luego se suma 3 al cociente. ¿Qué operaciones se necesitan para regresar al número original?

Comprobar Tu comprensión

1. ¿Cómo puedes utilizar las operaciones inversas para verificar una suma? ¿Y un producto?

2. ¿Cómo puede una operación inversa "anular" una operación?

2-4 Ejercicios y aplicaciones

Práctica y aplicación

Para empezar **Menciona la acción inversa de los siguientes ejercicios.**

1. Conducir un auto 5 millas al este

2. Prender la calefacción

3. Subir corriendo las escaleras de tres pisos

4. Restar 643

5. Sumar $4.50

6. Dividir entre 65

El siguiente mecanismo es un proceso de operación inversa. ¿Cuál sería el resultado al introducir cada paso? Anota cada uno de los pasos.

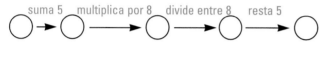

7. 25   **8.** 12   **9.** 44   **10.** *m*

11. **Comprensión de operaciones** ¿Qué rótulos necesita el siguiente mecanismo para que el resultado sea el mismo que el valor inicial?

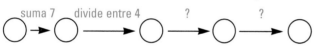

12. **Para la prueba** Un número se multiplica por 5 y luego se suma 7 al resultado. ¿Qué operaciones se requieren para regresar al número original?

   Ⓐ Resta y división

   Ⓑ Suma y multiplicación

   Ⓒ División y suma

   Ⓓ Ninguna de las anteriores

13. **Geografía** Cuando Les viajó de Ohio a Oregon, atrasó su reloj 3 horas. ¿Qué debe hacer con su reloj cuando vuele de regreso a Ohio?

14. **Geografía** El piloto Denny Zimmerman vuela por todo el territorio de Estados Unidos para entregar el correo nocturno. En un viaje, voló al noroeste, de Baltimore a Pittsburgh, y luego al suroeste hacia Dallas. La noche siguiente viajó hacia el noroeste, de Dallas a San Francisco, y después al norte hacia Seattle. ¿Qué ruta necesita seguir el capitán Zimmerman si desea regresar a Baltimore pasando por las mismas ciudades?

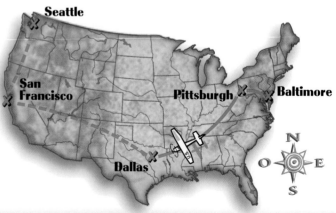

15. Ciencias Una loba tuvo 10 cachorros en su tercera camada. Esta vez, tuvo el doble de cachorros que en su segunda camada, en la cual tuvo 3 cachorros más que en la primera. Calcula el número de cachorros de su primera camada.

Resolución de problemas y razonamiento

16. Imagina que perdiste tu cartera o tu bolso. ¿Cómo te pueden ayudar las operaciones o acciones inversas a encontrarlo? Proporciona un ejemplo.

17. Comunicación Escribe una serie de acciones y luego describe los pasos que seguirías para anularlas.

18. Razonamiento crítico Copia y completa la tabla. Explica cómo calculaste los números que faltaban.

n	Suma 8	Resta 8
4	12	4
12	20	?
18	?	18
?	10	?
?	?	10
n	?	?

Repaso mixto

Haz un cálculo aproximado de los siguientes productos. *[Curso anterior]*

19. 31×8

20. 14×58

21. 28×52

22. 715×16

23. 129×419

24. 318×104

25. 4792×617

26. 4122×108

Realiza estas multiplicaciones. *[Curso anterior]*

27. $10 \times 10 \times 10$

28. $4 \times 4 \times 4 \times 4$

29. $5 \times 5 \times 5$

30. $7 \times 7 \times 7 \times 7$

31. $10 \times 10 \times 10 \times 10$

32. $2 \times 2 \times 2 \times 2 \times 2$

33. $10 \times 10 \times 10 \times 10 \times 10$

34. $3 \times 3 \times 3 \times 3 \times 3 \times 3$

35. $8 \times 8 \times 8 \times 8 \times 8$

El proyecto en marcha

Observa los costos que listaste antes. Con tus conocimientos sobre ecuaciones, escribe y resuelve una ecuación para saber cuánto debes cobrar a cada cliente para determinar tus costos. En seguida, determina cuánto cobrarías por tus servicios. Prepara un informe donde describas tu negocio y explica cómo calculaste el precio que debes cobrar.

Resolución de problemas

Comprende
Planea
Resuelve
Revisa

Traducción de palabras en expresiones

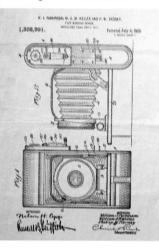

▶ **Enlace con la lección** Como ya sabes calcular el valor de una expresión determinada, ahora escribirás expresiones al traducir palabras en símbolos matemáticos. ◀

Investigar | Trucos numéricos

A continuación, este conejo va a desaparecer

1. Escoge un número. Escríbelo. → Duplica el número. →
Réstale 5. → Súmale 5. → Divide el número a la mitad. Escribe el resultado.

2. Repite el paso 1 tres veces y en cada ocasión usa un número distinto como punto de partida.

3. ¿Qué observas en tus resultados? ¿Por qué piensas que esto sucede?

4. Usa variables, operaciones y números para traducir este "truco numérico" en símbolos matemáticos.

5. Inventa un truco numérico como el de esta página. Usa por lo menos cuatro palabras que describan operaciones numéricas. (El truco anterior utiliza, *duplicar*, *restar*, *sumar* y *dividir a la mitad*.) Prueba tu truco con otro compañero.

Aprender | Traducción de palabras en expresiones

Una **expresión algebraica** es una expresión que contiene una variable, como x, $b - 4$ y $5(n + 3)$. Cuando resuelvas un problema real, quizá debas traducir palabras o enunciados en expresiones algebraicas. El siguiente cuadro muestra las operaciones que se pueden sugerir para palabras o enunciados.

Suma	Resta	Multiplicación	División
más	menos	veces	dividido entre
suma	diferencia	producto	cociente
más que	menos que	duplicar	mitad de
incrementado por	disminuido por	por	separar en partes iguales
ganancia de	menor de	de	por

Ejemplos

Escribe una expresión algebraica para cada enunciado.

1 Cinco menos que un número c

$c - 5$

2 Cuatro veces la suma de un número n y 3

$4(n + 3)$

4 veces   la suma de n y **3**

$4 \cdot \boxed{n + 3}$

Haz la prueba

Escribe una expresión algebraica para cada enunciado.

a. La mitad de un número h.   **b.** d dólares más que el precio de $25.

c. El producto de un número d y la diferencia de un número v y 5.

También puedes traducir expresiones algebraicas en enunciados.

Ejemplos

Escribe un enunciado para cada expresión algebraica.

3 $x + 7$

Una respuesta posible puede ser "un número x incrementado por 7".
Aunque también existen otras respuestas.

4 $4n - 5$

Una respuesta posible puede ser "cinco menos que cuatro veces un número n".
Aunque también existen otras respuestas.

Haz la prueba

Escribe un enunciado para las siguientes expresiones algebraicas.

a. $12 - g$ **b.** $3a + 4b$ **c.** $11(5 - r)$

Sugerencia

Ten cuidado al traducir enunciados de la resta. En ocasiones necesitarás invertir el orden de las palabras: *5 menos que 7* significa $7 - 5$, no $5 - 7$.

No te olvides

Una expresión es un enunciado matemático conformado por variables y/o números y operaciones.

[Página 60]

Comprobar | **Tu comprensión**

1. ¿Son iguales las expresiones $a + 2$ y $2 + a$? Explica tu respuesta.

2. ¿Son iguales las expresiones $x - 4$ y $4 - x$? Explica tu respuesta.

3. Proporciona un enunciado donde "de" sugiera multiplicación.

4. Proporciona un enunciado donde "cociente" sugiera división.

Práctica y aplicación

Para empezar Menciona qué operación sugiere la acción.

1. Perder 18 yardas

2. Depositar $25

3. Ganar 25 lb

Escribe una expresión algebraica para cada enunciado.

4. 6 más que un número x

5. El doble de un número k

6. La mitad de un número y

7. 4 menos que un número u

8. El producto de un número w y 4

9. 8 más que el doble de un número c

10. Un número p disminuido por 6

11. Cuatro veces la diferencia de un número n y 6

12. 6 veces un número m

13. 3 veces la suma de un número x y 15

Escribe un enunciado para cada expresión algebraica.

14. $2m$

15. $6 - x$

16. $2(b - 5)$

17. $2r + 3$

18. $n - 4$

19. $\dfrac{f}{2}$

20. $4a + 2b$

21. $3(d + 3)$

22. $\dfrac{w - 4}{u + 3}$

23. $\dfrac{3}{c + 2} + 4$

24. **Para la prueba** Escoge la expresión algebraica correcta para el enunciado "tres veces la suma de un número y 6".

Ⓐ $3(n + 6)$ Ⓑ $3 + 6n$ Ⓒ $3n + 6$ Ⓓ $6 + 3n$

25. **Industria** Una máquina produce 267 pernos en una hora. Escribe una expresión que describa:

a. El número de pernos producidos en n horas.

b. El número de pernos utilizables fabricados en n horas si 25 de ellos se tuvieron que desechar por defectuosos.

26. **Profesiones** Una dentista gana el doble de lo que obtenía en su último trabajo, 3 años antes. Si su salario hace 3 años era p, escribe una expresión algebraica para conocer su salario actual.

27. **Ciencias** Se plantó un pino de 5 pies y creció 2 pies por año. Escribe una expresión algebraica para calcular la altura después de y años.

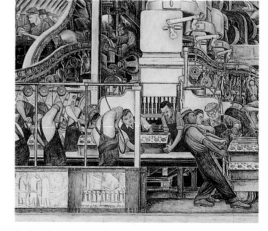

Industria de Detroit (detalle) 1932–1933, mural de Diego Rivera

28. Bellas Artes Esta escultura está formada por autos y concreto. Cada hilera contiene cuatro automóviles. Escribe una expresión algebraica para el número de autos en x hileras de la escultura.

Resolución de problemas y razonamiento

29. Razonamiento crítico Las figuras geométricas se pueden usar para representar expresiones algebraicas. La siguiente figura es una representación para $x + 3$.

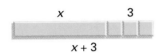

a. Escribe una expresión algebraica para la figura anterior.

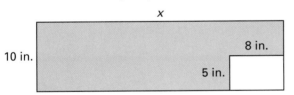

Long Term Parking, 1975–1983, escultura de Arman.

b. Escribe otra expresión algebraica para la figura anterior.

c. ¿Pueden las expresiones en los incisos **a** y **b** ser equivalentes sin la representación geométrica? Explica tu respuesta.

30. Escoge una estrategia El área de un rectángulo es el equivalente a su longitud por su anchura. Escribe una expresión algebraica para describir la parte sombreada del rectángulo grande. Explica tu razonamiento.

31. En tu diario Escribe una expresión algebraica usando cada una de estas tres palabras o enunciados: producto, suma y menor que. Explica el significado de cada palabra o enunciado.

RESOLVER PROBLEMAS 2-5

Resolución de problemas
ESTRATEGIAS

- Busca un patrón
- Organiza la información en una lista
- Haz una tabla
- Prueba y comprueba
- Empieza por el final
- Usa el razonamiento lógico
- Haz un diagrama
- Simplifica el problema

Repaso mixto

Haz un cálculo aproximado de los siguientes cocientes. *[Curso anterior]*

32. $65 \div 8$ **33.** $83 \div 5$ **34.** $49 \div 11$ **35.** $66 \div 16$

36. $144 \div 11$ **37.** $784 \div 39$ **38.** $4843 \div 528$ **39.** $6324 \div 157$

Puedes usar la fórmula $P = 2l + 2w$ para calcular el perímetro de un rectángulo. Sustituye los valores proporcionados en la fórmula. Luego, utiliza la fórmula $A = lw$ para hallar el área. *[Lección 2-1]*

40. $l = 11$ in., $w = 7$ in. **41.** $l = 31$ ft, $w = 20$ ft

42. $l = 18$ cm, $w = 12$ cm **43.** $l = 62$ m, $w = 40$ m

2-6

Resolución de ecuaciones de suma y resta

Vas a aprender…

■ a escribir y resolver ecuaciones de suma y resta.

…cómo se usa

Los químicos utilizan las ecuaciones de suma y resta cuando desarrollan un plan y experimentan con reacciones químicas.

Vocabulario

ecuación

resolver

solución

▶ **Enlace con la lección** Has aprendido que la suma y resta son operaciones inversas. Ahora utilizarás este concepto para resolver ecuaciones que implican suma y resta. ◀

Investigar | **Ecuaciones de suma y resta**

Más o menos

Puedes usar una balanza para representar una ecuación.

1. La balanza representa la ecuación $x + 3 = 7$.

2. ¿Qué harías para dejar a la x sola en un lado de la balanza sin que se pierda el equilibrio? ¿Cuál es el valor de x?

3. Dibuja una balanza que muestre $x + 7 = 9$. ¿Cuál es el valor de x?

4. ¿Qué operación inversa usaste para dejar a la x sola en un lado de la ecuación $x + 7 = 9$? ¿Por qué tiene sentido utilizar esta operación?

Aprender | **Resolución de ecuaciones de suma y resta**

Una **ecuación** es una declaración de que dos expresiones son iguales.

Resolver una ecuación que contiene una variable, significa encontrar el (los) valor(es) que hace(n) verdadera la ecuación.

$x = 4$ es una **solución** para la ecuación $x + 6 = 10$ porque $\boxed{4} + 6 = 10$ es verdadera.

$x = 11$ *no* es una solución porque $\boxed{11} + 6$ no equivale a 10.

Expresiones ⟶ Ecuación

$3 + 5$	8	$3 + 5 = 8$
$x + 6$	10	$x + 6 = 10$

$x + 6 \stackrel{?}{=} 10$ $\qquad$ $x + 6 \stackrel{?}{=} 10$

$\boxed{4} + 6 \stackrel{?}{=} 10$ $\qquad$ $\boxed{11} + 6 \stackrel{?}{=} 10$

$10 = 10$ $\qquad$ 17 no equivale a **10.**

Puesto que la suma y la resta son operaciones inversas, la resta permite resolver problemas de suma y la suma permite resolver problemas de resta. Si modificas un extremo de una ecuación, deberás hacer el mismo cambio en el extremo opuesto para "balancearla".

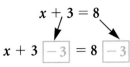

$$x + 3 = 8$$
$$x + 3 \boxed{-3} = 8 \boxed{-3}$$

La ecuación $x + 3 = 8$ puede representar muchas situaciones. Observa dos de ellas: Si se vendieron 3 autos más para sumar un total de 8, ¿cuántos autos se vendieron en un principio? o ¿cuál es el número que sumado a 3 da como resultado 8?

Ejemplos

1 Resuelve $x - 5 = 12$.

$x - 5 + 5 = 12 + 5$ Para anular la resta, suma 5 en **ambos** lados.

$x = 17$ Haz la suma.

Comprueba: $\boxed{17} - 5 \overset{?}{=} 12$

$12 = 12$ ✓ La solución es correcta.

2 En 1940, si un granjero usaba maquinaria moderna podía producir alimento suficiente para 13 personas. Esto representa 9 personas más de las que un granjero podía alimentar en 1860. ¿A cuántas personas podía alimentar un granjero en 1860?

Sea n = número de personas que podía alimentar un agricultor en 1860   Escoge una variable.

13 fue 9 más que n Lista los enunciados importantes.

$13 = n + 9$ Traduce los enunciados en una ecuación.

$13 - 9 = n + 9 - 9$ Para anular la operación de suma, resta 9 a ambos lados.

$4 = n$ Haz la resta.

Un agricultor podía alimentar a 4 personas en 1860.

Haz la prueba

a. Resuelve $148 = x - 33$.

b. El precio de un producto incluye los materiales y la mano de obra, además de las ganancias. Imagina que hay $67 de ganancia en un horno de pan que se vende en $122. Escribe y resuelve una ecuación que muestre el costo de los materiales y la mano de obra.

¿LO SABÍAS?

Trillar es el proceso de separar el grano de la barcia. En tiempos ancestrales, esto se hacía al golpear las cosechas cortadas con unas herramientas llamadas *mayales*. Era una faena bastante ardua y prolongada.

Comprobar | Tu comprensión

1. ¿Cómo están relacionadas las ecuaciones $7 = y + 3$ y $7 - 3 = y + 3 - 3$?

2. Escribe un problema para la ecuación $x - 8 = 17$ y di cómo resolverlo.

3. ¿Puede la expresión $x + 4$ producir 100 como resultado? Explica por qué.

Práctica y aplicación

Para empezar Escribe el primer paso para resolver cada ecuación.

1. $d - 80 = 70$ **2.** $s + 89 = 154$ **3.** $f + 16 = 32$ **4.** $a - 80 = 320$

Indica si el número proporcionado es la solución para la ecuación.

5. $x - 19 = 84; 103$ **6.** $y + 26 = 78; 56$ **7.** $25 + r = 129; 156$ **8.** $u - 47 = 29; 18$

Resuelve las siguientes ecuaciones y comprueba tu respuesta.

9. $d + 83 = 92$ **10.** $r - 77 = 99$ **11.** $45 = 36 + f$ **12.** $102 = v - 66$

13. $x - 22 = 66$ **14.** $987 = 16 + m$ **15.** $1.5 = p + 1.5$ **16.** $w - 56 = 560$

17. $55 = h - 13$ **18.** $48 = d + 23$ **19.** $937 = f - 63$ **20.** $0 = y - 87.4$

21. $138 + g = 150$ **22.** $2098 = k - 536$ **23.** $651 + c = 800$ **24.** $71 = s - 583$

25. **Para la prueba** ¿Cuál es el primer paso para resolver $x - 3 = 3$?

    Ⓐ Sumar 3 al lado izquierdo.   Ⓑ Restar 3 en ambos lados.

    Ⓒ Restar 3 del lado izquierdo.   Ⓓ Sumar 3 en ambos lados.

Escribe una ecuación para cada enunciado.

26. El número de horas (h) incrementadas por 12 equivale a 54.

27. La cantidad de ingreso (p) disminuida por $25 es $180.

28. **Ciencias** El elemento químico del aluminio fue descubierto en 1825 por Hans Christian Oersted. Esto sucedió 18 años después de que Sir Humphry Davy descubriera el elemento del sodio. Escribe y resuelve una ecuación para encontrar el año (y) en que se descubrió el sodio.

29. **Literatura** En la trilogía de Douglas Adams, *The Hitchhiker's Guide to the Galaxy*, contenida en 5 libros, la respuesta a la Vida, el Universo y el Todo, es un número. Este número (n) es 17 menos que 59. Escribe y resuelve una ecuación para encontrar n.

30. Escribe un enunciado que se pueda resolver con la ecuación $z - 16 = 28$.

Sodio

Aluminio

31. Industria La distribuidora de autos Arty's Auto enfrenta una crisis. El mes pasado los vendedores de Arty vendieron un récord de 250 automóviles. El número de autos vendidos este mes es 127 menos que el número del mes pasado. Escribe y resuelve una ecuación para calcular el número de autos vendidos este mes (n).

Cálculo aproximado Calcula una solución para las siguientes ecuaciones.

32. $673 = x + 104$ **33.** $1,789 - t = 391$ **34.** $c - 9,422 = 3,207$ **35.** $12,949 + s = 19,323$

Resolución de problemas y razonamiento

Comunicación Explica lo que se hizo en la primera ecuación para obtener la segunda.

36. $x + 21 = 27 \rightarrow x = 6$

37. $16 = q - 13 \rightarrow q = 29$

38. **En tu diario** Has aprendido a escribir expresiones y ecuaciones algebraicas. Explica cuál es la diferencia entre las dos.

39. Razonamiento crítico Igor Sikorsky construyó y voló el primer helicóptero en 1939, haciendo posible un despegue y aterrizaje vertical en lugares lejanos. Un helicóptero volaba a 1300 pies, aterrizó para subir una carga y luego volvió a despegar. Si el helicóptero cargado voló a una altura de 115 pies más abajo que antes, escribe y resuelve una ecuación para encontrar la nueva altura (h).

40. Escoge una estrategia Te han platicado sobre un tesoro enterrado en alguna parte al norte de tu casa. También sabes que está exactamente a 3 millas de un gran roble ubicado a 12 millas al norte de tu casa. ¿Cómo podrías usar las ecuaciones para saber dónde excavar?

Resolución de problemas

ESTRATEGIAS

- Busca un patrón
- Organiza la información en una lista
- Haz una tabla
- Prueba y comprueba
- Empieza por el final
- Usa el razonamiento lógico
- Haz un diagrama
- Simplifica el problema

Repaso mixto

Nombra la acción inversa de las siguientes operaciones.
[Lección 2-4]

41. Restar 17   **42.** Dividir entre 4

43. Multiplicar por 20   **44.** Sumar 32

Halla el valor de cada expresión. *[Lección 2-2]*

45. $6 \div (12 - 9) + 5$ **46.** $4 + 3 \times 7 - 5$ **47.** $1 + 2 \times 3 - 4$ **48.** $2 \times 32 - 8 \div 4$

49. $9 + 8 - 7 + 6$ **50.** $23 - 48 \div 6$ **51.** $12 \div 2 \times 3$ **52.** $12 - (2 + 6) \div 4$

Resolución de ecuaciones de multiplicación y división

Vas a aprender…

■ a escribir y resolver ecuaciones de multiplicación y división.

…cómo se usa

Los científicos utilizan ecuaciones de multiplicación y división para analizar el crecimiento de los organismos.

▶ **Enlace con la lección**   En la lección anterior usaste operaciones inversas para resolver ecuaciones de suma y resta. Ahora verás la utilidad de las operaciones inversas para resolver ecuaciones de multiplicación y división. ◀

Investigar | **Ecuaciones de multiplicación y división**

Se busca un doble (mi equivalente)

1. La balanza representa la ecuación $3x = 12$.

2. ¿Qué harías para dejar sólo una x en un lado de la balanza sin perder la equivalencia? ¿Cuál es el valor de x?

3. Dibuja una balanza que muestre $2x = 6$. ¿Cuál es el valor de x?

4. ¿Cómo usaste una operación inversa para dejar sólo una x en un lado de la ecuación $2x = 6$?

5. Dibuja una balanza que muestre $\frac{1}{2}x = 7$ ó $x \div 2 = 7$. ¿Cuál es el valor de x?

Aprender | **Resolución de ecuaciones de multiplicación y división**

Puesto que la multiplicación y la división son operaciones inversas, puedes resolver una ecuación de multiplicación con la división. De igual forma, para resolver ecuaciones de división, puedes utilizar la multiplicación. Cuando cambias un lado de una ecuación mediante la multiplicación o división, debes cambiar el otro lado de la misma manera. Con esto la ecuación se mantiene "equilibrada".

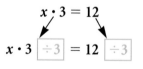

Ejemplos

1 Resuelve: $\frac{x}{4} = 5$

$\quad\quad \frac{x}{4} \times 4 = 5 \times 4$ Para anular la división, multiplica ambos lados por 4.

$\quad\quad\quad\quad x = 20$ Haz la multiplicación.

Comprueba: $\boxed{20} \div 4 \stackrel{?}{=} 5$

$\quad\quad\quad\quad 5 = 5$ ✓ La respuesta es correcta.

2 En 1793, Eli Whitney inventó una despepitadora de algodón para separar la fibra de algodón de su semilla. Una persona con una despepitadora trabaja 50 veces más rápido que una que trabaja en forma manual. Imagina que alguien con una despepitadora limpia 400 libras de algodón. En el mismo lapso, ¿cuánto limpiaría una persona a mano?

Sea c = la cantidad que podría limpiar una persona a mano.　　Escoge una variable.

Con una despepitadora se limpia 50 veces más que a mano.　　Describe la situación.

$\quad\quad 400 \quad\quad\quad\quad = \quad 50 \quad \cdot \quad c$　　Escribe una ecuación.

$\quad\quad \frac{400}{50} = \frac{50c}{50}$ Para anular la multiplicación, divide **ambos** lados entre 50.

$\quad\quad\quad 8 = c$ Haz la división.

Una persona puede limpiar 8 libras de algodón en forma manual.

3 En 1993 se fabricaron 7 veces más autos en Estados Unidos que en México. Si en ese año se fabricaron como 5,950,000 autos en Estados Unidos, ¿cuántos se hicieron en México?

Sea m = número de automóviles fabricados en México.　　Escoge una variable.

La producción de autos en EE UU fue 7 veces la de México.　　Describe la situación.

$\quad\quad 5,950,000 \quad\quad\quad = 7 \quad \cdot \quad m$　　Escribe una ecuación.

$\quad\quad \frac{5,950,000}{7} \quad\quad = \frac{7m}{7}$ Para anular la multiplicación, divide entre 7.

$\quad\quad\quad 850,000 = m$ Haz la división.

Se fabricaron alrededor de 850,000 autos en México.

Haz la prueba

a. Resuelve: $x \div 35 = 7$　　　**b.** Resuelve: $4s = 888$

c. El costo de operación de un aparato es igual a los kilowatts consumidos por el costo del kilowatt: $0.15 ¿Cuántos kilowatts consumió el aire acondicionado de Stacy si pagó $18?

En 1986, el ciclista Fred Markham rompió el récord mundial de velocidad, al lograr 65 millas por hora. Wendy y Luis desean saber cuánto tiempo le tomaría a un ciclista recorrer las 260 millas que hay desde Cincinnati a Detroit manteniendo esa velocidad.

Wendy piensa...

Haré una tabla de valores.

Tiempo (h)	1	2	3	4
Distancia (mi)	65	130	195	260

Por tanto, le tomaría 4 horas.

Luis piensa...

Escribiré y resolveré una ecuación, donde t = tiempo recorrido.

La ecuación es $65t = 260$ porque la velocidad multiplicada por el tiempo equivale a la distancia.

Para anular la operación al multiplicar por 65, dividiré ambos lados entre 65. $\frac{65t}{65} = \frac{260}{65}$

Así, obtendré: $t = 4$

En conclusión, le tomaría 4 horas.

¿Qué crees tú ?

1. ¿Cuándo tiene sentido usar el método de Wendy? ¿Y cuándo no tiene sentido?

2. ¿Por qué Luis dividió 260 entre 65 en lugar de multiplicar por 65?

Comprobar Tu comprensión

1. ¿Cómo se relacionan las ecuaciones $k \div 4 = 9$ y $k \div 4 \times 4 = 9 \times 4$?

2. ¿En qué es similar resolver una ecuación de multiplicación y una ecuación de suma?

Práctica y aplicación

Para empezar ¿Cuál es el primer paso para resolver las siguientes ecuaciones?

1. $15d = 1200$ **2.** $m \div 43 = 2$ **3.** $\dfrac{f}{16} = 32$ **4.** $80k = 4.80$

¿El número dado es la solución para la ecuación?

5. $k \div 19 = 76; 4$ **6.** $j \cdot 25 = 75; 3$ **7.** $25m = 125; 3125$

8. **Para la prueba** ¿Cuál ecuación muestra el siguiente paso para resolver $3g = 33$?

   Ⓐ $3g - 3 = 33 - 3$ Ⓑ $3g + 3 = 33 + 3$ Ⓒ $3g \div 3 = 33 \div 3$ Ⓓ Ninguna de las anteriores

Resuelve las siguientes ecuaciones y comprueba tu respuesta.

9. $m \cdot 45 = 90$ **10.** $\dfrac{s}{77} = 11$ **11.** $36 = 36p$ **12.** $100 = \dfrac{w}{66}$

13. $60 \div 4 = d$ **14.** $216 = n \div 2$ **15.** $1.5 = y \cdot 1.5$ **16.** $33j = 198$

17. $7r = 147$ **18.** $\dfrac{t}{17} = 16$ **19.** $268 = \dfrac{h}{13}$ **20.** $352 = 8z$

21. **Para la prueba** ¿Cuál de estos números es la solución para $72x = 936$?

   Ⓐ 13   Ⓑ 864   Ⓒ 1008   Ⓓ 67,392

22. **Ciencias** Un montacargas levanta un peso a una altura de 6 pies por cada vuelta de la manivela. Escribe una ecuación que muestre la cantidad de vueltas que deberá dar para levantar un peso a 20 pies.

23. **Geometría** Dos rectángulos tienen un área de 12 centímetros cuadrados. ¿Cuál es la altura de cada rectángulo si la base de uno de ellos es de 4 centímetros y la del otro es de 6 centímetros?

24. **Historia** Hace mucho tiempo, una legua era una manera de medir la distancia. Una legua mide aproximadamente 3 millas. Un caballo viajaba a 9 leguas por hora. Escribe una ecuación para mostrar cuántas leguas recorrería el caballo en 2 horas.

25. **Geografía** La superficie promedio de cada estado de Estados Unidos es de aproximadamente 75,500 millas cuadradas. ¿Cuál es la superficie de Estados Unidos?

26. James hornea algunas galletas y desea obsequiarles 8 a cada uno de sus 9 amigos. Escribe y resuelve una ecuación para calcular el número de galletas (g) que James horneó.

PRACTICAR 2-7

Cálculo aproximado Aproxima una solución razonable para cada ecuación.

27. $9320 = 321k$

28. $\dfrac{t}{487} = 3$

29. $\dfrac{t}{5} = 3979$

30. $7{,}943p = 15{,}887$

Resolución de problemas y razonamiento

31. Escoge una estrategia Las uñas de las manos crecen alrededor de 1.5 pulgadas por año. El récord mundial de las uñas más largas es de 37 pulgadas. ¿Cuál ecuación muestra en cuánto tiempo crecerían las uñas a 37 pulgadas?

Ⓐ $1.5 + y = 37$

Ⓑ $\dfrac{y}{1.5} = 37$

Ⓒ $1.5y = 37$

Ⓓ $y = 1.5 \cdot 37$

Resolución de problemas

ESTRATEGIAS

- Busca un patrón
- Organiza la información en una lista
- Haz una tabla
- Prueba y comprueba
- Empieza por el final
- Usa el razonamiento lógico
- Haz un diagrama
- Simplifica el problema

32. Comunicación Escribe una ecuación que se pueda resolver con una multiplicación y otra mediante una división. Explica tu respuesta.

33. Razonamiento crítico ¿Cuál es la solución para la ecuación $0 \cdot j = 0$? Explica tu respuesta.

34. Comunicación En septiembre de 1996, un dólar estadounidense valía 110 yenes japoneses, y un yen valía 811 liras turcas. Si tuvieras un millón de liras turcas, ¿podrías comprar una casa, un auto, una pizza o un periódico? Explica cómo determinaste tu respuesta.

35. Razonamiento crítico Cada rollo de película Hua, le permite tomar 36 fotografías. Escribe una ecuación para calcular cuántos rollos (n) necesita para tomar una foto a cada miembro de una escuela de 1235 estudiantes. Usa tu ecuación para hallar la cantidad de rollos que debe comprar.

Repaso mixto

Usa el cálculo mental para hacer un cálculo aproximado de cada medida. *[Curso anterior]*

36. La altura de una casa

37. La longitud de una cuadra en una ciudad

38. La altura de un refresco en lata

39. La altura de un elefante

Escribe una expresión algebraica para los siguientes enunciados. *[Lección 2-5]*

40. Siete más que un número x

41. Tres menos que el doble de un número c

42. Un número n incrementado por 5

43. Un número r disminuido por 10

44. La triple suma de 2 y un número d

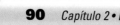

Resolución de problemas con ecuaciones de dos pasos

► **Enlace con la lección** Ya has resuelto ecuaciones mediante el uso de operaciones inversas. Ahora utilizarás las operaciones inversas para resolver ecuaciones que implican más de una operación. ◄

Vas a aprender…

■ a usar más de una operación inversa para resolver una ecuación.

Investigar Ecuaciones de dos pasos

Pon tus acciones en la balanza

1. La balanza representa la ecuación $2x + 3 = 13$.

2. ¿Qué pasos tienes que seguir para dejar sólo una *x* en un lado de la balanza sin que se pierda el equilibrio? ¿Cuál es el valor de *x*?

3. Dibuja una balanza que muestre $3x + 1 = 7$. ¿Cuál es el valor de *x*?

4. ¿Cómo usaste las operaciones inversas para dejar sólo una *x* en un lado de la ecuación $3x + 1 = 7$?

5. Cuando resuelves una ecuación como $3x + 1 = 7$, ¿tratarías primero de igualar el $3x$ sin el 1, o primero tratarías de dejar sólo una *x*? Explica tu respuesta.

...cómo se usa

Los contratistas necesitan comprender las ecuaciones que tengan más de una operación, porque trabajan con costos fijos y variables.

Aprender Resolución de ecuaciones de dos pasos

Si una ecuación implica dos operaciones, necesitas usar operaciones inversas una a la vez. El orden de las operaciones te indica multiplicar y dividir antes de sumar o restar. Por tanto, primero necesitas anular cualquier suma o resta y luego anular cualquier multiplicación o división.

$$2w \boxed{+\ 3} = 9 \qquad \text{Primero se anula la suma.}$$

$$2w + 3 \boxed{-\ 3} = 9 \boxed{-\ 3} \qquad \text{Luego se anula la resta de 3.}$$

$$\frac{2w}{2} = \frac{6}{2} \qquad \text{Por último, se anula la multiplicación mediante una división.}$$

$$w = 3$$

Ejemplos

1 Resuelve: $3p - 10 = 8$

$3p - 10 + 10 = 8 + 10$ Para anular la resta, suma 10 en **ambos** lados.

$3p = 18$ Haz la suma.

$\dfrac{3p}{3} = \dfrac{18}{3}$ Para anular la multiplicación, divide **ambos** lados entre 3.

$p = 6$ Haz la división.

Comprueba: $3(6) - 10 \stackrel{?}{=} 8$

$18 - 10 = 8$ ✓ La respuesta es correcta.

2 Orville y Wilbur Wright empezaron su aventura al experimentar con un planeador en 1900. La alas de 40 pies de su avión fabricado en 1903, medían 8 pies más que el doble de longitud de las alas del planeador. ¿Cuál era la longitud de las alas del planeador?

Sea $w =$ la longitud de las alas del planeador.   Escoge una variable.

$40 = 8 + 2 \cdot w$ Escribe una ecuación.

$40 - 8 = 8 + 2w - 8$ Para anular la suma, resta 8 en **ambos** lados.

$32 = 2w$ Haz la resta.

$\dfrac{32}{2} = \dfrac{2w}{2}$ Para anular la multiplicación, divide **ambos** lados entre 2.

$16 = w$ Haz la división.

Las alas del planeador medían 16 pies de largo.

Haz la prueba

a. Resuelve: $\dfrac{x}{3} - 12 = 5$

b. Chris gana $5 por hora como mesero. Una noche llevó a su casa sus ingresos base más $48 por propinas, lo cual hacía un total de $73. ¿Cuántas horas trabajó?

¿LO SABÍAS?

En 1903, el avión de los hermanos Wright recorrió tan sólo 120 pies por el aire. Esto quiere decir que si hubiese despegado dentro de un Boeing 747 a partir de la punta de la nariz del avión, hubiera aterrizado a 111 pies de distancia de la cola ¡aún dentro del avión!

Comprobar | Tu comprensión

1. Cuando usas operaciones inversas, ¿cómo está relacionado su orden con el orden de las operaciones?

2. Describe cómo resolverías $897 = 34x + 412$ mediante el uso de una calculadora.

3. ¿Es posible que $3x + 5$ tome el valor de 17? Explica por qué.

Práctica y aplicación

Para empezar Para cada ecuación, menciona la operación que debe ejecutarse primero.

1. $2x + 3 = 10$

2. $6x - 3 = 33$

3. $\frac{x}{4} - 6 = 10$

4. **Para la prueba** ¿Cuál de las siguientes ecuaciones tiene una solución de $m = 16$?

Ⓐ $m + 8 = 8$

Ⓑ $\frac{m}{16} = 256$

Ⓒ $2m - 10 = 22$

Ⓓ $4m + 4 = 68$

Resuelve cada ecuación y comprueba tu respuesta.

5. $45n + 45 = 90$

6. $\frac{k}{7} + 11 = 11$

7. $36 = 6u + 30$

8. $10 = \frac{t}{66} + 9$

9. $60 \div 4 = 2m$

10. $216 = \frac{r}{2} + 214$

11. $10 = 15s - 5$

12. $4h - 8 = 8$

13. $5u - 7 = 13$

14. $14 = 6t + 2$

15. $12s - 10 = 50$

16. $23 = 8g + 7$

17. $7x + 2 = 51$

18. $9k - 3 = 78$

19. $15 = \frac{s}{4} + 11$

20. $14 = 5 + 3b$

21. Marco elabora un móvil como el ilustrado en la fotografía. Escribe una ecuación para mostrar el móvil balanceado. ¿Cuánto debe pesar cada una de las pequeñas cajas?

22. Cuando resuelves una ecuación, debes realizar la misma operación en ambos lados. Explica por qué esto es verdadero.

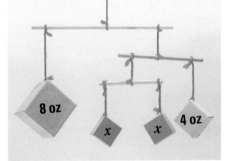

23. **Ciencias** Los grillos hacen chirridos más rápido al subir la temperatura. La fórmula $F = \frac{c}{4} + 40$ se puede usar para calcular el número de chirridos que emiten. F representa la temperatura en grados Fahrenheit y c el número de chirridos por minuto.

a. ¿Cuántos chirridos hará un grillo si la temperatura es de 84°F?

b. ¿Cuántos chirridos hará un grillo si la temperatura es de 44°F?

Acheta domestica

PRACTICAR 2-8

24. Sara ayuda a vender fresas en el puesto de frutas de su familia. La familia paga $10 al día por la renta del puesto y ganan $0.80 por cada canasta de fresas vendida. ¿Cuánto dinero gana la familia en un día en el cual se venden 90 canastas de fresas?

Resolución de problemas y razonamiento

25. Razonamiento crítico La medida de zapatos (s) de un hombre se determina mediante la fórmula $s = 3x - 25$, donde x es la longitud del pie en pulgadas. La fórmula para los zapatos de mujer es $s = 3x - 22$. ¿Hay algún valor para x que proporcione la misma medida para un hombre y una mujer? Explica tu respuesta.

26. Comunicación Kim resolvió esta ecuación para y: $6y + 5 = 29$. Como resultado ella obtuvo 5.67, lo cual es incorrecto. ¿Cuál debería ser la respuesta y qué errores crees que cometió Kim?

27. Razonamiento crítico Se han inventado unos esquíes nuevos para ayudar a los esquiadores a virar con más facilidad. Se llaman esquíes parabólicos o de reloj de arena. La renta de estos esquíes tiene un costo de $22 por día, más una cuota de seguro de $10. Si la cuenta de Hawke fue de $98, ¿por cuántos días rentó los esquíes?

Comunicación Explica qué se le hizo a la primera ecuación para obtener la segunda.

28. $2x + 1 = 5 \rightarrow x = 2$

29. $\frac{x}{4} + 6 = 10 \rightarrow x = 16$

Repaso mixto

Resuelve las siguientes ecuaciones. *[Lección 2-6]*

30. $3 + x = 7$

31. $x - 11 = 15$

32. $6 + x = 13$

33. $123 - x = 47$

34. $32 - x = 27$

35. $x + 34 = 97$

36. $234 = x + 107$

37. $106 = 963 - x$

Halla una fórmula que relacione las variables. *[Lección 2-3]*

38.

f	3	4	5	6
g	9	12	15	18

39.

d	11	12	13	14
e	15	16	17	18

40.

p	7	8	9	10
q	1	2	3	4

41.

x	2	3	4	5
y	18	27	36	45

Has aprendido a resolver diferentes tipos de ecuaciones. Ahora podrás resolver un problema con ayuda de una ecuación y una máquina de tipo Rube Goldberg.

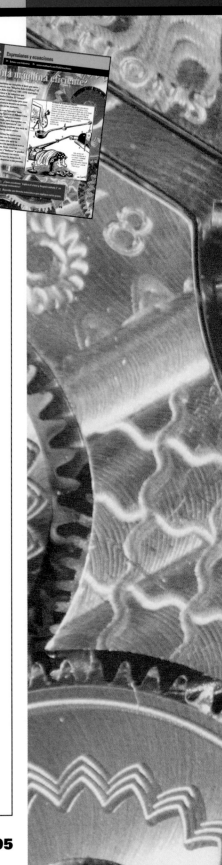

¿Una máquina eficiente?

El último dígito en los códigos de barras de 12 dígitos "comprueba" la veracidad de los primeros 11 dígitos. Observa cómo funciona:

M = suma de los dígitos de las posiciones impares (1ro, 3ro, 5to, etcétera).

N = suma de los dígitos de las posiciones pares (excepto el dígito verificador).

En el código de barras ilustrado:

$M = 4 + 1 + 0 + 0 + 8 + 6$ $M = 19$
$N = 5 + 7 + 2 + 0 + 3$ $N = 17$

4 51702 00836 6

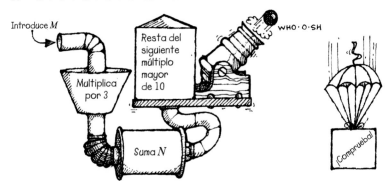

1. Asegúrate de que la máquina envíe el dígito verificador correcto en el código de barras anterior.

2. Halla el dígito verificador en los siguientes códigos de barras.

   a. 3 21635 00481?   **b.** 5 90335 26648?

3. Escribe los primeros 11 dígitos de un código de barras. Pide a uno de tus compañeros que halle el doceavo dígito.

4. Halla el dígito que falta en este código de barras: 1 32832 69 ? 25 6

   a. Halla N en este código de barras.

   b. La suma de $3M$ y N es 84. Escribe y resuelve una ecuación con M, el número 84 y el valor N que hallaste en el inciso anterior.

   c. Explica cómo hallaste el dígito faltante.

1. Una conductora abre la puerta de su auto, entra en él, se sienta ante el volante, cierra la puerta y se abrocha el cinturón de seguridad antes de partir a casa. Describe las operaciones inversas que ella debe realizar después de llegar a su casa y apagar el motor del auto.

Escribe una expresión algebraica para los siguientes enunciados.

2. Siete menos que un número p

3. y dólares más que un precio de $32

4. El producto de un número h y la suma de un número j y 9

Escribe un enunciado para cada expresión algebraica.

5. $28 - f$

6. $4c + 3d$

7. $6(g - 8)$

8. $(s - 3) \div (8 - t)$

Halla el valor de las siguientes expresiones.

9. $15 - 4 \times 3 - 2$

10. $\dfrac{11 - 3}{2} + 4 \cdot 5$

11. $5 \cdot 4 + 3 - 2$

12. $12 - \dfrac{8}{4}$

13. Escribe una expresión donde utilices estos tres enunciados: "incrementado por", "diferencia" y "la mitad de".

Resuelve las siguientes ecuaciones.

14. $g - 8 = 12$

15. $k + 6 = 14$

16. $16 + 5y = 51$

17. $27 = z - 11$

18. $6t + 18 = 18$

19. $3x - 5 = 1$

20. $21 = 3q$

21. $7 = \dfrac{k}{7}$

22. Ken fue a remar. La renta por la primera hora fue de $6.00 y $4.50 por cada hora adicional. Si la renta de Ken tuvo un costo de $24.00, ¿por cuánto tiempo remó?

23. Ciencias Los físicos utilizan la fórmula $F = ma$ para relacionar la fuerza (F), la masa (m) y la aceleración (a). Sustituye 20 por F y 5 por a y luego resuelve la ecuación para encontrar la masa.

Para la prueba

Cuando se te pide hallar la respuesta correcta para una ecuación, lo puedes hacer con mayor rapidez si sustituyes cada valor dado dentro de la ecuación y ves cuál de ellos es el correcto.

24. ¿Cuál de estos números es la solución para $8w - 9 = 15$?

　Ⓐ 24　　　　Ⓑ 1　　　　Ⓒ 3　　　　Ⓓ 0.75

Funciones

Una función es una relación entre números. Puedes pensar en la función como si tomaras un número y lo transformaras en otro número. Las máquinas de funciones resultan útiles cuando se piensa en funciones. Esta máquina parece usar la regla "duplícalo" para determinar el número que se emitió.

La ecuación que representa la función de "duplícalo" se puede escribir como $y = 2x$.
El número de entrada es x y el número de salida es y.

Cuando conoces la ecuación para la función, puedes sustituir un valor de entrada (x) para calcular el valor de salida (y) correspondiente.

Si $y = 3x + 5$, ¿cuál es el valor de y para un valor x de 2?

$y = 3(2) + 5$ Sustituye 2 por x.
$y = 6 + 5$ Haz la multiplicación.
$y = 11$ Realiza la suma.

Haz la prueba

Evalúa cada función para los valores dados.

1. $y = 5x$ cuando $x = 1, 2$ y 3
2. $y = x + 2$ cuando $x = 6, 8$ y 10
3. $y = 2x - 1$ cuando $x = 5, 7$ y 9
4. $y = 4x + 2$ cuando $x = 2, 3$ y 4

Considera las siguientes tablas como una máquina de funciones. Copia y completa cada una. Luego escribe una ecuación para la tabla.

5.

x	1	2	3	4	5
y	5	10	15		

6.

x	1	2	3	4	5
y	3	5	7		

Organizador gráfico

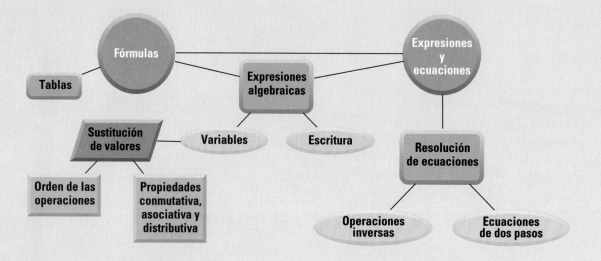

Sección 2A Fórmulas

Resumen

- Una **fórmula** es una regla que muestra las relaciones entre las cantidades. Una **variable** representa una cantidad cuyos valores pueden cambiar. Las fórmulas por lo general contienen variables.

- Una **expresión** puede estar compuesta por variables y/o números y operaciones.

- Debes hacer las operaciones en el orden correcto. Primero realiza las operaciones que están entre paréntesis (o las que están arriba o abajo de la barra de división), luego multiplica y divide (de izquierda a derecha) y, por último, suma y resta de izquierda a derecha.

- Junto con las reglas del orden de las operaciones, las **propiedades conmutativa, asociativa y distributiva** te ayudarán a calcular los valores de las expresiones.

- Puedes usar una fórmula para hacer una tabla de valores.

Repaso

1. La fórmula $A = \frac{1}{2}bh$ proporciona el área de un triángulo. Halla el área de un triángulo con una base (b) de 8 pies y una altura (h) de 5 pies.

2. Un viaje en taxi cuesta $2 más $3 por cada milla adicional. Sea $C = 3m + 2$, donde C es el costo y m el número de millas. ¿Cuánto costará un viaje de 6 millas?

3. Halla el valor de $3 + 4 \times 5$.

4. Calcula el valor de $5 \times (6 - 2) \div 2$.

5. Determina cuáles operaciones harías primero para evaluar $\frac{(5+4) \times 6}{18}$.

6. ¿Qué propiedad sugieren las fórmulas $P = 2l + 2w$ y $P = 2(l + w)$?

7. Encuentra una fórmula que relacione las siguientes variables.

x	1	2	3	4	5	6	7
y	4	8	12	16	20	24	28

8. Usa la fórmula $d = rt$ para hacer una tabla de valores que muestre la distancia (d) recorrida en $0, 1, 2, 3, 4$ y 5 horas (t) a una velocidad (r) de 40 mi/h.

Sección 2B Expresiones y ecuaciones

Resumen

■ La suma y resta, así como la multiplicación y división son **operaciones inversas** porque se anulan entre sí.

■ Una **expresión algebraica** es una expresión que contiene una variable.

■ Una **ecuación** es una declaración de que dos expresiones son equivalentes.

■ **Resolver** una ecuación que contiene una variable significa hallar el valor de la variable que hace verdadera la ecuación.

■ Puedes usar operaciones inversas para resolver ecuaciones de suma, resta, multiplicación y división.

■ Algunas ecuaciones contienen más de una operación, por tanto, necesitarás usar dos o más operaciones inversas para resolverlas.

Repaso

9. Menciona el inverso de volar 260 millas al norte.

10. Indica si 35 es la respuesta para $p \div 5 = 7$.

11. Escribe y resuelve una ecuación para el enunciado: El número de perros (p) incrementado por 7 es 23.

12. Un número se divide entre 11. ¿Qué operación se requiere para regresar al número original?

13. Menciona si 18 es la respuesta para $x + 6 = 26$.

14. Resuelve $25x = 325$. Comprueba tu respuesta.

15. Resuelve $a + 15 = 32$. Comprueba tu respuesta.

16. Resuelve $8 = \frac{n}{12}$. Comprueba tu respuesta.

17. Resuelve $108 = x - 27$. Comprueba tu respuesta.

18. Resuelve $\frac{x}{5} - 3 = 21$. Comprueba tu respuesta.

19. A un número se le suma 18. El resultado se multiplica por 3. ¿Qué operaciones se requieren para regresar al número original?

20. Escribe las expresiones algebraicas para:
a. 21 más que un número (k).
b. El producto de 10 y un número (u).

21. Resuelve $3x - 5 = 16$. Comprueba tu respuesta.

22. Escribe un enunciado para:
a. $5z$ **b.** $12(j - 4)$ **c.** $\frac{d + 5}{14}$

1. Puedes usar la fórmula $V = lwh$ para calcular el volumen de una caja. Halla el volumen (V) de una caja que tiene una longitud (l) de 12 in., una anchura (w) de 8 in. y una altura (h) de 5 in.

2. Shelly conduce su bicicleta a una velocidad (r) de 15 km/h. Usa la fórmula $d = rt$ para hacer una tabla de valores que muestre la distancia (d) recorrida en 0, 1, 2, 3 y 4 horas (t).

3. Halla el valor de $8 \times 7 - 20 \div 5$.

4. Escribe un enunciado para $\dfrac{x + 12}{8}$.

5. Si se introduce el valor 18 en este mecanismo de operación inversa, ¿cuál será el resultado?

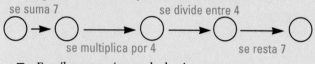

se suma 7   se divide entre 4

se multiplica por 4   se resta 7

6. Halla una fórmula que relacione las variables.

x	10	11	12	13	14	15
y	4	5	6	7	8	9

7. Escribe expresiones algebraicas para:

  a. Treinta y dos menos que un número k.

  b. Tres veces la diferencia entre un número g y cinco.

8. ¿Puedes hallar un valor para la variable w que convierta ambas ecuaciones en verdaderas?

$$3w + 11 = 20 \qquad 3w - 7 = 20$$

Explica tu razonamiento.

9. Resuelve y comprueba tu respuesta.

  a. $65 = x + 27$ **b.** $x \div 3 = 28$

10. Resuelve y comprueba tu respuesta.

  a. $4a - 15 = 37$ **b.** $23 = \dfrac{k}{12} - 7$

11. ¿Cuál operación harías primero?

$$\dfrac{100}{18 \times 2} - 26$$

12. A un número se le restan 23 y el resultado se divide entre 12. ¿Qué operaciones se requieren para regresar al número original?

13. Una compañía de ventas por correo ofrece discos compactos a $14 cada uno, con un cargo por envío de $4 por la orden completa. Sea $C = 14d + 4$, donde C es el costo y d el número de discos. Athena ordenó 7 discos, ¿cuánto tendrá que pagar?

14. Raúl recorrió 2100 millas en 3 días. Recorrió el mismo número de millas cada día. Escribe y resuelve una ecuación para hallar el número de millas que recorrió cada día.

Copia cada enunciado. Inserta paréntesis para hacer verdadero cada enunciado.

15. $10 + 14 \div 2 + 5 = 12$

16. $10 + 14 \div 2 + 5 = 17$

17. $36 \div 6 + 6 \div 2 = 6$

18. $36 \div 6 + 6 \div 2 = 4$

Tarea para evaluar el progreso

Considera la expresión $3 + 5 \times 4 - 1 \times 2$. Halla todas las maneras posibles de introducir sólo un par de paréntesis y evalúa la expresión. Por ejemplo, $3 + (5 \times 4 - 7) \times 2 = 29$. ¿Cuántas maneras puedes hallar para evaluar la expresión?

Elección múltiple

Escoge la mejor opción.

1. ¿Qué tipo de gráfica sería la mejor opción para mostrar las ganancias de una compañía en los últimos cinco años? *[Lecciones 1-1, 1-3, 1-5]*

Ⓒ Gráfica circular   Ⓓ Gráfica de línea quebrada

Ⓔ Diagrama de puntos   Ⓕ Tabla arborescente

2. Considera los datos 2, 5, 3, 7, 5, 4, 3, 6, 3, 7. ¿Cuál de los siguientes es 4.5? *[Lección 1-4]*

Ⓒ Media   Ⓓ Media y mediana

Ⓔ Moda y media   Ⓕ Mediana

3. El diagrama de dispersión muestra las temperaturas altas y bajas diarias en Junction City por un período de 2 semanas. La temperatura baja del día siguiente fue de 43°. Usa este diagrama para proporcionar el mejor cálculo aproximado de la temperatura alta de ese día. *[Lección 1-7]*

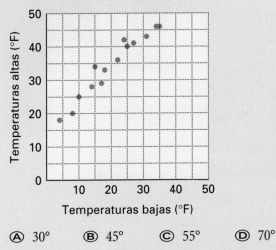

Temperaturas en Junction City

Ⓒ 30°   Ⓓ 45°   Ⓔ 55°   Ⓕ 70°

4. Usa la fórmula $h = \frac{m}{60}$ para relacionar los minutos (m) y las horas (h). ¿Cuántas horas equivalen a 240 minutos? *[Lección 2-1]*

Ⓒ 4 h   Ⓓ 180 h   Ⓔ 300 h   Ⓕ 14,400 h

5. ¿Cuál es la propiedad que sugiere la ecuación $(3 + 4) + 5 = 3 + (4 + 5)$? *[Lección 2-2]*

Ⓒ Propiedad distributiva

Ⓓ Propiedad asociativa de la suma

Ⓔ Orden de las operaciones

Ⓕ Propiedad conmutativa de la suma

6. ¿Cuál fórmula se usó para elaborar la tabla? *[Lección 2-3]*

x	3	4	5	6	7
y	9	12	15	18	21

Ⓒ $x = 3y$ Ⓓ $y = x + 6$

Ⓔ $y = \frac{x}{3}$ Ⓕ $y = 3x$

7. Se suma 35 a un número. ¿Qué operación se requiere para regresar al número original? *[Lección 2-4]*

Ⓒ Dividir entre 35   Ⓓ Multiplicar por 35

Ⓔ Restar 35   Ⓕ Restar a 35

8. ¿Cuál expresión muestra 5 menos que el doble de un número (n)? *[Lección 2-5]*

Ⓒ $2n - 5$ Ⓓ $2 \times (n - 5)$

Ⓔ $5 - 2n$ Ⓕ $n - 2 \times 5$

9. Resuelve $x + 15 = 53$. *[Lección 2-6]*

Ⓒ 705   Ⓓ 62

Ⓔ 38   Ⓕ 32

10. Resuelve $2y - 3 = 17$. *[Lección 2-7]*

Ⓒ $y = 10$ Ⓓ $y = 7$

Ⓔ $y = 40$ Ⓕ $y = 25.5$

Comprensión numérica: Decimales

→ **Enlace con Entretenimiento**
www.mathsurf.com/7/ch3/ent

→ **Enlace con Ciencias**
www.mathsurf.com/7/ch3/sciense

Entretenimiento

La palabra de 7 letras de puntaje más alto en el juego Scrabble® es *quartzy* (cuarzo). Tiene un valor de 126 puntos en el primer movimiento.

Alrededor del mundo

Después de los estadounidenses, son los alemanes quienes hacen el mayor número de llamadas telefónicas internacionales en el mundo: realizan 1.0116×10^9 llamadas por año.

Ciencias

El sistema numérico hexadecimal es usado por los ingenieros eléctricos. Contiene 16 dígitos y emplea las letras de la A a la F para representar los dígitos del 10 al 15.

y fracciones

Arte y Literatura

La novela más vendida de Michael Crichton, *Jurassic Park*, ha vendido más de 10^6 copias.

IDEAS CLAVE DE MATEMÁTICAS

Cuando multiplicas o divides números decimales, debes tener cuidado de ubicar de manera correcta el punto decimal en la respuesta.

La notación científica usa números decimales y potencias para expresar de manera eficaz números muy grandes o muy pequeños.

Un número es un factor de otro si divide ese número y no hay residuo en la operación. Un número primo sólo tiene dos factores, el uno y el número mismo.

Para comparar dos fracciones, primero escríbelas con un denominador común. La fracción con el numerador más grande es la mayor.

Ciencias sociales

La universidad más grande del mundo es la Universidad de Calcuta, en la India; cuenta con 300,000 estudiantes.

PROYECTO DEL CAPÍTULO

Resolución de problemas

Comprende
Planea
Resuelve
Revisa

En este proyecto, harás un desplegado que muestre el número de animales de cierto tipo (especies) que pudieran existir después de varias generaciones. Para empezar el proyecto, determina la especie animal que te gustaría investigar.

Enfoque en la resolución de problemas

Leer el problema

Antes de resolver un problema lo tienes que comprender. Algunos problemas aparentan ser más complejos de lo que en realidad son porque contienen giros inesperados. Regresar a rectificar un problema una segunda vez puede ayudarte a entender lo que en realidad se te pide resolver.

Lee cada problema y resuelve las preguntas acerca del mismo.

1 Una clínica para niños organizó un maratón de caminata. Cada patrocinador pagó a los participantes $2.00 por milla. June obtuvo 8 patrocinadores y caminó 4 millas. Greg caminó el doble que June, pero con la mitad de patrocinadores. Lou tuvo 3 veces más patrocinadores que Greg y caminó lo mismo que June. ¿Quién ganó más dinero?

a. ¿De qué trata el problema?

b. ¿Qué es lo que se pregunta?

c. ¿Cuánto pagó cada patrocinador por milla caminada?

d. ¿Quiénes son los dos marchistas que ganaron la misma cantidad de dinero?

e. Escribe y contesta una pregunta que se pueda resolver con la información presentada en este problema.

2 Tres estaciones de radio, incluida la WEFG, otorgaron en forma voluntaria tiempo al aire sin costo para patrocinar el maratón de caminata. La WEBC donó 20 minutos diarios por 3 días; la WAFT donó la misma cantidad de tiempo por día, pero durante 3 días más. El maratón de caminata tuvo 6 horas gratis de tiempo al aire. ¿Cuánto tiempo donó la WEFG?

a. ¿De qué trata el problema?

b. ¿Qué es lo que se pregunta?

c. ¿Cuántos minutos de tiempo al aire donó la WEBC cada día?

d. ¿Cuántos minutos en total donó la WAFT?

e. Escribe y resuelve una pregunta que se pueda resolver con la información presentada en este problema.

Decimales: Aproximación y resolución de ecuaciones

▶ **Enlace con Ciencias** ▶ **www.mathsurf.com/7/ch3/astronomy**

Los planetas solitarios

Cuando los astronautas Neil Armstrong y Buzz Aldrin llegaron a la luna en 1969, se convirtieron en las primeras personas que visitaban otro cuerpo celeste. Durante los tres años siguientes, 10 astronautas más caminaron en la luna. En ese tiempo, muchas personas creían que para el año 2000 sería común viajar a la luna e incluso a otros planetas.

Sin embargo, 25 años después, nadie ha regresado a la luna ni ha visitado otro planeta. Muchos científicos creen que ninguna persona lo logrará. La razón es que nuestro sistema solar es inmenso. Armstrong y Aldrin tardaron cuatro días en llegar a la luna. A la velocidad que viajaron, les tomaría cerca de dos *años* llegar a Marte, el planeta más cercano con las condiciones apropiadas para la supervivencia humana. Júpiter está 20 años más lejos que Marte, y Plutón, el planeta más distante, está 100 años más lejos.

Trabajar con números inmensos es la tarea diaria de astrónomos y exploradores espaciales. En su afán de comprender y visitar otros mundos, miden con cuidado el tiempo y la distancia. Registrar y calcular cifras grandes es fácil con la notación decimal.

1 ¿Cuántas veces es mayor la distancia de la Tierra a Plutón que de la Tierra a la luna? ¿Por qué?

2 Proporciona ejemplos de cosas que puedes encontrar en la Tierra que requieran de números muy grandes o muy pequeños para expresarse.

3 La distancia entre la luna y la Tierra es alrededor de 240,000 millas. Calcula la velocidad aproximada promedio en mi/h a la que viajaron Armstrong y Aldrin. ¿Cómo se comparan sus velocidades con las velocidades comunes de la Tierra?

3-1

Valor posicional: Comparación y ordenación de decimales

Vas a aprender…

■ a comparar y ordenar decimales.

…cómo se usa

Los científicos que investigan el ambiente necesitan comparar los valores decimales de los contaminantes que encuentran en el aire o en el agua.

▶ **Enlace con la lección** Como ya has trabajado con números enteros, es tiempo de estudiar los decimales al determinar cuál de los dos decimales es mayor. ◀

Investigar | **Comparación y ordenación de decimales**

Comportamiento modelo

Materiales: Papel cuadriculado, lápices de colores

Modelado de decimales

El papel cuadriculado muestra un modelo del número 1.47. Para

1.47

- Colorea una cuadrícula completa de 10 por 10 por cada número entero en el decimal.

- Dibuja otra cuadrícula de 10 por 10 junto a la anterior.

- En esta cuadrícula, colorea una tira de 10 por 1 por cada décimo en el decimal. Colorea un pequeño cuadro para cada centésimo.

1. Dibuja un modelo de cuadrícula para cada decimal.

   a. 1.3   **b.** 1.29   **c.** 0.8   **d.** 1.30   **e.** 0.51   **f.** 0.99

2. ¿Qué observas en los modelos 1.3 y 1.30? ¿Qué te dicen acerca de estos números? Explica tu respuesta.

3. Clasifica los decimales de menor a mayor y explica tu razonamiento.

4. El número 51 es mayor que 8. ¿Por qué 0.8 es mayor que 0.51?

5. ¿Puedes usar este método para modelar 1.354? Explica tu respuesta.

Aprender | **Comparación y ordenación de decimales**

El valor posicional de cada dígito de un número entero es un décimo del valor posicional a su izquierda. Al moverte a la derecha de un punto decimal, puedes crear el valor posicional de los *décimos, centésimos, milésimos* y así en lo sucesivo.

Posición	millares	centenas	decenas	unidades	•	décimos	centésimos	milésimos
Valor Posicional	1000	100	10	1		$\frac{1}{10}$ ó 0.1	$\frac{1}{100}$ ó 0.01	$\frac{1}{1000}$ ó 0.001

Así como en los números enteros, el valor de cada dígito en un decimal es el producto de un dígito y su valor posicional.

Ejemplos

1 Lee 8052.468.

El número se lee "ocho mil cincuenta y dos *y* cuatrocientos sesenta y ocho milésimos".

2 Proporciona el valor de cada 8 en 8052.648.

El primer 8 está en la posición de los millares. Su valor es $8 \times 1000 = 8000$.

El segundo 8 está en la posición de los milésimos. Su valor es $8 \times \frac{1}{1000} = \frac{8}{1000}$ o bien, 0.008.

No te olvides

El símbolo < significa *menor que* y el símbolo > significa *mayor que*.

[Curso anterior]

Para comparar y ordenar decimales, escribe los números con sus puntos decimales alineados. Luego compara los dígitos en cada posición, moviéndote de izquierda a derecha. En ocasiones un número tiene más posiciones decimales que otro. *Agrega* ceros a la derecha de la parte del decimal de cada número para que cada uno tenga la misma cantidad de dígitos después del punto decimal.

Agrega un cero

$$3.7\,4\,0$$
$$3.74$$
$$3.741$$
$$3.7\,4\,1$$

1 > 0

por tanto, 3.741 > 3.74

Ejemplo 3

Los primeros dos vuelos espaciales tripulados de Estados Unidos, lanzados para explorar la órbita de la Tierra tuvieron lugar en 1962. Compara el tiempo en órbita de los dos astronautas.

$4.9\ 2\ 3\ 0$ Agrega un cero.

$4.9\ 3\ 4\ 7$ Compara los dígitos de cada posición.

$\quad 2 < 3$

Astronauta	Tiempo en órbita
John Glenn	4.923 h
Scott Carpenter	4.9347 h

El tiempo de Glenn de 4.923 h fue menor que el tiempo de Carpenter de 4.9347 h.

▶ Enlace con Historia

La primera mujer en el espacio fue Valentina Tereshkova, de la ex Unión Soviética. Entre el 16 y 19 de junio de 1963 dio 48 vueltas a la Tierra en 70.83 horas.

Haz la prueba

Compara mediante el uso de los signos $<$, $>$ ó $=$.

a. 58.7351 ☐ 58.73   **b.** 3.24 ☐ 3.240

1. Explica la relación entre los valores posicionales en un decimal y un modelo de cuadrícula.

2. Sabes que 3 es menor que 27. ¿Es 0.3 menor que 0.27? Explica tu respuesta.

3-1 Ejercicios y aplicaciones

Práctica y aplicación

| Para empezar | **Escribe cada decimal en forma verbal.**

1. 36.5   **2.** 124.84   **3.** 4792.639   **4.** 306.306

Proporciona el valor de cada 6 en los siguientes números.

5. 125.067   **6.** 16.136   **7.** 42.68   **8.** 634.16   **9.** 46,600.66

10. | Para la prueba | ¿Cuál de estos números tiene el mismo valor que el 5 en este número: 247.358?

Ⓐ 50   Ⓑ 5.0   Ⓒ 0.5   Ⓓ 0.05

Compara mediante el uso de $<$, $>$ o $=$.

11. 0.034 ☐ 0.340   **12.** 1.01 ☐ 1.013   **13.** 487.835 ☐ 487.838

14. 16.2 ☐ 16.201   **15.** 5.831 ☐ 6.813   **16.** 196.789 ☐ 196.987

17. Ciencias La tabla muestra los niveles químicos de la reducción de ozono en el aire. ¿En qué año mostró su índice más alto? ¿Y el índice menor?

Año	1991	1992	1993	1994	1995
Nivel (partes por mil millones)	2.981	3.133	3.148	3.138	3.124

18. | Para la prueba | ¿Cuál de estos números es el más pequeño?

Ⓐ 36.397   Ⓑ 36.400

Ⓒ 36.399   Ⓓ 3.700

19. Consumo Aún no te decides por cuál marca de yogurt comprar. Ambas marcas tienen un costo de $1.69 por envase.

a. ¿Cuál es la mejor opción? Explica tu respuesta.

b. ¿Cuál marca es baja en calorías? ¿Por qué?

Tabla de Nutrición
Cont. por ración 8 oz *(227 g)*
1 Ración
Calorías 160
Grasa 35

Cantidad/Ración	%DV
Grasa total 3.5 g	**6%**
Grasa Sat. 2.5 g	**11%**
Colesterol 20 g	**6%**
Sodio 180 mg	**8%**

Tabla de Nutrición
Cont. por ración 10 oz *(284 g)*
1 Ración
Calorías 200
Grasa 41

Cantidad/Ración	%DV
Grasa total 4.1 g	**7%**
Grasa Sat. 2.9 g	**13%**
Colesterol 25 g	**8%**
Sodio 225 mg	**10%**

Resolución de problemas y razonamiento

20. Razonamiento crítico El siguiente es un número decimal al que le faltan algunos dígitos: □3.□8□. Si no hay dos dígitos iguales, ¿cuál puede ser el número más grande? ¿Y el más pequeño? Introduce los dígitos que faltan para formar el número más cercano posible a $53\frac{1}{2}$.

21. Comunicación Escribe tres números decimales que sean mayores que 3.71 pero menores que 3.72 y ordénalos de menor a mayor. ¿Podrías escribir más de tres de estos números? ¿Hay un límite en cuanto a aproximarte para obtener 3.72 sin llegar por completo a él? Explica tus respuestas.

22. Explica cómo puedes ordenar los números 1.01, 1.029 y 1.103 de menor a mayor.

23. Razonamiento crítico Las rectas numéricas se pueden usar para mostrar y ordenar decimales. Compara 3.2, 3.4 y 4.3 por medio de graficarlos en una recta numérica. ¿Cómo puedes determinar el orden de los tres números decimales?

24. Razonamiento crítico Los libros en una biblioteca se acomodan de acuerdo con el *número de referencia*; los números de referencia más bajos se encuentran en el lado izquierdo del estante y los más altos a la derecha. Los números de referencia para seis libros sobre astronomía planetaria están catalogados en a–f. Proporciona el orden en el cual deben aparecer en el estante.

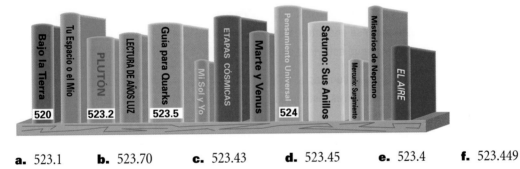

a. 523.1   **b.** 523.70   **c.** 523.43   **d.** 523.45   **e.** 523.4   **f.** 523.449

Repaso mixto

Ordena cada conjunto de datos de menor a mayor. Luego halla la mediana para cada conjunto. *[Lección 1-4]*

25. 34, 65, 23, 78, 46, 45, 89, 43, 29

26. 164, 215, 432, 653, 671, 564

27. 3, 6, 8, 5, 3, 4, 6, 8, 5, 3, 2, 7, 9, 6

28. 65, 67, 73, 83, 53, 65, 75, 49, 71

Escribe un enunciado para cada expresión algebraica. *[Lección 2-5]*

29. $x - 7$ **30.** $63c$ **31.** $8(n - 4)$ **32.** $42k + 17$

33. $\dfrac{d + 3}{4}$ **34.** $4 - 3y$ **35.** $5 - n$ **36.** $12c + 16w$

Cálculo aproximado por redondeo

Vas a aprender…

■ a redondear a la posición decimal más cercana.

■ a hacer cálculos aproximados mediante el redondeo de números cabales.

■ a usar el cálculo aproximado por los primeros dígitos y los números compatibles.

…cómo se usa

Los contratistas necesitan calcular los costos aproximados para poder hacer un presupuesto real para un trabajo. A menudo tienen que redondear cantidades y gastos para dar una cotización al cliente.

▶ **Enlace con la lección**   Ya has redondeado números enteros cuando no necesitabas respuestas exactas o cuando deseabas hacer algún cálculo aproximado. Ahora, aprenderás a redondear números decimales. ◀

Investigar | Cálculo aproximado por redondeo

¿Qué tan lejos está Marte?

Gail escribía un informe sobre sondas espaciales. En 1971, los ingenieros de la NASA colocaron la sonda espacial *Mariner 9* en órbita alrededor del planeta Marte. Gail necesitaba calcular la distancia de la Tierra a Marte. Sin embargo, tres fuentes de información proporcionaron tres distancias diferentes.

40 millones de millas   36,862,000 millas   36.9 millones de millas

1. Un informe de la NASA señaló: "En este momento salió hacia la órbita marciana, el *Mariner 9* se encontraba a _____ de la Tierra". ¿Cuál de las tres distancias es probable que estuviera en el informe? ¿Por qué piensas esto?

2. Una página Web decía: "Marte está aproximadamente a _____ de la Tierra". ¿Cuál de las tres distancias proporcionó la página? ¿Por qué?

3. En 1978, la sonda *Pioneer 12* se lanzó en órbita alrededor del planeta Venus. Un periódico informó: "El *Pioneer 12* se encuentra a 7.3 millones de millas más cerca de la Tierra que los _____ del *Mariner 9* cuando entró en órbita marciana en 1971". ¿Cuál distancia piensas que proporcionó el periódico? ¿Por qué?

4. Indica otra distancia de la Tierra a Marte que Gail pudiera haber encontrado y dónde la habría obtenido. ¿Por qué daría esa distancia esta fuente de información?

Aprender | Cálculo aproximado por redondeo

En ocasiones los decimales son más exactos de lo que en realidad necesitas para dar respuestas útiles. O bien, quizá desees calcular una respuesta por medio de números lo bastante sencillos para hacer un cálculo mental. En ambos casos, puedes simplificar tu trabajo por medio del *redondeo*.

Redondea 5.3485 al décimo más cercano

Redondea 34.287 al centésimo más cercano

5. 3 485	Halla el valor posicional.	34.2 8 7
5. 3 485	Observa el dígito de la derecha.	34.2 8 7
5. 3 485 ↑ no lo cambies	Si el dígito es 5 o mayor, suma 1 al dígito del valor posicional. Si es menor que 5, no cambies el dígito del valor posicional.	34.2 8 7 ↑ suma 1
5.3	Elimina todos los dígitos de la derecha.	34.29

Sugerencia

Cuando redondees 5.3485 al *décimo* más cercano, piensa: ¿está más cerca de 5.3 o de 5.4?

Ejemplo 1

El planeta Saturno está alejado del Sol 9.5549 veces más que la Tierra. Redondea 9.5549 al décimo, centésimo y milésimo más cercanos.

posición de los décimos	posición de los centésimos	posición de los milésimos
9. 5 549 ↑ 5 o más. Suma 1 al dígito anterior.	9.5 5 49 ↑ 4 o menos. No cambies el dígito anterior.	9.55 4 9 ↑ 5 o más. Suma 1 al dígito anterior.
Al décimo más cercano, 9.5549 se redondea a 9.6.	Al centésimo más cercano, 9.5549 se redondea a 9.55.	Al milésimo más cercano, 9.5549 se redondea a 9.555.

Haz la prueba

Redondea 7.865 al décimo, centésimo y milésimo más cercanos.

Existen diversas formas de usar el redondeo para calcular las respuestas a los problemas que contienen decimales.

Una manera de calcular consiste en redondear cada número a su valor posicional más alto. Luego se suma, resta, multiplica o divide.

$$456.39 - 213.94 = \boxed{4}56.39 - \boxed{2}13.94 = 500 - 200 \qquad = 300$$

Las centenas son el valor posicional más alto. Redondea a la posición de centenas más cercana. Haz un cálculo aproximado.

Para hacer cálculos aproximados con *números compatibles*, remplaza los números por los números más cercanos que son fáciles de usar.

$356.4 \div 84.7$

Redondea 356.4 a 360. Si remplazas 84.7 por 80, no es compatible con 360. Mejor, remplaza 84.7 por 90. $360 \div 90 = 4$.

¿LO SABÍAS?

Aunque Júpiter es el planeta más grande en el sistema solar, con una masa 318 veces mayor que la Tierra, gira alrededor de su propio eje con mayor velocidad que cualquier otro planeta. Por eso, un día en Júpiter tiene una duración de ¡9.9 horas!

Ejemplos

Haz un cálculo aproximado.

2 14.779 + 20.24

14.779 se redondea a 15 y 20.24 se redondea a 20. Aproxima: 15 + 20 = 35.

3 23.12 × 37.627

Redondea a las decenas. 23.12 se redondea a 20 y 37.627 se redondea a 40. Aproxima: 20 × 40 = 800.

4 319.24 ÷ 68.93

Usa números compatibles; 319.24 se redondea a 320. Remplaza 68.93 por 80 en lugar de 70. Aproxima 320 ÷ 80 = 4.

Haz la prueba

Aproxima. **a.** 67.54 − 32.45 **b.** 12.5 × 58.44 **c.** 428.9 ÷ 88.3

▶ **Enlace con Tecnología**

Cuando usas tu calculadora, es importante calcular primero una respuesta aproximada. Entonces sabrás si has oprimido teclas incorrectas.

En algunos casos, redondear a la posición más cercana no tiene sentido. Imagina que tienes $6 en tu cartera y deseas comprar el mayor número de libros de historietas posible. El costo de cada libro es de $2.39 con impuesto incluido. Si redondeas $2.39 a $2 (el número cabal más cercano) tu cálculo aproximado indica que puedes comprar tres libros (6 ÷ 2 = 3). Pero tres libros te costará más dinero del que tienes. Por tanto, conviene remplazar $2.39 por $3 para que tu aproximación señale dos libros (6 ÷ 3 = 2).

Ejemplo 5

Tu club de astronomía considera lavar autos a fin de recaudar fondos para comprar un telescopio nuevo. Con el impuesto incluido, el costo es de $317.19. Calcula la cantidad aproximada de automóviles que necesitan lavar si cobran $5.00 por auto.

Remplaza 317.19 por un número compatible para que la división entre 5 sea más fácil. El número compatible más cercano es 300. Para asegurarte de que el club recaude el dinero que necesita, es mejor remplazar 317.19 por 350. Aproxima: 350 ÷ 5 = 70.

Deben lavarse cerca de 70 autos.

Sugerencia

Cuando elijas números compatibles, haz operaciones sencillas: 320 y 350 se pueden dividir entre 5; pero es más fácil dividir 350 entre 5.

Comprobar | Tu comprensión

1. ¿Por qué es una buena idea hacer un cálculo aproximado antes de resolver un problema?

2. Proporciona un ejemplo de una situación en la cual pudieras decidir no redondear un decimal al número cabal más cercano para hacer un cálculo.

Práctica y aplicación

| Para empezar | Redondea cada número al décimo más cercano según el dígito
a la *derecha* del dígito del décimo.

1. 3.084   **2.** 22.247   **3.** 17.458   **4.** 138.985

Redondea cada número al número cabal más cercano.

5. 15.2   **6.** 2.43   **7.** 10.39   **8.** 158.942

Redondea cada número al número cabal más cercano y multiplica.

9. 14.92×0.98 **10.** 21.94×1.34 **11.** 1.68×9.4 **12.** 72.8×19.68

Haz un cálculo aproximado.

13. 163.2×5.4 **14.** $37.19 + 100.94$ **15.** $\dfrac{45.4}{4.75}$ **16.** $47.49 - 16.85$

17. $39.23 + 246.49$ **18.** 6343.2×2.57 **19.** $376.82 - 139.28$ **20.** $37.19 \div 8.18$

21. 42.3×239.23 **22.** $731.37 - 36.48$ **23.** $\dfrac{289.29}{42.52}$ **24.** $5893.4 + 2169.3$

25. $\dfrac{5314.3}{2128.2}$ **26.** 942.94×3.184 **27.** $842.4 - 294.31$ **28.** 739.12×423.9

**Redondea cada número a la posición más cercana de: a) centésimos
b) décimos c) milésimos.**

29. 23.3825   **30.** 312.5504   **31.** 19.0096   **32.** 99.9999

33. 0.0464   **34.** 81.8181   **35.** 43.4343   **36.** 67.6767

37. Tu club de astronomía desea comprar cinco lentes
diferentes para un telescopio nuevo. Las lentes de 6,
12 y 20 milímetros tienen un costo de $42.95 cada
una; mientras que las lentes de 32 y 40 milímetros
cuestan $58.95 cada una. Calcula el costo total
aproximado de las lentes.

38. Ciencias sociales Una agencia de servicio
social encuentra que, en promedio, 2.87 de cada
100 familias requiere su ayuda. ¿Cuántas familias la
agencia considera ayudar en un pueblo de 966
familias?

39. **Para la prueba** ¿Cuál operación daría el mejor cálculo aproximado para 483.64 × 29.78?

Ⓐ 483 × 29   Ⓑ 484 × 30   Ⓒ 400 × 30   Ⓓ 500 × 25

40. Profesiones Un sastre necesita tres piezas de tela de 1.67, 1.5 y 1.25 yardas de largo. Calcula cuántas yardas aproximadas de material debe comprar.

41. Ciencias *Voyager 2* viaja a una velocidad promedio de 466.73 millones de km por año. Aproxima al décimo más cercano la cantidad de años que le tomaría llegar a cada planeta listado en la siguiente tabla.

Planeta	Marte	Júpiter	Saturno	Neptuno
Distancia de la Tierra (millones de km)	78.34	628.73	1277.38	4346.47

Resolución de problemas y razonamiento

42. Escoge una estrategia Según la medida en un mapa con una escala de 150 millas por pulgada, la distancia de Chicago a New York es de 4.75 pulgadas. ¿Cómo puedes usar el cálculo aproximado para hallar el número de millas entre estas dos ciudades?

43. Razonamiento crítico Un proveedor de servicios Internet cobra $2 la hora de uso. Un consumidor llamó para decir que había utilizado la Internet por 1 hora más 1 minuto y le cobraron $4. Su amiga, quien tiene el mismo proveedor Internet, usó la Red por 1 hora y 50 minutos y le cobraron la misma cantidad de $4. ¿Cómo piensas que se calculó el cobro? Proporciona una manera más justa de cobrar a los usuarios.

44. En tu diario Describe una situación en la cual un grupo de amigos en un restaurante puedan utilizar el cálculo aproximado.

Resolución de problemas

ESTRATEGIAS

• Busca un patrón
• Organiza la información en una lista
• Haz una tabla
• Prueba y comprueba
• Empieza por el final
• Usa el razonamiento lógico
• Haz un diagrama
• Simplifica el problema

Repaso mixto

Haz una gráfica de línea quebrada para cada conjunto de datos. *[Lección 1-5]*

45.

Año	1987	1988	1989	1990	1991
Ingresos ($)	3248	4165	4421	4230	4684

46.

Año	1975	1980	1985	1990	1995
Número	230	325	460	435	390

Resuelve las siguientes ecuaciones. *[Lección 2-6]*

47. $x - 7 = 15$ **48.** $u + 19 = 34$ **49.** $125 = m - 72$ **50.** $365 = h + 148$

51. $y + 12 = 15$ **52.** $16 + u = 23$ **53.** $45 = n - 10$ **54.** $145 = p + 76$

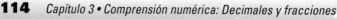

Resolución de problemas: Sumas y restas de decimales

▶ **Enlace con la lección** | En lecciones anteriores resolviste ecuaciones de suma y resta con números cabales. Ahora verás cómo resolver ecuaciones de suma y resta que contienen decimales. ◀

Vas a aprender...

■ a resolver ecuaciones de suma y resta que contengan decimales.

...cómo se usa

Cuando haces el balance de una chequera, tienes que sumar y restar cantidades decimales.

Investigar | **Sumas y restas de decimales**

Un camino diferente

El astronauta Mark Lee participó en una "actividad extra vehicular" (EVA) durante una misión del transbordador espacial *Discovery*, en 1994. Lee usó un módulo de propulsión para "caminar" en el espacio, a 200 millas de la superficie terrestre.

El módulo de propulsión se almacena en una cámara de vacío, abordo del transbordador espacial.

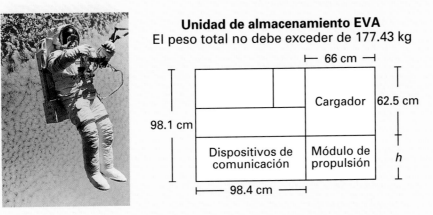

Unidad de almacenamiento EVA
El peso total no debe exceder de 177.43 kg

1. Halla la longitud del módulo de propulsión EVA. ¿Cómo obtuviste la respuesta?

2. Sea *h* igual a la altura del módulo. Escribe una ecuación de suma para hallar *h*.

3. Halla la altura del módulo. ¿Cómo obtuviste la respuesta?

4. El peso combinado de los objetos almacenados junto con el módulo de propulsión es 139.83 kg. Sea *w* igual al peso máximo del módulo. Escribe una ecuación de resta para hallar *w*.

5. Halla el peso máximo del módulo de propulsión. ¿Cómo obtuviste la respuesta?

3-3 • Resolución de problemas: Sumas y restas de decimales **115**

Aprender | Sumas y restas de decimales

Para resolver ecuaciones de suma y resta que contengan decimales, necesitas sumar y restar los decimales.

SUMA Y RESTA DE DECIMALES

- Escribe los números con sus puntos decimales alineados.
- Agrega los ceros necesarios.
- Suma o resta los dígitos.
- Coloca el punto decimal en la respuesta.

$$4.2 + 3.76$$

$$\begin{array}{r} 4.20 \\ + 3.76 \\ \hline 7.96 \end{array}$$

Coloca el punto decimal.

Resolver ecuaciones con decimales es muy similar a resolver ecuaciones con números enteros. No te olvides hacer un cálculo aproximado antes de buscar la respuesta exacta y comprueba si tu respuesta es razonable.

Ejemplo 1

Cuando el cometa Halley se encuentra a su máxima distancia del Sol, está a 25.72 UA (unidades astronómicas) más lejos del Sol que Saturno. La distancia entre Saturno y el Sol es de 9.55 UA. Halla la distancia máxima entre el cometa Halley y el Sol.

Sea $x =$ La distancia máxima del cometa Halley.

Escoge una variable.

La distancia de Saturno más 25.72 UA equivale a la distancia máxima.

Describe la situación.

$$9.55 + 25.72 = x$$

Escribe una ecuación.

$$\begin{array}{r} \overset{1}{1}9.55 \\ + 25.72 \\ \hline 35.27 \end{array}$$

Haz un cálculo aproximado: $10 + 26 = 36$

Suma los dígitos y coloca el punto decimal.

$$35.27 = x$$

La aproximación fue 36, por tanto, la respuesta es razonable.

La distancia máxima entre el cometa Halley y el Sol es de 35.27 UA.

Haz la prueba

Resuelve las ecuaciones.   **a.** $x - 4.5 = 8.6$ **b.** $x + 16.05 = 37.4$

Shawon y Nedra desean comprar un regalo de cumpleaños para su madre, el cual tiene un costo de $42.95. Nedra tiene $18.75. ¿Cuánto dinero necesita tener Shawon para comprar el regalo?

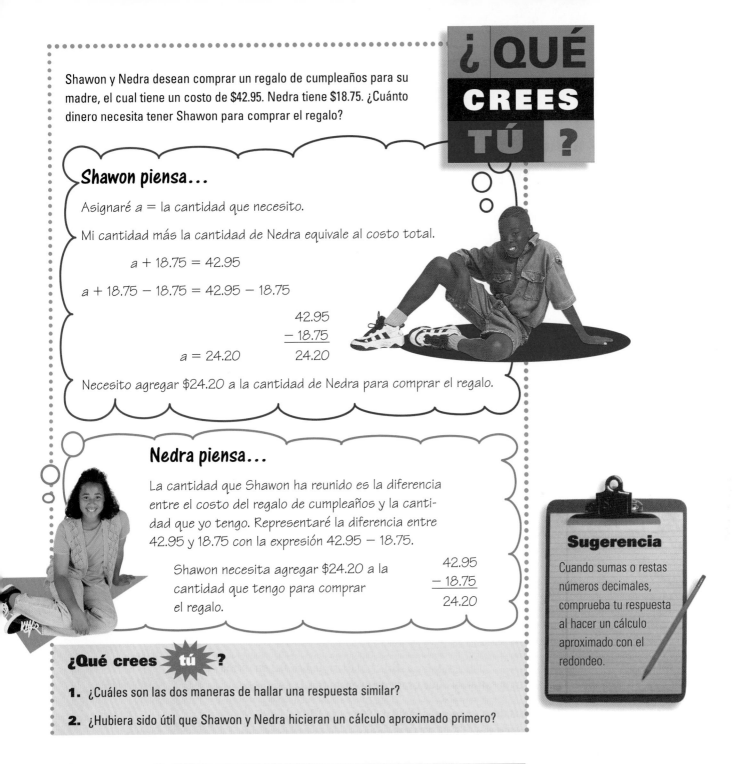

¿QUÉ CREES TÚ?

Shawon piensa...

Asignaré a = la cantidad que necesito.

Mi cantidad más la cantidad de Nedra equivale al costo total.

$$a + 18.75 = 42.95$$

$$a + 18.75 - 18.75 = 42.95 - 18.75$$

$$a = 24.20$$

```
  42.95
- 18.75
  24.20
```

Necesito agregar $24.20 a la cantidad de Nedra para comprar el regalo.

Nedra piensa...

La cantidad que Shawon ha reunido es la diferencia entre el costo del regalo de cumpleaños y la cantidad que yo tengo. Representaré la diferencia entre 42.95 y 18.75 con la expresión 42.95 − 18.75.

Shawon necesita agregar $24.20 a la cantidad que tengo para comprar el regalo.

```
  42.95
- 18.75
  24.20
```

Sugerencia

Cuando sumas o restas números decimales, comprueba tu respuesta al hacer un cálculo aproximado con el redondeo.

¿Qué crees tú?

1. ¿Cuáles son las dos maneras de hallar una respuesta similar?

2. ¿Hubiera sido útil que Shawon y Nedra hicieran un cálculo aproximado primero?

Comprobar Tu comprensión

1. ¿Por qué alineas los puntos decimales cuando sumas o restas decimales?

2. ¿Qué tiene en común resolver una ecuación con decimales y una ecuación con números enteros?

Práctica y aplicación

1. **Para empezar** Sigue los pasos para hallar la diferencia entre 42.4 y 42.268.

   a. Determina cuál de los dos números es mayor y colócalo en la parte superior.

   b. Alinea los puntos decimales.

   c. Agrega ceros.

   d. Resta para hallar la diferencia.

Haz un cálculo aproximado de las siguientes sumas o restas.

2. $12.3 + 32.1$

3. $119.07 + 53.3$

4. $148 + 147.99$

5. $0.066 + 0.183 + 0.10$

6. $16.9 - 16.09$

7. $1.333 - 0.667$

8. $0.00882 - 0.00679$

9. $0.00726 + 0.00251$

10. $68.28 + 931.2$

11. $0.0386 - 0.003$

12. $634.2 - 428.34$

13. $0.049 + 0.134 + 0.082$

Resuelve cada ecuación.

14. $121.4 + x = 437.734$

15. $x - 53.204 = 31.1$

16. $34.02 = x + 9.881$

17. $4.095 = x - 12.3$

18. $x + 0.047 = 0.176$

19. $0.0073 = x - 0.008367$

20. **Ciencias** La fórmula que relaciona los grados Kelvin (K) con los grados Celsios (C) es $K = 273 + C$. Escribe y resuelve una ecuación para hallar los grados Celsios para 384.9 K y otra para encontrar los grados Kelvin correspondientes a 37.2°C.

21. **Para la prueba** ¿Cuál es la solución para la ecuación $13.5 = d + 5.027$?

   Ⓐ 8.473   Ⓑ 8.527   Ⓒ 13.5   Ⓓ 18.527

22. **En tu diario** Halla la suma $0.2 + 0.07 + 0.08 + 0.1 + 0.01 + 0.3 + 0.2$ en forma mental. Explica la estrategia que usaste para encontrar la respuesta.

23. **Deportes** En los juegos de la temporada regular 1995 de la NFL, el equipo Dallas Cowboys obtuvo un promedio de 27.1875 puntos; mientras que Miami Dolphins obtuvo 24.875 puntos. ¿Cuántos puntos más hicieron los Cowboys en promedio?

24. Entre las diez películas más taquilleras de 1994 se incluyen *The Lion King*, con $298.88 millones; *Forrest Gump*, con $298.10 millones y *The Santa Clause*, con $134.56 millones. ¿Cuánto ganaron en total estas películas?

Forrest Gump

PRACTICAR 3-3

Resolución de problemas y razonamiento

25. Razonamiento crítico Las sondas espaciales tienen pequeños motores que usan los técnicos en la Tierra para corregir la trayectoria de una sonda al viajar entre los planetas. Una sonda a Júpiter comenzó con 55.7 kg de combustible para su motor, el cual se ha usado en tres ocasiones. Utiliza la siguiente tabla para calcular la cantidad de combustible consumido y cuánto queda en reserva.

Encendido de motor	1	2	3
Combustible consumido (kg)	12.87	9.3	11.22

26. Razonamiento crítico Un puesto de frutas vende manzanas Green Valley a $0.75 cada una, manzanas Del-Ray a $0.85 la unidad y peras a $0.65 la pieza. Kim compra una fruta de cada una y paga con un billete de $20, pero la caja registradora se ha descompuesto. Escribe y resuelve una ecuación que ayude al cajero a determinar cuánto cambio debe regresar a Kim.

27. Comunicación En algunos casos es conveniente redondear un valor decimal pequeño a 0 y en otros no. Para cada uno de los siguientes ejercicios, menciona si redondearías 0.001 a 0 y explica por qué.

a. $0.009 - 0.001 + 0.0007$

b. $131.10085 + 143.9784 + 0.001 + 5.3534$

28. **Para la prueba** Jennifer sigue las instrucciones para llegar a casa de Suki, las cuales indican: "En la esquina de Route 9 y Bancroft, da vuelta a la derecha y recorre exactamente 4.8 millas sobre Bancroft y en seguida verás la entrada para autos a tu izquierda". En la esquina, el odómetro de Jennifer da una lectura de 47,253.8. ¿Qué lectura del odómetro debe ella observar para encontrar la entrada para autos de Suki?

   Ⓐ 8.6   Ⓑ 47,259.0   Ⓒ 47,244.8   Ⓓ 47,258.6

Repaso mixto

Dibuja un diagrama de dispersión y una línea de tendencia para cada conjunto de datos. *[Lección 1-6]*

29.

x	1	5	7	2	5	8	3	6
y	2	4	5	3	3	6	4	4

30.

x	6.4	3.2	7.1	9.1	4.3	8.1	2.9	8.3
y	4.2	7.1	3.9	1.8	5.5	2.7	7.0	2.6

Resuelve las siguientes ecuaciones y comprueba tus respuestas. *[Lección 2-7]*

31. $6v = 72$ **32.** $195 = x \cdot 16$ **33.** $7 = c \div 20$ **34.** $j \div 42 = 6$

35. $\dfrac{w}{5} = 12$ **36.** $211 = y \cdot 12$ **37.** $9 = \dfrac{d}{8}$ **38.** $23e = 368$

3-4

Resolución de problemas: Productos y cocientes de decimales

Vas a aprender…

■ a multiplicar y dividir números decimales.

■ a resolver ecuaciones de multiplicación y división que contienen decimales.

…cómo se usa

Un proveedor de banquetes debe comprar comida en grandes cantidades. Puesto que los recipientes y empaques no siempre usan medidas en números cabales, un proveedor debe tener la capacidad de multiplicar y dividir decimales.

▶ **Enlace con la lección**   En la lección anterior resolviste ecuaciones de suma y resta con decimales. Ahora toca el turno a la multiplicación y división de decimales. ◀

Investigar   **Productos y cocientes de decimales**

Materiales: Software de hoja de cálculo

¡Una manera infalible de bajar de peso!

Los objetos en Venus pesan 0.9 veces de su peso en la Tierra. Una sonda espacial que pesa 9.4 lb en la Tierra ha aterrizado en Venus.

1. Ajusta tu hoja de cálculo como se muestra en la ilustración. Para calcular el peso de una sonda espacial en Venus, introduce la fórmula "=B2*B3" en la celda B4. ¿Cuánto pesa la sonda en Venus?

	A	B
1		Venus
2	Fuerza de gravedad	0.9
3	Peso de la sonda en la Tierra	9.4
4	Peso de la sonda en el planeta	

2. La siguiente tabla compara la fuerza de gravedad en otros planetas con relación a la Tierra. Introduce el nombre de los planetas en la hilera 1 y sus factores de gravedad en la hilera 2 de tu hoja de cálculo. Después usa esta hoja para calcular el peso en cada planeta de una sonda que pesa en la Tierra 9.4 lb.

Cuerpo celeste	Marte	Júpiter	Saturno	Neptuno
Fuerza de gravedad	0.38	2.58	1.11	1.4

3. Sin calcular la respuesta, ¿cómo puedes determinar si el peso de una sonda en un planeta será mayor o menor que su peso en la Tierra?

Aprender   **Productos y cocientes de decimales**

Puedes usar modelos para multiplicar decimales. El cuadrado grande representa 1. Cada hilera y columna representa un décimo del cuadrado grande, es decir, 0.1. Cada cuadrado pequeño representa 0.01.

Cada factor en 0.4×0.2 tiene 1 posición decimal, pero el producto 0.08 contiene 2 posiciones.

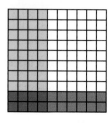

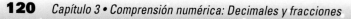

MULTIPLICACIÓN DE DECIMALES

- Multiplica en la misma forma como con los números enteros.
- Coloca el punto decimal en el producto de manera que tenga el mismo número de posiciones decimales que la suma de las posiciones decimales en los factores.

$$
\begin{array}{r}
\overset{1}{4.36} \quad \text{2 posiciones decimales} \\
\times\ 2.1 \quad \text{1 posición decimal} \\
\hline
{}_1 436 \\
872 \\
\hline
9.156 \quad \text{3 posiciones decimales} \\
\hline
9.156
\end{array}
$$

Ejemplo 1

Un *año* es el tiempo que tarda un planeta en girar alrededor del Sol. Un año terrestre dura 365.3 días y un año en Marte es 1.88 de este tiempo. Halla la duración de un año en Marte.

Sea $x = $ la duración de un año marciano.   Escoge una variable.

Un año marciano es 1.88 de un año terrestre.   Describe la situación.

$x = 1.88 \times 365.3$ Escribe una ecuación.

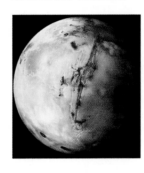

$$
\begin{array}{r}
365.3 \quad \text{1 posición decimal} \\
\times\ 1.88 \quad \text{2 posiciones decimales} \\
\hline
29224 \\
29224 \\
3653 \\
\hline
686.764 \quad \text{3 posiciones decimales}
\end{array}
$$

Aproxima: $2 \times 400 = 800$

$x = 686.764$

El cálculo aproximado fue 800, por tanto, la respuesta es razonable.

Un año marciano consiste en 686.764 días terrestres.

Haz la prueba

Resuelve las ecuaciones.   **a.** $x = 0.3 \times 5.391$ **b.** $x = 23.41 \times 6.5$

También puedes usar modelos para dividir decimales. El modelo muestra $0.3 \div 6$. Observa que si un punto decimal se mueve una posición a la derecha tanto en el dividendo (0.3) como en el divisor (6), obtienes el mismo cociente ($3 \div 60 = 0.05$).

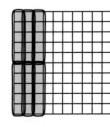

$$
46.58 \div 7.2 \rightarrow 7.2\overline{)46.58}
$$
$$
72\overline{)465.8}
$$

Resolución de problemas
TEN EN CUENTA

Puesto que el problema te pide hallar la duración de un año en Marte, debes hacer la variable (*x*) equivalente a la duración de un año en ese planeta. Cuando resuelvas la ecuación, obtendrás la solución del problema.

¿LO SABÍAS?

El planeta con el año de mayor duración es Plutón. ¡Tendrías que esperar 248.5 años terrestres entre un cumpleaños y otro si vivieras en Plutón!

DIVISIÓN DE DECIMALES

- Mueve el punto decimal el mismo número de posiciones a la derecha tanto en el divisor como en el dividendo hasta que el divisor sea un número entero.
- Divide como lo harías con números enteros.

3-4 • Resolución de problemas: Productos y cocientes de decimales **121**

Ejemplos

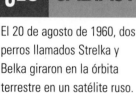

CÁLCULO APROXIMADO

Un cálculo aproximado te puede ayudar a determinar dónde colocar el punto decimal.

2 Divide: $11.68 \div 0.8$

$$0.8\overline{)11.68}$$ Aproxima: $12 \div 1 = 12$

$$
\begin{array}{r}
14.6 \\
8\overline{)116.8} \\
\underline{8} \\
36 \\
\underline{32} \\
48 \\
\underline{48} \\
\end{array}
$$

El cociente es 14.6.

3 Divide: $16.51 \div 2.54$

$$2.54\overline{)16.51}$$ Aproxima: $18 \div 3 = 6$

$$
\begin{array}{r}
6.5 \\
254\overline{)1651} \\
\underline{1524} \\
1270 \\
\underline{1270} \\
\end{array}
$$

El cociente es 6.5.

Haz la prueba

Haz las siguientes divisiones. **a.** $13.8 \div 0.4$ **b.** $9.966 \div 15.1$

En ocasiones tienes que multiplicar o dividir entre decimales para resolver una ecuación.

Ejemplo 4

Usa la fórmula $d = vt$ para calcular el tiempo (t) que le tomó a una sonda espacial que viajó a una velocidad promedio (v) de 2,342.36 mi/h recorrer una distancia (d) de 43,143.8 millas.

$43,143.8 = 2,342.36t$ Sustituye los valores para v y d.

$\dfrac{43,143.8}{2,342.36} = \dfrac{2,342.36t}{2,342.36}$ Anula la multiplicación por 2,342.36 al dividir entre 2,342.36.

Aproxima: $40,000 \div 2000 = 20$ **43143.8** $\boxed{\div}$ **2342.36** $\boxed{=}$ **18.418945**

$18.418945 = t$

El cálculo aproximado fue de 20, por tanto, la respuesta es razonable.

La sonda espacial tardó 18.42 horas en hacer el recorrido.

Haz la prueba

Resuelve las ecuaciones. **a.** $3.4x = 32.21$ **b.** $\dfrac{n}{4.1} = 48.28$

Comprobar | **Tu comprensión**

1. Dos decimales son menores que 1. ¿Cómo se compara su producto con los números mismos? Explica tu respuesta.

2. ¿Qué tienen en común la división y la multiplicación de números cabales? ¿En qué son diferentes?

Práctica y aplicación

1. | **Para empezar** | Sigue estos pasos para resolver $\frac{x}{9.1} = 4.2$.

  a. Redondea y haz un cálculo aproximado.

  b. Anula la división de 9.1 mediante una multiplicación.

  c. Compara la respuesta con tu cálculo aproximado. ¿Es razonable?

Haz un cálculo aproximado de cada producto o cociente.

2. 2.3×32 **3.** 11.7×3.3 **4.** 2.47×3.5 **5.** 4.98×2.46 **6.** 37.2×2.6

7. $\frac{4.6}{2.3}$ **8.** $\frac{2.3}{4.6}$ **9.** $\frac{0.046}{0.0023}$ **10.** $\frac{0.0046}{0.023}$ **11.** $\frac{0.0023}{0.0046}$

12. 3.6×1.2 **13.** 3.6×0.12 **14.** 0.36×0.012 **15.** 0.036×0.12 **16.** 4.3×5.07

17. $\frac{8.47}{0.35}$ **18.** $\frac{0.36}{7.2}$ **19.** $\frac{2.42}{0.108}$ **20.** $\frac{36.18}{0.048}$ **21.** $\frac{0.0038}{0.0689}$

Resuelve cada ecuación.

22. $0.12x = 0.432$ **23.** $5.06 = \frac{u}{0.092}$ **24.** $\frac{c}{1.23} = 14.568$ **25.** $4.785 = 1.7x$

26. $3.278s = 2.34$ **27.** $0.28 = \frac{a}{3.56}$ **28.** $45.3 = 4.7x$ **29.** $\frac{k}{12.67} = 0.04$

30. Medición La fórmula $c = 2.54i$ relaciona el número de pulgadas (i) y el número de centímetros (c). Halla la cantidad de pulgadas en 15 centímetros.

31. | **Para la prueba** | Las cajas de jugo cuestan $3.89 por paquete de seis. ¿Cuál es el mejor cálculo para el precio aproximado de una caja de jugo?

  Ⓐ $23.34   Ⓑ $0.65   Ⓒ $0.80   Ⓓ $1.54

32. Ciencias El número de veces que un telescopio amplifica una imagen equivale a su distancia dividida entre la distancia focal de la lente. Si un telescopio de 0.996 m de largo tiene una lente de 0.0125 m, ¿cuál es su capacidad de amplificación? ¿Cuántas posiciones decimales hay en tu respuesta? ¿Piensas que necesitas describir la amplificación a este número de posiciones decimales? Explica tu respuesta.

Resolución de problemas y razonamiento

33. Comunicación La madre de Ilse recorre 41.7 millas todos los días. Si su auto promedia 27.3 millas por galón y la gasolina tiene un costo de $1.399 por galón, ¿cuál debe ser su presupuesto semanal (5 días hábiles) de gasolina? Explica cómo hallaste la respuesta.

34. Razonamiento crítico Como parte de una investigación sobre astronomía, Nava ha estado calculando la velocidad a la que viajan las lunas en el sistema solar. A continuación se muestran algunos datos que ella recopiló de algunas lunas de Júpiter.

Copia y completa la tabla.

Lunas	Io	Ganimedes	Calisto
Radio orbital (km × 1,000,000)	0.42		
Período (días)	1.77	7.15	16.69
Distancia orbital (radio × 6.28)		6.7196	11.8064
Velocidad $\left(\dfrac{\text{distancia}}{\text{período}}\right)$		0.94	

Io, una de las lunas de Júpiter

35. Razonamiento crítico Usa operaciones inversas para resolver $4.3w - 3.7 = 9.5$. Proporciona una razón para cada paso.

Repaso mixto

Halla el valor de cada expresión. *[Lección 2-2]*

36. $43 + 15 \div 5$

37. $7 \times (84 - 32)$

38. $\dfrac{96 - 18 \times 3}{12 - (3 + 2)}$

39. $\dfrac{45 \div (8 - 3)}{2 \times 4 + 1}$

Resuelve las siguientes ecuaciones y comprueba tus respuestas. *[Lección 2-8]*

40. $3y + 7 = 28$

41. $12g - 13 = 71$

42. $8x - 17 = 63$

43. $339 = 23x + 17$

44. $\dfrac{k}{12} + 24 = 73$

45. $100 = \dfrac{w}{7} - 18$

46. $\dfrac{x}{4} - 3 = 32$

47. $\dfrac{c}{17} + 39 = 57$

El proyecto en marcha

Haz un dibujo o diagrama de un conjunto de padres animales (la *primera* generación). Investiga en la biblioteca para saber el número de cachorros que esta pareja pudo haber tenido en un momento dado (la *segunda* generación). Indica el número de cachorros en tu dibujo.

Resolución de problemas

Comprende
Planea
Resuelve
Revisa

RESOLVER PROBLEMAS 3-4

Potencias de 10 y notación científica

▶ Enlace con la lección Sabes que algunos números son demasiado grandes para escribirlos con facilidad, pero en esta lección aprenderás un método creado por científicos que simplifica la escritura y el trabajo con números grandes. ◀

Investigar | Expresión de números como potencias de 10

La tabla de los 10 mejores

Materiales: Calculadora científica o calculadora de graficación

1. Copia y completa la tabla.

Multiplica	10	10 · 10	10 · 10 · 10	10 · 10 · 10 · 10	10 · 10 · 10 · 10 · 10
Resultado	10	100			
Núm. de 0	1	2			

Estudia los patrones de la tabla. Luego responde las siguientes preguntas.

2. ¿Cómo se relacionan el número de ceros con el número de los 10 multiplicados?

3. ¿Cuántas veces debes multiplicar 10 por sí mismo para obtener 100,000,000,000,000,000,000,000?

Ahora usa los patrones de las primeras dos columnas para completar esta tabla.

2 × 100	7.2 × 10,000	3.5 × 1000		36.8 × 1,000,000,000
200	72,000		4,800,000	

4. ¿Cómo despliega tu calculadora el resultado de la última columna?

Aprender | Potencias de 10 y notación científica

Un número como 1000 se puede escribir así: $10 \times 10 \times 10$. Cuando los factores se repiten, puedes usar un **exponente** y una **base**. Así, puedes escribir $10 \times 10 \times 10$ como 10^3 porque hay tres 10 multiplicados juntos. El producto (1000) se llama **potencia** de 10. Por tanto, 10, 100 y 10,000 también son potencias de 10.

3 factores

$$10 \times 10 \times 10$$

3 Exponente

$$= 10$$

Base

Vas a aprender...

■ a usar exponentes para escribir potencias de 10.

■ a escribir números grandes en notación científica.

...cómo se usa

La notación científica ayuda a los científicos a escribir y calcular con números muy grandes que implican distancias y velocidades relacionadas con el espacio.

Vocabulario

exponente

base

potencia

forma usual

notación científica

Ejemplo 1

Evalúa 3^5.

$3^5 = 3 \cdot 3 \cdot 3 \cdot 3 \cdot 3$ Usa el significado de un exponente.

$ = 243$ Haz la multiplicación.

Puedes multiplicar un decimal o un número cabal por una potencia de 10 con sólo mover el punto decimal. Tanto una calculadora como un cálculo con lápiz y papel mostrarán que $3.2 \times 10,000 = 32,000$.

Si agregas ceros, puedes observar que el punto decimal en 32,000.0 está cuatro posiciones a la derecha del punto decimal en 3.20000.

$$3.2 \longrightarrow 3.20000$$
$$|_{1\ 2\ 3\ 4}$$
$$32,000 \longrightarrow 3\ 2\ 0\ 0\ 0\ |\ 0$$

Si 10,000 se escribe como 10^4, puedes observar que el exponente (4) te indica el número de posiciones a la derecha que se habrá de mover el punto decimal.

Ejemplo 2

Multiplica 5.47×10^6.

$$5.47 \times 10^6 = 5.470000.0$$
Mueve el punto decimal seis posiciones a la derecha y agrega ceros.

$$ = 5,470,000$$
Escribe la cantidad como un número cabal.

CÁLCULO MENTAL

Cuando multiplicas números que terminan con ceros, multiplica los dígitos diferentes de cero y coloca todos los ceros al final.

Los científicos usan una interpretación de las potencias de 10 como ayuda para escribir números demasiado grandes.

Los números que has utilizado hasta el momento están escritos en **forma usual**, como es el caso del número 88,000.

88,000 se puede expresar de muchas maneras por medio de potencias de 10.

$8,800 \times 10$ 880×100 u 880×10^2

88×1000 u 88×10^3 $8.8 \times 10,000$ u 8.8×10^4

La última notación, 8.8×10^4, se conoce como **notación científica** y es una manera de escribir números grandes. Un número escrito en notación científica está compuesto por tres partes:

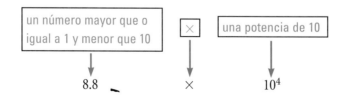

un número mayor que o igual a 1 y menor que 10	$\times$	una potencia de 10
8.8	$\times$	10^4

Para escribir un número en notación científica, cuenta las posiciones que debes mover el punto decimal para obtener un número mayor que o igual a 1 y menor que 10. El número de posiciones que mueves el punto decimal es la potencia de 10.

$$24{,}000.0 = 24{,}000.0 \qquad \text{4 posiciones, 2.4 está entre 1 y 10.}$$
$$2.4000.0 \times 10^4$$

Ejemplos

3 La distancia promedio entre la luna Calisto y Júpiter es de 1,880,000 km. Escribe la distancia en notación científica.

$$1{,}880{,}000.0 \longrightarrow 1.88 \times 10^6 \longleftarrow \text{número de posiciones decimales a las que se movió el punto}$$

Comprueba: $1.88 \times 10^6 = 1.88 \times 1{,}000{,}000 = 1{,}880{,}000$

La distancia en notación científica es 1.88×10^6 km.

4 El total de autos, camiones y autobuses en el mundo en 1992 era como de 6.13×10^8; escríbelo en forma usual.

Invierte el procedimiento que utilizas para escribir un número en notación científica.

$$6.13 \times 10^8 \longleftarrow \text{número de posiciones a la derecha a las que se debe } \textit{mover} \text{ el punto decimal.}$$

$$6.13000000.0 \Big\} \longrightarrow 613{,}000{,}000$$
8 a la derecha

El número de vehículos era alrededor de 613,000,000, o bien, 613 millones.

Haz la prueba

Escribe en notación científica. **a.** 31,700,000,000   **b.** 9,600.5

Escribe en forma usual.   **c.** 4.1×10^5 **d.** 2.894×10^{12}

Observaciones de Galileo sobre las lunas de Júpiter.

Comprobar | Tu comprensión

1. ¿Qué ventajas tiene la notación científica sobre la notación usual?

2. ¿El número 52.6×10^4 está escrito en notación científica? ¿Y 1×10? Explica ambas respuestas.

Práctica y aplicación

1. | **Para empezar** | Sigue estos pasos para escribir 16,120,000 en notación científica.

   a. Mueve el punto decimal a la izquierda hasta que se posicione entre los primeros dos dígitos.

   b. Cuenta cuántas posiciones se movió el punto decimal.

   c. Usa ese número como el exponente de 10. $16,120,000 =$ _____ $\times 10^-$

Evalúa las siguientes expresiones.

2. 2^3 **3.** 3^2 **4.** 5^3 **5.** 10^4 **6.** 2^6

Escribe cada número en notación científica.

7. 9,370,000,000   **8.** 8,500   **9.** 175   **10.** 93,000

11. 1,010,000,000   **12.** 10,100,000   **13.** 36,540,000   **14.** 384,200

15. 990,000,000,000,000,000   **16.** 96,500   **17.** 243,000,000   **18.** 439,300,000

19. **Para la prueba** En notación científica, 40,240,000,000 se escribe:

   Ⓐ 40.240×10^6 Ⓑ 40.240×10^9 Ⓒ 4.024×10^{10} Ⓓ 4.024×10^{11}

Escribe cada número en forma usual.

20. 8×10^6 **21.** 6×10^8 **22.** 5.2×10^8 **23.** 1.2×10^{12}

24. 1.35×10^2 **25.** 4.98×10^5 **26.** 2.368×10^{10} **27.** 5.69×10^6

28. **Ciencias** La ilustración muestra la masa en kilogramos de los nueve planetas en el sistema solar. Haz una lista de sus masas de menor a mayor.

Marte 6.42×10^{23}

Venus 4.87×10^{24}

Neptuno 1.02×10^{26}

Mercurio 3.30×10^{23}

Tierra 5.98×10^{24}

Júpiter 1.90×10^{27}

Saturno 5.69×10^{26}

Urano 8.69×10^{25}

Plutón 1.32×10^{22}

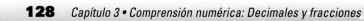

29. Ciencias sociales En 1994, la deuda nacional de Estados Unidos (la cantidad de dinero que adeuda el gobierno estadounidense) fue de 4.721 billones de dólares. El país tenía una población de 260 millones de habitantes. Usa tu calculadora para determinar la cantidad de dinero que tendría que aportar cada habitante de Estados Unidos en ese año para pagar la deuda nacional.

30. Patrones ¿Cuántos ceros hay en mil millones? ¿Y en 10^{10}?, ¿en 10^{20}? y ¿en 10^{100}?

Resolución de problemas y razonamiento

31. Literatura En 1994, aproximadamente 2,274,400,000 libros se vendieron en Estados Unidos. Expresa este número en notación científica.

32. Razonamiento crítico Usa tu calculadora para dividir 2.50×10^{14} entre 1.25×10^{14}. Explica por qué el resultado no está en notación científica.

33. Ciencias sociales Durante el año escolar 1994–1995, había como 43.9 millones de estudiantes en las escuelas públicas de Estados Unidos. Los estados invirtieron un total de 239.1 mil millones de dólares en estas escuelas. ¿Cuál fue la inversión promedio por estudiante? Redondea tu respuesta al dólar más cercano.

34. Comunicación Las grandes compañías y los países generan sus presupuestos, los cuales manejan miles de millones o incluso billones de dólares, pero nunca usan notación científica para expresar estos números. Explica cuándo y por qué la notación científica no es útil para expresar números muy grandes.

35. Escoge una estrategia En un experimento de laboratorio, dos colonias de bacterias están bajo observación. Una crece a una tasa de 1.5×10^5 bacterias cada media hora y la otra a razón de 3.2×10^5 bacterias por hora. ¿Cuál crece con mayor rapidez? ¿Cómo lo sabes?

36. Razonamiento crítico Describe cómo puedes sumar dos números que están en notación científica. Considera el caso donde los exponentes son los mismos y el caso donde son diferentes.

Resolución de problemas

ESTRATEGIAS

- Busca un patrón
- Organiza la información en una lista
- Haz una tabla
- Prueba y comprueba
- Empieza por el final
- Usa el razonamiento lógico
- Haz un diagrama
- Simplifica el problema

Repaso mixto

Proporciona el inverso de cada acción. *[Lección 2-4]*

37. Sumar 5   **38.** Multiplicar por 7   **39.** Pararse   **40.** Subir 4 escalones

Haz un cálculo aproximado y luego suma. *[Lección 3-3]*

41. $4.23 + 7.821$ **42.** $8.471 + 3.196$ **43.** $3.645 + 2.946$ **44.** $3.4 + 0.34 + 0.034$

45. $14.7 + 93.74$ **46.** $5.23 + 4.2 + 0.039$ **47.** $3.856 + 84.28$ **48.** $4.8943 + 3.541$

TECNOLOGÍA

Uso de la calculadora científica • Notación científica

Problema: **¿Cuál es el producto de 106,000,000,000,000 y 22,220,000,000,000,000?**

Puedes usar la tecla de notación exponencial de tu calculadora científica para ayudarte a simplificar este problema.

1 **Expresa cada número en notación científica como se muestra:** $106{,}000{,}000{,}000{,}000 = 1.06 \cdot 10^{14}$
$22{,}220{,}000{,}000{,}000{,}000 = 2.222 \cdot 10^{16}$

2 **Introduce el primer número en tu calculadora científica, así:** ⌊1⌋⌊.⌋⌊0⌋⌊6⌋⌊EE⌋⌊1⌋⌊4⌋**. Oprimir la tecla** ⌊×⌋**, luego introduce el segundo número como** ⌊2⌋⌊.⌋⌊2⌋⌊2⌋⌊2⌋⌊EE⌋⌊1⌋⌊6⌋**. (Nota: Tu calculadora puede usar** ⌊E⌋ **en lugar de** ⌊EE⌋**.)**

3 **Oprimir la tecla** ⌊=⌋ **para hallar el producto.**

Solución: El producto de 106,000,000,000,000 y 22,220,000,000,000,000 es 2.35532×10^{30}, lo cual equivale a 2,355,320,000,000,000,000,000,000,000,000.

INTÉNTALO

a. ¿Cuál es la suma de 345,901,120,000 y 111,111,234,000,000?

b. ¿Cuál es el cociente de 145,124,000,000,000,000 y 4,000,000,000,000?

POR TU CUENTA

▶ Cuando introduces un número grande en tu calculadora, ¿por qué en ocasiones es necesario expresar el número en notación científica?

▶ Si tu calculadora da una respuesta que usa un exponente, ¿cómo puedes cambiarlo a notación usual?

▶ ¿Hay números demasiado grandes que no podrías introducirlos en tu calculadora científica? De ser así, explica por qué y proporciona un ejemplo. De lo contrario, explica las causas.

Has visto el uso de los decimales para una mejor comprensión del sistema solar. Ahora, utilizarás los decimales para describir un planeta.

Los planetas solitarios

1. La columna 2 muestra la masa de cada planeta en comparación con la masa de la Tierra. Ordena las masas de menor a mayor.

Planeta	Masa comparada con la Tierra	Distancia del Sol (millas)	Distancia del Sol comparada con la Tierra	Día (h)	Duración de un año comparado con la Tierra
Mercurio	0.0553	3.59×10^7	0.39	1407.6	0.24
Venus	0.8150	6.72×10^7	0.72	5832.2	0.62
Marte	0.1074	1.42×10^8	1.53	24.6	1.88
Júpiter	317.89	4.84×10^8	5.21	9.9	11.86
Saturno	95.18	8.87×10^8	9.55	10.7	29.46
Urano	14.54	1.78×10^9	19.20	17.2	84.01
Neptuno	17.15	2.79×10^9	30.10	16.1	164.76
Plutón	0.002	3.67×10^9	39.46	153.3	247.65

Escoge un planeta. Usa los datos sobre tu planeta para contestar estas preguntas.

2. Escribe la distancia entre tu planeta y el Sol en notación usual, donde d = distancia promedio entre la Tierra y el Sol. Usa los datos sobre la distancia entre tu planeta y el Sol (columnas 3 y 4) para escribir una ecuación que puedas resolver para calcular la distancia entre la Tierra y el Sol.

3. Resuelve la ecuación que escribiste en la pregunta 2. ¿Cuál es la distancia entre la Tierra y el Sol que más se aproxima a miles de millones? Escribe tu respuesta tanto en notación científica como en notación usual.

4. El período de *rotación* de la Tierra es de 23.9 horas. ¿En qué proporción es más largo o más corto un "día" en tu planeta en comparación con la Tierra?

5. El período de *traslación* de la Tierra (la duración de un año terrestre) es de 365.3 días. ¿Cuál es la duración de un año en tu planeta en días terrestres?

6. Escribe un párrafo que compare tu planeta con la Tierra.

Compara mediante el uso de $<$, $>$ o $=$.

1. a. 9.501 ☐ 9.5 **b.** 0.067 ☐ 0.670 **c.** 756.38 ☐ 756.380

2. Redondea según el valor posicional subrayado. **a.** 10.6$\underline{7}$4 **b.** 5.$\underline{8}$19 **c.** 56.09$\underline{8}$6

Haz un cálculo aproximado.

3. 23×3.2 **4.** $153.3 - 9.07$ **5.** $13.34 + 32.01 + 36.8$ **6.** 652.3×7.57

7. $\dfrac{5.6}{2.8}$ **8.** 5.52×4.91 **9.** $\dfrac{0.0038}{0.019}$ **10.** $37.48 - 29.93$

Resuelve cada ecuación. Primero haz un cálculo aproximado de la solución.

11. $\dfrac{x}{3.2} = 2.8$ **12.** $x - 23.5 = 17.3$ **13.** $3.24x = 15.86$ **14.** $15.76 + x = 23.89$

15. Escribe en notación científica. **a.** 12,100 **b.** 5,206,000 **c.** 4,860,000,000

16. Escribe en forma usual. **a.** 5×10^3 **b.** 7×10^5 **c.** 7.2×10^7 **d.** 1.6×10^{14}

17. **En tu diario** Describe una manera como puedes usar el redondeo y cálculo aproximado de decimales al momento de comprar comestibles para determinar cuáles artículos tienen el mejor precio.

18. Ciencias Una sonda espacial puede transportar en su viaje 50 lb de instrumentos científicos. ¿Es posible transportar 72 instrumentos idénticos con un peso de 6.75 oz? Explica tu respuesta. (Pista: 1 lb $= 16$ oz.)

19. Consumo Después de pasar toda la mañana de compras, Joe sólo cuenta con $14.37. Necesita $2.65 para su pasaje de autobús de regreso a casa y también tiene que pagar una deuda de $5.00. ¿Como cuánto dinero puede gastar en la comida?

Para la prueba

Cuando en una prueba de elección múltiple se te pide hallar la respuesta a un cálculo decimal o la solución a una ecuación decimal, una aproximación razonable con frecuencia te puede ayudar a eliminar con rapidez algunas opciones.

20. Halla la suma de 3.89, 72.076 y 2.6.

     Ⓐ 0.78566   Ⓑ 7.8566

     Ⓒ 78.566   Ⓓ 785.66

21. Encuentra la diferencia entre 97.24 y 1.308.

     Ⓐ 9.5932   Ⓑ 84.16

     Ⓒ 95.932   Ⓓ 971.092

REPASO 3A

Un, dos, tres... ¡música!

La música y las matemáticas tienen una relación estrecha. Por ejemplo, la música viaja en forma de "ondas" sonoras por el aire. De ahí que el tono de una nota musical depende del número de ondas por segundo.

La música también comprende fracciones, puesto que éstas determinan las notas de una escala musical. Este es un dato descubierto hace casi 2500 años por un matemático griego llamado Pitágoras. Las fracciones también ayudan a los músicos a sostener los tiempos. Al conocer la duración de una nota "entera", los músicos pueden determinar cuánto dura "media" nota, un "cuarto" de nota, etc. Esto les permite tocar en grupo.

Parte de la música moderna se basa casi en su totalidad en las matemáticas. El compositor austriaco Arnold Schönberg (1874–1951) escribió piezas completas con conjuntos de frases musicales de 12 notas que cambian de manera continua de acuerdo con las reglas estrictas de matemáticas. Hoy día, las computadoras pueden remplazar a los músicos por completo, mediante el uso de sonidos digitales producidos en forma electrónica.

1 ¿Cuántas notas "octavas" se necesitan para igualar una nota "media"? Explica cómo lo supiste.

2 Proporciona ejemplos sobre la importancia de las matemáticas en otras disciplinas del arte como el teatro, la literatura, la danza o la pintura.

133

Divisibilidad y descomposición factorial

Vas a aprender…

■ a probar la divisibilidad.

■ a escribir cualquier número como un producto de números primos.

…cómo se usa

Los jardineros ornamentales a menudo ordenan sus plantas en filas para que su exhibición sea eficiente y placentera.

Vocabulario

divisible

factor

número primo

número compuesto

descomposición factorial

árbol de factores

▶ **Enlace con la lección**   Una vez que has dividido con números enteros, aprenderás a determinar si hay un residuo cuando uno de los números enteros se divide entre otro. ◀

Investigar   Factorización y números primos

¡Atención banda!, marchar en filas

Materiales: 36 objetos pequeños

La señora Buchanan diseña algunas rutinas de marcha para la banda de la escuela. La banda podría tener entre 30 y 36 miembros, los cuales pueden marchar en cualquier número de filas siempre y cuando contengan el mismo número de miembros.

1. Usa los objetos para deducir cuántas opciones hay para cada número de miembros, desde 30 hasta 36. Muestra tus resultados en una tabla como la adjunta.

Número de miembros	30	30
Miembros por fila	1	2
Número de filas	30	15

2. ¿Qué número de miembros ofrece el mayor número de opciones posibles? ¿Y el menor número de opciones? ¿Qué observas acerca de los números que proporcionan muchas opciones? ¿Y pocas opciones?

3. Describe los patrones que te ayudarán a predecir si las opciones de 2, 3 y 6 miembros por fila son posibles para otros tamaños de bandas.

Aprender   Divisibilidad y descomposición factorial

En el aparador de una tienda de música, se exhibían 12 trompetas en grupos de 4. Se dice que 12 es **divisible** entre 4 porque 12 se puede dividir en grupos de 4 sin residuo. El 12 también es divisible entre 6. Se afirma que 4 y 6 son **factores** de 12 porque 12 es divisible entre 4 y 6.

$$12 \div 4 = 3 \qquad\qquad 12 \div 6 = 2$$

Cinco no es un factor de 12 puesto que $12 \div 5$ es igual a 2 con un residuo de 2.

Ejemplo 1

Indica las formas como se pueden dividir 8 estudiantes en grupos del mismo tamaño.

Divide 8 entre cada número del 1 al 8. Busca los cocientes con residuos de cero.

$8 \div 1 = 8$, residuo 0 $8 \div 5 = 1$, residuo 3

$8 \div 2 = 4$, residuo 0 $8 \div 6 = 1$, residuo 2

$8 \div 3 = 2$, residuo 2 $8 \div 7 = 1$, residuo 1

$8 \div 4 = 2$, residuo 0 $8 \div 8 = 1$, residuo 0

Ocho estudiantes se pueden dividir en grupos de 1, 2, 4 y 8 personas.

Usa las reglas de la divisibilidad como ayuda para hallar los factores de un número.

REGLAS DE LA DIVISIBILIDAD

Un número es divisible entre:
- 2 si el dígito de las unidades es 0, 2, 4, 6 u 8.
- 3 si la suma de los dígitos es divisible entre 3.
- 4 si el número formado por los últimos dos dígitos es divisible entre 4.
- 5 si el dígito de las unidades es 0 ó 5.
- 6 si el número es divisible entre 2 y entre 3.
- 8 si el número formado por los últimos tres dígitos es divisible entre 8.
- 9 si la suma de los dígitos es divisible entre 9.
- 10 si el dígito de las unidades es 0.

¿LO SABÍAS?

Puedes usar la regla de la divisibilidad entre 4 a fin de determinar los años bisiestos.

Ejemplo 2

Comprueba la divisibilidad de 4320 entre 2, 3, 4, 5, 6, 8, 9 y 10.

¿2?   Sí   El último dígito es 0.

¿3?   Sí $4 + 3 + 2 + 0 = 9$, el cual es divisible entre 3.

¿4?   Sí   El número formado por los últimos dos dígitos (20) es divisible entre 4.

¿5?   Sí   4320 termina en 0.

¿6?   Sí   4320 es divisible entre 2 y entre 3.

¿8?   Sí   El número formado por los últimos tres dígitos (320) es divisible entre 8.

¿9?   Sí $4 + 3 + 2 + 0 = 9$, el cual es divisible entre 9.

¿10? Sí   El dígito de las unidades es 0.

4320 es divisible entre 2, 3, 4, 5, 6, 8, 9 y 10.

Haz la prueba

Comprueba la divisibilidad de cada número entre 2, 3, 4, 5, 6, 8, 9 y 10.

a. 84   **b.** 845   **c.** 128   **d.** 162

Un **número primo** es un número entero mayor que 1, el cual tiene exactamente dos factores, 1 y el número mismo. Siete es un número primo puesto que sus únicos factores son 1 y 7.

Un **número compuesto** es un número entero que tiene más de dos factores. Quince es un número compuesto porque presenta más de dos factores: 1, 3, 5 y 15.

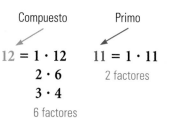

Compuesto   Primo

$12 = 1 \cdot 12$ $11 = 1 \cdot 11$
$2 \cdot 6$ 2 factores
$3 \cdot 4$
6 factores

Cuando escribes un número compuesto como un producto de números primos, el producto se llama **descomposición factorial** (o descomposición en primos) del número compuesto. Por ejemplo, la descomposición factorial de 18 es $2 \times 3 \times 3$. Debes usar exponentes para escribir los factores repetidos; así, $2 \times 3 \times 3$ se escribe 2×3^2.

Ejemplo 3

Escribe la descomposición factorial de 84.

Puedes usar un **árbol de factores** para hallar la descomposición factorial. En cada "rama", busca los factores mediante las reglas de la divisibilidad. No importa con cuál factor empieces, siempre obtendrás la misma descomposición factorial.

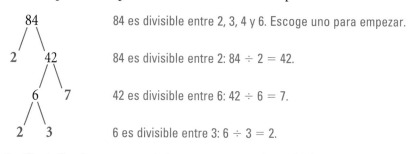

84 es divisible entre 2, 3, 4 y 6. Escoge uno para empezar.

84 es divisible entre 2: $84 \div 2 = 42$.

42 es divisible entre 6: $42 \div 6 = 7$.

6 es divisible entre 3: $6 \div 3 = 2$.

Las "hojas" en los extremos de las ramas proporcionan la descomposición factorial $2 \times 2 \times 3 \times 7$. Usa exponentes para escribir esto como $2^2 \times 3 \times 7$.

La descomposición factorial de 84 es $2^2 \times 3 \times 7$.

Haz la prueba

Halla la descomposición factorial de los siguientes números.

a. 124   **b.** 63   **c.** 308   **d.** 102

Comprobar | Tu comprensión

1. ¿Cuál es la descomposición factorial de un número primo?

2. Menciona la diferencia entre un número primo y un número compuesto.

3. ¿Cómo puedes hallar un número si conoces su descomposición factorial?

3-6 Ejercicios y aplicaciones

Práctica y aplicación

Para empezar ¿El primer número es divisible entre el segundo?

1. 571; 2   **2.** 3560; 5   **3.** 8394; 3   **4.** 6737; 4

5. 675; 9   **6.** 558; 6   **7.** 82240; 8   **8.** 5605; 10

Comprueba la divisibilidad de cada número entre 2, 3, 4, 5, 6, 8, 9 y 10.

9. 291   **10.** 582   **11.** 585   **12.** 592

13. 5920   **14.** 5921   **15.** 5922   **16.** 5925

Determina si cada uno de estos números es compuesto o primo.

17. 63   **18.** 89   **19.** 116   **20.** 201

21. 152   **22.** 167   **23.** 323   **24.** 153

Usa árboles de factores para hallar la descomposición factorial de los siguientes números. Utiliza exponentes para escribir los factores repetidos.

25. 18   **26.** 180   **27.** 185   **28.** 285

29. 360   **30.** 864   **31.** 1125   **32.** 1512

33. **Para la prueba** ¿Cuál de estos números *no* es un factor primo de 168?

    Ⓐ 2   Ⓑ 3   Ⓒ 4   Ⓓ 7

34. El tubo más largo en muchos órganos de viento tiene una longitud de 32 pies. Halla la descomposición factorial de 32. Usa exponentes para escribir los factores repetidos.

35. **Ciencias** Eva analiza una onda de radio y descubre que la forma de onda se repite cada 378 segundos. ¿Cuáles son los otros períodos más cortos de formas de onda que son factores de 378 segundos?

36. **Comprensión numérica** Halla los números primos que sean menores que 30.

37. Halla un número entre 60 y 90 que tenga exactamente dos factores primos.

38. **Para la prueba** Satu valora las rejillas de botellas para usarlas en una planta empaquetadora. El número de botellas en la rejilla debe ser divisible entre 6 y entre 4. ¿Cuál de las siguientes capacidades de rejilla puede usar?

    Ⓐ 120   Ⓑ 126   Ⓒ 148   Ⓓ 164

PRACTICAR 3-6

Resolución de problemas y razonamiento

39. Razonamiento crítico Raúl construye una pecera y quiere que tenga una capacidad de 12 litros (12,000 mL) de agua. La fórmula $V = lwh$ indica el volumen (V), en mililitros, de un tanque con una longitud (l), anchura (w) y altura (h) en centímetros. Él desea conocer la longitud, la anchura y la altura en números cabales.

a. Haz una lista con los tres conjuntos de dimensiones que podrían aplicarse en un tanque de 12,000 mL.

b. ¿Cuál forma piensas que requiere de más vidrio?

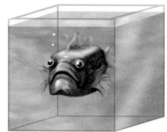

40. Escoge una estrategia Sugiere un programa de computadora que pueda encontrar números primos grandes.

41. Describe cómo puedes hallar más de un árbol de factores para algunos números compuestos. ¿La descomposición factorial será la misma? Proporciona un ejemplo.

42. Razonamiento crítico En un juego de cartas de fantasía hay 248 cartas diferentes. Laura almacena sus cartas en hojas de plástico con capacidad para 9 cartas. ¿Piensas que la última hoja se llenará por completo?

43. Razonamiento crítico El número 1,758,289,141 no es divisible entre 4. ¿Cuál es el número más pequeño mayor que 1,758,289,141 que *es* divisible entre 4? ¿Cómo calculaste el número?

Resolución de problemas
ESTRATEGIAS
• Busca un patrón
• Organiza la información en una lista
• Haz una tabla
• Prueba y comprueba
• Empieza por el final
• Usa el razonamiento lógico
• Haz un diagrama
• Simplifica el problema

Repaso mixto

Elabora una tabla arborescente para cada conjunto de datos. *[Lección 1-3]*

44. 32, 43, 51, 32, 41, 53, 61, 39, 47

45. 17, 23, 31, 43, 15, 29, 41, 38, 26

46. 83, 79, 71, 74, 83, 74, 91, 73, 89

47. 95, 103, 87, 94, 99, 105, 117, 86

Compara mediante el uso de $<, >$ **o** $=$. *[Lección 3-1]*

48. 1.9999 ☐ 1.999

49. 0.307 ☐ 0.0307

50. 12.345 ☐ 123.4

51. 2.709 ☐ 2.71

52. 2.08 ☐ 2.123

53. 195.5 ☐ 19.55

54. 4.55 ☐ 4.555

55. 0.064 ☐ 0.0064

MCD y MCM

▶ **Enlace con la lección** | Después de haber visto los factores de números enteros, hallarás cuál de entre varios factores comunes para dos o más números es el mayor. También encontrarás de entre varios múltiplos comunes cuál es el menor para dos o más números. ◀

Investigar | Máximo común divisor

Una marcha en tiempo primo

Materiales: 42 objetos pequeños

Los 12 miembros de la banda de la escuela intermedia Phoenix marchan en el desfile del Día de Acción de Gracias detrás de los 30 miembros que conforman la banda de la escuela Jacksonville. Las filas en ambas bandas deben tener la misma anchura.

1. Usa los objetos para calcular la fila más ancha que se puede utilizar en ambas bandas.

2. Halla la descomposición factorial de 12 y 30 y elabora una lista en la que anotes tus resultados uno sobre otro. Alinea los factores equivalentes (por ejemplo, 2 arriba de 2, 3 arriba de 3 y así sucesivamente).

3. Al usar sólo los factores comunes para ambos números, sugiere una regla que puedas utilizar para calcular la anchura de la fila que determinaste en el paso 1.

4. Comprueba tu regla con grupos de 28 y 42 estudiantes.

Aprender | MCD y MCM

Los números con frecuencia tienen *factores comunes*.

Factores de 42 = $\boxed{1}$, $\boxed{2}$, $\boxed{3}$, $\boxed{6}$, 7, 14, 21, 42

Factores de 12 = $\boxed{1}$, $\boxed{2}$, $\boxed{3}$, 4, $\boxed{6}$, 12

Los factores comunes de 42 y 12 son **1, 2, 3** y **6**. El **máximo común divisor** (MCD) es **6**.

Una manera de calcular el MCD de dos o más números es hacer una lista de los factores comunes, de los cuales, el MCD es el mayor.

Vas a aprender...

■ a calcular el máximo común divisor de un par de números.

■ a determinar el mínimo común múltiplo de un par de números.

...cómo se usa

La administración de un almacén implica el uso eficiente del espacio. Los MCD y MCM ayudan a los trabajadores a organizar los estantes.

Vocabulario

máximo común divisor (MCD)

múltiplo común

mínimo común múltiplo (MCM)

Ejemplo 1

Halla el MCD de 24 y 40.

Usa las reglas de divisibilidad para calcular los factores de 24. Empieza con 1 y 24; luego divide cada factor que encuentres en 24 para obtener otro factor.

Factor: 2   Reflexiona: 24 ÷ 2 = 12, por tanto, 12 también es un factor.

Factor: 3   Reflexiona: 24 ÷ 3 = 8, por tanto, 8 también es un factor.

Factor: 4   Reflexiona: 24 ÷ 4 = 6, por tanto, 6 también es un factor.

Factores de 24: $\boxed{1}$, $\boxed{2}$, 3, $\boxed{4}$, 6, $\boxed{8}$, 12, 24

Factores de 40: $\boxed{1}$, $\boxed{2}$, $\boxed{4}$, 5, $\boxed{8}$, 10, 20, 40

Los factores comunes son 1, 2, 4 y 8.

El *máximo* común divisor (MCD) de 24 y 40 es 8.

▶ **Enlace con Música**

La tuba toca notas muy bajas, pero no es el miembro más bajo en una orquesta. Ese honor se lo lleva el piano, el cual también toca las notas más altas.

Cuando un instrumento musical produce una nota, de hecho escuchas muchas notas al mismo tiempo. La nota que escuchas con mayor claridad es la *fundamental*; pero también escuchas otras llamadas *primer sobre tono, segundo sobre tono* y así sucesivamente. Cada nota se produce por una vibración u onda de sonido.

Las descomposiciones factoriales del segundo sobre tono de dos notas de una tuba son las siguientes:

$$212 = 2^2 \times 53 \qquad 244 = 2^2 \times 61$$

Puedes usar descomposiciones factoriales para calcular el MCD, el cual es el producto de los factores comunes primos. Si los factores comunes primos son 2^2, el MCD es $2^2 = 4$.

Ejemplo 2

Dos tablas de madera que miden 63 y 84 pulgadas se deben cortar en anaqueles lo más largos posible y de igual tamaño. ¿Qué tamaño tendrán los anaqueles?

Cada tabla se puede cortar en tamaños que son factores de la longitud total. El máximo común divisor es la máxima longitud común de los anaqueles.

$63 = 3 \times \boxed{3} \times \boxed{7}$

$84 = 2 \times 2 \times \boxed{3} \times \boxed{7}$

Escribe las descomposiciones factoriales y rodea con un cuadro los **factores primos** comunes.

El MCD es $3 \times 7 = 21$. Los anaqueles medirán 21 pulgadas de largo.

Haz la prueba

Halla el MCD.   **a.** 18, 36   **b.** 144, 168   **c.** 78, 91   **d.** 20, 26

El *múltiplo* de un número es el producto del número y un número cabal. Los primeros cinco múltiplos de 5 diferentes de cero son 5, 10, 15, 20 y 25.

$$5 = 5 \cdot 1 \qquad 10 = 5 \cdot 2 \qquad 15 = 5 \cdot 3 \qquad 20 = 5 \cdot 4 \qquad 25 = 5 \cdot 5$$

Has observado que así como los números pueden tener factores comunes, también pueden tener **múltiplos comunes**. A continuación se listan algunos múltiplos de 4 y 6.

Múltiplos de 4: 4 $(1 \cdot 4)$, 8 $(2 \cdot 4)$, 12 $(3 \cdot 4)$, 16 $(4 \cdot 4)$, 20 $(5 \cdot 4)$, 24 $(6 \cdot 4)$

Múltiplos de 6: 6 $(1 \cdot 6)$, 12 $(2 \cdot 6)$, 18 $(3 \cdot 6)$, 24 $(4 \cdot 6)$

Los múltiplos comunes de 4 y 6 incluyen al 12 y 24. El **mínimo común múltiplo** (MCM) de 4 y 6 es 12.

Una manera de calcular el MCM de dos o más números es hacer una lista de sus múltiplos comunes; el menor de ellos es el MCM.

Sugerencia

No listes demasiados múltiplos de un número antes de comenzar otra lista. Podrías escribir muchos más de los que necesitas.

Ejemplos

3 Halla el MCM de 8 y 10.

	$1 \cdot 8$	$2 \cdot 8$	$3 \cdot 8$	$4 \cdot 8$	$5 \cdot 8$	$6 \cdot 8$	$7 \cdot 8$
Múltiplos de 8:	**8**	**16**	**24**	**32**	40	**48**	**56**

	$1 \cdot 10$	$2 \cdot 10$	$3 \cdot 10$	$4 \cdot 10$	$5 \cdot 10$
Múltiplos de 10:	**10**	**20**	**30**	40	**50**

El MCM es 40.

4 En una parte de una composición musical, el músico que ejecuta el triángulo en una orquesta toca una vez cada 12 compases. Mientras que el músico que ejecuta los timbales toca una vez cada 9 compases. ¿Con qué frecuencia estos dos músicos tocan juntos?

Necesitas hallar el MCM de 12 y 9.

	$1 \cdot 12$	$2 \cdot 12$	$3 \cdot 12$
Múltiplos de 12:	**12**	**24**	36

	$1 \cdot 9$	$2 \cdot 9$	$3 \cdot 9$	$4 \cdot 9$
Múltiplos de 9:	**9**	**18**	**27**	36

El MCM de 12 y 9 es 36.

El triángulo y los timbales tocan juntos una vez cada 36 compases.

▶ **Enlace con Ciencias**

¡Tenemos un par de *timbales* en nuestros oídos! Timbal es el nombre formal de *tímpano*.

Haz la prueba

Halla el MCM.   **a.** 5, 15   **b.** 12, 16   **c.** 10, 12   **d.** 7, 9

1. ¿Puede el máximo común divisor de dos números ser igual a uno de los números? Explica tu respuesta.

2. ¿Cuál es el MCD de dos números primos diferentes? ¿Cuál es el MCM?

3-7 Ejercicios y aplicaciones

Práctica y aplicación

1. | Para empezar | Sigue estos pasos para hallar el MCD de 42 y 63.

   a. Calcula todos los factores de 42.

   b. Halla todos los factores de 63.

   c. Haz una lista de los factores que 42 y 63 tengan en común.

   d. Halla el máximo común divisor de ambos números.

Halla el MCD mediante el listado de todos los factores de cada número.

2. 54, 90   **3.** 84, 96   **4.** 125, 175   **5.** 323, 391

Halla el MCD mediante la escritura de la descomposición factorial de cada número.

6. 54, 81   **7.** 432, 378   **8.** 24, 117   **9.** 405, 486

10. | Para la prueba | El MCD de 198 y 220 es:

   Ⓐ 22   Ⓑ 11   Ⓒ 26   Ⓓ 4

Halla el MCM de cada par de números.

11. 9, 15   **12.** 12, 20   **13.** 15, 20   **14.** 16, 24

15. 8, 14   **16.** 15, 24   **17.** 8, 30   **18.** 14, 24

19. Patrones Un restaurante de la localidad ofrece una comida gratis a cada vigésimo quinto cliente y un sombrero a cada decimosegundo cliente. ¿Cuál cliente será el primero en recibir ambos obsequios?

20. Profesiones Bennie es proveedor de banquetes para boda y en este momento coloca los bocadillos en los platos. Tiene 72 bollos de queso y 48 trozos de zanahoria. Quiere poner ambos alimentos en cada plato, distribuidos de manera equitativa y no desea que haya sobrantes. ¿Cuál es el mayor número de platos que puede usar y qué cantidad de cada alimento debe poner en cada plato?

21. Música Aaron compone música en un par de sintetizadores. Una parte del instrumento contiene 595 barras de música y el otro 680. ¿Cuál es el mayor número de barras de música que se divide en forma equitativa en ambas partes de los instrumentos?

22. [Para la prueba] Halla el MCM y el MCD de 18 y 27.

Ⓐ MCM: 108; MCD: 3

Ⓑ MCM: 54; MCD: 3

Ⓒ MCM: 108; MCD: 9

Ⓓ MCM: 54; MCD: 9

Resolución de problemas y razonamiento

23. Razonamiento crítico Menciona un método para hallar el MCM de dos números mediante el uso de la descomposición factorial.

Razonamiento crítico Para cada número, halla tres pares de números para los cuales el número proporcionado sea el MCD.

24. 9   **25.** 14   **26.** 7   **27.** 25

28. Comunicación A y B son dos números cabales diferentes. Su MCD es A y su MCM es B. ¿Cuál es mayor? Explica tu respuesta.

Repaso mixto

Elabora una gráfica de barras para cada conjunto de datos. *[Lección 1-2]*

29.

Color	Rojo	Azul	Verde
Número	13	21	9

30.

Estudiante	Ralph	Joan	Liz
Estatura (in.)	48	39	45

Calcula cada producto o cociente de manera aproximada. *[Lección 3-4]*

31. 23.4×7.81 **32.** $20.01 \div 8.7$ **33.** $6.73 \cdot 0.037$ **34.** $1.68 \div 0.35$

35. $\dfrac{639.9}{161.5}$ **36.** 281.19×29.42 **37.** $214.34 \div 2.45$ **38.** $0.048 \cdot 4.59$

El proyecto en marcha

Usa los exponentes para mostrar cuántos animales pueden resultar de tu par original desde la tercera hasta la octava generación. (Asume que cada cachorro sobrevive para encontrar una pareja y que siempre habrá el mismo número de machos y hembras.) Haz un cartel que muestre el crecimiento de la población. Expresa los números grandes en notación científica.

Resolución de problemas

Comprende
Planea
Resuelve
Revisa

Fracciones equivalentes y mínima expresión

Vas a aprender...

■ a escribir fracciones equivalentes.

■ a escribir fracciones en su mínima expresión.

...cómo se usa

Los corredores de la bolsa de valores utilizan fracciones equivalentes para comparar los precios de las acciones y de los bonos.

Vocabulario

fracción

numerador

denominador

equivalente

mínima expresión

▶ **Enlace con la lección** Como ya sabes calcular el máximo común divisor de dos números, ahora lo usarás para escribir fracciones equivalentes. ◀

Investigar **Fracciones equivalentes**

La clave de las fracciones

Materiales: Calculadora

Cuando oprimes una tecla de piano, vibra una cuerda. La vibración produce el sonido que escuchas. A continuación se mencionan los nombres de 12 teclas de piano y sus *frecuencias*; es decir, el número de veces que vibran sus cuerdas por segundo.

C1	F1	G1	C2	F2	G2	C3	F3	G3	C4	F4	G4
132	176	198	264	352	396	528	704	792	1056	1408	1584

1. Compara la frecuencia de C1 con C2, C2 con C3 y C3 con C4. ¿Qué patrón adviertes? ¿Cómo se relaciona cada nota C con la siguiente nota?

2. Repite las indicaciones de la pregunta 1, pero esta vez compara las notas F. Repite de nuevo el ejercicio y ahora compara las notas G.

3. Compara C1 con F1, C2 con F2 y así sucesivamente. ¿Qué descubriste esta vez?

4. Compara C1 con G1, C2 con G2 y así sucesivamente. ¿Qué hallaste esta vez?

5. Haz conjeturas sobre las frecuencias de C5, F5 y G5. Explica tu respuesta.

Aprender **Fracciones equivalentes y mínima expresión**

El símbolo $\frac{a}{b}$ representa a una **fracción**, donde a y b son enteros y $b \neq 0$. $\frac{a}{b}$ es lo mismo que $a \div b$. El número de la parte superior es el **numerador** y el de la parte inferior es el **denominador**.

$$1 \div 4 = \frac{1}{4} \xleftarrow{\text{numerador}}_{\text{denominador}}$$

Si dos fracciones representan la misma cantidad, se dice que son **equivalentes**: $\frac{1}{4}$ y $\frac{2}{8}$ son equivalentes.

$\frac{1}{4}$ $\frac{2}{8}$

Puedes usar la calculadora para determinar si dos fracciones son equivalentes.

$1 \boxed{\div} 4 \boxed{=} 0.25$

$2 \boxed{\div} 8 \boxed{=} 0.25$

$\frac{1}{4}$ y $\frac{2}{8}$ son iguales a 0.25, por tanto, son equivalentes.

Puedes crear una fracción equivalente al multiplicar o dividir el numerador y el denominador de una fracción por el mismo número.

Ejemplo 1

Halla dos fracciones equivalentes a $\frac{12}{16}$.

Multiplica o divide una fracción por cualquier número que consideres adecuado.

$\frac{12 \times 2}{16 \times 2} = \frac{24}{32}$ Multiplica por 2.

$\frac{12 \div 4}{16 \div 4} = \frac{3}{4}$ Divide entre 4.

$\frac{24}{32}$ y $\frac{3}{4}$ son equivalentes a $\frac{12}{16}$.

Haz la prueba

Halla dos fracciones equivalentes para cada fracción.   **a.** $\frac{6}{9}$ **b.** $\frac{25}{30}$ **c.** $\frac{10}{12}$ **d.** $\frac{15}{21}$

Para la prueba

En ocasiones se te puede pedir que proporciones una fracción en su *forma más simple*. Sin embargo, ¡no te confundas! *Mínima expresión* significa lo mismo que *forma más simple*.

Cuando el 1 es el único factor común del numerador o denominador de una fracción, ésta se encuentra en su **mínima expresión**. La fracción $\frac{10}{15}$ no está en su mínima expresión, porque 5 es un factor común del numerador y del denominador.

$\frac{10}{15} = \frac{10 \div 5}{15 \div 5} = \frac{2}{3}$ 1 es el único factor común de 2 y 3.

Puedes volver a escribir una fracción en su mínima expresión al dividir el numerador y el denominador varias veces entre un factor común; o bien, al dividir el numerador y el denominador entre el MCD de ambos números para llegar a la mínima expresión en un solo paso.

Ejemplo 2

Demuestra que $\frac{8}{10}$ y $\frac{20}{25}$ son equivalentes.

Dos fracciones iguales en su mínima expresión son equivalentes.

$\frac{8}{10} = \frac{8 \div 2}{10 \div 2} = \frac{4}{5}$

$\frac{20}{25} = \frac{20 \div 5}{25 \div 5} = \frac{4}{5}$

Tanto $\frac{8}{10}$ como $\frac{20}{25}$ son iguales a $\frac{4}{5}$ en su mínima expresión; por tanto, son equivalentes.

Haz la prueba

Determina si las siguientes fracciones son equivalentes.

a. $\frac{3}{4}$ y $\frac{12}{15}$ **b.** $\frac{9}{10}$ y $\frac{19}{20}$ **c.** $\frac{10}{30}$ y $\frac{6}{18}$ **d.** $\frac{4}{14}$ y $\frac{6}{21}$

▶ **Enlace con Lenguaje**

Observa la palabra *equivalente*. Indica lo que significa: *equi* siempre indica "igual" y *valente* se relaciona con la palabra *valor*. Por tanto, *equivalente* significa "tener un valor igual".

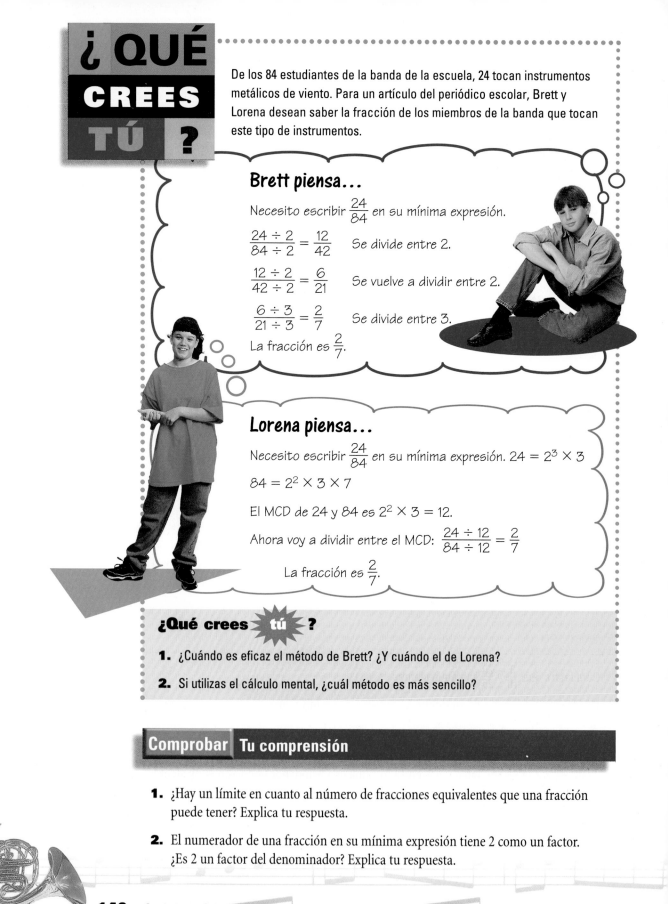

¿QUÉ CREES TÚ?

De los 84 estudiantes de la banda de la escuela, 24 tocan instrumentos metálicos de viento. Para un artículo del periódico escolar, Brett y Lorena desean saber la fracción de los miembros de la banda que tocan este tipo de instrumentos.

Brett piensa...

Necesito escribir $\frac{24}{84}$ en su mínima expresión.

$\frac{24 \div 2}{84 \div 2} = \frac{12}{42}$ Se divide entre 2.

$\frac{12 \div 2}{42 \div 2} = \frac{6}{21}$ Se vuelve a dividir entre 2.

$\frac{6 \div 3}{21 \div 3} = \frac{2}{7}$ Se divide entre 3.

La fracción es $\frac{2}{7}$.

Lorena piensa...

Necesito escribir $\frac{24}{84}$ en su mínima expresión. $24 = 2^3 \times 3$

$84 = 2^2 \times 3 \times 7$

El MCD de 24 y 84 es $2^2 \times 3 = 12$.

Ahora voy a dividir entre el MCD: $\frac{24 \div 12}{84 \div 12} = \frac{2}{7}$

La fracción es $\frac{2}{7}$.

¿Qué crees tú?

1. ¿Cuándo es eficaz el método de Brett? ¿Y cuándo el de Lorena?

2. Si utilizas el cálculo mental, ¿cuál método es más sencillo?

Comprobar Tu comprensión

1. ¿Hay un límite en cuanto al número de fracciones equivalentes que una fracción puede tener? Explica tu respuesta.

2. El numerador de una fracción en su mínima expresión tiene 2 como un factor. ¿Es 2 un factor del denominador? Explica tu respuesta.

Práctica y aplicación

1. **Para empezar** Sigue estos pasos para usar el MCD a fin de expresar $\frac{16}{24}$ en su mímina expresión.

    a. Halla todos los factores de 16.

    b. Halla todos los factores de 24.

    c. ¿Cuál es el MCD de 16 y 24?

    d. Divide el numerador y el denominador entre el MCD.

Halla una fracción equivalente con a) un denominador pequeño y b) un denominador grande.

2. $\frac{20}{24}$ **3.** $\frac{15}{27}$ **4.** $\frac{6}{21}$ **5.** $\frac{16}{22}$ **6.** $\frac{8}{52}$

Expresa cada fracción en su mínima expresión.

7. $\frac{54}{81}$ **8.** $\frac{36}{68}$ **9.** $\frac{28}{36}$ **10.** $\frac{18}{76}$ **11.** $\frac{32}{40}$ **12.** $\frac{34}{52}$

13. $\frac{42}{63}$ **14.** $\frac{21}{69}$ **15.** $\frac{24}{32}$ **16.** $\frac{36}{54}$ **17.** $\frac{36}{48}$ **18.** $\frac{25}{35}$

19. $\frac{60}{90}$ **20.** $\frac{90}{108}$ **21.** $\frac{14}{98}$ **22.** $\frac{64}{144}$ **23.** $\frac{117}{243}$ **24.** $\frac{42}{77}$

25. $\frac{36}{50}$ **26.** $\frac{60}{72}$ **27.** $\frac{25}{110}$ **28.** $\frac{128}{288}$ **29.** $\frac{96}{212}$ **30.** $\frac{144}{216}$

31. **Para la prueba** ¿Cuál de las siguientes fracciones no es equivalente a las demás?

    Ⓐ $\frac{24}{96}$ Ⓑ $\frac{8}{32}$ Ⓒ $\frac{25}{97}$ Ⓓ $\frac{23}{92}$

32. **Industria** Un fabricante de saxofones fabricó 800 saxofones el año pasado. De éstos, 720 pasaron el control de calidad final. ¿Qué fracción de saxofones pasó este control de calidad? Una tienda de música hizo un pedido de 20 saxofones. ¿Cuántos de los próximos 20 saxofones fabricados tendrán una "buena calidad"?

33. **Datos** En 1864, Abraham Lincoln obtuvo 2,218,388 de los 4,031,887 votos en la elección presidencial de Estados Unidos. ¿Qué fracción de votos recibió Lincoln?

34. Ciencias Durante su período de vida, una tortuga verde hembra deposita un promedio de 1800 huevos. De estos, cerca de 1395 no incuban, 374 de estas jóvenes tortugas mueren y sólo 3 logran sobrevivir el tiempo suficiente para procrear. ¿Qué fracción de huevos de las tortugas verdes sobreviven para procrear? Escribe tu respuesta en su mínima expresión.

Resolución de problemas y razonamiento

Razonamiento crítico Escribe el número que falta para hacer las fracciones equivalentes.

35. $\dfrac{14}{18} = \dfrac{x}{27}$ **36.** $\dfrac{72}{84} = \dfrac{x}{77}$ **37.** $\dfrac{51}{85} = \dfrac{45}{x}$ **38.** $\dfrac{48}{216} = \dfrac{26}{x}$

39. Escoge una estrategia ¿Cómo escribirías $\frac{4352}{4608}$ en su mínima expresión si no tuvieras una calculadora? ¿Qué método usarías si contaras con una calculadora? Explica tus respuestas. Luego, prueba ambos métodos para verificar su eficacia.

40. Razonamiento crítico Un promedio de bateo en softbol o béisbol es el número de hits dividido entre el número de veces al bat. Un promedio de bateo de .285 significa que el bateador debería esperar conseguir un hit en 285 veces de 1000 ocasiones al bat. La fracción $\frac{285}{1000}$ se puede usar para representar un promedio de bateo de .285. Emplea fracciones equivalentes como ayuda para completar la siguiente tabla. Utiliza una calculadora para comprobar tus respuestas.

> **Resolución de problemas**
>
> ## ESTRATEGIAS
>
> • Busca un patrón
> • Organiza la información en una lista
> • Haz una tabla
> • Prueba y comprueba
> • Empieza por el final
> • Usa el razonamiento lógico
> • Haz un diagrama
> • Simplifica el problema

	María	Sophie	Ja	Mia
Hits			24	18
Veces al bate	80	90		
Promedio de bateo	.250	.300	.400	.200

Repaso mixto

Resuelve cada ecuación y luego comprueba tus respuestas. *[Lección 2-7]*

41. $3t = 27$ **42.** $8j = 864$ **43.** $26 = 13x$ **44.** $162 = z \cdot 27$

45. $n \div 17 = 12$ **46.** $31 = \dfrac{s}{8}$ **47.** $y \div 51 = 8$ **48.** $\dfrac{b}{50} = 374$

Usa el redondeo a números cabales para calcular las siguientes operaciones. *[Lección 3-2]*

49. $23.7 + 6.872$ **50.** $64.3 - 2.41$ **51.** 46.62×9.63 **52.** $\dfrac{55.86318}{7.236751}$

53. $14.45 + 72.5$ **54.** $179.734 - 22.176$ **55.** $7.13 \cdot 8.449$

Comparación y ordenación de fracciones

▶ **Enlace con la lección** | Has aprendido a determinar si dos fracciones son equivalentes. Ahora aprenderás a ordenar un conjunto de fracciones que no son equivalentes. ◀

Vas a aprender…

■ a comparar los valores de fracciones.

■ a ordenar fracciones.

…cómo se usa

Los mecánicos requieren una gran colección de llaves de tuercas. Resulta mucho más fácil hallar la llave adecuada para un trabajo si éstas se encuentran organizadas por tamaños.

Vocabulario

denominador común

Investigar | Comparación de fracciones

Al compás de la música

Materiales: Papel cuadriculado

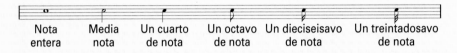

| Nota entera | Media nota | Un cuarto de nota | Un octavo de nota | Un dieciseisavo de nota | Un treintadosavo de nota |

Una nota musical escrita determina la duración en la que se deberá tocar una nota. Si una nota "entera" dura 4 tiempos, entonces una "media" nota tiene una duración de 2 tiempos, un "cuarto" de nota dura 1 tiempo y así sucesivamente.

1. Escribe cada una de las siguientes notas o conjuntos de notas como una fracción.

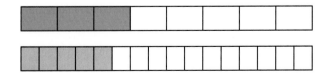

2. Usa papel cuadriculado para modelar cada una de las fracciones del paso 1. Asigna un cuadrado de 8 × 8 (64 cuadros) para representar la nota entera.

3. Ordena las fracciones de menor a mayor y luego explica tu método.

Aprender | Comparación y ordenación de fracciones

Existen diversas formas de comparar fracciones; una de ellas es usar un modelo.

El primer modelo representa $\frac{3}{8}$, y el segundo $\frac{5}{16}$. Al comparar en forma visual las longitudes, se advierte que $\frac{5}{16}$ es menor que $\frac{3}{8}$.

Ejemplo 1

Martín construye una flauta dulce. Necesita escoger la más pequeña de dos barrenas de taladro que miden $\frac{3}{4}$ y $\frac{5}{8}$ pulgadas. ¿Cuál barrena deberá elegir?

Puedes usar un modelo para comparar los cuartos y los octavos. Puesto que $\frac{5}{8} < \frac{3}{4}$, ¿debería Martín escoger la barrena de $\frac{5}{8}$ de pulgada?

Si dos fracciones tienen el mismo denominador, el que tenga el numerador más grande es el mayor.

$$\frac{8}{11} > \frac{7}{11}$$

Se dice que las fracciones que tienen el mismo denominador poseen un **denominador común**. Incluso si los denominadores son diferentes, también puedes comparar las fracciones al hacer fracciones equivalentes que tengan un denominador común.

Ejemplos

2 Compara $\frac{2}{3}$ y $\frac{11}{18}$.

Observa los denominadores. Sabes que 18 es múltiplo de 3. Puesto que $3 \cdot 6 = 18$, cambia $\frac{2}{3}$ a una fracción equivalente con un denominador de 18.

$$\frac{2}{3} = \frac{2 \times 6}{3 \times 6} = \frac{12}{18}$$ Multiplica el numerador y el denominador por 6.

$\frac{12}{18} > \frac{11}{18}$, por tanto, $\frac{2}{3} > \frac{11}{18}$.

3 Compara $\frac{5}{6}$ y $\frac{3}{4}$.

Puedes obtener fracciones equivalentes con un denominador común al multiplicar el numerador y el denominador de cada fracción por el denominador de la otra fracción.

$$\frac{5}{6} = \frac{5 \times 4}{6 \times 4} = \frac{20}{24}$$ Multiplica por 4, que es el denominador de $\frac{3}{4}$.

$$\frac{3}{4} = \frac{3 \times 6}{4 \times 6} = \frac{18}{24}$$ Multiplica por 6, que es denominador de $\frac{5}{6}$.

Si usas un denominador común de 24, puedes observar que $\frac{20}{24} > \frac{18}{24}$, por tanto, $\frac{5}{6} > \frac{3}{4}$.

Haz la prueba

Compara las fracciones mediante el uso de $<$, $>$ o $=$.

a. $\frac{3}{4} \square \frac{7}{12}$ **b.** $\frac{3}{5} \square \frac{4}{7}$ **c.** $\frac{7}{10} \square \frac{8}{11}$

> **Resolución de problemas**
> **TEN EN CUENTA**
>
> Observa que 12 es el MCM para 6 y 4. Podrías cambiar los denominadores a 12 en tu mente.

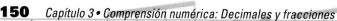

1. ¿Cómo puedes indicar cuál de dos fracciones en una regla es mayor?

2. Describe un método para comparar un decimal y una fracción.

3-9 Ejercicios y aplicaciones

Práctica y aplicación

1. **Para empezar** Sigue estos pasos para comparar $\frac{6}{7}$ y $\frac{7}{8}$.

   a. Multiplica el numerador y el denominador de $\frac{6}{7}$ por el denominador de $\frac{7}{8}$.

   b. Multiplica el numerador y el denominador de $\frac{7}{8}$ por el denominador de $\frac{6}{7}$.

   c. Compara los numeradores encontrados en los incisos **a** y **b**. ¿Cuál fracción es mayor?

Compara las fracciones mediante el uso de $<$, $>$ o $=$.

2. $\frac{20}{24} \square \frac{28}{36}$ 3. $\frac{15}{27} \square \frac{5}{9}$ 4. $\frac{6}{7} \square \frac{18}{22}$ 5. $\frac{16}{22} \square \frac{25}{33}$

6. $\frac{8}{9} \square \frac{9}{10}$ 7. $\frac{22}{30} \square \frac{7}{10}$ 8. $\frac{19}{24} \square \frac{24}{30}$ 9. $\frac{33}{48} \square \frac{8}{12}$

10. $\frac{21}{25} \square \frac{20}{26}$ 11. $\frac{5}{9} \square \frac{10}{18}$ 12. $\frac{12}{14} \square \frac{24}{28}$ 13. $\frac{16}{24} \square \frac{8}{12}$

14. $\frac{23}{27} \square \frac{24}{26}$ 15. $\frac{11}{15} \square \frac{33}{45}$ 16. $\frac{22}{55} \square \frac{3}{10}$ 17. $\frac{13}{52} \square \frac{16}{64}$

18. **Ciencias** El colibrí es una de las especies de pájaros más pequeñas en el mundo. Ordena el peso de los colibríes en la siguiente tabla de menor a mayor.

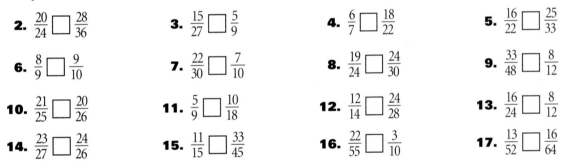

Tamaño real = 2 in.

Nombre	Colibrí abeja	Colibrí gigante	Colibrí de costa	Colibrí caliope
Peso	$\frac{1}{14}$ oz	$\frac{2}{3}$ oz	$\frac{1}{9}$ oz	$\frac{1}{11}$ oz

19. **Música** Theresa construye una guitarra para su hija. La guitarra debe tener un tamaño entre $\frac{1}{2}$ y $\frac{3}{4}$ de una guitarra ordinaria. Halla cuatro fracciones en ese rango y lístalas de menor a mayor. Presenta las fracciones en su mínima expresión.

PRACTICAR 3-9

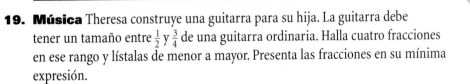

20. **Para la prueba** Louise tiene que clasificar tornillos desde el más pequeño hasta el más grande. ¿En qué orden debe clasificar los siguientes tornillos: de $\frac{3}{4}$ in., de $\frac{11}{16}$ in., de $\frac{5}{8}$ in. y de $\frac{23}{32}$ in.?

Ⓐ $\frac{3}{4}, \frac{23}{32}, \frac{11}{16}, \frac{5}{8}$

Ⓑ $\frac{5}{8}, \frac{11}{16}, \frac{3}{4}, \frac{23}{32}$

Ⓒ $\frac{5}{8}, \frac{11}{16}, \frac{23}{32}, \frac{3}{4}$

Ⓓ $\frac{5}{8}, \frac{23}{32}, \frac{11}{16}, \frac{3}{4}$

Resolución de problemas y razonamiento

21. **Comunicación** Carly observa el mismo artículo anunciado en dos tiendas diferentes. En una se promociona con un descuento de $0.20 por dólar y en la otra se ofrece con $\frac{1}{4}$ de descuento. ¿Cuál tienda tiene la mejor oferta? ¿Por qué?

22. **Razonamiento crítico** Menciona una fracción entre 0 y $\frac{1}{10}$ en la cual el numerador no sea 1, así como una fracción entre $\frac{1}{3}$ y $\frac{1}{2}$ en la cual el denominador sea 10. Expresa la fracción en su mínima expresión.

23. **Comunicación** Describe un método que podrías usar para comparar con rapidez dos fracciones con el mismo numerador pero con diferentes denominadores.

24. **En tu diario** Escribe una explicación de cómo puedes comparar y ordenar números mixtos como $2\frac{3}{4}$ y $2\frac{4}{5}$.

Repaso mixto

Haz un diagrama de dispersión para cada conjunto de datos. *[Lección 1-6]*

25.

x	2	3	4	5	6	7	8	9
y	8	6	7	5	4	6	4	3

26.

x	2.3	4.6	3.6	6.3	8.2	9.1	5.3	7.1
y	3.7	4.2	5.3	6.1	8.0	8.7	5.8	6.3

Escribe los siguientes números en notación científica. *[Lección 3-5]*

27. 475,600

28. 580,000

29. 93,000,000

30. 3,210,000

31. 830

32. 904,000,000

33. 50

34. 6,535,000,000,000

Escribe cada número en forma usual. *[Lección 3-5]*

35. 4.6×10^4

36. 8.36×10^2

37. 6.2×10^8

38. 9.9×10^{10}

39. 3.47×10^5

40. 2.589×10^7

41. 7.49×10^{14}

42. 5×10^{18}

43. En 1996, la Orquesta Sinfónica de Colorado tenía 1.02×10^2 miembros. De ellos, 5.0×10^1 tocaban instrumentos de cuerdas. ¿Qué fracción de los miembros de la orquesta tocaban esta clase de instrumentos? Escribe tu respuesta en su mínima expresión.

RESOLVER PROBLEMAS 3-9

Conversión entre fracciones y decimales

▶ **Enlace con la lección**   Luego de trabajar con fracciones y decimales, aprenderás a hacer conversiones entre ambos. ◀

Investigar | Conversión de fracciones a decimales

Repitan después de mí

Materiales: Calculadora

1. Escribe $\frac{1}{9}$, $\frac{4}{9}$ y $\frac{7}{9}$ en forma decimal al dividir el numerador entre el denominador. Describe el patrón mostrado en tus resultados.

2. Predice el decimal para $\frac{5}{9}$. Comprueba tu predicción en tu calculadora.

3. Escribe $\frac{13}{99}$, $\frac{41}{99}$ y $\frac{67}{99}$ en forma decimal. ¿Qué patrones encontraste?

4. Predice el decimal para $\frac{83}{99}$.

5. Escribe $\frac{157}{999}$ y $\frac{632}{999}$ en forma decimal.

6. Predice una fracción que tenga 0.418418418… como su decimal. Después comprueba tu predicción.

Vas a aprender…

■ a convertir fracciones en decimales.

■ a convertir decimales en fracciones.

…Cómo se usa

Los empleados de mostrador del departamento de abarrotes, deben saber leer $\frac{1}{4}$ de libra en una báscula que registra decimales.

Vocabulario

decimal finito

decimal periódico

Aprender | Conversión entre fracciones y decimales

Las fracciones y los decimales son formas diferentes de escribir la misma cantidad. En ocasiones, una es mejor que la otra; por tanto, debes saber cómo hacer conversiones entre ambas.

Para convertir de decimales a fracciones, piensa en los equivalentes fraccionales de los valores posicionales. Quizá desees *leer* el decimal.

$$\text{un décimo} = \frac{1}{10}$$
$$\text{un centésimo} = \frac{1}{100}$$
$$\text{un milésimo} = \frac{1}{1000}$$

Para escribir 0.7 en forma decimal, piensa en: siete *décimos*.

$$0.7 = \frac{7}{10} \quad \begin{array}{l} \leftarrow \text{siete} \\ \leftarrow \text{décimos} \end{array}$$

Después de convertir un decimal en una fracción, quizá necesites escribir la fracción en su mínima expresión.

Ejemplo 1

Un metrónomo grabó la sección *piano* (suave) de una sinfonía a 0.24 veces el volumen de la sección *forte* (fuerte). Escribe 0.24 como una fracción en su mínima expresión.

$$0.24 = \frac{24}{100} = \frac{24 \div 4}{100 \div 4} = \frac{6}{25}$$

La orquesta tocó con una fuerza de $\frac{6}{25}$ durante la sección *piano*.

Haz la prueba

Convierte a una fracción en su mínima expresión. **a.** 0.3　　**b.** 0.75　　**c.** 0.368

Para convertir una fracción en un decimal, divide el numerador entre el denominador. El decimal que obtengas terminará o se repetirá.

Un **decimal finito** termina.

$$8 \overline{)3.000}^{\,0.375} \rightarrow \frac{3}{8} = 0.375$$

Un **decimal periódico** repite un patrón de dígitos.

$$29 \boxed{\div} \; 111 \boxed{=} \; 0.261261261 \ldots \rightarrow \frac{29}{111} = 0.\overline{261} \leftarrow$$ Usa una barra para indicar el patrón que se repite.

Ejemplos

Convierte a decimal. Determina si el decimal es finito o periódico.

2 $\frac{5}{33}$

$5 \boxed{\div} \; 33 \boxed{=} \; 0.151515\ldots$

$0.\overline{15}$; el decimal es periódico.

3 $\frac{13}{16}$

$13 \boxed{\div} \; 16 \boxed{=} \; 0.8125$

0.8125; el decimal es finito.

Haz la prueba

Convierte las fracciones en decimales. Indica si el decimal es finito o periódico.

a. $\frac{17}{20}$　　　　**b.** $\frac{2}{3}$　　　　**c.** $\frac{9}{32}$

Para la prueba

Advierte que los *decimales finitos* y los *decimales periódicos* se conocen como *números racionales*.

Comprobar | Tu comprensión

1. ¿Cuándo 0.5 sería mejor opción que $\frac{1}{2}$? ¿Y cuándo es preferible usar $\frac{1}{2}$?

2. ¿Se puede expresar 0.23 y 0.230 como la misma fracción? Explica tu respuesta.

Práctica y aplicación

1. | Para empezar | Convierte 0.025 en una fracción y escríbela en su mínima expresión.

a. Escribe 0.025 como una fracción con una potencia de 10 como el denominador.

b. Escribe la fracción resultante en su mínima expresión.

Convierte los decimales en fracciones en su mínima expresión.

2. 0.75   **3.** 0.12   **4.** 0.325   **5.** 0.040

6. 0.179   **7.** 0.108   **8.** 0.555   **9.** 0.812

Convierte las fracciones en decimales. Indica si el decimal es finito o periódico.

10. $\frac{4}{9}$ **11.** $\frac{4}{7}$ **12.** $\frac{11}{16}$ **13.** $\frac{14}{21}$

14. $\frac{12}{15}$ **15.** $\frac{16}{20}$ **16.** $\frac{10}{18}$ **17.** $\frac{26}{50}$

18. Ciencias Tanto la masa como la fuerza de gravedad de la luna y de los planetas difiere de la que se presenta en la Tierra. Los siguientes decimales representan la fuerza de gravedad en la luna y otros planetas comparada con la Tierra. Convierte las fracciones y escríbelas en su mínima expresión.

a. Luna: 0.16   **b.** Mercurio: 0.37

c. Marte: 0.38   **d.** Venus: 0.88

Superficie de Venus

19. | Para la prueba | ¿Qué fracción forma un decimal finito?

Ⓐ $\frac{8}{9}$ Ⓑ $\frac{5}{6}$ Ⓒ $\frac{7}{8}$ Ⓓ $\frac{10}{11}$

20. Música Para usar una computadora para escribir música, necesitas escribir las notas como decimales. ¿Qué decimales se introducen para una media nota, un cuarto de nota, un octavo de nota y un dieciseisavo de nota?

Comprensión numérica Usa una calculadora para convertir cada decimal periódico en una fracción.

21. $0.\overline{83}$ **22.** $0.\overline{1}$ **23.** $0.\overline{18}$ **24.** $0.\overline{5}$

Resolución de problemas y razonamiento

25. Razonamiento crítico Para cada problema, ¿es mejor usar una fracción o un decimal a fin de resolverlo? Explica tu respuesta.

a. Sam, Dean y Matt se han puesto de acuerdo para dividir de manera equitativa el costo de una comida que en total suma $100.00 ¿Cuánto debe aportar cada uno?

b. Miriam tiene una receta para 12 personas, pero sólo desea una ración para 4. La receta pide 2 tazas de azúcar. ¿Qué cantidad de azúcar debe usar?

c. Cada tercer asiento en una sala de conciertos tiene un par de binoculares en renta sujetos al respaldo del asiento. Si la sala cuenta con 1000 asientos, ¿cuántos pares de binoculares hay?

26. Las calculadoras y computadoras redondean o truncan los números después de un cierto número de dígitos. *Truncar* significa cortar un número a determinada posición decimal. Para ver qué efecto tiene esto con relación a la precisión, elabora los siguientes cálculos para hallar $\frac{2}{11} \times 12.378$.

a. Primero encuentra el decimal equivalente de $\frac{2}{11}$. Trunca el decimal a la posición de los milésimos. Luego multiplica la respuesta por 12.378 y escribe el resultado. Por último, trunca el resultado a la posición de los milésimos.

b. Resuelve el problema como en el inciso **a**, pero redondea los decimales a la posición de los milésimos en lugar de truncarlos.

c. Primero multiplica 12.378 por 2 y luego divide la respuesta entre 11. Trunca el resultado en la posición de los milésimos.

d. Resuelve el problema como en el inciso **c**, pero redondea los decimales a la posición de los milésimos en lugar de truncarlos.

e. ¿Cuál resultado es el más acertado? Describe los resultados en tu diario.

Repaso mixto

Halla la media de cada conjunto de datos. *[Lección 1-4]*

27. 34, 64, 55, 72, 61, 73, 84, 63

28. 86, 97, 103, 136, 70, 157, 324

29. 11, 20, 25, 61, 62, 84, 93, 97

30. 3, 4, 7, 10, 12, 14, 15, 17

31. El auto de Julie tiene un rendimiento de 36 millas por galón de gasolina. Usa la fórmula $m = 36g$ para hacer una tabla que muestre el número de millas (m) que Julie puede recorrer con 1, 2, 3, 4 y 5 galones (g) de gasolina. *[Lección 2-3]*

32. La compañía WidgetWorx fabrica 532 accesorios mecánicos por hora. Utiliza la fórmula $w = 532t$ para hacer una tabla que muestre cuántos accesorios (w) se elaboran en 1, 2, 3, 4 y 5 horas (t). *[Lección 2-3]*

Sección 3B • Asociación

Has aprendido acerca de algunas asociaciones entre la música y las fracciones. Ahora aplicarás estos conocimientos para identificar las notas en una de las canciones más queridas de Estados Unidos.

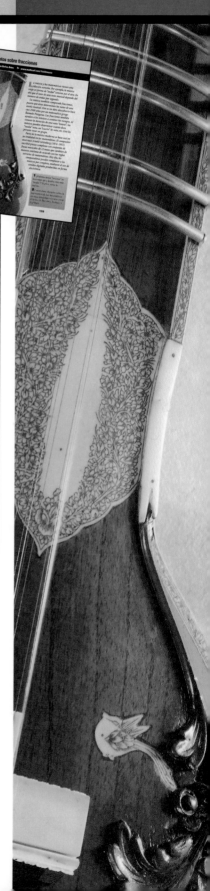

Uno, dos, tres… ¡música!

Una cuerda de violín mide 360 mm de largo. Para producir una nota musical, un violinista tira del arco a través de la cuerda mientras toca la cuerda a d mm de la cejilla del violín. Puedes usar la fracción $\frac{d}{360}$ para hallar la nota producida.

cejilla

1. Hay siete notas diferentes en la primera línea de la canción "Home on the Range". Las notas musicales descritas a continuación mencionan las siete notas y proporciona la distancia (d) que producirá cada nota.

Nota:	A	A	D	E	F#	D	C#	B	G	G	G
Distancia: (mm)	120	120	180	200	216	180	168	144	225	225	225

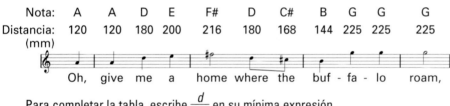

Oh, give me a home where the buf – fa – lo roam,

Para completar la tabla, escribe $\frac{d}{360}$ en su mínima expresión.

	A	B	C#	D	E	F#	G
d	120	144					
$\frac{d}{360}$							

2. Escribe cada fracción como un decimal redondeado al milésimo más cercano. Determina si el decimal es finito o periódico.

3. El violinista tocó una nota áspera proporcionada por la fracción $\frac{5}{12}$. ¿Qué tan lejos de la cejilla tocó el violinista la cuerda? ¿Entre cuáles dos notas estaba la nota áspera?

Compara mediante el uso de $<$, $>$ o $=$.

1. 0.059 ☐ 0.590   **2.** 2.67 ☐ 2.671   **3.** 412.437 ☐ 412.347   **4.** 4.5 ☐ 4.50

5. $\frac{19}{23}$ ☐ $\frac{27}{35}$ **6.** $\frac{12}{27}$ ☐ $\frac{4}{9}$ **7.** $\frac{13}{15}$ ☐ $\frac{25}{29}$ **8.** $\frac{11}{18}$ ☐ $\frac{14}{23}$

Resuelve las siguientes ecuaciones.

9. $0.17w = 1.445$ **10.** $\frac{x}{28.5} = 16$ **11.** $c - 3.25 = 23.47$ **12.** $81.212 = 3.16n$

Halla la descomposición factorial de cada número.

13. 54   **14.** 275   **15.** 175   **16.** 288   **17.** 144

Encuentra el MCD y el MCM.

18. 24, 40   **19.** 81, 90   **20.** 60, 100   **21.** 135, 162

22. 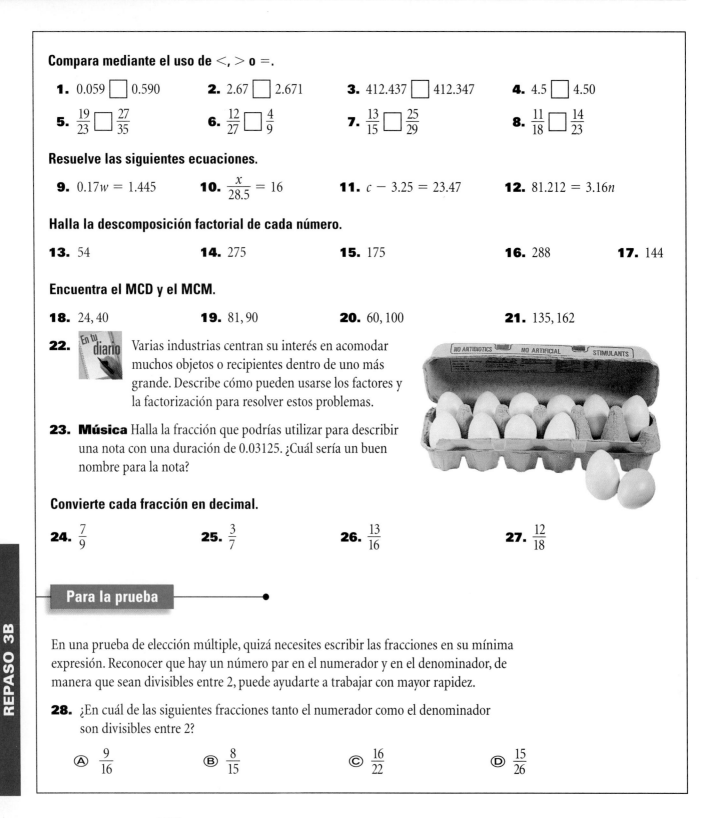 Varias industrias centran su interés en acomodar muchos objetos o recipientes dentro de uno más grande. Describe cómo pueden usarse los factores y la factorización para resolver estos problemas.

23. Música Halla la fracción que podrías utilizar para describir una nota con una duración de 0.03125. ¿Cuál sería un buen nombre para la nota?

Convierte cada fracción en decimal.

24. $\frac{7}{9}$ **25.** $\frac{3}{7}$ **26.** $\frac{13}{16}$ **27.** $\frac{12}{18}$

Para la prueba

En una prueba de elección múltiple, quizá necesites escribir las fracciones en su mínima expresión. Reconocer que hay un número par en el numerador y en el denominador, de manera que sean divisibles entre 2, puede ayudarte a trabajar con mayor rapidez.

28. ¿En cuál de las siguientes fracciones tanto el numerador como el denominador son divisibles entre 2?

Ⓐ $\frac{9}{16}$ Ⓑ $\frac{8}{15}$ Ⓒ $\frac{16}{22}$ Ⓓ $\frac{15}{26}$

Números binarios y hexadecimales

Casi todos los números que observas en tu vida diaria son decimales, o base 10. El "10" significa que, conforme te mueves a la izquierda, cada valor posicional es 10 veces mayor. Necesitas 10 dígitos (0–9) para poder expresar cualquier número en base 10.

Las computadoras usan números en otras bases, como los números binarios (base 2), los cuales sólo tienen dos dígitos, 0 y 1. Para cada paso a la izquierda de la posición de las unidades, se duplica el valor posicional.

Para escribir el número binario 11011 en forma decimal, usa el valor posicional. El número en forma decimal es $16 + 8 + 0 + 2 + 1 = 27$.

Número decimal (base 10)

Milla-res	Cente-nas	Dece-nas	Unida-des
2,	0	7	4

$\times 10 \quad \times 10 \quad \times 10$

Número binario (base 2)

Valor de ocho	Valor de cuatro	Valor de dos	Valor de uno
1	0	1	1

$\times 2 \quad \times 2 \quad \times 2$

Número	1	1	0	1	1
Valor posicional	16	8	4	2	1
Producto	$1 \times 16 = 16$	$1 \times 8 = 8$	$0 \times 4 = 0$	$1 \times 2 = 2$	$1 \times 1 = 1$

Las computadoras usan números hexadecimales (base 16). Las letras A-F se usan para representar dígitos del 10 al 15. A cada paso a la izquierda de las unidades, el valor posicional de los dígitos se multiplica por 16.

Observa cómo convertir el número hexadecimal 2BCF en decimal: $8,192 + 2,816 + 192 + 15 = 11,215$.

Número hexadecimal (base 16)

4096	256	16	1
1	C	2	A

$\times 16 \quad \times 16 \quad \times 16$

Número	2	B	C	F
Valor posic.	4096	256	16	1
Producto	$2 \times 4096 = 8192$	$11 \times 256 = 2816$	$12 \times 16 = 192$	$15 \times 1 = 15$

Haz la prueba

Escribe cada número binario en forma decimal.

1. 101
2. 1100
3. 1011
4. 11001
5. 11111

Escribe cada número hexadecimal en forma decimal.

6. 16
7. A7
8. C9
9. 10F
10. ABC

Organizador gráfico

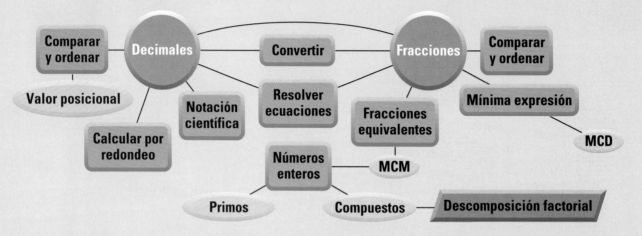

Sección 3A Decimales: Aproximación y resolución de ecuaciones

Resumen

- Los decimales se pueden comparar al escribir los números con sus puntos decimales alineados y al comparar los dígitos en cada posición, de izquierda a derecha.

- Para sumar o restar decimales, escribe los números con su punto decimal alineado, luego suma o resta los dígitos de manera ordinaria.

- Cuando multiplicas decimales, el decimal en el producto tiene el mismo número de posiciones decimales que la suma de posiciones decimales en los factores.

- Para dividir decimales, mueve el punto decimal el mismo número de posiciones a la derecha tanto en el divisor como en el dividendo hasta que el divisor sea un número entero. Luego divide en la misma forma como divides entre un número entero.

- La **notación científica** se puede utilizar para expresar números grandes.

Repaso

1. Proporciona el valor de cada 4 en 3428.6341.

2. Compara 8.041 y 8.04.

3. Redondea 18.6359 al centésimo más cercano.

4. Aproxima: $602.34 + 239.28$

5. Haz un cálculo aproximado: $\dfrac{319.28}{54.71}$

6. Halla la suma de: $326.78 + 16.835$

7. Resuelve: $12.34 + y = 56.123$

8. Halla el producto de: 12.85×2.3

9. Resuelve: $\dfrac{e}{4.56} = 12.9$

10. Resuelve: $3.2p = 144.96$

11. Escribe 7.234×10^5 en forma usual.

12. Escribe 1,739,000 en notación científica.

Resumen

■ Un número es **divisible** entre otro si el primero se puede dividir entre el segundo sin residuo. En este caso, el segundo número es un **factor** del primero. Es posible emplear pruebas de divisibilidad para determinar si un número es factor de otro.

■ Un número entero mayor que 1 es un **número primo** si tiene exactamente dos factores: 1 y el número mismo. Con más de dos factores, es **número compuesto**.

■ Cuando escribes un número compuesto como un producto de los números primos, el producto es la **descomposición factorial** del número compuesto. Puedes usar un **árbol de factores** para encontrar la descomposición factorial.

■ El **máximo común divisor** (MCD) de dos números enteros es el mayor número entero, el cual es factor de ambos números.

■ El **mínimo común múltiplo** (MCM) de dos números enteros es el menor número entero (otro diferente de 0), el cual es múltiplo de ambos números.

■ Una fracción es un número escrito en la forma $\frac{a}{b}$, lo cual significa $a \div b$. El número de la parte superior es el **numerador** y el de la parte inferior es el **denominador**. Las fracciones son **equivalentes** si éstas representan la misma cantidad.

■ Una fracción está en su **mínima expresión** si 1 es el único factor común del numerador y del denominador. Puedes escribir una fracción en su mínima expresión al dividir el numerador y el denominador entre factores comunes.

■ Para convertir de un decimal a una fracción, piensa en los equivalentes fraccionarios de los valores posicionales. Ahora bien, para convertir de una fracción a un decimal, divide el numerador entre el denominador.

■ Un **decimal finito** termina y un **decimal periódico** repite un patrón de dígitos.

Repaso

13. Prueba el número 330 para verificar su divisibilidad entre 2, 3, 4, 5, 6, 8, 9 y 10.

14. Usa un árbol de factores para encontrar la descomposición factorial de 276.

15. Halla el MCD de 45 y 65.

16. Encuentra el MCM de 12 y 15.

17. Da dos fracciones equivalentes a $\frac{15}{18}$.

18. Escribe $\frac{28}{112}$ en su mínima expresión.

19. Escribe $\frac{75}{165}$ en su mínima expresión.

20. Compara $\frac{24}{31}$ y $\frac{23}{31}$.

21. Compara $\frac{9}{16}$ y $\frac{5}{9}$.

22. Convierte 0.24 en una fracción en su mínima expresión.

23. Convierte 0.528 en una fracción en su mínima expresión.

24. Convierte $\frac{9}{11}$ en un decimal. Indica si el decimal es finito o periódico.

1. Proporciona el valor de cada 7 en 71,267.073.

2. Compara 5.6999 y 5.07.

3. Redondea 63.849 al décimo más cercano.

4. Haz un cálculo aproximado de: $1512.7 \div 301.6$

5. Halla la diferencia: $37.65 - 4.238$

6. Resuelve: $k - 82.37 = 731.2$

7. Resuelve: $297.57 = 6.5x$

8. Un año terrestre tiene 365.3 días; mientras que un año en Júpiter tiene 11.86 veces la duración de un año terrestre. Halla la duración de un año en Júpiter (en días terrestres).

9. Escribe 8.37×10^7 en forma usual.

10. Escribe 87,560,000,000 en notación científica.

11. Prueba el número 672 para verificar su divisibilidad entre 2, 3, 4, 5, 6, 8, 9 y 10.

12. Usa un árbol de factores para hallar la descomposición factorial de 600.

13. Halla el MCD de 84 y 108.

14. Halla el MCM de 10 y 25.

15. Proporciona dos fracciones que sean equivalentes a $\frac{42}{64}$.

16. De los 78 estudiantes en la clase del señor Takagi, 18 obtuvieron una calificación de A en el semestre pasado. ¿Qué fracción de estudiantes obtuvo esta calificación? Expresa tu respuesta en su mínima expresión.

17. Compara $\frac{19}{35}$ y $\frac{8}{15}$.

18. Convierte 0.35 en una fracción en su mínima expresión.

19. Convierte $\frac{13}{16}$ en un decimal. Indica si el decimal es finito o periódico.

Tarea para evaluar el progreso

Imagina que un calendario marciano está compuesto por semanas de 8 días y meses de 30 días. Si el primer día del mes cayera en lunes, ¿cuántos días tendrían que transcurrir para que otro primer día de mes cayera en lunes? ¿Cómo se relaciona tu respuesta con los números 8 y 30? Explica por qué esta relación tiene sentido.

Evaluación del progreso

Escoge un problema.

Recorrido por un libro

Escoge una página de dos libros diferentes. Cuenta cuántas palabras hay de una sílaba, de dos sílabas, de tres sílabas (y así sucesivamente) en cada página. Elabora dos diagramas de puntos para cada libro a fin de mostrar tus resultados. ¿Observas algún patrón en los diagramas de puntos? ¿Cuál libro tiene el propósito de llegar a lectores avanzados? Explica cómo llegaste a esta conclusión.

De monos y fresas

Escribe cuatro problemas diferentes que se puedan resolver mediante el uso de la ecuación $6x + 5 = 47$. Debes incluir por lo menos una de estas palabras o enunciados en cada problema: mayor que, producto, encurtidos, dólares, incrementado por, fresas, menor que, suma, monos, veces. Escoge un problema y demuestra cómo resolverlo. Explica cada paso.

Artilugios en existencia

Los artilugios se empaquetan en embalajes de 12. Administras una tienda que vende como 35 artilugios por día. Además, el señor García viene cada dos semanas para adquirir 17 de ellos. Tu patrón te ha pedido determinar cuántos embalajes de artilugios se necesitan ordenar al fabricante cada mes. Escribe un informe a tu patrón donde le expliques cómo resuelves una ecuación para contestar su pregunta.

Nuestro sistema solar

La siguiente tabla muestra la distancia entre cada planeta y el Sol, en unidades astronómicas. Elabora un cartel que muestre las órbitas de todos los planetas lo más acertado posible. (Pista: Comienza con Plutón ¡para asegurarte de que cuentas con el espacio suficiente!)

Planeta	Distancia del Sol (UA)
Mercurio	0.39
Venus	0.72
Tierra	1.00
Marte	1.53
Júpiter	5.21
Saturno	9.55
Urano	19.20
Neptuno	30.10
Plutón	39.46

Enlace con Ciencias
www.mathsurf.com/7/ch4/science

Enlace con Arte y Literatura
www.mathsurf.com/7/ch4/arts

Ciencias

El Departamento de Agricultura recomienda que no más de $\frac{3}{10}$ de las calorías en la dieta de una persona provengan de grasas. Cerca de $\frac{45}{88}$ de las calorías en un desayuno de 8 oz de jugo de naranja, dos huevos fritos, pan tostado con mantequilla y 2 tiras de tocino provienen de grasas.

Arte y Literatura

En la música, la suma de los valores de tiempo de las notas en un compás, debe ser igual a la llave de tiempo. Si ésta es de $\frac{3}{4}$, la medida deberá contener 2 cuartos y 2 octavos de nota: $\frac{1}{4} + \frac{1}{4} + \frac{1}{8} + \frac{1}{8} = \frac{3}{4}$.

Alrededor del mundo

En la antigua Babilonia usaban fracciones cuyos denominadores eran potencias de 60. En este sistema, se podría haber escrito $\frac{1}{8}$ como $\frac{7}{60} + \frac{30}{60^2}$.

Entretenimiento

Según cálculos aproximados de la Motion Picture Association of America, cerca de $\frac{1}{7}$ de las personas que asisten al cine son menores de 16 años.

Ciencias sociales

Las personas que viven en Aswan, Egipto, tienen cerca de $\frac{1}{50}$ de pulgada de precipitación pluvial al año. Mientras que en Yuma, Arizona, la ciudad más seca de Estados Unidos, se tienen $2\frac{13}{20}$ pulgadas de precipitación, lo cual es $132\frac{1}{2}$ veces más de lluvia que en Aswan.

IDEAS CLAVE DE MATEMÁTICAS

Antes de sumar o restar fracciones, escríbelas con un denominador común. Luego, halla la suma o la diferencia de los numeradores.

Puedes expresar un número fraccional mayor que uno como una fracción impropia o como un número mixto.

Dos números son recíprocos si su producto es 1. Para dividir entre una fracción, se multiplica por su recíproco.

La mayoría de las longitudes no son números enteros. Por eso, a menudo necesitas multiplicar y dividir fracciones para resolver problemas de área.

Resolución de problemas

Comprende
Planea
Resuelve
Revisa

PROYECTO DEL CAPÍTULO

En este proyecto, usarás fracciones para describir y graficar la población de las naciones del mundo. Para empezar este proyecto, halla las cifras de la población actual del mundo y de los cinco países más poblados.

Enfoque en la resolución de problemas

Es importante analizar la información en un problema con mucho cuidado. Necesitas comprender **cuál información te ayudará a resolver el problema y cuál no es necesaria y por tanto, se puede ignorar.**

Para cada problema, identifica la información numérica que no es necesaria. Sin embargo, quizá algunos problemas carezcan de información de este tipo. (No requieres resolver los problemas.)

1 El cine Strand cobra $7.50 por boleto. Los precios para las personas de edad avanzada son de $2.00 menos. Para su cumpleaños número 13, Damien lleva a 4 de sus amigos de la escuela al cine. ¿Cuánto dinero necesita para los boletos?

2 En el cine, Damien compra palomitas y granola para él y sus amigos. Paga con un billete de diez dólares y el cajero le regresa $1.20 de cambio. ¿Cuál es la cantidad promedio que Damien gastó en cada amigo?

3 Damien pidió $\frac{3}{4}$ de libra de granola. La báscula registró 0.80 y $4.6 como el costo de la granola. ¿Recibió Damien la cantidad correcta de granola?

4 La película trataba de una mujer joven que intentó navegar alrededor del mundo. Su ruta planeada era de 28,000 millas de distancia. Por desgracia, su bote zozobró y apenas si logró llegar a las costas de Australia, a 7,500 millas de su punto de partida. Para su buena fortuna, se convirtió en una cantante famosa de música pop y llegó a vender 2,500,000 CD en 7 meses. ¿Qué fracción de su ruta planeada pudo concluir?

HOLLYWOOD

Sumas y restas de fracciones

El mercado de valore$

La gente, frenética, corre de un lado a otro; cada grito se sobrepone a los demás. Suena la campana al tiempo que los datos corren por una pantalla computarizada. ¿Se trata de una emergencia? No, así es la vida diaria en la Bolsa de Valores de New York.

¿Por qué gritan? Aquí se compran y venden acciones de las compañías. Con una *acción* se es propietario de parte de una empresa, la cual obtiene dinero de esta venta. Si la compañía es eficaz, la venta de acciones sube y, por tanto, su precio también.

Como la gente desea "comprar barato", debe estar actualizada en el cambio de precio de las acciones. Aunque los precios suben y bajan, el cambio de precio siempre se mide en cantidades fraccionales. Un alza de $1\frac{3}{8}$ puntos (como $1.38 por acción) quizá no parezca demasiado, pero quien posea miles de estas acciones ganará mucho dinero.

1 ¿Qué es mayor: un aumento de $1\frac{3}{8}$ dólares o uno de $1\frac{1}{2}$?

2 Explica por qué $1\frac{3}{8}$ dólares equivale como a $1.38.

3 Eres propietario de una acción cuyo precio subió $1\frac{3}{8}$ puntos, luego bajó $\frac{5}{8}$ puntos y después subió $\frac{7}{8}$ puntos. ¿El valor de tu acción es mayor o menor en comparación con su valor inicial?

Cálculo aproximado: Fracciones y números mixtos

▶ **Enlace con la lección**   Has calculado soluciones aproximadas para problemas relacionados con decimales. Ahora aprenderás cómo calcular soluciones aproximadas para problemas que implican fracciones. ◀

Investigar   Cálculo aproximado con fracciones

Acciones al alza

Mary, una inversionista en la Bolsa de Valores de Estados Unidos, encontró que ocho de sus acciones habían subido el día anterior. Así que decidió vender las acciones que presentaban un alza de 0 puntos para mantener las que se hallaban por arriba de $\frac{1}{2}$ punto y comprar más acciones cuya alza estaba próxima a 1 punto. A continuación se muestran las acciones y cantidades de las acciones al alza.

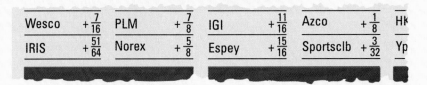

| Wesco | $+\frac{7}{16}$ | PLM | $+\frac{7}{8}$ | IGI | $+\frac{11}{16}$ | Azco | $+\frac{1}{8}$ | Hk |
| IRIS | $+\frac{51}{64}$ | Norex | $+\frac{5}{8}$ | Espey | $+\frac{15}{16}$ | Sportsclb | $+\frac{3}{32}$ | Yp |

1. ¿En cuál categoría debería Mary colocar cada una de sus ocho acciones? Explica tu razonamiento.

2. Mary tiene otra acción que subió $\frac{1}{4}$. ¿En cuál categoría debería entrar? ¿Sólo hay una respuesta? Explica por qué.

3. Imagina que una acción subió en una cantidad con un denominador de 16. ¿Cómo puedes usar el numerador para indicar en cuál categoría se halla?

Aprender   Cálculo aproximado: Fracciones y números mixtos

Una manera de calcular sumas y restas aproximadas de fracciones consiste en redondear las fracciones ya sea a $0, \frac{1}{2}$ ó 1 y luego sumar o restar en forma mental. Puedes usar una recta numérica como ayuda para determinar si una fracción está más próxima a $0, \frac{1}{2}$ ó 1.

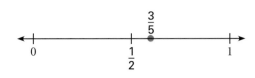

Ejemplo 1

Una compañía discográfica que cotiza en la Bolsa de Valores de New York, subió $\frac{3}{8}$ el lunes y $\frac{15}{16}$ de punto el martes. Calcula la cantidad aproximada que subieron las acciones al final de los dos días.

Usa una recta numérica para redondear cada fracción a $0, \frac{1}{2}$ ó 1.

Puesto que $\frac{3}{8}$ está más cerca de $\frac{1}{2}$, se redondea a $\frac{1}{2}$. Como $\frac{15}{16}$ está más cerca de 1, se redondea a 1.

$\frac{3}{8} + \frac{15}{16}$ es como $\frac{1}{2} + 1 = 1\frac{1}{2}$.

Las acciones subieron alrededor de $1\frac{1}{2}$ puntos.

Haz la prueba

Realiza un cálculo aproximado.

a. $\frac{4}{9} + \frac{2}{11}$ **b.** $\frac{8}{10} - \frac{3}{14}$ **c.** $\frac{7}{9} + \frac{12}{15}$

Recuerda que un **número mixto** está constituido por un número cabal y una fracción. Así, $4\frac{1}{2}$ y $2\frac{2}{7}$ son números mixtos. Puedes hacer cálculos aproximados de sumas, restas y productos de números mixtos al redondear al número cabal más cercano.

CÁLCULO MENTAL

Cuando el numerador y el denominador son casi iguales, la fracción se aproxima a 1. Cuando el numerador está cerca de la mitad del denominador, la fracción se aproxima a $\frac{1}{2}$. Pero cuando el numerador es mucho menor que el denominador, la fracción se aproxima al 0.

Ejemplo 2

Haz un cálculo aproximado de: $4\frac{3}{16} + 7\frac{6}{10}$

$4\frac{3}{16}$ se redondea a 4. $7\frac{6}{10}$ se redondea a 8.

$4\frac{3}{16} + 7\frac{6}{10} \approx 4 + 8 = 12$

Haz la prueba

Realiza un cálculo aproximado.

a. $3\frac{5}{12} + 5\frac{9}{11}$ **b.** $9\frac{2}{15} - 4\frac{7}{11}$ **c.** $7\frac{3}{21} \cdot 2\frac{9}{14}$

Puedes usar números compatibles para calcular cocientes de números mixtos. Primero redondea el divisor, luego remplaza el dividendo con el número compatible más cercano. También puedes utilizar números compatibles para hacer un cálculo aproximado de los productos de fracciones y de números cabales.

Ejemplos

3 Haz un cálculo aproximado: $43\frac{2}{3} \div 8\frac{2}{15}$

Primero redondea $8\frac{2}{15}$ a 8.

Tanto 40 como 48 son compatibles con 8, por tanto, remplaza $43\frac{2}{3}$ con 40, el número más cercano.

$$43\frac{2}{3} \div 8\frac{2}{15} \approx 40 \div 8 = 5$$

4 Los metales preciosos como el oro, la plata y el platino se venden en el mercado de metales. Si el oro se vende a \$392.50 la onza, aproxima el valor de $\frac{1}{4}$ de onza de oro. Determina si la aproximación es demasiado alta o baja.

$$\$392.50 \times \frac{1}{4} \approx \$400 \times \frac{1}{4} = \$100$$

El valor del oro es alrededor de \$100. La aproximación es alta porque \$392.50 se redondeó a \$400, un número mayor.

Lingote de oro

Haz la prueba

Realiza un cálculo aproximado.

a. $23\frac{4}{9} \div 5\frac{3}{13}$ **b.** $32\frac{4}{5} \div 6\frac{3}{4}$ **c.** $21\frac{7}{8} \times 8\frac{1}{6}$

Comprobar **Tu comprensión**

1. Explica cómo podrías usar el redondeo para calcular $3\frac{7}{9} - 1\frac{3}{4}$.

2. $20 \div 1\frac{3}{4}$ es como $20 \div 2 = 10$. ¿El cálculo aproximado de 10 para el cociente es alto o bajo? Explica tu respuesta.

3. ¿Cómo puedes utilizar una recta numérica para ayudarte a redondear una fracción?

4. ¿A qué número podrías redondear $\frac{3}{8}$ si sumaras $\frac{13}{14}$ y $\frac{3}{8}$? ¿A qué número podrías redondear $\frac{3}{8}$ si sumaras $4\frac{13}{14}$ y $9\frac{3}{8}$? Si las respuestas a estas preguntas son diferentes, explica por qué.

Práctica y aplicación

Para empezar Redondea cada fracción a 0, $\frac{1}{2}$ ó 1.

1. $\frac{3}{8}$ **2.** $\frac{7}{8}$ **3.** $\frac{1}{5}$ **4.** $\frac{3}{5}$ **5.** $\frac{1}{8}$

Haz un cálculo aproximado de cada suma o resta.

6. $\frac{1}{8}+\frac{2}{5}$ **7.** $\frac{6}{7}-\frac{3}{8}$ **8.** $\frac{2}{3}+\frac{1}{9}$ **9.** $\frac{9}{10}-\frac{7}{8}$ **10.** $\frac{3}{16}-\frac{1}{8}$

11. $\frac{3}{8}+\frac{3}{7}$ **12.** $\frac{7}{8}+\frac{12}{13}$ **13.** $\frac{3}{4}-\frac{3}{8}$ **14.** $\frac{5}{6}+\frac{1}{4}$ **15.** $\frac{4}{5}-\frac{1}{8}$

Redondea los siguientes números mixtos al número cabal más cercano y luego haz un cálculo aproximado de cada suma o resta.

16. $3\frac{3}{4}+2\frac{1}{9}$ **17.** $5\frac{4}{10}+6\frac{5}{7}$ **18.** $12\frac{4}{5}-7\frac{2}{3}$ **19.** $11\frac{2}{5}-9\frac{9}{10}$

20. $6\frac{1}{4}+1\frac{5}{9}$ **21.** $10\frac{3}{4}+3\frac{1}{6}$ **22.** $5\frac{3}{5}-4\frac{1}{3}$ **23.** $15\frac{4}{5}-11\frac{7}{8}$

Usa números compatibles para calcular cada producto o cociente.

24. $17\times\frac{1}{3}$ **25.** $18\frac{7}{8}\div5\frac{1}{6}$ **26.** $\frac{1}{5}\times31$ **27.** $52\frac{4}{11}\div6\frac{1}{2}$

28. $23\times\frac{1}{2}$ **29.** $13\frac{3}{4}\div2\frac{1}{3}$ **30.** $\frac{1}{3}\times11$ **31.** $61\frac{4}{5}\div7\frac{1}{5}$

32. El tamaño de un huevo de gallina puede ser de $1\frac{15}{16}$ in; mientras que un huevo de avestruz puede ser de $6\frac{3}{8}$ in. Usa el redondeo para calcular la diferencia entre el tamaño de estos huevos.

33. Un avestruz puede tener un peso de 280 libras. Si un pollo pesa $8\frac{1}{2}$ libras, utiliza el redondeo para calcular cuántas veces es más pesado el avestruz que el pollo.

34. **Para la prueba** Usa números compatibles para hallar el mejor cálculo aproximado del siguiente producto; luego indica si dicha aproximación es alta o baja: $\frac{1}{7} \times 40$.

Ⓐ 5; baja   Ⓑ 5; alta   Ⓒ 6; baja   Ⓓ 6; alta

35. **Medición** ¿Como cuántas piezas de $6\frac{3}{4}$ pulgadas se pueden cortar de una tabla que mide $37\frac{1}{5}$ pulgadas? Haz un cálculo aproximado para hallar tu respuesta.

Resolución de problemas y razonamiento

36. **Comunicación** $45 \div 9\frac{1}{3}$ es como $45 \div 9 = 5$. ¿Crees que el cálculo aproximado de 5 para el cociente es alto o bajo? ¿Por qué?

37. **Razonamiento crítico** Una acción de Valores A se vende a $5\frac{1}{8}$; mientras que una de Valores B se vende a $4\frac{3}{4}$. Imagina que tienes $100. ¿Puedes comprar 10 acciones A y 10 acciones B? Haz un cálculo aproximado para hallar tu respuesta y explica cómo sabes si es correcta.

38.  Escribe acerca de una situación en la cual un cálculo aproximado de suma o resta puede ser más útil que un cálculo exacto.

Precios en la Bolsa de Valores de Tokio

Repaso mixto

Usa la gráfica de barras para responder cada pregunta. *[Lección 1-1]*

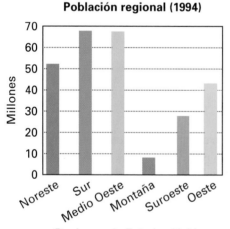

Población regional (1994)

Millones / Regiones de Estados Unidos

MONTAÑA 8,028,645
OESTE (incluidos Alaska y Hawaii) 43,101,843
MEDIO OESTE 67,358,086
NORESTE 52,102,063
SUROESTE 27,634,827
SUR 67,779,371

39. ¿Qué región tiene la población más alta? ¿Y la más baja?

40. ¿Cuáles son las dos regiones que se aproximan más en población?

Usa < o > para comparar los números. *[Lección 3-1]*

41. 8.30 ☐ 8.299   **42.** 15.40 ☐ 16.39   **43.** 6.825 ☐ 6.725

44. 8.638 ☐ 8.647   **45.** 0.078 ☐ 0.780   **46.** 18.05 ☐ 18.051

Suma y resta de fracciones

▶ **Enlace con la lección**   Después de haber realizado cálculos aproximados de sumas y restas de fracciones, aprenderás a realizar sumas y restas exactas así como a resolver ecuaciones que contienen fracciones. ◀

Investigar | Suma de fracciones

Fracciones en acción

Materiales: Papel cuadriculado, lápices de colores

Suma de dos fracciones

- Dibuja tres rectángulos en el papel cuadriculado. Usa los denominadores para determinar la longitud y la anchura de los rectángulos.

- En el primer rectángulo, colorea el número de cuadros equivalente a la primera fracción.

- En el segundo rectángulo, colorea el número de cuadros equivalente a la segunda fracción.

- En el tercer rectángulo, colorea un cuadro por cada cuadro coloreado en los dos primeros rectángulos. Describe el resultado.

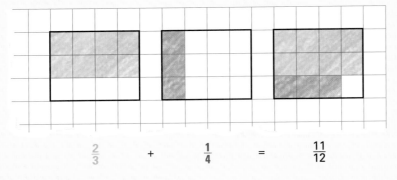

$$\frac{2}{3} \quad + \quad \frac{1}{4} \quad = \quad \frac{11}{12}$$

1. Haz un modelo para cada suma.

   a. $\frac{1}{2} + \frac{2}{5}$ **b.** $\frac{2}{5} + \frac{1}{3}$ **c.** $\frac{1}{4} + \frac{3}{5}$ **d.** $\frac{1}{2} + \frac{1}{3}$

2. ¿Cómo se relacionan los denominadores de las fracciones que se sumaron con los denominadores de tus respuestas?

3. ¿$\frac{1}{4} + \frac{1}{5}$ tiene la misma respuesta que $\frac{1}{5} + \frac{1}{4}$? Explica tu respuesta.

4. ¿Qué similitud hay entre sumar dos fracciones y sumar dos decimales?

Vas a aprender…

■ a sumar y restar fracciones.

■ a resolver ecuaciones que contienen fracciones.

…cómo se usa

Los fabricantes de fragancias tienen que sumar cantidades con fracciones de las diferentes esencias florales cuando desarrollan nuevos perfumes.

Vocabulario

mínimo común denominador (mcd)

Para sumar o restar fracciones, piensa en cada fracción como la porción de un todo.

En el modelo, la fracción es igual a la porción sombreada de un círculo completo. Cada denominador proporciona el número de partes iguales en las cuales será dividido el círculo.

Número de piezas sombreadas
$\dfrac{5}{8}$
Número de piezas

Cada numerador proporciona el número de partes iguales sombreadas.

SUMA O RESTA DE FRACCIONES CON EL MISMO DENOMINADOR

- Suma o resta sus numeradores.
- Escribe la suma o resta sobre el denominador.
- Escribe la fracción en su mínima expresión.

No te olvides

Puedes hallar el MCM al hacer una lista de ambos conjuntos de múltiplos hasta encontrar la primera equivalencia.

[Página 141]

Si los denominadores son diferentes, es necesario volver a escribir las fracciones para que tengan un denominador común. El **mínimo común denominador (mcd)** es el mínimo común múltiplo (MCM) de los denominadores.

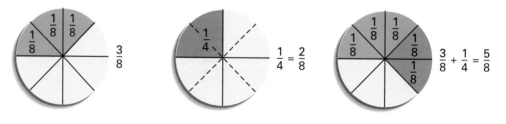

$\dfrac{3}{8}$ $\qquad$ $\dfrac{1}{4} = \dfrac{2}{8}$ $\qquad$ $\dfrac{3}{8} + \dfrac{1}{4} = \dfrac{5}{8}$

SUMA O RESTA DE FRACCIONES CON DIFERENTES DENOMINADORES

- Escribe las fracciones mediante el uso del mcd.
- Suma o resta.
- Escribe la fracción en su mínima expresión.

Ejemplo 1

Suma y escribe el resultado en su mínima expresión. $\dfrac{1}{10} + \dfrac{3}{10}$

$$\dfrac{1}{10} + \dfrac{3}{10} = \dfrac{1+3}{10}$$

Los denominadores son los mismos, por tanto, suma los numeradores.

$$= \dfrac{4 \div 2}{10 \div 2} = \dfrac{2}{5}$$

Escribe la fracción en su mínima expresión al dividir el numerador y el denominador entre 2.

Ejemplo 2

Resta. $\dfrac{1}{4} - \dfrac{1}{6}$

$\dfrac{1}{4} - \dfrac{1}{6} = \dfrac{1 \cdot 3}{4 \cdot 3} - \dfrac{1 \cdot 2}{6 \cdot 2}$

Halla el mcd. Los múltiplos de 4 son 4, 8, $\boxed{12}$, 16,…
Los múltiplos de 6 son 6, $\boxed{12}$, 18,… Usa 12 como el mcd.

$= \dfrac{3}{12} - \dfrac{2}{12}$

Escribe las fracciones y utiliza el denominador común.

$= \dfrac{1}{12}$

Haz la resta.

Puedes resolver ecuaciones que contienen fracciones de la misma forma como resuelves aquellas que presentan números cabales y decimales.

Ejemplo 3

Ayer, Lucía compró acciones de *MorganF* en la Bolsa de Valores de Estados Unidos. Hoy, las acciones cerraron a un precio de $\dfrac{5}{8}$ de punto, lo cual indica una baja de $\dfrac{1}{16}$ de punto, que a su vez representa una pérdida de $\dfrac{1}{16}$ de dólar. ¿A qué precio compró Lucía sus acciones?

Sea $b =$ el precio de compra.

Escoge una variable.

$b - \dfrac{1}{16} = \dfrac{5}{8}$

Escribe una ecuación.

$b - \dfrac{1}{16} + \dfrac{1}{16} = \dfrac{5}{8} + \dfrac{1}{16}$

Para anular la resta, suma $\dfrac{1}{16}$ en ambos lados.

$b = \dfrac{5 \cdot 2}{8 \cdot 2} + \dfrac{1}{16}$

Halla el mcd. Múltiplos de 8: 8, $\boxed{16}$, 24,…
Múltiplos de 16: $\boxed{16}$, 32, 48,… Usa 16 como el mcd.

$= \dfrac{10}{16} + \dfrac{1}{16}$

Escribe la ecuación con el mcd.

$= \dfrac{11}{16}$

Haz la suma.

Lucía compró las acciones a un precio de $\dfrac{11}{16}$.

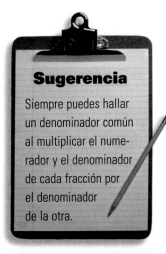

Sugerencia

Siempre puedes hallar un denominador común al multiplicar el numerador y el denominador de cada fracción por el denominador de la otra.

Haz la prueba

Resuelve. **a.** $d + \dfrac{1}{4} = \dfrac{5}{6}$ **b.** $w - \dfrac{3}{5} = \dfrac{1}{3}$ **c.** $h + \dfrac{1}{2} = \dfrac{5}{6}$

1. ¿Por qué necesitas denominadores comunes para sumar o restar fracciones?

2. ¿Es siempre el mínimo común denominador el único denominador posible que puedes usar cuando sumas o restas fracciones? Explica tu respuesta.

4-2 Ejercicios y aplicaciones

Práctica y aplicación

| **Para empezar** | ¿Se puede sumar o restar cada par de fracciones como aparece escrito o se necesita volver a escribir la ecuación con un denominador común?

1. $\dfrac{3}{4}, \dfrac{1}{4}$ **2.** $\dfrac{1}{3}, \dfrac{1}{4}$ **3.** $\dfrac{2}{3}, \dfrac{3}{8}$ **4.** $\dfrac{2}{5}, \dfrac{2}{7}$ **5.** $\dfrac{7}{8}, \dfrac{3}{8}$ **6.** $\dfrac{3}{4}, \dfrac{3}{5}$

Halla el mínimo común denominador de los siguientes pares de fracciones.

7. $\dfrac{2}{3}, \dfrac{1}{4}$ **8.** $\dfrac{3}{8}, \dfrac{3}{4}$ **9.** $\dfrac{7}{8}, \dfrac{1}{6}$ **10.** $\dfrac{1}{3}, \dfrac{2}{5}$ **11.** $\dfrac{3}{5}, \dfrac{1}{4}$ **12.** $\dfrac{1}{3}, \dfrac{1}{4}$

Realiza cada suma o resta y escribe el resultado en su mínima expresión.

13. $\dfrac{3}{10} + \dfrac{5}{10}$ **14.** $\dfrac{11}{12} - \dfrac{7}{12}$ **15.** $\dfrac{3}{16} + \dfrac{11}{16}$ **16.** $\dfrac{13}{24} - \dfrac{5}{24}$ **17.** $\dfrac{3}{4} - \dfrac{1}{3}$

18. $\dfrac{4}{5} - \dfrac{1}{3}$ **19.** $\dfrac{1}{6} + \dfrac{5}{9}$ **20.** $\dfrac{5}{8} - \dfrac{1}{6}$ **21.** $\dfrac{2}{5} + \dfrac{1}{10}$ **22.** $\dfrac{4}{21} + \dfrac{5}{7}$

Resuelve las siguientes ecuaciones.

23. $y + \dfrac{2}{3} = \dfrac{8}{9}$ **24.** $t - \dfrac{2}{5} = \dfrac{1}{3}$ **25.** $\dfrac{3}{7} + n = \dfrac{3}{4}$ **26.** $r - \dfrac{3}{8} = \dfrac{1}{6}$

27. Consumo El precio de las acciones de Mary subió $\dfrac{5}{8}$ de punto el día que las compró. Un día después, el precio subió $\dfrac{1}{4}$ de punto. ¿Cuál fue el incremento total en esos 2 días?

28. Álgebra ¿Qué sabes sobre n si la suma de $\dfrac{1}{2} + n$ es:

a. Igual a 1?   **b.** Mayor que 1?

29. | **Para la prueba** | ¿Qué fracción, cuando se suma a $\dfrac{1}{6}$, da como resultado $\dfrac{2}{3}$?

Ⓐ $\dfrac{1}{2}$ Ⓑ $\dfrac{1}{3}$ Ⓒ $\dfrac{1}{4}$ Ⓓ $\dfrac{1}{5}$

Bolsa de valores de Madrid

30. Ciencias La gráfica circular muestra las diferentes formas de generación de energía eléctrica en Estados Unidos.

Fuentes de energía eléctrica

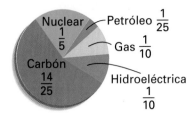

a. ¿Qué proporción del total de energía se produce por medio de gas y generadores hidroeléctricos?

b. ¿Qué proporción más de la energía total se produce mediante carbón que por petróleo?

c. ¿Qué proporción más de la energía total se produce por medio de generadores nucleares que por generadores hidroeléctricos?

Resolución de problemas y razonamiento

31. Escoge una estrategia Andrea observó los precios de dos acciones durante una semana. ¿Cuál acción tuvo la mayor ganancia?

	Lunes	Martes	Miércoles	Jueves	Viernes
Acción A	$+\frac{1}{4}$	$+\frac{1}{8}$	$-\frac{5}{8}$	$+\frac{1}{2}$	$-\frac{1}{8}$
Acción B	$+\frac{1}{8}$	$-\frac{7}{8}$	$+\frac{1}{8}$	$+\frac{1}{4}$	$+\frac{3}{8}$

Resolución de problemas

ESTRATEGIAS

- Busca un patrón
- Organiza la información en una lista
- Haz una tabla
- Prueba y comprueba
- Empieza por el final
- Usa el razonamiento lógico
- Haz un diagrama
- Simplifica el problema

32. Razonamiento crítico Usa sólo una vez los números 2, 4, 6 y 8 para escribir una expresión con dos fracciones propias que tengan:

a. La suma mayor posible

b. La diferencia mayor posible

c. La suma menor posible

d. La diferencia menor posible

Repaso mixto

Resuelve cada ecuación y comprueba tus respuestas. *[Lección 2-8]*

33. $5p + 2 = 37$

34. $21k - 18 = 273$

35. $11u - 31 = 47$

36. $97 = 9d + 7$

37. $\frac{a}{12} + 31 = 114$

38. $67 = \frac{w}{3} - 36$

39. $\frac{x}{31} - 3 = 93$

40. $\frac{c}{17} + 52 = 209$

Haz un cálculo aproximado. *[Lección 3-2]*

41. $86.342 - 37.5$

42. $\frac{361.2}{118.7}$

43. 62.7×20.19

44. $32.78 + 117.32$

45. $72.01 + 39.25$

46. $269.03 - 41.7$

47. 31.2×48.7

48. $248.6 \div 51.03$

49. $92.1 - 36.7$

50. $\frac{108.5}{53.1}$

51. 47.2×9.87

52. $31.42 + 31.98$

53. $213.9 - 84.7$

54. $\frac{5,280}{10.2}$

55. 104.16×51.97

56. $247.54 + 598.217$

Suma y resta de números mixtos

► Enlace con la lección Como ya sabes sumar y restar fracciones, es tiempo de aprender a sumar y restar números mixtos. ◄

Vas a aprender...

■ a sumar y restar números mixtos.

■ a resolver ecuaciones que contengan números mixtos.

...cómo se usa

Los plomeros deben utilizar dimensiones con fracciones cuando trabajan con tuberías de agua.

Vocabulario

fracción impropia

Investigar   Suma de números mixtos

Materiales: Papel cuadriculado
Lápices de colores

Resultados mixtos

Suma de dos números mixtos

- Modela cada número mixto por medio de cuadrados. La longitud de los lados de los cuadrados debe ser igual a los denominadores de las fracciones.

- Para hallar la suma, primero copia los cuadrados rellenos. Luego combina los cuadrados rellenos fraccionados. Cuando combines estas fracciones, haz la mayor cantidad de cuadrados completos que puedas.

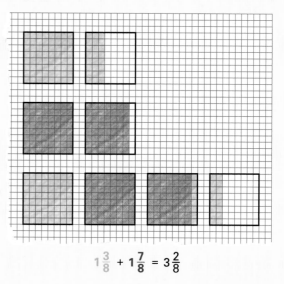

$$1\frac{3}{8} + 1\frac{7}{8} = 3\frac{2}{8}$$

1. Haz un modelo para cada suma.

   a. $1\frac{3}{5} + 2\frac{1}{5}$ **b.** $1\frac{3}{4} + 2\frac{1}{4}$ **c.** $1\frac{2}{5} + 1\frac{4}{5}$

2. Cuando sumas números mixtos, ¿cómo encuentras las dos partes de la suma?

3. ¿Qué tiene en común la suma de dos números mixtos con la suma de dos fracciones?

Aprender   Suma y resta de números mixtos

Cuando sumas números mixtos, sumas los números cabales y las fracciones por separado. En ocasiones obtendrás una fracción como $\frac{9}{4}$.

Una fracción que es mayor que 1, como $\frac{9}{4}$, se llama **fracción impropia**. Puedes usar la división para escribir una fracción impropia como un número mixto.

Para renombrar $\frac{9}{4}$ como un número mixto, razona: $9 \div 4 = 2$ con un residuo de **1**, por tanto, $\frac{9}{4} = 2\frac{1}{4}$.

Para escribir un número mixto como $3\frac{4}{5}$ a manera de fracción impropia, sigue estos pasos:

$$3\frac{4}{5} = \frac{15}{5} + \frac{4}{5}$$

Reescribe el número cabal. Usa el mismo denominador como la fracción.

$$= \frac{19}{5}$$

Haz la suma.

No te olvides

3 significa *3 números cabales*. Cualquier número cabal se puede escribir como una fracción con un denominador de 1.

[Curso anterior]

Ejemplos

1 El año pasado, Margot compró acciones en una compañía de equipo médico a $6\frac{7}{8}$. Desde entonces, el precio ha subido $4\frac{3}{8}$. Halla el precio actual.

Aproxima: $7 + 4 = 11$

$$6\frac{7}{8} + 4\frac{3}{8} = 10 + \frac{10}{8}$$

Suma los números cabales así como las fracciones.

$$= 10 + 1\frac{2}{8}$$

Escribe la fracción impropia como un número mixto.

$$= 11\frac{2}{8} = 11\frac{1}{4}$$

Haz la suma y escribe la fracción en su mínima expresión.

El precio actual de las acciones es $11\frac{1}{4}$.

2 Resuelve. $w + 3\frac{3}{4} = 5\frac{1}{5}$

$$w + 3\frac{3}{4} - 3\frac{3}{4} = 5\frac{1}{5} - 3\frac{3}{4}$$

Para anular la suma, resta $3\frac{3}{4}$ en ambos lados.

$$w = 5\frac{4}{20} - 3\frac{15}{20}$$

Escribe las fracciones con el mcd.

$$w = 4 + \frac{20}{20} + \frac{4}{20} - 3\frac{15}{20}$$

Escribe 5 como $4 + \frac{20}{20}$.

$$w = 4\frac{24}{20} - 3\frac{15}{20}$$

Combina los números cabales y las fracciones.

$$w = 1\frac{9}{20}$$

Resta los números cabales y las fracciones.

Haz la prueba

Realiza las siguientes sumas o restas.

a. $4\frac{1}{2} + 3\frac{5}{8}$ **b.** $3 - 1\frac{1}{3}$ **c.** $6\frac{2}{5} - 2\frac{1}{2}$

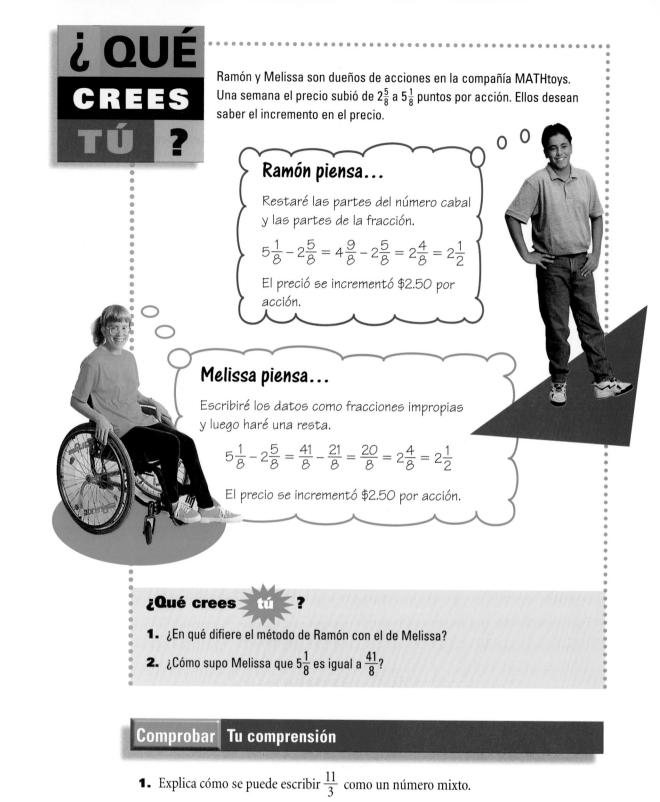

¿QUÉ CREES TÚ?

Ramón y Melissa son dueños de acciones en la compañía MATHtoys. Una semana el precio subió de $2\frac{5}{8}$ a $5\frac{1}{8}$ puntos por acción. Ellos desean saber el incremento en el precio.

Ramón piensa...

Restaré las partes del número cabal y las partes de la fracción.

$$5\frac{1}{8} - 2\frac{5}{8} = 4\frac{9}{8} - 2\frac{5}{8} = 2\frac{4}{8} = 2\frac{1}{2}$$

El preció se incrementó $2.50 por acción.

Melissa piensa...

Escribiré los datos como fracciones impropias y luego haré una resta.

$$5\frac{1}{8} - 2\frac{5}{8} = \frac{41}{8} - \frac{21}{8} = \frac{20}{8} = 2\frac{4}{8} = 2\frac{1}{2}$$

El precio se incrementó $2.50 por acción.

¿Qué crees tú?

1. ¿En qué difiere el método de Ramón con el de Melissa?
2. ¿Cómo supo Melissa que $5\frac{1}{8}$ es igual a $\frac{41}{8}$?

Comprobar | Tu comprensión

1. Explica cómo se puede escribir $\frac{11}{3}$ como un número mixto.
2. Al momento de restar números mixtos, ¿cuándo necesitas volver a escribir un número cabal como un número cabal más una fracción?

Práctica y aplicación

Para empezar | Escribe cada fracción impropia como un número mixto.

1. $\dfrac{24}{7}$ **2.** $\dfrac{16}{3}$ **3.** $\dfrac{34}{9}$ **4.** $\dfrac{61}{5}$ **5.** $\dfrac{39}{8}$ **6.** $\dfrac{49}{4}$

Escribe cada número mixto como una fracción impropia.

7. $3\dfrac{1}{8}$ **8.** $5\dfrac{4}{5}$ **9.** $7\dfrac{3}{4}$ **10.** $4\dfrac{7}{9}$ **11.** $6\dfrac{7}{8}$ **12.** $8\dfrac{5}{11}$

Halla cada suma o resta.

13. $7\dfrac{7}{8} - 3\dfrac{5}{8}$ **14.** $5\dfrac{2}{9} + 2\dfrac{4}{9}$ **15.** $4\dfrac{1}{7} - 1\dfrac{6}{7}$ **16.** $6\dfrac{8}{9} + 8\dfrac{4}{9}$

17. $9 - 2\dfrac{1}{5}$ **18.** $10\dfrac{1}{2} + 5\dfrac{2}{3}$ **19.** $6\dfrac{3}{8} - 3\dfrac{1}{2}$ **20.** $25\dfrac{7}{9} + 18\dfrac{2}{3}$

Resuelve las siguientes ecuaciones.

21. $n + 3\dfrac{3}{7} = 6\dfrac{2}{3}$ **22.** $11\dfrac{7}{9} + x = 26\dfrac{1}{10}$ **23.** $y - 4\dfrac{2}{5} = 2\dfrac{1}{4}$ **24.** $z - 8\dfrac{5}{6} = 9\dfrac{7}{8}$

25. Geometría Halla el perímetro de cada figura.

a.

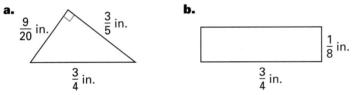

$\dfrac{9}{20}$ in. $\dfrac{3}{5}$ in.

$\dfrac{3}{4}$ in.

b.

$\dfrac{1}{8}$ in.

$\dfrac{3}{4}$ in.

26. Historia El 29 de octubre de 1929, mejor conocido como el Martes Negro, la bolsa de valores se colapsó. El índice Dow Jones, el cual determina los precios de las acciones, comenzó ese día con $298\dfrac{97}{100}$ puntos y terminó con $38\dfrac{33}{100}$ puntos a la baja. ¿Cuál fue el índice Dow Jones al final del día?

27. Ciencias Una *Unidad Astronómica* (UA) es la distancia promedio entre la Tierra y el Sol. Si, cuando están alineados, Marte se encuentra aproximadamente $1\dfrac{1}{2}$ UA del Sol y Júpiter alrededor de $3\dfrac{7}{10}$ UA de Marte, ¿qué tan lejos está Júpiter del Sol?

28. Para la prueba Expresa esta suma en su mínima expresión: $3\dfrac{5}{6} + 7\dfrac{3}{4} = 10\dfrac{38}{24}$

Ⓐ $5\dfrac{19}{12}$ Ⓑ $10\dfrac{19}{12}$ Ⓒ $11\dfrac{14}{24}$ Ⓓ $11\dfrac{7}{12}$

29. **Ciencias sociales** Muchos periódicos publican todos los días informes del mercado de valores. Estos informes por lo general incluyen el alza y baja de los precios así como los precios de apertura y cierre de ese día.

ACCIÓN	ALZA	BAJA	ÚLTIMO
DigiLink	$17\frac{1}{2}$	$16\frac{3}{16}$	$16\frac{3}{16}$
Dig Mic	$17\frac{3}{4}$	$15\frac{5}{8}$	$17\frac{1}{2}$
Dig Video	$9\frac{1}{2}$	$9\frac{3}{8}$	$9\frac{7}{16}$
Dionex	35	$32\frac{1}{4}$	35

a. ¿Cuál fue la diferencia en el costo entre el alza y la baja para una acción de Dig Video?

b. Para Dig Video, ¿qué tanto más alto o bajo fue el último precio del día?

Resolución de problemas y razonamiento

30. **Escoge una estrategia** Halla tres números mixtos con denominadores diferentes cuya suma sea igual a $10\frac{3}{4}$.

31. **Comunicación** Escribe una explicación del método que usarías para restar $2\frac{4}{5}$ de $4\frac{3}{5}$.

32. **Razonamiento crítico** La recámara de Kara mide $15\frac{1}{4}$ pies de largo y $10\frac{1}{6}$ pies de ancho. Ella quiere comprar una alfombra nueva que se vende en rollos de 12 pies de ancho. ¿Cuánta alfombra sobrará en cuanto a su ancho después de que la instalen?

Resolución de problemas

ESTRATEGIAS

- Busca un patrón
- Organiza la información en una lista
- Haz una tabla
- Prueba y comprueba
- Empieza por el final
- Usa el razonamiento lógico
- Haz un diagrama
- Simplifica el problema

Repaso mixto

Ciencias Puedes usar la fórmula $d = v \cdot t$ para hallar la distancia (d) recorrida cuando sabes la velocidad (v) y la cantidad de tiempo (t). Primero sustituye los valores dados en la fórmula y luego utilízala para encontrar d. *[Lección 2-1]*

33. $v = 25$ mi/h, $t = 2$ hr

34. $v = 16$ ft/s, $t = 42$ s

35. $v = 75$ km/h, $t = 5$ h

36. $v = 82$ m/s, $t = 40$ s

37. $v = 55$ mi/h, $t = 4$ h

38. $v = 120$ ft/s, $t = 90$ s

Resuelve las siguientes ecuaciones. *[Lección 3-3]*

39. $132.63 + x = 201.49$

40. $x - 62.75 = 31.87$

41. $69.31 = x + 23.75$

42. $6.234 = y - 15.7$

43. $p + 0.093 = 0.142$

44. $g - 0.072 = 6.39$

El proyecto en marcha

Con los datos de población que has recopilado, halla la fracción de la población mundial que vive en cada uno de los 5 países más poblados. Redondea los números al millón más cercano cuando hagas tus fracciones y escríbelas en su mínima expresión. Elabora una gráfica de barras que muestre la población de estos países.

Resolución de problemas

Comprende
Planea
Resuelve
Revisa

Al principio de esta sección, observaste que los inversionistas necesitan comprender las fracciones de manera adecuada si desean tener éxito en el mercado de valores. Ahora tendrás la oportunidad de llevar un seguimiento de la fortuna de un joven inversionista.

El mercado de valores

Felipe ahorró $55 de su trabajo como repartidor de periódicos y decidió comprar una acción del periódico que distribuye.

1. Felipe compró su acción el lunes 1 de julio. El precio fue $52\frac{3}{4}$. ¿Cuánto dinero le sobró?

2. Durante el mes de julio, las acciones alcanzaron un precio de $56\frac{7}{16}$ puntos y luego cayeron $1\frac{1}{8}$ puntos. Halla el precio al final del mes.

3. El 1 de agosto, las acciones subieron $5\frac{3}{4}$ puntos. El 2 de agosto, subieron otros $2\frac{7}{8}$ puntos. Calcula el incremento de las acciones en los 2 primeros días de agosto.

4. El 3 de agosto, las acciones cayeron $3\frac{1}{2}$ puntos. Encuentra el precio al cierre de actividades bursátiles de ese día.

5. Para el 31 de agosto, las acciones habían obtenido una ganancia de $2\frac{5}{8}$ desde el precio del 3 de agosto. ¿Cómo se compara este precio con el precio del 1 de agosto?

6. Felipe vendió su acción el 31 de agosto. Encuentra la cantidad que ganó o perdió. Escribe un párrafo que describa el rendimiento de la acción de Felipe.

Redondea cada sumando a 0, $\frac{1}{2}$ ó 1 y después calcula la suma o resta aproximada.

1. $\frac{4}{5} - \frac{1}{6}$ **2.** $\frac{2}{7} + \frac{7}{8}$ **3.** $\frac{1}{3} + \frac{8}{9}$ **4.** $\frac{6}{7} + \frac{1}{8}$ **5.** $\frac{7}{8} - \frac{2}{3}$

Redondea cada número mixto al número cabal más cercano y luego calcula cada suma o resta aproximada.

6. $8\frac{3}{4} - 6\frac{1}{3}$ **7.** $4\frac{5}{7} + 3\frac{2}{9}$ **8.** $11\frac{5}{6} - 7\frac{7}{9}$ **9.** $14\frac{1}{2} + 5\frac{9}{10}$

Halla las siguientes sumas o restas.

10. $\frac{4}{5} - \frac{1}{2}$ **11.** $\frac{2}{3} + \frac{1}{8}$ **12.** $\frac{6}{7} - \frac{1}{4}$ **13.** $\frac{5}{9} + \frac{2}{5}$ **14.** $\frac{2}{9} + \frac{5}{8}$

15. $4\frac{2}{5} + 3\frac{4}{5}$ **16.** $8\frac{1}{2} - 4\frac{3}{8}$ **17.** $10\frac{1}{2} - 5\frac{7}{10}$ **18.** $9\frac{2}{7} + 6\frac{3}{4}$ **19.** $2\frac{7}{8} + 3\frac{3}{4}$

20. **En tu diario** Describe varias formas de expresar 4 como una fracción impropia.

Resuelve las siguientes ecuaciones.

21. $z + 2\frac{2}{5} = 5\frac{3}{4}$ **22.** $m - 6\frac{2}{3} = 3\frac{2}{7}$ **23.** $x - 4\frac{3}{8} = 5\frac{1}{2}$ **24.** $a + 1\frac{3}{4} = 8\frac{7}{8}$

25. **Ciencias** Cada año, el Campeonato Mundial de Salto de Rana tiene lugar en Los Angeles, California. Un año, la rana Free Willy ganó el concurso al brincar 19 pies con $\frac{1}{2}$ pulgada en 3 saltos. El récord mundial es de 21 pies con $5\frac{3}{4}$ pulgadas sostenido por la rana Rosie Ribeter. ¿Qué tanto más lejos brincó la rana Rosie Ribeter que Free Willy?

Para la prueba

En una prueba de elección múltiple, reconocer que la mejor opción de respuesta por lo general está en su mínima expresión, te puede ayudar a trabajar con mayor rapidez.

26. Halla la suma de: $3\frac{5}{8} + 5\frac{7}{40}$

Ⓐ $8\frac{32}{40}$ Ⓑ $8\frac{16}{20}$ Ⓒ $8\frac{8}{10}$ Ⓓ $8\frac{4}{5}$

27. Encuentra la diferencia de: $9\frac{1}{3} - 1\frac{5}{6}$

Ⓐ $6\frac{3}{6}$ Ⓑ $6\frac{1}{2}$ Ⓒ $7\frac{3}{6}$ Ⓓ $7\frac{1}{2}$

REPASO 4A

Constrúyelo pieza por pieza

"¿Ganaste de nuevo?", pregunta mamá y agrega: "Felicidades, pienso que necesitamos construir algunas repisas para tus trofeos". Por tanto, corres a medir el gabinete en tu cuarto. Parece fácil construir algunas repisas: un par de piezas de madera, unas ménsulas y algunos clavos. No hay problema.

Cuando empiezas a medir, ves que los números no son sencillos. ¿La anchura es de 3 pies con $3\frac{1}{4}$ pulgadas o de 3 pies con $3\frac{5}{8}$ pulgadas? La medida no es exactamente 3 pies con 3 pulgadas. Deseas construir tres repisas con ménsulas en intervalos iguales,

¿cómo vas a calcular la cantidad de madera y ménsulas que debes comprar? ¿De qué medida deben ser los clavos?

Para trabajos "hágalo usted mismo", los albañiles, carpinteros, colocadores de alfombras y mosaicos y plomeros, deben saber multiplicar y dividir con fracciones.

1 ¿Por qué piensas que un colocador de mosaicos necesita trabajar con fracciones?

2 ¿Por qué es importante que determines cuántas repisas necesitas?

3 Si las tres repisas fueran de 3 pies con $3\frac{1}{4}$ pulgadas de largo, ¿sería suficiente 10 pies de material para repisas? Explica tu respuesta.

Multiplicación de fracciones

Vas a aprender…

■ a multiplicar fracciones.

…cómo se usa

Los diseñadores de ropa tienen que elaborar varias prendas idénticas para una exhibición. Necesitan multiplicar fracciones para ordenar las cantidades correctas de tela.

▶ **Enlace con la lección**   Con tus conocimientos para sumar, restar y resolver ecuaciones de suma y resta de fracciones, aprenderás a multiplicar fracciones. ◀

Investigar | Multiplicación de fracciones

Un modelo actual

Materiales: Papel cuadriculado
Lápices de colores

Multiplicación de una fracción por otra fracción

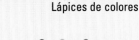

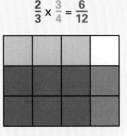

- Dibuja un rectángulo en el papel cuadriculado. Usa los denominadores de las fracciones que multiplicas para determinar la longitud y la anchura del rectángulo.

- Colorea un rectángulo que represente la primera fracción.

- Colorea un rectángulo que represente la segunda fracción. Describe la sección del modelo donde las dos fracciones se traslapan.

1. Modela cada producto.   **a.** $\frac{1}{2} \cdot \frac{2}{3}$ **b.** $\frac{1}{4} \cdot \frac{4}{5}$ **c.** $\frac{2}{5} \cdot \frac{3}{7}$ **d.** $\frac{3}{4} \cdot \frac{5}{6}$

2. ¿Cómo se relacionan los denominadores de las fracciones que multiplicas con los denominadores de tus respuestas? ¿Y cómo se relacionan los numeradores?

3. ¿La fracción $\frac{1}{2} \cdot \frac{1}{3}$ tiene la misma respuesta que $\frac{1}{3} \cdot \frac{1}{2}$? Explica por qué.

4. Cuando multiplicas dos fracciones que están entre 0 y 1, ¿el producto es menor o mayor que las fracciones originales?

Aprender | Multiplicación de fracciones

Puedes usar un rectángulo para modelar el producto de dos fracciones. Recuerda que la fórmula para el área (A) de un rectángulo con una longitud (l) y una anchura (w) es $A = lw$.

El primer rectángulo muestra que $2 \cdot 3 = 6$.

El segundo rectángulo muestra que $\frac{1}{2} \cdot \frac{1}{3} = \frac{1}{6}$.

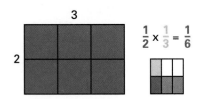

Ejemplos

1 Casi todos los clavos son redondos. Sin embargo, una *alcayata*, el tipo más largo y resistente de clavo, tiene una sección transversal cuadrada. Entre mayor sea el área de dicha sección, más difícil será remover la alcayata. Una alcayata de $\frac{3}{8}$ de pulgada, requiere 6000 libras de fuerza para removerla de una pieza de madera de acacia. Halla el área de la sección transversal de la alcayata.

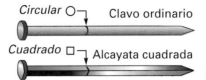
Circular ○ — Clavo ordinario
Cuadrado □ — Alcayata cuadrada

$A = lw = \dfrac{3}{8} \cdot \dfrac{3}{8}$ Sustituye $\frac{3}{8}$ por l y w.

$= \dfrac{3 \cdot 3}{8 \cdot 8}$ Multiplica los numeradores y denominadores.

$= \dfrac{9}{64}$ Simplifica el resultado.

El área de la sección transversal es de $\dfrac{9}{64}$ de pulgada cuadrada.

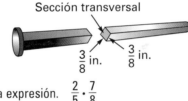
Sección transversal
$\frac{3}{8}$ in. $\frac{3}{8}$ in.

2 Multiplica y escribe el resultado en su mínima expresión. $\dfrac{2}{5} \cdot \dfrac{7}{8}$

$\dfrac{2}{5} \cdot \dfrac{7}{8} = \dfrac{2 \cdot 7}{5 \cdot 8}$ Multiplica los numeradores y denominadores.

$= \dfrac{14}{40}$ Simplifica el resultado.

$= \dfrac{14 \div 2}{40 \div 2}$ Divide el numerador y denominador entre 2 para que la fracción se encuentre en su mínima expresión.

$= \dfrac{7}{20}$ Simplifica el resultado.

Haz la prueba

Realiza las multiplicaciones y escribe los resultados en su mínima expresión.

a. $\dfrac{3}{7} \cdot \dfrac{5}{8}$ **b.** $\dfrac{8}{9} \cdot \dfrac{3}{4}$ **c.** $\dfrac{3}{10} \cdot \dfrac{5}{6}$ **d.** $\dfrac{2}{3} \cdot \dfrac{1}{4}$ **e.** $\dfrac{3}{5} \cdot \dfrac{1}{6}$

No te olvides

El MCD es el factor mayor con el que son divisibles dos números.

[Página 139]

Te puedes ahorrar trabajo si divides el numerador y el denominador entre factores comunes *antes* de multiplicar.

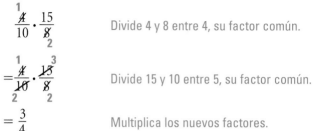

$$\frac{\overset{1}{\cancel{4}}}{10} \cdot \frac{15}{\cancel{8}_2}$$ Divide 4 y 8 entre 4, su factor común.

$$=\frac{\overset{1}{\cancel{4}}}{\underset{2}{\cancel{10}}} \cdot \frac{\overset{3}{\cancel{15}}}{\cancel{8}_2}$$ Divide 15 y 10 entre 5, su factor común.

$$=\frac{3}{4}$$ Multiplica los nuevos factores.

Ejemplos

3 Multiplica y escribe el resultado en su mínima expresión. $\frac{5}{8} \cdot \frac{4}{7}$

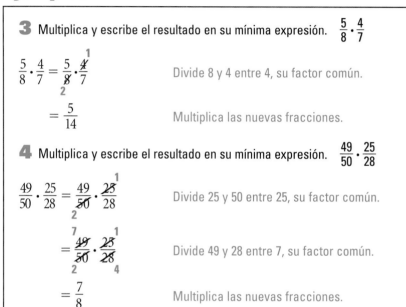

$$\frac{5}{8} \cdot \frac{4}{7} = \frac{5}{\cancel{8}_2} \cdot \frac{\overset{1}{\cancel{4}}}{7}$$ Divide 8 y 4 entre 4, su factor común.

$$=\frac{5}{14}$$ Multiplica las nuevas fracciones.

4 Multiplica y escribe el resultado en su mínima expresión. $\frac{49}{50} \cdot \frac{25}{28}$

$$\frac{49}{50} \cdot \frac{25}{28} = \frac{49}{\underset{2}{\cancel{50}}} \cdot \frac{\overset{1}{\cancel{25}}}{28}$$ Divide 25 y 50 entre 25, su factor común.

$$=\frac{\overset{7}{\cancel{49}}}{\underset{2}{\cancel{50}}} \cdot \frac{\overset{1}{\cancel{25}}}{\underset{4}{\cancel{28}}}$$ Divide 49 y 28 entre 7, su factor común.

$$=\frac{7}{8}$$ Multiplica las nuevas fracciones.

Haz la prueba

Realiza las multiplicaciones y escribe los resultados en su mínima expresión.

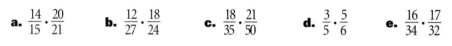

a. $\frac{14}{15} \cdot \frac{20}{21}$ **b.** $\frac{12}{27} \cdot \frac{18}{24}$ **c.** $\frac{18}{35} \cdot \frac{21}{50}$ **d.** $\frac{3}{5} \cdot \frac{5}{6}$ **e.** $\frac{16}{34} \cdot \frac{17}{32}$

PISTA

Si tu calculadora tiene una tecla de fracciones, puedes usarla para multiplicar fracciones. Por ejemplo, para multiplicar $\frac{7}{12} \cdot \frac{5}{9}$, introduce 7 [/] 12 [×] 5 [/] 9 [=]. El producto es $\frac{35}{108}$.

Comprobar | Tu comprensión

1. ¿Cómo puede ayudarte el máximo común divisor al multiplicar fracciones?

2. Si dos fracciones son menores que 1, ¿su producto es menor que 1? Explica tu respuesta.

3. Erica dijo: "Cuando multiplico $\frac{1}{4}$ de veces un número, en realidad encuentro $\frac{1}{4}$ del número". ¿Es correcta su afirmación? Explica tu respuesta.

Práctica y aplicación

| Para empezar | Multiplica los numeradores y denominadores para hallar cada producto.

1. $\frac{1}{2} \cdot \frac{2}{3}$ **2.** $\frac{2}{5} \cdot \frac{3}{7}$ **3.** $\frac{4}{5} \cdot \frac{2}{9}$ **4.** $\frac{1}{10} \cdot \frac{1}{3}$ **5.** $\frac{1}{4} \cdot \frac{3}{5}$

Halla los siguientes productos. Escribe los resultados en su mínima expresión.

6. $\frac{1}{2} \cdot \frac{2}{9}$ **7.** $\frac{3}{5} \cdot \frac{2}{3}$ **8.** $\frac{3}{4} \cdot \frac{6}{7}$ **9.** $\frac{4}{9} \cdot \frac{3}{4}$ **10.** $\frac{1}{3} \cdot \frac{3}{8}$

11. $\frac{4}{5} \cdot \frac{3}{8}$ **12.** $\frac{3}{4} \cdot \frac{5}{9}$ **13.** $\frac{5}{7} \cdot \frac{1}{5}$ **14.** $\frac{6}{11} \cdot \frac{5}{6}$ **15.** $\frac{2}{9} \cdot \frac{3}{4}$

Divide el numerador y el denominador de las siguientes fracciones entre sus factores comunes *antes* de multiplicar. Luego multiplica las nuevas fracciones.

16. $\frac{8}{15} \cdot \frac{5}{16}$ **17.** $\frac{9}{14} \cdot \frac{7}{18}$ **18.** $\frac{15}{27} \cdot \frac{18}{25}$ **19.** $\frac{8}{21} \cdot \frac{15}{16}$ **20.** $\frac{4}{35} \cdot \frac{7}{24}$

21. $\frac{18}{35} \cdot \frac{14}{45}$ **22.** $\frac{24}{49} \cdot \frac{35}{48}$ **23.** $\frac{20}{49} \cdot \frac{21}{40}$ **24.** $\frac{27}{56} \cdot \frac{35}{36}$ **25.** $\frac{14}{36} \cdot \frac{18}{35}$

26. Medición Halla el área de cada rectángulo.

a. $\frac{7}{8}$ in. $\frac{7}{16}$ in.

b. $\frac{3}{4}$ in. $\frac{3}{8}$ in.

27. | Para la prueba | ¿Cuál será el denominador cuando el producto $\frac{27}{48} \cdot \frac{24}{45}$ se exprese en su mínima expresión?

Ⓐ 3   Ⓑ 10   Ⓒ 45   Ⓓ 2160

28. Profesiones Un colocador de mosaicos trabaja con mosaicos que miden $\frac{3}{4}$ ft por cada lado. Si utiliza 17 mosaicos a lo largo de una pared, ¿qué longitud tiene la pared?

29. Historia Desde 1892 hasta 1954, Ellis Island en New York fue el punto de entrada a Estados Unidos para la mayoría de los inmigrantes que llegaban por el océano Atlántico. En 1911, 650,000 personas arribaron a este punto, de las cuales, cerca de $\frac{1}{50}$ fueron deportadas por razones económicas o de salud. ¿Cuántas personas fueron deportadas?

30. Ciencias La atracción gravitacional en la luna no tiene la misma fuerza de gravedad que en la Tierra porque la masa de la luna es menor. El peso de un objeto en la luna es aproximadamente $\frac{1}{6}$ de lo que pesaría en la Tierra. ¿Cuál sería el peso de los siguientes animales si estuvieran en la luna?

a. Nutria: 13 lb

b. Mapache: 21 lb

c. Coyote: 75 lb

d. Cocodrilo: 150 lb

Resolución de problemas y razonamiento

31. Razonamiento crítico Una yarda cuadrada mide 3 por 3 pies. ¿Cuántas yardas cuadradas ocupa en el piso un armario que mide 2 por 6 pies?

32. Escoge una estrategia Halla tres factores comunes diferentes que puedas usar para dividir el numerador y el denominador de cada fracción en el siguiente problema: $\frac{12}{30} \cdot \frac{24}{60}$.

33. Comunicación Explica por qué la respuesta es mayor que los números iniciales al multiplicar un número cabal por un número cabal y por qué es menor al multiplicar un número cabal por una fracción propia.

34. **En tu diario** Tienes una receta para hacer ponche suficiente para 12 personas. Explica cómo la multiplicación de fracciones te puede ayudar a ajustar tu receta para nueve personas.

Resolución de problemas
ESTRATEGIAS

- Busca un patrón
- Organiza la información en una lista
- Haz una tabla
- Prueba y comprueba
- Empieza por el final
- Usa el razonamiento lógico
- Haz un diagrama
- Simplifica el problema

Repaso mixto

Haz una gráfica de barras para cada conjunto de datos. *[Lección 1-2]*

35.

Grado	6	7	8
Núm. de estudiantes	421	635	507

36.

Perro	Lucky	Rex	Spot
Peso (lb)	35	51	23

Resuelve las siguientes ecuaciones. *[Lección 3-4]*

37. $8.26p = 9.499$

38. $0.64 = \frac{s}{5.23}$

39. $39.52 = 10.4u$

40. $\frac{z}{1.873} = 5.01$

41. $0.73x = 1.9345$

42. $\frac{g}{38.42} = 21.75$

43. $76.858 = 8.3y$

44. $3.72 = \frac{k}{0.057}$

Multiplicación de números mixtos

▶ **Enlace con la lección** | Como ya sabes calcular productos de fracciones, ahora aprenderás a calcular productos de números mixtos. ◀

Las matemáticas escritas sobre la pared

Tu cocina tiene una longitud de 18 pies y una anchura de 9 pies. Has recurrido a un contratista para tirar una pared y construir una ampliación que incrementará la anchura en 7 pies.

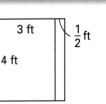

9 ft | 7 ft

18 ft

Antigua | Ampliación

1. Halla el área de la cocina "antigua", de la ampliación y de la cocina "nueva".

2. Explica cómo es posible que tus resultados muestren que $18(9 + 7) = (18 \cdot 9) + (18 \cdot 7)$.

3. Dibuja un bosquejo que modele las siguientes ecuaciones.

   a. $24(11 + 7) = (24 \cdot 11) + (24 \cdot 7)$ **b.** $6\left(2 + \frac{1}{3}\right) = (6 \cdot 2) + \left(6 \cdot \frac{1}{3}\right)$

4. Describe dos maneras para hallar el producto $4 \cdot 8\frac{1}{2}$.

Vas a aprender…

■ a multiplicar números mixtos.

…cómo se usa

Los jardineros necesitan multiplicar números mixtos cuando mezclan los fertilizantes.

Jenny deseaba encontrar el área de un rectángulo grande y sabía que podía usar la fórmula $A = lw$. Decidió que sería más fácil sumar las áreas de dos rectángulos más pequeños.

3 ft | $\frac{1}{2}$ ft

4 ft

No te olvides

La propiedad distributiva establece que $a(b + c) = ab + ac$.

[Página 62]

área del rectángulo grande = área del rectángulo izquierdo + área del rectángulo derecho

$l \cdot w$		$l \cdot w$		$l \cdot w$
$4 \cdot 3\frac{1}{2}$	=	$(4 \cdot 3)$	+	$\left(4 \cdot \frac{1}{2}\right)$
	=	12	+	2
	=	14 ft²		

El método de Jenny muestra que la propiedad distributiva se puede utilizar para multiplicar un número cabal por un número mixto. Gracias a esta propiedad, puedes encontrar el producto en forma mental.

También puedes multiplicar números mixtos si los escribes como fracciones impropias. Después, multiplica los numeradores y los denominadores.

Ejemplos

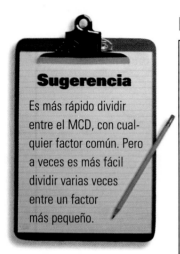

1 Multiplica: $12 \times 4\frac{2}{3}$

$$= \frac{\overset{4}{\cancel{12}}}{1} \times \frac{14}{\underset{1}{\cancel{3}}}$$
Divide 12 y 3 entre 3, su factor común.

$$= \frac{4 \times 14}{1 \times 1}$$
Multiplica los numeradores y denominadores.

$$= 56$$
Haz la multiplicación.

2 La medición de una pieza de madera en *pie cuadrado de tabla*, equivale a $l \cdot w \cdot t$. La longitud (l) y la anchura (w) se miden en pies y el espesor (t) en pulgadas. Halla el número de pies cuadrados de tabla en el tablón.

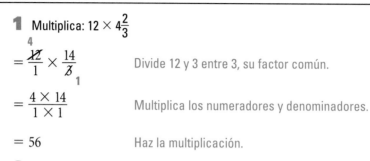

$$4\frac{1}{2} \cdot 3\frac{2}{3} \cdot 1 = \frac{9}{2} \cdot \frac{11}{3} \cdot \frac{1}{1}$$
Escribe los números mixtos como fracciones impropias.

$$= \frac{9 \cdot 11 \cdot 1}{2 \cdot 3 \cdot 1}$$
Multiplica los numeradores y denominadores.

$$= \frac{\overset{3}{\cancel{9}} \cdot 11 \cdot 1}{2 \cdot \underset{1}{\cancel{3}} \cdot 1}$$
Divide 9 y 3 entre 3, su factor común.

$$= \frac{33}{2}$$
Haz la multiplicación.

$$= 16\frac{1}{2}$$
Cambia la fracción por un número mixto.

El tablón mide $16\frac{1}{2}$ pies cuadrados de tabla.

Haz la prueba

Realiza las multiplicaciones y escribe los resultados en su mínima expresión.

a. $8 \cdot 2\frac{1}{4}$ **b.** $4\frac{2}{7} \cdot 1\frac{2}{5}$ **c.** $2\frac{1}{10} \cdot 2\frac{1}{7}$ **d.** $3\frac{3}{10} \cdot 5$ **e.** $6\frac{1}{2} \cdot 2\frac{2}{3}$

Andy y Paula ayudan a sus padres a construir un cobertizo. Necesitan saber el área del espacio de 6 por $5\frac{1}{3}$ pies donde se instalará el cobertizo.

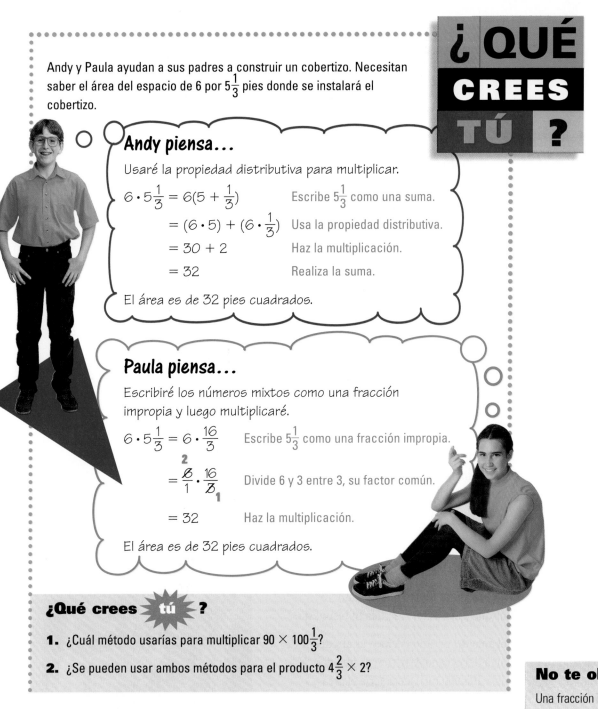

Andy piensa…

Usaré la propiedad distributiva para multiplicar.

$6 \cdot 5\frac{1}{3} = 6(5 + \frac{1}{3})$ Escribe $5\frac{1}{3}$ como una suma.

     $= (6 \cdot 5) + (6 \cdot \frac{1}{3})$ Usa la propiedad distributiva.

     $= 30 + 2$ Haz la multiplicación.

     $= 32$ Realiza la suma.

El área es de 32 pies cuadrados.

Paula piensa…

Escribiré los números mixtos como una fracción impropia y luego multiplicaré.

$6 \cdot 5\frac{1}{3} = 6 \cdot \frac{16}{3}$ Escribe $5\frac{1}{3}$ como una fracción impropia.

     $= \frac{\overset{2}{\cancel{6}}}{1} \cdot \frac{16}{\underset{1}{\cancel{3}}}$ Divide 6 y 3 entre 3, su factor común.

     $= 32$ Haz la multiplicación.

El área es de 32 pies cuadrados.

¿Qué crees tú?

1. ¿Cuál método usarías para multiplicar $90 \times 100\frac{1}{3}$?

2. ¿Se pueden usar ambos métodos para el producto $4\frac{2}{3} \times 2$?

> **No te olvides**
>
> Una fracción impropia siempre es mayor que 1, por tanto, el numerador siempre es mayor que el denominador.
>
> **[Página 178]**

Comprobar | Tu comprensión

1. ¿Cómo puedes encontrar $3\frac{1}{2} \cdot 4$ mediante la suma? ¿Y por medio de la propiedad distributiva?

2. ¿Cómo puedes encontrar el producto de un número mixto y una fracción menor que 1?

PRACTICAR 4-5

Práctica y aplicación

Para empezar Escribe cada número mixto como una fracción impropia.

1. $3\frac{3}{8}$ **2.** $5\frac{4}{5}$ **3.** $8\frac{7}{8}$ **4.** $6\frac{5}{7}$ **5.** $2\frac{1}{6}$

Usa la propiedad distributiva para hallar en forma mental cada producto.

6. $5 \cdot 1\frac{1}{3}$ **7.** $4 \cdot 3\frac{1}{2}$ **8.** $7 \cdot 2\frac{1}{5}$ **9.** $5\frac{1}{3} \cdot 3$ **10.** $1\frac{3}{4} \cdot 12$

Halla cada producto.

11. $5\frac{3}{5} \cdot 2\frac{6}{7}$ **12.** $7\frac{1}{5} \cdot 3\frac{8}{9}$ **13.** $6\frac{2}{3} \cdot 8\frac{2}{5}$ **14.** $10\frac{4}{5} \cdot 4\frac{4}{9}$ **15.** $3\frac{1}{3} \cdot 2\frac{7}{10}$

16. $2\frac{4}{5} \cdot 3\frac{1}{3}$ **17.** $4\frac{1}{6} \cdot 1\frac{3}{5}$ **18.** $5\frac{1}{3} \cdot 2\frac{3}{5}$ **19.** $9\frac{3}{4} \cdot 7\frac{1}{2}$ **20.** $6\frac{2}{5} \cdot 4\frac{3}{4}$

21. $1\frac{4}{9} \cdot 2\frac{2}{3}$ **22.** $6\frac{1}{3} \cdot 3\frac{1}{6}$ **23.** $7\frac{1}{2} \cdot 5\frac{4}{5}$ **24.** $2\frac{3}{8} \cdot 6\frac{1}{4}$ **25.** $7\frac{3}{7} \cdot 1\frac{1}{4}$

26. Ciencias Cuando un carro de montaña rusa alcanza la parte inferior de una pendiente y comienza a subir la siguiente pendiente, su aceleración, combinada con la fuerza de gravedad de la bajada, te puede hacer sentir $3\frac{1}{2}$ veces el peso de tu cuerpo (una sensación llamada supergravedad o *super-g*). Calcula qué tan pesada puede sentirse una persona de 120 lb que experimenta la sensación *super-g* en una montaña rusa.

27. Comprensión numérica ¿El producto de dos números mixtos es mayor o menor que cada factor? Explica tu respuesta.

28. Ciencias sociales El área del océano Pacífico es alrededor de $12\frac{1}{2}$ veces mayor que el área del océano Ártico. Si el área del océano Ártico es cerca de 5,105,000 mi^2, ¿cual sería el área aproximada del océano Pacífico?

29. Resolver problemas En una exhibición de perros, las razas se dividen en *grupos*. El grupo de los terrier, el cual incluye a los Fox Terrier, tiene $1\frac{3}{10}$ veces las razas del grupo de trabajo, el cual incluye al Gran Danés. Si hay 20 razas en el grupo de trabajo, ¿cuántos hay en el grupo de los terrier?

30. **Para la prueba** Escoge el mejor cálculo aproximado para el producto de la expresión $4\frac{6}{7} \cdot 5\frac{1}{8}$.

Ⓐ 20   Ⓑ 25   Ⓒ 30   Ⓓ 35

31. **Historia** Susan B. Anthony fue una líder en el movimiento en favor del voto de la mujer. En 1979 se acuñó una moneda especial de $1.00 en su honor. La moneda está elaborada con $\frac{3}{4}$ de cobre y $\frac{1}{4}$ de níquel, y pesa $8\frac{1}{2}$ gramos. ¿Cuántos gramos de cobre hay en la moneda?

Resolución de problemas y razonamiento

32. **Escoge una estrategia** Halla las áreas de las habitaciones del diagrama. ¿Qué tanto más grande es la sala que el comedor?

Sala
16 1/2 ft por 17 1/6 ft

Comedor
10 7/12 ft por 14 ft

Resolución de problemas
ESTRATEGIAS

- Busca un patrón
- Organiza la información en una lista
- Haz una tabla
- Prueba y comprueba
- Empieza por el final
- Usa el razonamiento lógico
- Haz un diagrama
- Simplifica el problema

33. **Comunicación** Escribe una descripción paso por paso del método que podrías usar para multiplicar 8 y $4\frac{3}{4}$.

34. En tu diario Dibuja un diagrama para ilustrar el producto $2\frac{1}{2} \cdot 1\frac{3}{4}$.

Repaso mixto

Elabora un diagrama de puntos para cada conjunto de datos e indica si hay algún valor extremo. *[Lección 1-3]*

35. 23, 25, 22, 26, 35, 24, 23, 23, 26

36. 3, 5, 8, 4, 7, 3, 7, 6, 4, 3, 7, 2, 4, 1

37. 7, 9, 12, 13, 8, 9, 13, 10, 6, 9, 9, 7

38. 42, 44, 43, 45, 33, 44, 46, 41, 43

Escribe los siguientes números en notación científica. *[Lección 3-5]*

39. 18   **40.** 625,000   **41.** 42,100,000   **42.** 867,530,900

43. 127,000,000   **44.** 2,600   **45.** 19,330   **46.** 2,700,000,000,000

47. 270   **48.** 186,000   **49.** 93,000,000   **50.** 5,555,230,000,000

TECNOLOGÍA

Uso de la hoja de cálculo • Escritura de fórmulas

Problema: Eres el encargado de llevar las estadísticas del equipo de baloncesto de tu escuela. A lo largo de la temporada, Kobi ha anotado 7 canastas de 3 puntos, 37 canastas de 2 puntos y 15 tiros libres de 1 punto. ¿Cuántos puntos anotó?

Puedes usar las utilidades de una hoja de cálculo para responder esta pregunta con rapidez.

① Introduce los datos de Kobi en la hoja de cálculo.

	A	B
1	Canastas de 3 puntos	7
2	Canastas de 2 puntos	37
3	Tiros libres de 1 punto	15

	A	B
1	Canastas de 3 puntos	7
2	Canastas de 2 puntos	37
3	Tiros libres de 1 punto	15
4	Puntos totales	=(3*B1)+(2*B2)+B3

② Para calcular el número total de puntos de Kobi, multiplica el número en B1 por 3, suma esto a 2 veces el número en B2 y luego suma el número en B3. Si esto lo expresaras en una fórmula de hoja de cálculo, se vería así:
$=(3*B1)+(2*B2)+B3$

	A	B
1	Canastas de 3 puntos	7
2	Canastas de 2 puntos	37
3	Tiros libres de 1 punto	15
4	Puntos totales	110

③ Si introduces esta fórmula en la celda B4 y aprietas la tecla enter, la hoja calcula el total de puntos de Kobi.

Solución: Kobi anotó 110 puntos en esta temporada.

Observa que, en las fórmulas de la hoja de cálculo, la multiplicación por lo general se indica con * y la división con /.

INTÉNTALO

a. Durante esta temporada, Audrey ha anotado cuatro canastas de 3 puntos, dieciséis canastas de 2 puntos y nueve tiros libres de 1 punto. Usa la hoja de cálculo para hallar cuántos puntos anotó.

b. A una familia de cuatro miembros se le cobra $7.00 por boleto para una función de cine y tienen un bono de obsequio de $10. Usa una hoja de cálculo para hallar la cantidad que pagan.

POR TU CUENTA

▶ Quizá desees usar la hoja de cálculo para encontrar el total de puntos de Kobi en lugar de hacer el cálculo tú mismo. (*Pista*: La temporada aún no ha terminado.)

▶ Explica cómo podrías configurar tu hoja de cálculo para hallar el total de puntos por cada jugador en un equipo de 10 jugadores.

División de fracciones y números mixtos

▶ **Enlace con la lección** Después de sumar, restar y multiplicar fracciones y números mixtos, ahora aprenderás a dividir fracciones y números mixtos. ◀

Investigar | División de fracciones

¡Puedes fijar las reglas que rigen al mundo!

Un inspector de edificios carga una cinta métrica de 6 pies. Para medir una habitación de 12 pies, el inspector usó 2 veces la cinta completa. Esto porque $12 \div 6 = 2$.

1. Imagina que el inspector olvidó la cinta y sólo tiene una regla que mide $\frac{1}{2}$ pie. ¿Cuántas veces sería necesario que utilizara la longitud de la regla para medir una habitación de 12 pies? ¿Qué significa $12 \div \frac{1}{2}$? Explica tu respuesta.

2. Copia y completa la tabla para medir las habitaciones con reglas de las longitudes dadas.

Longitud de la habitación	Longitud de la regla	Número de longitudes de la regla
12 ft	$\frac{1}{2}$ ft	24
12 ft	$\frac{1}{4}$ ft	
18 ft	$\frac{1}{2}$ ft	
18 ft	$\frac{1}{4}$ ft	

3. ¿Cómo podrías hallar $18 \div \frac{1}{2}$ al multiplicar en lugar de dividir? ¿Cómo podrías encontrar $12 \div \frac{1}{3}$ al multiplicar en lugar de dividir?

Aprender | División de fracciones y números mixtos

Cuando divides, hallas cuántas veces está contenido el divisor en un número.

$14 \div 2$ significa "¿Cuantos 2 hay en 14?"

$3 \div \frac{1}{4}$ significa "¿Cuántos $\frac{1}{4}$ hay en 3?"

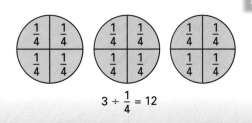

$3 \div \frac{1}{4} = 12$

Vas a aprender…

■ a dividir fracciones y números mixtos.

…cómo se usa

Los diseñadores gráficos a menudo necesitan dividir fracciones para determinar las veces en que un patrón se repetirá en un espacio determinado.

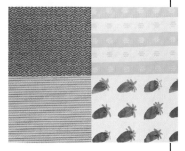

Vocabulario

recíproco

▶ **Enlace con Historia**

El *pie* recibió este nombre porque era la longitud de un pie de un hombre promedio. Se estandarizó como la longitud del pie del Rey Henry I de Inglaterra, quien reinó de 1100 a 1135.

Puedes usar **recíprocos** cuando divides entre una fracción o un número mixto. Dos números son recíprocos si su producto es 1.

El recíproco de $\frac{4}{11}$ es $\frac{11}{4}$ porque $\frac{4}{11} \cdot \frac{11}{4} = \frac{44}{44} = 1$.

Para dividir entre una fracción, multiplica por el recíproco de la fracción. Simplifica el resultado si es posible.

Ejemplo 1

Divide y escribe el resultado en su mínima expresión. $\frac{5}{6} \div \frac{2}{3}$

$$\frac{5}{6} \div \frac{2}{3} = \frac{5}{6} \cdot \frac{3}{2}$$
Multiplica por el recíproco de $\frac{2}{3}$.

$$= \frac{5 \cdot \overset{1}{\cancel{3}}}{\underset{2}{\cancel{6}} \cdot 2}$$
Divide 3 y 6 entre 3, un factor común.

$$= \frac{5}{4} = 1\frac{1}{4}$$
Haz la multiplicación.

CÁLCULO MENTAL

Para hallar el recíproco de una fracción, tan sólo intercambia el numerador y el denominador. El recíproco de un número cabal es 1 sobre ese número.

Para dividir con números mixtos, escribe los números mixtos como fracciones impropias. Luego multiplica por el recíproco del divisor.

Ejemplo 2

▶ **Enlace con Ciencias**

Un nudo en una pieza de madera es una protuberancia donde creció una rama. Cuando se corta en forma transversal, los nudos proporcionan diseños atractivos en la fibra de la madera.

Mary necesita cubrir su pared que mide $112\frac{1}{2}$ pulgadas de longitud con paneles de madera de pino nudoso de $9\frac{3}{8}$ pulgadas de anchura. ¿Cuántos paneles necesita?

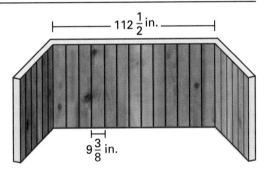

$$112\frac{1}{2} \div 9\frac{3}{8} = \frac{225}{2} \div \frac{75}{8}$$
Escribe los números mixtos como fracciones impropias.

$$= \frac{225}{2} \cdot \frac{8}{75}$$
Multiplica por el recíproco de $\frac{75}{8}$.

$$= \frac{\overset{3}{\cancel{225}} \cdot \overset{4}{\cancel{8}}}{\underset{1}{\cancel{2}} \cdot \underset{1}{\cancel{75}}}$$
Divide 225 y 75 entre 75. Divide 8 y 2 entre 2.

$$= 12$$
Haz la multiplicación.

Se necesitan doce paneles.

Haz la prueba

Realiza las divisiones y escribe el resultado en su mínima expresión.

a. $5 \div \frac{1}{7}$ **b.** $\frac{3}{7} \div \frac{12}{21}$ **c.** $3\frac{7}{9} \div 2\frac{5}{6}$

1. Haz un modelo que muestre que $3\frac{3}{8} \div 1\frac{1}{8} = 3$.

2. ¿Cómo puedes usar la regla de multiplicación por el recíproco para hallar $20 \div 5$?

4-6 Ejercicios y aplicaciones

Práctica y aplicación

Para empezar | **Halla el recíproco de cada fracción.**

1. $\frac{1}{2}$

2. $\frac{3}{8}$

3. $\frac{3}{10}$

4. $\frac{2}{5}$

5. $\frac{1}{4}$

Cambia cada número mixto a una fracción impropia y escribe su recíproco.

6. $1\frac{1}{8}$

7. $3\frac{1}{2}$

8. $2\frac{3}{5}$

9. $4\frac{3}{4}$

10. $3\frac{2}{3}$

Escribe cada expresión de división como una expresión de multiplicación para hallar el cociente.

11. $\frac{3}{8} \div \frac{1}{4}$

12. $\frac{1}{2} \div \frac{2}{7}$

13. $\frac{3}{5} \div \frac{1}{3}$

14. $\frac{3}{4} \div \frac{2}{3}$

15. $\frac{5}{8} \div 3\frac{1}{2}$

16. $1\frac{1}{2} \div 2\frac{2}{3}$

17. $2\frac{2}{5} \div \frac{5}{6}$

18. $4\frac{5}{8} \div 3\frac{1}{3}$

Halla cada cociente y escribe los resultados en su mínima expresión.

19. $\frac{3}{7} \div \frac{3}{5}$

20. $\frac{7}{8} \div \frac{1}{6}$

21. $\frac{5}{8} \div \frac{1}{4}$

22. $\frac{2}{3} \div \frac{1}{4}$

23. $5\frac{3}{4} \div 3\frac{2}{3}$

24. $2 \div \frac{2}{3}$

25. $7\frac{3}{4} \div 1\frac{2}{3}$

26. $4\frac{3}{4} \div 2\frac{2}{3}$

27. Para la prueba Escoge la operación correcta para completar el enunciado. El recíproco de un número es el número que cuando _____ el número original da como resultado 1.

Ⓐ se suma   Ⓑ se resta   Ⓒ se multiplica por   Ⓓ se divide entre

28. **Medición** Un clavo pesa aproximadamente $\frac{1}{10}$ de onza. ¿Cuántos clavos hay en una caja de 5 libras?

29. Los ganaderos del Oeste de Estados Unidos con frecuencia visten lo que se conoce como sombrero de diez galones. Sin embargo, un sombrero de este tipo sólo puede contener $\frac{3}{4}$ de un galón. ¿Cuántos sombreros de diez galones se necesitarían para contener diez galones?

30. Medición Un urbanista hace planes para subdividir 12 acres de tierra en áreas habitacionales de $\frac{3}{4}$ de acre. ¿Cuántas áreas habrá en total?

Resolución de problemas y razonamiento

31. Explica por qué, cuando divides un número cabal diferente de cero entre una fracción propia, el cociente siempre es mayor que el número cabal.

32. Razonamiento crítico Una franja de cenefa mide $4\frac{3}{8}$ pulgadas de largo. ¿Cuántas franjas necesitas para cubrir la parte superior de las paredes de un cuarto que mide $12\frac{1}{2}$ por $10\frac{1}{4}$ pies?

33. Razonamiento crítico Escribe una ecuación para calcular x y después resuelve la ecuación.

a.

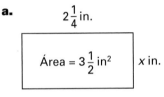

$2\frac{1}{4}$ in.

Área $= 3\frac{1}{2}$ in^2 x in.

b.

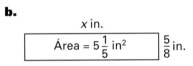

x in.

Área $= 5\frac{1}{5}$ in^2 $\frac{5}{8}$ in.

Repaso mixto

Haz una gráfica de línea quebrada para cada conjunto de datos. *[Lección 1-5]*

34.

Mes	Ene.	Feb.	Mar.	Abr.	May.
Ingresos ($)	2460	3820	1760	2340	2900

35.

Juego	1	2	3	4	5
Puntos	18	25	12	31	28

Prueba la divisibilidad de cada número entre 2, 3, 4, 5, 6, 8, 9 y 10. *[Lección 3-6]*

36. 385   **37.** 642   **38.** 94   **39.** 6230   **40.** 1028

El proyecto en marcha

Dibuja o traza un mapamundi y muestra los 5 países con mayor población. Halla la fracción *total* de la población mundial que vive en estos países así como la fracción de la población que no vive en dichos países.

Resolución de problemas

Comprende
Planea
Resuelve
Revisa

Has aprendido acerca de la importancia de las fracciones en la arquitectura y la construcción. Ahora tendrás la oportunidad de aplicar estos conocimientos en la remodelación de una casa con un estilo griego renacentista. Para estar a tono con la historia, no tiene armarios ni cocina.

Constrúyelo pieza por pieza

A continuación se muestra el plano del primer piso de una casa estilo griego renacentista.

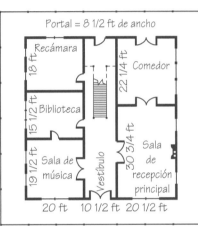

Portal = 8 1/2 ft de ancho

Recámara
18 ft
Comedor
22 1/4 ft
Biblioteca
15 1/2 ft
Sala de música
19 1/2 ft
Vestíbulo
30 3/4 ft
Sala de recepción principal

20 ft   10 1/2 ft   20 1/2 ft

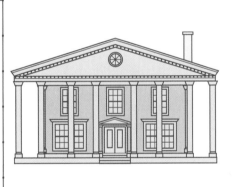

1. Halla la longitud y la anchura de la casa, sin incluir el portal.

2. Haz un cálculo aproximado del área de cada cuarto y del vestíbulo.

3. La alfombra del comedor viene en rollos de 12 pies de ancho. ¿Cuántos pies de alfombra se deben ordenar?

4. El portal se debe pintar con una pintura especial que cuesta $17.85 el galón. Si un galón cubre 200 pies cuadrados, ¿cuántos galones se deben comprar para los pisos del portal? ¿Cuál será el costo?

5. La madera para la biblioteca cuesta $6 por pie cuadrado. ¿Cuánto costará el piso?

6. Secciones de molduras de guirnaldas, cada una de $2\frac{9}{16}$ pies de longitud, circundarán la parte superior de las paredes de la sala de recepción principal. ¿Cuántas secciones se necesitarán?

7. La cocina se deberá construir como un edificio rectangular separado. Tiene que ser más grande que la biblioteca, pero más pequeña que el comedor. Ni la longitud ni la anchura tendrán medidas en números cabales. Dibuja un posible plano para esta habitación. Muestra las medidas en tu diagrama.

Halla cada suma o resta.

1. $\frac{4}{7} - \frac{1}{3}$ **2.** $\frac{4}{9} + \frac{1}{2}$ **3.** $9\frac{1}{4} - 5\frac{3}{8}$ **4.** $7\frac{3}{5} + \frac{5}{6}$

Encuentra cada producto y escribe las respuestas en su mínima expresión.

5. $\frac{1}{3} \cdot \frac{3}{8}$ **6.** $\frac{2}{7} \cdot \frac{3}{4}$ **7.** $\frac{3}{5} \cdot 2\frac{5}{6}$ **8.** $\frac{3}{8} \cdot \frac{5}{9}$ **9.** $\frac{7}{8} \cdot \frac{2}{3}$

10. $3\frac{4}{7} \cdot \frac{7}{8}$ **11.** $\frac{2}{5} \cdot 2\frac{7}{10}$ **12.** $5 \cdot \frac{3}{8}$ **13.** $\frac{7}{9} \cdot 7$ **14.** $2\frac{1}{4} \cdot \frac{3}{4}$

Halla cada cociente y escribe las respuestas en su mínima expresión.

15. $\frac{1}{2} \div \frac{1}{4}$ **16.** $\frac{5}{7} \div \frac{1}{4}$ **17.** $\frac{3}{4} \div 6$ **18.** $\frac{1}{4} \div \frac{1}{2}$ **19.** $\frac{2}{5} \div 1\frac{1}{4}$

20. $\frac{4}{5} \div 3\frac{1}{3}$ **21.** $5\frac{4}{5} \div 9\frac{2}{7}$ **22.** $10\frac{3}{4} \div 4$ **23.** $8\frac{1}{8} \div 12$ **24.** $3\frac{1}{4} \div 5\frac{1}{12}$

25. Ciencias La longitud del salto de un canguro puede llegar a $6\frac{1}{2}$ veces su altura. Si un canguro mide $6\frac{3}{4}$ pies de alto, ¿qué tan lejos puede brincar?

26. DeWayne construye un embarcadero de 72 pies de largo. Si cada tablón mide $\frac{3}{4}$ de un pie de anchura, ¿cuántos tablones necesita?

Para la prueba

En una prueba de elección múltiple donde se te pide multiplicar fracciones, el hecho de reconocer que los factores comunes se pueden usar para dividir los numeradores y los denominadores de las fracciones antes de multiplicar, te ayudará a hacer tu trabajo con mayor rapidez.

27. Multiplica. $\frac{27}{56} \cdot \frac{42}{81}$

ⓐ $\frac{1}{4}$ ⓑ $\frac{1}{3}$ ⓒ $\frac{2}{3}$ ⓓ $\frac{3}{4}$

28. Multiplica. $\frac{10}{33} \cdot \frac{11}{20}$

ⓐ $\frac{1}{12}$ ⓑ $\frac{1}{6}$ ⓒ $\frac{5}{12}$ ⓓ $\frac{3}{4}$

Herramientas de medición

Cada profesión cuenta con sus propias herramientas de medición. Por ejemplo, los carpinteros usan cintas métricas para medir longitudes y los farmacéuticos emplean balanzas para medir el peso. El propósito de la medición es ayudar a determinar cuál herramienta y unidad de medición elegir.

La precisión de una medida depende de la unidad que se utiliza. Entre más pequeña sea la unidad, más precisa es la medida. Sin embargo, sea cual sea la unidad que se use, siempre existe un poco de imprecisión, o *error*, en las medidas.

El error más grande posible en la medición es la mitad de la unidad más pequeña que se utiliza. Si un médico dice que tu altura es de 5 pies con 2 pulgadas, sabes que por lo menos mides 5 pies con $1\frac{1}{2}$ pulgadas, pero menos de 5 pies con $2\frac{1}{2}$ pulgadas de alto. El error más grande posible es más o menos $\frac{1}{2}$ pulgada, lo cual se escribe así: $\pm\frac{1}{2}$ pulgada (o ±0.5 pulgadas).

¿Cuál sería el error posible en las medidas de peso de un bebé?

La unidad más pequeña que se utiliza es una onza. Por tanto, el error posible es $\pm\frac{1}{2}$ onza.

Una regla tiene divisiones cada $\frac{1}{8}$ de pulgada. ¿Cuál sería el error posible en una medición tomada con esta regla?

La unidad más pequeña es $\frac{1}{8}$ de pulgada. La mitad de $\frac{1}{8}$ es $\frac{1}{16}$, por tanto, el error posible es $\pm\frac{1}{16}$ pulgadas.

Cuando una medición se expresa como un número cabal o decimal, ésta se compone de los *dígitos significativos* que son todos los dígitos que se conocen con exactitud y el último dígito, el cual es una aproximación. Aprenderás más sobre los dígitos significativos en los cursos de ciencias.

¡ES UNA NIÑA!

Alba Cristina Sánchez

6 libras, 7 onzas

Nació a las 9:52 a.m.

1° de diciembre de 1997

Haz la prueba

Menciona una herramienta y una unidad de medición que se pueda utilizar para medir:

1. Longitud
2. Peso
3. Distancia
4. Tiempo

Proporciona el mayor error posible para cada medición.

5. 6 metros
6. 7 pies 2 pulgadas
7. 12.3 kilogramos

8. Cualquier medición en una balanza con divisiones cada $\frac{1}{4}$ de onza.

Organizador gráfico

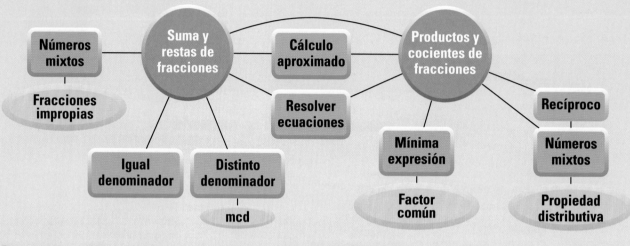

Sección 4A Sumas y restas de fracciones

Resumen

- Para calcular sumas y restas aproximadas de fracciones, redondea las fracciones a 0, $\frac{1}{2}$ ó 1. Luego suma o resta en forma mental.

- Un **número mixto** se compone de un número entero y una fracción.

- Para hacer un cálculo aproximado de sumas, restas y productos de números mixtos, redondea al número entero más cercano.

- Usa números compatibles para hacer un cálculo aproximado de cocientes de números mixtos y productos de fracciones y números enteros.

- Para sumar o restar fracciones con igual denominador, suma o resta los numeradores. Escribe el resultado sobre el denominador y luego escríbelo en su mínima expresión.

- El **mínimo común denominador (mcd)** de dos fracciones es el MCM de los denominadores. Para sumar o restar fracciones con distinto denominador, vuelve a escribir las fracciones por medio del mcd.

- Las ecuaciones que contienen fracciones se pueden resolver por medio de operaciones inversas.

- Una **fracción impropia** es una fracción mayor que uno.

- Puedes sumar números mixtos al sumar los números enteros y las fracciones por separado. Quizá tengas que cambiar la fracción resultante a un número mixto y sumarlo al número entero.

■ Puedes restar números mixtos al restar los números enteros y las fracciones. En ocasiones necesitas volver a escribir la parte del número entero del primer número para restar las fracciones.

■ Otra manera de sumar y restar números mixtos consiste en escribir ambos números como fracciones impropias y luego hacer la suma o la resta.

Repaso

1. Haz un cálculo aproximado de la suma de $\frac{5}{8} + \frac{15}{16}$.

2. Haz un cálculo aproximado de la resta de $\frac{10}{11} - \frac{8}{9}$.

3. Usa números compatibles para calcular el cociente de $24\frac{3}{4} \div 5\frac{1}{3}$.

4. Paul compró una acción en $32\frac{11}{16}$. Calcula el precio aproximado después de que bajó $3\frac{3}{4}$.

5. Halla la suma de $\frac{13}{15} + \frac{7}{10}$.

6. Resuelve la ecuación $x + \frac{1}{6} = \frac{8}{9}$.

7. Halla la resta de $\frac{11}{12} - \frac{3}{5}$.

8. Escribe $3\frac{7}{8}$ como una fracción impropia.

9. Halla la suma de $2\frac{3}{4} + 6\frac{5}{8}$.

10. Encuentra la resta de $13\frac{2}{3} - 7\frac{4}{5}$.

Sección 4B Productos y cocientes de fracciones

Resumen

■ Para multiplicar fracciones, multiplica los numeradores y los denominadores. Simplifica el producto si es posible.

■ Puedes multiplicar números mixtos mediante la propiedad distributiva o al escribirlos como fracciones impropias.

■ Dos números son **recíprocos** si su producto es 1.

■ Para dividir entre una fracción, multiplica por su recíproco.

■ Para dividir números mixtos, primero escríbelos como fracciones impropias.

Repaso

11. Halla el producto de $\frac{2}{3} \cdot \frac{9}{11}$.

12. Encuentra el producto de $\frac{16}{21} \cdot \frac{15}{8}$.

13. Halla el área de una pieza rectangular de madera cuya dimensión es $\frac{3}{8}$ por $\frac{5}{6}$ pies.

14. Susan es $2\frac{1}{4}$ veces mayor que Hal, quien tiene 16 años. ¿Cuántos años tiene Susan?

15. Halla el producto de $3\frac{1}{7} \cdot 5\frac{8}{11}$.

16. Encuentra el producto de $8\frac{3}{8} \cdot 7\frac{2}{5}$.

17. Encuentra el cociente de $\frac{7}{8} \div \frac{14}{9}$.

18. Halla el cociente de $2\frac{4}{15} \div 1\frac{5}{6}$.

19. Un disquete almacena $1\frac{11}{25}$ megabytes. ¿Cuántos discos se necesitan para 60 megabytes?

20. Un pastelillo pesa $3\frac{1}{2}$ onzas. ¿Cuántos pastelillos podría haber en un paquete de 28 onzas?

Haz un cálculo aproximado de cada suma, resta o cociente.

1. $\dfrac{1}{15} + \dfrac{5}{11}$

2. $\dfrac{7}{13} - \dfrac{11}{23}$

3. $20\dfrac{5}{8} \div 7\dfrac{1}{3}$

4. Karen compró una acción a $41\dfrac{3}{8}$. Su acción subió $6\dfrac{3}{4}$ puntos. Calcula el nuevo precio aproximado.

Halla cada suma o resta.

5. $\dfrac{7}{16} + \dfrac{3}{10}$

6. $\dfrac{9}{14} - \dfrac{2}{7}$

7. $\dfrac{13}{16} + \dfrac{7}{12}$

8. $32\dfrac{6}{7} - 14\dfrac{1}{4}$

9. $6\dfrac{8}{15} + 17\dfrac{7}{20}$

10. $63\dfrac{1}{5} - 39\dfrac{2}{3}$

11. Resuelve la ecuación $y - \dfrac{3}{8} = \dfrac{1}{6}$.

12. Escribe $\dfrac{53}{11}$ como un número mixto.

13. En una excursión de 3 días, Ka-fei caminó $7\dfrac{3}{4}$ millas el primer día, $12\dfrac{4}{5}$ millas el segundo y $9\dfrac{5}{8}$ millas el tercero. ¿Qué distancia caminó en total?

Halla cada producto o cociente.

14. $\dfrac{4}{5} \cdot \dfrac{3}{10}$

15. $\dfrac{7}{30} \cdot \dfrac{50}{21}$

16. $5\dfrac{3}{8} \cdot 12\dfrac{2}{3}$

17. $\dfrac{1}{4} \cdot 10\dfrac{7}{8}$

18. $\dfrac{6}{19} \div \dfrac{12}{13}$

19. $8\dfrac{2}{5} \div 3\dfrac{5}{9}$

20. Rodney tiene \$4200 en su cuenta bancaria. Si el saldo de la cuenta de Esmeralda es $2\dfrac{5}{7}$ veces el saldo de Rodney, ¿cuánto dinero tiene ella en su cuenta?

21. Un tablón tiene $6\dfrac{3}{4}$ pulgadas de ancho. ¿Cuántos tablones se necesitan colocar lado a lado para formar un andén que mide 54 pulgadas de ancho?

Tarea para evaluar el progreso

Dos tercios de las personas que trabajan en Hogar Feliz Bienes Raíces son agentes de ventas y el resto es personal de oficina. Si cinco octavos de los agentes son mujeres y cuatro séptimos de los oficinistas son hombres, halla la fracción de personas que son agentes hombres, agentes mujeres, oficinistas hombres y oficinistas mujeres.

a. Haz una tabla para mostrar tus resultados.

b. Si hay 21 agentes de ventas hombres, halla cuántas personas laboran en total y cuántas personas hay en cada categoría.

Elección múltiple

Escoge la mejor respuesta.

1. Halla la media de 41, 31, 36, 31, 27, 38, 41, 31, 47 y 29. *[Lección 1-4]*

Ⓐ 31   Ⓑ 33.5   Ⓒ 35.2   Ⓓ 41

2. ¿Cuál fórmula se usó para crear la siguiente tabla? *[Lección 2-3]*

x	2	3	4	5	6
y	7	10	13	16	19

Ⓐ $y = 2x + 3$ Ⓑ $y = 4x - 5$

Ⓒ $y = 3x + 1$ Ⓓ $y = 4x - 1$

3. Un club de música anuncia: "Compre un CD a $15 y luego lleve los que desee a $8 cada uno". Fran ordenó cinco CD al club. ¿Cuánto tendrá que pagar? *[Lección 2-8]*

Ⓐ $40   Ⓑ $47   Ⓒ $55   Ⓓ $75

4. Calcula el producto aproximado de 12.8 × 19.7. *[Lección 3-4]*

Ⓐ 200   Ⓑ 230   Ⓒ 260   Ⓓ 300

5. Expresa el número 64,000,000 en notación científica. *[Lección 3-5]*

Ⓐ 6.4×10^6 Ⓑ 6.4×10^7

Ⓒ 64×10^6 Ⓓ 0.64×10^8

6. Halla el MCD de 96 y 72. *[Lección 3-7]*

Ⓐ 12   Ⓑ 16   Ⓒ 24   Ⓓ 288

7. ¿Cuál es la solución para la ecuación $6.523 = u - 3.45$? *[Lección 3-3]*

Ⓐ 3.073   Ⓑ 9.973

Ⓒ 9.568   Ⓓ 22.50435

8. ¿Cuál de las siguientes fracciones no es equivalente a las demás? *[Lección 3-8]*

Ⓐ $\frac{12}{15}$ Ⓑ $\frac{20}{25}$ Ⓒ $\frac{25}{30}$ Ⓓ $\frac{28}{35}$

9. ¿Cuál fracción forma un decimal periódico? *[Lección 3-10]*

Ⓐ $\frac{11}{50}$ Ⓑ $\frac{32}{125}$ Ⓒ $\frac{10}{13}$ Ⓓ $\frac{39}{256}$

10. Calcula la suma aproximada de $\frac{1}{11} + \frac{5}{12}$. *[Lección 4-1]*

Ⓐ 0   Ⓑ $\frac{1}{2}$ Ⓒ 1   Ⓓ $\frac{3}{2}$

11. ¿Cuál es la solución para la ecuación $y + \frac{3}{20} = \frac{5}{8}$? *[Lección 4-2]*

Ⓐ $\frac{19}{40}$ Ⓑ $\frac{1}{8}$ Ⓒ $\frac{31}{40}$ Ⓓ $\frac{2}{7}$

12. Halla la suma $8\frac{21}{22} + 12\frac{25}{33}$. *[Lección 4-3]*

Ⓐ $20\frac{113}{66}$ Ⓑ $20\frac{46}{55}$

Ⓒ $114\frac{173}{726}$ Ⓓ $21\frac{47}{66}$

13. Encuentra el producto de $\frac{9}{22} \cdot \frac{55}{12}$. Redúcelo a su mínima expresión. *[Lección 4-4]*

Ⓐ $\frac{54}{605}$ Ⓑ $\frac{45}{24}$ Ⓒ $\frac{15}{8}$ Ⓓ $\frac{659}{132}$

14. Un disco en un tornamesa da un giro completo cada $1\frac{4}{5}$ segundos. ¿Cuántas veces gira en 45 segundos? *[Lección 4-6]*

Ⓐ 15 veces   Ⓑ 20 veces

Ⓒ 25 veces   Ⓓ 30 veces

5 Geometría y medición

Enlace cultural
www.mathsurf.com/7/ch2/people

Enlace con Entretenimiento
www.mathsurf.com/7/ch5/ent

Entretenimiento

La pista en espiral en un disco compacto tiene más de 3.5 millas de longitud.

Alrededor del mundo

El área de una recámara en Japón se mide en unidades llamadas *tatamis*. Un tatami mide aproximadamente el tamaño de una cama individual.

Arte y Literatura

Un soneto escrito en pentámetro yámbico es un poema que tiene una longitud de 14 líneas; cada línea tiene 10 sílabas y cada sílaba en número par se le da énfasis.

¿**Os** compara**ría** a un día de es**tío**?
sois más hermosa y más tem**pla**da
viento en los capullos de ma**y**o
un ver**a**no dema**sia**do **bre**ve.

Ciencias

La forma de un cristal ayuda a clasificarlo. Un corte transversal de una esmeralda es un hexágono; mientras que el corte transversal de un cristal de sal es un cuadrado.

Ciencias sociales

El Nilo es el río más largo del mundo. Fluye a través de cuatro países (Egipto, Sudán, Tanzania y Uganda) y mide 6670 km.

IDEAS CLAVE DE MATEMÁTICAS

Una recta se extiende hasta el infinito en dos direcciones. Los rayos y los segmentos forman parte de las rectas.

Los ángulos están formados por rayos y se miden en grados.

Un polígono es una figura cuyos lados son rectos. El número de lados de un polígono indica la suma de sus ángulos.

En una figura, el perímetro es la longitud que hay en torno de ella y el espacio que encierra es su área. Puedes usar fórmulas para calcular el área de muchos tipos de polígonos.

Puedes usar el teorema de Pitágoras para hallar la longitud de un lado en un triángulo rectángulo. Para determinar la longitud de un lado, los números se deben elevar al cuadrado y buscar su raíz cuadrada.

PROYECTO DEL CAPÍTULO

Resolución de problemas

Comprende
Planea
Resuelve
Revisa

En este proyecto, calcularás el área del patio de tu escuela. Para empezar el proyecto, traza un bosquejo del plano de piso del o los edificios de tu escuela.

209

Resolución de problemas

Comprende
Planea
Resuelve
Revisa

Identificar qué información falta

Cuando desarrollas un **plan** para resolver un problema, necesitas asegurarte de que cuentas con toda la información necesaria. Sin embargo, en ocasiones enfrentarás un problema al que le falta información importante.

Identifica cualquier información adicional necesaria para resolver cada problema. Si un problema no carece de información, proporciona la solución.

1 Un *marco* de cartón (o maria-luisa) es un rectángulo abierto que se ajusta entre la fotografía y el marco de madera. Lou tiene varias fotografías para enmarcar. Cada marco de cartón cuesta $15.00 y un marco de madera cuesta $5.00 más que el de cartón. ¿Cuántas fotografías puede enmarcar Lou?

2 La fotografía favorita de Lou mide $3\frac{1}{2}$ por 5 pulgadas. Ella desea centrarla en un marco de cartón que mide 8 por $9\frac{1}{2}$ pulgadas con el mismo espacio en todos los lados. ¿Cuántas pulgadas del marco de cartón consideras que habrá en cada lado de la fotografía?

3 Para la siguiente fotografía, Lou desea 2 pulgadas de marco de cartón en todos los lados. ¿Qué tan grande debe de ser dicho marco?

4 Una de las fotografías de Lou mide 4 por 6 pulgadas. ¿Qué tamaño de marco de madera debe comprar Lou para esta fotografía?

DESDE EL DOMO

a tu hogar...

¿Qué es más grande que la anchura de dos campos de fútbol americano, que soporte vientos de 200 millas por hora, proteja a 75,000 personas del clima y que parezca un hemisferio?

Respuesta: *El domo del Louisiana Superdome, el estadio cubierto más grande del mundo. Con una cobertura de casi 10 acres, el domo es la corona de uno de los edificios más insólitos del mundo.*

El domo en realidad no es un hemisferio. Por lo contrario, está construido con base en rectas y ángulos que forman figuras geométricas sencillas. Otros edificios insólitos, como la Pirámide Transamérica en San Francisco, también se basan en figuras geométricas.

Desde las pirámides del antiguo Egipto hasta los edificios más modernos de hoy día, el diseño arquitectónico ha usado figuras geométricas sencillas. En esta sección aprenderás a distinguir figuras geométricas en los edificios de tu entorno: en tu escuela, tu casa o apartamento y en los edificios de oficinas de tu localidad.

1 ¿Qué significa la afirmación de que el domo "en realidad no es un hemisferio"?

2 Describe algunas de las formas que observes en el domo. Menciona las figuras que reconozcas.

3 Menciona un edificio insólito con el cual estés familiarizado. ¿Cómo se aplica la geometría en el diseño del edificio?

5-1 Ángulos

Vas a aprender ...

■ a nombrar ángulos.

■ a medir ángulos.

...cómo se usa

Los pilotos de aeronaves deben medir ángulos con mucha precisión para que sus aviones sigan un plan de vuelo.

Vocabulario

rayo

ángulo

vértice

ángulo agudo

ángulo recto

ángulo obtuso

ángulo llano

complementario

suplementario

congruente

bisecar

bisectriz de un ángulo

▶ **Enlace con la lección** Ya has observado ángulos en gráficas circulares; ahora verás con mayor detalle sus nombres, dibujos y medidas. ◀

Investigar Ángulos

¿Cuál es tu mejor ángulo?

Materiales: Transportador, papel transparente

La torre CN en Toronto, Ontario, Canadá, de 1815 pies de alto, es el edificio sin soporte más alto del mundo. La torre cuenta con un observatorio de 7 pisos, un restaurante giratorio y un complejo de oficinas.

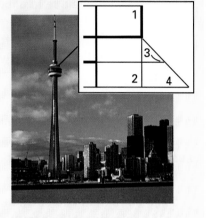

1. Copia los cuatro ángulos rotulados que se muestran en el observatorio.

2. La medida del ángulo marcado con un 4 es de 45 grados. Usa tu transportador para determinar cómo se obtuvo la medida. Extiende los lados del ángulo si es necesario.

3. Halla las medidas de los ángulos 1, 2 y 3.

4. Explica cómo medir un ángulo con un transportador. Asegúrate de incluir diferentes tipos de ángulos en tu explicación.

Aprender Ángulos

Recuerda que una *recta* se extiende al infinito en ambas direcciones. Puedes imaginar un **rayo** como parte de una recta. Un rayo tiene un origen y se extiende hacia el infinito en *una* dirección.

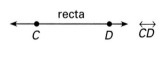

Un rayo obtiene su nombre por su origen y cualquier otro punto en el rayo. La figura muestra el rayo $\overrightarrow{AB}$, el cual se escribe $\overrightarrow{AB}$. Observa que la flecha apunta desde el origen hacia el otro punto del rayo.

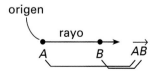

Dos rayos con un origen en común forman un **ángulo** . Los dos rayos son los lados del ángulo y el origen común es el **vértice** .

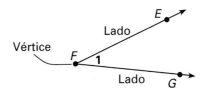

Puedes usar el símbolo de ángulo (∠), el vértice y un punto en cada lado para nombrar un ángulo. Puedes usar el vértice solo, o un número, para nombrar un ángulo si no se presta a confusión.

∠*EFG* o ∠*GFE* o ∠*F* o ∠1
Siempre escribe la letra del vértice en medio.

Los ángulos se miden en grados (°) y se pueden clasificar de acuerdo con sus medidas:

   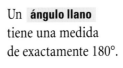

Un **ángulo agudo** tiene una medida menor que 90°.

Un **ángulo recto** tiene una medida de exactamente 90°.

Un **ángulo obtuso** tiene una medida mayor que 90° y menor que 180°.

Un **ángulo llano** tiene una medida de exactamente 180°.

▶ **Enlace con Lenguaje**

Cuando la palabra *recto* se refiere a un ángulo, no tiene nada que ver con correcto o incorrecto. El significado que se le da es en el sentido de *vertical*, lo cual significa "colocado en forma recta".

Puedes usar un transportador para hallar la medida de un ángulo.

Ejemplo 1

Nombra el ángulo y encuentra su medida.

El ángulo es ∠*LTK*, ∠*KTL* o ∠*T*.

Para hallar la medida, coloca un transportador en el ángulo de manera que la marca del centro se encuentre sobre el vértice y las rectas de 0° coincidan con un lado del ángulo.

Encuentra el punto donde el otro lado del ángulo coincide con la escala de grados en el transportador. Lee la medida: 76°. Usa la letra *m* para escribir la medida: $m\angle T = 76°$.

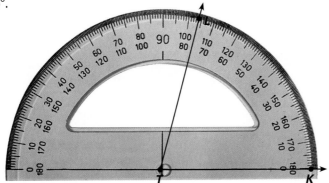

Sugerencia

Puedes prolongar los lados del ángulo *T* al trazar sobre él y dibujar los rayos de manera que se extiendan hasta el borde de tu transportador.

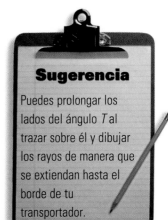

Dos ángulos son **complementarios** cuando la suma de sus ángulos es de 90°. Por su parte, dos ángulos son **suplementarios** si la suma de sus ángulos es de 180°.

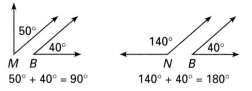

50° + 40° = 90°   140° + 40° = 180°

Ejemplos

2 Halla las medidas de un complemento y un suplemento de ∠N.

La suma de ∠N y un ángulo complementario es de 90°.

Un complemento de ∠N mide 90° − 54° = 36°.

La suma de ∠N y un ángulo suplementario es 180°.

Un suplemento de ∠N mide 180° − 54° = 126°.

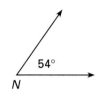

3 Identifica un par de ángulos suplementarios en los soportes del puente mostrado en la fotografía. Si la medida del ángulo agudo es 60°, ¿cuál es la medida del otro ángulo?

Puesto que un ángulo llano mide 180°, cualquier par de ángulos que comparten un lado y se posicionan a lo largo de una recta son suplementarios. Si el ángulo agudo mide 60°, el otro ángulo mide 180° − 60° = 120°.

Haz la prueba

Halla las medidas de un complemento y un suplemento de un ángulo de 43°.

Si dos ángulos tienen la misma medida, se dice que son **congruentes**. El símbolo ≅ significa "es congruente con". Un rayo que divide un ángulo en dos ángulos congruentes **biseca** el ángulo. El rayo es la **bisectriz de un ángulo**. En esta figura, $\overrightarrow{GM}$ biseca a ∠FGH, por tanto, ∠FGM ≅ ∠MGH.

Comprobar Tu comprensión

1. Indica si estás de acuerdo con esta declaración: El complemento de un ángulo agudo debe ser un ángulo agudo. Explica tu respuesta.

2. ¿Cuáles son las medidas de los ángulos formados por la bisectriz de un ángulo recto? ¿Y de un ángulo llano?

5-1 Ejercicios y aplicaciones

Práctica y aplicación

1. **Para empezar** Sigue estos pasos para medir un ángulo mediante un transportador.

   a. Dibuja dos rayos que al intersecarse formen un ángulo.

   b. Coloca el transportador en el ángulo de manera que la marca del centro se encuentre en el vértice y la recta 0° coincida con un lado del ángulo.

   c. Halla el punto donde el otro lado del ángulo coincide con la escala de grados en el transportador. Después lee la medida.

Menciona cada ángulo y proporciona sus medidas.

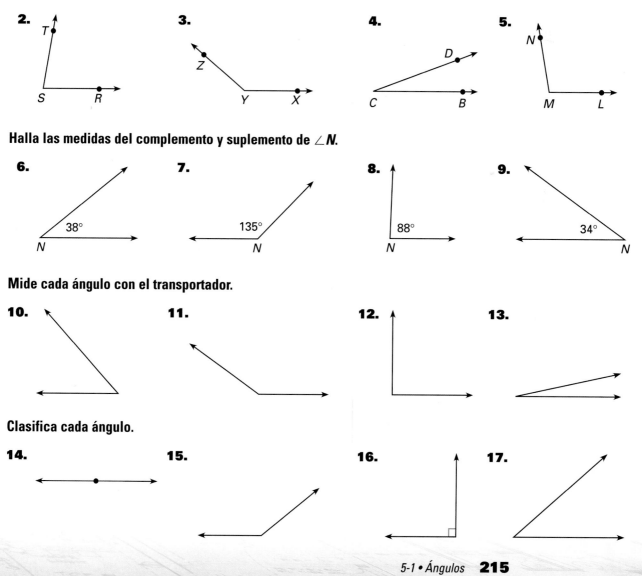

2.

3.

4.

5.

Halla las medidas del complemento y suplemento de ∠N.

6.

7. 135°

8. 88°

9. 34°

6. 38°

Mide cada ángulo con el transportador.

10.

11.

12.

13.

Clasifica cada ángulo.

14.

15.

16.

17.

18. Ciencias Cuando un rayo de luz choca en un espejo plano, la luz se refleja en el mismo ángulo en que se estrella contra la superficie del espejo.

a. Si la luz choca contra un espejo en un ángulo de 50°, ¿en qué ángulo se reflejará la luz?

b. ¿Cuál es la medida de un ángulo *entre* el ángulo en el cual choca la luz en un espejo (50°) y el ángulo en el que se refleja la luz?

19. **Para la prueba** ¿Cuál de los siguientes enunciados es incorrecto?

   Ⓐ Ángulo obtuso: 37°   Ⓑ Ángulo agudo: 79°   Ⓒ Ángulo recto: 90°   Ⓓ Ángulo llano: 180°

Resolución de problemas y razonamiento

20. Razonamiento crítico Menciona qué tipo de ángulos se forman cuando se biseca cada ángulo. Haz una gráfica para mostrar tus respuestas.

  a. Un ángulo obtuso   **b.** Un ángulo recto

  c. Un ángulo llano   **d.** Un ángulo agudo

21. **En tu diario** Dibuja un ángulo. Usa el método descrito a continuación para bisecar el ángulo con un compás y una regla.

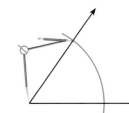 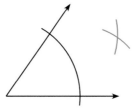 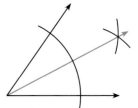

1. Coloca la punta del compás en el vértice del ángulo. Traza un arco que interseque ambos lados del triángulo.

2. Coloca la punta del compás en el punto donde el arco se interseca con el ángulo. Traza un arco y luego traza uno más con el extremo del otro punto de intersección.

3. Dibuja un rayo desde el vértice del ángulo hasta el punto donde los arcos que trazaste en el paso 2 se crucen. Este rayo biseca el ángulo.

Repaso mixto

Usa > o < para comparar cada par de números. *[Lección 3-1]*

22. 8.40 ☐ 7.41   **23.** 6.423 ☐ 64.23   **24.** 2.875 ☐ 2.758   **25.** 5.246 ☐ 5.245

26. 3.899 ☐ 3.9   **27.** 23.74 ☐ 23.477   **28.** 9.127 ☐ 9.217   **29.** 0.8 ☐ 0.0999

Halla el MCD y el MCM para los siguientes pares de números. *[Lección 3-7]*

30. 34, 42   **31.** 165, 85   **32.** 42, 63   **33.** 84, 96

34. 525, 630   **35.** 198, 363   **36.** 1001, 1275   **37.** 36, 56

Rectas paralelas y perpendiculares

▶ **Enlace con la lección**   Ya sabes que los rayos están relacionados con las rectas, así que ahora profundizarás en el aprendizaje de las rectas, sobre todo en las que coincidan y las que nunca coincidan para formar ángulos rectos. ◀

Vas a aprender...

■ a reconocer rectas paralelas y sus propiedades.

■ a reconocer rectas perpendiculares y sus propiedades.

...cómo se usa

Los ingenieros de construcciones ferroviarias necesitan construir vías que sean exactamente paralelas. Los durmientes que sostienen las vías en su lugar deben ser perpendiculares a las vías.

Investigar | **Rectas paralelas y perpendiculares**

¡El juego está en la recta final!

Materiales: Papel rayado, regla y transportador

Selecciona dos líneas de tu papel que estén a más de un espacio de distancia.

1. Describe las líneas que están sobre tu papel. ¿Qué tienen de especial?

2. Dibuja una recta inclinada a través de estas líneas y rotula los ángulos como se muestra. Mide los ángulos del 1 al 8 y anota estas medidas.

3. ¿Hallaste algún par de ángulos congruentes? De ser así, menciónalos.

4. ¿Encontraste algún par de ángulos suplementarios? De ser así, menciónalos.

5. Vuelve a dibujar la figura, pero esta vez usa una regla para dibujar una línea vertical. ¿Cuál es la medida de cada ángulo ahora?

Vocabulario

plano

paralelo

transversal

ángulos alternos internos

ángulos correspondientes

ángulos opuestos por el vértice

punto medio

segmentos congruentes

segmento bisector

perpendicular

mediatriz

Aprender | **Rectas paralelas y perpendiculares**

Un **plano** es una superficie plana e infinita. En un plano, la rectas que nunca coinciden se llaman rectas **paralelas**. La figura muestra varillas paralelas (marcadas en rojo) cerca de la base de la famosa Torre Eiffel de París. Para fortalecer la torre, el diseñador Gustave Eiffel construyó puntales perpendiculares (indicados en azul) a lo largo de las varillas paralelas. Las rectas que intersecan dos o más rectas paralelas se denominan **transversales**.

Cuando una recta transversal se interseca con dos rectas paralelas, se forman pares de ángulos congruentes. Los nombres de algunos de estos ángulos congruentes son los siguientes:

Ángulos alternos internos	$\angle 3 \cong \angle 5$, $\angle 4 \cong \angle 6$
Ángulos correspondientes	$\angle 1 \cong \angle 5$, $\angle 2 \cong \angle 6$, $\angle 3 \cong \angle 7$, $\angle 4 \cong \angle 8$
Ángulos opuestos por el vértice	$\angle 1 \cong \angle 3$, $\angle 2 \cong \angle 4$, $\angle 5 \cong \angle 7$, $\angle 6 \cong \angle 8$

Ejemplo 1

Un carpintero ha realizado el entramado de una pared con seis tablones paralelos cruzados por un refuerzo transversal. Si $m\angle 2 = 62°$, ¿cuáles son $m\angle 3$, $m\angle 8$, $m\angle 6$ y $m\angle 4$?

Los ángulos opuestos por el vértice $\angle 2$ y $\angle 4$ son congruentes, por tanto, $m\angle 4 = 62°$.

Entramado con refuerzo transversal

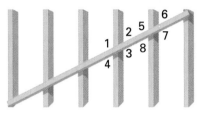

Los ángulos alternos internos $\angle 2$ y $\angle 8$ son congruentes, por tanto, $m\angle 8 = 62°$.

Los ángulos correspondientes $\angle 2$ y $\angle 6$ son congruentes, por tanto, $m\angle 6 = 62°$.

$\angle 2$ y $\angle 3$ forman un ángulo llano, por tanto, son suplementarios.

$m\angle 3 + m\angle 2 = 180°$	$\angle 2$ y $\angle 3$ son suplementarios.
$m\angle 3 + 62° = 180°$	Sustituye $62°$ por $m\angle 2$.
$m\angle 3 + 62° - 62° = 180° - 62°$	Para anular la suma, resta $62°$ de ambos lados.
$m\angle 3 = 118°$	Haz la resta.

Haz la prueba

Nombra cada par de ángulos.

a. $\angle 2, \angle 6$ **b.** $\angle 5, \angle 7$ **c.** $\angle 4, \angle 6$

Si $m\angle 3 = 121°$, halla la medida de cada ángulo.

d. $\angle 4$ **e.** $\angle 5$ **f.** $\angle 7$ **g.** $\angle 2$

Un segmento de recta está formado por dos extremos y todos los puntos intermedios. La recta $\overleftrightarrow{EF}$ interseca el segmento de recta $\overline{KL}$ en el **punto medio** M, el cual divide al segmento en dos **segmentos congruentes**. Los segmentos congruentes tienen longitudes iguales.

$\overleftrightarrow{EF}$ es el **segmento bisector** de $\overline{KL}$ porque pasa a través del punto medio M. Las dos marcas en $\overline{KL}$ muestran las partes iguales.

Segmento de recta

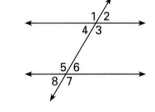

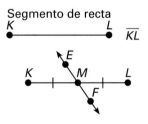

Ahora imagina que $m\angle EMK$ mide 90°. Las rectas **perpendiculares**, los rayos y los segmentos de recta forman ángulos rectos. El símbolo $\perp$ significa que "es perpendicular a". Si $\overleftrightarrow{EF} \perp \overline{KL}$, entonces, $\overleftrightarrow{EF}$ es la **mediatriz** de $\overline{KL}$.

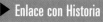

Ejemplo 2

Un arquero coloca una flecha a 16 pulgadas de cada extremo de la cuerda del arco. La flecha forma un ángulo de 90° con relación a la cuerda. ¿Por qué la flecha es la mediatriz de la cuerda del arco?

La flecha forma el ángulo recto con la cuerda del arco, por tanto, la flecha es perpendicular a la cuerda.

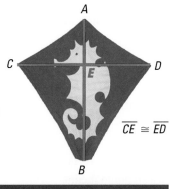

16 in.   16 in.

La flecha también interseca la cuerda en su punto medio, es decir, a 16 pulgadas de cada extremo.

Puesto que la flecha es perpendicular al segmento y a su punto medio, la flecha es la mediatriz del segmento.

▶ **Enlace con Historia**

Desde el siglo XIV hasta el XVI, en Inglaterra se desarrolló el estilo perpendicular de la arquitectura Gótica. La Abadía de Westminster es un ejemplo de este estilo de construcción.

Haz la prueba

a. Identifica cualquier punto medio en la cometa e indica por qué es un punto medio.

b. Identifica cualquier mediatriz en la cometa y señala por qué es una mediatriz.

$\overline{CE} \cong \overline{ED}$

Comprobar | Tu comprensión

1. Señala un par de rectas paralelas y un par de rectas perpendiculares en tu salón de clase.

2. Explica cómo determinarías si dos rectas son paralelas o si son perpendiculares.

3. Imagina que una transversal interseca dos rectas paralelas. Si es perpendicular a una de las rectas paralelas, ¿también es perpendicular a la otra? Explica tu respuesta.

4. ¿Es posible que dos rectas que no se intersecan *no* sean paralelas? De ser así, describe o proporciona un ejemplo de dichas rectas. De lo contrario, explica por qué.

Práctica y aplicación

Para empezar | Determina si cada par de rectas son paralelas, perpendiculares o ninguna de las anteriores.

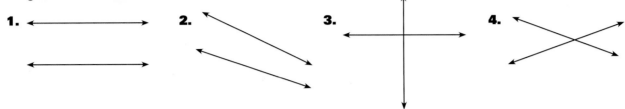

1. **2.** **3.** **4.**

Escribe la palabra que describe a las rectas o segmentos de recta.

5. Dos rieles en una vía ferroviaria

6. Bordes adyacentes de un mosaico cuadrado para pisos

7. Parte superior y un lado de una puerta

8. Lados opuestos de una cancha de baloncesto

9. Un poste de teléfono y la calle

10. Repisas de un librero

Usa la figura para nombrar cada conjunto de ángulos o rectas.

11. Un par de rectas paralelas

12. Un par de rectas perpendiculares

13. Un par de ángulos suplementarios

14. Dos pares de ángulos congruentes

15. **Medición** Dibuja un segmento de recta y luego mídelo e identifica su punto medio. Usa el punto medio y tu transportador para dibujar una mediatriz.

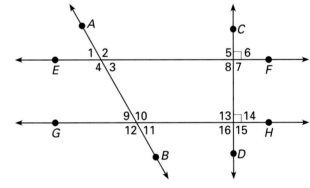

Geografía Usa el mapa del centro de Washington, DC, para resolver los ejercicios 16–18.

16. Menciona dos calles que sean paralelas.

17. Indica dos calles que sean transversales a las calles paralelas que identificaste.

18. Menciona dos calles que sean perpendiculares.

19. **Para la prueba** Si una mediatriz divide un segmento de 7 cm en dos segmentos congruentes, ¿qué longitud tendrá cada uno?

Ⓐ 3.5 cm   Ⓑ 5 cm   Ⓒ 9 cm   Ⓓ 14 cm

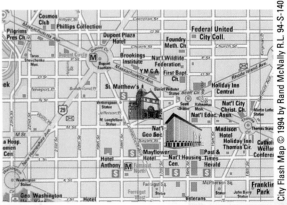

Resolución de problemas y razonamiento

Razonamiento crítico Identifica rectas paralelas y perpendiculares en los edificios de las siguientes fotografías.

20.

21.

Museo Neue Staatsgalerie, Munich, Alemania

22. Comunicación Dos rectas que no se intersecan y que no son paralelas constituyen un *sesgo*. Describe a un amigo dos pares de rectas sesgadas que observes en tu salón de clase.

23. Dibuja un segmento de recta. Usa el método mostrado a continuación para construir su mediatriz con un compás y una regla.

 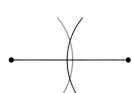 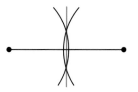

1. Abre tu compás a más de la mitad de la longitud del segmento. Coloca la punta de tu compás sobre un extremo para trazar un arco.

2. Con la misma abertura del compás, traza un arco desde el otro extremo. Debe intersecarse con tu primer arco en dos lugares.

3. Dibuja una recta que una estos puntos. Esta recta es la mediatriz del segmento.

Repaso mixto

Haz un cálculo aproximado. *[Lección 3-2]*

24. $12.95 + 26.34$ **25.** $184.3 - 98.6$ **26.** 7.86×9.23 **27.** $373.28 \div 24.78$

28. $63.21 - 19.42$ **29.** $\dfrac{842.7}{23.75}$ **30.** 39.67×17.3 **31.** $931.5 + 68.3$

Expresa cada fracción en su mínima expresión. *[Lección 3-8]*

32. $\dfrac{24}{36}$ **33.** $\dfrac{18}{54}$ **34.** $\dfrac{44}{121}$ **35.** $\dfrac{42}{91}$

36. $\dfrac{38}{95}$ **37.** $\dfrac{72}{105}$ **38.** $\dfrac{81}{192}$ **39.** $\dfrac{45}{80}$

Triángulos y cuadriláteros

Vas a aprender...

■ a nombrar y clasificar triángulos.

■ a nombrar y clasificar cuadriláteros.

■ a calcular las medidas de los ángulos en estas figuras.

...cómo se usa

Los diseñadores de interiores usan triángulos y cuadriláteros como ayuda para crear patrones.

Vocabulario

triángulo equilátero

triángulo isósceles

triángulo escaleno

triángulo acutángulo

triángulo rectángulo

triángulo obtusángulo

cuadrilátero

paralelogramo

rombo

trapecio

▶ **Enlace con la lección**   Con tu conocimiento de algunas propiedades importantes del ángulo, investigarás figuras comunes que tienen tres o cuatro ángulos. ◀

Investigar | Triángulos

Lados y ángulos

Materiales: Regla, transportador

1. Dibuja un triángulo con tres lados congruentes. Después mide los ángulos y describe tus resultados.

2. Dibuja un triángulo con dos lados congruentes; después traza el tercer lado con una longitud diferente. Por último, mide los ángulos y describe tus resultados.

3. Dibuja un triángulo con tres lados desiguales. Luego mide los ángulos y describe tus resultados.

4. Repite los pasos 1–3, pero ahora cambia la longitud de los lados que uses.

5. Describe la relación entre el número de lados congruentes y el número de ángulos congruentes que tiene un triángulo.

Aprender | Triángulos y cuadriláteros

Los arquitectos usan triángulos en sus construcciones tanto para fortificarlas como para darles un atractivo visual. Puedes clasificar triángulos por el número de lados congruentes que tengan.

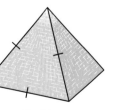

Equilátero

Isósceles

Escaleno

También puedes clasificar los triángulos por la medida de sus ángulos.

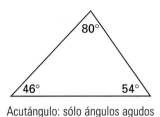

Acutángulo: sólo ángulos agudos

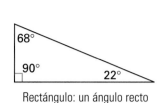

Rectángulo: un ángulo recto

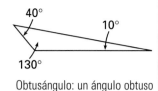

Obtusángulo: un ángulo obtuso

Un **cuadrilátero** es una figura de cuatro lados. En las lecciones anteriores aprendiste a identificar rectángulos y cuadrados. El siguiente diagrama proporciona tres nuevos tipos de cuadriláteros: **paralelogramos**, **rombos** y **trapecios**, y relaciona todos los tipos de cuadriláteros de acuerdo con sus propiedades.

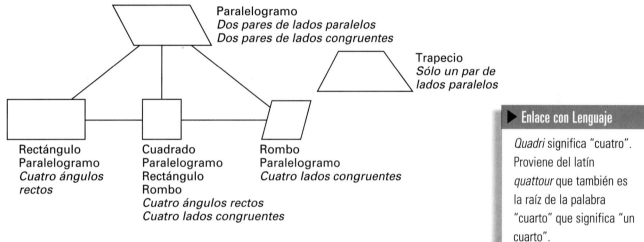

Paralelogramo
Dos pares de lados paralelos
Dos pares de lados congruentes

Trapecio
Sólo un par de lados paralelos

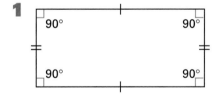

Rectángulo
Paralelogramo
Cuatro ángulos rectos

Cuadrado
Paralelogramo
Rectángulo
Rombo
Cuatro ángulos rectos
Cuatro lados congruentes

Rombo
Paralelogramo
Cuatro lados congruentes

Ejemplos

Clasifica cada figura en todas las formas que puedas.

1

| 90° | 90° |
| 90° | 90° |

La figura es un cuadrilátero, un paralelogramo y un rectángulo.

2

La figura es un cuadrilátero y un trapecio.

La figura ilustra una propiedad especial de los triángulos. Los tres ángulos de cualquier triángulo se pueden reacomodar para formar un ángulo llano. Recuerda que la medida de un ángulo llano es 180°; esto significa que la suma de los ángulos de cualquier triángulo es 180°.

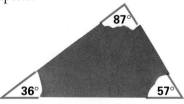

57° 36° 87° = 180°

Observa que cualquier cuadrilátero se puede dividir en dos triángulos. La suma de los ángulos de cualquier cuadrilátero es 180° + 180°, es decir 360°.

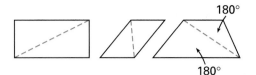

180°

180°

Ejemplos

3 Una construcción antigua en Tulúm, México, tenía cimientos en forma de cuadriláteros como se muestra en la fotografía. Si las medidas de sus ángulos son 98°, 82°, 98° y $x°$, halla la medida del ángulo desconocido.

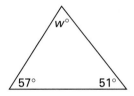

$x + 98 + 82 + 98 = 360$	La suma de los ángulos de un cuadrilátero es 360°.
$x + 278 = 360$	Suma 98, 82 y 98.
$x + 278 - 278 = 360 - 278$	Para anular la suma, resta 278 en ambos lados.
$x = 82°$	Simplifica la ecuación.

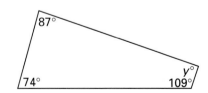

$w°$

57°   51°

4 Halla la medida del ángulo desconocido.

$w + 57 + 51 = 180$	La suma de los ángulos de un triángulo es 180°.
$w + 108 = 180$	Suma 57 y 51.
$w + 108 - 108 = 180 - 108$	Para anular la suma, resta 108 en ambos lados.
$w = 72°$	Simplifica la ecuación.

Haz la prueba

a. Halla la medida del ángulo desconocido.

87°

74°

$y°$

109°

Comprobar **Tu comprensión**

1. ¿Puede un cuadrilátero ser un rombo y un rectángulo? Explica tu respuesta.

2. ¿Puede un triángulo ser equilátero y recto?, e ¿isósceles y obtuso? ¿Por qué?

Sugerencia

Como hay muchas palabras nuevas en el vocabulario de esta sección, anótalas en una libreta conforme aparezcan.

Práctica y aplicación

1. [**Para empezar**] Sigue estos pasos para hallar la medida de un ángulo desconocido en un cuadrilátero.

a. Identifica las medidas conocidas y desconocidas de los ángulos.

b. Escribe una ecuación donde utilices las medidas de los ángulos conocidos y desconocidos y el valor 360.

c. Suma los ángulos conocidos. Después, resta la suma a cada lado de la ecuación.

d. Escribe la diferencia.

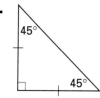

Clasifica cada triángulo según sus lados y ángulos.

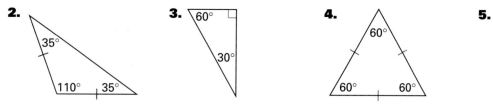

2.   **3.**   **4.**   **5.**

Clasifica cada cuadrilátero en todas las maneras posibles.

6.   **7.**   **8.**

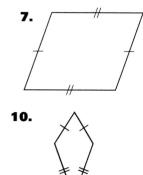

9.   **10.**   **11.**

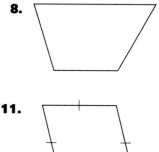

Halla la medida de cada ángulo desconocido.

12. En el triángulo ABC, $m\angle A = 50°$, $m\angle B = 22°$, $m\angle C = x$.

13. En el triángulo XYZ, $m\angle X = 104°$, $m\angle Y = 38°$, $m\angle Z = t$.

14. En el cuadrilátero $DEFG$, $m\angle D = 88°$, $m\angle E = 93°$, $m\angle F = 74°$, $m\angle G = x$.

15. En el cuadrilátero $MNOP$, $m\angle M = 107°$, $m\angle N = 44°$, $m\angle O = 32°$, $m\angle P = x$.

16. Ciencias Una molécula de fluoruro de boro forma una estructura molecular como la mostrada en la ilustración. Un átomo de boro está enlazado a tres átomos de flúor y el ángulo entre cada enlace mide 120°. Halla la medida total de los ángulos formados entre los enlaces.

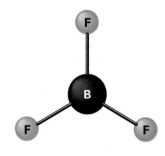

Resolución de problemas y razonamiento

17.  Coloca un pedazo de papel en la suela de una zapatilla de gimnasia y frota esa parte con un creyón. Identifica las diferentes figuras geométricas en la copia de la suela.

Razonamiento crítico Identifica los tipos de triángulos o cuadriláteros en los edificios.

18.

El Centro Jurídico en Newark, NJ

19.
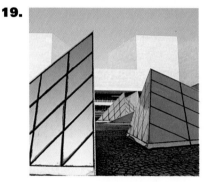
La Galería Nacional en Washington, DC

20.

El Museo de Arte Contemporáneo de Los Angeles

Repaso mixto

Resuelve cada ecuación. *[Lección 3-3]*

21. $23.64 = y - 8.31$

22. $u + 0.643 = 1.86$

23. $x - 12.73 = 0.05$

24. $364.21 + c = 584.17$

25. $k - 38.2 = 68.375$

26. $129.6 = d + 18.31$

Usa $>$**,** $<$ **o** $=$ **para comparar los siguientes pares de números.** *[Lección 3-9]*

27. $\frac{6}{7} \square \frac{5}{6}$

28. $\frac{16}{20} \square \frac{19}{25}$

29. $\frac{22}{42} \square \frac{17}{32}$

30. $\frac{45}{63} \square \frac{40}{56}$

31. $\frac{3}{14} \square \frac{6}{27}$

32. $\frac{18}{25} \square \frac{23}{30}$

33. $\frac{3}{11} \square \frac{5}{13}$

34. $\frac{19}{49} \square \frac{24}{63}$

El proyecto en marcha

Mide las dimensiones de el o los edificios en el plano que trazaste para tu escuela. Quizá necesites hacer un cálculo aproximado de algunas longitudes que no puedas medir directamente.

Resolución de problemas

Comprende
Planea
Resuelve
Revisa

Polígonos

▶ **Enlace con la lección** — En la lección anterior, aprendiste acerca de las figuras geométricas con tres y cuatro lados. Ahora investigarás las figuras que tienen más de cuatro lados. ◀

Investigar | Figuras de varios lados

Todo cabe en una figura, sabiéndolo acomodar

Materiales: Bloques de patrones

1. Identifica a las figuras del patrón de bloques.

2. Usa combinaciones de los bloques para crear todas las figuras de cinco lados que sean posibles. Luego traza cada figura en papel.

3. Utiliza combinaciones de bloques para crear todas las figuras de seis lados que sean posibles. Después traza cada figura en papel.

4. Observa las figuras que trazaste. Halla una manera de clasificar las figuras en diferentes grupos, pero que no sea por su número de lados.

Vas a aprender...

■ a clasificar polígonos.

■ a hallar la suma de los ángulos de los polígonos.

...cómo se usa

Los ingenieros de estructuras usan muchas figuras diferentes en los diseños de puentes y caballetes ferroviarios.

Vocabulario

polígono

pentágono

hexágono

octágono

polígono regular

Aprender | Polígonos

Gran parte de las figuras que observas en el diseño de las construcciones son **polígonos**. Un polígono es una figura geométrica de por lo menos tres lados.

En la lección anterior, trabajaste con dos tipos de polígonos: triángulos y cuadriláteros. Los lados coinciden en los vértices y son exactamente dos en cada vértice.

Un polígono se clasifica por el número de lados que tiene.

3 lados
triángulo

4 lados
cuadrilátero

5 lados
pentágono

6 lados
hexágono

8 lados
octágono

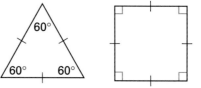

▶ Enlace con Ciencias sociales

El Pentágono, en Washington, DC, es la sede del Departamento de Defensa de Estados Unidos. Es uno de los edificios de oficinas más grandes del mundo. Alberga a más de 23,000 empleados en un área de oficinas de 3,707,745 pies cuadrados.

En un **polígono regular**, todos los lados y ángulos son congruentes. Un triángulo equilátero y un cuadrado son ejemplos de polígonos regulares.

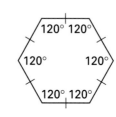

Ejemplos

Clasifica cada polígono y determina si es regular.

1

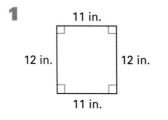

Tiene cuatro lados. Los ángulos son congruentes, pero los lados no son congruentes.

Es un cuadrilátero irregular.

2

Tiene seis lados. Los ángulos son congruentes. Las marcas muestran que los lados son congruentes.

Es un hexágono regular.

▶ Enlace con Ciencias

Las abejas melíferas ¡son muy buenas para la geometría! Construyen sus panales con celdas hexagonales perfectas.

En la lección anterior, observaste que un cuadrilátero se puede dividir en dos triángulos para hallar la suma de los ángulos. Puedes dividir cualquier polígono en triángulos para encontrar la suma de los ángulos.

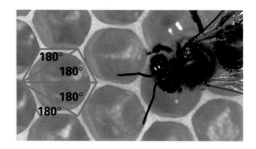

$$180° + 180° + 180° + 180° = 720°$$

Ejemplo 3

Halla la suma de los ángulos de un hexágono.

- Traza un hexágono.
- Escoge un vértice y dibuja tantos segmentos hacia los otros vértices como sea posible.
- Hay cuatro triángulos, por tanto, $4 \cdot 180° = 720°$.

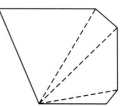

La suma de los ángulos de un hexágono es 720°.

Haz la prueba

a. Halla la suma de los ángulos de un octágono.

b. Encuentra la suma de los ángulos de un polígono de 12 lados.

El número de triángulos en que puedes dividir un polígono es 2 menos que el número de lados que tiene. Puedes hallar la suma de los ángulos al restar 2 del número de lados y luego multiplicar por 180°.

Puedes usar la fórmula $S = (n - 2)180°$ para hallar la suma (S) de los ángulos de un polígono con n lados.

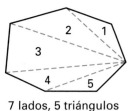

7 lados, 5 triángulos

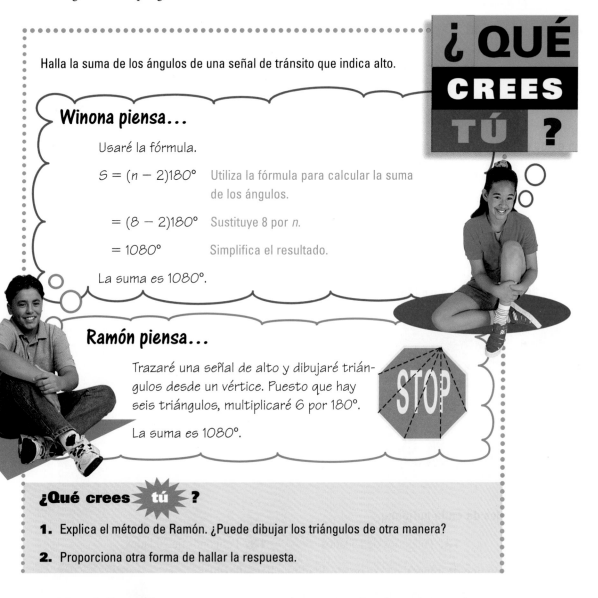

Halla la suma de los ángulos de una señal de tránsito que indica alto.

Winona piensa...

Usaré la fórmula.

$S = (n - 2)180°$ Utiliza la fórmula para calcular la suma de los ángulos.

$= (8 - 2)180°$ Sustituye 8 por n.

$= 1080°$ Simplifica el resultado.

La suma es 1080°.

Ramón piensa...

Trazaré una señal de alto y dibujaré triángulos desde un vértice. Puesto que hay seis triángulos, multiplicaré 6 por 180°.

La suma es 1080°.

¿Qué crees tú?

1. Explica el método de Ramón. ¿Puede dibujar los triángulos de otra manera?

2. Proporciona otra forma de hallar la respuesta.

Comprobar | Tu comprensión

1. ¿Un rectángulo es un polígono regular? ¿Y un rombo? Explica tu respuesta.

2. Menciona un polígono regular con tres lados y otro con cuatro lados.

Práctica y aplicación

Para empezar Clasifica cada polígono y determina si es regular.

1.

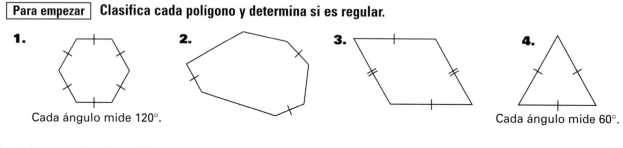

Cada ángulo mide 120°.

2.

3.

4.

Cada ángulo mide 60°.

Indica por qué estos polígonos no son regulares.

5.

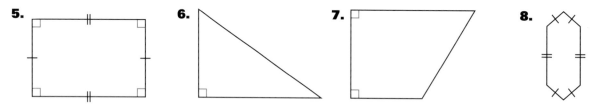

6.

7.

8.

Usa las fotografías de los edificios para identificar todos los polígonos que sea posible.

9.

10.

Halla la suma de los ángulos de cada polígono.

11. Polígonos de 7 lados   **12.** Polígonos de 15 lados   **13.** Polígonos de 20 lados

14. Ciencias La mica es un tipo de mineral que se puede dividir en hojas flexibles más delgadas que el papel. Estas hojas a menudo tienen la forma de un hexágono. Si una pieza de mica se puede dividir en 142 hojas hexagonales, ¿cuál es el número total de lados de todos los hexágonos que se forman?

15. Dibuja un ejemplo irregular de cada uno de los siguientes polígonos; luego describe por qué es irregular.

a. Pentágono   **b.** Hexágono   **c.** Octágono

16. Los polígonos regulares son tanto equiláteros (tienen lados congruentes) como equiángulos (tienen ángulos congruentes). Mientras que los polígonos irregulares, en ocasiones cuentan con una de estas características pero carecen de la otra.

   a. Traza un polígono equilátero que no sea equiángulo.

   b. Traza un polígono equiángulo que no sea equilátero.

17. **Para la prueba** ¿Cuántos triángulos se formarían si trazaras un octágono, escogieras un vértice, y dibujaras tantas diagonales hacia los otros vértices como fuera posible?

   Ⓐ 8   Ⓑ 7   Ⓒ 6   Ⓓ 5

Resolución de problemas y razonamiento

Escoge una estrategia A continuación se proporcionan las sumas de los ángulos de un polígono. ¿Cuántos lados tiene cada polígono?

18. $1620°$ **19.** $1980°$ **20.** $2520°$

Razonamiento crítico Halla la medida de cada ángulo en el polígono.

21. Pentágono regular   **22.** Hexágono regular

23. Octágono regular   **24.** Decágono regular

25. **En tu diario** Un amigo estuvo enfermo durante esta lección. Escribe un párrafo donde expliques a tu amigo qué es un polígono y un polígono regular.

26. **Comunicación** Los polígonos con los que has trabajado en esta sección se llaman polígonos *convexos*. En la ilustración adjunta se muestran dos ejemplos de polígonos *cóncavos*. Describe la diferencia entre los dos tipos de polígonos.

Convexo   Cóncavo

RESOLVER PROBLEMAS 5-4

Repaso mixto

Resuelve cada ecuación. *[Lección 3-4]*

27. $1.82m = 6.552$ **28.** $\dfrac{s}{81.45} = 7.89$ **29.** $8.468 = 5.8y$ **30.** $3.72 = \dfrac{k}{0.057}$

31. $3.75x = 36.9$ **32.** $130.5 = \dfrac{a}{7.43}$ **33.** $79.744 = 6.23b$ **34.** $\dfrac{x}{4.7531} = 4.6$

Convierte a decimales. Determina si el decimal es finito o periódico. *[Lección 3-10]*

35. $\dfrac{7}{16}$ **36.** $\dfrac{8}{15}$ **37.** $\dfrac{3}{7}$ **38.** $\dfrac{5}{6}$

39. $\dfrac{21}{160}$ **40.** $\dfrac{16}{21}$ **41.** $\dfrac{7}{8}$ **42.** $\dfrac{11}{18}$

TECNOLOGÍA

Uso del software interactivo de geometría • Investigar polígonos

Problema: ¿Qué le sucede a la suma de los ángulos de un triángulo cuando su forma y tamaño se modifican?

Puedes usar el software interactivo de geometría para investigar este problema.

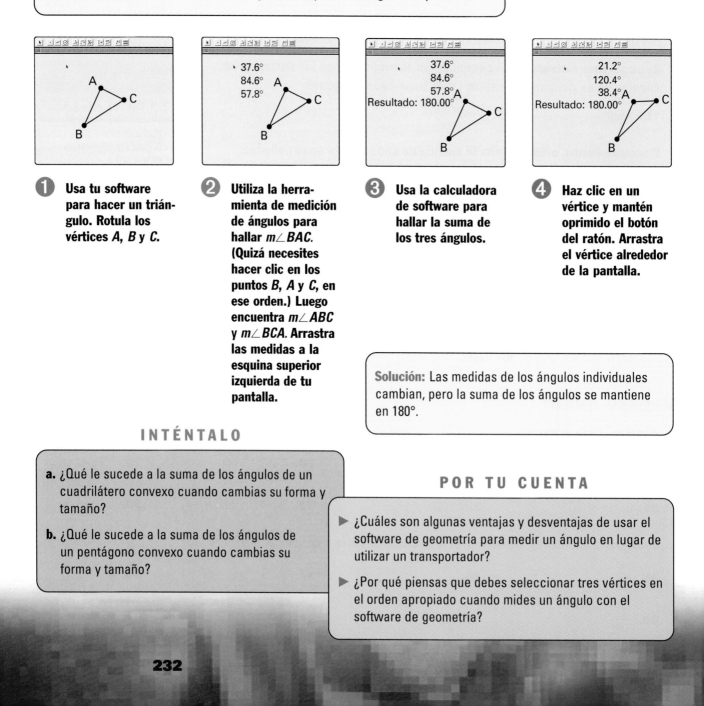

1 Usa tu software para hacer un triángulo. Rotula los vértices *A*, *B* y *C*.

2 Utiliza la herramienta de medición de ángulos para hallar *m∠BAC*. (Quizá necesites hacer clic en los puntos *B*, *A* y *C*, en ese orden.) Luego encuentra *m∠ABC* y *m∠BCA*. Arrastra las medidas a la esquina superior izquierda de tu pantalla.

3 Usa la calculadora de software para hallar la suma de los tres ángulos.

4 Haz clic en un vértice y mantén oprimido el botón del ratón. Arrastra el vértice alrededor de la pantalla.

Solución: Las medidas de los ángulos individuales cambian, pero la suma de los ángulos se mantiene en 180°.

INTÉNTALO

a. ¿Qué le sucede a la suma de los ángulos de un cuadrilátero convexo cuando cambias su forma y tamaño?

b. ¿Qué le sucede a la suma de los ángulos de un pentágono convexo cuando cambias su forma y tamaño?

POR TU CUENTA

▶ ¿Cuáles son algunas ventajas y desventajas de usar el software de geometría para medir un ángulo en lugar de utilizar un transportador?

▶ ¿Por qué piensas que debes seleccionar tres vértices en el orden apropiado cuando mides un ángulo con el software de geometría?

Perímetro y área

▶ **Enlace con la lección**   Has visto fórmulas para calcular el área y el perímetro de cuadrados y rectángulos. Ahora profundizarás en el aprendizaje de las relaciones entre el área y el perímetro de esos cuadriláteros. ◀

Vas a aprender…

■ a examinar las relaciones entre perímetro y área.

…cómo se usa

Los urbanistas utilizan las relaciones entre perímetro y área para asegurarse de que aprovechan el terreno de la manera más eficaz.

Investigar   Perímetro y área

Corta y compara

Materiales: Papel cuadriculado, tijeras

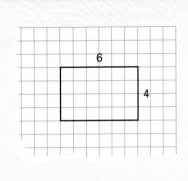

1. Dibuja un rectángulo de 4 por 6 en el papel cuadriculado. Halla su área y perímetro.

2. Recorta el rectángulo y luego córtalo a la mitad. Halla los perímetros de las dos piezas y súmalos. ¿Es la suma de los perímetros igual al perímetro del rectángulo original?

3. Halla las áreas de las dos piezas y súmalas. ¿Es la suma de las áreas igual al área del rectángulo original?

4. Reacomoda las piezas para formar un rectángulo diferente. ¿Cómo se compara su perímetro y área con los del rectángulo que dibujaste en el paso 1?

Aprender   Perímetro y área

El área de una figura geométrica es el número de unidades cuadradas necesarias para cubrir la figura. Recuerda que la fórmula $A = lw$ proporciona el área (A) de un rectángulo con longitud l y anchura w.

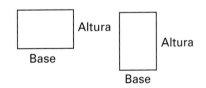

Área = 6 ft²

Con frecuencia se utilizan las palabras *base* y *altura* en lugar de *longitud* y *anchura*. La fórmula $A = bh$ se puede usar para hallar el área (A) de un rectángulo con una base b y altura h. El perímetro, o longitud circundante, de cualquier polígono se puede hallar al sumar la longitud de los lados.

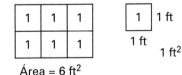

Como el perímetro es una longitud, se mide en unidades de longitud.

Ejemplos

El Museo Palacio en Beijing, China, es el palacio más grande del mundo. Contiene más de 75 edificios y más de 9000 cuartos. Los jardines del palacio son rectangulares, con una longitud de 3150 pies y una anchura de 2460 pies.

1 Un foso circunda los jardines del palacio. Halla la longitud del foso.

La longitud del foso es el perímetro de los jardines del palacio.

$p = 3150 + 2460 + 3150 + 2460$ Suma la longitud de cada lado.

$= 11,220$ Haz la suma.

El foso tiene una longitud de 11,220 pies (¡$2\frac{1}{8}$ millas!)

2 Halla el área de los jardines del palacio.

$A = bh$ Usa la fórmula para calcular el área de un rectángulo.

$= 3,150 \cdot 2,460$ Sustituye 3,150 por b y 2,460 por h.

$= 7,749,000$ Haz la multiplicación.

El área es de aproximadamente 7.75 millones de ft^2. Observa que ft^2 significa "pies cuadrados".

Haz la prueba

El supervisor de mantenimiento de la escuela intermedia Logan hace planes para barnizar la duela de la cancha de baloncesto.

a. ¿Cuál es el perímetro de la cancha?

b. ¿Halla el área que se habrá de barnizar?

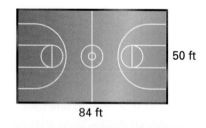

50 ft

84 ft

Comprobar | Tu comprensión

1. Explica la diferencia entre las medidas hechas en pies y en pies cuadrados.

2. ¿Cómo puedes usar las fórmulas del rectángulo para hallar el perímetro y área de un cuadrado? ¿Por qué tiene sentido hacerlo?

3. Dos rectángulos tienen la misma área, ¿tienen el mismo perímetro? Usa un ejemplo para explicar tu respuesta.

Práctica y aplicación

1. | Para empezar | Sigue estos pasos para determinar el perímetro y el área de un rectángulo con una base de 14 pies y una altura de 10 pies.

a. Suma las longitudes de los lados para hallar el perímetro.

b. Usa la fórmula $A = bh$ para hallar el área del rectángulo. Sustituye 14 por b y 10 por h.

c. Simplifica la ecuación.

Halla el perímetro y el área de cada área rectangular de juego.

	Juego	Base (longitud)	Altura (anchura)	Perímetro	Área
2.	Tenis de mesa	9 ft	5 ft		
3.	Baloncesto	26 m	14 m		
4.	Fútbol	100 m	73 m		
5.	Fútbol amer.	120 yd	53 yd		

Halla el perímetro y el área de la base de cada edificio rectangular.

6. La nave industrial de varios niveles más grande: el puerto de contenedores Kwai Chung en Hong Kong, China, con una dimensión de 906 por 958 pies.

7. El área de jardines más grande, edificio comercial: el edificio de subasta de flores en Aalsmeer, Países Bajos, con una dimensión de 2546 por 2070 pies.

8. **Geografía** El estado de Colorado tiene forma de rectángulo, con una base que mide alrededor de 385 millas y una altura como de 275 millas. Halla el perímetro y el área aproximados de Colorado.

Ciencias El Museo Nacional de Aeronáutica y del Espacio en Washington, DC, organizó un concurso en el cual varios estudiantes intentaban hacer aterrizar sus aeroplanos de carrizo y de papel dentro de un rectángulo a 35 pies de distancia.

9. El rectángulo donde los estudiantes tenían que hacer aterrizar sus aeroplanos mide 12 por 9 ft. Halla su perímetro y área .

10. En la parte final del concurso, los estudiantes tenían que hacer aterrizar sus aeroplanos en una pequeña "pista" que medía 1 por 5 pies. Halla el perímetro y el área de la pista de aterrizaje.

PRACTICAR 5-5

11. Historia El Edificio Woolworth en la ciudad de New York, fue una vez el edificio más alto del mundo. Tiene 241 metros de altura; su base es casi rectangular, con una longitud de cerca de 60 m y una anchura de alrededor de 46 m. Halla el área aproximada de la base de este edificio.

12. **Para la prueba** Si la longitud del lado de un cuadrado está dada en centímetros, ¿en qué unidades se podría proporcionar el perímetro?

   Ⓐ cm   Ⓑ cm^2 Ⓒ m   Ⓓ m^2

Resolución de problemas y razonamiento

13. Escoge una estrategia ¿Es posible que un rectángulo tenga un área mayor que otro pero un perímetro más pequeño? De ser así, proporciona un ejemplo. De lo contrario, explica por qué.

14. Comunicación Usa la suma para hallar el perímetro de un rectángulo que mide 14 por 9 m. Luego encuentra el perímetro mediante la siguiente fórmula: $P = 2b + 2h$. Sustituye 14 por b y 9 por h. Explica cuál método prefieres para calcular el perímetro.

15. 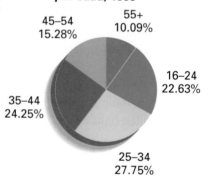 Haz una lista de las veces que fue necesario que conocieras el perímetro de algo. Haz lo mismo para el área. ¿Hubo alguna ocasión en que necesitaste saber ambos?

> **Resolución de problemas**
> ## ESTRATEGIAS
>
> - Busca un patrón
> - Organiza la información en una lista
> - Haz una tabla
> - Prueba y comprueba
> - Empieza por el final
> - Usa el razonamiento lógico
> - Haz un diagrama
> - Simplifica el problema

Repaso mixto

Trabajadores estadounidenses por edad, 1993

Usa la gráfica circular para resolver los ejercicios 16–18. *[Lección 1-1]*

16. ¿Cuál grupo de edades tiene el mayor número de trabajadores?

17. ¿Qué porcentaje de trabajadores tiene más de 55 años?

18. ¿Cuál grupo de edad tiene alrededor de $\frac{1}{4}$ de trabajadores?

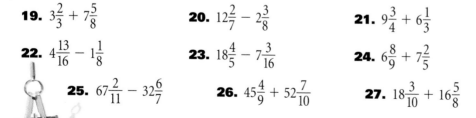

- 45–54 15.28%
- 55+ 10.09%
- 16–24 22.63%
- 35–44 24.25%
- 25–34 27.75%

Redondea cada número mixto al número cabal más cercano y luego haz un cálculo aproximado de cada suma o resta. *[Lección 4-1]*

19. $3\frac{2}{3} + 7\frac{5}{8}$ **20.** $12\frac{2}{7} - 2\frac{3}{8}$ **21.** $9\frac{3}{4} + 6\frac{1}{3}$

22. $4\frac{13}{16} - 1\frac{1}{8}$ **23.** $18\frac{4}{5} - 7\frac{3}{16}$ **24.** $6\frac{8}{9} + 7\frac{2}{5}$

25. $67\frac{2}{11} - 32\frac{6}{7}$ **26.** $45\frac{4}{9} + 52\frac{7}{10}$ **27.** $18\frac{3}{10} + 16\frac{5}{8}$

En esta sección aprendiste acerca de algunos de los edificios más insólitos del mundo. También observaste la aplicación que los arquitectos le dan a los ángulos, las rectas paralelas y perpendiculares así como a los polígonos en el diseño de sus edificios. Ahora tendrás la oportunidad de diseñar tu propio edificio.

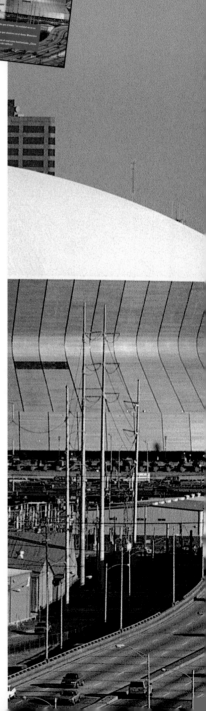

Desde el domo a tu hogar...

Materiales: Regla métrica o de pulgadas, transportador y papel de dibujo

Has sido seleccionado para diseñar las oficinas centrales de una compañía que elabora un producto con el cual estás familiarizado.

1. Determina el producto elaborado por la compañía. Por ejemplo, un producto alimenticio bastante conocido, una marca de ropa, artículos de entretenimiento, algún equipo deportivo o cualquier otro producto que disfrutes. Escoge un producto con características que de alguna manera puedas mostrar en el diseño de tu edificio.

Estación de gas en Zillah, WA

2. Dibuja el plano y una vista exterior de las oficinas centrales de la compañía. Usa una hoja de papel para cada dibujo. Incluye en tu diseño la mayoría de los siguientes elementos:

   a. Diferentes tipos de ángulos.

   b. Rectas paralelas y perpendiculares.

   c. Diferentes tipos de triángulos y cuadriláteros.

   d. Distintos tipos de polígonos con más de 4 lados.

   e. Ideas creativas que reflejen algunas de las características del producto que elegiste en el paso 1.

3. Explica cómo usaste los elementos descritos en el paso 2 en tu diseño.

Halla el ángulo faltante en cada cuadrilátero.

1.

x 137°

40°   40°

2.

105°

38° m

3.

138°

67° x

142°

Clasifica cada figura en todas las maneras posibles.

4.

5.

6.

Encuentra la suma de los ángulos de cada polígono.

7. Polígono de nueve lados.

8. Polígono de once lados.

9. Polígono de dieciséis lados.

10. **En tu diario** Dibuja cualquier ángulo y marca el vértice A. Usa un transportador para dibujar su bisectriz. Luego dibuja cualquier segmento $\overline{AB}$ y utiliza un transportador para dibujar su mediatriz. Explica los métodos que empleaste.

11. **Ciencias sociales** La Galería Nacional de Retratos en Washington, DC, alberga los retratos de todos los presidentes de Estados Unidos y de otros estadounidenses famosos. ¿Cuál es el perímetro y el área del patio de la galería?

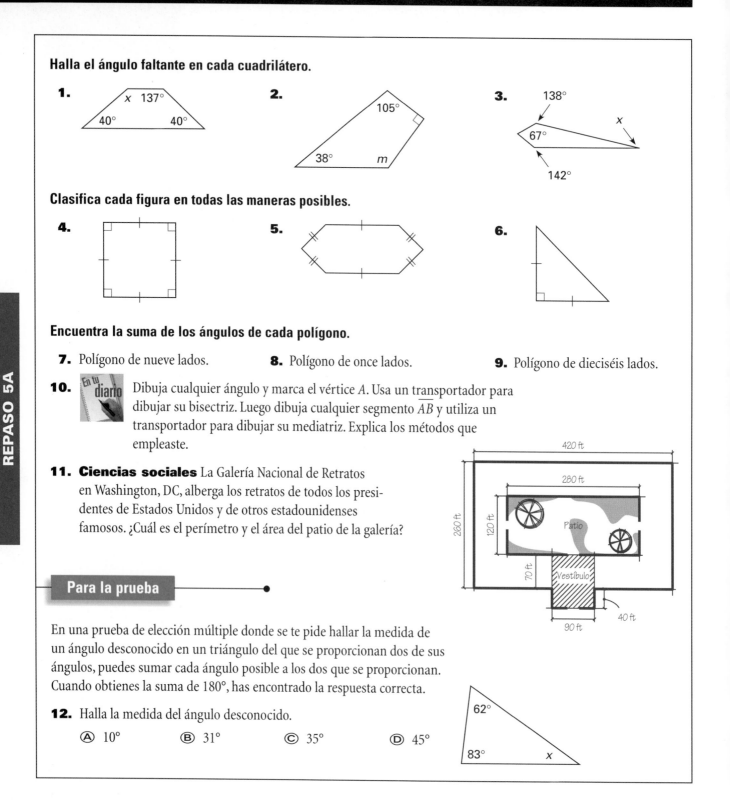

420 ft

280 ft

260 ft

120 ft

Patio

70 ft

Vestíbulo

90 ft

40 ft

Para la prueba

En una prueba de elección múltiple donde se te pide hallar la medida de un ángulo desconocido en un triángulo del que se proporcionan dos de sus ángulos, puedes sumar cada ángulo posible a los dos que se proporcionan. Cuando obtienes la suma de 180°, has encontrado la respuesta correcta.

12. Halla la medida del ángulo desconocido.

Ⓐ 10°   Ⓑ 31°   Ⓒ 35°   Ⓓ 45°

62°

83° x

Mantener la figura

Mucho antes de que escucharas hablar de geometría, ya comprendías las figuras. Quizá disfrutabas colocar figuras en un buzón de correos de juguete, armar rompecabezas o dibujar un juego de rayuela en la acera. Para todos estos juegos, necesitabas saber algo sobre figuras.

Pasados los años, empezaste a disfrutar los juegos de mesa como serpientes y escaleras y damas chinas, ¡los típicos juegos estadounidenses y chinos! Luego pasaste a cosas más grandes y mejores: baloncesto, fútbol americano, béisbol, tenis o fútbol.

Todos estos juegos están relacionados con las figuras. ¿Te imaginas jugar baloncesto en una cancha circular? ¿O jugar voleibol en un diamante de béisbol? Cada juego tiene su propia área particular de acción, ya sea un enorme campo de fútbol o un sencillo tablero de ajedrez. La forma y el tamaño del área de juego son parte de la identidad del juego. La geometría trata todo lo relacionado con las figuras: cómo se unen, qué tamaño tienen, cómo se dibujan y cómo se miden.

1 ¿Cuántas áreas de juego diferentes (tableros o campos) puedes mencionar?

2 ¿Cuál campo crees que es más grande, uno de fútbol soccer o uno de fútbol americano? ¿Cómo hallarías la respuesta?

239

5-6

Cuadrados y raíces cuadradas

Vas a aprender...

■ a hallar el lado de un cuadrado a partir de su área.

■ a calcular una raíz cuadrada.

...cómo se usa

Los agrimensores utilizan raíces cuadradas para calcular distancias que no pueden medir directamente.

Vocabulario

cuadrado perfecto

raíz cuadrada

radical

▶ **Enlace con la lección**   Como ya sabes usar la longitud de un lado de un cuadrado para calcular su área, ahora aprenderás a utilizar el área para hallar la longitud de un lado. ◀

Investigar | **Cuadrados y raíces cuadradas**

Estoy aburrido de los cuadrados

Materiales: Tablero de geometría, ligas

El cuadrado que se muestra en el tablero de geometría tiene lados de 1 unidad de longitud y su área es de 1 unidad cuadrada.

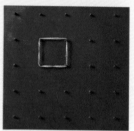

1. Haz cuadrados con áreas de 4, 9 y 16 unidades cuadradas en tu tablero de geometría. ¿Cuál es la longitud de un lado de cada cuadrado?

2. Haz un cuadrado con un área de 2 unidades cuadradas. ¿Cómo sabes que el área de tu cuadrado es de 2 unidades cuadradas?

3. ¿Cómo sabes que la figura que hiciste es un cuadrado?

4. Haz un cálculo aproximado de la longitud de un lado de tu cuadrado. ¿Cómo determinaste tu cálculo?

5. Elabora un cuadrado con un área de 8 unidades cuadradas. Calcula la longitud aproximada de un lado y compárala con la aproximación del paso 4.

Aprender | **Cuadrados y raíces cuadradas**

Recuerda que puedes usar un exponente para mostrar que un número se ha multiplicado por sí mismo una o varias veces. Así, una forma de escribir 7×7 es 7^2 ó 7 *al cuadrado*.

Un **cuadrado perfecto** es el cuadrado de un número entero. Así, el número 16 es un cuadrado perfecto porque $16 = 4^2$; pero el número 29 no lo es, puesto que no hay número entero que se pueda elevar al cuadrado para obtener 29.

Sabes que 36 es el cuadrado de 6 porque $6^2 = 36$.

También se dice que 6 es la **raíz cuadrada** de 36. La raíz cuadrada de un número es la longitud del lado de un cuadrado con un área igual al número dado.

6	36

Usa un **radical** , $\sqrt{\ }$, para escribir una raíz cuadrada.

Ejemplo 1

Un tablero de ajedrez cuadrado tiene un área de 144 pulgadas cuadradas. ¿Qué longitud tiene cada lado del tablero?

Busca un número que elevado al cuadrado sea equivalente a 144.

$12^2 = 144$. Por tanto, $\sqrt{144} = 12$.

Cada lado del tablero mide 12 pulgadas de largo.

▶ **Enlace con Lenguaje**

La palabra *radical* proviene del latín *radix* que significa "raíz". La palabra *rábano* proviene de la misma palabra en latín.

Haz la prueba

Halla cada raíz cuadrada.

a. $\sqrt{81}$ **b.** $\sqrt{121}$ **c.** $\sqrt{225}$ **d.** $\sqrt{10,000}$ **e.** $\sqrt{64}$

Puedes usar una calculadora para hallar las raíces cuadradas.

Ejemplos

2 Calcula $\sqrt{1024}$.

Introduce 1024 $\boxed{\sqrt{x}}$

$\sqrt{1024} = 32$

3 Halla $\sqrt{33}$.

Introduce 33 $\boxed{\sqrt{x}}$

$\sqrt{33} \approx 5.7445626$

$\sqrt{33} \approx 5.74$ Redondea a 2 posiciones decimales.

Haz la prueba

Encuentra las siguientes raíces cuadradas. Redondea a 2 posiciones decimales.

a. $\sqrt{85}$ **b.** $\sqrt{41}$ **c.** $\sqrt{73}$ **d.** $\sqrt{90}$ **e.** $\sqrt{300}$

Sugerencia

Verás que es de gran utilidad que te aprendas los cuadrados de los primeros 20 números cabales.

Comprobar | **Tu comprensión**

1. Si conoces el área de un cuadrado, ¿cómo puedes calcular la longitud de un lado?

2. Proporciona dos números cabales consecutivos que tengan a $\sqrt{29}$ entre ellos. Explica cómo escogiste los números.

Práctica y aplicación

Para empezar Proporciona el valor de cada expresión.

1. 4^2

2. 11^2

3. 25^2

4. 30^2

5. 9^2

6. $(0.9)^2$

7. $(0.11)^2$

8. $\left(\frac{1}{2}\right)^2$

9. $\left(\frac{3}{8}\right)^2$

10. $\left(\frac{2}{3}\right)^2$

Determina si cada número es un cuadrado perfecto.

11. 4

12. 12

13. 16

14. 49

15. 164

Halla las siguientes raíces cuadradas.

16. $\sqrt{289}$

17. $\sqrt{100}$

18. $\sqrt{169}$

19. $\sqrt{81}$

20. $\sqrt{900}$

21. $\sqrt{225}$

22. $\sqrt{121}$

23. $\sqrt{10,000}$

24. $\sqrt{144}$

25. $\sqrt{625}$

Usa una calculadora para hallar cada raíz cuadrada. Redondea la respuesta a dos posiciones decimales.

26. $\sqrt{175}$

27. $\sqrt{544}$

28. $\sqrt{1264}$

29. $\sqrt{731}$

30. $\sqrt{125}$

31. $\sqrt{98}$

32. $\sqrt{105}$

33. $\sqrt{57}$

34. $\sqrt{1572}$

35. $\sqrt{12}$

36. Medición Un diamante de softbol tiene un área de 3600 ft². ¿Qué longitud tiene cada lado del diamante?

37. Comprensión numérica ¿Qué número natural es igual a su raíz cuadrada?

38. Medición El área de la cancha de cuatro cuadros es de 100 ft². ¿Cuál es la longitud de un lado de la cancha?

39. Arquitectura El arquitecto I. M. Pei diseñó un anexo en forma de pirámide al museo de Louvre en París. La base cuadrada de la estructura cubre cerca de 13,255 ft². ¿Cuál es la longitud aproximada de cada lado?

40. Los niños de las escuelas en Ghana practican el juego Achi en un tablero similar al que se muestra. Si el perímetro de un tablero de Achi es de 192 centímetros, ¿cuál es su área?

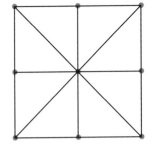

41. [Para la prueba] ¿Entre cuáles números enteros consecutivos se encuentra $\sqrt{267}$?

Ⓐ 6 y 7

Ⓑ 16 y 17

Ⓒ 133 y 134

Ⓓ 265 y 266

Resolución de problemas y razonamiento

42. Comunicación El diagrama de dispersión muestra la relación entre los números enteros de 0 a 100 y sus raíces cuadradas.

a. Usa el diagrama de dispersión para hallar la raíz cuadrada de 49 y explica cómo lo hiciste.

b. Utiliza el diagrama de dispersión para calcular la raíz cuadrada de 10 y explica cómo lo hiciste.

c. Emplea el diagrama de dispersión para calcular la raíz cuadrada de 56 y explica tu razonamiento.

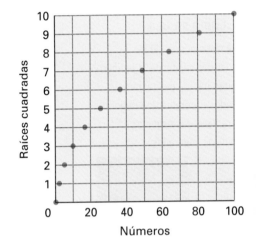

43. Razonamiento crítico Halla dos cuadrados perfectos cuya suma sea igual a 100.

Repaso mixto

Haz un diagrama de dispersión para cada conjunto de datos. *[Lección 1-6]*

44.

x	2	3	4	5	6	7	8	9
y	3	5	4	6	7	5	8	4

45.

x	3.2	4.3	5.1	6.4	7.2	7.8	8.3	9.7
y	7.6	8.2	6.3	4.2	3.1	3.5	4.4	6.6

Encuentra cada suma o resta y escríbelas en su mínima expresión. *[Lección 4-2]*

46. $\frac{2}{3} + \frac{5}{6}$

47. $\frac{11}{12} - \frac{3}{4}$

48. $\frac{3}{5} + \frac{4}{7}$

49. $\frac{21}{25} - \frac{4}{15}$

50. $\frac{5}{12} - \frac{1}{8}$

51. $\frac{7}{16} + \frac{23}{40}$

52. $\frac{30}{49} - \frac{11}{28}$

53. $\frac{4}{7} + \frac{5}{13}$

54. $\frac{3}{4} + \frac{1}{12}$

55. $\frac{9}{20} - \frac{4}{15}$

56. $\frac{21}{50} + \frac{11}{18}$

57. $\frac{99}{100} - \frac{9}{11}$

5-7

El teorema de Pitágoras

Vas a aprender...

■ a usar la relación especial entre los lados de un triángulo rectángulo.

■ el teorema de Pitágoras.

...cómo se usa

Los trabajadores de la construcción, desde el antiguo Egipto hasta hoy día, han usado el teorema de Pitágoras para hacer las esquinas de sus edificios cuadrados.

Vocabulario

hipotenusa

cateto

▶ **Enlace con la lección**   Ya has analizado varios tipos de triángulos, ahora vas a aprender una relación importante entre la longitud de los lados de un triángulo rectángulo. ◀

Investigar | Longitud de los lados de triángulos rectángulos

La rectitud de los triángulos

Materiales: Regla métrica, papel cuadriculado, calculadora

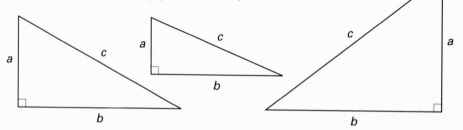

1. Empieza una tabla como la que se muestra. Mide cada triángulo en milímetros y completa la tabla; puedes guiarte por el primer triángulo que se proporciona.

a	b	c	$a^2 + b^2$	c^2
24	45	51	2601	

2. Describe cualquier patrón que observes en la tabla.

3. En tu papel cuadriculado, dibuja un triángulo rectángulo mediante el uso de dos segmentos de recta perpendiculares de cualquier longitud. Luego une los extremos para formar un triángulo. Rotula los lados *a*, *b* y *c* y asigna *c* al lado más largo. Luego mide los lados y suma los resultados en tu tabla. ¿Coinciden tus resultados con el patrón que observaste en el paso 2?

4. Ahora dibuja un triángulo que *no* sea un triángulo rectángulo. Suma sus medidas en tu tabla. ¿Coinciden los resultados con el patrón que observaste en el paso 2?

Aprender | El teorema de Pitágoras

La **hipotenusa** de un triángulo rectángulo es el lado opuesto del ángulo recto y es el lado más largo. Los otros dos lados se llaman **catetos**.

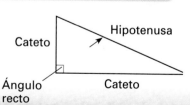

El triángulo mostrado tiene catetos de 3 y 4 unidades de largo y una hipotenusa que mide 5 unidades de largo. Observa que $3^2 + 4^2 = 5^2$.

EL TEOREMA DE PITÁGORAS

En un triángulo rectángulo, la suma de los cuadrados de la longitud de los catetos es igual al cuadrado de la longitud de la hipotenusa.

$$a^2 + b^2 = c^2$$

También es cierto que si la longitud de los lados de un triángulo satisfacen $a^2 + b^2 = c^2$, entonces el triángulo debe ser un triángulo rectángulo.

Ejemplos

1 Halla la distancia perpendicular de una cancha de tenis.

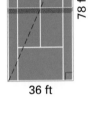

$a^2 + b^2 = c^2$	Usa el teorema de Pitágoras.
$36^2 + 78^2 = c^2$	Sustituye 36 por a y 78 por b.
$1296 + 6084 = c^2$	Eleva al cuadrado 36 y 78.
$7380 = c^2$	Haz la suma.
$\sqrt{7380} = c \approx 86$	Calcula $\sqrt{7380}$ y redondea al número cabal más cercano.

78 ft

36 ft

La distancia perpendicular de la cancha es como de 86 pies.

2 Calcula la longitud del cateto más corto.

13 in.

a

12 in.

$a^2 + b^2 = c^2$	Usa el teorema de Pitágoras.
$a^2 + 12^2 = 13^2$	Sustituye 12 por b y 13 por c.
$a^2 + 144 = 169$	Eleva al cuadrado 12 y 13.
$a^2 + 144 - 144 = 169 - 144$	Para anular la suma, resta 144 en ambos lados.
$a^2 = 25$	Haz la resta.
$a = \sqrt{25} = 5$ in.	Halla $\sqrt{25}$.

Haz la prueba

Halla la longitud que falta en cada triángulo rectángulo.

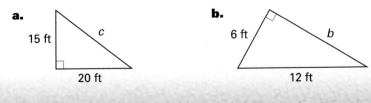

a.

15 ft c

20 ft

b.

6 ft b

12 ft

1. ¿Cómo puedes usar la longitud de los lados de un triángulo para determinar si es un triángulo rectángulo?

2. ¿Puede un cateto de un triángulo rectángulo ser más largo que la hipotenusa? Explica tu respuesta.

5-7 Ejercicios y aplicaciones

Práctica y aplicación

| Para empezar | Indica la hipotenusa y los catetos de cada triángulo.

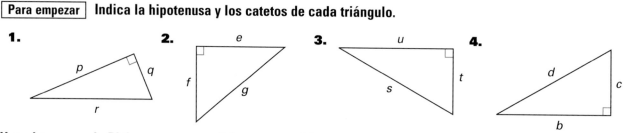

1. **2.** **3.** **4.**

Usa el teorema de Pitágoras para escribir una ecuación que exprese la relación entre los catetos y la hipotenusa de cada triángulo.

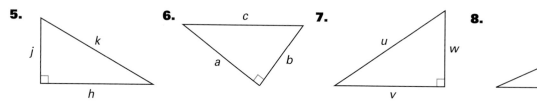

5. **6.** **7.** **8.**

Determina si cada triángulo es un triángulo rectángulo.

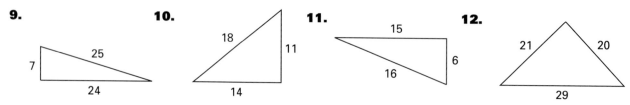

9. **10.** **11.** **12.**

Halla la longitud faltante en cada triángulo rectángulo.

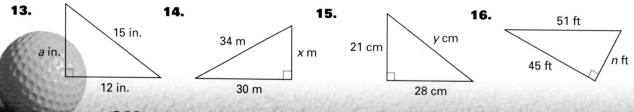

13. **14.** **15.** **16.**

17. Medición El corredor trata de robar la segunda base. El catcher hace un lanzamiento perfecto desde el plato de bateo hasta la segunda base y ¡el corredor queda fuera del juego! ¿Qué tan lejos fue el lanzamiento desde el plato de bateo hasta la segunda base?

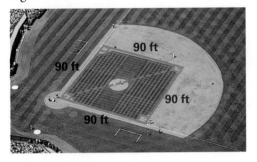

18. Ciencias Los ingenieros que construyen puentes a menudo usan estructuras reforzadas. La unidad básica de un refuerzo es un triángulo. Con frecuencia se utiliza un nabo para fortalecer un refuerzo. ¿Cuál es la longitud del nabo mostrado en el diagrama?

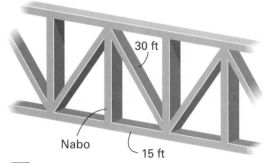

19. ┃ Para la prueba ┃ En el triángulo ABC, $\overline{AB}$ mide 5 cm, $\overline{BC}$ 5 cm y $\overline{CA}$ alrededor de 7.07 cm. ¿Cuál de los siguientes conceptos describe mejor al triángulo ABC?

Ⓐ Triángulo rectángulo   Ⓑ Triángulo escaleno

Ⓒ Triángulo rectángulo isósceles   Ⓓ Triángulo rectángulo escaleno

Resolución de problemas y razonamiento

20. Escoge una estrategia Una escalera de 8 pies está recargada sobre un edificio; la base de la escalera se encuentra a 3 pies de distancia del edificio. ¿Qué tan alto está el punto donde la escalera hace contacto con el edificio?

21. Comunicación ¿Esperarías obtener otro triángulo rectángulo al sumar 1 a la longitud de cada lado de un triángulo rectángulo? ¿Y al duplicar cada lado? Explica tu respuesta.

22. Razonamiento crítico Una alberca cuadrada para clavados tiene lados de 30 pies de largo. ¿Piensas que una cuerda de 45 pies de longitud sea suficiente para alcanzar el otro extremo de la alberca en forma diagonal?

Resolución de problemas

ESTRATEGIAS

• Busca un patrón
• Organiza la información en una lista
• Haz una tabla
• Prueba y comprueba
• Empieza por el final
• Usa el razonamiento lógico
• Haz un diagrama
• Simplifica el problema

Repaso mixto

Dibuja un diagrama de dispersión y una línea de tendencia para cada conjunto de datos. *[Lección 1-7]*

23.

x	8	6	3	8	5	4	3	7
y	3	4	6	4	5	6	5	3

24.

x	7.2	4.7	7.6	3.2	9.3	6.4	2.3	5.8
y	6.5	5.7	5.2	6.3	5.4	6.1	5.7	6.0

Halla cada suma o resta. *[Lección 4-3]*

25. $12\frac{7}{12} + 7\frac{9}{16}$ **26.** $7\frac{3}{8} - 3\frac{1}{5}$ **27.** $8\frac{5}{7} + 13\frac{4}{5}$ **28.** $4\frac{7}{18} - 1\frac{41}{66}$

29. $7\frac{3}{10} - 3\frac{4}{7}$ **30.** $18\frac{1}{2} + 31\frac{7}{8}$ **31.** $53\frac{5}{7} - 17\frac{2}{3}$ **32.** $63\frac{1}{6} + 54\frac{2}{3}$

Áreas de triángulos

Vas a aprender...

■ a calcular el área de un triángulo.

...cómo se usa

Los instaladores de tablas de forro necesitan saber calcular áreas triangulares para hacer una aproximación razonable de un trabajo.

▶ **Enlace con la lección** En esta lección vas a relacionar la fórmula para obtener el área de un rectángulo con la fórmula para calcular el área de un triángulo. ◀

Investigar | Triángulos

Destrozar un rectángulo

Materiales: Papel cuadriculado, tijeras

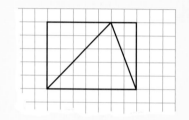

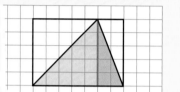

1. Dibuja un rectángulo con cualquier longitud y anchura sobre un papel cuadriculado. En su interior, dibuja un triángulo como el que se muestra.

2. Dibuja un segundo rectángulo y un triángulo exactamente como el primero. Dibuja una recta perpendicular desde el vértice de un triángulo a la base opuesta.

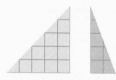

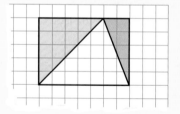

3. Recorta el segundo triángulo y luego recórtalo en dos piezas a lo largo de la línea perpendicular.

4. Regresa al primer rectángulo. Coloca los dos nuevos triángulos sobre las partes del rectángulo que *no* estén contenidas en el primer triángulo.

5. ¿Cómo se compara el área del triángulo que dibujaste en el paso 1 con el área del rectángulo? Explica tu respuesta.

6. Dibuja un rectángulo diferente y repite los pasos del 1 al 5. Luego describe tus resultados.

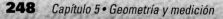

La *altura* (*h*) de un triángulo es el segmento de recta dibujado en forma perpendicular a la *base* (*b*) desde el vértice opuesto a la base. La longitud de ese segmento también se llama altura.

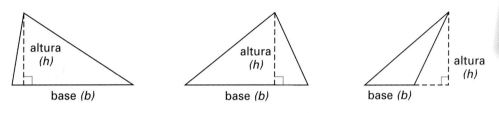

base (*b*)   base (*b*)   base (*b*)

Observa que la altura de un triángulo obtuso puede estar fuera del triángulo.

ÁREA DE UN TRIÁNGULO

El área de un triángulo es la mitad del producto de las longitudes de la base y la altura.

$A = \frac{1}{2}bh$

Ejemplos

1 Halla el área de la porción sombreada del juego de mesa "Sixteen Soldiers" que se muestra a la derecha. La base del triángulo sombreado mide 12 cm y la altura 9 cm.

$A = \frac{1}{2}bh$ Usa la fórmula para calcular el área de **un triángulo**.

$= \frac{1}{2} \cdot 12 \cdot 9$ Sustituye 12 por **b** y 9 por **h**.

$= 54$ Haz la multiplicación.

El área de la porción sombreada es de 54 cm².

2 Halla el área del triángulo.

$A = \frac{1}{2}bh$

$= \frac{1}{2} \cdot 8 \cdot 3$

$= 12$

El área es de 12 cm².

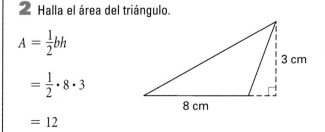

3 cm

8 cm

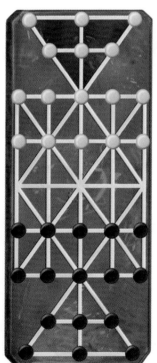

Puedes hallar el área de un triángulo si utilizas cualquier relación de base por altura. Todas darán el mismo resultado.

Cada triángulo tiene tres bases y se puede dibujar una altura para cada base.

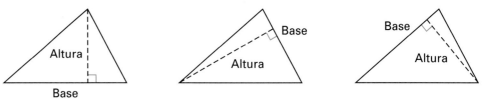

En el juego Tangoes™, los jugadores reacomodan siete figuras geométricas en forma de personas, animales y otras figuras. Aunque a menudo las piezas se acomodan de manera que las bases no se presenten en posición horizontal.

Ejemplo 3

Halla el área del triángulo delineado.

$A = \frac{1}{2}bh$ Usa la fórmula para calcular el área de un triángulo.

$= \frac{1}{2} \cdot 4 \cdot 2$ Sustituye 4 por b y 2 por h.

$= 4$ Haz la multiplicación.

El área es de 4 in².

Haz la prueba

Halla el área de los siguientes triángulos.

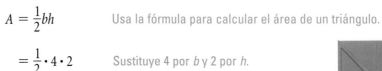

a.

6 in.

14 in.

b.

19 in.

16 in.

c.

24 ft

5 ft

Comprobar Tu comprensión

1. Compara las áreas de los triángulos con el área del rectángulo.

2. Dos triángulos con formas diferentes tienen una base de 6 cm y una altura de 4 cm. ¿Tienen la misma área? Explica tu respuesta.

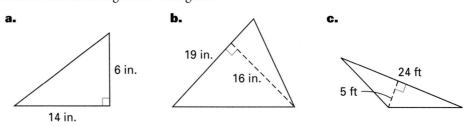

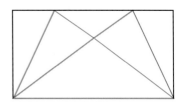

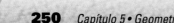

Práctica y aplicación

1. | **Para empezar** | Sigue estos pasos para calcular el área del triángulo que se muestra a continuación.

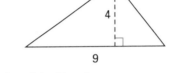

   a. ¿Cuál es la base?

   b. ¿Cuál es la altura?

   c. Multiplica la base por la altura.

   d. Multiplica el producto por $\frac{1}{2}$ para determinar el área del triángulo.

Calcula el área de cada triángulo.

2. $b = 12$ m   **3.** $b = 25$ ft   **4.** $b = 3.5$ cm   **5.** $b = 20$ in.

   $h = 20$ m $h = 5$ ft $h = 1.4$ cm $h = \frac{2}{3}$ in.

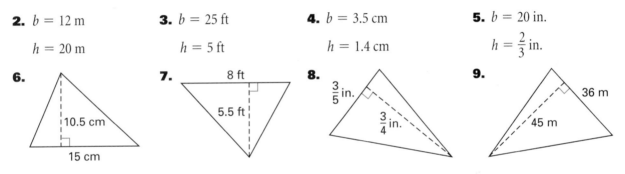

6.   10.5 cm   15 cm

7.   8 ft   5.5 ft

8. $\frac{3}{5}$ in. $\frac{3}{4}$ in.

9.   36 m   45 m

Halla la medida faltante de cada triángulo.

10. $b = 20$ m   **11.** $b = 18$ ft   **12.** $b = ?$ **13.** $b = ?$

    $h = ?$ $h = ?$ $h = 44$ cm $h = 72$ in.

    $A = 150$ m^2 $A = 162$ ft^2 $A = 792$ cm^2 $A = 3240$ in^2

14. $b = 100$ mm   **15.** $b = ?$ **16.** $b = 54$ cm   **17.** $b = ?$

    $h = 0.2$ mm $h = 25$ yd $h = ?$ $h = 95$ in.

    $A = ?$ $A = 225$ yd^2 $A = 4536$ cm^2 $A = 1235$ in^2

18. Historia Los antiguos egipcios construyeron grandes pirámides que sirvieron como tumbas para sus reyes. Cada cara de la pirámide más grande tiene una base de 230 metros de largo. La altura de cada cara es de aproximadamente 92 metros. ¿Cuál es el área de una de las caras?

19. Ciencias sociales Se piensa que el juego de las damas chinas se originó en China y emigró a Europa en los primeros años del siglo XIX. El juego se practica en un tablero en forma de estrella. Si la base del triángulo es de 4 pulgadas y su altura mide 3.5 pulgadas, ¿cuál es el área de la parte triangular de la estrella?

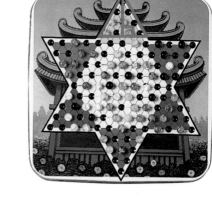

20. [Para la prueba] ¿Cuál triángulo tiene el área más pequeña?

    Ⓐ $b = \frac{1}{2}, h = 12$ Ⓑ $b = 3, h = 4$

    Ⓒ $b = \frac{2}{3}, h = 15$ Ⓓ $b = \frac{3}{4}, h = 16$

Resolución de problemas y razonamiento

21. Comunicación Verdadero o falso: Todos los triángulos con la misma base y altura tienen áreas iguales. Explica tu respuesta.

22. Escoge una estrategia Dibuja y rotula los siguientes triángulos. Incluye los rótulos tanto para la base como para la altura.

    a. Dos triángulos diferentes, cada uno con un área de 6 unidades cuadradas.

    b. Dos triángulos diferentes, cada uno con un área de 15 unidades cuadradas.

    c. Dos triángulos diferentes, cada uno con un área de 24 unidades cuadradas.

23. *En tu diario* Dibuja un triángulo en papel cuadriculado. Cuenta el número de cuadrados dentro del triángulo para aproximar su área. Luego mide la base y la altura del triángulo para calcular su área. Indica qué tan cerca estuvo tu aproximación al resultado del área del triángulo.

> **Resolución de problemas**
> # ESTRATEGIAS
> - Busca un patrón
> - Organiza la información en una lista
> - Haz una tabla
> - Prueba y comprueba
> - Empieza por el final
> - Usa el razonamiento lógico
> - Haz un diagrama
> - Simplifica el problema

Repaso mixto

Comprueba si cada número se puede dividir entre 2, 3, 4, 5, 6, 8, 9 y 10.
[Lección 3-6]

24. 562   **25.** 843   **26.** 78   **27.** 3125

28. 6578   **29.** 48,628   **30.** 78,376   **31.** 364,859

Halla los siguientes productos y escríbelos en su mínima expresión. *[Lección 4-4]*

32. $\frac{5}{7} \cdot \frac{7}{9}$ **33.** $\frac{13}{16} \cdot \frac{28}{39}$ **34.** $\frac{5}{12} \cdot \frac{6}{35}$ **35.** $\frac{5}{9} \cdot \frac{21}{25}$

36. $\frac{7}{15} \cdot \frac{3}{8}$ **37.** $\frac{5}{11} \cdot \frac{22}{45}$ **38.** $\frac{3}{5} \cdot \frac{7}{13}$ **39.** $\frac{8}{9} \cdot \frac{7}{25}$

40. $\frac{3}{10} \cdot \frac{2}{15}$ **41.** $\frac{5}{8} \cdot \frac{11}{12}$ **42.** $\frac{7}{24} \cdot \frac{12}{14}$ **43.** $\frac{6}{19} \cdot \frac{19}{6}$

Áreas de paralelogramos y trapecios

| ► Enlace con la lección | Una vez que has aprendido a calcular el área de rectángulos, cuadrados y triángulos, pasarás a calcular el área de paralelogramos y trapecios. ◄

Investigar — Áreas de paralelogramos

Laberinto de rectángulos

Materiales: Papel cuadriculado, tijeras, regla

1. Dibuja un paralelogramo en papel cuadriculado. Luego dibuja una línea perpendicular desde uno de los vértices hasta la base opuesta.

2. Recorta el paralelogramo y luego recórtalo en dos piezas a lo largo de la línea perpendicular. Acomoda las dos piezas para formar un rectángulo. ¿Cuál es la base y la altura del rectángulo?

3. Repite los pasos 1 y 2 con un paralelogramo diferente.

4. Describe un método para calcular el área de un paralelogramo.

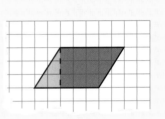

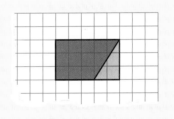

Vas a aprender...

■ a hallar el área de un paralelogramo.

■ a calcular el área de un trapecio.

...cómo se usa

Los fabricantes de edredones utilizan piezas de tela en forma de paralelogramos en sus diseños.

Aprender — Áreas de paralelogramos y trapecios

La *altura* de un paralelogramo o trapecio es la longitud de un segmento que conecta dos bases paralelas y, además, es perpendicular a las otras dos bases.

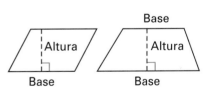

Puedes usar la base y la altura de un paralelogramo para hallar su área.

ÁREA DE UN PARALELOGRAMO

El área de un paralelogramo es el producto de su altura y la longitud de su base.

$A = bh$

Ejemplo 1

Este vitral en Jerusalén, diseñado por Marc Chagall, está hecho a base de pequeñas piezas de vidrio de color. Halla el área de las piezas de vidrio en forma de paralelogramo.

$A = bh$ Usa la fórmula para calcular el área de un paralelogramo.

$\quad = 6 \cdot 2$ Sustituye 6 por b y 2 por h.

$\quad = 12$ Haz la multiplicación.

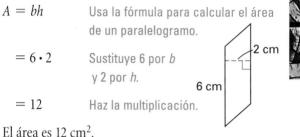

El área es 12 cm².

Haz la prueba

Calcula el área de cada paralelogramo.

a.

5 in. $\frac{3}{4}$ in.

b.

23 m   11 m

c.

2.4 km   1.2 km

Para hallar el área de un trapecio, debes conocer la longitud de cada base y la altura. Las bases por lo general se rotulan como b_1 y b_2.

ÁREA DE UN TRAPECIO

El área de un trapecio es la mitad de su altura multiplicada por la suma de la longitud de sus dos bases.

$A = \frac{1}{2}h(b_1 + b_2)$

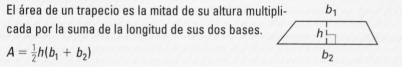

Ejemplo 2

Halla el área del trapecio mostrado en el diagrama de la derecha.

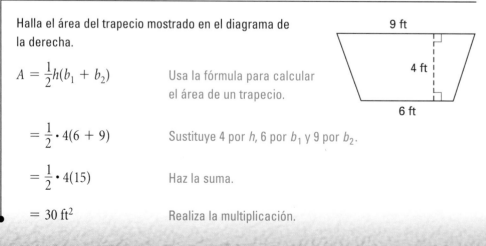

$A = \frac{1}{2}h(b_1 + b_2)$ Usa la fórmula para calcular el área de un trapecio.

$\quad = \frac{1}{2} \cdot 4(6 + 9)$ Sustituye 4 por h, 6 por b_1 y 9 por b_2.

$\quad = \frac{1}{2} \cdot 4(15)$ Haz la suma.

$\quad = 30 \text{ ft}^2$ Realiza la multiplicación.

Ejemplo 3

En el baloncesto internacional, el área de tiro libre es diferente de la que se usa en Estados Unidos. ¿Cuánto más grande es el área de tiro libre internacional?

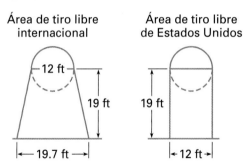

Área de tiro libre internacional

Área de tiro libre de Estados Unidos

12 ft — 19 ft — 19.7 ft — 19 ft — 12 ft

El área de tiro libre internacional tiene forma de trapecio.

$A = \frac{1}{2}h(b_1 + b_2)$ Usa la fórmula para calcular el área de un trapecio.

$= \frac{1}{2} \cdot 19(12 + 19.7)$ Sustituye 19 por h, 12 por b_1 y 19.7 por b_2.

$= \frac{1}{2} \cdot 19(31.7)$ Haz la suma.

$= 301.15 \text{ ft}^2$ Realiza la multiplicación.

El área de tiro libre de Estados Unidos tiene forma de rectángulo.

$A = bh$ Usa la fórmula para calcular el área de un rectángulo.

$= 12 \cdot 19$ Sustituye 12 por b y 19 por h.

$= 228 \text{ ft}^2$ Haz la multiplicación.

$301.15 - 228 = 73.15 \text{ ft}^2$

El área de tiro libre internacional es 73.15 ft^2 más grande.

Haz la prueba

Halla el área de cada trapecio.

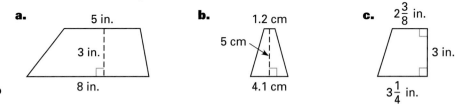

a. 5 in. / 3 in. / 8 in.

b. 1.2 cm / 5 cm / 4.1 cm

c. $2\frac{3}{8}$ in. / 3 in. / $3\frac{1}{4}$ in.

> **Enlace con Ciencias sociales**
>
> El baloncesto femenil se incluyó por primera vez en los Juegos Olímpicos celebrados en Montreal en 1976. En esa ocasión, el equipo femenil de la ex Unión Soviética ganó la medalla de oro.

¿LO SABÍAS?

Un *trapecio* de gimnasia en realidad tiene forma de *trapecio* geométrico. Las cuerdas están más separadas en la parte superior que en la inferior a fin de que la barra ofrezca mayor seguridad a los gimnastas durante la ejecución de sus rutinas.

Comprobar Tu comprensión

1. Un rectángulo y un paralelogramo tienen la misma base y altura. ¿Cómo están relacionadas sus áreas?

2. ¿Cómo puedes usar la propiedad distributiva para escribir la fórmula para el área de un trapecio en una forma diferente?

Práctica y aplicación

| Para empezar | Indica la altura y la(s) base(s) de cada figura.

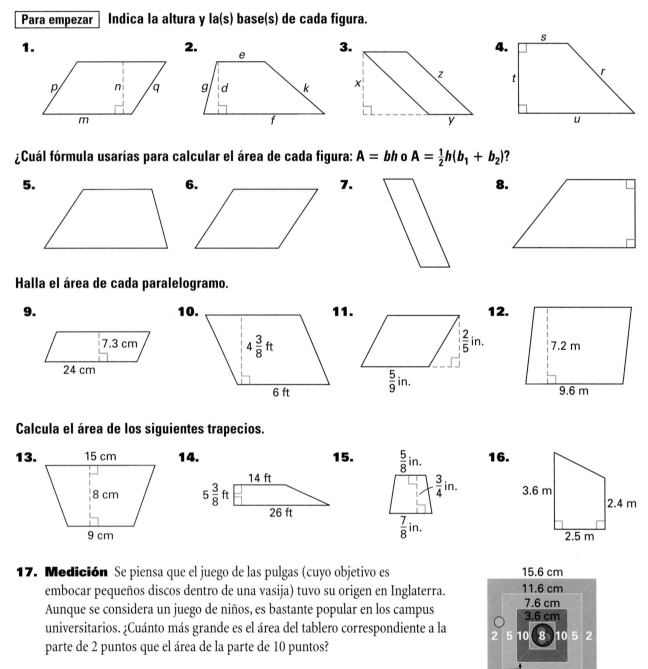

1.

2.

3.

4.

¿Cuál fórmula usarías para calcular el área de cada figura: $A = bh$ o $A = \frac{1}{2}h(b_1 + b_2)$?

5.

6.

7.

8.

Halla el área de cada paralelogramo.

9. 7.3 cm, 24 cm

10. $4\frac{3}{8}$ ft, 6 ft

11. $\frac{2}{5}$ in., $\frac{5}{9}$ in.

12. 7.2 m, 9.6 m

Calcula el área de los siguientes trapecios.

13. 15 cm, 8 cm, 9 cm

14. 14 ft, $5\frac{3}{8}$ ft, 26 ft

15. $\frac{5}{8}$ in., $\frac{3}{4}$ in., $\frac{7}{8}$ in.

16. 3.6 m, 2.4 m, 2.5 m

17. Medición Se piensa que el juego de las pulgas (cuyo objetivo es embocar pequeños discos dentro de una vasija) tuvo su origen en Inglaterra. Aunque se considera un juego de niños, es bastante popular en los campus universitarios. ¿Cuánto más grande es el área del tablero correspondiente a la parte de 2 puntos que el área de la parte de 10 puntos?

15.6 cm
11.6 cm
7.6 cm
3.6 cm
2 5 10 8 10 5 2
2 cm
2 cm

18. Geografía El estado de Nevada tiene forma de trapecio. Calcula el área aproximada de este estado mediante la fórmula para obtener el área de un trapecio.

19. | Para la prueba | ¿Cuál de los siguientes trapecios tiene el área más grande?

Ⓐ $b_1 = 10, b_2 = 6, h = 3.1$

Ⓑ $b_1 = 8, b_2 = 7, h = 3.2$

Ⓒ $b_1 = 10, b_2 = 4, h = 3.4$

Ⓓ $b_1 = 9, b_2 = 4, h = 3.5$

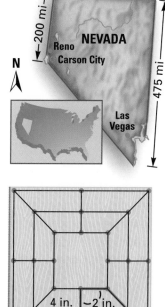

20. Historia El juego "Morris", cuyo objetivo es alinear tres piezas en una fila, ha tenido gran popularidad en todo el mundo durante varios siglos. Algunas versiones de este juego se han encontrado en un templo egipcio de 4400 años de antigüedad y en un barco vikingo que data de hace 2900 años. En la figura adjunta se muestra un tablero del juego Morris en su versión "Doce hombres". Halla el área de los trapecios que aparecen resaltados.

Resolución de problemas y razonamiento

21. Comunicación Explica cuál es la relación entre el área de un paralelogramo y el área de un triángulo con la misma base y altura.

22. Comunicación Un problema en los eventos deportivos es la falta de espacio para estacionar los autos. Un cajón para auto mide 9 por 24 pies. ¿Cuál es el área de un espacio para estacionarse?

23. Mediante el uso de dos pequeños triángulos y el cuadrado de un grupo de Tangoes™, elabora un rectángulo, un trapecio y un paralelogramo. Haz dibujos de las figuras que formas o trazas alrededor de las figuras. Si el área de un triángulo pequeño es de 1 unidad cuadrada, ¿cuál es el área de tus figuras?

Repaso mixto

Halla el MCD y el MCM de los siguientes pares de números. *[Lección 3-7]*

24. 336, 210   **25.** 54, 88   **26.** 81, 126   **27.** 210, 168

28. 165, 195   **29.** 780, 510   **30.** 385, 390   **31.** 420, 270

Calcula cada producto. *[Lección 4-5]*

32. $4\frac{3}{5} \cdot 7\frac{2}{3}$ **33.** $4\frac{8}{9} \cdot 3\frac{6}{7}$ **34.** $9\frac{4}{5} \cdot 5\frac{2}{3}$ **35.** $6\frac{1}{2} \cdot 8\frac{1}{2}$

36. $3\frac{2}{3} \cdot 1\frac{1}{3}$ **37.** $2\frac{1}{6} \cdot 7\frac{2}{3}$ **38.** $8\frac{1}{4} \cdot 10\frac{7}{10}$ **39.** $4\frac{3}{8} \cdot 3\frac{1}{3}$

5-10

Resolución de problemas: Áreas de figuras irregulares

Vas a aprender…

■ a calcular el área de figuras irregulares.

…cómo se usa

Los urbanistas trabajan con áreas de figuras irregulares cuando proyectan nuevos espacios habitacionales.

▶ **Enlace con la lección** Ya sabes calcular el área de varias figuras geométricas comunes; ahora aprenderás a calcular el área de figuras *compuestas* o *irregulares*. ◀

Investigar | **Figuras irregulares**

Un par para el campo

La ilustración adjunta muestra el séptimo hoyo del golfito de Marty. Pero Marty necesita una alfombra nueva para cubrir el hoyo completo.

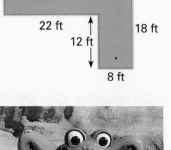

1. Determina la longitud de los dos lados faltantes. Explica tu respuesta.

2. Dibuja segmentos horizontales o verticales para dividir el hoyo en tres rectángulos. ¿Existe más de una manera de dividir el hoyo en tres rectángulos? Explica tu respuesta.

3. Halla el área de cada rectángulo y luego suma los resultados para calcular el área total.

4. Divide el hoyo en tres rectángulos, pero esta vez de diferente manera y calcula el área total. ¿El área es igual al resultado anterior?

5. Imagina que este hoyo tiene un molino de viento cuya base triangular se encuentra rodeada por la alfombra. ¿Cómo podrías calcular el área de la parte alfombrada del hoyo?

Aprender | **Resolver problemas: Áreas de figuras irregulares**

Puedes hallar el área de una figura irregular si primero la divides en figuras conocidas y luego sumas el área de cada parte. En ocasiones hay varias formas de dividir una figura irregular.

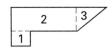

Ejemplo 1

Halla el área de la figura.

Divide la figura en un rectángulo y un triángulo.

$A = lw = 6 \cdot 10$ Halla el área del rectángulo.

$= 60$ Haz la multiplicación.

$\frac{1}{2}bh = \frac{1}{2} \cdot 8 \cdot 5$ Halla el área del triángulo.

$= 20$ Haz la multiplicación.

Área total = área del rectángulo + área del triángulo

$= \qquad 60 \qquad + \qquad 20$

$= 80$

El área es 80 ft².

Haz la prueba

Calcula el área de la figura.

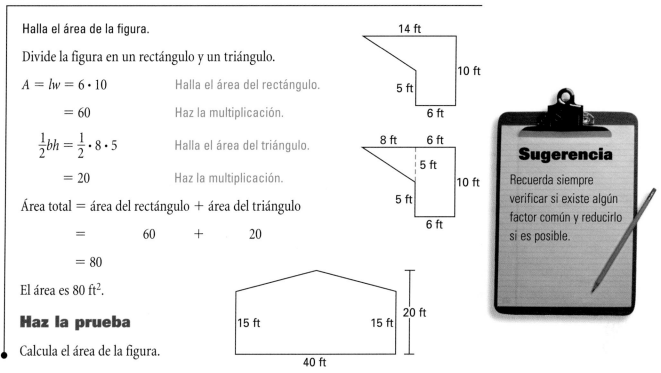

Sugerencia

Recuerda siempre verificar si existe algún factor común y reducirlo si es posible.

En ocasiones necesitas restar para calcular el área de una figura geométrica. Por ejemplo, para hallar el área de una figura que tiene un orificio o abertura, primero calcula el área total de la figura y luego resta el área del orificio.

Ejemplo 2

Halla el área de la porción alfombrada del golfito de la figura adjunta. Calcula el área total y luego resta el área del cuadrado.

Rectángulo 1	Rectángulo 2	Rectángulo 3
$lw = 10 \cdot 8$	$lw = 30 \cdot 10$	$lw = 10 \cdot 8$
$= 80$	$= 300$	$= 80$

Área de rectángulos = $80 + 300 + 80 = 460$

Área del cuadrado = $s^2 = 6^2 = 36$

Área total = área de rectángulos − área del cuadrado

$= 460 - 36 = 424$

El área de la porción alfombrada del hoyo es de 424 ft².

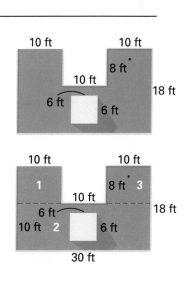

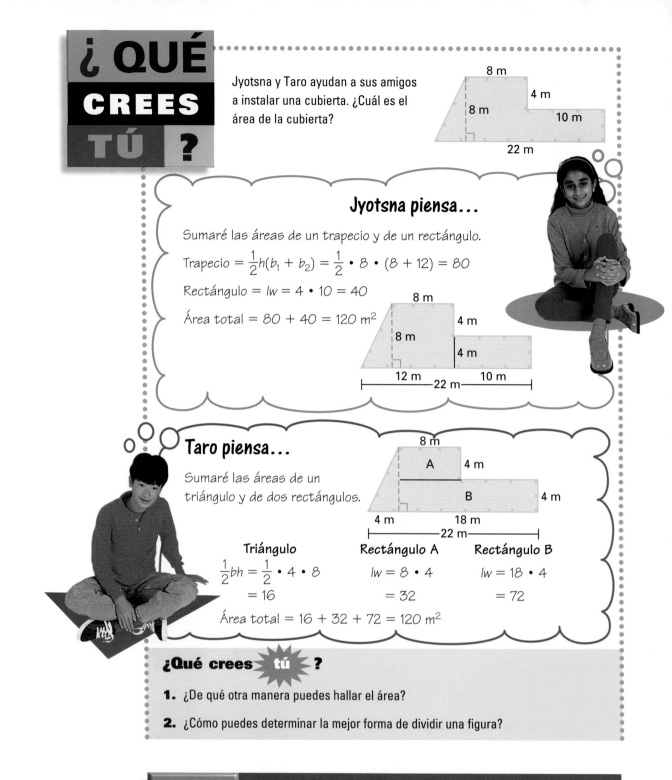

¿QUÉ CREES TÚ?

Jyotsna y Taro ayudan a sus amigos a instalar una cubierta. ¿Cuál es el área de la cubierta?

8 m
4 m
8 m
10 m
22 m

Jyotsna piensa...

Sumaré las áreas de un trapecio y de un rectángulo.

Trapecio $= \frac{1}{2}h(b_1 + b_2) = \frac{1}{2} \cdot 8 \cdot (8 + 12) = 80$

Rectángulo $= lw = 4 \cdot 10 = 40$

Área total $= 80 + 40 = 120$ m^2

8 m
4 m
8 m
4 m
12 m   10 m
22 m

Taro piensa...

Sumaré las áreas de un triángulo y de dos rectángulos.

8 m
A   4 m
B   4 m
4 m   18 m
22 m

Triángulo	Rectángulo A	Rectángulo B
$\frac{1}{2}bh = \frac{1}{2} \cdot 4 \cdot 8$	$lw = 8 \cdot 4$	$lw = 18 \cdot 4$
$= 16$	$= 32$	$= 72$

Área total $= 16 + 32 + 72 = 120$ m^2

¿Qué crees tú?

1. ¿De qué otra manera puedes hallar el área?

2. ¿Cómo puedes determinar la mejor forma de dividir una figura?

Comprobar Tu comprensión

1. ¿Por qué es útil dividir una figura irregular en rectángulos y triángulos para calcular el área?

2. Menciona otras figuras conocidas en que puedas dividir las figuras irregulares.

Práctica y aplicación

1. **Para empezar** Sigue estos pasos para hallar el área de la figura irregular que se muestra.

   a. Divide la figura en dos rectángulos.

   b. Halla el área de cada rectángulo.

   c. Suma las áreas de los rectángulos para determinar el área de la figura irregular.

Halla el área de la región sombreada de cada figura.

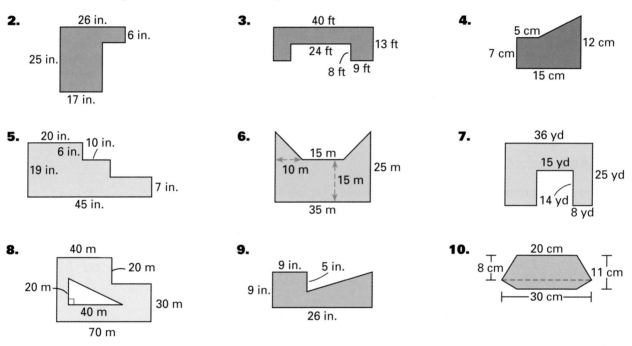

2.
26 in.
6 in.
25 in.
17 in.

3.
40 ft
13 ft
24 ft
8 ft 9 ft

4.
5 cm
12 cm
7 cm
15 cm

5.
20 in.
10 in.
6 in.
19 in.
7 in.
45 in.

6.
15 m
10 m
25 m
15 m
35 m

7.
36 yd
15 yd
25 yd
14 yd
8 yd

8.
40 m
20 m
20 m
40 m
30 m
70 m

9.
9 in.   5 in.
9 in.
26 in.

10.
20 cm
8 cm
11 cm
30 cm

11. **Ciencias sociales** El "Gran campo de juego de pelota" en Chichén Itzá, México, fue el sitio de los juegos ceremoniales de los mayas. Usa el diagrama para calcular el área de este campo.

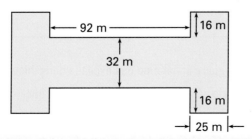

92 m
16 m
32 m
16 m
25 m

12. **Para la prueba** ¿Cuál de estas áreas se puede dividir en un cuadrado y un trapecio?

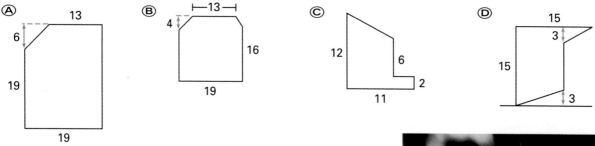

Ⓐ 13, 6, 19, 19

Ⓑ 13, 4, 16, 19

Ⓒ 12, 6, 11, 2

Ⓓ 15, 3, 15, 3

Resolución de problemas y razonamiento

13. Razonamiento crítico Una mesa rectangular mide 48 por 30 pulgadas y encima de ella hay un tablero de ajedrez que mide 24 pulgadas en uno de sus lados. ¿Qué cantidad del área de la mesa *no* está cubierta por el tablero de ajedrez?

14. Comunicación Este cuadrado de 8 por 8 cm se ha dividido en cuatro triángulos de igual tamaño. ¿Cuál es el área de uno de los triángulos? Explica cómo hallaste la respuesta.

8 cm

Repaso mixto

Expresa cada fracción en su mínima expresión. *[Lección 3-8]*

15. $\frac{25}{35}$

16. $\frac{16}{42}$

17. $\frac{12}{54}$

18. $\frac{49}{84}$

19. $\frac{63}{96}$

20. $\frac{38}{95}$

21. $\frac{52}{100}$

22. $\frac{75}{375}$

Halla cada cociente y escríbelo en su mínima expresión. *[Lección 4-6]*

23. $\frac{3}{7} \div \frac{8}{9}$

24. $\frac{5}{6} \div \frac{2}{3}$

25. $\frac{6}{7} \div \frac{3}{14}$

26. $\frac{1}{3} \div \frac{3}{4}$

27. $2\frac{3}{4} \div 5\frac{2}{5}$

28. $3\frac{2}{7} \div 2\frac{4}{9}$

29. $1\frac{7}{8} \div 4\frac{1}{2}$

30. $9\frac{3}{4} \div 3\frac{1}{4}$

El proyecto en marcha

Calcula el área del terreno de tu escuela. Luego prepara un informe que explique cómo hiciste tus mediciones y cómo calculaste el área. Asegúrate de incluir en el informe el plano que dibujaste.

Resolución de problemas

Comprende
Planea
Resuelve
Revisa

Has usado fórmulas para calcular el área y los lados de algunas figuras geométricas; también has utilizado el cálculo aproximado. Ahora aplicarás estos conocimientos para diseñar un área para juegos múltiples.

Mantener la figura

Materiales: Papel cuadriculado

Has sido contratado para diseñar el proyecto básico de un parque de juegos que contenga 5 áreas diferentes.

Área triangular de la estructura para escalar

Área rectangular para volar cometas

Área en forma de paralelogramo para el juego de rayuela

Lago irregular para veleros a escala

Laberinto en forma de trapecio

1. El parque geométrico es un cuadrado con un área de 1024 yd². Dibuja los límites del parque en papel cuadriculado, donde cada cuadro representa un área de 1 yarda cuadrada.

2. Determina dónde podrías instalar las cinco áreas de juego y el tamaño de cada una. Luego dibuja el contorno de cada área dentro de los límites del parque. La mayor parte del parque debe estar ocupada por las cinco áreas, con sólo unos cuantos senderos y áreas de descanso entre ellas.

3. Describe cada área de juego tan detallado como sea posible, de acuerdo con los temas que has estudiado en esta sección. Por ejemplo, podrías describir los cálculos o las aproximaciones de las longitudes, anchuras, bases, alturas, perímetros, áreas y longitudes de los lados.

263

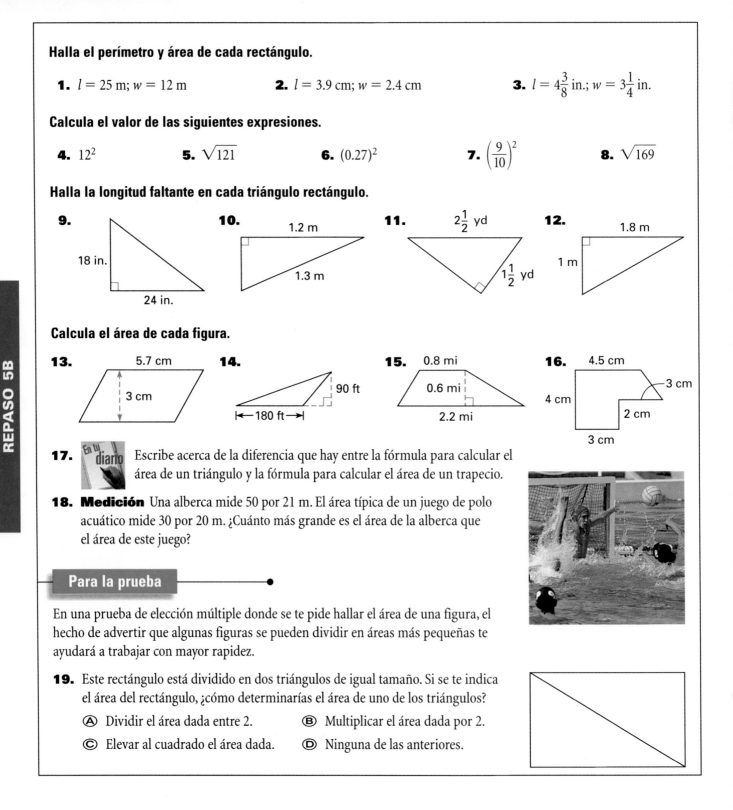

Halla el perímetro y área de cada rectángulo.

1. $l = 25$ m; $w = 12$ m

2. $l = 3.9$ cm; $w = 2.4$ cm

3. $l = 4\frac{3}{8}$ in.; $w = 3\frac{1}{4}$ in.

Calcula el valor de las siguientes expresiones.

4. 12^2

5. $\sqrt{121}$

6. $(0.27)^2$

7. $\left(\frac{9}{10}\right)^2$

8. $\sqrt{169}$

Halla la longitud faltante en cada triángulo rectángulo.

9. 18 in. 24 in.

10. 1.2 m 1.3 m

11. $2\frac{1}{2}$ yd $1\frac{1}{2}$ yd

12. 1.8 m 1 m

Calcula el área de cada figura.

13. 5.7 cm 3 cm

14. 90 ft 180 ft

15. 0.8 mi 0.6 mi 2.2 mi

16. 4.5 cm 3 cm 4 cm 2 cm 3 cm

17. En tu diario Escribe acerca de la diferencia que hay entre la fórmula para calcular el área de un triángulo y la fórmula para calcular el área de un trapecio.

18. Medición Una alberca mide 50 por 21 m. El área típica de un juego de polo acuático mide 30 por 20 m. ¿Cuánto más grande es el área de la alberca que el área de este juego?

Para la prueba

En una prueba de elección múltiple donde se te pide hallar el área de una figura, el hecho de advertir que algunas figuras se pueden dividir en áreas más pequeñas te ayudará a trabajar con mayor rapidez.

19. Este rectángulo está dividido en dos triángulos de igual tamaño. Si se te indica el área del rectángulo, ¿cómo determinarías el área de uno de los triángulos?

Ⓐ Dividir el área dada entre 2.

Ⓑ Multiplicar el área dada por 2.

Ⓒ Elevar al cuadrado el área dada.

Ⓓ Ninguna de las anteriores.

Razonamiento inductivo y deductivo

La mayoría de las personas no cree en todo lo que escucha. El razonamiento inductivo y deductivo es una manera diferente de convencer a las personas de que una declaración es verdadera.

Cuando pruebas una idea muchas veces y observas un patrón en los resultados, usas el razonamiento *inductivo*. Y cuando empleas la lógica para mostrar que una idea es verdadera, aplicas el razonamiento *deductivo*. Los matemáticos aplican el razonamiento deductivo para comprobar que los teoremas, como el de Pitágoras, deben ser verdaderos.

A continuación se indica cómo puedes usar los dos tipos de razonamientos para demostrar que *los ángulos agudos de un triángulo rectángulo son complementarios*.

Razonamiento inductivo:
He dibujado muchos triángulos rectángulos y he medido sus ángulos. Las medidas de los ángulos agudos siempre suman 90°. Por tanto, los ángulos agudos de un triángulo rectángulo son complementarios.

Razonamiento deductivo:
Sé que las medidas de los ángulos en un triángulo siempre suman 180°. El ángulo recto en el triángulo rectángulo mide 90°. Por tanto, debe ser $180° - 90° = 90°$ la diferencia para los dos ángulos agudos. Puesto que sus medidas deben sumar 90°, los ángulos agudos de un triángulo rectángulo son complementarios.

Un ejemplo que muestra que una idea *no* es verdadera se llama *contraejemplo*. Un contraejemplo es suficiente para demostrar que una declaración es falsa. Si dibujaras sólo un triángulo rectángulo cuyas medidas del ángulo agudo no sumaran 90°, desaprobarías la declaración *los ángulos agudos de un triángulo rectángulo son complementarios*.

Haz la prueba

Indica si las siguientes situaciones son un ejemplo de razonamiento inductivo o deductivo.

1. En este mes ha llovido todos los días. Mejor me llevo mi paraguas.

2. Si un triángulo tiene 2 lados congruentes, entonces es isósceles. Este triángulo tiene dos lados congruentes, por tanto, es isósceles.

Da un contraejemplo para cada enunciado.

3. Todos los pájaros pueden volar.

4. Si un cuadrilátero tiene cuatro lados congruentes, entonces es un cuadrado.

265

Organizador gráfico

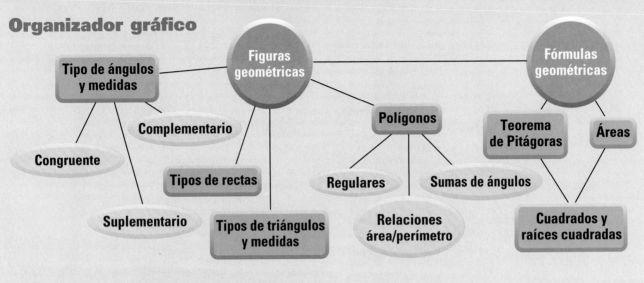

Sección 5A   Figuras geométricas

Resumen

■ Dos **rayos** con un origen en común forman un **ángulo**.

■ Un ángulo **agudo** mide menos de 90°, un ángulo **recto** mide 90° y un ángulo **obtuso** mide entre 90° y 180°; mientras que un ángulo **llano** mide 180°. Los ángulos **complementarios** suman 90° y los **suplementarios** suman 180°. Los ángulos **congruentes** tienen la misma medida.

■ Las rectas en un plano que nunca coinciden son **paralelas**. Las rectas, rayos y segmentos **perpendiculares** forman ángulos rectos.

■ Un triángulo se puede clasificar por sus lados: **equilátero, isósceles** o **escaleno**; también por sus ángulos: **acutángulo, rectángulo** u **obtusángulo**.

■ Un **rombo** es un **cuadrilátero** con todos los lados congruentes. Un **trapecio** es un cuadrilátero con un solo par de lados paralelos. Los ángulos de un triángulo suman 180° y los ángulos de un cuadrilátero suman 360°. En los **polígonos regulares**, todos los lados y ángulos son congruentes.

■ El área de un rectángulo es igual a la base (longitud) por la altura (anchura): $A = bh$. El perímetro de una figura es la longitud que rodea sus bordes.

Repaso

1. Dibuja una recta $\overleftrightarrow{AB}$ y un rayo $\overrightarrow{CD}$ que se intersecan para formar $\angle AED$.

2. ¿Cuál es la suma de los ángulos en un polígono de 10 lados?

3. Si ∠*RST* mide 48°:

 a. ¿Cuál es la medida de un ángulo suplementario a ∠*RST*?

 b. ¿Cuál es la medida de un ángulo complementario a ∠*RST*?

4. Las rectas $\overleftrightarrow{AB}$ y $\overleftrightarrow{CD}$ son paralelas. Menciona un ángulo congruente con ∠*AEF* y explica por qué es congruente con ∠*AEF*.

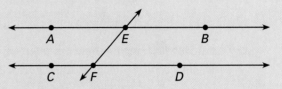

5. Halla el perímetro y el área de un piso rectangular de un cobertizo que mide 4 pies de ancho por 6 pies de largo.

6. Llena los espacios en blanco con los términos *agudo, recto* u *obtuso:* Todos los ángulos de un cuadrado son _____. Todos los ángulos de un triángulo equilátero son _____. Los ángulos de cualquier otro polígono regular son _____ .

Sección 5B Fórmulas geométricas

Resumen

■ Un **cuadrado perfecto** es el cuadrado de un número cabal. La **raíz cuadrada** de un número es la longitud del lado de un cuadrado cuya área es ese número.

■ La **hipotenusa** de un triángulo rectángulo es el lado opuesto del ángulo recto. Los otros lados se llaman **catetos**. El **teorema de Pitágoras** establece que la suma de los cuadrados de la longitud de los catetos de un triángulo rectángulo es igual al cuadrado de la longitud de la hipotenusa.

■ El área de un triángulo es la mitad del producto de la longitud de su base y su altura: $A = \frac{1}{2}bh$. El área de un paralelogramo es el producto de la longitud de su base y su altura: $A = bh$. El área de un trapecio es la mitad de su altura multiplicada por la suma de la longitud de sus bases: $A = \frac{1}{2}h(b_1 + b_2)$.

Repaso

7. Halla un cuadrado perfecto entre 45 y 55.

8. Halla $\sqrt{17}$ con tres posiciones decimales.

9. Calcula la longitud de la hipotenusa de un triángulo cuyos catetos miden 6 y 8 pies.

10. Halla el área de un trapecio cuya altura es de 4 cm y sus bases son de 3 y 11 centímetros de longitud.

11. Encuentra el área del triángulo obtusángulo.

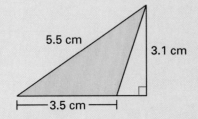

12. Calcula el área de un lado del edificio.

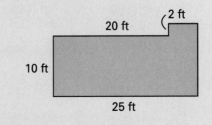

La ilustración adjunta muestra los planos de dos edificios triangulares con un pasadizo entre ellos. Úsalos para responder las preguntas 1–6.

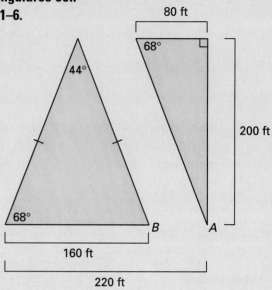

1. ¿Cuál es la medida del ángulo en la esquina *A*?

2. Clasifica cada triángulo como equilátero, isósceles o escaleno; y como acutángulo, rectángulo u obtusángulo.

3. ¿Cuál es la medida de ∠*B*? ¿Qué se puede decir acerca de los ángulos *A* y *B*?

4. Halla la longitud, con dos posiciones decimales, de un lado del pasadizo entre las dos partes del edificio.

5. Encuentra el área del piso del pasadizo.

6. ¿Cuáles son los dos métodos para obtener el área total de ambos edificios? Usa uno de ellos para calcular dicha área.

7. Si ∠*ABC* mide 81°:

  a. ¿Cuál es la medida de un ángulo complementario a ∠*ABC*?

  b. ¿Cuál es la medida de un ángulo suplementario a ∠*ABC*?

8. Halla la suma de los ángulos de un heptágono regular (un polígono de siete lados).

9. Haz una lista de los cuadrados perfectos entre 60 y 130.

10. Calcula $\sqrt{225}$.

11. Encuentra el área de un triángulo rectángulo isósceles con catetos que miden 15 cm.

12. Halla el área de un trapecio cuyas bases miden 4 y 12 cm y su altura es de 6 cm.

13. Dibuja un triángulo obtusángulo con un rayo que biseca el ángulo obtuso.

14. Dibuja un segmento de recta de 3 in. con una mediatriz de 5 in.

Tarea para evaluar el progreso

Esta es una figura de tres dimensiones llamada *octaedro*. ¿Qué forma tiene cada una de sus ocho superficies externas? (Sé tan específico como puedas.) ¿Cuál es la suma de los ángulos en una de estas superficies? ¿Cuál es la suma de los ángulos de todas las superficies?

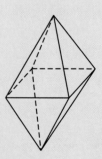

Evaluación del progreso

Escoge un problema.

Di **más** con **menos**

Dibuja el contorno de un plano para un edificio que usa tres polígonos regulares diferentes. Utiliza el número más pequeño de longitud que sea posible para describir las dimensiones del edificio en su totalidad. Explica cómo puedes emplear esas medidas para hallar las otras y calcular el área del plano.

Ni reino por una piel

Cuenta una leyenda que la reina Dido emigró a África luego de que asesinaran a su esposo. A su llegada, la reina pidió al rey de la región que le diera algunas tierras. Pero el rey le dijo que sólo podía darle la tierra que cupiera en la piel de un buey.

La reina cortó en tiras la piel del buey y las unió de manera que abarcara un área grande. Según la leyenda, esta tierra se convirtió en la ciudad de Cartago.

Imagina que tienes una tira de piel de 24 pies de largo. Si formas un triángulo equilátero con la piel, ¿qué área abarcarías? ¿Qué área abarcarías si hicieras un cuadrado? ¿Y con un hexágono regular? Si fueras la reina Dido, ¿cuál de estas formas escogerías para tu ciudad? ¿Por qué?

EL MISTERIO DE LA MONTAÑA MÉTRICA

La Montaña Métrica mide 10 km de longitud, pero nadie sabe su altura. Se puede llegar a la cima de la montaña por su lado oeste en un ascenso fácil de 8 km. Pero nadie ha escalado el lado este que es más escarpado. Halla:

e, la longitud del ascenso por el lado este.

h, la altura de la Montaña Métrica.

Explica cómo hallaste las respuestas.

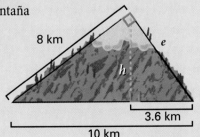

8 km

e

h

3.6 km

10 km

Datos fríos

Si dos edificios son idénticos excepto en la forma de sus bases, el edificio con el perímetro más grande pierde más calor. En un papel cuadriculado, dibuja un cuadrado con un área de 64 unidades cuadradas, luego experimenta con un compás para dibujar un círculo con aproximadamente la misma área. Después compara sus perímetros. Si vivieras en un clima frío, ¿qué forma preferirías para un hogar? ¿Por qué?

Razones, tasas y proporciones

➤ **Enlace con Entretenimiento**
www.mathsurf.com/7/ch6/ent

➤ **Enlace con Arte y Literatura**
www.mathsurf.com/7/ch6/arts

Alrededor del mundo

En 1992, se informó que la tasa de alfabetismo en personas mayores de 15 años de edad en Japón y el Reino Unido era del 100%. Esto podría significar que *toda* la población mayor de 15 años de edad sabía leer y escribir.

Arte y Literatura

La cantidad promedio de música escrita en un año por el compositor ruso Tchaikovsky requeriría alrededor de 2.65 horas para ejecutarse.

Entretenimiento

En el cine moderno, la película avanza a una tasa de 24 cuadros por segundo. Esto equivale a 1440 cuadros por minuto. Una película común de 2 horas de duración contiene 172,800 cuadros.

Ciencias

Mientras están sentados en reposo, los adultos promedio de 150 libras queman cerca de 50 calorías por hora.

Ciencias sociales

Entre 1980 y 1990 la población de Los Angeles, California, creció a una tasa de 17.41% por década, mientras que la población de Houston creció en una tasa de 2.22%.

IDEAS CLAVE DE MATEMÁTICAS

La razón se puede usar para comparar dos números cualesquiera.

La tasa compara números cuyas unidades difieren. Las diferentes tasas acerca del cuerpo humano ayudan a los doctores a examinar la salud del paciente.

Una tasa unitaria compara un número con 1. Las tasas unitarias son útiles al momento de resolver problemas.

Una proporción es una ecuación con razones equivalentes. Gracias a las razones, puedes usar un número pequeño de pruebas para hacer predicciones sobre una población más grande.

Hay varias maneras de resolver una proporción. Puedes usar tablas, tasas unitarias o la multiplicación cruzada.

PROYECTO DEL CAPÍTULO

Resolución de problemas

Comprende
Planea
Resuelve
Revisa

En este proyecto, vas a conducir una investigación de precios en diferentes tiendas de tu vecindario y determinarás cuál de ellas ofrece los mejores precios. Para empezar el proyecto, selecciona de seis a diez artículos de abarrotes que tu familia compra con mayor frecuencia.

271

Resolución
de problemas

Comprende
Planea
Resuelve
Revisa

Interpretar enunciados matemáticos

Cuando desarrollas un plan para resolver problemas, necesitas traducir las palabras a símbolos matemáticos. Por ejemplo, el enunciado "más que" puede significar "+" y "es" o "era" puede indicar "=".

Enfoque en la resolución de problemas

Para cada uno de los siguientes problemas, escribe la respuesta y la aritmética que usaste para encontrar la respuesta. (Por ejemplo, si sumaras 5 a 7 para obtener 12, escribe "5 + 7 = 12".)

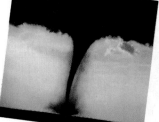

1 Una tormenta tropical se clasifica como un huracán cuando su velocidad máxima de vientos alcanza por lo menos 75 mi/h. En 1960, los vientos del huracán Donna eran 105 mi/h más rápidos que el mínimo. ¿Qué tan rápidos eran los vientos del huracán Donna?

2 Los vientos máximos del huracán Edouard en 1996 fueron 40 mi/h menos rápidos que los del huracán Donna. ¿Qué tan rápidos fueron los vientos del huracán Edouard?

3 Los vientos dentro de un tornado pueden ser 20 mi/h más rápidos que el doble de la velocidad de los vientos del huracán Edouard. ¿Cuál es la velocidad del viento en un tornado?

4 Un viento cuya velocidad es $\frac{1}{2}$ de la velocidad de un tornado tiene la fuerza suficiente para arrancar árboles. Encuentra la velocidad de este viento.

Comparaciones humanas

Un paciente acaba de llegar a la sala de emergencias con un agudo dolor en el pecho. Un doctor exclama: "¡Necesito el pulso, BP y un EKG, condición estable!" De inmediato, una enfermera verifica el pulso del paciente. Otra enfermera conecta un dispositivo electrónico al pecho del paciente y un gran desplegado de pantalla cobra vida con números y gráficas. Los doctores y las enfermeras toman notas rápidas y escriben los resultados, al tiempo que tratan de comprender su significado. ¿Qué miden los doctores y las enfermeras?

¿Cómo es un cuerpo humano normal? ¿Cómo sabes si un corazón trabaja de manera apropiada? Para tomar decisiones rápidas de vida o muerte, los doctores necesitan leer y comprender los desplegados de las computadoras que muestran gran cantidad de información.

En lugar de medidas basadas en un solo número, los doctores a menudo trabajan con comparaciones como *latidos por minuto* y *libras por pulgada cuadrada*. Ahora vas a investigar las matemáticas en que se basa este tipo de comparaciones.

1 ¿Por qué para los médicos es más útil usar "80 latidos por minuto" que "80 latidos"?

2 Consideras que una lectura de 60 latidos por minuto y una de 240 latidos en 4 minutos son lo mismo? Explica tu respuesta.

6-1

Investigación y cálculo aproximado de razones

▶ **Enlace con la lección** Ya sabes comparar números cabales, decimales y fracciones.
Ahora aprenderás a usar razones para comparar cantidades de todo tipo. ◀

Vas a aprender…

■ qué es una razón.

■ a comparar cantidades mediante la división.

…cómo se usa

Los que planean la transportación necesitan comparar el número de conductores con el número de autos.

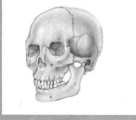

Vocabulario

razón

▶ **Enlace con Ciencias**

Los 8 huesos craneales cubren al cerebro.

| Investigar | Comparación de cantidades |

Materiales: Regla métrica

¡Con la barbilla levantada!

1. Para cada figura, halla y anota las medidas para determinar la altura de la barbilla hacia arriba, la altura de la barbilla hacia abajo y la altura total. Redondea al milímetro más cercano.

2. Escoge una figura. Escribe tantas fracciones como puedas para comparar las medidas que anotaste.

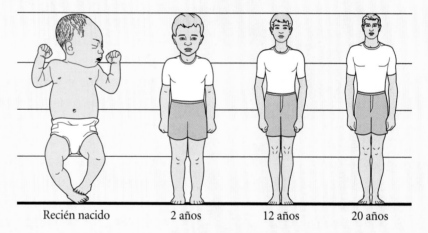

Recién nacido   2 años   12 años   20 años

3. Usa tus fracciones para describir la manera como la gente cambia con la edad.

| Aprender | Investigación y cálculo aproximado de razones |

Una **razón** compara dos cantidades. Hay tres formas de escribir una razón que compara el número de huesos cranianos con el número de huesos faciales en un cráneo humano:

$\dfrac{8}{14}$ 8:14   8 a 14   Todas estas razones se leen "8 a 14".

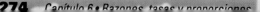

Ejemplo 1

En un grupo de estudiantes de séptimo grado, 34 eran diestros y 5 eran zurdos. Encuentra la razón de los diestros con relación a los zurdos.

$$\frac{\text{diestros}}{\text{zurdos}} = \frac{34}{5}$$ Escribe la razón con palabras y luego sustituye los números.

La razón de los diestros con relación a los zurdos es $\frac{34}{5}$.

Las razones se dejan como fracciones impropias y no se escriben como números mixtos.

En el ejemplo 1, la razón compara dos cantidades. En el ejemplo 2, observarás que una razón puede comparar una parte con un todo.

Ejemplos

2 Escribe una razón que compare el número de cuadros con fichas con relación al número total de cuadros.

$$\frac{9 \text{ cuadros con piezas}}{64 \text{ cuadros}} = \frac{9}{64}$$ Escribe la razón con palabras y luego usa sólo números.

La razón de cuadros con fichas con relación al total de cuadros es $\frac{9}{64}$.

3 La pintura que observas es la *Mona Lisa* del artista italiano Leonardo da Vinci (1452–1519). Haz un cálculo aproximado de la razón de la longitud de la nariz de la Mona Lisa con relación a la longitud de su cara.

Imagina la cara de la Mona Lisa dividida en tres secciones iguales. La longitud de su nariz es aproximadamente igual a la longitud de la sección intermedia. La razón de la longitud de la nariz con relación a la longitud de su cara es alrededor de 1:3.

Haz la prueba

La fotografía muestra el Capitolio en Washington, D.C. Calcula la razón aproximada de la altura de la cúpula respecto de la altura del edificio completo.

> **Enlace con Historia**
>
> El juego de damas tiene más de 3,000 años de antigüedad. Los primeros en jugarlo fueron los aristócratas en el antiguo Egipto.

> **Enlace con Arte**
>
> La *Mona Lisa* también se conoce como *La Gioconda*, que quiere decir "la dama sonriente". Este cuadro se exhibe en el Louvre en París, Francia.

1. ¿En qué se parece una razón a una fracción? ¿En qué difieren?

2. ¿Por qué piensas que las razones no se escriben como números mixtos?

6-1 Ejercicios y aplicaciones

Práctica y aplicación

1. **Para empezar** Sigue estos pasos para escribir la razón del número de cuadros sombreados con relación al número total de cuadros.

   a. Halla el número de cuadros sombreados en el patrón.

   b. Encuentra el número total de cuadros en el patrón.

   c. Escribe una razón que compare el número de cuadros sombreados con el número total de cuadros. Después escribe la razón en su mínima expresión.

Comprensión numérica Escribe cada razón de tres maneras y en su mínima expresión posible.

2. 8 meses de 12 meses

3. 14 perros a 16 gatos

4. 3 computadoras de 8 computadoras

5. 36 zapatos a 27 calcetines

6. 9 carreras en 4 entradas

7. 88¢ por 2 naranjas

Ciencias La tabla proporciona el número de huesos contenidos en el *esqueleto axial* humano, el cual comprende la cabeza, el cuello y el tronco. Escribe cada una de las siguientes razones en su mínima expresión.

Cabeza		Cuello y tronco	
Cráneo	22	Columna vertebral	33
Oído medio	6	Caja torácica	37
Hueso hioide	1		

8. Oído medio a columna vertebral

9. Caja torácica a hioide

10. Cráneo a cabeza

11. Cráneo a cuello y tronco

12. Cabeza a cuello y tronco

13. Cabeza a esqueleto axial completo

14. **Cálculo aproximado** El Taj Mahal, en Agra, India, es considerado por mucha gente como el edificio más bello del mundo. Haz un cálculo aproximado de la razón de la altura de la cúpula principal con relación a la altura total del edificio.

15. Cálculo aproximado El caballo de la fotografía mide 16 *palmos menores* de altura hasta el lomo. Haz un cálculo aproximado de la razón de la altura del caballo desde el lomo hacia arriba a su altura del lomo hacia abajo. Usa los palmos como unidad de medida.

lomo

16. Ciencias Muchos líquidos de limpieza para el hogar contienen químicos peligrosos. Se pueden sustituir con limpiadores seguros hechos con ingredientes sencillos. Escribe una razón para las siguientes recetas de limpiadores seguros.

  a. Limpiador de vinil: 1 onza de vinagre, 32 onzas de agua.

  b. Limpiador de ventanas: $\frac{1}{4}$ de taza de vinagre, 1 taza de agua.

17. **Para la prueba** Escribe la razón 400 a 150 en su mínima expresión.

  Ⓐ 40 a 15   Ⓑ 8 a 3   Ⓒ 4 a 1   Ⓓ 4 a 15

Resolución de problemas y razonamiento

18. Escoge una estrategia El año pasado, el equipo de baloncesto de la escuela Brown ganó 8 juegos y perdió 4. Este año, ganó 10 juegos y perdió 2.

  a. Escribe una razón (en su mínima expresión) que compare el número de juegos ganados con el número de partidos jugados en cada temporada.

  b. ¿El equipo mejoró este año con relación al año anterior? Explica tu respuesta.

19. Comunicación Leonardo da Vinci, Miguel Ángel y otros artistas hicieron estudios cuidadosos de las relaciones matemáticas del cuerpo humano. Una de las razones que usaron fue $\dfrac{\text{altura de la cabeza}}{\text{altura del cuerpo completo}} = \dfrac{2}{15}$. Busca varias fotografías de revistas o de periódicos y mide a las personas para hallar la razón. ¿Siempre es $\frac{2}{15}$?

Resolución de problemas

ESTRATEGIAS

- Busca un patrón
- Organiza la información en una lista
- Haz una tabla
- Prueba y comprueba
- Empieza por el final
- Usa el razonamiento lógico
- Haz un diagrama
- Simplifica el problema

Repaso mixto

Ciencias La fórmula $t = \frac{d}{v}$ calcula el tiempo (t) necesario para recorrer una distancia (d) a una velocidad dada (v). Sustituye los valores dados en la fórmula y luego úsala para hallar t. *[Lección 2-1]*

20. $d = 140$ mi, $v = 40$ mi/h   **21.** $d = 2000$ ft, $v = 50$ ft/s

Clasifica cada ángulo y proporciona su medida. *[Lección 5-1]*

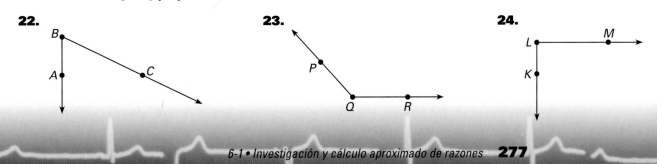

22.   **23.**   **24.**

6-2

Investigación y cálculo aproximado de tasas

Vas a aprender…

■ a comparar dos cantidades con diferentes unidades de medida.

■ a hacer comparaciones con una unidad.

…cómo se usa

Los oficiales de policía vigilan los autos cuya tasa de velocidad excede el límite legal.

Vocabulario

tasa

tasa unitaria

precio unitario

▶ **Enlace con la lección** Como ya sabes, una razón es la comparación de dos cantidades. Ahora aprenderás a comparar dos cantidades con diferentes unidades de medida. ◀

Investigar	Cálculo aproximado de tasas

¿Qué tan rápido crece tu cabello?

1. Contesta cada pregunta mediante un cálculo aproximado razonable. Da estos cálculos en términos fáciles de comprender. Por ejemplo, es más fácil comprender frases como "1 milla en 6 horas" que "la quinta millonésima parte de una milla en una décima de segundo".

2. Explica cómo hiciste cada cálculo aproximado.

3. Compara tus cálculos con los que hicieron tus compañeros de clase. ¿Son semejantes? ¿Por qué?

A ¿Qué tan rápido crece tu cabello?

B ¿Qué tan rápido gotea un grifo con fuga de agua?

C ¿Qué tan rápido puede correr un perro?

D ¿Qué tan rápido cae una fila de dominó?

Aprender	Investigación y cálculo aproximado de tasas

Una razón se llama **tasa** cuando las unidades de medida de las cantidades son diferentes. Una tasa muestra la correspondencia de las cantidades con unidades distintas.

$$\frac{6 \text{ millas}}{5 \text{ millas}}$$
Ambas medidas están en millas
→ No es una tasa

$$\frac{6 \text{ millas}}{5 \text{ horas}}$$
Una medida está en millas y la otra en horas
→ Sí es una tasa

Puedes leer esta tasa como "6 millas *por* 5 horas", y significa "6 millas en 5 horas".

Si en una tasa la medida de la segunda cantidad es una unidad, la tasa se llama **tasa unitaria**, la cual te permite comparar relaciones con gran facilidad.

Tasa	Tasa unitaria
$\dfrac{40 \text{ puntos}}{5 \text{ juegos}}$	$\dfrac{8 \text{ puntos}}{1 \text{ juego}}$
40 puntos por 5 juegos	8 puntos por juego, u
	8 puntos/juego

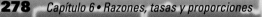

Para convertir una tasa a tasa unitaria, divide tanto el numerador como el denominador entre el número del denominador.

Ejemplo 1

Tu tasa de respiración mide el número de respiraciones que tienes por minuto. Reggie contó 48 respiraciones en 3 minutos y Toan contó 34 respiraciones en 2 minutos. ¿Quién tuvo la tasa de respiración más alta?

Reggie: $\dfrac{48 \text{ respiraciones}}{3 \text{ minutos}} = \dfrac{16 \text{ respiraciones}}{1 \text{ minuto}}$ Divide el numerador y el denominador entre 3.

Toan: $\dfrac{34 \text{ respiraciones}}{2 \text{ minutos}} = \dfrac{17 \text{ respiraciones}}{1 \text{ minuto}}$ Divide el numerador y el denominador entre 2.

La tasa de respiración de Reggie es de 16 respiraciones por minuto; y la de Toan es de 17 respiraciones por minuto. Por tanto, la tasa de respiración de Toan es más alta.

Una tasa unitaria que proporciona el costo de un artículo se llama **precio unitario**, el cual es útil cuando deseas comparar precios de diferentes cantidades de un artículo.

▶ **Enlace con Ciencias**

Los médicos a menudo cuentan las respiraciones de un paciente durante 10 ó 15 segundos y luego multiplican para calcular la tasa de la respiración.

Ejemplo 2

Super Deportes vende 5 pelotas de tenis de mesa a $1.95; mientras que La Ciudad de los Deportes vende 6 de esas pelotas a $2.28. ¿Cuál es el mejor precio?

$\dfrac{\$1.95}{5 \text{ pelotas}} = \dfrac{\$0.39}{1 \text{ pelota}}$ Divide el numerador y el denominador entre 5.

$\dfrac{\$2.28}{6 \text{ pelotas}} = \dfrac{\$0.38}{1 \text{ pelota}}$ Divide el numerador y el denominador entre 6.

$0.38 < 0.39$, así que $2.28 por 6 pelotas de tenis de mesa es el mejor precio.

Haz la prueba

a. Cayeron 4 pulgadas de lluvia en 16 horas. Halla la precipitación pluvial por hora.

b. ¿Cuál es el mejor precio: $5.12 por 3 videocintas u $8.42 por 5 videocintas?

¿LO SABÍAS?

En China, los jugadores de tenis de mesa se encuentran entre los atletas mejor reconocidos.

Comprobar | Tu comprensión

1. ¿Una tasa es una razón? ¿Una razón es una tasa? Explica tu respuesta.

2. ¿Cómo usas la división cuando trabajas con tasas?

3. ¿Un artículo con el precio unitario más bajo es siempre la mejor compra? ¿Por qué?

Práctica y aplicación

1. | **Para empezar** | Sigue estos pasos para hallar la tasa unitaria de un auto que viajó 480 millas en 8 horas.

    a. Escribe la razón de las dos cantidades.

    b. Escribe la razón de manera que el denominador sea 1 hora.

    c. Escribe la tasa unitaria mediante el uso del numerador y la palabra *por*.

Escribe cada expresión como una tasa. No te olvides de incluir unidades en tus tasas.

2. 96 estudiantes en 3 salones de clase   **3.** 260 millas con un consumo de 8 galones

4. 44 respiraciones en 2 minutos

Expresa las siguientes tasas como una tasa unitaria.

5. $12.00 por 3 libretas   **6.** 48 sillas por 6 mesas

7. 54 galletas por 18 estudiantes   **8.** 50 marionetas en 50 segundos

9. $22.00 pagados por 4 horas de trabajo   **10.** 56 puntos en 4 cuartos

Consumo Usa precios unitarios para encontrar la mejor compra.

11. Fresas: $1.48 por 2 canastas o $2.07 por 3 canastas.   **12.** Papas: $1.60 por 5 libras o $0.90 por 3 libras.

13. Queso: $1.80 por 12 rebanadas o $3.36 por 24 rebanadas.

14. Refresco: 6 botellas por $2.16 u 8 botellas por $2.96.

Determina si cada razón es una tasa.

15. $\dfrac{70 \text{ estudiantes de octavo grado}}{80 \text{ estudiantes de séptimo grado}}$ **16.** $\dfrac{30 \text{ millas recorridas}}{\text{galones de gasolina}}$ **17.** $\dfrac{40 \text{ sentadillas}}{30 \text{ segundos}}$

18. $\dfrac{16 \text{ gatos}}{14 \text{ perros}}$ **19.** $\dfrac{3 \text{ botes de pintura roja}}{2 \text{ botes de pintura amarilla}}$ **20.** $\dfrac{125}{500}$

21. Ciencias Los nacimientos de dos o más bebés a un tiempo se llaman *nacimientos múltiples*. En Estados Unidos, alrededor del 1% de los nacimientos son múltiples. Imagina que un hospital tiene 12 grupos de gemelos por cada 1000 nacimientos. Escribe esta información como una tasa.

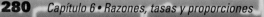

22. Industria Vermont es el líder en producción de miel de maple de Estados Unidos. La savia de los árboles de maple se hierve para hacer la miel. Mientras hierve la savia, el agua se evapora hasta que sólo queda la miel de maple pura. Si se necesitan 120 galones de savia para elaborar 3 galones de miel de maple, encuentra la tasa unitaria.

23. Ciencias El planeta Mercurio viaja alrededor de 576,000 millas en su órbita durante las 7 horas que dura un día escolar común. Encuentra la tasa unitaria.

24. Deportes Los jugadores de baloncesto a menudo usan tasas unitarias para comparar las estadísticas. ¿Cuál representa la tasa unitaria más alta: 210 puntos en 8 juegos ó 153 puntos en 6 juegos?

25. **Para la prueba** Halla el mejor precio unitario para las manzanas.

Ⓐ $0.79 por libra   Ⓑ $\dfrac{\$2.40}{\text{bolsa de 3 libras}}$ Ⓒ $\dfrac{\$4.10}{\text{bolsa de 5 libras}}$ Ⓓ $\dfrac{\$8.00}{\text{bolsa de 10 libras}}$

Resolución de problemas y razonamiento

26. Razonamiento crítico En algunos trabajos los salarios se pagan por hora y en otros por semana laborada. Un trabajo paga $7.00 por hora; mientras que un segundo trabajo paga $320.00 por 40 horas laboradas a la semana. ¿Cuál trabajo tiene una tasa unitaria más alta? Explica tu respuesta.

27. Comunicación Un amigo estuvo ausente de la escuela y quiere que le expliques la diferencia entre una tasa y una razón. Explica a tu amigo por qué una tasa es un tipo especial de razón.

Repaso mixto

Halla el valor de cada expresión. *[Lección 2-2]*

28. $41 + 27 \div 3$

29. $3 \times (62 - 14)$

30. $2 \times 5 + 6 \times 7$

31. $(24 + 28) \div 4$

32. $\dfrac{14 + 7}{3} - \dfrac{30}{10}$

33. $17 - 56 \div 7$

34. $\dfrac{56 - 4 \times 5}{2 \times 4 + 4}$

35. $\dfrac{64 \div (8 - 6)}{10 - 2 \times 3}$

Usa la figura para nombrar cada par de rectas. *[Lección 5-2]*

36. Un par de rectas paralelas.

37. Un par de rectas perpendiculares.

38. Un par de rectas que no son ni paralelas ni perpendiculares.

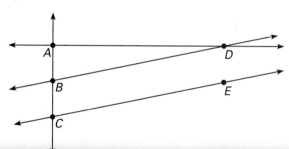

Razones y tasas equivalentes

▶ Enlace con la lección Con base en tu conocimiento de que dos fracciones o decimales pueden ser equivalentes, aprenderás a encontrar razones y tasas equivalentes. ◀

Vas a aprender...

■ a encontrar razones y tasas equivalentes.

...cómo se usa

Los asistentes de los médicos usan tasas equivalentes cuando toman el pulso a un paciente.

Vocabulario

razones equivalentes

tasas equivalentes

Investigar | Tasas equivalentes

Materiales: Reloj con segundero

Toca madera

1. Determina tu "tasa de golpeteo" al contar el número de veces que puedes golpear en sucesión rápida con el dedo tu escritorio durante 5 segundos. Pide a un compañero que te tome el tiempo.

2. Usa tu tasa de golpeteo para hacer un cálculo aproximado del número de golpes que puedes dar en 1 segundo. Explica cómo encontraste el número.

3. Haz un cálculo aproximado del tiempo que te tomaría golpear 200 veces. Explica cómo encontraste la respuesta. ¿Haces alguna suposición?

4. ¿Puedes golpear con tu dedo 1000 veces en 3 minutos? Explica tu respuesta.

Aprender | Razones y tasas equivalentes

Recuerda que las fracciones equivalentes representan el mismo número. Las **razones equivalentes** y las **tasas equivalentes** también se refieren al mismo número. La razón $\frac{3 \text{ huesos}}{1 \text{ oído}}$ es equivalente a $\frac{6 \text{ huesos}}{2 \text{ oídos}}$.

Puedes encontrar razones y tasas equivalentes de la misma manera como calculas fracciones equivalentes: al multiplicar o dividir ambas partes de la razón o tasa por el mismo número.

El oído medio tiene 3 huesos

Ejemplos

1 Encuentra dos razones equivalentes a $\frac{9}{15}$.

Multiplica o divide el numerador y el denominador por el mismo número.

Multiplica

$$\frac{9 \times 2}{15 \times 2} = \frac{18}{30}$$

Divide

$$\frac{9 \div 3}{15 \div 3} = \frac{3}{5}$$

Las razones $\frac{18}{30}$ y $\frac{3}{5}$ son equivalentes a $\frac{9}{15}$.

2 Mientras José impulsaba a una velocidad fija un molino de rueda, su corazón latió 420 veces en 4 minutos. Halla el número de veces que su corazón podría latir en el triple de tiempo. (Da por hecho que la tasa se mantiene igual.)

$$\text{tasa} = \frac{420 \text{ latidos}}{4 \text{ minutos}}$$

Para hallar una tasa equivalente sobre el *triple* de tiempo, multiplica ambas partes de la tasa por 3.

$$\frac{420 \text{ latidos} \times 3}{4 \text{ minutos} \times 3} = \frac{1260 \text{ latidos}}{12 \text{ minutos}}$$

El corazón de José podría latir 1260 veces en 12 minutos.

3 Un paquete de 6 jugos de naranja en caja cuesta $2.45. Predice el precio de un paquete de 24 mediante la creación de tasas equivalentes.

El precio es $\frac{\$2.45}{6 \text{ cajas}}$. Observa que 24 es 4×6. Por tanto, para predecir el precio de 24 cajas, multiplica ambas partes de la tasa por 4.

$$\frac{\$2.45 \times 4}{6 \text{ cajas} \times 4} = \frac{\$9.80}{24 \text{ cajas}}$$

Un paquete de 24 cajas de jugo debe costar $9.80.

Haz la prueba

a. Usa la multiplicación y división para encontrar dos tasas equivalentes a $\frac{6}{14}$.

b. La última vez que Jason hizo panecillos de mantequilla, usó 8 tazas de harina para hacer 60 panecillos. Hoy planea hacer un cuarto de los panecillos. Si la tasa harina-panecillos permanece igual, ¿cuánta harina utilizaría?

▶ **Enlace con Ciencias**

Un ritmo cardíaco demasiado rápido puede ocasionar un esfuerzo extra en el corazón. El ejercicio moderado puede ayudar a bajar el ritmo cardíaco.

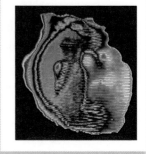

No te olvides

Al multiplicar o dividir el numerador y el denominador de una fracción por el mismo número no se modifica el valor de la fracción.

[Página 145]

Comprobar Tu comprensión

1. ¿Cómo puedes indicar si dos razones o dos tasas son equivalentes?

2. Proporciona un ejemplo que muestre cómo puedes usar razones o tasas equivalentes en tu vida diaria.

Práctica y aplicación

1. **Para empezar** Sigue estos pasos para encontrar dos razones equivalentes a $\frac{8}{20}$.

   a. Escoge un número. Multiplica el numerador y el denominador por el número que hayas elegido.

   b. Escribe la razón equivalente.

   c. Prueba para hallar un número entre el cual se pueda dividir tanto el numerador como el denominador.

   d. Divide el numerador y el denominador entre el número y después escribe la razón equivalente.

Multiplica y divide para hallar dos razones equivalentes para cada razón.

2. $\frac{6}{9}$ 3. $\frac{10}{14}$ 4. $\frac{15}{20}$ 5. $\frac{22}{24}$ 6. $\frac{25}{35}$

7. $\frac{27}{45}$ 8. $\frac{36}{54}$ 9. $\frac{40}{75}$ 10. $\frac{64}{80}$ 11. $\frac{100}{175}$

12. **Salud** El cuerpo humano recibe energía de los alimentos. Esta energía se mide en calorías. Si una persona quema 2.9 calorías por minuto al caminar, ¿cuántas calorías podría quemar durante una caminata de 20 minutos?

13. Imagina que un dólar estadounidense se puede cambiar por 125 pesetas españolas. A esta tasa de cambio, ¿cuántas pesetas recibirías por ocho dólares estadounidenses?

14. **Posibilidad** Usa tasas equivalentes para explicar en qué juego tendrías más posibilidades de ganar.

15. Ciencias El sonido tarda 10 segundos en viajar 9 millas por abajo del agua. ¿Cuánto tiempo tardaría el sonido en recorrer 6 veces esa distancia?

16. [Para la prueba] El número de respiraciones por minuto de una persona en reposo es de aproximadamente 16. ¿Cuántas respiraciones tendría una persona en reposo durante 30 minutos?

    Ⓐ 8   Ⓑ 14   Ⓒ 46   Ⓓ 480

Resolución de problemas y razonamiento

17. Razonamiento crítico Algunas películas animadas, como *A Close Shave* de Nick Park, se hacen con modelos de plastilina. Al principio de una escena, los modelos se colocan en la posición deseada y se toma una fotografía. Después los modelos se mueven un poco (un dedo que se dobla, un ojo que se abre) y se toma la siguiente fotografía. Cada fotografía, o *cuadro*, se ve sólo durante $\frac{1}{24}$ de segundo en la pantalla del cine. ¿Cuántas fotografías se necesitan para hacer una película animada de 30 segundos con este método? Escribe una razón equivalente para mostrar esta cantidad.

©Aardman Animations/ Wallace and Gromit Ltd.1995

18. Razonamiento crítico Se calcula que 13 de cada 100 libras de basura en Estados Unidos se recicla. Un estadounidense promedio desecha alrededor de 4 libras de basura al día. ¿Como cuántas libras de basura recicla una persona promedio en 50 días? ¿Y en 100 días?

19. En tu diario Identifica una razón que describa algo en tu salón de clase; por ejemplo, el número de patas por escritorio. Escribe la tasa unitaria para el objeto. Luego cuenta el número total de objetos y escribe la razón equivalente con base en el número que contaste. (¡Recuerda incluir unidades!)

Repaso mixto

Compara mediante el uso de $<$, $>$ **o** $=$. *[Lección 3-9]*

20. $\frac{6}{13}$ ☐ $\frac{7}{26}$ **21.** $\frac{10}{13}$ ☐ $\frac{11}{14}$ **22.** $\frac{16}{24}$ ☐ $\frac{22}{33}$ **23.** $\frac{16}{21}$ ☐ $\frac{33}{40}$

24. $\frac{20}{32}$ ☐ $\frac{9}{15}$ **25.** $\frac{32}{50}$ ☐ $\frac{40}{64}$ **26.** $\frac{5}{17}$ ☐ $\frac{4}{15}$ **27.** $\frac{18}{42}$ ☐ $\frac{35}{80}$

Clasifica cada triángulo por sus lados y por sus ángulos. *[Lección 5-3]*

28.   **29.**   **30.**

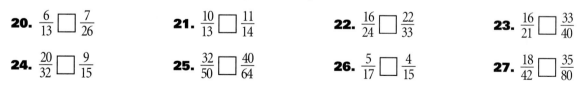

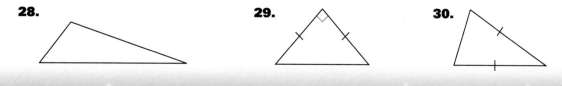

6-4 Uso de tablas para investigar razones y tasas

Vas a aprender…

■ a usar una tabla para hallar razones y tasas equivalentes.

…cómo se usa

Los fabricantes utilizan tablas para asegurarse de que las partes se distribuyen de manera correcta durante el proceso de manufactura.

▶ **Enlace con la lección** Sabes cómo encontrar una razón o tasa que es equivalente a una razón o tasa dada. Ahora aprenderás a utilizar una tabla para calcular tantas razones o tasas equivalentes como quieras. ◀

Investigar | Tablas de tasas

Los osos grises, los ratones y tú

Los biólogos han descubierto que casi todos los mamíferos, sin importar su tamaño, respiran una vez por cada 4 latidos cardíacos.

1. Completa la siguiente tabla para mostrar las respiraciones, numeradas del 1 al 8. Describe cualquier patrón que observes.

Núm. de respiraciones	1	2	3	4	5	6	7	8
Núm. de latidos cardíacos	4							

2. Un oso gris respira alrededor de 10 veces por minuto. Halla la tasa del ritmo cardíaco del oso. ¿Cómo encontraste la respuesta?

3. El corazón de un ratón late alrededor de 700 veces en 1 minuto. ¿Cuántas veces respira un ratón en 1 minuto? ¿Cómo encontraste la respuesta?

4. Proporciona un método para calcular la tasa del ritmo cardíaco de un mamífero si sabes cuántas veces respira por minuto. ¿Puedes usar este método para hallar el número de respiraciones por minuto si conoces la tasa del ritmo cardíaco? Explica tu respuesta.

Aprender | Uso de tablas para investigar razones y tasas

Para crear una tabla de tasas o razones equivalentes, utiliza el mismo método que usaste para crear fracciones equivalentes. Multiplica o divide el numerador y el denominador de una razón o una tasa conocida por el mismo número. La tabla adjunta muestra que $\frac{3}{4}$ es igual a $\frac{6}{8}$.

3 • 2

3	6	
4	8	

4 • 2

Ejemplo 1

Completa la tabla para crear cinco razones equivalentes a $\frac{4}{9}$.

4	8	12	16	20	24
9					

Para encontrar la primera razón equivalente, observa que el segundo número en la hilera superior (8) es 4×2. Para hallar el segundo número de la hilera inferior, multiplica 9 por 2: $9 \times 2 = 18$.

	4×2	4×3	4×4	4×5	4×6
4	8	12	16	20	24
9	18	27	36	45	54
	9×2	9×3	9×4	9×5	9×6

Las cinco razones son $\frac{8}{18}, \frac{12}{27}, \frac{16}{36}, \frac{20}{45}$ y $\frac{24}{54}$.

Haz la prueba

Usa la siguiente tabla para crear cinco razones equivalentes a $\frac{2}{5}$.

2					
5					

También puedes usar tablas para hacer aproximaciones y predicciones sobre razones y tasas. Primero encuentra el número que conoces (o los números cercanos a él) en una hilera de la tabla. Después halla el (los) número(s) correspondiente(s) en la otra hilera.

Ejemplo 2

La tabla indica el número de abdominales que hizo Laurie en tres sesiones la semana pasada. Calcula el tiempo aproximado para hacer 35 abdominales.

Abdominales	20	30	40
Tiempo (s)	24	36	48

Para una aproximación del tiempo que tarda Laurie en hacer 35 abdominales, piensa:

El número de abdominales está en la hilera superior de la tabla y ahí no está 35 sino a la mitad entre 30 y 40. Así, el tiempo es el número que está a la mitad entre 36 y 48 en la hilera inferior; es decir, 42 está a la mitad entre 36 y 48.

Una buena aproximación del tiempo para completar 35 abdominales es 42 segundos.

¿QUÉ CREES TÚ?

Ramón y Paula son compañeros de laboratorio en la clase de ciencias. Ellos encuentran que el volumen de 5 centímetros cúbicos (cm³) de azufre tiene una masa de 11 gramos (g). Necesitan calcular el volumen de 55 g de azufre.

Ramón piensa...

Voy a elaborar una tabla.

Volumen (cm³)	5	10	15	20	25
Peso (g)	11	22	33	44	55

De la columna $\frac{25}{55}$ de mi tabla, puedo decir que 55 g de azufre tiene un volumen de 25 cm³.

Paula piensa...

La razón del volumen para el peso es $\frac{5\ cm^3}{11\ g}$. Sé que 55 es 11 × 5. Por tanto, puedo multiplicar las dos partes de la razón por 5.

$$\frac{5\ cm^3 \times 5}{11\ g \times 5} = \frac{25\ cm^3}{55\ g}$$

Por tanto, 55 g de azufre tiene un volumen de 25 cm³.

¿Qué crees tú?

1. Imagina que Ramón y Paula necesitan hallar el volumen de 46 g de azufre. ¿Cuál método sería más útil? Explica por qué.

2. Describe un método que pudieras utilizar para hacer un *cálculo aproximado* del volumen de 100 g de azufre. ¿Cuál es tu respuesta?

Comprobar Tu comprensión

1. Imagina que conoces uno de dos números en una razón. ¿Cómo puedes usar una tabla de razones equivalentes a esa razón para hallar el número que falta?

2. ¿Cómo puedes hallar dos tasas que sean equivalentes a 1.2 millas en 15 minutos?

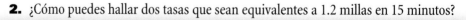

Práctica y aplicación

1. **Para empezar** Sigue estos pasos para hacer una tabla de cinco razones equivalentes a $\frac{4}{7}$.

   a. Haz una tabla que contenga 6 columnas y 2 hileras.

   b. En la columna del extremo izquierdo de la tabla, escribe 4 en la hilera superior y 7 en la hilera inferior.

   c. Multiplica tanto el numerador como el denominador por 2 e introduce el resultado en la segunda columna de tu tabla.

   d. Multiplica el 4 y el 7 por 3, 4, 5 y 6 para completar tu tabla.

2. Por medio de la multiplicación, completa la tabla para hallar las 5 razones equivalentes a $\frac{5}{8}$.

5	10	15	20	25	30
8					

3. Por medio de la división, completa la tabla para encontrar las 5 razones equivalentes a $\frac{48}{72}$.

48	24	16	12	8	6
72					

Llena cada tabla para encontrar cuatro razones equivalentes para la razón de la primera columna.

4.

3			21
5	15		

5.

32		4	
64			128

Usa la tabla para hacer un cálculo aproximado.

6. **Cálculo aproximado** En 1984, Paul Forthomme de Bélgica estableció el récord de la distancia más grande caminada en un día. Forthomme caminó en promedio 29 millas cada 5 horas. Haz un cálculo aproximado del tiempo que tardó en caminar 100 millas.

Distancia caminada (mi)	29	58	87	116	145
Tiempo (h)	5	10	15	20	25

7. **Consumo** Hay una oferta de 2 videojuegos usados por $17. Haz un cálculo aproximado de la cantidad que podrías comprar con $100.

Videojuegos	2	4	6	8	10
Costo ($)	17	34	51	68	85

Usa una tabla para encontrar dos razones equivalentes para cada razón.

8. 3 cuadrangulares en 7 juegos

9. 25 palabras mecanografiadas por minuto

10. 15 millas en 3 horas

11. 21 puntos en 24 minutos de juego

Ciencias Haz una tabla por cada animal para hallar cinco razones equivalentes a su tasa unitaria.

12. El perezoso de tres pezuñas: 7 pies por minuto.

13. Tortuga: 15 pies por minuto.

14. Lombriz: $2\frac{1}{2}$ pies por minuto.

15. **Para la prueba** Una razón equivale a $\frac{3}{8}$; el numerador es 24. ¿Cuál de estos números es el denominador?

Ⓐ 9   Ⓑ 64   Ⓒ 72   Ⓓ 192

Resolución de problemas y razonamiento

16. Razonamiento crítico Estelle construyó dos torres de cubos. Hay 12 cubos en la Torre A y 18 cubos en la Torre B. Si ella toma un cubo de cada torre, ¿la razón de cubos será la misma? ¿Hay algún número que pueda quitar de cada torre para conservar la misma razón? Explica tu respuesta.

17. **En tu diario** En los años 30, a la mayoría de los adolescentes se le pagaba cerca de 25¢ la hora por cuidar niños o por podar un jardín. Haz una tabla con esta tasa que muestre la cantidad total que se pagaba por 5 horas de cuidar niños o por podar 5 jardines. Luego elabora una segunda tabla con la tasa de lo que cobrarías en este momento. Escoge una de tus tablas y escribe un anuncio para ofrecer tus servicios mediante el uso de las tasas de tu tabla.

Repaso mixto

Convierte las siguientes cifras a fracciones en su mínima expresión. *[Lección 3-10]*

18. 0.375   **19.** 0.25   **20.** 0.42   **21.** 0.671

22. 0.15   **23.** 0.38   **24.** 0.33   **25.** 0.1234

Halla la suma de los ángulos de cada polígono. *[Lección 5-4]*

26. Paralelogramo   **27.** Pentágono   **28.** Polígono de 9 lados

El proyecto en marcha

Visita dos o más tiendas en tu vecindario y anota los precios de 6 a 10 artículos en tu lista de abarrotes. Asegúrate de anotar el peso, la capacidad o el volumen de cada artículo.

Resolución de problemas

Comprende
Planea
Resuelve
Revisa

Durante el Renacimiento, artistas como Leonardo da Vinci y Albrecht Dürer trabajaron con razones que describen la figura humana. Uno de los resultados inesperados de su trabajo fue el descubrimiento de que una de esas razones ya se conocía desde hacía varios años. Los artistas y los arquitectos la llaman "razón áurea".

Comparaciones humanas

Materiales: Regla

1. Mide cada una de las siguientes longitudes de una mano lo más preciso posible:

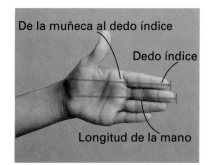

De la muñeca al dedo índice

Dedo índice

Longitud de la mano

a. Distancia de la muñeca al dedo índice.

b. Longitud del dedo índice.

c. Longitud de la mano.

2. Calcula cada razón.

a. $\dfrac{\text{distancia de la muñeca al dedo}}{\text{longitud del dedo}}$

b. $\dfrac{\text{longitud de la mano}}{\text{distancia de la muñeca al dedo}}$

3. La razón áurea es alrededor de $\frac{21}{13}$. Desde la antigüedad, los artistas han basado sus trabajos en esta razón, pues creen que sus proporciones son especialmente agradables para el ojo humano. Por ejemplo, las razones longitud-anchura de muchos edificios y diseños famosos son equivalentes a la razón áurea. Compara tus razones del paso 2 con la razón áurea.

4. Albrecht Dürer afirmó que hay docenas de tasas de razón áurea en la anatomía humana; aunque otros artistas no están de acuerdo con esta idea. ¿Por qué la gente puede considerar que las proporciones de la razón áurea son especialmente agradables a la vista?

Comprensión numérica Escribe cada razón en su mínima expresión.

1. 3:15　　　　**2.** 27 a 21　　　　**3.** $\frac{9}{63}$　　　　**4.** 16:56　　　　**5.** $\frac{75}{90}$

Expresa cada tasa como una tasa unitaria.

6. Leer 64 páginas en 4 horas　　**7.** Hacer 84 abdominales en 4 minutos　　**8.** Ganar $56 por 7 horas de trabajo

9. Consumo ¿Cuál es el mejor precio: $2.22 por 2 canastas de frambuesas ó $3.54 por 3 canastas?

Comprensión de operaciones Multiplica y divide para hallar dos razones equivalentes a cada razón.

10. $\frac{42}{63}$　　　　**11.** 49:70　　　　**12.** $\frac{81}{108}$　　　　**13.** 150:225　　　　**14.** $\frac{320}{740}$

15. Ciencias Muchos insectos pequeños baten sus alas con gran rapidez. Elabora una tabla para cada insecto a fin de encontrar cinco tasas equivalentes para cada tasa.

　　a. Mosca: 200 batidas de alas por segundo　　**b.** Mosquito: 600 batidas de alas por segundo

16. Salud La siguiente tabla muestra la rapidez con que un nadador gasta calorías. Haz un cálculo aproximado del número de calorías que tú gastas si nadas por una hora.

Calorías gastadas	250	500	750	1000	1250
Tiempo (min)	25	50	75	100	125

17. Utiliza un anuncio para hallar el precio de un artículo que te gustaría comprar. Construye una tabla que muestre cuánto costaría adquirir diferentes cantidades de dicho artículo. Busca otro anuncio para el mismo artículo y construye otra tabla donde uses un precio diferente.

Para la prueba

En una prueba de elección múltiple en donde necesitas determinar si dos razones son equivalentes, usa el cálculo mental para multiplicar o dividir los números de las razones.

18. Escoge la razón equivalente a $\frac{13}{4}$.

　　Ⓐ $\frac{50}{16}$　　　　Ⓑ $\frac{26}{7}$　　　　Ⓒ $\frac{39}{12}$　　　　Ⓓ $\frac{65}{15}$

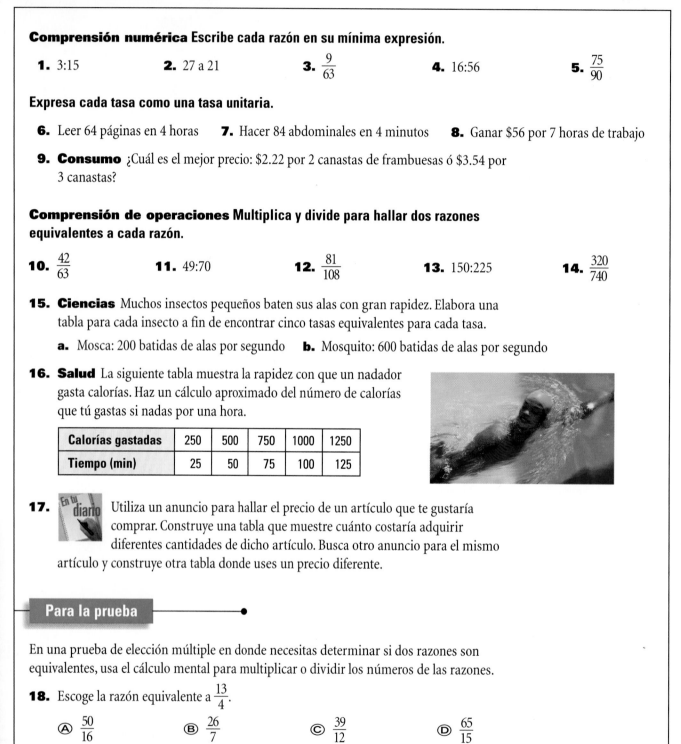

Cantidades proporcionales

una Ballena de una Cola

¿Crees que podrías contar las ballenas en el mar sin contar la misma dos veces? Los biólogos marinos como Gretchen Steiger de Cascadia Research enfrentan este problema.

Por suerte, las ballenas tienen "huellas digitales" que las identifican; tienen marcas diferentes en sus aletas (la aleta de la cola). Gretchen fotografía estas aletas para poder identificar a los individuos ballenas. Desde 1986, Cascadia Research ha identificado más de 600 individuos de ballenas jorobadas. Al comparar las imágenes de las aletas de las ballenas, Gretchen puede ver si la ballena ya ha sido fotografiada antes o si es una nueva adquisición para su colección de fotografías.

Incluso con este método, no es posible contar cada ballena en un área. Los biólogos usan el método de "fotografía-refotografía" para hacer un cálculo aproximado de la población de ballenas. Luego de aprender sobre las cantidades proporcionales, descubrirás cómo funciona este método.

1 Imagina que tardaste 10 años en contar 600 ballenas. Expresa esto como una tasa unitaria.

2 ¿Por qué piensas que sería difícil contar cada ballena en un área del mar? Procura mencionar al menos tres razones.

3 Menciona otro tipo de animales cuyo conteo podría ser difícil y explica por qué.

Creación de proporciones

▶ **Enlace con la lección** Has creado razones equivalentes, como $\frac{2}{3}$ y $\frac{4}{6}$, al multiplicar o dividir las dos partes de una razón por el mismo número. Ahora investigarás las ecuaciones relacionadas con las razones equivalentes. ◀

Investigar | Proporciones

Materiales: Papel cuadriculado

Azules del Antártico

La ballena azul es el animal más grande de la tierra. Una ballena azul puede pesar ¡160 toneladas! Un área del mar cerca de la Antártida contiene un promedio de 2 ballenas azules por cada 9 millas cuadradas. Usa esta tasa para contestar las siguientes preguntas.

1. En papel cuadriculado, dibuja un rectángulo con un área de 18 unidades cuadradas; cada cuadro representa 1 milla cuadrada. ¿Cuántas ballenas azules consideras que hay en un área del mar de este tamaño? Explica tu respuesta.

2. Dibuja un rectángulo que consideres podría contener 10 ballenas azules. ¿Cuál es esta área? Explica tu respuesta.

3. La tasa $\frac{2\text{ ballenas}}{9\text{ millas cuadradas}}$ es una forma de representar la concentración de ballenas azules. Con tus resultados de los pasos 1 y 2, escribe otras dos tasas que representen esta concentración.

4. Crea otras tres tasas equivalentes a $\frac{2\text{ ballenas}}{9\text{ millas cuadradas}}$. Explica el significado de cada una mediante una descripción del número de ballenas por área.

5. Una bióloga marina investigó un área de 140 millas cuadradas. Haz un cálculo aproximado del número de ballenas azules que contó.

Aprender | Creación de proporciones

Una **proporción** es un enunciado que muestra que dos razones son equivalentes o *proporcionales*. Las proporciones se pueden escribir en números o en palabras.

$\frac{1}{2} = \frac{3}{6}$ "Uno es a dos como tres es a seis."

Ejemplo

Completa la tabla para crear tres razones equivalentes a $\frac{3}{4}$. Después escribe tres proporciones con $\frac{3}{4}$.

3	6	9	12
4			

Usa la multiplicación para completar la tabla.

Las proporciones son $\frac{3}{4} = \frac{6}{8}, \frac{3}{4} = \frac{9}{12}$ y $\frac{3}{4} = \frac{12}{16}$.

	3·2	3·3	3·4
3	6	9	12
4	8	12	16
	4·2	4·3	4·4

Haz la prueba

a. Completa la tabla para crear tres razones equivalentes a $\frac{2}{5}$. Luego escribe tres proporciones con $\frac{2}{5}$.

2	4	6	8
5			

b. En el mar de Cortés, los biólogos marinos contaron 3 ballenas grises por cada 8 orcas. Haz una tabla de valores y escribe dos proporciones relacionadas con la investigación.

Puedes usar la tabla del ejemplo para escribir otras proporciones.

$$\frac{6}{8} = \frac{9}{12} \qquad \frac{6}{8} = \frac{12}{16} \qquad \frac{9}{12} = \frac{12}{16}$$

Una proporción se puede escribir en varias formas correctas. A continuación se muestran cuatro de ellas para los datos de la tabla adjunta.

Aparatos de TV	3	6
Hogares	2	4

$$\frac{3 \text{ aparatos de TV}}{2 \text{ hogares}} = \frac{6 \text{ aparatos de TV}}{4 \text{ hogares}} \qquad \frac{2 \text{ hogares}}{3 \text{ aparatos de TV}} = \frac{4 \text{ hogares}}{6 \text{ aparatos de TV}}$$

$$\frac{2 \text{ hogares}}{4 \text{ hogares}} = \frac{3 \text{ aparatos de TV}}{6 \text{ aparatos de TV}} \qquad \frac{4 \text{ hogares}}{2 \text{ hogares}} = \frac{6 \text{ aparatos TV}}{3 \text{ aparatos de TV}}$$

Sin embargo, ¡cuida que los numeradores y los denominadores coincidan en forma correcta! La ecuación $\frac{3 \text{ aparatos de TV}}{2 \text{ hogares}} = \frac{4 \text{ hogares}}{6 \text{ aparatos de TV}}$ *no* es una proporción.

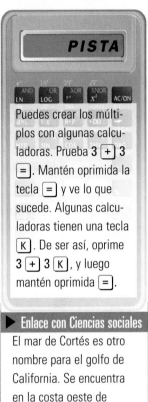

PISTA

Puedes crear los múltiplos con algunas calculadoras. Prueba 3 [+] 3 [=]. Mantén oprimida la tecla [=] y ve lo que sucede. Algunas calculadoras tienen una tecla [K]. De ser así, oprime 3 [+] 3 [K], y luego mantén oprimida [=].

▶ **Enlace con Ciencias sociales**

El mar de Cortés es otro nombre para el golfo de California. Se encuentra en la costa oeste de México, entre el territorio continental y la península de Baja California. Aquí habitan muchas especies de vida marina.

Comprobar | Tu comprensión

1. ¿Cómo puedes escribir dos proporciones con la razón $\frac{5}{8}$?

2. Da un ejemplo de una proporción que encuentres en tu vida cotidiana.

3. En tus propias palabras, explica la diferencia entre una razón y una proporción.

Práctica y aplicación

1. | Para empezar | Sigue estos pasos para completar la tabla con razones equivalentes. Luego usa la tabla para escribir tres proporciones.

2		
7		

a. Haz una tabla con cuatro columnas y dos hileras. En la columna de la izquierda, escribe 2 en la hilera superior y 7 en la hilera inferior.

b. Multiplica tanto el numerador como el denominador por 2. Coloca los resultados en la segunda columna. Completa la tercera y cuarta columnas al multiplicar los primeros datos por 3 y por 4.

c. Todas las razones de la tabla son equivalentes. Escoge pares de estas razones para crear las tres proporciones.

Completa cada tabla. Luego escribe cuatro proporciones que contengan las razones de la tabla.

2.

6	12	18	24
7			

3.

5	10	20	50
9			

Para cada razón, haz una tabla y crea tres razones equivalentes. Luego usa tus razones para escribir tres proporciones.

4. $\dfrac{9}{20}$ **5.** $\dfrac{7}{8}$ **6.** $\dfrac{3}{11}$ **7.** $\dfrac{13}{15}$ **8.** $\dfrac{20}{7}$

9. $\dfrac{10}{14}$ **10.** $\dfrac{12}{13}$ **11.** $\dfrac{2}{100}$ **12.** $\dfrac{11}{5}$ **13.** $\dfrac{17}{19}$

14. Resolver problemas Una receta de ensalada de col para 4 raciones requiere $\frac{1}{3}$ de taza de mayonesa, $1\frac{1}{2}$ cucharadas de vinagre y 3 tazas de col rebanada. Cambia estas cantidades de manera que la receta alcance para 2, 3 y 4 veces esa cantidad de personas.

Usa cada proporción para escribir otras dos proporciones.

15. $\dfrac{1 \text{ yarda}}{3 \text{ pies}} = \dfrac{7 \text{ yardas}}{21 \text{ pies}}$ **16.** $\dfrac{3}{4} = \dfrac{15}{20}$

17. $\dfrac{2 \text{ maestros}}{7 \text{ maestros}} = \dfrac{16 \text{ estudiantes}}{56 \text{ estudiantes}}$ **18.** $\dfrac{60 \text{ calorías}}{1 \text{ manzana}} = \dfrac{180 \text{ calorías}}{3 \text{ manzanas}}$

19. **Para la prueba** ¿Cuál proporción está hecha con razones equivalentes a $\frac{2}{3}$?

Ⓐ $\frac{4}{9} = \frac{8}{18}$ Ⓑ $\frac{6}{9} = \frac{9}{12}$ Ⓒ $\frac{10}{15} = \frac{12}{18}$ Ⓓ $\frac{20}{30} = \frac{21}{32}$

20. Ciencias Una ballena rorcual a su máximo crecimiento pesa alrededor de 80 toneladas. Una ballena cachalote de arco pesa cerca de 50 toneladas. Con estos pesos, 5 ballenas rorcual pesan tanto como 8 ballenas cachalote de arco. Usa esta razón para crear tres razones equivalentes y úsalas para escribir tres proporciones.

Ballena cachalote de arco

Resolución de problemas y razonamiento

Razonamiento crítico Escribe una proporción sugerida por cada figura.

21.

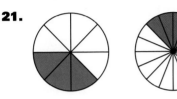

22.

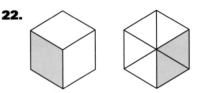

Razonamiento crítico Encuentra valores de las variables de manera que las tres razones sean equivalentes.

23. $\frac{2}{9}, \frac{x}{45}$ y $\frac{14}{y}$ **24.** $\frac{7}{12}, \frac{a}{60}$ y $\frac{63}{b}$ **25.** $\frac{12}{25}, \frac{48}{g}$ y $\frac{h}{300}$ **26.** $\frac{75}{120}, \frac{25}{s}$ y $\frac{t}{24}$

27. La razón de las ballenas jorobadas con relación a las ballenas azules vistas en una serie de viajes de observación de ballenas, arrojó un promedio de 8 a 3. ¿Puedes indicar cuántas ballenas de cada tipo se observaron en un viaje en particular? Explica tu respuesta.

Repaso mixto

Para cada ecuación, haz una tabla que muestre el valor de **y** cuando **x = 2, 3, 4, 5 y 6**. *[Lección 2-3]*

28. $y = x - 2$ **29.** $y = 4x$ **30.** $y = x + 17$ **31.** $y = 8x + 3$

32. $y = 4x - 5$ **33.** $y = 5x + 6$ **34.** $y = 10x - 5$ **35.** $y = 3x - 4$

Halla el perímetro y el área de cada rectángulo. *[Lección 5-5]*

36. Longitud 8 cm, anchura 5 cm

37. Longitud 20 ft, anchura 14 ft

38. Base 14 in., altura 23 in.

39. Base 9 m, altura 8 m

40. Base $\frac{1}{4}$ mm, altura $\frac{2}{7}$ mm

41. Longitud 2.4 mi, anchura 3.5 mi

Vas a aprender...

■ a reconocer relaciones proporcionales.

...cómo se usa

Los oficiales que investigan los accidentes de tráfico, comprenden que la distancia a la que se detiene un vehículo es proporcional al cuadrado de la velocidad a la que viajaba.

▶ **Enlace con la lección**   Como ya sabes crear una proporción, ahora aprenderás a determinar si una tasa es proporcional. ◀

Investigar Proporcionalidad

Ballenas a escala

Materiales: Utilidad de graficación

Durante una migración, un grupo de orcas puede recorrer 54 pies en 3 segundos (12 mi/h).

Ballena gris

1. Crea una tabla de cinco tasas que sean equivalentes a la tasa de las orcas.

2. Usa una utilidad de graficación para hacer un diagrama de dispersión con tus datos. Cada una de tus tasas representará un punto. Luego describe el diagrama de dispersión.

3. La tabla señala las velocidades típicas de otras tres especies de ballenas. Agrega estos puntos a tu diagrama. ¿Qué observas? Explica cómo puedes usar un diagrama de dispersión para determinar si las razones en un conjunto de datos son proporcionales.

Especies	Tasa
Gris	36 ft/4 s
Rorcual	36 ft/3 s
Franca	29 ft/4 s

Aprender Comprobación de la proporcionalidad

Hay muchas maneras de probar si dos razones son proporcionales. Una consiste en escribir las razones en su mínima expresión y ver si son equivalentes.

Ejemplo 1

Determina si las razones $\frac{4}{12}$ y $\frac{8}{24}$ son proporcionales.

$\frac{4}{12} = \frac{4 \div 4}{12 \div 4} = \frac{1}{3}$ Escribe en su mínima expresión al dividir entre el MCD.

$\frac{8}{24} = \frac{8 \div 8}{24 \div 8} = \frac{1}{3}$ Escribe en su mínima expresión al dividir entre el MCD.

Puesto que ambas razones son equivalentes a $\frac{1}{3}$, son proporcionales.

Ejemplo 2

Durante la migración, dos ballenas grises viajaban a la misma velocidad pero iniciaron en diferente tiempo. Cuando la primera ballena había viajado 7 millas, la segunda había recorrido 2 millas. Cuando la primera ballena había viajado 15 millas, la segunda había recorrido 10 millas. ¿Es ésta una tasa proporcional?

Sustituye los números en la razón $\frac{\text{Primera ballena}}{\text{Segunda ballena}}$.
Las razones son $\frac{7}{2}$ y $\frac{15}{10}$.

Observa que $\frac{7}{2}$ ya está en su mínima expresión.

$\frac{15}{10} = \frac{15 \div 5}{10 \div 5} = \frac{3}{2}$ Escribe en su mínima expresión al dividir entre el máximo común divisor.

$\frac{3}{2}$ no es igual a $\frac{7}{2}$.

La tasa no es proporcional.

Otra forma de comprobar si dos razones son proporcionales es verificar si los numeradores o denominadores están relacionados por medio de la multiplicación.

$$\overset{\cdot 2}{\overset{\frown}{\frac{4}{12}}} \overset{?}{=} \frac{8}{24} \underset{\cdot 2}{\underset{\smile}{}}$$

$\cdot 3 < \frac{4}{12} \overset{?}{=} \frac{8}{24} > \cdot 3$

Las dos partes de la segunda fracción son **2** veces la primera.

Cada denominador es **3** veces el numerador.

Ejemplo 3

Determina si las razones $\frac{6}{9}$ y $\frac{24}{36}$ son proporcionales.

Puesto que $6 \cdot 4 = 24$ y $9 \cdot 4 = 36$, las razones son equivalentes.

$$\overset{\cdot 4}{\overset{\frown}{\frac{6}{9}}} \overset{?}{=} \frac{24}{36} \underset{\cdot 4}{\underset{\smile}{}}$$

$\frac{6}{9}$ y $\frac{24}{36}$ son proporcionales.

Haz la prueba

a. Determina si las razones $\frac{3}{15}$ y $\frac{10}{50}$ son proporcionales al escribirlas en su mínima expresión.

b. ¿La tasa 32 manzanas en 6 cajas es proporcional a la tasa 20 manzanas en 4 cajas?

c. Determina si las razones $\frac{7}{10}$ y $\frac{21}{30}$ son proporcionales al ver si están relacionadas por medio de la multiplicación.

También puedes usar un diagrama de dispersión para probar la proporcionalidad. Cuando graficas razones equivalentes, la recta que pasa por todos los puntos también pasará por el punto $(0, 0)$.

Gasolina (gal)	2	4	5
Distancia (mi)	40	80	100

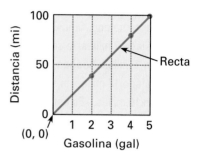

Ejemplo 4

Una bióloga marina desea fotografiar ballenas. Pagará $50 por la renta de un equipo especial de fotografía y $25 la hora por un bote. Haz una tabla para encontrar su costo total por 2, 4, 6 y 8 horas. Luego haz un diagrama de dispersión para ver si la tasa entre el tiempo y el costo es proporcional.

Tiempo (h)	2	4	6	8
Costo ($)	100	150	200	250

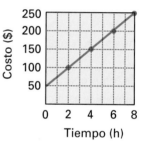

La recta que pasa por los puntos del diagrama de dispersión no pasa por el punto $(0, 0)$.

La tasa no es proporcional.

Haz la prueba

Elabora un diagrama de dispersión para ver si cada tasa es proporcional.

a.

Llamada (min)	2	3	5	7
Costo (¢)	24	36	60	84

b.

Edad	9	10	12	13
Mesada ($)	1	2	4	5

Comprobar Tu comprensión

1. Escribe dos razones que no sean proporcionales. ¿Cómo sabes que no forman una proporción?

2. ¿Cómo puedes usar la división para determinar si dos razones son proporcionales?

Práctica y aplicación

1. [Para empezar] Sigue estos pasos para determinar si $\frac{6}{8}$ y $\frac{9}{12}$ son proporcionales.

a. Escribe $\frac{6}{8}$ en su mínima expresión al dividir el numerador y el denominador entre el mismo número.

b. Escribe $\frac{9}{12}$ en su mínima expresión al dividir el numerador y el denominador entre el mismo número.

c. Compara las razones en su mínima expresión para determinar si $\frac{6}{8}$ y $\frac{9}{12}$ son proporcionales.

Determina si las razones son proporcionales.

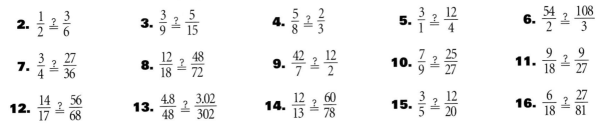

2. $\frac{1}{2} \stackrel{?}{=} \frac{3}{6}$ **3.** $\frac{3}{9} \stackrel{?}{=} \frac{5}{15}$ **4.** $\frac{5}{8} \stackrel{?}{=} \frac{2}{3}$ **5.** $\frac{3}{1} \stackrel{?}{=} \frac{12}{4}$ **6.** $\frac{54}{2} \stackrel{?}{=} \frac{108}{3}$

7. $\frac{3}{4} \stackrel{?}{=} \frac{27}{36}$ **8.** $\frac{12}{18} \stackrel{?}{=} \frac{48}{72}$ **9.** $\frac{42}{7} \stackrel{?}{=} \frac{12}{2}$ **10.** $\frac{7}{9} \stackrel{?}{=} \frac{25}{27}$ **11.** $\frac{9}{18} \stackrel{?}{=} \frac{9}{27}$

12. $\frac{14}{17} \stackrel{?}{=} \frac{56}{68}$ **13.** $\frac{4.8}{48} \stackrel{?}{=} \frac{3.02}{302}$ **14.** $\frac{12}{13} \stackrel{?}{=} \frac{60}{78}$ **15.** $\frac{3}{5} \stackrel{?}{=} \frac{12}{20}$ **16.** $\frac{6}{18} \stackrel{?}{=} \frac{27}{81}$

Haz un diagrama de dispersión para ver si la relación es proporcional.

17.

Edad de Mike	4	6	8	12
Edad de Ted	6	8	10	14

18.

Peso de un perro (lb)	10	20	45	90
Cantidad de comida (latas)	0.5	1.5	2.5	4.5

19. Ciencias Los investigadores, al rastrear un grupo de orcas, encontraron que las ballenas nadaron 30 millas en 4 horas el lunes, 45 millas en 6 horas el martes y 60 millas en 8 horas el miércoles. Haz un diagrama de dispersión para determinar si estas tasas son proporcionales.

20. Ciencias La tasa del ritmo cardíaco de un elefante se midió en 26 latidos en 1 minuto y 102 latidos en 4 minutos. ¿Estas tasas son proporcionales?

Grupo de orcas

PRACTICAR 6-6

21. **Para la prueba** Escoge la razón que sea proporcional a $\frac{5}{9}$.

   Ⓐ $\frac{1}{3}$ Ⓑ $\frac{2}{6}$ Ⓒ $\frac{7}{12}$ Ⓓ $\frac{15}{27}$

22. Usa los datos de la tabla para determinar si las razones del cerebro con relación al peso del cuerpo son equivalentes para los humanos y para los delfines.

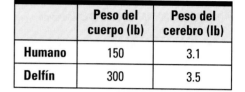

	Peso del cuerpo (lb)	Peso del cerebro (lb)
Humano	150	3.1
Delfín	300	3.5

23. **Posibilidad** Hay 3 canicas verdes en una bolsa de 12 canicas. Una bolsa más grande tiene un total de 25 canicas, de las cuales 6 son verdes. ¿Existe la misma posibilidad de elegir una canica verde de las dos bolsas? Explica tu respuesta.

Resolución de problemas y razonamiento

24. **Comunicación** Las instrucciones en una lata de jugo de naranja congelado indican mezclar 3 latas de agua fría con cada lata de concentrado. En una lata de ponche de naranja congelado se indica mezclar $4\frac{1}{3}$ latas de agua fría con cada lata de concentrado. Marsha usó en forma correcta 13 latas de agua por 3 latas de concentrado. ¿Qué hizo ella, jugo de naranja o ponche? ¿Cómo lo sabes?

25. **Razonamiento crítico** Crea tantas proporciones como puedas con los números 2, 3, 4, 6 y 8. Demuestra por qué cada uno es una proporción.

26. **Comunicación** Un investigador de delfines recopiló los datos acerca de los delfines nariz de botella que se muestran en la tabla. ¿El peso de los delfines es aproximadamente proporcional a su longitud? Explica tu respuesta.

Delfín nariz de botella

Longitud (m)	1.626	2.159	2.337	2.400	2.565
Peso (kg)	45.5	97.7	117.3	140.0	153.6

Repaso mixto

Menciona la acción inversa de los siguientes enunciados. *[Lección 2-4]*

27. Sumar 45   **28.** Multiplicar por 20   **29.** Dividir entre 10   **30.** Restar 15

31. Sumar 24, luego dividir entre 7   **32.** Multiplicar por 5, luego sumar 14

Halla cada raíz cuadrada. *[Lección 5-6]*

33. $\sqrt{81}$ **34.** $\sqrt{225}$ **35.** $\sqrt{3600}$ **36.** $\sqrt{729}$

37. $\sqrt{100}$ **38.** $\sqrt{49}$ **39.** $\sqrt{289}$ **40.** $\sqrt{6400}$

TECNOLOGÍA

Búsqueda en el World Wide Web • Uso de máquinas de búsqueda

Problema: ¿Cuál es la diferencia entre usar las palabras "or" y "and" (o e y) cuando se busca información en el World Wide Web?

Puedes usar una de las muchas *máquinas de búsqueda* disponibles en Internet para investigar la solución a este problema. (Una máquina de búsqueda es un programa que examina páginas Web para obtener la información que requieres.)

1 Dirígete al Internet y selecciona una máquina de búsqueda. Teclea "Ballena AND azul" en el cuadro de texto de búsqueda y luego haz clic en Search. Observa el número de documentos encontrados que coinciden con tu solicitud.

2 Ahora busca "Ballena OR azul". Compara el número de coincidencias para esta solicitud con los resultados de "Ballena AND azul".

Search! encontró **12303** documentos sobre:
Ballena AND azul
Documentos **1–10** ordenados por **seguridad**

84% **Ballena azul**   Sort by Site

Search! encontró **52685** documentos sobre:
Ballena OR azul.
Documentos **1–10** ordenados por **seguridad**

84% **Ballena azul**   Sort by Site

Solución: Con el uso de "AND", localizas los documentos que contienen tanto "Ballena" como "azul"; por medio de "OR", localizas los documentos que contienen cualquiera de las dos palabras. (Nota: Hay diferencias entre las diversas máquinas de búsqueda; por ejemplo, algunas utilizan un signo + para indicar "AND".)

INTÉNTALO

a. Si quisieras información sobre "grandes tiburones blancos", ¿podrías usar "AND" u "OR"? Prueba tu idea.

b. Si tuvieras que elegir entre dos temas para un proyecto de ciencias, ¿buscarías "ballenas AND delfines" o "ballenas OR delfines"? Explica tu respuesta.

POR TU CUENTA

▶ ¿Cuáles son algunas ventajas o desventajas de usar el World Wide Web cuando investigas un tema en lugar de consultar una enciclopedia (en forma de libro)?

Resolución de proporciones mediante tasas unitarias

Vas a aprender...

■ a usar tasas unitarias para resolver una proporción.

...cómo se usa

Los dependientes de las ferreterías utilizan las proporciones cuando mezclan pinturas. Necesitan calcular con exactitud la cantidad requerida de cada color.

▶ **Enlace con la lección** Ya sabes escribir proporciones y determinar si una tasa es proporcional. Ahora aprenderás a usar las tasas unitarias para encontrar la parte que le falta a una proporción. ◀

Investigar | Resolución de proporciones

¿Cuál es tu tasa de pulso?

Materiales: Reloj con segundero

Tu *tasa de pulso* es el número de veces que tu corazón late en 1 minuto. Una tasa de pulso común para una persona mientras descansa es de 72 latidos por minuto.

1. Para calcular tu tasa de pulso, coloca tus dedos índice y pulgar en tu arteria carótida (a un lado de tu cuello) y cuenta el número de latidos en 10 segundos. Trabaja con tu tasa de pulso. Explica tu cálculo.

2. ¿Cuántos latidos en 10 segundos te darían una tasa de pulso de 72 latidos por minuto? ¿Y de 120 latidos por minuto? Explica tu respuesta.

3. Imagina que cuentas 10 latidos en 6 segundos. ¿Cuál es tu tasa de pulso?

4. ¿El método que utilizas te ofrece un cálculo aproximado de tu tasa de pulso real o te proporciona la tasa exacta? Explica por qué.

Aprender | Resolución de proporciones mediante tasas unitarias

Resolver una proporción significa hallar la parte que falta de la proporción. Puedes usar tasas unitarias para resolver una proporción. Para ello, primero debes encontrar la tasa unitaria y luego multiplicar para resolver la proporción.

Por ejemplo, si sabes que puedes leer 30 páginas por hora, de inmediato puedes predecir cuántas páginas leerías en otra cantidad de tiempo.

En **2** horas puedo leer 30 • **2** = 60 páginas.

En **5** horas puedo leer 30 • **5** = 150 páginas.

Ejemplos

▶ **Enlace con Ciencias**

La pila eléctrica fue inventada por el italiano Alessandro Volta en el año 1800.

1 Las pilas de tamaño D cuestan $2.19 por 3 pilas. Según esta tasa, ¿cuánto costarán 5 pilas?

Cálculo aproximado: Si se usan números compatibles, 1 pila cuesta alrededor de $2.10 ÷ 3 ó $0.70. Cinco pilas cuestan cerca de 5 • $0.70 ó $3.50.

$$\frac{2.19 \text{ dólares}}{3 \text{ baterías}} = \frac{2.19 \div 3}{3 \div 3}$$ Divide entre el denominador para hallar la tasa unitaria.

$$= \frac{0.73 \text{ dólares}}{1 \text{ batería}}$$ La tasa unitaria es $0.73 por pila.

$$0.73 \cdot 5 = 3.65$$ Multiplica la tasa unitaria por 5.

El costo de 5 pilas es $3.65.

2 Un delfín nariz de botella puede viajar alrededor de 2.25 millas en 5 minutos. Con esta tasa, ¿cuánto tiempo tarda el delfín en recorrer 8 millas?

$$\frac{5 \text{ minutos}}{2.25 \text{ millas}} = \frac{5 \div 2.25}{2.25 \div 2.25}$$ Divide entre el denominador para hallar la tasa unitaria.

$$\approx \frac{2.22 \text{ minutos}}{1 \text{ milla}}$$ La tasa unitaria es alrededor de 2.22 minutos por milla.

$$2.22 \cdot 8 \approx 17.8$$ Multiplica la tasa unitaria por 8 para hallar el tiempo para 8 millas.

El delfín tarda cerca de 17.8 minutos en recorrer 8 millas.

Haz la prueba

Cinco CD cuestan $42. Con esta tasa, ¿cuánto costarán 7 CD?

▶ **Enlace con Lenguaje**

Unidad significa *uno* de cualquier cosa. La palabra francesa para designar "uno" es *un*. En inglés, *one* quiere decir "uno". Cuando una palabra comienza con *uni*, ¡piensa en UNO!

Comprobar | Tu comprensión

1. ¿Qué quieren decir los vendedores de autos con la tasa "ventas por día"? ¿Y con la tasa "días por venta"?

2. ¿Por qué se incluyen las palabras "con esta tasa" en los ejemplos? ¿Qué sucedería si no se incluyeran?

Práctica y aplicación

Para empezar **Encuentra cada tasa unitaria.**

1. 24 páginas en 6 minutos

2. 500 millas en 12 horas

3. $1.44 por docena

4. $1.89 por 3

5. Las naranjas están en oferta a 6 por $0.99.

   a. Halla el costo de 2 naranjas.

   b. Calcula el costo de 4 naranjas.

6. Jake ganó $51.20 en 8 horas.

   a. Halla su tasa por hora.

   b. Calcula sus ganancias en 7 horas.

7. **Deportes** En un automóvil de carreras Marmon Wasp, en 1911 Ray Harroun hizo el recorrido completo de las 500 millas de Indianapolis en 6.7 horas.

   a. Encuentra la tasa de Harroun en millas por hora. Redondea al décimo más cercano.

   b. Según esta tasa, ¿qué distancia recorrió Harroun en 2 horas?

   c. Halla la tasa de Harroun en horas por milla.

   d. ¿Cuánto tiempo necesitó Harroun para recorrer 400 millas?

Ray Harroun

8. **Cálculo aproximado** El peso de tu cuerpo es una medida de la fuerza de gravedad. La fuerza de gravedad de Júpiter es 2.64 veces la de la Tierra. Imagina que una báscula en Júpiter muestra que una ballena pesa 8712 libras. Haz un cálculo aproximado del peso de la ballena en la Tierra.

9. **Literatura** Phileas Fogg fue el héroe de la novela de aventuras de Julio Verne, *La vuelta al mundo en 80 días*. La distancia alrededor de la Tierra es cerca de 25,000 millas.

   a. Si se da por hecho que Fogg viajó a una velocidad constante, ¿cuánto tiempo necesitó para recorrer las 4000 millas entre Londres y la India?

   b. ¿Qué distancia recorrió Fogg durante la última semana de su viaje?

10. **Para la prueba** Lea ganó $25.50 en 5 horas. ¿Cuánto ganó por hora?

   Ⓐ $102.50   Ⓑ $5.10   Ⓒ $5.50   Ⓓ Ninguna de las anteriores

11. **Deportes** El jugador olímpico de voleibol Bev Oden hizo en promedio 3.42 "picadas" (tiros clavados que dan fin a un intercambio de la pelota) por juego. Predice el número de picadas en un enfrentamiento de 5 juegos.

Resolución de problemas y razonamiento

12. Comunicación En 1991, Mike Powell de Estados Unidos estableció un récord mundial de salto de longitud de 29 pies y 4.5 pulgadas. Powell mide 6 pies 4 pulgadas de altura. Un canguro de 5 pies de altura puede saltar más de 40 pies. Si Powell puede saltar la misma distancia en proporción a su altura como lo hace el canguro, ¿qué tan lejos puede saltar? Explica cómo encontraste tu respuesta.

13. *En tu diario* Un hombre de 20 años mide 6 pies de altura. ¿Esto significa que un hombre de 40 años mide 12 pies de altura? Explica por qué.

14. Razonamiento crítico Gloria pagó $14.99 por un nuevo CD con 10 canciones. Otro CD de la misma artista tiene 12 canciones y cuesta $17.99.

a. ¿Es justo el precio del segundo CD? Explica por qué.

b. Además del número de canciones, ¿qué otros factores pueden ayudar a Gloria a decidirse a comprar el segundo CD?

Repaso mixto

Escribe una expresión algebraica para cada frase. *[Lección 2-5]*

15. 5 menos que un número (u)

16. 7 más que un número (x)

17. Un número (g) incrementado por 12

18. El producto de un número (z) y 10

Halla la longitud del lado desconocido. *[Lección 5-7]*

19.
8, 6, c

20.
a, 17, 8

21.
x, 10 ft, 24 ft

22.
h, 30 m, 50 m

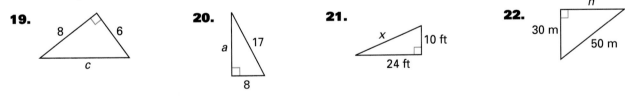

El proyecto en marcha

Determina cuál de las tiendas de abarrotes que investigaste tiene los precios más bajos. Prepara un informe para tu clase a fin de explicar tus resultados y cómo determinaste cuál es la tienda con los precios más bajos.

Resolución de problemas

Comprende
Planea
Resuelve
Revisa

Multiplicación cruzada

Vas a aprender…

■ a usar la multiplicación cruzada para resolver una proporción.

■ a utilizar la multiplicación cruzada para comprobar si dos razones forman una proporción.

…cómo se usa

Cuando los fotógrafos ajustan las fotografías, emplean las proporciones para determinar una buena exposición.

Vocabulario

producto cruzado

▶ **Enlace con la lección** Una vez que has usado tasas unitarias para resolver proporciones y determinar si dos razones forman una proporción, aprenderás un método que realiza ambas funciones. ◀

Investigar Multiplicación cruzada

La reinvención de la ballena

Un acuario tiene modelos de ballenas jorobadas colgados del techo del área de venta de boletos y de la tienda de regalos.

1. Una ballena del acuario mide 45 pies de largo y sus aletas miden 15 pies de largo.

   Escribe esto como una razón:
   $$\frac{\text{longitud real de la aleta}}{\text{tamaño real del cuerpo}} = \frac{?\,\text{ft}}{?\,\text{ft}}$$

2. El modelo de la ballena del área de venta de boletos mide 21 ft de largo y sus aletas son de 7 ft de largo. Mientras que el modelo que está en la tienda de regalos mide 12 ft de largo y sus aletas son de 4 ft de longitud. Usa esta información para escribir dos razones más como la que escribiste en el paso 1.

3. ¿Tus tres razones son equivalentes? ¿Cómo lo sabes? Usa tus razones para escribir dos proporciones diferentes.

4. Para cada proporción, utiliza sus cuatro números para escribir tantos pares de números como puedas. Luego halla el producto de cada par.

5. ¿Qué observas sobre los pares que dan como resultado productos iguales? Escribe un enunciado que describa cualquier patrón que encuentres.

Aprender Multiplicación cruzada

En una proporción, el producto de un numerador y el otro denominador es un **producto cruzado**. Observa que los productos cruzados en la proporción $\frac{3}{4} = \frac{6}{8}$ son iguales.

$$\frac{3}{4} \diagdown \frac{6}{8}$$

$$3 \cdot 8 = 24$$
$$4 \cdot 6 = 24$$

PROPIEDAD DE LOS PRODUCTOS CRUZADOS

Si dos razones forman una proporción, los productos cruzados son iguales. Si dos razones tienen productos cruzados iguales, forman una proporción.

Para la prueba

Cuando en una prueba se te pide comparar dos fracciones, puedes usar productos cruzados. Cuando calculas los productos cruzados, "mueves" los denominadores, no los numeradores. Si los productos cruzados no son iguales, el producto mayor estará en el mismo lado de la fracción más grande.

Ejemplo 1

Comprueba los productos cruzados para ver si las razones $\frac{9}{21}$ y $\frac{7}{16}$ forman una proporción.

$\frac{9}{21} \overset{?}{=} \frac{7}{16}$ Escribe las razones como si fueran una proporción.

$\frac{9}{21} = \frac{7}{16}$ Identifica los productos cruzados.

$9 \cdot 16 \overset{?}{=} 21 \cdot 7$ Escribe los productos cruzados.

$144 \neq 147$ Haz la multiplicación y compara los productos cruzados.

Puesto que los productos cruzados no son iguales, las razones no forman una proporción.

Puedes usar los productos cruzados para hallar el número desconocido en una proporción.

Ejemplo 2

Las gambas son el único alimento de algunas ballenas. Una ballena azul de 150 T puede comer 8 T de gambas al día. ¿Cuántas toneladas se podrá comer una ballena de 130 T?

Sea n el número de toneladas de gambas que una ballena de 130 T come al día.

peso de una ballena de 150 T → $\frac{150}{8} = \frac{130}{n}$ ← peso de una ballena de 130 T
toneladas de gambas→ ← toneladas de gambas

Escribe las razones como una proporción.

$150 \cdot n = 8 \cdot 130$ Escribe los productos cruzados.

$150n = 1040$ Haz la multiplicación.

$\frac{150n}{150} = \frac{1040}{150}$ Para anular la multiplicación, divide ambos lados entre 150.

$n \approx 6.9$ Haz la división.

Una ballena azul de 130 toneladas puede comer 6.9 toneladas de gambas al día.

Haz la prueba

Determina si los siguientes pares de razones forman una proporción.

a. $\frac{4}{5} \overset{?}{=} \frac{11}{13}$

b. $\frac{5}{8} \overset{?}{=} \frac{15}{24}$

Resuelve cada proporción. **c.** $\frac{4}{7} = \frac{x}{84}$ **d.** $\frac{8}{3} = \frac{192}{k}$ **e.** $\frac{51}{35} = \frac{8.5}{n}$

Kimberly y Andy están en un equipo de natación. Su nado de entrenamiento es de 200 metros y por lo general lo realizan en 3 minutos. Con esta tasa, ¿cuánto tiempo tardarían en nadar 800 metros?

Kimberly piensa...

$$\frac{200 \text{ m}}{3 \text{ min}} = \frac{800 \text{ m}}{n \text{ min}}$$ Escribe las razones como una proporción.

$$200 \cdot n = 3 \cdot 800$$ Escribe los productos cruzados.

$$200n = 2400$$ Haz la multiplicación.

$$\frac{200n}{200} = \frac{2400}{200}$$ Para anular la multiplicación, divide ambos lados entre 200.

$$n = 12$$ Haz la división.

Nadar 800 metros tomaría 12 minutos.

Andy piensa...

Puesto que 800 es 4 · 200, nadar 800 metros es 4 veces la longitud de nadar 200 metros. Nos debería tomar 4 veces lo que dura el entrenamiento de 3 minutos.

4 · 3 minutos = 12 minutos

Nadar 800 metros tomaría 12 minutos.

¿Qué crees tú ?

1. ¿Habría funcionado el método de Andy para una distancia de 700 metros? ¿Y el de Kimberly? Explica tu respuesta.

2. ¿Cómo podrías resolver este problema mediante el uso de tasas?

Comprobar Tu comprensión

1. ¿Cuándo los productos cruzados son un buen método para resolver una proporción? ¿Cuándo son mejores otros métodos?

2. Si conoces sólo dos de los cuatro números en una proporción, ¿puedes encontrar los otros dos? ¿Por qué?

Práctica y aplicación

1. **Para empezar** Sigue los pasos para resolver la proporción $\frac{5}{x} = \frac{4}{3}$.

   a. Completa los productos cruzados: $5 \times$ _____ $= 4 \times x$

   b. Multiplica: _____ $= 4x$

   c. Para anular la multiplicación, divide los dos lados entre 4.

   d. Escribe y comprueba la solución.

Encuentra los productos cruzados para cada proporción.

2. $\frac{4}{14} = \frac{2}{7}$ 3. $\frac{2}{3} = \frac{6}{9}$ 4. $\frac{5}{8} = \frac{25}{40}$ 5. $\frac{32}{40} = \frac{8}{10}$ 6. $\frac{18}{30} = \frac{9}{15}$

Determina si cada par de razones forma una proporción.

7. $\frac{6}{8} \stackrel{?}{=} \frac{10}{15}$ 8. $\frac{5}{15} \stackrel{?}{=} \frac{3}{9}$ 9. $\frac{9}{15} \stackrel{?}{=} \frac{15}{25}$ 10. $\frac{6}{10} \stackrel{?}{=} \frac{25}{42}$

11. $\frac{7}{9} \stackrel{?}{=} \frac{20}{27}$ 12. $\frac{8}{22} \stackrel{?}{=} \frac{28}{77}$ 13. $\frac{15}{12} \stackrel{?}{=} \frac{4.5}{3.6}$ 14. $\frac{1.9}{2.4} \stackrel{?}{=} \frac{5.7}{7.2}$

Resuelve cada proporción.

15. $\frac{x}{6} = \frac{1}{3}$ 16. $\frac{1}{6} = \frac{k}{12}$ 17. $\frac{3}{x} = \frac{11}{20}$ 18. $\frac{5}{2} = \frac{6}{x}$

19. $\frac{9}{1} = \frac{t}{4}$ 20. $\frac{y}{10} = \frac{3}{5}$ 21. $\frac{4}{9} = \frac{10}{x}$ 22. $\frac{5}{2} = \frac{2}{x}$

23. **Para la prueba** ¿Cuál es el valor de x en la proporción $\frac{5}{8} = \frac{10}{x}$?

   Ⓐ 8   Ⓑ 15   Ⓒ 16   Ⓓ Ninguna de las anteriores

24. **Ciencias** Una ballena azul adulta puede medir 100 pies de largo y pesar alrededor de 150 toneladas. Una ballena beluga adulta puede medir 15 pies de largo y pesar alrededor de 1.5 toneladas. ¿Las tasas de longitud de las ballenas con respecto al peso forman una proporción?

25. **Historia** En 1890, Estados Unidos tenía una superficie como de 3.0 millones de millas cuadradas y una población cerca de 62.9 millones. En 1990, la superficie era de 5.5 millones de millas cuadradas y la población de aproximadamente 248.7 millones. ¿Las tasas de la superficie respecto de la población forman una proporción? ¿Por qué?

Ballena beluga

26. Cálculo aproximado De acuerdo con los cálculos de 1993 de A. C. Nielsen Company, cerca de 60 de los 95 millones de familias de Estados Unidos tienen dos o más aparatos de televisión. Usa los datos que se muestran para hacer un cálculo aproximado del número de familias en Texas con más de dos aparatos de televisión.

27. Ciencias Una muestra de 380 centímetros cúbicos de titanio tiene una masa de 1710 g. Halla el peso de una muestra de titanio que tenga un volumen de 532 centímetros cúbicos.

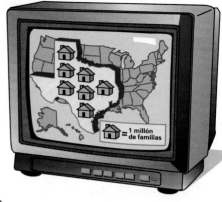

= 1 millón de familias

Resolución de problemas y razonamiento

28. Escoge una estrategia La razón de maestros a estudiantes en la escuela intermedia Sam Houston es de 1 a 36. Si hay 720 estudiantes, ¿cuántos maestros más se necesitan para hacer una tasa maestro-estudiante de 1 a 30? ¿Por qué?

29. Razonamiento crítico Un químico analizó muestras de tres sustancias. Si dos muestras no contienen las mismas proporciones de carbono e hidrógeno, no pueden ser la misma sustancia. ¿Podría cualquiera de estas muestras ser la misma sustancia? Explica tu razonamiento.

	Muestra A	Muestra B	Muestra C
Carbono (g)	4	6	10
Hidrógeno (g)	18	25	45

30. Comunicación Algunos lingüistas consideran que los trabajos del escritor Thomas Jefferson Snodgrass realizados en el siglo XIX fueron en realidad escritos por Mark Twain. La siguiente tabla muestra una cuenta de palabras de 1 y 2 sílabas en pasajes similares de los dos escritores. ¿Los datos sostienen la teoría de que Twain era Snodgrass? Explica tu respuesta.

	Núm. total de palabras	Palabras de 1 sílaba	Palabras de 2 sílabas
Twain	916	525	231
Snodgrass	655	362	179

Repaso mixto

Resuelve las siguientes ecuaciones. *[Lección 2-6]*

31. $x - 9 = 24$ **32.** $f + 25 = 67$ **33.** $34 = y - 18$ **34.** $659 = p + 345$

Halla las medidas que faltan de los siguientes triángulos. *[Lección 5-8]*

35. Base = 8, altura = 6, área = ?   **36.** Base = ?, altura = 24 in., área = 96 in^2

Resolución de problemas
ESTRATEGIAS

- Busca un patrón
- Organiza la información en una lista
- Haz una tabla
- Prueba y comprueba
- Empieza por el final
- Usa el razonamiento lógico
- Haz un diagrama
- Simplifica el problema

Al inicio de esta sección, leíste acerca del método de *fotografía-refotografía* que utilizan los investigadores para hacer un cálculo aproximado del número de ballenas en una región en particular. Tú puedes ejemplificar esta técnica al utilizar fichas como "ballenas" y un recipiente como el "mar".

¡Una ballena de una cola!

Materiales: Un buen número de fichas de plástico, recipiente, marcador

Coloca las ballenas (fichas) en el mar (recipiente). No cuentes las ballenas.

1. **Fotografía** Toma un puñado de fichas. Marca cada una con una pluma de punta de fieltro. Cuenta y anota el número de fichas marcadas. Este número es el *primer número de ballenas fotografiadas*. Regresa las fichas al recipiente y mézclalas con cuidado.

2. **Refotografía** Toma otro puñado de fichas. Cuenta y anota el número de fichas tomadas (el *segundo número de ballenas fotografiadas*) y el número de fichas marcadas en el segundo puñado (el *número de ballenas refotografiadas*).

3. Resuelve la proporción:

$$\frac{\text{número de ballenas refotografiadas}}{\text{segundo número de ballenas fotografiadas}} = \frac{\text{primer número de ballenas fotografiadas}}{x}$$

El valor de *x* que obtengas será un cálculo aproximado del número de ballenas en tu mar.

4. Regresa las fichas al recipiente y mézclalas con cuidado. Repite los pasos 2 y 3 cuatro veces más. En cada ocasión, obtendrás un cálculo aproximado del número total de ballenas.

5. Halla la media de tus cinco cálculos aproximados. Luego cuenta el número de fichas en el recipiente y compara el total con la media que calculaste.

6. Explica por qué es importante mezclar las fichas con cuidado cada vez que las regresas al recipiente. ¿Qué pueden hacer los biólogos para asegurarse de que las ballenas que ellos fotografían y refotografían se "mezclan" con cuidado?

1. Completa la tabla con razones equivalentes. Después escribe cuatro proporciones mediante el uso de las razones de la tabla.

3	6	9			
5					

Haz una tabla y crea tres razones equivalentes. Usa las razones para escribir tres proporciones.

2. $\dfrac{3}{7}$ **3.** $\dfrac{9}{8}$ **4.** $\dfrac{6}{11}$ **5.** $\dfrac{5}{2}$ **6.** $\dfrac{9}{20}$

Determina si cada par de razones forma una proporción.

7. $\dfrac{9}{14} \stackrel{?}{=} \dfrac{25}{39}$ **8.** $\dfrac{10}{35} \stackrel{?}{=} \dfrac{8}{28}$ **9.** $\dfrac{6}{9} \stackrel{?}{=} \dfrac{12}{18}$ **10.** $\dfrac{7}{8} \stackrel{?}{=} \dfrac{49}{56}$ **11.** $\dfrac{18}{36} \stackrel{?}{=} \dfrac{9}{18}$

Resuelve las siguientes proporciones.

12. $\dfrac{3}{5} = \dfrac{12}{x}$ **13.** $\dfrac{5}{4} = \dfrac{y}{10}$ **14.** $\dfrac{n}{27} = \dfrac{8}{18}$ **15.** $\dfrac{18}{36} = \dfrac{10}{a}$ **16.** $\dfrac{4}{9} = \dfrac{20}{q}$

17. Consumo Las portadas para informes escolares se venden a 8 por $5.20. Halla el precio unitario y luego indica cuántas portadas puedes comprar con $78.00.

18. Ciencias En 1996, Keiko, la orca utilizada para la película *Free Willy*, se trasladó de México a Oregon. Costó $9,000,000 llevar por aire a la ballena de 7,000 libras a su nuevo hogar. ¿Cuánto costó por libra mover a Keiko?

19. *En tu diario* Un investigador marcó 200 róbalos y los liberó en un lago. Un mes después, capturó 16 róbalos y descubrió que 5 de ellos estaban marcados. Calcula la población aproximada del lago y luego describe el proceso que usaste.

Para la prueba

Para resolver una proporción en una prueba de elección múltiple, sustituye cada respuesta y comprueba los productos cruzados. La respuesta que te dé productos cruzados iguales es correcta.

20. Encuentra el valor de *x*. $\dfrac{4}{5} = \dfrac{6}{x}$

Ⓐ 7   Ⓑ 7.5   Ⓒ 9   Ⓓ 9.5

La tangente

La *tangente* de un ángulo agudo en un triángulo rectángulo es igual a la razón $\frac{\text{longitud del lado opuesto}}{\text{longitud del lado adyacente}}$.

En la figura, la tangente de $\angle A$, abreviada tan $\angle A$, $= \frac{5}{4} = 1.25$.

La hipotenusa *nunca* es lo mismo que la tangente.

Si conoces la medida de un ángulo, puedes usar una calculadora científica para encontrar su tangente. Para hallar la tangente de 40°, introduce 40 [TAN]. El resultado es aproximadamente 0.84.

Las tangentes se pueden utilizar para hacer una medición *indirecta*; es decir, para hallar una longitud que no se puede medir en forma directa.

Desde un punto de 37 pies desde la base de un poste de teléfono, el ángulo hasta la punta del poste es de 32°. Halla h, la altura del poste.

La longitud del lado opuesto del ángulo de 32° es h y la longitud del lado adyacente es de 37 pies. Por tanto:

$$\tan 32° = \frac{h}{37} \qquad \text{Establece la tangente.}$$

$$37 \times \tan 32° = h \qquad \text{Usa operaciones inversas.}$$

Puedes usar una calculadora para encontrar h.

37 [×] 32 [TAN] [=] 23.12016602…

El poste de teléfono es de aproximadamente 23.1 pies de alto.

Haz la prueba

Resuelve para hallar h en cada figura. Redondea las respuestas al décimo más cercano.

1.
h
65°
15 m

2.
h
28°
2000 ft

3.
h
41°
59 ft

Organizador gráfico

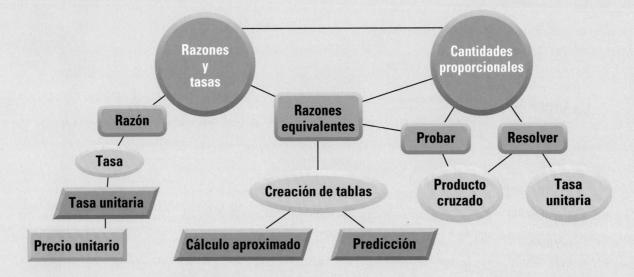

Sección 6A   Razones y tasas

Resumen

- Una **razón** compara dos cantidades. Hay tres formas de escribir una razón; por ejemplo, las razones 2 a 3, $\frac{2}{3}$ y 2:3 significan lo mismo.

- Una razón es una **tasa** cuando las unidades de medida de las cantidades difieren. Una tasa muestra cómo están relacionadas las cantidades con diferentes unidades.

- Una **tasa unitaria** es una tasa en la cual la medida de la segunda cantidad es 1 unidad. Un **precio unitario** es una tasa unitaria que proporciona el costo de un artículo.

- Para hallar las **razones equivalentes** o las **tasas equivalentes**, multiplica o divide el numerador y el denominador de una razón o tasa dada por el mismo número. Puedes usar este método para crear una tabla de razones o tasas equivalentes.

- Puedes utilizar tablas para hacer un cálculo aproximado y predecir razones y tasas.

Repaso

1. Escribe la razón 8 tenedores a 6 cucharas en tres formas. Escríbelas en su mínima expresión posible.

2. Aproxima la razón de la altura a la base de un triángulo.

3. Halla la tasa unitaria: 130 millas en 2 horas. Recuerda incluir unidades en tu tasa.

4. Expresa la tasa como una tasa unitaria: 102 casas a lo largo de un camino de 6 millas.

5. Halla la mejor compra de pan: $3.20 por 2 hogazas ó $5.10 por 3 hogazas.

6. El auto de Hugo viaja 108 millas por 4 galones de gasolina. ¿Qué distancia recorrerá con 7 galones?

7. Multiplica y divide para hallar dos razones equivalentes a la razón $\frac{16}{20}$.

8. Usa una tabla para encontrar dos tasas equivalentes a 15 puntos en 4 juegos.

9. Utiliza la multiplicación para completar la tabla y hallar 5 razones equivalentes a $\frac{3}{4}$.

3	6	9	12	15	18
4					

10. Usa la división para completar la tabla y encontrar 5 razones equivalentes a $\frac{120}{80}$.

120	60	30	24	12	6
80					

Sección 6B   Cantidades proporcionales

Resumen

■ Una **proporción** es una ecuación o enunciado que muestra que dos razones son iguales.

■ Para probar dos razones a fin de ver si son proporcionales, puedes reducir cada razón a su mínima expresión y ver si son equivalentes.

■ Puedes usar tasas unitarias para resolver una proporción. Primero halla la tasa unitaria y luego multiplica para resolver la proporción.

■ Un **producto cruzado** de dos razones es el producto del numerador de una razón y el denominador de la otra razón.

■ Si dos razones forman una proporción, los productos cruzados son iguales. Si dos razones tienen productos cruzados iguales, forman una proporción. Puedes usar productos cruzados para hallar un número desconocido en una proporción.

Repaso

11. Steve cocinó una hogaza de pan para la cual usó 3 tazas de harina y 5 cucharaditas de levadura; y, para otra hogaza, utilizó 4 tazas de harina y 7 cucharaditas de levadura. ¿Estas razones son proporcionales?

12. Completa la tabla de razones. Escribe cuatro proporciones relacionadas con las razones de la tabla.

4	8	12	16
7			

13. Elabora una tabla y crea tres razones iguales a $\frac{5}{13}$. Usa tus razones para escribir tres proporciones.

14. Determina si las razones son proporcionales y explica por qué: $\frac{9}{14} \overset{?}{=} \frac{13}{21}$.

15. Halla la tasa unitaria: $7.65 por 9 panecillos.

16. Resuelve la proporción: $\frac{12}{26} = \frac{n}{65}$.

17. Determina si las razones forman una proporción: $\frac{98}{112} \overset{?}{=} \frac{63}{72}$.

18. Anna ganó $123.75 en 15 horas. Halla su tarifa por hora.

1. Mediante la multiplicación, completa la tabla al encontrar 5 razones equivalentes a $\frac{5}{9}$.

5	10	15	20	25	30
9					

2. Haz un cálculo aproximado de la razón de la altura con respecto a la anchura del edificio.

3. Escribe la razón 10 gatos a 25 perros en tres formas en su mínima expresión posible.

4. Expresa la tasa unitaria: 385 pasas en 7 libras de cereal.

5. Usa tasas unitarias para hallar la mejor compra de comida para perros: 98 centavos por 14 onzas ó 64 centavos por 8 onzas.

6. A Morris le pagaron $34.00 por 5 horas de trabajo. Si se le paga un salario por hora, ¿cuánto se le pagará por 12 horas de trabajo?

7. Halla la tasa: 5 toneladas en 18 días. Recuerda incluir unidades en tu tasa.

8. Usa la tabla para encontrar dos tasas equivalentes a 20 pies en 34 segundos.

9. Multiplica y divide para encontrar dos razones equivalentes a la razón $\frac{12}{21}$.

10. Haz una tabla para crear tres razones iguales a $\frac{3}{8}$. Usa tus razones para escribir tres proporciones.

11. Mediante la división, completa la tabla al encontrar 5 razones equivalentes a $\frac{72}{126}$.

72	36	24	12	8	4
126					

12. Completa la tabla de razones. Escribe cuatro proporciones relacionadas con las razones de la tabla.

6	12	18	24
11			

13. Hulleah corrió 100 m en 15 s, 200 m en 30 s y 400 m en 70 s. Usa un diagrama de dispersión para decidir si estas tasas son proporcionales.

14. La clase del Sr. Sanderson tiene 20 niños y 16 niñas. La clase de la Sra. Treviño tiene 15 niños y 12 niñas. ¿Estas razones son proporcionales?

15. Determina si las razones forman una proporción: $\frac{75}{120} \stackrel{?}{=} \frac{96}{144}$.

16. Determina si las razones son proporcionales y explica por qué: $\frac{40}{56} \stackrel{?}{=} \frac{45}{63}$.

17. Resuelve la proporción: $\frac{16}{x} = \frac{12}{8}$.

Tarea para evaluar el progreso

Dibuja rectángulos de las siguientes dimensiones: 3 por 5, 6 por 10 y 9 por 15. Para cada par de rectángulos, halla la razón de los lados cortos, la razón de los lados largos y la razón de las áreas. ¿Qué observas?

Elección múltiple

Escoge la mejor respuesta.

1. Resuelve $5z + 8 = 43$. *[Lección 2-7]*

   Ⓐ $z = 6$ Ⓑ $z = 7$

   Ⓒ $z = 8$ Ⓓ $z = 9$

2. Expresa el número 3,800,000 en notación científica. *[Lección 3-5]*

   Ⓐ 38×10^5 Ⓑ 3.8×10^5

   Ⓒ 3.8×10^6 Ⓓ 3.8×10^7

3. Halla el cociente $6\frac{2}{3} \div 2\frac{1}{7}$. *[Lección 4-5]*

   Ⓐ $2\frac{6}{7}$ Ⓑ $3\frac{1}{9}$ Ⓒ $7\frac{1}{3}$ Ⓓ $14\frac{2}{7}$

4. ¿Cuál de los siguientes enunciados no es correcto? *[Lección 5-1]*

   Ⓐ Un ángulo de 95° es obtuso.

   Ⓑ Un ángulo de 90° es un ángulo recto.

   Ⓒ Un ángulo de 84° es agudo.

   Ⓓ Un ángulo de 91° es agudo.

5. ¿Cuál es la suma de ángulos en un cuadrilátero? *[Lección 5-3]*

   Ⓐ 180°

   Ⓑ 360°

   Ⓒ 540°

   Ⓓ Depende del cuadrilátero.

6. ¿Cuál rectángulo tiene un perímetro de 18? *[Lección 5-5]*

   Ⓐ 4 por 5   Ⓑ 7 por 11

   Ⓒ 2 por 9   Ⓓ 4 por 18

7. ¿Entre cuáles números enteros positivos consecutivos está $\sqrt{183}$? *[Lección 5-6]*

   Ⓐ 12 y 13   Ⓑ 13 y 14

   Ⓒ 14 y 15   Ⓓ 15 y 16

8. ¿Cuál trapecio tiene el área más pequeña? *[Lección 5-9]*

   Ⓐ Bases 7 y 8, altura 19

   Ⓑ Bases 12 y 18, altura 6

   Ⓒ Bases 3 y 7, altura 16

   Ⓓ Bases 4 y 12, altura 9

9. ¿Cuál de las siguientes no representa una razón de 12 a 8? *[Lección 6-1]*

   Ⓐ 12:8   Ⓑ 3 a 2

   Ⓒ $\frac{8}{12}$ Ⓓ $\frac{12}{8}$

10. Expresa como una tasa unitaria: 64 galones en 16 horas. *[Lección 6-2]*

   Ⓐ $\dfrac{4 \text{ galones}}{1 \text{ hora}}$ Ⓑ $\dfrac{64 \text{ galones}}{16 \text{ horas}}$

   Ⓒ $\dfrac{4 \text{ horas}}{1 \text{ galón}}$ Ⓓ $\dfrac{8 \text{ galones}}{1 \text{ hora}}$

11. ¿Cuál tasa es equivalente a 24 pies en 64 segundos? *[Lección 6-6]*

   Ⓐ $\dfrac{6 \text{ ft}}{16 \text{ s}}$ Ⓑ $\dfrac{12 \text{ ft}}{15 \text{ s}}$

   Ⓒ $\dfrac{30 \text{ ft}}{84 \text{ s}}$ Ⓓ $\dfrac{40 \text{ ft}}{108 \text{ s}}$

12. Frederic compró 3 libras de cebollas por $0.63. ¿Cuántas libras de cebollas podría comprar por $2.94? *[Lección 6-7]*

   Ⓐ 12 libras   Ⓑ 14 libras

   Ⓒ 15 libras   Ⓓ 16 libras

13. Resuelve la proporción: $\frac{8}{3} = \frac{12}{p}$. *[Lección 6-8]*

   Ⓐ $p = 4$ Ⓑ $p = 4.5$

   Ⓒ $p = 5.5$ Ⓓ $p = 6.5$

Alrededor del mundo

Para hacer un cálculo aproximado de la medida de tus zapatos que corresponde en Europa, mide tu pie en centímetros y multiplica el resultado por $\frac{2}{3}$.

Entretenimiento

Un castillo de arena es un modelo a escala de un castillo "real". El castillo de arena más alto que se ha construido ¡medía 23 pies de alto! El Campeonato Mundial de Esculturas de Arena se lleva a cabo el mes de septiembre en Harrison Hot Springs, en British Columbia, Canadá.

Arte y Literatura

En 1726, Jonathan Swift escribió un libro llamado *Los viajes de Gulliver*. El héroe, Gulliver, viaja a dos tierras imaginarias: Lilliput, donde la gente mide 6 pulgadas de altura, y Brobdingnag, donde los niños pequeños miden cerca de 40 pies de altura.

Ciencias

El diámetro del sol es 109 veces más grande que el diámetro de la Tierra. Si hicieras un modelo de la tierra del tamaño de una pelota de golf, tu modelo del sol tendría un diámetro de ¡más de 15 pies!

Ciencias sociales

Cuando Colón se embarcó en España en 1492, pretendía hallar una ruta más corta para llegar a la India. Sin embargo, subvaluó el tamaño de la tierra porque usó un mapa con una escala errónea y desconocía la existencia del continente Americano.

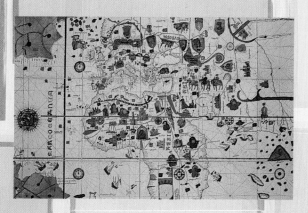

IDEAS CLAVE DE MATEMÁTICAS

La escala de un mapa o modelo relaciona su tamaño con el tamaño del área u objeto que representa. Puedes usar las escalas para resolver problemas relacionados con los mapas.

Al convertir unidades, puedes expresar la misma tasa de diferentes maneras.

Las figuras similares tienen la misma forma pero no necesariamente el mismo tamaño.

La razón de la longitud de los lados de dos figuras similares es el factor de escala.

PROYECTO DEL CAPÍTULO

Resolución de problemas

Comprende
Planea
Resuelve
Revisa

En este proyecto, vas a diseñar y elaborar un modelo a escala de la casa de tus sueños. Primero piensa en otros modelos a escala que hayas visto, como los modelos de trenes y casas de muñecas. Luego haz un bosquejo sencillo de la casa de tus sueños.

Resolución
de problemas

Comprende
Planea
Resuelve
Revisa

Enfoque en la resolución de problemas

Identificar qué información falta

Cuando desarrollas un plan para resolver un problema, necesitas asegurarte de que cuentas con toda la información necesaria. Sin embargo, en ocasiones enfrentarás un problema que carece de información importante.

Identifica cualquier información adicional necesaria para resolver cada problema. Si un problema no carece de información, proporciona la solución.

❶ Gheorghe Muresan, de 7 pies 7 pulgadas y 303 libras, es uno de los jugadores más altos en la Asociación Nacional de Baloncesto (NBA). Haz un cálculo aproximado de la razón de la altura de Muresan con relación a la del jugador de menor estatura de la NBA, Muggsy Bogues de 132 libras.

❷ En la temporada 1995–96, David Robinson de San Antonio Spurs tuvo 1000 rebotes en 82 juegos. ¿Cuántos rebotes por juego significa esto?

❸ Grant Hill del equipo Detroit Pistons hizo en promedio 20.2 puntos por juego en la temporada 1995–96. ¿Cuántos puntos anotó en esa temporada?

❹ En 1995–96, el mejor tirador a distancia de la NBA era Tim Legler de los Washington Bullets. 52.2% de sus tiros los hizo desde la línea de 3 puntos. ¿Cuántos tiros de 3 puntos intentó Legler?

SECCIÓN 7A
Dibujos a escala, mapas y escalas
▶ Enlace con Geografía   ▶ www.mathsurf.com/7/ch7/maps

Captains Lewis & Clark holding a Council with the Indians

No te preocupes ¡yo lo voy a dibujar!

Imagina que buscas el camino de un lugar desconocido en una ciudad sin ayuda de un mapa. Ahora imagina que cruzas un continente en lugar de cruzar la ciudad: puedes tomar un avión, el auto o un autobús, pero no estás seguro de regresar con vida. ¿Te parece divertido?

En 1804, Meriwether Lewis y William Clark emprendieron un viaje de este tipo desde St. Louis. Con la ayuda de la gente nativa, viajaron desde St. Louis hasta el océano Pacífico de ida y vuelta ¡sin un mapa! Conforme viajaban, guiados por una mujer Shoshone, Sacajawea, Lewis y Clark registraron tal información que *pudieron* hacer un mapa de esa región. Hablaron con los nativos americanos, observaron el sol y las estrellas, anotaron puntos sobresalientes e hicieron cálculos aproximados de las distancias. El mapa que produjeron era bastante acertado.

Hacer un mapa exacto requiere de operaciones matemáticas cuidadosas. Aprenderás muchas de las destrezas empleadas por los cartógrafos. Luego, como Lewis y Clark, ¡vas a hacer un mapa de un territorio del cual nunca se ha hecho uno!

1 La expedición de Lewis y Clark recorrió como 8000 millas en 2 años, 4 meses. ¿A cuántas millas por mes equivale esto?

2 Dos ciudades separadas por 20 millas, en un mapa están a una distancia de 1 pulgada. ¿Qué tan separadas debe dibujar el cartógrafo dos ciudades que están a una distancia de 60 millas? Explica tu razonamiento.

Medición: Cálculo aproximado de distancias reales y a escala

Vas a aprender…

■ a leer y comprender las escalas.

■ a hacer cálculos aproximados de distancias en los mapas mediante escalas.

…cómo se usa

Los empleados de una agencia de viajes deben saber leer distancias en los mapas para organizar los viajes.

Vocabulario

escala

▶ **Enlace con la lección** Como ya sabes usar razones para comparar cantidades, ahora aprenderás a utilizarlas para comparar distancias reales con las de los mapas. ◀

Investigar | Mapas

Materiales: Papel, regla de una yarda o de un metro

¡Un mapa es una instantánea!

1. Escoge un área alrededor de tu escuela de la que te gustaría hacer un mapa.

2. Antes de empezar un mapa detallado, traza un bosquejo del área elegida. Haz un cálculo aproximado o mide distancias importantes y anota los lugares sobresalientes.

3. Dibuja tu mapa. Hazlo tan exacto como puedas.

4. ¿Cómo determinaste la dimensión de los objetos de tu mapa y a qué distancia dibujarlos?

5. La mayoría de la gente no puede dibujar un mapa perfecto. ¿Se ve distorsionada alguna parte de tu mapa? De ser así, ¿cómo puedes indicarlo?

6. ¿Usaste razones o proporciones para dibujar tu mapa? Explica tu respuesta.

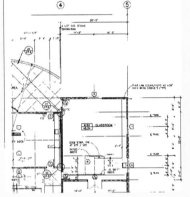

Plano arquitectónico para una escuela

Aprender | Cálculo aproximado de distancias reales y a escala

La razón utilizada para reducir caminos, ciudades y continentes reales de manera que se ajusten al espacio en un mapa se llama **escala**. La escala es la razón de la distancia entre dos puntos en el mapa con relación a la distancia real entre los puntos.

Imagina que un camino de 10 millas de largo tiene una longitud de 1 pulgada en un mapa. A continuación se muestran tres formas de escribir la escala del mapa:

$$\frac{1 \text{ in.}}{10 \text{ mi}} \qquad 1 \text{ in.:10 mi} \qquad 1 \text{ in.} = 10 \text{ mi}$$

Ejemplos

1 Lewis y Clark viajaron de St. Louis a la costa del Pacífico. Estos puntos en realidad están como a 1800 millas de distancia. Haz un cálculo aproximado de la escala del mapa.

En el mapa, St. Louis está como a 2 pulgadas de la costa del Pacífico. La escala es de:

$$\frac{2 \text{ in.}}{1800 \text{ mi}}, \text{ ó } \frac{1 \text{ in.}}{900 \text{ mi}}.$$

2 La calle Main tiene $6\frac{1}{8}$ millas de largo. Calcula la longitud aproximada de la calle Main en el mapa de una ciudad con una escala de 1 in. = 4 mi.

Un camino de 4 millas mide 1 in. en el mapa. Por lo tanto, 2 mi equivale a $\frac{1}{2}$ in. y 6 mi (3 veces más) equivale a $1\frac{1}{2}$ in. La calle Main mide $6\frac{1}{8}$ mi, pero en el mapa mide $1\frac{1}{2}$ in.

Haz la prueba

Calcula la longitud aproximada del mapa de un camino de 15 millas en un mapa con una escala de $\frac{1 \text{ in.}}{8 \text{ mi}}$.

Ejemplo 3

Un mapa utiliza una escala de 2 cm:5 km. Haz un cálculo aproximado de la longitud real de un camino cuya longitud en el mapa es de 5.5 cm.

Cada 2 cm representa 5 km, por tanto, 6 cm representaría 15 km. Una longitud de 5.5 cm representa un poco menos de 15 km.

Un buen cálculo aproximado para la longitud del camino es alrededor de 14 km.

Haz la prueba

Un mapa usa la escala 2 cm = 75 km. Si el Canal de Suez tiene 3.9 cm de longitud en el mapa, haz un cálculo aproximado de la longitud real de este canal.

Comprobar | Tu comprensión

1. ¿Por qué es importante conocer la escala de un mapa?

2. Empiezas a diseñar un mapa con una escala de 1 in.:500 ft, luego te das cuenta de que es demasiado grande para el espacio disponible en tu papel. ¿Cómo cambiarías la escala? Explica tu respuesta.

3. ¿Tendrían la misma forma dos mapas de Utah aun si las escalas fueran diferentes? Explica tu respuesta.

PRACTICAR 7-1

Práctica y aplicación

1. **Para empezar** Sigue estos pasos para hacer un cálculo aproximado de la distancia entre dos ciudades que se muestran $5\frac{1}{8}$ separados en un mapa con una escala de 1 in. = 15 mi.

   a. Determina el número de millas representadas por 5 pulgadas.

   b. Haz un cálculo aproximado del número de millas representadas por $\frac{1}{8}$ de pulgada.

   c. Suma los números que encontraste para hacer un cálculo aproximado del total de la distancia real.

Comprensión numérica Escribe cada escala en dos formas diferentes.

2. 2 in.:75 mi
3. 1 in. = 225 mi
4. $\frac{1 \text{ cm}}{30 \text{ km}}$
5. 6 cm:100 km
6. $\frac{5 \text{ in.}}{5 \text{ mi}}$

Usa las siguientes medidas para hallar la escala aproximada de cada mapa.

7. Un camino de 60 mi es de 5 in. de largo.

8. Un parque de 110 km de ancho es de 22 cm de ancho.

9. Un sendero de 75 mi es de $10\frac{1}{2}$ in. de largo.

10. Un continente de 4866 km de ancho es de 3 cm de ancho.

Cálculo aproximado Haz un cálculo aproximado de cada distancia del mapa.

11. Un tren bala viaja 192 kilómetros entre las ciudades japonesas de Hiroshima y Kokuru. ¿De qué longitud aparecerá la línea del tren en un mapa con la escala $\frac{1 \text{ cm}}{100 \text{ km}}$?

12. La ciudad de New York está a 205 millas de Washington, D.C. ¿A qué distancia aparecerán estas ciudades en un mapa con la escala de 1 in.:50 mi?

13. Un mapa usa la escala 1 cm = 319 km. Si América del Sur tiene una longitud de 27.7 cm en el mapa, calcula su longitud aproximada real.

Usa el mapa y una regla para aproximar la distancia en línea recta, en millas.

14. De Boise City a Forgan

15. De Hardesty a Kenton

16. De Tyrone a Guymon

17. Geografía Los estudiantes de la escuela elemental Clissold en Chicago, Illinois, pintaron un mapa del mundo en su patio de juegos. Estados Unidos, que tienen alrededor de 3000 millas de ancho, mide 25 pies en el mapa del patio de juegos. Haz un cálculo aproximado de la escala de este mapa.

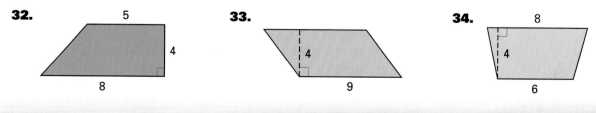

18. **Para la prueba** Dos ciudades están separadas por 146 millas. ¿A qué distancia aparecerán en un mapa con una escala de 1 in. = 45 millas?

Ⓐ 2 in.　　　Ⓑ 3 in.　　　Ⓒ 45 in.　　　Ⓓ 135 in.

Resolución de problemas y razonamiento

19. Razonamiento crítico El lago Yellowstone, en Wyoming, es el lago más grande que se encuentra a mayor altitud en América del Norte, mide 20 millas de largo y 14 millas de ancho. ¿Con qué longitud y anchura aparecería este lago en un mapa con una escala de 1 in. = 3 mi?

20. Comunicación Las novelas de fantasía como *The Hobbit* de J. R. R. Tolkien, a menudo contienen mapas de tierras imaginarias. Dibuja tu propio mapa de un mundo imaginario e incluye tantos detalles como quieras. Cuando termines, escribe una escala a un lado de tu mapa. Explica cómo calculaste tu escala.

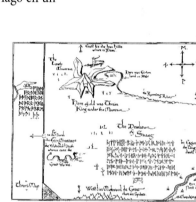

21. Razonamiento crítico Un grupo de artistas produjo un modelo en miniatura de la ciudad de New York, en el cual cada detalle de la ciudad está representado a una escala mucho menor. Por ejemplo, un edificio de 1200 pies de alto sólo mide 1 pie de alto en el modelo. Expresa la escala que se utilizó en el modelo en pulgadas por pies.

Repaso mixto

Haz un cálculo aproximado de cada suma o resta. *[Lección 4-1]*

22. $\frac{1}{5} + \frac{3}{8}$　　**23.** $\frac{2}{3} - \frac{1}{7}$　　**24.** $\frac{1}{6} - \frac{1}{9}$　　**25.** $\frac{5}{12} + \frac{3}{7}$　　**26.** $\frac{1}{7} + \frac{4}{5}$

27. $\frac{2}{9} - \frac{1}{13}$　　**28.** $\frac{4}{5} - \frac{1}{6}$　　**29.** $\frac{5}{11} + \frac{1}{8}$　　**30.** $\frac{7}{15} + \frac{2}{3}$　　**31.** $\frac{11}{12} + \frac{1}{20}$

Halla el área de cada trapecio o paralelogramo. *[Lección 5-9]*

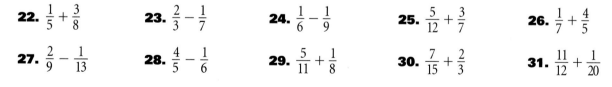

32. 5　4　8

33. 4　9

34. 8　4　6

Cálculo con escalas

Vas a aprender…

■ a usar escalas y dibujos a escala para calcular distancias reales.

…cómo se usa

Los cartógrafos utilizan escalas cuando determinan el tamaño de un mapa.

Vocabulario

dibujo a escala

▶ **Enlace con la lección** Has aprendido que las escalas se usan para relacionar las distancias en los mapas con las distancias reales. El concepto de escala también se puede aplicar a varios tipos de dibujos, diagramas e incluso a modelos de tres dimensiones. ◄

Investigar **Dibujos a escala**

Materiales: Papel cuadriculado

Cultivo de rosas

Una *rosa de los vientos* es un elemento en un mapa que muestra en qué dirección está el norte.

1. Traza el dibujo de la rosa de los vientos en tu papel cuadriculado, cerca de la parte superior de la página.

2. Utiliza las marcas de la cuadrícula de tu papel como guía y dibuja otra rosa de los vientos cuya longitud sea el doble de la original. ¿Cuál es la escala de este dibujo?

3. Dibuja una tercera rosa de los vientos cuya longitud sea el doble de la que dibujaste en el paso 2. ¿Cuál es la escala de este dibujo comparada con la rosa de los vientos original? ¿Cómo puedes indicarla?

4. Usa la rosa de los vientos original para dibujar una cuarta rosa, con una escala de 3 a 1. ¿Cómo determinaste la longitud y anchura de tu dibujo?

5. Imagina que el dibujo de la rosa de los vientos original tiene una longitud de 9 pulgadas ¿Qué escala crees que se utilizó?

Aprender **Cálculo con escalas**

Un **dibujo a escala** se usa con frecuencia para ilustrar algo que es muy grande o muy pequeño para mostrarlo en su tamaño real. Un mapa es un ejemplo de dibujo a escala.

Una escala de un dibujo es la razón de la longitud en el dibujo con relación a la longitud real que representa. Cuando las unidades son las mismas, se pueden omitir de la escala. Por ejemplo, una escala de 1 in.:5 in. se puede establecer como 1:5 ó $\frac{1}{5}$.

Ejemplo 1

Jaime hizo un dibujo de su auto con una escala de 1 in.:4 ft. Mide su dibujo y encuentra la longitud real del auto.

La longitud del dibujo es 3 pulgadas.

Puesto que la escala indica que cada pulgada del dibujo representa 4 pies, la longitud del auto es 3 por 4 pies ó 12 pies.

La longitud real del auto es 12 pies.

Haz la prueba

Encuentra la altura real del auto de Jaime.

Cuando haces un dibujo o modelo más pequeño que el objeto real, se trata de una *reducción*. Una escala representa una reducción cuando el primer número es *menor* que el segundo número. Cuando el primer número en la escala es mayor, la escala representa una *ampliación*.

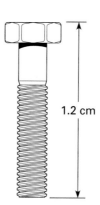

Reducción
Escala: 1:2   **Original**   **Ampliación**
                                      Escala: 2:1

Ejemplo 2

Un tornillo tiene 1.2 cm de largo. Halla la longitud de una ampliación de un dibujo técnico de este tornillo a una escala de 15:2.

La longitud real es de 1.2 cm. Sea x la longitud del dibujo.

$$\frac{\text{longitud a escala}}{\text{longitud real}} = \frac{x \text{ cm}}{1.2 \text{ cm}} = \frac{15}{2}$$

$2x = 1.2 \cdot 15$ Escribe los productos cruzados.

$2x = 18$ Haz la multiplicación.

$\dfrac{2x}{2} = \dfrac{18}{2}$ Para anular la multiplicación, divide entre 2.

$x = 9$ Haz la división.

El nuevo dibujo tiene una longitud de 9 cm.

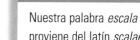

1.2 cm

> ### ► Enlace con Lenguaje
>
> Nuestra palabra *escala* proviene del latín *scalae* que significa "escalera". Una escala funciona por medio de pasos para aumentar o reducir el tamaño.

Jacob y Jyotsna han descubierto que Albuquerque y Santa Fe están a 0.75 pulgadas de distancia en un mapa con una escala de 1 in.:80 mi. ¿Cuál es la distancia real entre Albuquerque y Santa Fe?

Los Alamos
Santa Fe
Albuquerque   NEW MEXICO
1 in. = 80 mi

Jacob piensa...

Voy a determinar que x represente la distancia real en millas. Puedo establecer una proporción y luego usar productos cruzados para encontrar el valor de x.

$$\frac{\text{longitud del mapa}}{\text{longitud real}} = \frac{0.75 \text{ in.}}{x \text{ mi}} = \frac{1 \text{ in.}}{80 \text{ mi}}$$

$x = 0.75 \cdot 80 = 60$. La distancia es 60 millas.

Jyotsna piensa...

Sé que 0.75 significa lo mismo que $\frac{3}{4}$. Puesto que 1 pulgada representa 80 millas, $\frac{3}{4}$ de pulgada debe representar $\frac{3}{4}$ de 80 millas o bien, $\frac{3}{4} \cdot 80$.

$\frac{3}{4} \cdot \frac{80}{1} = \frac{240}{4} = 60$. La distancia es 60 millas.

¿Qué crees tú?

1. ¿Cómo supieron Jacob y Jyotsna qué unidades usar para sus respuestas?

2. ¿Puedes usar una proporción diferente para resolver este problema? Explica tu respuesta.

Comprobar | Tu comprensión

1. ¿Cómo se puede usar una proporción para calcular el tamaño real de un objeto?

2. ¿Qué sucede con el tamaño de un dibujo a escala cuando se cambia la escala de 1 in.:4 ft a 1 in.:10 ft? Explica tu razonamiento.

3. ¿Cuál es el efecto en un dibujo a escala cuando se cambia la escala de $\frac{1 \text{ cm}}{20 \text{ m}}$ a $\frac{1 \text{ cm}}{5 \text{ m}}$? Explica tu respuesta.

Práctica y aplicación

1. **Para empezar** Sigue estos pasos para calcular la longitud real de una casa si el modelo usa una escala de 1 cm = 3 m.

   a. Mide la longitud del modelo a escala.

   b. Establece *x* como la longitud real en metros. Usa tus mediciones y la escala del modelo para establecer la siguiente proporción:

   $$\frac{\text{longitud a escala (cm)}}{x \text{ m}} = \frac{1 \text{ cm}}{3 \text{ m}}$$

   c. Haz una multiplicación cruzada. Escribe la longitud real de la casa.

Comprensión numérica Mide el dibujo a escala y halla el ancho del dormitorio para cada escala.

2. 1 in. = 7 ft

3. $1 \text{ in.} = 8\frac{1}{2} \text{ ft}$

4. $1 \text{ in.} = 9\frac{3}{4} \text{ ft}$

5. 1 in. = 12.25 ft

Un modelo de avión tiene 6 cm de largo. Usa cada escala para hallar la longitud real del avión.

6. Escala: 1 cm = 2 m

7. Escala: $1 \text{ cm} = 3\frac{1}{3} \text{ m}$

8. Escala: 2 cm = 9 m

9. **Geografía** Dallas está a una distancia de $7\frac{1}{2}$ pulgadas de Houston en un mapa de Texas con una escala de $\frac{3 \text{ in.}}{100 \text{ mi}}$. ¿Cuál es la distancia real de Dallas a Houston?

10. Cuando los líderes de Fort Wayne, Indiana, decidieron construir un gran campo de juegos llamado Kids Crossing, solicitaron ideas a los estudiantes. Muchos de ellos hicieron dibujos a escala que mostraban el equipo y los paseos que deseaban. Si un estudiante hizo un dibujo de una resbaladilla con una escala de 1 in. = 8 ft, ¿cuál sería la longitud real de la resbaladilla si se dibujó de $2\frac{1}{2}$ pulgadas de largo?

Encuentra el valor de *x* en cada proporción.

11. $\dfrac{5 \text{ in.}}{x} = \dfrac{3 \text{ in.}}{12 \text{ ft}}$

12. $\dfrac{7 \text{ cm}}{x} = \dfrac{10 \text{ cm}}{84 \text{ km}}$

13. $\dfrac{1.4 \text{ in.}}{25 \text{ mi}} = \dfrac{7 \text{ in.}}{x}$

14. $\dfrac{8 \text{ cm}}{300 \text{ km}} = \dfrac{3.2 \text{ cm}}{x}$

15. Geografía Enrique descubrió que Lagos, Nigeria, está a 12 cm de Casablanca, Morocco, en un mapa de África con una escala de 3 cm:715 km. Halla la distancia real de Lagos a Casablanca. Explica cómo encontraste tu respuesta.

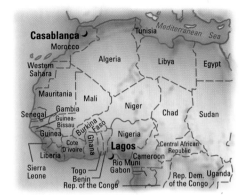

16. ▌Para la prueba▐ Un modelo a escala de un camión usa la escala 1 in. = 8 ft. El modelo es de 2.75 pulgadas de largo. ¿Qué tan largo es el camión real?

Ⓐ 18 ft Ⓑ 20 ft Ⓒ 22 ft Ⓓ 24 ft

Resolución de problemas y razonamiento

17. Razonamiento crítico Stan Herd es un artista que planta flores y granos en campos enormes para crear "arte con cultivos". La imagen muestra un trabajo llamado *Saginaw Grant*.

Herd a menudo hace un dibujo a escala antes de plantar las flores y sembrar las semillas. Si un croquis mide 6.4 × 10.2 pulgadas a una escala de 1 in. = 25 ft, ¿cuáles serán las dimensiones de su "arte con cultivos"?

18. Razonamiento crítico Haz un dibujo a escala de un objeto y escribe tres escalas diferentes cerca del dibujo. Calcula el tamaño real del objeto que dibujaste con base en cada una de las tres escalas.

19. En tu diario Un *Tyrannosaurus rex* medía como 40 pies de largo de la cabeza a la cola. Imagina que deseas hacer un *Tyrannosaurus* de juguete para un niño de 5 años. ¿Qué escala usarías? Explica cómo escogiste tu escala. Indica por qué el juguete no debe ser demasiado grande ni demasiado pequeño.

Repaso mixto

Halla las sumas o restas. Escribe tus respuestas en su mínima expresión. *[Lección 4-2]*

20. $\dfrac{2}{21} + \dfrac{3}{7}$ **21.** $\dfrac{5}{6} - \dfrac{4}{5}$ **22.** $\dfrac{2}{3} - \dfrac{1}{9}$ **23.** $\dfrac{11}{12} + \dfrac{1}{15}$ **24.** $\dfrac{1}{3} + \dfrac{2}{3}$

Calcula el área de cada figura. *[Lección 5-10]*

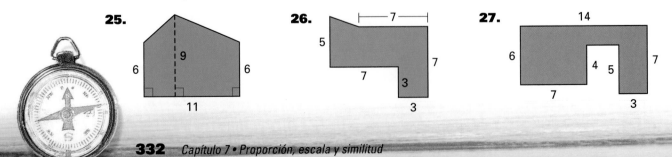

25. 6, 9, 6, 11

26. 7, 5, 7, 3, 3, 7

27. 14, 6, 4, 5, 7, 7, 3

Resolución de problemas con mapas

▶ Enlace con la lección Ya sabes de qué manera las escalas relacionan las distancias en los mapas con las distancias reales. Los mapas son útiles para resolver muchos problemas prácticos, incluida la elección de la mejor ruta y cómo determinar la hora de llegada de un transporte. ◀

Vas a aprender…

■ a usar escalas para leer mapas y tomar decisiones.

…cómo se usa

Los programadores de los itinerarios de los ferrocarriles y de las aerolíneas necesitan estar capacitados para resolver problemas con mapas a fin de diseñar itinerarios eficientes.

Investigar Resolución de problemas con mapas

¡Maneja y entrega!

Materiales: Regla

Eres el mensajero de Muebles Paraíso, marcado con una M en el mapa. Hoy debes hacer las siguientes entregas y necesitas programar tu ruta de manera que puedas entregar el mobiliario de manera eficiente.

═══ Carretera
——— Calle

Escala: 1 in.:20 mi

Nombre	Ubicación	Para entregar
Sr. Chávez	C	Mesa de comedor y sillas
Sra. Smith	S	Sofá
Sr. Yamamoto	Y	Centro de entretenimiento
Sr. Jones	J	Libreros
Sr. Edwards	E	Escritorio y cómoda

1. ¿Qué información puedes obtener del mapa que te ayude a programar tu ruta?

2. ¿Qué otra información te gustaría tener antes de programar tu ruta?

3. Usa el mapa como ayuda y programa una ruta de entrega eficiente. Escribe una explicación corta acerca de cómo determinaste esta ruta.

4. El Sr. Edwards llama y pregunta a qué hora esperas llegar a su oficina. ¿Si planeas empezar tu ruta a las 9:00 a.m., ¿qué le debes decir? Explica tu respuesta.

5. ¿Cómo puedes hacer un cálculo aproximado del tiempo que te tomará llegar a alguna parte? ¿Cómo te puede ayudar un mapa a hacer esa aproximación?

¿LO SABÍAS?

Hay diferentes tipos de mapas. Algunos sólo muestran planos de calles y nombres. Otros, llamados *mapas en relieves*, muestran los contornos reales del terreno (la altura y profundidad de los caminos).

Un mapa puede ser una importante herramienta para resolver problemas. Puedes usar la fórmula tiempo = $\frac{\text{distancia}}{\text{velocidad}}$ y tu conocimiento de las escalas para resolver problemas.

Ejemplo 1

Dave sale de la escuela a las 3:15 p.m. y se dirige en su bicicleta a la biblioteca a 15 km/h. La escala del mapa es de 1 cm:2 km. ¿A qué hora va a llegar?

En el mapa, la distancia a la biblioteca es de 6.5 cm, por tanto, la distancia real

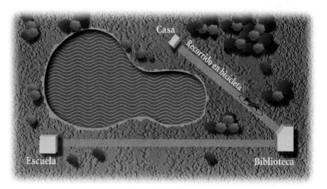

es de 13 km. A 15 km/h, el viaje dura poco menos de una hora. Dave llegará a la biblioteca un poco antes de las 4:15 p.m.

Haz la prueba

Dave sale de la biblioteca a las 4:55 p.m. y viaja a casa a una velocidad de 12 km/h. ¿A qué hora aproximadamente esperas que llegue a su casa?

Ejemplo 2

Antoinette está de excursión con su club ecologista. Deben estar de regreso en su campamento antes de las 6:00 p.m. Pueden tomar un sendero escarpado de 11 km o uno plano de 17 km. Hacen un promedio de 3 km/h en el sendero escarpado y 4 km/h en el plano. ¿Cuál sendero es más rápido y cuándo deben partir?

El tiempo que se necesita para recorrer el sendero plano es $\frac{\text{distancia}}{\text{velocidad}} = \frac{17}{4} = 4\frac{1}{4}$ h. (El tiempo está dado en horas porque la velocidad está en kilómetros por *hora*.)

El sendero escarpado es de 11 km de largo; el tiempo = $\frac{\text{distancia}}{\text{velocidad}} = \frac{11}{3} = 3\frac{2}{3}$ h.

El sendero escarpado es más rápido. Los excursionistas necesitan salir $3\frac{2}{3}$ h antes de las 6:00. Puesto que $\frac{2}{3}$ h son 40 minutos, tienen que salir a las 2.20 p.m.

1. ¿Cómo facilitan los mapas el desarrollo de planes?

2. ¿Cómo puedes calcular la escala aproximada de un mapa si no se te proporciona?

Práctica y aplicación

1. [Para empezar] Sigue estos pasos para calcular a qué hora llegará Shuichi a su casa si sale de la biblioteca a las 3:30 p.m. y camina a 4 km/h.

a. En un mapa con una escala de 1 cm = 2 km, la biblioteca está a 3 cm de la casa de Shuichi. Calcula la distancia real de la biblioteca a la casa de Shuichi.

b. Usa $\dfrac{\text{distancia}}{\text{velocidad}}$ = tiempo para calcular cuánto durará la caminata de Shuichi.

c. Usa la respuesta del inciso **b** y el tiempo de salida de las 3.30 p.m. para determinar cuándo llegará Shuichi a su casa.

Ferdinand salió de su casa a las 3:00 p.m. y recorrió 150 millas. Halla su hora de llegada con cada una de las siguientes velocidades.

2. 25 mi/h   **3.** 30 mi/h   **4.** 40 mi/h   **5.** 55 mi/h   **6.** 15 mi/h

7. La familia de Lisa quiere ir al cine que se encuentra en el centro de la ciudad a las 8:00 p.m. Pueden conducir el auto a 40 mi/h por la vía rápida King.

a. ¿Cuál es la distancia por la vía rápida de su casa al cine?

b. ¿Cuánto les tomará llegar de su casa al cine?

c. ¿A qué hora necesitan salir para llegar al cine a las 8:00 p.m.?

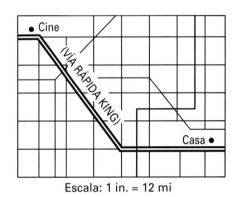

Escala: 1 in. = 12 mi

8. Para resolver problemas Carly hace planes para viajar de Appleton a Shore City. Puede manejar a una velocidad promedio de 50 mi/h o tomar un tren cuyo promedio es de 40 mi/h. Si conduce su auto, la distancia entre las ciudades es de 180 millas. Mientras que el tren toma una ruta más directa y la distancia se reduce a 140 millas.

a. ¿Cuál transporte es más rápido? Explica cómo lo determinaste.

b. Si Carly escoge el transporte más rápido y sale de Appleton a las 2:00 p.m., ¿cuándo llegará a Shore City?

9. Historia Los jinetes del Pony Express entregaban el correo entre St. Joseph, Missouri, y Sacramento, California, a una distancia de 1966 millas. El camino de un día podría cubrir 75 millas o más.

a. Si un jinete comenzara a las 7:30 a.m. y cabalgara a una velocidad promedio de 15 mi/h por 75 mi, ¿cuándo terminaría su cabalgata?

b. Si un jinete comenzara a las 2:30 p.m. y cabalgara 80 mi a 15 mi/h, ¿cuándo terminaría su cabalgata?

10. **Para la prueba** María Teresa salió de la biblioteca y comenzó a pedalear en su bicicleta a una velocidad de 20 km/h. ¿A qué hora había recorrido 35 kilómetros?

Ⓐ 6:04 p.m.   Ⓑ 6:05 p.m.   Ⓒ 6:25 p.m.   Ⓓ 7:15 p.m.

Resolución de problemas y razonamiento

11. **Razonamiento crítico** Sela es una conductora de camión que viaja de Dallas, Texas, a Buffalo, New York. La distancia del camino en su mapa es de $5\frac{1}{2}$ pulgadas y la escala del mapa es de 1 in.:250 mi. Su camión logra 11 mi/gal.

  a. ¿Cuál es la distancia real que Sela recorre?

  b. ¿Cuánta gasolina usará Sela en su viaje?

  c. ¿Cuánto le costará la gasolina para su viaje si el precio por galón es de $1.30?

12. **Escoge una estrategia** Los estudiantes de la preparatoria Northampton East en North Carolina diseñaron un auto eléctrico. A su velocidad máxima, puede viajar 6 horas. Después su batería se debe recargar por 6 horas. Si debe viajar 1440 millas, ¿cuándo llegará si salió el martes a mediodía? (El conductor viaja a una velocidad de 65 mi/h.)

> **Resolución de problemas**
> ## ESTRATEGIAS
> - Busca un patrón
> - Organiza la información en una lista
> - Haz una tabla
> - Prueba y comprueba
> - Empieza por el final
> - Usa el razonamiento lógico
> - Haz un diagrama
> - Simplifica el problema

13. **Comunicación** Con ayuda de un atlas, organiza un "viaje de fantasía" desde tu casa a un lugar de Estados Unidos que te gustaría visitar. Calcula cuánto duraría el viaje a una velocidad promedio de 30 mi/h. Por último, escribe un *itinerario* de viaje (plan) donde indiques a qué hora podrías salir y cuándo llegarías a tu destino.

Repaso mixto

Halla las siguientes sumas o restas. *[Lección 4-3]*

14. $6\frac{2}{3} + 2\frac{1}{2}$ **15.** $8\frac{3}{5} - 5\frac{4}{5}$ **16.** $1\frac{1}{4} + 2\frac{4}{7}$ **17.** $3\frac{5}{8} - 2\frac{3}{7}$ **18.** $12\frac{4}{11} + \frac{1}{3}$

19. $5\frac{4}{9} + 10\frac{6}{7}$ **20.** $3\frac{1}{9} - 1\frac{7}{8}$ **21.** $13\frac{3}{7} + 4\frac{2}{3}$ **22.** $10\frac{11}{12} - 3\frac{1}{3}$

Escribe cada razón en tres formas distintas. *[Lección 6-1]*

23. 3 libras por 1 dólar

24. 11 personas por 2 mesas

Creación de dibujos y modelos a escala

▶ **Enlace con la lección** Aprendiste a usar escalas para interpretar mapas y otros dibujos a escala. Ahora aprenderás a elegir las escalas apropiadas para dibujos y modelos a escala. ◀

Vas a aprender...

■ a seleccionar una escala razonable para un dibujo, mapa o modelo.

...cómo se usa

Los artesanos que construyen modelos de barcos, autos o de otros objetos necesitan determinar una escala para crear una reproducción auténtica del tamaño deseado.

Investigar Creación de dibujos a escala

En busca de una tierra plana

Materiales: Globo terráqueo, regla, cinta métrica

Los cartógrafos han utilizado diversos métodos para proyectar el globo terráqueo en una superficie plana. Uno de estos métodos es la proyección Mercator, la cual se usó para hacer el mapa que se muestra a la derecha.

1. ¿Crees que el mapa Mercator está distorsionado? ¿Cómo lo puedes indicar?

2. Washington, D.C. está a 5218 kilómetros de distancia de Buenos Aires, Argentina. Usa este dato para calcular las escalas del mapa y del globo.

3. La distancia de London, England, a Tokyo, Japan, es de 5940 millas. Calcula de nuevo las escalas, pero esta vez usa estas dos ciudades.

4. ¿Cómo están relacionados tus resultados con tu respuesta al paso 1? ¿Te sorprendió alguno de tus resultados? Explica tu respuesta.

Aprender Creación de dibujos y modelos a escala

Acomodar la Tierra redonda en un mapa plano ha sido el reto de la gente por siglos. De hecho, es imposible hacer esto sin alguna distorsión.

Por fortuna, cuando se hacen mapas de regiones pequeñas o cuando se elaboran dibujos o modelos a escala, la distorsión no es un problema significativo y la cuestión del espacio se resuelve al elegir una buena escala. Así, la escala debe ser lo suficientemente pequeña para ajustarse al espacio disponible y con la amplitud necesaria para mostrar los detalles importantes.

Ejemplo 1

Gerald hace un dibujo a escala de una locomotora en un papel de $8\frac{1}{2} \times 11$ pulgadas de costado. La locomotora real tiene 12 pies de alto y 22 pies de largo. ¿Qué escala necesita usar si quiere que su dibujo sea lo más grande posible?

La longitud del dibujo debe ser de 11 pulgadas o menos. Si Gerald hace el dibujo de 11 pulgadas de largo, la escala es

$$\frac{\text{longitud de la escala}}{\text{longitud real}} = \frac{11 \text{ in.}}{22 \text{ ft}} = \frac{1 \text{ in.}}{2 \text{ ft}}$$

Comprueba que también las otras dimensiones se ajusten al papel. A 1 in.:2 ft, la altura del dibujo será de 6 pulgadas, lo cual se ajusta al papel de $8\frac{1}{2}$ de alto.

Gerald puede usar una escala de 1 in.:2 ft.

Haz la prueba

Marbella quiere hacer el bosquejo de un perro que mide 33 pulgadas de alto y 44 pulgadas de largo en una tarjeta de 3 por 5 pulgadas. ¿Qué escala debe usar si quiere hacer su trazo lo más grande posible?

Ejemplo 2

Heidi diseña un cartel de 60 cm $\times$ 100 cm que muestra una calculadora rectangular de 7.5 cm $\times$ 16.5 cm. ¿Cuál es la escala más grande que puede usar?

Las *dos* dimensiones de la calculadora deben ajustarse al espacio. Halla la escala más grande posible para cada dimensión y escoge la *menor de la dos*.

$$\text{Escala más grande que se ajuste a la anchura} = \frac{\text{anchura del cartel}}{\text{anchura real}} = \frac{60 \text{ cm}}{7.5 \text{ cm}} = 8{:}1$$

$$\text{Escala más grande que se ajuste a la altura} = \frac{\text{altura del cartel}}{\text{altura real}} = \frac{100 \text{ cm}}{16.5 \text{ cm}} \approx 6{:}1$$

La escala más grande posible es 6:1.

Enlace con Historia

La primera locomotora práctica fue diseñada y construida por George Stephenson en 1829. Se llamó *Rocket* (cohete) y corría de Stockton a Darlington, en el norte de Inglaterra.

CÁLCULO MENTAL

Al momento de elegir una escala, es de gran ayuda hacer un cálculo aproximado del tamaño real de los objetos y de las dimensiones del papel. Luego haz una división para ver cuántas veces uno cabe en el otro.

Comprobar | Tu comprensión

1. Cuando haces un dibujo a escala, ¿qué factores te ayudan a determinar una buena escala para usar?

2. ¿Por qué son útiles los dibujos a escala?

3. En el ejemplo 2, ¿por qué se eligió 6:1 como la escala más grande posible en lugar de 8:1?

Práctica y aplicación

1. **Para empezar** Sigue estos pasos para hallar la escala más grande posible que se puede usar para ampliar la fotografía de la derecha a fin de hacer un cartel de 21 × 36 pulgadas.

   a. Mide la altura de la foto en pulgadas.

   b. Usa la fórmula escala $= \dfrac{\text{longitud de la escala}}{\text{longitud real}}$ para hallar la escala que proporcione 36 pulgadas de altura.

   c. Mide la anchura de la fotografía. Encuentra la escala que proporcione una anchura de 21 pulgadas.

   d. De los incisos **b** y **c** elige el cálculo más pequeño para la escala.

Una jirafa puede tener una altura máxima de 18 pies. Halla la escala para hacer un modelo de una jirafa que se ajuste a:

2. Una habitación con un techo de 9 ft

3. Un embalaje de 6 ft de alto

4. Una caja de juguetes de 2 ft de alto

5. Un diorama del zoológico de 5 in. de alto

6. Determina una escala apropiada para hacer un dibujo a escala de esta figura que se ajuste a una hoja de papel de $8\frac{1}{2}$ × 11 pulgadas. Luego elabora el dibujo a escala.

7. **Bellas Artes** Cuando se desarrollaron, la mayoría de las películas usadas por los fotógrafos producía negativos que medían cerca de 24 mm de alto y 35 mm de ancho. Estos negativos se usaban para hacer impresiones de 102 mm × 153 mm. ¿Cuál es la escala aproximada de estas impresiones?

8. **Geografía** Oregon mide como 400 millas de este a oeste y 300 millas de norte a sur. ¿Cuál es la escala más grande que se puede usar para ajustar un mapa de Oregon en una hoja de papel de $8\frac{1}{2}$ × 11 pulgadas, si:

   a. El lado de 11 in. corre de norte a sur

   b. El lado de $8\frac{1}{2}$ in. corre de norte a sur

9. **Cálculo aproximado** Haz un cálculo aproximado de la escala de este mapa de Oregon.

10. **Para la prueba** ¿Cuál de estas escalas es la más grande que se podría utilizar para hacer un dibujo a escala de una fotografía de 26 × 35 in. en una tarjeta de 3 × 5 in.?

    Ⓐ 1:6   Ⓑ 1:8

    Ⓒ 1:9   Ⓓ 1:12

Resolución de problemas y razonamiento

11. Razonamiento crítico El salchichamóvil Oscar Mayer ha realizado viajes con fines publicitarios durante los últimos 60 años. Este automóvil de 27 pies de largo se ve como una enorme salchicha sentada en un bollo. Un hot dog mide cerca de 5 pulgadas de longitud. ¿Cuál es la escala del salchichamóvil en comparación con la de un hot dog real?

12. Comunicación Un mapa tiene una escala de 1:982,000. Explica cómo calcularías cuántas millas están representadas en el mapa por 1 ft.

13. Razonamiento crítico En un modelo a escala del sistema solar, se usa un centavo (de 0.019 m de diámetro) para representar al Sol, el cual tiene 139,200 km de diámetro.

  a. Determina la escala que se utiliza para este modelo.

  b. En promedio, la Tierra está a 149,600,000 km del Sol. ¿Qué tan lejos del centavo debe estar la Tierra en el modelo?

  c. En promedio, Plutón está a 5,950,000,000 km del Sol. ¿Qué tan lejos del centavo debe estar Plutón en el modelo?

  d. La luna está alrededor de 400,000 km de la Tierra. ¿Qué tan lejos de la Tierra debe estar en el modelo?

Repaso mixto

Resuelve cada ecuación y comprueba tu respuesta. *[Lección 2-7]*

14. $m \cdot 6 = 72$ **15.** $\dfrac{q}{5} = 12$ **16.** $6s = 42$ **17.** $15 = 3 \cdot n$ **18.** $11p = 121$

19. $t \cdot 2 = 42$ **20.** $5x = 5$ **21.** $47r = 94$ **22.** $3 = \dfrac{u}{7}$ **23.** $8 = \dfrac{w}{5}$

Expresa cada tasa como una tasa unitaria. *[Lección 6-2]*

24. 40 páginas leídas en 2 días   **25.** 15 secciones en 5 días   **26.** 132 escritorios en 4 salones de clase

27. 334 millas por 10 galones   **28.** 20 metros en 4 segundos   **29.** 48 latas en 2 estuches

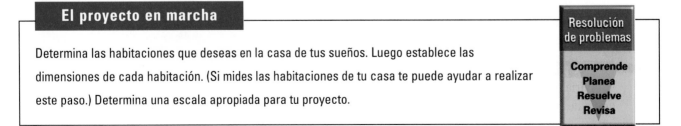

El proyecto en marcha

Determina las habitaciones que deseas en la casa de tus sueños. Luego establece las dimensiones de cada habitación. (Si mides las habitaciones de tu casa te puede ayudar a realizar este paso.) Determina una escala apropiada para tu proyecto.

Resolución de problemas

Comprende
Planea
Resuelve
Revisa

Sección 7A • Asociación

Al inicio de la sección 7A, viste que Lewis y Clark crearon un mapa de un territorio desconocido. Ahora vas a crear un mapa de un territorio bastante conocido: tu salón de clase. Puedes usar lo que has aprendido sobre mapas y escalas para hacer un mapa muy exacto.

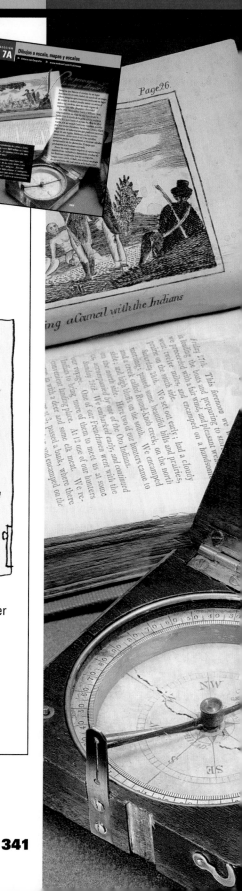

No te preocupes, ¡yo lo voy a dibujar!

Materiales: Cinta métrica, regla

Tu hermana más pequeña quiere saber cómo es tu salón de clase. Como ella se confunde con tus explicaciones, decides hacer un dibujo a escala de manera que puedas *mostrarle* cómo está distribuido.

1. Sin tomar ninguna medida, haz un bosquejo de tu salón de clase. Muestra detalles como ventanas, puertas, pizarrones y el escritorio de tu maestro.

2. ¿Qué otra información vas a necesitar para hacer un dibujo a escala preciso?

3. ¿Cómo puedes estar seguro de que el dibujo se ajustará a una sola hoja de papel? Toma algunas medidas y determina la escala que vas a usar.

4. Toma algunas medidas más que necesites y luego haz un dibujo final. Procura ser tan exacto como puedas.

5. ¿Estás satisfecho con tu dibujo? De no ser así, menciona qué harías de diferente manera la próxima vez.

6. Si necesitaras hacer un dibujo a escala de tu escuela, ¿cómo obtendrías las medidas que requieres? ¿Cómo te decidirías por una escala?

Comprensión numérica Menciona otras dos formas de escribir cada escala.

1. 4 in.:200 mi

2. 17 in. = 510 mi

3. $\dfrac{10\ cm}{4\ km}$

4. Mide la reproducción en miniatura de la pintura. Halla sus dimensiones reales dadas en las siguientes escalas.

   a. 1 in. = 8.5 in.
   b. 1 in. = 14.25 in.
   c. 1 in. = $3\frac{1}{2}$ ft

Usa las siguientes medidas para hallar la escala de cada mapa.

5. Un límite de un estado de 400 km es de 2 cm de largo.

6. Un camino para bicicletas de 260 mi es de 3 in. de largo.

7. **Historia** La Pirámide del Sol, en México, tiene cerca de 200 pies de altura. Si un modelo de la pirámide usa una escala de 1.5 in.:5 ft, ¿cuál es la altura del modelo?

Piet Mondrian, Large composition, 1919

8. **Literatura** En *Los Viajes de Gulliver* de Jonathan Swift, Gulliver viaja a Brobdingnag, la tierra de los gigantes. Gulliver dice que en Brobdingnag "abarcaban cerca de diez yardas en cada zancada". Imagina que una zancada de Gulliver era como de 2 pies de largo. Haz un cálculo aproximado de la escala si:

   a. Gulliver se visualiza como un modelo a escala reducido del gigante.

   b. El gigante se visualiza como un modelo a escala amplificado de Gulliver.

9. En un atlas, un mapa de Korea tiene $13\frac{1}{2} \times 24$ pulgadas. Sheila necesita integrar una copia de este mapa en la portada de un informe de 9×11 pulgadas. ¿Cuál es la escala más grande que puede usar? Explica cómo encontraste la respuesta.

Para la prueba

En una prueba de elección múltiple, verifica que tus respuestas tengan sentido. Incluso si no puedes resolver el problema, utiliza el sentido común para eliminar opciones.

10. Berlín, Alemania, está a 811 km de Estocolmo, Suecia. ¿A qué distancia aparecerían estas ciudades en un mapa con una escala de 3 cm = 200 km?

   Ⓐ 12 cm
   Ⓑ 27 cm
   Ⓒ 270 cm
   Ⓓ 12 km

Agua, agua por todas partes

Si el mar cubre la mayor parte de la superficie terrestre, ¿por qué debes conservar el agua? Ante todo, el agua del mar es demasiado salada para ingerirla; sólo se puede beber el agua de los lagos, pozos o represas. Incluso en un clima lluvioso, el desperdicio de agua daña el ambiente. Se requiere de energía y químicos para tratar el agua residual, bombear el agua pura a tu hogar y calentar el agua para las duchas.

El libro *50 Simple Things You Can Do to Save the Earth* del grupo *EarthWorks*, contiene muchos consejos para conservar el agua. De acuerdo con este libro (impreso en papel reciclado), tu familia puede ahorrar hasta 20,000 galones de agua al año mediante hábitos tan sencillos como cerrar el grifo del agua mientras te cepillas los dientes o lavas la loza.

Cuando trabajas con un número de galones por año o libras de papel por árbol, utilizas el concepto de tasa. En esta sección vas a investigar diversas tasas relacionadas con la conservación y el ambiente.

1 ¿Qué cantidad de agua usas en una ducha de 8 minutos si el agua corre a una tasa de 5 galones por minuto?

2 Si tu familia ahorra 20,000 galones de agua por año, ¿ahorraría más o menos de 20,000 galones al día? Explica cómo sabes la respuesta.

343

Elección de la tasa y las unidades apropiadas

► **Enlace con la lección**
Ya sabes qué son las tasas y cómo usarlas para resolver problemas; ahora aprenderás a elegir las tasas apropiadas para diferentes situaciones. ◄

Vas a aprender…

■ a seleccionar una tasa apropiada para una situación particular.

■ a escribir tasas recíprocas que tienen el mismo significado.

…cómo se usa

Los chefs necesitan convertir recetas presentadas en unidades pequeñas (como tazas y onzas) a cantidades más grandes (como cuartos de galón y libras) cuando cocinan para un gran número de personas.

Investigar | **Uso de tasas**

Una cadena humana saluda al país

Materiales: Cinta métrica, cronómetro

Un grupo ecologista organiza un "Saludo de mano por todo Estados Unidos". Consideran tener gente alineada desde New York hasta Los Angeles y que se trasmita un saludo de mano de este a oeste.

1. Haz que varios miembros de tu clase se formen en línea. Cuenta los estudiantes que están en la línea y mide su longitud.

2. Empieza con el saludo de mano en un extremo de la línea. Usa un cronómetro para calcular cuánto tarda el saludo en llegar al final de la línea.

3. Usa tus resultados del paso 1 para hacer un cálculo aproximado del número de estudiantes por pie. Explica por qué este número es una tasa.

4. La distancia entre Los Angeles a New York es de 2825 millas, o cerca de 15,000,000 de pies. ¿Como cuánta gente necesita haber en la línea?

5. Usa tus resultados del paso 2 para calcular la velocidad aproximada del saludo. ¿Cómo elegiste las unidades para esta tasa?

6. Haz un cálculo aproximado de cuándo tendría que empezar el saludo de manera que termine a la medianoche en Los Angeles. Explica cómo encontraste la respuesta. ¿Qué tasas usaste como ayuda para resolver este problema?

Aprender | **Elección de la tasa y las unidades apropiadas**

Es importante escoger las unidades apropiadas cuando usas una tasa. Si el velocímetro del auto de tu familia pudiera leer 40,000 pulgadas por minuto, sería difícil indicar cuándo vas demasiado rápido o cuándo estás bloqueando el tráfico. Pero si puede leer 30 millas por hora, tienes una mejor idea de la velocidad a la que viajas.

Ejemplo 1

¿Cuáles son las unidades apropiadas para medir la velocidad de un caracol?

Las tasas que describen velocidades, como millas por hora, tienen una unidad de distancia por unidad de tiempo. Los caracoles son lentos, así que es mejor usar una unidad de distancia menor.

La unidad apropiada para calcular la velocidad de un caracol podría ser pies por hora o pulgadas por minuto.

Haz la prueba

¿Cuáles son las unidades apropiadas para medir:

a. La velocidad de un avión de propulsión a chorro?

b. La tasa a la que haces tu tarea?

▶ **Enlace con Ciencias**

Los caracoles son moluscos. Los "cuernos" que tienen en la cabeza en realidad son sus ojos. Se pueden extender para ver alrededor y retraerse cuando el caracol se oculta en su concha.

Las tasas se pueden expresar de diferentes maneras y mantener el mismo significado. La forma más útil de expresar una tasa depende del problema que se ha de resolver.

Ejemplo 2

En un centro de reciclaje, te pagan 2.5 centavos por lata. ¿Esta tasa significa lo mismo que 40 latas por dólar? Menciona una situación en la que cada tasa sea útil.

Si reciclas 40 latas a 2.5 centavos cada una, te pagan $40 \times 2.5 = 100$ centavos, o un dólar. Las tasas tienen el mismo significado.

Si quieres saber *cuánto dinero* vas a obtener por 120 latas, es más fácil usar la tasa 2.5 centavos por lata:

$120 \times 2.5 = 300$ centavos ($3.00)

Si quieres saber *cuántas latas* necesitas para obtener $10, usarías 40 latas por dólar:

$10 \times 40 = 400$ latas

▶ **Enlace con Historia**

El aluminio alguna vez fue uno de los metales más preciados de la tierra. En la década de 1820, una libra de aluminio ¡se vendía por más de $500!

2.5 centavos por lata

40 latas por dólar

Haz la prueba

Ollie, un perro de raza collie, come 3 latas de comida para perro por día. ¿Esta tasa tiene el mismo significado que si Ollie comiera a una tasa de $\frac{1}{3}$ de día por lata?

Las tasas del ejemplo 2, $\frac{2.5 \text{ centavos}}{1 \text{ lata}}$ y $\frac{40 \text{ latas}}{1 \text{ dólar}}$, tienen el mismo significado, pero no son equivalentes. Si bien no se ven parecidas, ¡son *recíprocas*!

$$\frac{2.5 \text{ centavos}}{1 \text{ lata}} \xrightarrow{\text{recíproca}} \frac{1 \text{ lata}}{2.5 \text{ centavos}}$$

Intercambia el numerador y el denominador.

$$= \frac{1 \text{ lata} \times 40}{2.5 \text{ centavos} \times 40} = \frac{40 \text{ latas}}{100 \text{ centavos}} = \frac{40 \text{ latas}}{1 \text{ dólar}}$$

Escribe una tasa unitaria equivalente.

Ejemplo 3

Un aeróforo para grifos de fluido lento puede ahorrar 2 galones de agua por minuto. Proporciona una tasa recíproca que tenga el mismo significado y luego una tasa *unitaria* recíproca.

Halla una tasa recíproca al intercambiar el numerador y el denominador. $\frac{2 \text{ gal}}{1 \text{ min}}$ significa lo mismo que $\frac{1 \text{ min}}{2 \text{ gal}}$.

Para convertir $\frac{1 \text{ min}}{2 \text{ gal}}$ a una tasa unitaria, divide el numerador y denominador entre 2.

$$\frac{1 \text{ min}}{2 \text{ gal}} = \frac{1 \text{ min} \div 2}{2 \text{ gal} \div 2} = \frac{\frac{1}{2} \text{ min}}{1 \text{ gal}} = \frac{0.5 \text{ min}}{\text{gal}}$$

La tasa unitaria recíproca es $\frac{1}{2}$ minuto por galón ó 0.5 de minuto por galón.

Haz la prueba

Jorge recicla 25 libras de periódicos, latas y botellas por semana. Proporciona una tasa recíproca que tenga el mismo significado y luego su tasa *unitaria* recíproca.

Comprobar | Tu comprensión

1. ¿Cuál es la diferencia entre la tasa 6 libras por día y 6 días por libra? ¿Cuándo sería útil cada una?

2. Describe una situación en la que desearas saber el número de horas por milla en lugar de millas por hora.

3. Menciona algunas tasas que te ayudarían a desarrollar un plan para mejorar un programa de reciclaje.

Práctica y aplicación

1. | Para empezar | Encuentra la tasa unitaria recíproca para 20 millas por galón.

   a. Escribe 20 millas por galón como una fracción.

   b. Halla una tasa recíproca al intercambiar el numerador y el denominador.

   c. La tasa que hallaste en el inciso **b** es recíproca, pero no es una tasa unitaria. Para convertirla en una tasa unitaria, divide su numerador y denominador entre el número del denominador.

Comprensión numérica Sugiere las unidades apropiadas para cada tasa. Puedes usar las mismas unidades más de una vez.

2. La velocidad de un ciclista

3. La tasa bajo la cual usa gasolina un auto

4. La tasa bajo la cual late tu corazón

5. La tasa de pago de una niñera

6. La tasa bajo la cual una familia recicla latas de aluminio

Proporciona una tasa unitaria que describa cada situación.

7. 75 cuartos de galón de sopa para 150 estudiantes

8. 4 libras de bananos por $1.00

9. 100 metros en 10 segundos

10. 400 pasas en 20 galletas

¿Tienen el mismo significado las tasas en cada par? Escribe *Sí* o *No*.

11. $\dfrac{2 \text{ ft}}{\text{s}}, \dfrac{0.5 \text{ s}}{\text{ft}}$ **12.** $\dfrac{25 \text{ mi}}{\text{gal}}, \dfrac{25 \text{ gal}}{\text{mi}}$ **13.** $\dfrac{25¢}{\text{lb}}, \dfrac{4 \text{ lb}}{\text{dólar}}$ **14.** $\dfrac{7 \text{ días}}{\text{semana}}, \dfrac{\frac{1}{7} \text{ de semana}}{\text{día}}$

Para cada tasa, proporciona una tasa unitaria recíproca que tenga el mismo significado.

15. $\dfrac{5 \text{ lb}}{\$1}$ **16.** $\dfrac{15 \text{ mi}}{\text{h}}$

17. $\dfrac{2 \text{ semanas}}{\text{T}}$ **18.** $\dfrac{25 \text{ gal}}{\text{día}}$

19. Ciencias De acuerdo con el libro *50 Simple Things Kids Can Do to Save the Earth*, cerca de 20 especies (tipos) de plantas y animales se extinguen cada semana. (No todos los científicos están de acuerdo con esta aproximación.) ¿Esta tasa tiene el mismo significado que $\frac{0.2 \text{ días}}{\text{especie}}$?

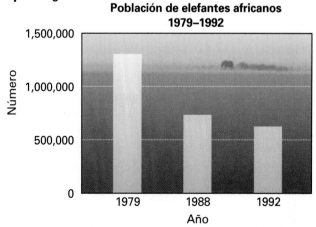

Población de elefantes africanos 1979–1992

El elefante africano es una especie en peligro de extinción

20. **Para la prueba** ¿Cuáles de las siguientes unidades son las más apropiadas para la tasa de reciclaje de periódico en Illinois?

Ⓐ Millas por hora   Ⓑ Toneladas por semana

Ⓒ Onzas por mes   Ⓓ Años por libra

Resolución de problemas y razonamiento

21. **En tu diario** Imagina que deseas examinar el consumo de agua y energía eléctrica de tu familia. Pretendes encontrar qué tan eficiente es el uso que tu familia hace de estos recursos y qué cambios podrías hacer para incrementar la eficacia. Menciona las tasas que podrían ser útiles para llevar a cabo tu plan.

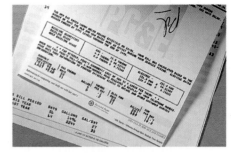

22. **Escoge una estrategia** Una de las primeras carreras de autos fue la del *Chicago Times-Herald* en 1895, la cual cubrió 55 millas desde Chicago, Illinois, hasta Evanston, Illinois. El ganador, J. Frank Duryea, recorrió en promedio $7\frac{1}{2}$ millas por hora. Escribe una tasa unitaria recíproca para la velocidad promedio que tenga el mismo significado.

23. **Comunicación** Dos autobuses salen de la escuela para llevar a los estudiantes a un día de campo. Un autobús viaja 20 minutos y recorre 15 millas. El otro viaja 45 millas en 1 hora. ¿Viajaron los dos autobuses a la misma velocidad? Explica tu respuesta.

> **Resolución de problemas**
> ## ESTRATEGIAS
> - Busca un patrón
> - Organiza la información en una lista
> - Haz una tabla
> - Prueba y comprueba
> - Empieza por el final
> - Usa el razonamiento lógico
> - Haz un diagrama
> - Simplifica el problema

Repaso mixto

Resuelve las siguientes ecuaciones y comprueba tus respuestas. *[Lección 2-7]*

24. $m \cdot 8 = 56$ **25.** $\frac{q}{3} = 25$ **26.** $9s = 144$ **27.** $18 = 6 \cdot n$ **28.** $7p = 84$

Expresa cada tasa como una tasa unitaria. *[Lección 6-2]*

29. 15 milímetros en 5 segundos   **30.** 160 páginas leídas en 8 días

31. 231 escritorios en 7 salones de clase   **32.** $27.99 por 3 camisetas

33. 2,000 mL en 2 L   **34.** 60 décadas en 6 siglos

El proyecto en marcha

Mediante el uso de las medidas y las decisiones que tomaste antes, establece y resuelve proporciones para determinar el tamaño a baja escala de las habitaciones y las características que deseas incluir en el modelo a escala de la casa de tus sueños. Luego haz un dibujo de tu modelo.

> **Resolución de problemas**
> Comprende
> Planea
> Resuelve
> Revisa

Conversión de unidades

▶ **Enlace con la lección** | Como ya sabes elegir unidades apropiadas para las tasas, es tiempo de aprender a convertir medidas de una unidad a otra. ◀

Investigar | Conversión de unidades

¿Qué edad tienes?

¿Estás más cerca a un millón de segundos de edad o a mil millones de segundos de edad?

1. ¿Cuál es tu edad en años?, ¿en días? y ¿en horas?

2. Calcula tu edad en segundos.

3. ¿Cuántos años son igual a un millón de segundos? ¿Y a mil millones de segundos?

4. ¿Tu edad está más cerca de un millón de segundos o de mil millones de segundos? Explica tu respuesta.

Vas a aprender...

■ a convertir medidas de una unidad a otra.

...cómo se usa

Los viajeros que van de un país a otro necesitan convertir su dinero a la moneda local. Conocer las tasas de conversión les ayuda a administrar su dinero.

Vocabulario

fórmula de conversión

Aprender | Conversión de unidades

Sabes que 2 días = 48 horas porque hay 24 horas en un día.

$$2 \text{ días} \times \frac{24 \text{ h}}{1 \text{ día}} = 48 \text{ horas} \qquad 48 \text{ h} \times \frac{1 \text{ día}}{24 \text{ h}} = 2 \text{ días}$$

Las fracciones anteriores, $\frac{24 \text{ h}}{1 \text{ día}}$ y $\frac{1 \text{ día}}{24 \text{ h}}$, se llaman **fórmulas de conversión** porque se pueden usar para convertir medidas de una unidad a otra.

Una fórmula de conversión equivale a 1 porque su numerador es igual a su denominador (1 día es lo mismo que 24 horas). Por tanto, al multiplicar una cantidad por una conversión se modifican sus unidades, no su valor.

Al momento de elegir una fórmula de conversión, asegúrate de que la unidad a la que quieres convertir esté en el *denominador* de la fórmula de conversión.

Para convertir días a horas:

$$2 \text{ días} \times \tfrac{24 \text{ h}}{1 \text{ día}} = 48 \text{ horas}$$

Para convertir de horas a días:

$$48 \text{ h} \times \tfrac{1 \text{ día}}{24 \text{ h}} = 2 \text{ días}$$

Ejemplos

1 El pitón reticulado es la serpiente más larga del mundo. Muchas de estas serpientes tienen más de 20 pies de largo. Convierte 20 pies a pulgadas.

Puesto que hay 12 pulgadas en 1 pie, existen dos fórmulas de conversión posibles:

$$\frac{12 \text{ in.}}{1 \text{ ft}} \qquad \frac{1 \text{ ft}}{12 \text{ in.}}$$

Escoge la fórmula que tenga la unidad que quieres convertir en el denominador. Como deseas convertir *pies*, escoge la primera fórmula.

$$\frac{20 \textbf{ ft} \times 12 \text{ in.}}{1 \textbf{ ft}} = (20 \times 12) \text{ pulgadas} = 240 \text{ pulgadas}$$

20 pies es igual a 240 pulgadas.

Resolución de problemas
TEN EN CUENTA

Comprueba que tu respuesta tenga sentido.

2 En 1989, el barco tanque *Exxon Valdez* derramó 70 millones de libras de petróleo crudo en el canal Prince William, Alaska. Convierte 70 millones de libras a toneladas.

Hay 2000 libras en 1 tonelada. Como quieres convertir *libras*, usa la fórmula de conversión $\frac{1 \text{ T}}{2000 \text{ lb}}$.

$$70{,}000{,}000 \textbf{ lb} \times \frac{1 \text{ T}}{2{,}000 \textbf{ lb}} = \frac{70{,}000{,}000}{2{,}000} \text{ T} = 35{,}000 \text{ T}$$

El barco derramó 35,000 toneladas de petróleo.

No te olvides

Convertir a distintas unidades te puede dar una tasa con números muy grandes. Quizá desees usar la notación científica cuando escribas este número. **[Página 126]**

Haz la prueba

a. El senado estudiantil se reunió durante 180 minutos. Convierte este tiempo a horas.

b. En el béisbol, la distancia entre las bases es de 90 pies. Convierte esta distancia a yardas.

Comprobar Tu comprensión

1. ¿Cómo determinas si debes usar la fórmula de conversión $\frac{16 \text{ oz}}{1 \text{ lb}}$ ó $\frac{1 \text{ lb}}{16 \text{ oz}}$?

2. Cuando eliges una fórmula de conversión, ¿por qué la unidad de la que quieres convertir tiene que estar en el denominador de la fórmula de conversión?

Práctica y aplicación

1. ☐ **Para empezar** ☐ Convierte 3,000 metros a kilómetros.

a. Hay 1,000 metros en un kilómetro. Escribe dos fracciones relacionadas con metros y kilómetros que se puedan usar como fórmulas de conversión.

b. Escoge la fórmula de conversión que tenga la unidad de la que quieres convertir en el denominador.

c. Para convertir 3,000 metros a kilómetros, multiplica 3,000 metros por la fórmula de conversión que elegiste en el inciso **b**.

Comprensión numérica Escribe dos fórmulas de conversión relacionadas con cada par de unidades. (Usa la información de la página 346 si no recuerdas cómo comparar algunas de estas unidades.)

2. Pulgadas, pies   **3.** Días, años   **4.** Centímetros, metros

5. Libras, onzas   **6.** Galones, cuartos de galón   **7.** Gramos, kilogramos

Comprensión de operaciones Convierte cada cantidad a las unidades dadas. (Usa la información de la página 346 si no recuerdas cómo comparar algunas de estas unidades.)

8. 2 semanas a días   **9.** 20 pies a pulgadas

10. 275 centímetros a metros   **11.** 672 onzas a libras

12. 12 minutos a horas   **13.** 8 cuartos de galón a galones

14. 500 metros a kilómetros   **15.** 150 pulgadas a pies

16. 7 libras a onzas   **17.** 10 galones a cuartos de galón

18. Historia El *codo* era la unidad básica de longitud que se utilizó para construir las pirámides del antiguo Egipto. Un codo era la distancia desde la punta del dedo medio al codo. Usa tu brazo y mano para medir la longitud de un codo en pulgadas. Escribe dos fórmulas de conversión para tus mediciones.

19. Literatura *Veinte mil leguas de viaje submarino* es una famosa novela de Julio Verne. Una legua corresponde como a 3.45 millas. Convierte 20,000 leguas a pies.

La información de los ejercicios 20 y 21 se tomó del libro *50 Simple Things You Can Do to Save the Earth*.

20. Conservación Un oficinista promedio en Estados Unidos desecha 180 libras de papel reciclable cada año. ¿A cuántas onzas corresponde esta cantidad?

21. **Para la prueba** La energía ahorrada al reciclar una botella de vidrio podría iluminar un foco de 100 watts por 4 horas. ¿A cuántos minutos corresponde esta cantidad?

Ⓐ $\frac{1}{15}$ de minuto   Ⓑ $1\frac{2}{3}$ minutos   Ⓒ 240 minutos   Ⓓ 6,000 minutos

Resolución de problemas y razonamiento

22. Comprensión numérica Hay 12 pulgadas en un pie y 3 pies en una yarda.

a. ¿Qué tasa que relacione pulgadas y yardas podrías usar para convertir pulgadas a yardas en un solo paso?

b. Usa una fórmula de conversión para hacer cada conversión en un solo paso: 60 pulgadas a yardas; 15 yardas a pulgadas.

c. Hay 220 yardas en un furlong. ¿Qué fórmula de conversión puedes usar para convertir furlongs a pies?

d. En el Kentucky Derby, los caballos corren una distancia de 10 furlongs. Convierte esta distancia a pies.

23. **En tu diario** Mark dijo que como una semana es más larga que un día, el número de semanas hasta las vacaciones debe ser mayor que el número de días. ¿Estás de acuerdo? Explica tu respuesta.

24. Razonamiento crítico Hay 2 pintas en un cuarto de galón. ¿Cuántas pintas hay en un galón?

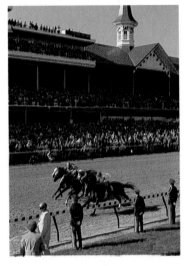

El Kentucky Derby

Repaso mixto

Escribe los siguientes números en notación científica. *[Lección 3-5]*

25. 40,045.2   **26.** 538,334,892   **27.** 43.567   **28.** 3,876,576.33

29. 577   **30.** 800   **31.** 403.770   **32.** 300.8903

Completa las siguientes tablas. *[Lección 6-4]*

33. Por medio de la multiplicación, completa la tabla para hallar 5 razones equivalentes a $\frac{4}{5}$.

4	8	12	16	20	24
5					

34. Por medio de la división, completa la tabla para encontrar 5 razones equivalentes a $\frac{60}{90}$.

60	30	12	6	4	2
90					

Resolución de problemas: Conversión de tasas

▶ **Enlace con la lección**   Con tus conocimientos sobre las fórmulas de conversión para convertir unidades, en esta lección aplicarás dichas fórmulas para hacer conversiones entre tasas. ◀

Vas a aprender…

■ a resolver problemas relacionados con la conversión de tasas.

...cómo se usa

Los físicos utilizan las conversiones de tasas para expresar velocidades, fuerzas y masas en unidades diferentes.

Investigar   Conversión de tasas

La invasión del plástico

De acuerdo con el libro *50 Simple Things You Can Do to Save the Earth*, una persona promedio en Estados Unidos usa alrededor de 190 libras de plástico cada año.

Reciclado de plástico en EE UU, 1993 (millones de toneladas)
Recuperado: 0.7

Sin recuperar: 18.6

1. Menciona dos fórmulas de conversión recíprocas relacionadas con libras y onzas.

2. Utiliza una fórmula de conversión apropiada para hallar el número de onzas de plástico usadas por cada persona en un año.

3. En la lección anterior, aprendiste cómo convertir pies a pulgadas y libras a toneladas. ¿Cuál es la diferencia entre estas conversiones y la conversión del paso 2? ¿Por qué son útiles las conversiones como la del paso 2?

4. ¿Cómo podrías convertir tu respuesta del paso 2 para proporcionar el número de onzas de plástico que una persona promedio en Estados Unidos usa por día? ¿Cuál es dicho número?

5. Con base en la información de la gráfica circular, ¿aproximadamente qué cantidad de este plástico se recicla? (Pista: Usa la gráfica y tu respuesta al paso 4 para establecer una proporción.)

Aprender   Resolución de problemas: Conversión de tasas

Cada tasa contiene dos unidades.   50 millas por hora   18 **días festivos** por **año**

Puedes usar fórmulas de conversión para convertir de una tasa a otra. Si necesitas cambiar una unidad en el *numerador* de la tasa, escoge una fórmula de conversión con esa unidad en el *denominador* y viceversa.

$$\frac{millas}{hora} \cdot \frac{pies}{milla} = \frac{pies}{hora}$$

$$\frac{millas}{hora} \cdot \frac{horas}{día} = \frac{millas}{día}$$

Ejemplo 1

Se requiere más de **5,000,000** de árboles para imprimir el equivalente a los periódicos de una semana en Estados Unidos. ¿A cuántos árboles por día equivale esta cantidad?

Hay 7 días en una semana. Para convertir

$$\frac{\textbf{árboles}}{\textbf{semana}} \text{ a } \frac{\textbf{árboles}}{\textbf{día}}$$

usa la fórmula de conversión que tiene semanas en el numerador.

$$\frac{5,000,000 \text{ de árboles}}{1 \text{ semana}} \cdot \frac{1 \text{ semana}}{7 \text{ días}} = \frac{5,000,000 \text{ de árboles}}{7 \text{ días}} \approx 714,286 \text{ árboles por día}$$

Imprimir los periódicos requiere alrededor de 714,286 árboles por día.

Haz la prueba

a. Convierte 714,286 árboles por día a árboles por hora.

b. Convierte 12 metros por segundo a milímetros por segundo.

c. Convierte 12,000 milímetros por segundo a milímetros por minuto.

Si necesitas cambiar las *dos* unidades de una tasa, puedes hacerlo una a la vez.

Ejemplo 2

Una ducha normal consume cerca de 6 galones de agua por minuto. ¿A cuántas onzas por segundo corresponde esta cantidad? (Un galón contiene 128 onzas fluidas.)

Primero, convierte de galones por minuto a galones por segundo.

$$\frac{6 \text{ gal}}{1 \textbf{ min}} \cdot \frac{1 \textbf{ min}}{60 \text{ s}} = \frac{6 \text{ gal}}{60 \text{ s}}$$

Luego convierte de galones por segundo a onzas por segundo.

$$\frac{6 \textbf{ gal}}{60 \text{ s}} \cdot \frac{128 \text{ oz}}{1 \textbf{ gal}} = \frac{768 \text{ oz}}{60 \text{ s}} = 12.8 \text{ onzas por segundo}$$

Una ducha normal consume 12.8 onzas fluidas de agua por segundo.

Haz la prueba

a. Convierte 65 kilómetros por hora a metros por minuto.

b. Convierte $2.40 por libra a centavos por onza.

1. ¿Por qué obtienes una tasa equivalente cuando multiplicas una tasa por una fórmula de conversión?

2. Explica cómo puedes convertir millas por hora a pies por segundo. ¿El nuevo número será mayor o menor?

7-7 Ejercicios y aplicaciones

Práctica y aplicación

1. **Para empezar** Sigue los pasos a continuación para convertir 16 galones por día a cuartos de galón por día.

   a. Usa 1 gal = 4 cuartos de galón para proporcionar dos fórmulas de conversión de la forma $\frac{? \text{ gal}}{?}$ qt y $\frac{? \text{ qt}}{? \text{ gal}}$.

   b. Puesto que $\frac{16 \text{ gal}}{1 \text{ día}}$ tiene galones en el numerador, escoge la fórmula de conversión del inciso **a** que tiene galones en el denominador.

   c. Multiplica $\frac{16 \text{ gal}}{1 \text{ día}}$ por la fórmula de conversión correcta. El resultado es la tasa en cuartos de galón por día.

Comprensión de operaciones Convierte cada tasa a una tasa equivalente.

2. 40 kilómetros por hora a kilómetros por minuto

3. 128 pulgadas por segundo a pies por segundo

4. 0.45 kilogramos por libra a gramos por libra

5. 36 onzas fluidas por día a tazas por día

6. 28 pies por segundo a millas por hora

La información de los ejercicios 7–10 se tomó del libro _50 Simple Things You Can Do to Save the Earth_.

7. Cada año se desechan 50 millones de collares contra pulgas. ¿Cuántos collares contra pulgas se desechan por día?

8. Una persona promedio en Estados Unidos utiliza alrededor de 640 libras de papel cada año. ¿A cuántas onzas por año corresponde esta cantidad?

9. Los agricultores en Estados Unidos usan más de 25 millones de libras de pesticidas en sus tierras cada año. Convierte esta tasa a onzas por hora.

10. La gente en Estados Unidos tira 2.5 millones de botellas de plástico por hora. ¿Cuántas botellas se tiran por año?

11. **Para la prueba** Estados Unidos es la nación número uno a nivel mundial en producción de basura, con un promedio de 864 kg de desperdicio producido por persona en un año. En promedio, ¿cuánta basura se genera por persona en Estados Unidos en un mes?

Ⓐ 72 kg　　　Ⓑ 8,640 kg　　　Ⓒ 10,380 kg　　　Ⓓ 315,360 kg

Ciencias Algunos de los animales más veloces del mundo son especies en peligro de extinción. Usa las fórmulas de conversión para completar la tabla.

	Nombre del animal	Velocidad máxima (mi/h)	Velocidad máxima (ft/s)
12.	Leopardo cazador	70	
13.	Halcón peregrino		318
14.	Cebra de montaña	40	

Resolución de problemas y razonamiento

15.  Un anuncio para las papas fritas Spudz dice: "En 1995 los amantes de Spudz compraron 329,000,000 de libras de papas fritas Spudz. ¡Eso equivale a más de 901,000 libras al día, 625 libras por minuto y 10 libras por segundo!" Si se toma la cifra 329,000,000 como correcta, comprueba la veracidad de este anuncio. ¿Los números son exactos o cálculos aproximados?

16. **Razonamiento crítico** ¿Consumes más agua para un baño en la ducha que para uno en tina? Imagina que siempre consumes 250 L de agua para un baño en tina y que la ducha consume 15 L de agua por minuto.

   a. ¿Cuántos minutos tomaría una ducha de 150 L?

   b. ¿Cuál es el mayor número de minutos (en números cabales) en que te puedes dar una ducha y aun así consumir menos agua de la que usarías en un baño de tina?

Repaso mixto

Usa >, < ó = para comparar cada par de números. *[Lección 3-9]*

17. $\frac{13}{52}$ ☐ $\frac{5}{16}$　　　18. $\frac{8}{9}$ ☐ $\frac{43}{50}$　　　19. $\frac{23}{92}$ ☐ $\frac{1}{4}$　　　20. $\frac{32}{512}$ ☐ $\frac{2}{17}$

Para cada razón, haz una tabla y crea tres razones equivalentes. Luego usa tus razones para escribir tres proporciones. *[Lección 6-5]*

21. $\frac{5}{3}$　　　22. $\frac{1}{2}$　　　23. $\frac{11}{44}$　　　24. $\frac{4}{7}$　　　25. $\frac{27}{36}$

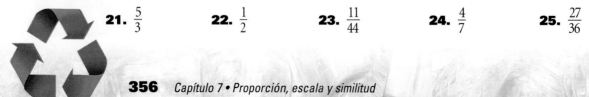

Has investigado diferentes tasas y unidades. Ahora usarás lo que has aprendido sobre tasas para ver si lo que se afirma acerca de la cantidad de agua que una familia puede ahorrar es verdad.

Agua, agua por todas partes

De acuerdo con el libro *50 Simple Things You Can Do to Save the Earth*, una familia puede ahorrar 20,000 galones de agua por año al tomar algunas medidas sencillas de conservación. A continuación se presentan cuatro sugerencias que hace el libro:

- Sólo moja y enjuaga tu cepillo dental cuando te laves los dientes.

- Cuando laves la loza, llena la palangana en lugar de dejar correr el agua.

- Usa un balde y una manguera con nariz de oclusión cuando laves el auto.

- Cuando te afeites, llena el lavabo con agua en lugar de dejar correr el agua.

La siguiente tabla muestra el ahorro de agua por una familia de cuatro miembros (con un adulto que se rasura).

Actividad	Tasa de ahorro (gal/min)	Tiempo (min)	Frecuencia
Lavarse los dientes	4	1	8 veces al día (4 personas)
Lavar la loza	4	6	Una vez al día
Lavar el auto	3	30	Una vez a la semana
Rasurarse	4	2	Una vez al día (una persona)

1. ¿Cuánta agua para lavar el auto se puede ahorrar por semana? ¿Y por día?

2. ¿Cuánta agua para lavarse los dientes se puede ahorrar por día? ¿Y para lavar la loza? ¿Y para rasurarse?

3. Utiliza las respuestas anteriores para hallar el ahorro total de agua diario. Luego determina si la familia en realidad puede ahorrar 20,000 galones de agua al año. Explica cómo encontraste tu respuesta.

Comprensión numérica Sugiere unidades apropiadas para cada tasa.

1. La tasa a la que se lee un libro   **2.** La velocidad de un tren

3. Lógica Imagina que hay 32 pizzas para 80 estudiantes. Escribe dos tasas unitarias que describan esta situación. ¿Cuál de ellas es más útil?

¿Tienen el mismo significado las tasas de cada par? Escribe *Sí* o *No*.

4. $\dfrac{2 \text{ millas}}{\text{día}}$, $\dfrac{0.5 \text{ días}}{\text{milla}}$ **5.** $\dfrac{\$0.40}{\text{lb}}$, $\dfrac{3 \text{ lb}}{\$1}$ **6.** $\dfrac{10 \text{ mi}}{\text{h}}$, $\dfrac{0.25 \text{ h}}{\text{mi}}$ **7.** $\dfrac{4 \text{ ft}}{\text{s}}$, $\dfrac{0.25 \text{ s}}{\text{ft}}$

Convierte cada cantidad a las unidades dadas.

8. 4,000 libras a toneladas   **9.** 84 horas a días   **10.** 43 metros a centímetros

Comprensión de operaciones Convierte cada tasa a una tasa equivalente.

11. 25 millas por hora a millas por día   **12.** $7.60 por hora a centavos por hora

13. 2 galones por minuto a galones por día

14. 3.5 centímetros por segundo a metros por minuto

15. De acuerdo con el libro *50 Simple Things You Can Do to Save the Earth*, un árbol maduro consume hasta 13 libras de dióxido de carbono por año. Convierte esta tasa a onzas por año.

16. Imagina que escuchas una afirmación acerca de que los habitantes de Estados Unidos comen 100 acres de pizza por día. Convierte esta tasa a unidades razonables de manera que puedas evaluar esta afirmación. Explica cómo escogiste tus unidades. Un acre contiene 43,560 pies cuadrados y la población de Estados Unidos es alrededor de 260 millones.

Para la prueba

Cuando buscas una tasa equivalente en una prueba de elección múltiple, puedes eliminar opciones que no contengan unidades similares. Por ejemplo, cuando conviertes millas por hora, la respuesta debe contener distancia por tiempo.

17. ¿Cuál tasa es equivalente a 3 libras por hora?

ⓐ 1200 oz/km   ⓑ 0.8 oz/min   ⓒ 4.4 ft/s   ⓓ 11.25 oz/milla

FICCIÓN O REALIDAD

¿Alguna vez te has preguntado cómo se crearon algunos monstruos del cine de ficción como *King Kong* y la *Guerra de las galaxias*? Las criaturas de estas películas parecen ser más altas que una casa y, además, ¡es difícil encontrar a un actor de 24 pies de altura con deseos de aparecer en escena con un traje de simio!

En estas películas, los directores usaron modelos a escala de los "monstruos". La versión original de *King Kong* se filmó con un modelo de ¡sólo 18 pulgadas de altura! Hoy día, las computadoras remplazan a los modelos a escala. Cuando ves una nave espacial en un antiguo episodio de *Viaje a las estrellas*, puedes estar seguro de que ves un modelo. Pero las películas recientes como *Parque Jurásico* se han realizado por medio de computadoras.

Los modelos a escala que se emplean en el cine son matemáticamente similares a los objetos reales que remplazan. Al aprender acerca de las propiedades de figuras similares, podrás comprender cómo se comparan estos modelos con los objetos que representan.

1 En la película, *Querida, encogí a los niños,* los humanos son más pequeños que los insectos. ¿Cómo difieren estos insectos de los modelos de Godzilla y King Kong?

2 Se supone que King Kong medía 24 pies de alto. ¿Qué escala se usó para hacer el modelo a escala de 18 in.?

Creación e investigación de figuras similares

Vas a aprender…

■ a identificar figuras similares.

■ a escribir enunciados de similitud.

…cómo se usa

Los fotógrafos producen figuras similares cuando amplían o reducen sus fotografías.

Vocabulario

figuras similares

lados correspondientes

ángulos correspondientes

factor de escala

▶ **Enlace con la lección**   Has visto que un dibujo a escala tiene la misma forma que el original pero un tamaño diferente. Ahora aprenderás sobre las figuras geométricas que también tienen la misma forma pero no necesariamente el mismo tamaño. ◀

Investigar   Figuras similares

¡Oh! Dame un hogar…

Materiales: Transportador, regla métrica, papel cuadriculado

1. En tu papel, dibuja una "casa" pequeña con cinco lados. Mide la longitud de cada segmento.

2. Suma 3 cm a cada longitud y luego dibuja otra casa con las nuevas dimensiones. (Asegúrate de que los dos lados diagonales tengan la longitud correcta.)

3. Dibuja una tercera casa, pero esta vez suma otros 4 cm a cada segmento de la segunda casa. ¿Tus casas tienen la misma forma?

4. Mide los ángulos de tus casas. ¿Qué observas?

5. Ahora dibuja una cuarta casa, pero esta vez duplica cada longitud de la casa original. ¿Esta casa tiene la misma forma que la casa original?

6. Mide los ángulos de tu cuarta casa. ¿Ahora qué observas?

Aprender   Creación e investigación de figuras similares

El modelo a escala que se usó para hacer *King Kong* se veía como el Kong "real" pero tenía un tamaño diferente.

Si una figura geométrica es un modelo a escala de otra, se dice que son **figuras similares** . Este tipo de figuras tienen la misma forma, pero no necesariamente el mismo tamaño.

Los lados y ángulos equivalentes de figuras similares se llaman **lados correspondientes** y **ángulos correspondientes** . Las medidas de estos lados y ángulos se relacionan de una manera especial.

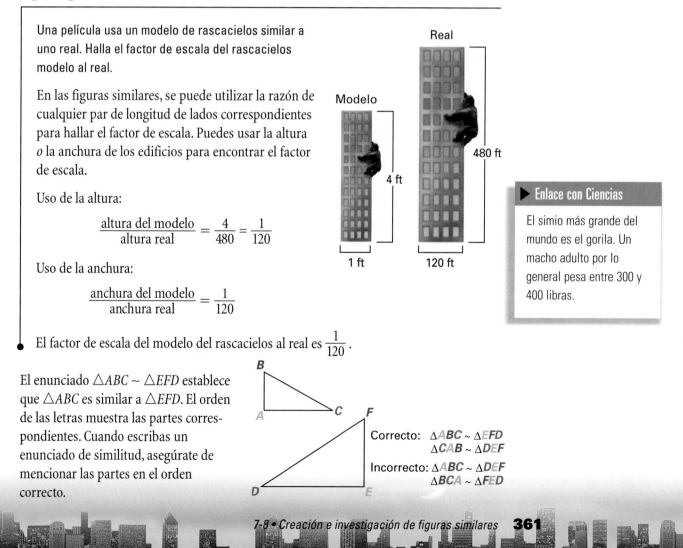

No te olvides

Los ángulos congruentes tienen medidas iguales.
[Página 214]

DEFINICIÓN DE SIMILITUD

Las figuras son similares si sus ángulos correspondientes son congruentes y la longitud de sus lados correspondientes tiene razones equivalentes.

La razón de la longitud de lados correspondientes es el **factor de escala** de las figuras. Tiene el mismo significado que en los mapas y los modelos a escala con los que trabajaste antes. El factor de escala de $\triangle MNP$ a $\triangle QRS$ es $\frac{3}{2}$, puesto que $\frac{9}{6} = \frac{6}{4} = \frac{12}{8} = \frac{3}{2}$.

Ejemplo 1

Una película usa un modelo de rascacielos similar a uno real. Halla el factor de escala del rascacielos modelo al real.

En las figuras similares, se puede utilizar la razón de cualquier par de longitud de lados correspondientes para hallar el factor de escala. Puedes usar la altura *o* la anchura de los edificios para encontrar el factor de escala.

Uso de la altura:

$$\frac{\text{altura del modelo}}{\text{altura real}} = \frac{4}{480} = \frac{1}{120}$$

Uso de la anchura:

$$\frac{\text{anchura del modelo}}{\text{anchura real}} = \frac{1}{120}$$

El factor de escala del modelo del rascacielos al real es $\frac{1}{120}$.

Enlace con Ciencias

El simio más grande del mundo es el gorila. Un macho adulto por lo general pesa entre 300 y 400 libras.

El enunciado $\triangle ABC \sim \triangle EFD$ establece que $\triangle ABC$ es similar a $\triangle EFD$. El orden de las letras muestra las partes correspondientes. Cuando escribas un enunciado de similitud, asegúrate de mencionar las partes en el orden correcto.

Correcto: $\triangle ABC \sim \triangle EFD$
$\triangle CAB \sim \triangle DEF$

Incorrecto: $\triangle ABC \sim \triangle DEF$
$\triangle BCA \sim \triangle FED$

Ejemplo 2

$\triangle PQR \sim \triangle TUS$. Halla las medidas de $\angle S$, $\angle T$, y $\angle U$.

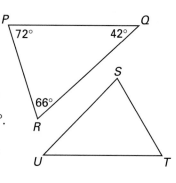

Puesto que $\triangle PQR \sim \triangle TUS$, sabes que:

$\angle T$ corresponde a $\angle P$, por tanto, $m\angle T = m\angle P = 72°$.

$\angle U$ corresponde a $\angle Q$, por tanto, $m\angle U = m\angle Q = 42°$.

$\angle S$ corresponde a $\angle R$, por tanto, $m\angle S = m\angle R = 66°$.

Para ver si dos figuras son similares, comprueba que sus ángulos correspondientes sean congruentes *y* que sus longitudes de lados correspondientes tengan razones iguales.

Ejemplo 3

Indica si los trapecios son similares. De ser así, escribe un enunciado de similitud mediante el uso de ∼.

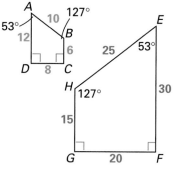

Comprueba que los ángulos correspondientes sean congruentes.

$\angle A \cong \angle E$; $\angle B \cong \angle H$; $\angle C \cong \angle G$; y $\angle D \cong \angle F$.

Comprueba que la longitud de lados correspondientes tengan razones equivalentes.

$\dfrac{25}{10} = \dfrac{5}{2}$ $\qquad$ $\dfrac{30}{12} = \dfrac{5}{2}$ $\qquad$ $\dfrac{20}{8} = \dfrac{5}{2}$ $\qquad$ $\dfrac{15}{6} = \dfrac{5}{2}$

Los trapecios son similares: $ABCD \sim EHGF$.

Haz la prueba

Indica si los triángulos son similares. De ser así, proporciona el factor de escala de $\triangle UVW$ para el otro triángulo y escribe un enunciado mediante el uso del símbolo ∼.

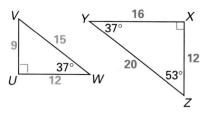

Comprobar | Tu comprensión

1. ¿Por qué la mayoría de las figuras similares tiene ángulos congruentes correspondientes?

2. ¿Todos los cuadrados y todos los rectángulos son similares?

3. ¿En qué difiere el uso cotidiano de la palabra *similar* con su uso en las matemáticas?

Sugerencia

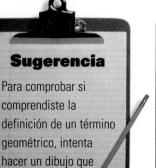

Para comprobar si comprendiste la definición de un término geométrico, intenta hacer un dibujo que ilustre la definición.

Práctica y aplicación

1. | **Para empezar** | Sigue estos pasos para comprobar que los dos triángulos son similares y halla el factor de escala de △ABC para el otro triángulo.

a. Determina cómo corresponden las figuras. ¿Qué ángulo corresponde a ∠A? ¿Y a ∠B? ¿Y a ∠C?

b. Comprueba que cada ángulo tenga la misma medida que su ángulo correspondiente.

c. ¿Qué lado corresponde a $\overline{AB}$? Halla la razón de la longitud del lado con relación a la longitud de $\overline{AB}$. Repite la operación para $\overline{BC}$ y $\overline{AC}$.

d. Comprueba que las tres razones sean equivalentes. ¿Cuál es el factor de escala de △ABC al otro triángulo?

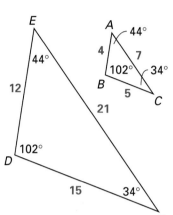

Geometría Indica si las figuras son similares. De ser así, escribe un enunciado de similitud con el uso de ~ y proporciona el factor de escala. De lo contrario, explica por qué.

2.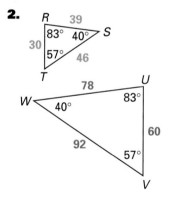

3.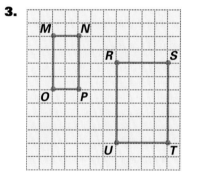

4.

5. Dibuja dos rectángulos que sean similares y dos que no lo sean.

6. Tammy dibujó los dos monstruos que se muestran. ¿Son matemáticamente similares? Explica por qué.

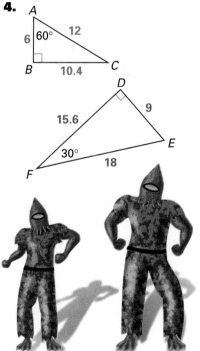

7. Imagina △UVW ~ △ZYX. Si m∠X = 96°, m∠Y = 46° y m∠Z = 38°, halla las medidas de ∠U, ∠V y ∠W.

8. Imagina △ABC ~ △DEF. La longitud de $\overline{AB}$ es 8, la de $\overline{BC}$ es 10, la de $\overline{CA}$ es 12 y la de $\overline{DE}$ es 12. Halla la longitud de $\overline{EF}$ y $\overline{FD}$.

PRACTICAR 7-8

9. En la película *Cazafantasmas*, el monumental "Hombre Malvavisco Siempre Suave" aterrorizó a la ciudad de New York. Una versión de juguete del Hombre Malvavisco mide 10 pulgadas de altura. Considera que la supuesta altura del Hombre Malvavisco era de 800 pies. Halla el factor de escala del juguete con relación al monstruo "real".

10. Bellas Artes Las películas animadas se pueden proyectar en una pantalla, reproducir en una videocasetera, trasmitir por televisión e incluso mostrar en corto metraje de computadora. ¿Cuál de estas pantallas rectangulares es similar a una pantalla de computadora que mide 10 por 14 pulgadas?

a. Una pantalla de TV miniatura de 2 in. por 3 in.

b. Un monitor de TV de 17.5 in. por 24.5 in.

c. Una pantalla de cine de 20 ft por 28 ft

11. ⟨Para la prueba⟩ ¿Cuál enunciado de similitud *no* es correcto?

ⓐ △EFG ~ △RTS ⓑ △GEF ~ △STR

ⓒ △GFE ~ △STR ⓓ △FGE ~ △TSR

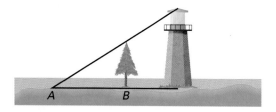

Resolución de problemas y razonamiento

12. Razonamiento crítico ¿Crees que dos cuadriláteros pueden tener cuatro pares de ángulos congruentes pero no ser similares? Explica tu respuesta.

13. Comunicación ¿En dónde te pararías de manera que el árbol se viera más grande que el faro? Dibuja y explica tu respuesta.

14. Razonamiento crítico Las figuras similares que tienen el mismo tamaño son *figuras congruentes*. ¿Cuál es el factor de escala de dos figuras congruentes? Explica tu respuesta.

Repaso mixto

Halla cada producto. Escribe tus respuestas en su mínima expresión. *[Lección 4-4]*

15. $\frac{1}{3} \cdot \frac{2}{5}$ **16.** $\frac{2}{7} \cdot \frac{35}{36}$ **17.** $\frac{9}{10} \cdot \frac{90}{81}$ **18.** $\frac{7}{8} \cdot \frac{72}{105}$ **19.** $\frac{3}{7} \cdot \frac{21}{9}$

Determina si los siguientes pares de razones son proporcionales. *[Lección 6-6]*

20. $\frac{2}{3} \stackrel{?}{=} \frac{12}{18}$ **21.** $\frac{7}{8} \stackrel{?}{=} \frac{49}{56}$ **22.** $\frac{5}{6} \stackrel{?}{=} \frac{25}{36}$ **23.** $\frac{5}{7} \stackrel{?}{=} \frac{20}{28}$

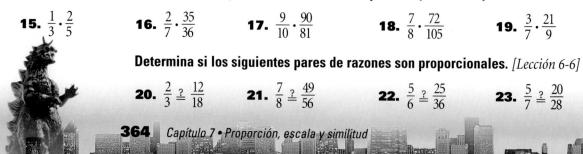

TECNOLOGÍA

Uso del software interactivo de geometría • Investigar dilaciones

Problema: ¿Cómo construyes un polígono similar a otro mediante el uso de un factor de escala de 2.5?

Puedes utilizar el software interactivo de geometría para construir el polígono. Una *dilación* es una ampliación o reducción de una figura geométrica. El resultado de una dilación es una figura similar a la original.

① Usa el software para dibujar un triángulo. Después elige "numerical edit" del menú "label" y teclea 2.5 en cualquier lugar fuera del triángulo.

② Crea una dilación del triángulo. Haz del punto *A* el centro de la dilación y usa un factor de escala de 2.5.

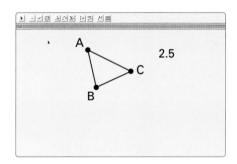

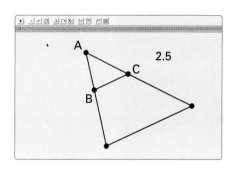

Solución: El resultado de la dilación es un triángulo similar a △*ABC*, mediante el uso de un factor de escala de 2.5.

POR TU CUENTA

INTÉNTALO

a. Usa el software de geometría para dibujar un triángulo. Después usa una dilación para construir un triángulo similar mediante un factor de escala de 3. Al terminar distribuye el resultado.

b. Usa el software de geometría para dibujar un rectángulo. En seguida utiliza una dilación para construir un rectángulo similar mediante un factor de escala de $\frac{1}{2}$. Al terminar distribuye el resultado.

▶ ¿Qué crees que sucedería si hicieras una dilación de una figura mediante un factor de escala de 7 y después redujeras la dilación con un factor de escala de $\frac{1}{7}$? Usa el software de geometría para probar esta idea.

▶ ¿Por qué piensas que sea necesario teclear un número antes de que la computadora pueda realizar la dilación?

7-9 Cálculo de medidas de figuras similares

Vas a aprender…

■ a calcular la longitud de los lados faltantes en figuras similares.

■ a usar sombras para encontrar la altura de objetos altos.

…cómo se usa

Los métodos que usan los geógrafos para calcular la altura de una montaña se basan en triángulos similares.

▶ **Enlace con la lección** Sabes que las figuras similares tienen la misma forma, pero no necesariamente el mismo tamaño. Ahora aprenderás a usar las proporciones para calcular la longitud de los lados en figuras similares. ◀

Investigar | **Medidas de figuras similares**

¡Tal vez sólo PARECEN similares!

Materiales: Transportador, regla

1. Halla todos los pares de triángulos similares en el siguiente conjunto de seis triángulos. Para cada par, escribe un enunciado de similitud, mediante el uso de ~, y calcula el factor de escala.

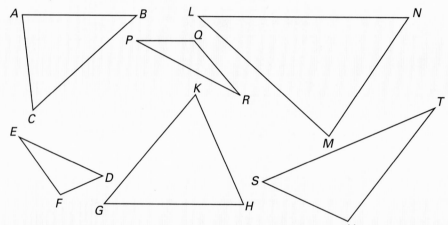

2. Para cada par de triángulos similares, escribe un párrafo donde expliques por qué estás seguro de que son similares.

3. Imagina que $\triangle XYZ \sim \triangle ABC$ y que el factor de escala de $\triangle XYZ$ a $\triangle ABC$ es 3. Halla las medidas de los ángulos y las longitudes de los lados en $\triangle XYZ$.

Aprender | **Cálculo de medidas de figuras similares**

Puedes usar las proporciones para resolver problemas sobre la longitud de los lados en figuras similares.

Al aplicar esta idea, podrás calcular una longitud o distancia que en la realidad no puedas medir con una regla o una cinta métrica. Esta técnica se llama *medición indirecta*.

Ejemplos

1 Si $\triangle ABC \sim \triangle DEF$, halla x, la longitud de $\overline{EF}$.

Los triángulos son similares, por tanto, la longitud de los lados correspondientes son proporcionales.

$\dfrac{12}{15} = \dfrac{x}{10}$ Escribe una proporción.

$120 = 15x$ Halla los productos cruzados.

$\dfrac{120}{15} = \dfrac{15x}{15}$ Para anular la multiplicación, divide ambos lados entre 15.

$8 = x$ Haz la división.

La longitud de $\overline{EF}$ es 8 unidades.

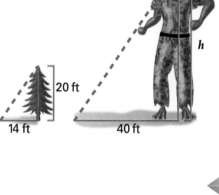

2 El director I. M. Skerry filma una nueva película, *Las sombras del terror.* En una escena, la sombra de un árbol de 20 pies de alto es de 14 pies de largo; mientras que la sombra del monstruo es de 40 pies de largo. ¿Qué altura tiene el monstruo?

Como los rayos del sol se inclinan en el mismo ángulo, los triángulos formados por los objetos y sus sombras son similares.

$\dfrac{h}{20} = \dfrac{40}{14}$ Escribe una proporción.

$14h = 800$ Halla los productos cruzados.

$\dfrac{14h}{14} = \dfrac{800}{14}$ Para anular la multiplicación, divide ambos lados entre 14.

$h \approx 57.14$ Haz la división.

El monstruo mide como 57.14 pies (casi 57 pies y 2 pulgadas) de alto.

Haz la prueba

$PQRS \sim TUVW$. Halla a, b y c.

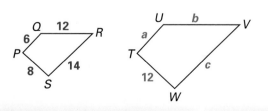

Resolución de problemas
TEN EN CUENTA

Cuando resuelves un problema sobre la altura de un objeto, asegúrate de que tus respuestas tengan sentido. Si obtienes un resultado como "El monstruo tiene una altura de 0.2 pies de alto", regresa y rectifica tu trabajo.

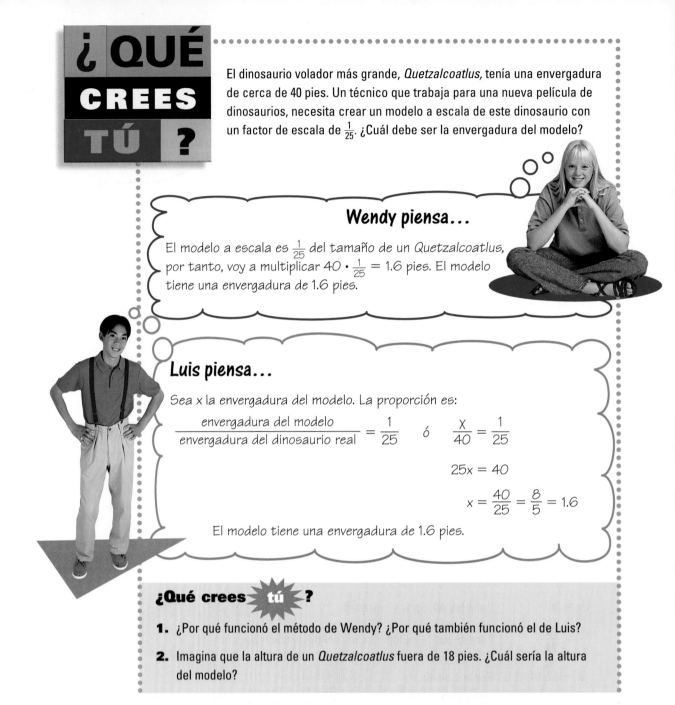

¿QUÉ CREES TÚ?

El dinosaurio volador más grande, *Quetzalcoatlus,* tenía una envergadura de cerca de 40 pies. Un técnico que trabaja para una nueva película de dinosaurios, necesita crear un modelo a escala de este dinosaurio con un factor de escala de $\frac{1}{25}$. ¿Cuál debe ser la envergadura del modelo?

Wendy piensa...

El modelo a escala es $\frac{1}{25}$ del tamaño de un *Quetzalcoatlus,* por tanto, voy a multiplicar $40 \cdot \frac{1}{25} = 1.6$ pies. El modelo tiene una envergadura de 1.6 pies.

Luis piensa...

Sea x la envergadura del modelo. La proporción es:

$$\frac{\text{envergadura del modelo}}{\text{envergadura del dinosaurio real}} = \frac{1}{25} \quad \text{ó} \quad \frac{x}{40} = \frac{1}{25}$$

$$25x = 40$$

$$x = \frac{40}{25} = \frac{8}{5} = 1.6$$

El modelo tiene una envergadura de 1.6 pies.

¿Qué crees tú?

1. ¿Por qué funcionó el método de Wendy? ¿Por qué también funcionó el de Luis?

2. Imagina que la altura de un *Quetzalcoatlus* fuera de 18 pies. ¿Cuál sería la altura del modelo?

Comprobar Tu comprensión

1. ¿Cómo se relaciona la escala de un mapa con el factor de escala entre dos figuras similares?

2. Describe un método para calcular la altura de una torre en un día soleado.

Práctica y aplicación

1. **Para empezar** Si $ABCD \sim EFGH$, sigue los pasos para encontrar x, la longitud de $\overline{EF}$.

   a. ¿Cuál lado en $ABCD$ corresponde a $\overline{EF}$?

   b. Proporciona la razón de x para la longitud del lado correspondiente en $ABCD$.

   c. ¿Cuál lado de $EFGH$ tiene una longitud conocida?

   d. ¿Cuál lado de $ABCD$ corresponde al lado que mencionaste en el inciso **c**? Proporciona la razón de estos lados correspondientes.

   e. Las razones en los incisos **b** y **d** son equivalentes. Escribe y resuelve una proporción para calcular x.

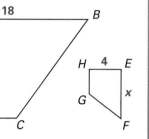

Halla el valor de _x_ en los siguientes pares de figuras similares.

2. $\triangle ABC \sim \triangle DEF$

3. $GHIJ \sim KLMN$

4.

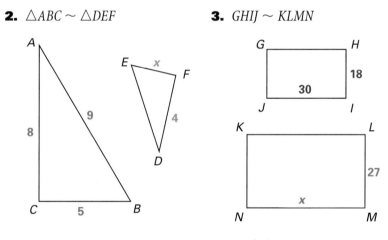

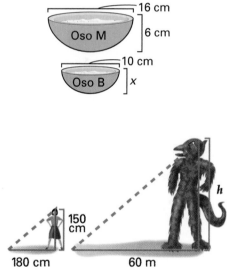

5. **Para resolver problemas** En _Terror de la Cosa-Pájaro_, la Cosa-Pájaro proyecta una sombra de 60 m de largo. Diane mide 150 cm de estatura. Si la sombra de Diane es de 180 cm de largo, ¿cuál es la altura de la Cosa-Pájaro?

Halla la longitud de los lados que faltan en los siguientes pares de figuras similares.

6. $\triangle RST \sim \triangle UVW$

7. $EFGH \sim JKLM$

8. $\triangle NPQ \sim \triangle RST$

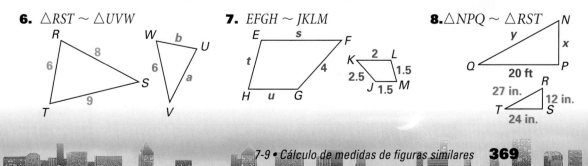

9. **Para la prueba** ¿Qué proporción usarías para hallar el valor de x?

Ⓐ $\dfrac{42}{x} = \dfrac{88}{40}$ Ⓑ $\dfrac{x}{42} = \dfrac{88}{40}$ Ⓒ $\dfrac{40}{42} = \dfrac{x}{88}$ Ⓓ $\dfrac{40}{x} = \dfrac{42}{88}$

$\triangle ABC \sim \triangle DEF$

10. Ashok amplificó una fotografía de 8×10 pulgadas para hacer un cartel. Si la longitud del cartel es de 25 pulgadas, ¿cuál es su anchura?

Resolución de problemas y razonamiento

11. Un laboratorio fotográfico ofrece ampliar fotografías de 3.5×5 pulgadas a 5×7 pulgadas. ¿Estos rectángulos son similares? De no ser así, ¿cómo puede el laboratorio hacer las ampliaciones? Explica tu respuesta.

12. **Escoge una estrategia** Necesitas encontrar la anchura del río Ralimis. Si $\triangle ABC \sim \triangle DEC$, ¿cuál es la anchura del río desde E hasta D? Explica cómo resolviste este problema.

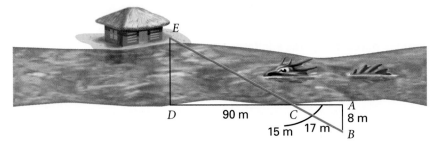

Resolución de problemas

ESTRATEGIAS

- Busca un patrón
- Organiza la información en una lista
- Haz una tabla
- Prueba y comprueba
- Empieza por el final
- Usa el razonamiento lógico
- Haz un diagrama
- Simplifica el problema

13. **Razonamiento crítico** Maribel dice que dos triángulos equiláteros cualesquiera son similares. ¿Está en lo correcto? Si es así, explica por qué. De lo contrario, dibuja dos triángulos equiláteros que no sean similares.

Repaso mixto

Halla los siguientes productos. *[Lección 4-5]*

14. $2\dfrac{3}{4} \cdot 1\dfrac{2}{3}$ **15.** $5\dfrac{7}{8} \cdot 3\dfrac{4}{3}$ **16.** $2\dfrac{5}{9} \cdot 7\dfrac{1}{10}$ **17.** $3\dfrac{4}{5} \cdot 6\dfrac{1}{2}$ **18.** $10\dfrac{5}{8} \cdot 3\dfrac{5}{12}$

Calcula cada tasa unitaria. *[Lección 6-7]*

19. 200 palabras en 5 minutos   **20.** 14 días en 7 meses   **21.** $16.99 por 10 galones

El proyecto en marcha

Si es posible, construye un modelo a escala de la casa de tus sueños; usa papel de cartulina, tijeras y cinta adhesiva. Si no es posible, averigua cuánto papel necesitarías para construir tu casa mediante el cálculo de la superficie de las paredes, el techo y la azotea.

Resolución de problemas

Comprende
Planea
Resuelve
Revisa

Perímetro y área de figuras similares

> ▶ **Enlace con la lección** | Como ya sabes calcular la longitud de los lados de figuras similares, ahora investigarás el perímetro y el área de figuras similares. ◀

Vas a aprender...

■ a usar el factor de escala para calcular perímetros y áreas de figuras similares.

...cómo se usa

La gente que se dedica a enmarcar cuadros necesita saber de qué manera el tamaño del cuadro determina su área y perímetro.

Investigar | **Perímetro y área**

Es mucho, pero puede ser poco

Materiales: Papel cuadriculado

Los Estudios Criaturas de Celuloide te han pedido que investigues los costos de la compra y cercado de lotes de diferentes medidas. El lote cuesta $100 el pie cuadrado y el cercado $12 el pie.

1. Asigna un cuadro de la cuadrícula para representar 10×10 pies. Dibuja un lote de 50×200 pies. Calcula el costo del lote y de la cerca así como el costo total del lote.

2. Dibuja un lote de 100×200 pies y otro de 100×400 pies. Para cada uno, calcula el costo del lote, de la cerca y el costo total.

3. Compara el tamaño del lote, el cercado y el costo total de los tres lotes. ¿Qué observas? ¿Cuál de los lotes más grandes podrías decir que tiene "el doble de tamaño" del original?

4. ¿Qué medida geométrica está asociada con la cerca del lote? ¿Cuál medida está asociada con el tamaño del lote?

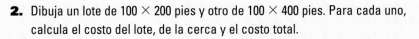

Aprender | **Perímetro y área de figuras similares**

La razón de los perímetros de dos figuras similares es igual a la razón de la longitud de sus lados: el factor de escala. La razón de sus áreas es igual al *cuadrado* del factor de escala.

Ejemplos

1 Un diseñador elabora dos versiones similares del cartel de una película. Si el factor de escala del cartel más pequeño al más grande es 3, predice la razón de sus áreas. Comprueba tu predicción por medio de calcular sus áreas.

Predicción: Como el factor escala es 3, la razón de las áreas debe ser $3^2 = 9$.

Cálculo: El área del cartel más pequeño es $4 \cdot 3 = 12$ unidades cuadradas y el del más grande es $12 \cdot 9 = 108$ unidades cuadradas. La razón de las áreas es $\frac{108}{12} = 9$.

2 El perímetro de la figura similar más grande es de 38 cm y su área es de 50 cm². El factor de escala de la más grande a la más pequeña es de $\frac{3}{5}$. Halla el perímetro y el área de la figura más pequeña.

Multiplica por el factor de escala para calcular el perímetro de la figura más pequeña.

Perímetro $= 38 \cdot \frac{3}{5} = 22.8$ cm.

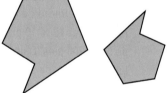

Multiplica por el *cuadrado* del factor de escala para calcular el área de la figura más pequeña. Área $= 50 \cdot \left(\frac{3}{5}\right)^2 = 50 \cdot \frac{9}{25} = 18$ cm².

Haz la prueba

El perímetro de la figura similar más pequeña es de 64 unidades y su área es de 44 unidades cuadradas. El factor de escala de la figura más pequeña a la más grande es de $\frac{3}{2}$. Halla el perímetro y el área de la figura más grande.

Comprobar | Tu comprensión

1. Explica por qué al duplicar la longitud de los lados de un cuadrado, cuadruplicas su área.

2. Si un rectángulo similar tiene el doble de área de otro, ¿tiene también el doble de longitud y anchura? Explica tu respuesta.

7-10 Ejercicios y aplicaciones

Práctica y aplicación

1. **Para empezar** Dos rectángulos son similares. El factor de escala del más pequeño al más grande es 3. El rectángulo más pequeño tiene un perímetro de 14 y un área de 28. Sigue los pasos a continuación para encontrar el perímetro y el área del rectángulo más grande.

a. La razón de los perímetros es igual al factor de escala. Multiplica el perímetro del rectángulo pequeño por el factor de escala para encontrar el perímetro del rectángulo grande.

b. Eleva al cuadrado el factor de escala. Esta es la razón de las áreas.

c. Multiplica el área del rectángulo pequeño por la razón del inciso **b** para calcular el área del rectángulo grande.

Geometría Predice la razón de las áreas de los siguientes pares de figuras similares. Comprueba tu predicción al calcular las áreas.

2. Factor de escala 2

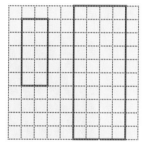

3. Factor de escala 4

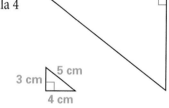

3 cm, 5 cm, 4 cm

4. Un artista pinta una versión más grande del monstruo que aparece en este cartel. El factor de escala de esta figura a la ampliación es de $\frac{7}{3}$. Si la figura tiene una área de 108 cm², ¿cuál sería el área de la más grande? Explica tu respuesta.

Imagina que dos figuras son similares. Para cada factor de escala de la más pequeña a la más grande, calcula el perímetro y el área.

5. Factor de escala = 3, perímetro de la más pequeña = 10 cm, área de la más pequeña = 6 cm². Calcula el perímetro y el área de la figura más grande.

6. Factor de escala = 5, perímetro de la más grande = 120 pulgadas, área de la más grande = 172 pulgadas². Calcula el perímetro y el área de la figura más pequeña.

7. Factor de escala = $\frac{3}{2}$, perímetro de la más pequeña = 14 pies, área de la más pequeña = 26 pies². Calcula el perímetro y el área de la figura más grande.

Dadas la razón de perímetro y área de figuras similares, halla cada factor de escala.

8. Razón del perímetro $= 100$

9. Razón del área $= 25$

10. Razón del área $= 81$

11. Razón del perímetro $= 0.62$

12. Historia El antiguo templo de Angkor Wat fue construido por los Khmer de Camboya. El recinto del templo es un rectángulo de 1000 metros de longitud por 850 metros de ancho. Si se construyera un modelo del templo con un factor de escala de $\frac{1}{8}$, ¿cuál sería el área del modelo?

13. Para la prueba La razón de las áreas de dos rectángulos similares es de $\frac{36}{25}$. ¿Cuál es la razón de sus perímetros?

Ⓐ $\frac{5}{6}$ Ⓑ $\frac{6}{5}$ Ⓒ $\frac{25}{36}$ Ⓓ $\frac{36}{25}$

Resolución de problemas y razonamiento

14. Comunicación Jacob le dice a Renata que una de sus fotografías escolares es el doble de tamaño de otra. Renata le pregunta a Jacob qué quiere decir con "el doble de tamaño". Explica por qué Renata se puede confundir. ¿Qué quieren decir las personas cuando afirman que una cosa es "el doble de tamaño" de otra?

15. Razonamiento crítico En un estudio de cine, un Godzilla de 2 metros de alto proyecta una sombra cuya área es de 3 m². Si el Godzilla "real" mide 50 metros de altura, ¿cuál es el área de su sombra?

16. Razonamiento crítico Consideras que se necesitan 0.16 galones de pintura para pintar una pared rectangular que mide 6 pies de largo y 8 pies de alto. ¿Cuánta pintura necesitarás para pintar una pared que mide 12 pies de largo y 16 pies de alto? Explica cómo encontraste la respuesta.

Repaso mixto

Halla los siguientes cocientes. Escribe tus respuestas en su mínima expresión. *[Lección 4-6]*

17. $\frac{3}{4} \div 1\frac{2}{3}$ **18.** $5\frac{1}{2} \div 2\frac{3}{4}$ **19.** $1\frac{1}{9} \div \frac{1}{3}$ **20.** $\frac{1}{2} \div \frac{5}{12}$ **21.** $32 \div \frac{1}{2}$

Resuelve las siguientes proporciones. *[Lección 6-8]*

22. $\frac{x}{14} = \frac{4}{7}$ **23.** $\frac{p}{12} = \frac{3}{4}$ **24.** $\frac{5}{11} = \frac{m}{22}$ **25.** $\frac{12}{n} = \frac{6}{5}$ **26.** $\frac{b}{3} = \frac{2}{4}$

Has visto que una ampliación o reducción de una figura es similar a la original. Ahora usarás dos métodos diferentes para ampliar un dibujo.

Ficción o realidad

Materiales: Papel cuadriculado (con cuadros más grandes que los del siguiente dibujo)

El dibujo muestra una figura simplificada de Rodan, la coprotagonista de Godzilla en varias películas de los sesenta. Usarás dos métodos (el de *cuadrícula* y el de *proyección*) para ampliar este dibujo.

1. Con el método de cuadrícula, ampliarás parte por parte del dibujo. Usa un área de 8 × 8 de tu papel cuadriculado para hacer una copia más grande de Rodan. Cada cuadrado de tu dibujo debe verse igual al cuadrado correspondiente en el original.

2. Para usar el método de proyección:

a. Traza el dibujo original en una hoja de papel de $8\frac{1}{2}$ × 11 pulgadas. La parte superior de tu trazo debe estar aproximadamente a $2\frac{1}{2}$ pulgadas de la parte superior del papel.

b. Marca puntos en tu trazo. Estos puntos serán tu guía para la ampliación. Marca puntos clave, como las puntas de las alas.

Punto de proyección

Punta de ala de dibujo amplificado

c. Dibuja un punto cerca de la parte superior de tu papel. Este es el *punto de proyección*. Dibuja una línea desde este punto hacia todos los puntos de tu dibujo. Marca un nuevo punto al doble de la distancia entre el punto de proyección y el punto original.

d. Usa los nuevos puntos como guía para trazar un dibujo más grande. ¿Cuál es el factor de escala de la ampliación al original?

3. ¿Cómo se pueden utilizar estos métodos para hacer dibujos tres veces más grandes que el original? ¿Y a una cuarta parte del original?

Geometría Indica si las figuras son similares. De ser así, escribe un enunciado de similitud donde utilices ~ y proporciona el factor de escala. De lo contrario, explica por qué.

1.

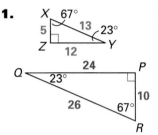

2.

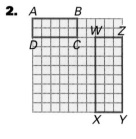

3.

4. La mamá y el bebé elefante de la figura son más o menos similares. Imagina que la madre mide 2.8 m de alto y 4.2 m de largo. Si el bebé mide 1.8 m de largo, ¿qué altura tiene?

5. Dos rectángulos son similares y el factor de escala del más pequeño al más grande es de 2. El perímetro del rectángulo más pequeño es de 20 pies y su área es de 24 pies². Calcula el perímetro y el área del rectángulo más grande.

6. **En tu diario** En la versión original de *King Kong*, se suponía que Kong medía 24 pies de alto. Si el modelo de 18 in. de alto de Kong proyecta una sombra de 10 pulgadas de largo durante una escena, ¿de qué longitud sería la sombra del Kong "real"? Explica cómo resolviste el problema.

7. **Comprensión de operaciones** Convierte 740 millas por hora en millas por minuto.

Para la prueba

Cuando en una prueba de elección múltiple se te pide calcular la longitud de uno de los lados de un par de figuras similares, el hecho de establecer una proporción puede ayudarte a trabajar con mayor rapidez.

8. Pat usa una fotocopiadora para ampliar un dibujo de 6 cm de ancho y 8 cm de largo. Si esta ampliación tiene un ancho de 10.5 cm, ¿cuál es su longitud? Escoge la proporción que te ayudará a encontrar la respuesta correcta.

Ⓐ $\dfrac{6}{x} = \dfrac{10.5}{8}$ Ⓑ $\dfrac{6}{10.5} = \dfrac{8}{x}$ Ⓒ $\dfrac{6}{x} = \dfrac{8}{10.5}$ Ⓓ $\dfrac{x}{6} = \dfrac{8}{10.5}$

Geometría fractal

La *geometría fractal* es un área reciente de la investigación matemática. Desarrollada en las décadas de los setenta y ochenta, la geometría fractal es el estudio de las figuras geométricas con patrones predecibles que se repiten al cambiar la escala.

Los patrones fractales muestran *similitudes en sí mismos*. Cuando "amplías" una pequeña parte de una figura similar a sí misma, la región amplificada parece similar a la figura original. Las similitudes en sí mismas se muestran en la naturaleza, las nubes, la costa y en una coliflor.

Se pueden crear patrones fractales al repetir una regla en una escala cada vez más pequeña. La regla para el patrón que se muestra a continuación es "halla los puntos medios de cada lado del cuadrado y conéctalos para formar un nuevo cuadrado".

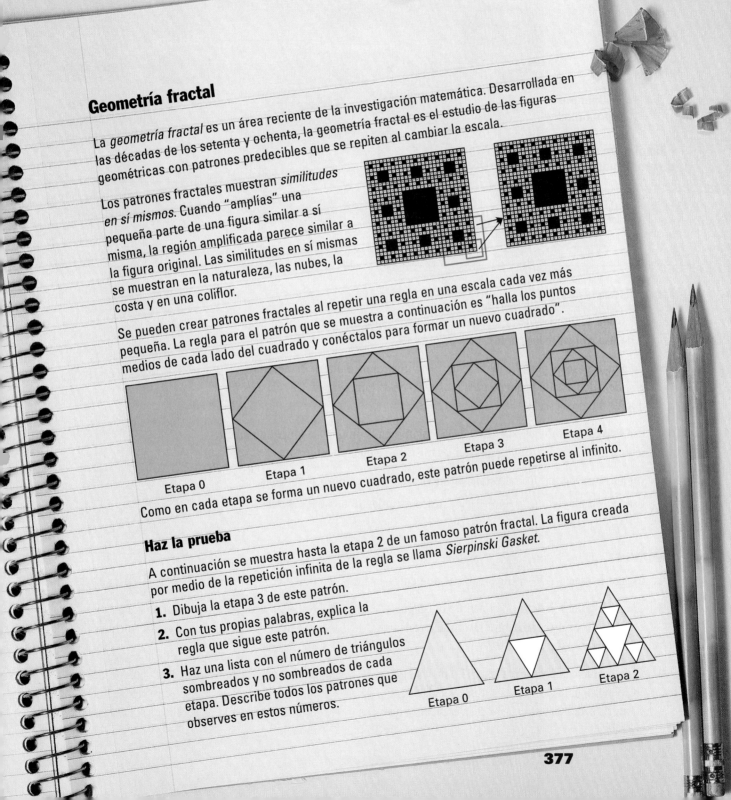

Etapa 0   Etapa 1   Etapa 2   Etapa 3   Etapa 4

Como en cada etapa se forma un nuevo cuadrado, este patrón puede repetirse al infinito.

Haz la prueba

A continuación se muestra hasta la etapa 2 de un famoso patrón fractal. La figura creada por medio de la repetición infinita de la regla se llama *Sierpinski Gasket*.

1. Dibuja la etapa 3 de este patrón.

2. Con tus propias palabras, explica la regla que sigue este patrón.

3. Haz una lista con el número de triángulos sombreados y no sombreados de cada etapa. Describe todos los patrones que observes en estos números.

Etapa 0   Etapa 1   Etapa 2

Organizador gráfico

Sección 7A Dibujos a escala, mapas y escalas

Resumen

■ La **escala** de un mapa es la razón de la distancia entre dos puntos en el mapa y la distancia real entre los puntos.

■ Un **dibujo a escala** por lo general se usa para ilustrar algo que es demasiado grande o demasiado pequeño para mostrarlo en su tamaño real. Un mapa es un tipo de dibujo a escala.

■ La escala de un dibujo es la razón de la longitud en el dibujo y la longitud real que representa. Cuando las unidades son las mismas, se pueden omitir.

■ Un mapa puede ser una herramienta importante para resolver problemas. Usa la fórmula tiempo $= \dfrac{\text{distancia}}{\text{velocidad}}$ y tus conocimientos sobre las escalas.

Repaso

1. Escribe la escala $\dfrac{1 \text{ in.}}{25 \text{ mi}}$ de dos maneras diferentes.

2. Resuelve la proporción $\dfrac{14 \text{ in.}}{x} = \dfrac{21 \text{ in.}}{12 \text{ yd}}$ para x.

3. Un modelo de tren tiene una longitud de 35 pulgadas. Halla la longitud del tren real si la escala es de 7 pulgadas:90 pies.

4. Halla la escala de un mapa si un cañón de 63 km de anchura tiene 14 cm de anchura en el mapa.

5. Devesh salió de la escuela a las 3:45 p.m. y viajó en su bicicleta hacia su casa a una velocidad de 10 mi/h. Si su casa está a 7 mi de la escuela, ¿a qué hora llegó?

6. Un modelo de dinosaurio de 26 pies de alto tiene que colocarse en un museo cuyo techo mide 9 pies de altura. Sugiere una escala apropiada para el modelo.

Sección 7B Análisis dimensional

Resumen

■ Para cualquier tasa, puedes encontrar la tasa unitaria recíproca al intercambiar el numerador y el denominador, y después convertirlo en una tasa unitaria.

■ Los **factores de conversión** son fracciones que se pueden utilizar para convertir unidades. Si necesitas convertir una unidad en el *numerador* de una tasa, multiplica por un factor de conversión que tenga dicha unidad en el *denominador* y viceversa.

Repaso

7. Sugiere unidades apropiadas para una tasa que describe la tasa de crecimiento de una planta.

8. Halla una tasa unitaria recíproca que tenga el mismo significado que 5 pies por segundo.

9. Convierte 360 millas por hora a millas por minuto.

10. El Dr. Acevedo gana $55 por hora. Convierte esta tasa a centavos por segundo.

Sección 7C Similitud

Resumen

■ Las figuras **similares** tienen la misma forma pero no necesariamente el mismo tamaño.

■ Los lados y ángulos coincidentes de figuras similares se llaman **lados corres-pondientes** y **ángulos correspondientes.** Las figuras son similares si los ángulos correspondientes son congruentes y las longitudes de los lados correspondientes tienen razones equivalentes.

■ El enunciado $\triangle ABC \sim \triangle DEF$ significa que $\triangle ABC$ es similar a $\triangle DEF$. El orden de las letras muestra las partes correspondientes.

■ Usa las proporciones para hallar la longitud de los lados en figuras similares.

■ La razón de los perímetros de dos figuras similares es igual al factor de escala. La razón de sus áreas es igual al *cuadrado* del factor de escala.

Repaso

11. Menciona si las figuras de la cuadrícula son similares. De ser así, escribe un enunciado de similitud con el uso de ~ y da el factor de escala. De lo contrario, explica por qué.

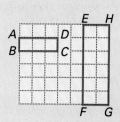

12. Dos triángulos son similares, con un factor de escala de 4. El triángulo más pequeño tiene un perímetro de 7 pulgadas y un área de 5 pulgadas^2. Calcula el perímetro y el área del triángulo más grande.

13. Dos octágonos similares tienen una razón de área de 81. Halla la razón del perímetro y el factor de escala del más pequeño al más grande.

1. St. Louis está a 240 millas de Memphis. ¿Como a qué distancia aparecerán estas ciudades en un mapa con una escala de 1 in.:40 mi?

2. Un modelo de un edificio mide 64 cm de altura, con una escala de 8 cm:11 m. Calcula la altura del edificio real.

3. Halla la escala de un mapa si un camino de 10 mi se muestra con una longitud de 25 in.

4. Sugiere unidades apropiadas para una tasa que indica qué tan rápido corre un perro.

5. Una bicicleta mide 42 por 54 pulgadas. ¿Cuál es la escala más grande que se puede usar para hacer un dibujo a escala de esta bicicleta a fin de que se ajuste al tamaño de una tarjeta de 3 por 5 in.?

6. Carolyn planea ir en bicicleta a la casa de su prima que está a 26 millas. Necesita llegar a las 3:45 p.m. Si viaja a una velocidad promedio de 14 millas por hora, ¿a qué hora debe partir?

7. Escribe dos factores de conversión que contengan segundos y minutos.

8. Convierte $45 por hora a dólares por minuto.

9. Menciona si las figuras *ABCD* y *EFGH* son similares. De ser así, escribe un enunciado con el uso de ~ y proporciona el factor de escala. De lo contrario, explica por qué.

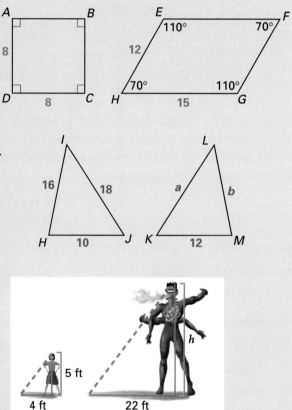

10. Dos figuras similares tienen una razón de perímetro de 13. Halla el factor de escala y la razón de área.

11. $\triangle HIJ \sim \triangle MLK$. Halla la longitud de los lados que faltan.

12. Dos rectángulos son similares, con un factor de escala de 5. El rectángulo más grande tiene un perímetro de 30 y un área de 50. Halla el perímetro y el área del más pequeño.

13. La luz viaja a una velocidad de 300,000,000 de metros por segundo. Convierte esta cantidad a kilómetros por hora.

14. $\triangle JKL \sim \triangle FED$. Si $m\angle J = 64°$, $m\angle K = 82°$ y $m\angle L = 34°$, halla $m\angle D$, $m\angle E$ y $m\angle F$.

15. Cuando la sombra de Julianne es de 4 pies de largo, la sombra de Greuso es de 22 pies de largo. Si Julianne mide 5 pies de altura, ¿cuánto mide Greuso?

Tarea para evaluar el progreso

Usa la siguiente información para escribir tantos factores de conversión como puedas: Un bushel es igual a 4 pecks; un peck equivale a 8 cuartos de galón y un cuarto de galón equivale a 2 pintas.

Evaluación del progreso

Escoge un problema.

E

La estación espacial Vega 9 ha estado en órbita durante 15 años. Su primera generación de niños hoy día son adolescentes. Tú eres un arquitecto que diseña un salón de clase de matemáticas para Vega 9. Haz un dibujo a escala de tu salón de clase del futuro. Muestra la escala y rotula tu dibujo para explicar los elementos de tu salón de clase y cómo funcionan.

¡Sé el guía!

Tu escuela tiene un programa de intercambio de verano con una escuela japonesa. Estás emocionado porque uno de los estudiantes vendrá a tu casa. Utiliza los mapas para hacer un plan de unas vacaciones de 10 días en las cuales mostrarás a tu huésped tu ciudad y tu estado. Asigna el tiempo suficiente para el traslado y la visita. Escríbele una carta que describa tus planes de viaje e incluye un mapa para mostrarle los lugares que visitarán.

TRABAJÉ EN EL FERROCARRIL

El Ferrocarril Transcontinental se concluyó en 1869. Muchos trabajadores chinos e irlandeses murieron durante su construcción. Las cuadrillas de la Union Pacific que trabajaban al oeste de Nebraska, colocaron cerca de 349 millas de vías, de 1866 a 1869. En tanto, las cuadrillas de la Central Pacific colocaron cerca de 18 millas por mes durante este tiempo. Escribe un artículo para el periódico sobre la construcción del ferrocarril. Incluye una gráfica de doble barra que compare la distancia total alcanzada cada año por las dos cuadrillas. Asegúrate de indicar cuántas millas de vías colocó cada una al concluir las obras del ferrocarril.

La sombra del castillo fatal

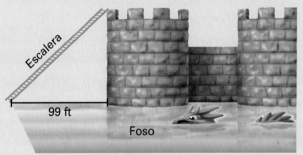

Escalera

99 ft

Foso

Lady Fenestra, de 5 ft 6 in. de altura $\left(5\frac{1}{2} \text{ ft}\right)$ debe rescatar al apuesto Don Wannabe del Castillo Fatal. Quiere colocar una escalera sobre el foso hasta la punta de la torre. El foso mide 99 ft de ancho. Ella descubre que su sombra mide 8 ft de longitud cuando la sombra de la torre del castillo cubre el foso. ¿Qué altura tiene la torre? ¿De qué longitud debe ser la escalera que necesita? Explica cómo encontraste cada respuesta.

8 Porcentajes

Enlace con Ciencias
www.mathsurf.com/7/ch8/science

Enlace con Arte y Literatura
www.mathsurf.com/7/ch8/arts

Ciencias

La humedad relativa es la cantidad de agua que puede contener el aire a una temperatura determinada. A mayor calor, mayor cantidad de agua contendrá el aire. Una humedad relativa de 85% a 90°F significa una humedad más alta que una humedad relativa de 85% a 40°F.

Arte y Literatura

El Museo Guggenheim en la ciudad de New York tiene una galería en espiral que incrementa su altura en un 3% por grado.

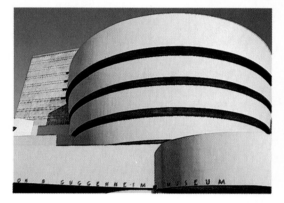

Ciencias sociales

China produjo 2,915,000 de las 10,333,000 toneladas métricas de peras que se cultivaron en un año en todo el mundo. Esto representa como el 28% de la producción mundial de peras.

Entretenimiento

Lisa Leslie, la centro del equipo femenil de baloncesto de Estados Unidos en los Juegos Olímpicos de 1996, acertó 86% de sus tiros en el juego por la medalla de oro contra Brasil. Acertó 12 de cada 14 tiros que lanzó.

IDEAS CLAVE DE MATEMÁTICAS

Un porcentaje es una razón que describe una parte de 100.

Puedes usar el dato de que *porcentaje* significa "cuánto de 100" como ayuda para escribir un porcentaje como una fracción o un decimal.

Los problemas que involucran dinero por lo general están relacionados con los porcentajes. Establece proporciones o usa otra clase de ecuaciones para resolver un problema con porcentajes.

Puedes utilizar porcentajes para describir un incremento o disminución de un número.

Alrededor del mundo

50% de la población mundial son menores de 25 años de edad.

PROYECTO DEL CAPÍTULO

Resolución de problemas

Comprende
Planea
Resuelve
Revisa

En este proyecto vas a desarrollar un plan de un picnic para los niños de un hospital. Debes asegurarte de que la comida sea nutritiva y atractiva. Para empezar el proyecto, haz una lista de los alimentos que te gustaría servir.

Resolución
de problemas

Comprende
Planea
Resuelve
Revisa

Enfoque en la resolución de problemas

Interpretar enunciados matemáticos

Cuando desarrollas un **plan** para resolver problemas, necesitas traducir las palabras a símbolos matemáticos. Por ejemplo, el enunciado "la mitad de" significa "$\times \frac{1}{2}$" y "cuatro veces algo" indica "$\times 4$".

Para los siguientes problemas, escribe la respuesta y la operación aritmética que usaste para hallar la respuesta. (Por ejemplo, si sumaste 5 a 7 para obtener 12, escribe "5 + 7 = 12".)

1 Jaime hornea un pastel mil hojas para una fiesta sorpresa. La receta es para ocho personas y lleva dos tazas de harina. Jaime invitó tres veces la cantidad de personas que indica la receta. ¿Qué cantidad de harina necesitará?

2 Doreen llevará salsa verde cruda a la fiesta. Su receta para preparar esta salsa rinde de 1 a 1 1/2 tazas de salsa. Doreen decide hacer cuatro veces esta cantidad. Si la receta incluye dos chiles serranos, ¿cuántos chiles más tendrá que comprar?

3 Reggie decide hacer papadum, un pan tostado con sabor a especias muy popular en la India. Él por lo general utiliza $\frac{1}{2}$ cucharadita de comino para hacer 10 piezas de papadum. Si quiere hacer 5 veces esta cantidad, ¿cuánto comino deberá usar?

4 Huynh, a quien no le gusta cocinar, se ofreció a llevar las bebidas. Ella hace un cálculo aproximado de que $\frac{2}{3}$ de las 24 personas que asistirán a la fiesta pedirán leche con su pastel. ¿Para cuántas personas deberá comprar leche?

Comprensión y cálculo aproximado de porcentajes

▶ **Enlace con Ciencias**   ▶ **www.mathsurf.com/7/ch8/bats**

¡A la Baticueva!

Es justo antes del anochecer. Estás parado junto al Puente de la Avenida Congress en Austin, Texas, cuando de repente escuchas un zumbido. Lo que parece una nube de humo fluye por abajo del puente.

Pero no es humo. Son 1.5 *millones* de murciélagos: la colonia más grande de América del Norte. Los murciélagos de Austin son una pequeña parte de los 100 millones de murciélagos sin cola que emigran del norte de México cada primavera para reproducirse.

En muchos países existen leyendas acerca del ataque de los murciélagos contra la gente. Pero la mayoría son inofensivos y muchos ofrecen grandes beneficios a los humanos. Un pequeño murciélago café puede comerse 600 mosquitos en una hora; un promedio de ¡un insecto cada seis segundos!

La información matemática ayuda a la gente a separar los hechos de la ficción. Al aprender sobre murciélagos, estudiarás los *porcentajes*, una manera de comunicar información matemática.

1 Escribe 1.5 millones en notación científica.

2 Proporciona un ejemplo que muestre de qué manera las matemáticas pueden ayudar a la gente a distinguir los hechos de la ficción.

3 ¿Cómo podrías utilizar las matemáticas para comparar la población de murciélagos sin cola de Austin, con la población humana de Austin?

8-1 Comprensión de porcentajes

Vas a aprender…

■ a comparar cantidades por medio de porcentajes.

…cómo se usa

Los especialistas en mercadotecnia utilizan porcentajes para medir las opiniones de los clientes potenciales.

Vocabulario

porcentaje

▶ **Enlace con la lección** Has estudiado varios métodos para comparar cantidades, incluidas las tasas, las razones y las escalas. Ahora vas a comparar cantidades al medirlas con relación a 100. ◀

Investigar | Comparación de números mediante cuadrículas

Sin cola y orejas largas

Materiales: Papel cuadriculado

1. El peso de un murciélago mexicano sin cola es cerca de 0.8 veces el peso de un pequeño murciélago café. Dibuja una cuadrícula de 10 por 10 para representar el peso de un murciélago pequeño café. Sombrea los cuadros para representar el peso de un murciélago sin cola.

2. Repite el paso 1, pero esta vez utiliza una cuadrícula de 10 por 4 para representar al murciélago pequeño café. Después repite el paso 1, en una cuadrícula de 6 por 5. ¿Cuál de las tres cuadrículas fue más fácil de utilizar? ¿Por qué?

Murciélago rojo

3. La longitud de un murciélago de oreja larga promedio es como $\frac{3}{10}$ de la longitud de un murciélago rojo común. Dibuja una cuadrícula de 10 por 10 para representar la longitud de un murciélago rojo. Sombrea los cuadros para representar la longitud de un murciélago de orejas largas.

4. Repite el paso 3 pero ahora usa una cuadrícula de la medida que prefieras.

5. Compara las cuadrículas de los pasos 3 y 4 con las de otros estudiantes. ¿Cuál es la ventaja de haber utilizado una cuadrícula de 10 × 10?

Aprender | Comprensión de porcentajes

Hay 60 cuadros sombreados en esta cuadrícula de 10 por 10. Por tanto, $\frac{60}{100}$ de los cuadros están sombreados. Se puede decir que el 60 **por ciento** (60%) de los cuadros de la cuadrícula están sombreados. Un porcentaje es una razón que describe una parte de 100. Así, 60% significa "60 *de cien*"; como consecuencia, 100% representa un todo.

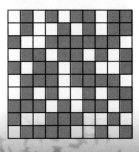

Ejemplo 1

Usa porcentajes para comparar las medidas de la cancha de tenis y del área de picnic.

La cancha de tenis ocupa 18 de los 100 cuadros; esto es 18% del parque. El área de picnic ocupa 8 de 100 cuadros, lo cual significa 8% del parque.

Para comparar razones con diferentes denominadores, puedes escribir cada razón con un denominador de 100. Después compara los porcentajes.

▶ **Enlace con Historia**

Los porcentajes se escribían como fracciones, con los numeradores sobre 100. Con el tiempo, la barra de las fracciones y la del 100 se fusionaron para convertirse en el signo de por ciento que se utiliza hoy día.

Ejemplo 2

Los murciélagos pequeños cafés pasan alrededor de $\frac{11}{20}$ de su período de hibernación en un sueño ligero y cerca de $\frac{2}{5}$ en estado de completa inactividad llamado "adormecimiento profundo". Usa porcentajes para comparar la cantidad de tiempo que permanece el murciélago en cada clase de hibernación.

$$\frac{11}{20} = \frac{11 \times 5}{20 \times 5} = \frac{55}{100} = 55\%$$

Escribe ambas fracciones con denominadores de 100.

$$\frac{2}{5} = \frac{2 \times 20}{5 \times 20} = \frac{40}{100} = 40\%$$

Durante la hibernación, el murciélago pequeño café permanece en un sueño ligero cerca del 55% del tiempo y en un adormecimiento profundo alrededor de 40% del tiempo. Permanece más tiempo en sueño ligero.

▶ **Enlace con Ciencias**

Los murciélagos son los únicos mamíferos que en realidad pueden volar. La ardilla "voladora" sólo se desliza de árbol en árbol por medio de sus membranas adheridas a sus piernas.

Haz la prueba

Usa porcentajes para comparar las siguientes fracciones.

a. $\frac{1}{2}$ y $\frac{3}{5}$

b. $\frac{7}{10}$ y $\frac{3}{4}$

c. $\frac{13}{20}$ y $\frac{16}{25}$

Comprobar | Tu comprensión

1. Si todos los cuadros de una cuadrícula están sombreados, ¿qué porcentaje de ellos está sombreado?

2. ¿Qué porcentaje de los votos de una elección garantizaría el triunfo? ¿Por qué?

Práctica y aplicación

1. ┃ **Para empezar** ┃ Sigue estos pasos para escribir $\frac{7}{25}$ como un porcentaje.

   a. *Porcentaje* significa "parte de 100", por tanto, necesitas escribir una fracción equivalente a $\frac{7}{25}$ con un denominador de 100. ¿Qué número necesitas multiplicar por 25 para obtener 100?

   b. Usa la respuesta del inciso **a** para escribir $\frac{7}{25}$ con un denominador de 100.

   c. Escribe el numerador de tu fracción en el inciso **b** con un signo de porcentaje.

Expresa cada fracción como un porcentaje.

2. $\frac{47}{100}$ **3.** $\frac{75}{100}$ **4.** $\frac{25.5}{100}$ **5.** $\frac{48.3}{100}$ **6.** $\frac{8}{10}$

7. $\frac{15}{20}$ **8.** $\frac{4}{25}$ **9.** $\frac{13.5}{100}$ **10.** $\frac{2}{5}$ **11.** $\frac{3.2}{4}$

Comprensión numérica **Usa porcentajes para comparar.**

12. $\frac{6}{20}$ y $\frac{3}{10}$ **13.** $\frac{11}{25}$ y $\frac{1}{2}$ **14.** $\frac{1}{4}$ y $\frac{6}{25}$ **15.** $\frac{3}{4}$ y $\frac{4}{5}$ **16.** $\frac{7}{10}$ y $\frac{18}{25}$

Usa porcentajes para comparar las partes sombreadas de cada cuadrícula.

17.   **18.**   **19.**

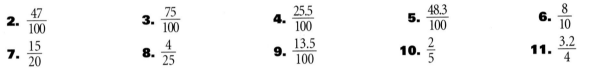

20. Bellas Artes M. C. Escher fue un artista holandés que hizo muchas impresiones con figuras intercaladas llamadas *teselados*. ¿Aproximadamente qué porcentaje de las impresiones de Escher que se muestran están hechas con murciélagos negros?

Medición **Un metro tiene 100 centímetros. Expresa cada longitud como un porcentaje de un metro.**

21. 1 cm   **22.** 50 cm   **23.** 63 cm

24. 37.5 cm   **25.** 100 cm   **26.** 20.1 cm

Consumo Expresa cada cantidad de dinero como un porcentaje de un dólar.

27. Una moneda de 1 centavo

28. Dos monedas de 5 centavos

29. Cuatro monedas de 25 centavos

30. Tres monedas de diez centavos y una moneda de 5 centavos

31. **Para la prueba** ¿Qué porcentaje es equivalente a $\frac{15}{25}$?

Ⓐ 4%   Ⓑ 15%   Ⓒ 25%   Ⓓ 60%

Resolución de problemas y razonamiento

32. Razonamiento crítico Alrededor del 70% de todas las especies de murciélagos comen insectos. ¿Qué porcentaje de estas especies no comen insectos? Explica cómo encontraste la respuesta.

33. En 1972, la Enmienda número 26 a la Constitución redujo la edad de votar de 21 a 18 años. En 1968, 3 de 5 votantes aptos votaron. Esta razón se conoce como *concurrencia de votantes*. En 1972, la concurrencia de votantes cambió a 11 de cada 20 votantes aptos.

a. Usa porcentajes para comparar lo concurrencia de votantes para estas elecciones.

b. Explica por qué permitir el voto a los jóvenes de 18 a 20 años pudo haber afectado la concurrencia de votantes. Después proporciona otra explicación posible para dicho cambio.

Murciélago pálido

34. Razonamiento crítico Aunque algunos murciélagos que viven en Estados Unidos emigran durante los meses fríos del año, otros pasan el invierno hibernando en cuevas. La mayoría de los murciélagos de Estados Unidos hiberna desde principios de octubre hasta fines de abril. ¿Qué porcentaje del año representa este período?

Repaso mixto

Escribe cada decimal como una fracción en su mínima expresión. *[Lección 3-10]*

35. 0.352   **36.** 0.15   **37.** 0.5505   **38.** 0.125   **39.** 0.6125

Escribe las siguientes fracciones como un decimal. *[Lección 3-10]*

40. $\frac{3}{7}$ **41.** $\frac{3}{8}$ **42.** $\frac{7}{10}$ **43.** $\frac{23}{50}$ **44.** $\frac{6}{17}$ **45.** $\frac{32}{96}$

Usa las medidas para hallar la escala de cada mapa. *[Lección 7-1]*

46. Una carretera de 40 mi es de 8 cm de longitud.

47. Una alberca de 50 m es de 2.5 cm de longitud.

48. Un lago de 2.7 mi es de 1.5 in. de longitud.

49. Un edificio de 100 ft es de 5 in. de anchura.

Relación entre fracciones, decimales y porcentajes

Vas a aprender...

■ a comprender las relaciones entre porcentajes, fracciones y decimales.

...cómo se usa

Los mecánicos utilizan relaciones entre decimales y fracciones para seleccionar las brocas de los taladros.

▶ **Enlace con la lección**   Como ya sabes, los porcentajes son razones, así que ahora observarás la relación entre porcentajes, fracciones y decimales. ◀

Investigar   Fracciones, decimales y porcentajes

Comprensión de los porcentajes

1. Copia la tabla. Usa los patrones de las primeras dos columnas de la tabla para completarla.

Fracción	$\frac{91}{100}$	$\frac{23}{100}$	$\frac{67}{100}$			$\frac{11}{50}$	
Decimal	0.91	0.23		0.39			0.12	
Porcentaje	91%	23%			87%			80%

2. Explica cómo puedes escribir un decimal de dos dígitos como 0.91 en forma de porcentaje.

3. Explica cómo puedes escribir un porcentaje en forma de fracción.

Aprender   Relación entre fracciones, decimales y porcentajes

Puedes usar el dato de que *por ciento* significa "parte de 100" para escribir un porcentaje como una fracción.

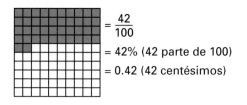

$= \frac{42}{100}$

$= 42\%$ (42 parte de 100)

$= 0.42$ (42 centésimos)

Ejemplo 1

Cerca del 30% de las especies de plantas en las regiones tropicales del mundo son polinizadas por murciélagos. Escribe 30% como una fracción.

$30\% = \dfrac{30}{100}$ Escribe el porcentaje como una fracción con 100 como el denominador.

$= \dfrac{3}{10}$ Escribe la fracción en su mínima expresión.

Observa que 0.42 y 42% significan "cuarenta y dos centésimos". Puesto que el *segundo* lugar a la derecha del punto decimal está en la posición de los centésimos, puedes escribir decimales y porcentajes al mover el punto decimal *dos* espacios.

$42.\% = 0.42$

$42\% = 0.42$

$0.42 = .42.\%$

$0.42 = 42\%$

No te olvides

Si sabes cómo representar en porcentaje ciertas fracciones importantes, puedes utilizar el cálculo mental para hallar los porcentajes de muchas otras fracciones.

$\frac{1}{100} = 1\%$ $\frac{1}{10} = 10\%$

$\frac{1}{5} = 20\%$ $\frac{1}{4} = 25\%$

$\frac{1}{3} = 33\frac{1}{3}\%$ $\frac{1}{2} = 50\%$

[Curso anterior]

Ejemplos

2 Escribe 0.63 como un porcentaje.

Para escribir un decimal como un porcentaje, mueve el punto decimal dos posiciones a la *derecha*.

$0.63 = 63\%$

3 En 1996, como el 7.2% de los habitantes de Estados Unidos tenía entre 10 y 14 años de edad. Escribe 7.2% como decimal.

Para escribir un porcentaje como decimal, mueve el punto decimal dos posiciones a la *izquierda*. Añade los ceros que sean necesarios.

$7.2\% = 0.07.2$

$7.2\% = 0.072$

Ya sabes utilizar la división para escribir las fracciones en forma decimal. Ahora, puedes escribir esas fracciones como porcentajes.

Ejemplo 4

Los murciélagos pequeños cafés baten sus alas alrededor de $\frac{3}{4}$ de la velocidad con la que lo hacen los murciélagos pipistrelle. Escribe la fracción como un decimal y como un porcentaje.

$\frac{3}{4} = 3 \div 4 = 0.75$ Usa la división para escribir la fracción como un decimal.

$= 75\%$ Escribe el decimal como un porcentaje.

Murciélago pequeño café

Haz la prueba

a. Escribe 54% como una fracción.   **b.** Escribe 0.91 como un porcentaje.

c. Escribe $\frac{3}{5}$ como un porcentaje.   **d.** Escribe 0.135 como un porcentaje.

Comprobar **Tu comprensión**

1. ¿Cuáles son las dos maneras de escribir 0.47 como un porcentaje? Explícalas.

2. Describe dos procedimientos para escribir $\frac{23}{50}$ como porcentaje. Explica cada método.

Práctica y aplicación

1. ☐ **Para empezar** ☐ Sigue estos pasos para escribir $\frac{3}{16}$ como un porcentaje.

a. Escribe $\frac{3}{16}$ como un decimal al dividir 3 entre 16.

b. Escribe tu respuesta del inciso **a** como un porcentaje al mover el punto decimal dos posiciones a la derecha.

Escribe los siguientes porcentajes como decimales.

2. 60%   **3.** 75%   **4.** 30%   **5.** 5%   **6.** 1%

7. 100%   **8.** 8.9%   **9.** 14.3%   **10.** 25.5%   **11.** $47\frac{1}{2}$%

Escribe cada porcentaje como una fracción en su mínima expresión.

12. 50%   **13.** 20%   **14.** 30%   **15.** 85%   **16.** 98%

17. 55%   **18.** 65%   **19.** 28%   **20.** 12.5 %   **21.** 37.5%

Escribe los siguientes decimales como porcentajes.

22. 0.86   **23.** 0.08   **24.** 0.1   **25.** 0.875   **26.** 1.0

Escribe cada fracción como un porcentaje. Cuando lo consideres necesario, usa un decimal periódico para expresar tu porcentaje.

27. $\frac{1}{2}$ **28.** $\frac{3}{4}$ **29.** $\frac{4}{9}$ **30.** $\frac{1}{4}$ **31.** $\frac{4}{5}$

32. $\frac{3}{8}$ **33.** $\frac{9}{20}$ **34.** $\frac{8.5}{25}$ **35.** $\frac{6.2}{40}$ **36.** $\frac{7}{9}$

37. Cálculo aproximado En el Censo de 1920 de Estados Unidos, se encontró que la población de este país era de 106.02 millones. Indiana tenía una población alrededor de 2.93 millones. Calcula el porcentaje aproximado de la población de Estados Unidos que vivía en Indiana.

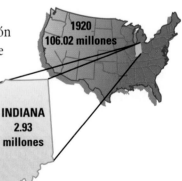

1920
106.02 millones

INDIANA
2.93
millones

38. Ciencias Cada otoño, algunas personas se ofrecen como voluntarios para recoger la basura de las playas de Estados Unidos. La tabla muestra cada clase de basura que hallarán y el porcentaje del total de basura que representa. Expresa cada porcentaje como fracción y como decimal.

Clase de basura	Plástico	Vidrio	Metal	Papel	Otros
Porcentaje del total	59%	12%	11%	11%	7%

39. **Para la prueba** ¿Qué porcentaje es exactamente igual a $\frac{1}{3}$?

   Ⓐ 30%   Ⓑ 33%   Ⓒ $33\frac{1}{3}$%   Ⓓ 34%

Resolución de problemas y razonamiento

40. Razonamiento crítico Muchos murciélagos hibernan durante el invierno. Un murciélago despierto puede respirar 200 veces por minuto; mientras que otro en período de hibernación respira 23 veces por minuto. La tasa normal de ritmo cardíaco de 400 latidos por minuto de un murciélago, con frecuencia baja a casi 25 latidos por minuto durante la hibernación. Expresa la tasa de respiración y la tasa de ritmo cardíaco de un murciélago durante la hibernación en fracciones, decimales y porcentajes de las tasas correspondientes a un murciélago activo.

Murciélago carpa

41. Comunicación En una ración de 1 oz. de una marca de patatas fritas "bajas en grasas", 54 de las 130 calorías provienen de las grasas. El Departamento de Agricultura recomienda que no más del 30% de las calorías que se consumen provengan de las grasas. ¿Cumple con las recomendaciones esta marca de patatas fritas? Explica tu respuesta. Si la marca no se ajusta a las recomendaciones, explica por qué se anuncia como "baja en grasas".

42. Razonamiento crítico Diecisiete de las 42 especies de murciélagos que habitan en Estados Unidos aparecen en la lista de especies en peligro de extinción. ¿Qué porcentaje de las especies de murciélagos de Estados Unidos están en peligro? Redondea tu respuesta al porcentaje más cercano.

Repaso mixto

Haz un cálculo aproximado de cada suma o resta. *[Lección 4-1]*

43. $\frac{4}{9} + \frac{3}{7}$ **44.** $\frac{4}{5} - \frac{1}{3}$ **45.** $\frac{7}{8} - \frac{1}{9}$ **46.** $\frac{1}{14} + \frac{1}{5}$ **47.** $\frac{3}{7} + \frac{1}{8}$

48. $\frac{3}{20} - \frac{9}{100}$ **49.** $\frac{5}{8} - \frac{1}{6}$ **50.** $\frac{2}{3} + \frac{3}{11}$ **51.** $\frac{4}{15} + \frac{1}{9}$ **52.** $\frac{7}{9} + \frac{6}{17}$

Encuentra el valor de *x* en cada proporción. *[Lección 7-2]*

53. $\dfrac{3 \text{ in.}}{12 \text{ mi}} = \dfrac{x}{100 \text{ mi}}$ **54.** $\dfrac{4.2 \text{ cm}}{17 \text{ km}} = \dfrac{8 \text{ cm}}{x}$ **55.** $\dfrac{x}{40 \text{ mi}} = \dfrac{5 \text{ in.}}{250 \text{ mi}}$

56. $\dfrac{x}{7 \text{ ft}} = \dfrac{8 \text{ in.}}{14 \text{ ft}}$ **57.** $\dfrac{22 \text{ mm}}{x} = \dfrac{11 \text{ mm}}{125 \text{ m}}$ **58.** $\dfrac{42 \text{ cm}}{1 \text{ km}} = \dfrac{28 \text{ cm}}{x}$

59. $\dfrac{x}{14 \text{ cm}} = \dfrac{7.5 \text{ mm}}{2 \text{ cm}}$ **60.** $\dfrac{1 \text{ ft}}{25 \text{ mi}} = \dfrac{12 \text{ ft}}{x}$ **61.** $\dfrac{0.1 \text{ mm}}{5 \text{ km}} = \dfrac{2.2 \text{ mm}}{x}$

Porcentajes mayores que 100 o menores que 1

Vas a aprender…

■ a usar porcentajes menores que 1%.

■ a utilizar porcentajes mayores que 100%.

…cómo se usa

Las personas que compran una casa prestan mucha atención a los cambios de fracciones de un porcentaje en las tasas de interés. Mientras más alta sea la tasa de interés, más dinero pagarán por su hipoteca mensual.

▶ **Enlace con la lección** Los porcentajes que has usado hasta el momento varían de 1% a 100%. Ahora utilizarás porcentajes menores que 1% y mayores que 100%. ◀

Investigar | **Porcentajes grandes y pequeños**

Al amparo de la sombra

Materiales: Papel cuadriculado

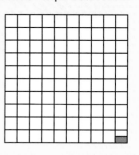

1. Dibuja una cuadrícula de 10 por 10. ¿Qué porcentaje de la cuadrícula representa un cuadro?

2. Sombrea la mitad de un cuadro. ¿Cuántos medios cuadros caben en una cuadrícula? ¿Qué fracción relaciona la mitad de un cuadro con el número total de medios cuadros?

3. ¿Qué porcentaje de una cuadrícula de 10 por 10 representa un medio cuadro?

4. Usa dos cuadrículas para sombrear 120 cuadros. ¿Qué porcentaje de una cuadrícula de 10 por 10 representan estos cuadros?

5. Si sombreas *menos de un cuadro* en una cuadrícula de 10 por 10, ¿qué puedes decir acerca del porcentaje que has sombreado? Si sombreas *más de una cuadrícula completa*, ¿qué puedes decir acerca del porcentaje?

Aprender | **Porcentajes mayores que 100 o menores que 1**

Imagina que, durante la primera hora de su comida, un murciélago pequeño café comió 400 insectos.

Durante la segunda hora, comió 600 insectos, 150% del número que comió durante la primera hora.

Durante la tercera hora, comió 1 insecto, $\frac{1}{4}$% del número que comió durante la primera hora.

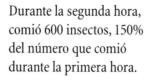

1 cuadro = 4 insectos

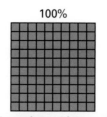

Puedes expresar un porcentaje menor que 1% o mayor que 100% como un decimal y como una fracción.

Ejemplos

1 Escribe 0.3% como un decimal y como una fracción.

Para escribir un porcentaje como decimal, mueve el punto decimal dos posiciones a la izquierda. Añade los ceros que sean necesarios.

$$0.3\% = 0.00.3$$

$0.3\% = 0.003$

Para escribirlo como una fracción:

$0.3\% = \dfrac{0.3}{100}$ Escribe con un denominador de 100.

$\quad\;\; = \dfrac{0.3 \times 10}{100 \times 10}$ Escribe el numerador como un número cabal.

$\quad\;\; = \dfrac{3}{1000}$ Simplifica el resultado.

2 Escribe 140% como un decimal y como una fracción.

Para escribir un porcentaje como un decimal, mueve el punto decimal dos posiciones a la izquierda.

$140\% = 1.40 = 1.4$

Para escribirlo como una fracción:

$140\% = \dfrac{140}{100}$ Escribe con un denominador de 100.

$\quad\;\;\; = \dfrac{140 \div 20}{100 \div 20}$ Mínima expresión: Divide entre el MCD de 140 y 100.

$\quad\;\;\; = \dfrac{7}{5}, \text{ó } 1\dfrac{2}{5}$ Simplifica el resultado.

Puedes usar el cálculo mental para escribir decimales o fracciones como porcentajes.

Ejemplo 3

Un gran murciélago zorro volador come cerca de 2.5 veces su peso en fruta cada noche. Escribe 2.5 como porcentaje.

Razona: 100% = el peso del murciélago zorro volador.

Por tanto, $2.5 = 2.5 \times 100\% = 250\%$.

Murciélago zorro volador

Haz la prueba

Escribe como una fracción y como un decimal.   **a.** 0.4%   **b.** 125%

Para la prueba

Cuando escribas decimales como porcentajes o viceversa, recuerda que el número se verá más grande en la forma de porcentaje. Esto te ayudará a recordar cómo debes mover el punto decimal.

No te olvides

Puedes encontrar el máximo común divisor de dos números al listar todos los divisores de cada uno y hallar el divisor más grande que se encuentre en ambas listas.
[Página 139]

Son pocas las especies de murciélagos que viven en islas. Existen alrededor de 1000 especies de murciélagos, pero sólo una de ellas es nativa de Hawaii. Lorena y Brett necesitan saber qué porcentaje de especies de murciélagos son nativas de Hawaii.

Lorena piensa...

Escribiré la razón como una fracción. Uno de cada 1000 = $\frac{1}{1000}$. Si divido el numerador y el denominador entre 10, la fracción será parte de 100:

$$\frac{1 \div 10}{1000 \div 10} = \frac{0.1}{100}$$

Así, 0.1% de las especies de murciélagos son nativas de Hawaii.

Brett piensa...

Usaré mi calculadora para poner la razón en forma decimal: $1 \div 1000 = 0.001$. Para escribir este número como un porcentaje, moveré el punto decimal dos posiciones a la derecha.

Por tanto, 0.1% de las especies de murciélagos son nativas de Hawaii.

¿Qué crees tú?

1. ¿Por qué Lorena dividió el numerador y el denominador de su fracción entre 10?

2. ¿De qué otra manera pudo Brett haber sabido que $1 \div 1000$ es igual a 0.001?

3. ¿De qué otra manera podrías resolver este problema?

Comprobar Tu comprensión

1. Un entrenador de fútbol dijo: "Para ganar este juego, tienen que desempeñarse a un 110%". ¿Qué quiso decir el entrenador?

2. Compara el numerador y el denominador de una fracción que es mayor que 100%.

3. ¿Cómo puedes determinar si un decimal es menor que 1%? ¿Y mayor que 100%? Proporciona ejemplos de cada caso.

Práctica y aplicación

1. | **Para empezar** | Sigue estos pasos para escribir 0.8% como una fracción.

  a. Escribe 0.8% como una fracción con un denominador de 100.

  b. Escribe la fracción como una fracción equivalente con un numerador en número cabal.

  c. Si es necesario, simplifica la fracción.

Comprensión numérica Clasifica cada fracción o decimal como: A) menor que 1%, B) mayor que 100%, o C) entre 1% y 100%.

2. $\dfrac{240}{100}$ **3.** $\dfrac{1}{200}$ **4.** $\dfrac{1}{4}$ **5.** $\dfrac{3}{2}$ **6.** $\dfrac{4}{1000}$

7. 0.75   **8.** 1.05   **9.** 0.0001   **10.** 0.015   **11.** 3.0001

Comprensión numérica Usa >, < o = para comparar los números de cada par.

12. 3 $\square$ 300%   **13.** 9% $\square$ 0.009   **14.** $\dfrac{1}{5}$ $\square$ 20%   **15.** 0.5% $\square$ 0.05   **16.** 1.5 $\square$ 95%

Escribe cada fracción como un porcentaje.

17. $\dfrac{0.3}{1000}$ **18.** $\dfrac{105}{100}$ **19.** $\dfrac{350}{100}$ **20.** $\dfrac{\frac{1}{3}}{100}$ **21.** $\dfrac{13}{10}$

22. $\dfrac{90}{10}$ **23.** $\dfrac{70}{25}$ **24.** $\dfrac{13}{20}$ **25.** $\dfrac{1}{125}$ **26.** $\dfrac{5}{4}$

Escribe los siguientes decimales como un porcentaje.

27. 0.007   **28.** 5.0   **29.** 0.00125   **30.** 3.015   **31.** 0.0604

Escribe cada porcentaje como un decimal.

32. 0.1%   **33.** 125%   **34.** 1000%   **35.** $\dfrac{1}{5}$%   **36.** $\dfrac{3}{4}$%

37. $6\dfrac{1}{2}$%   **38.** 205%   **39.** $\dfrac{3}{8}$%   **40.** 0.43%   **41.** 0.0067%

42. Ciencias De las casi 1000 especies de murciélagos, sólo 3 son vampiros-murciélagos que se alimentan de sangre de animales vivos. ¿Qué porcentaje de especies de murciélagos son vampiros?

43. Para resolver problemas En 1993, había 1,316,291 perros registra-dos en el American Kennel Club de las 50 razas existentes. De estos, 3,519 eran perros falderos. ¿Qué porcentaje de perros eran falderos?

Murciélago vampiro común

44. Geografía El total de tierra firme en el mundo es alrededor de 57.9 millones de millas cuadradas. Luxemburgo tiene un área de 999 millas cuadradas. ¿Qué porcentaje del total de tierra firme del mundo ocupa Luxemburgo?

45. ▐ Para la prueba ▌ ¿El decimal 0.0125 es igual a qué fracción y qué porcentaje?

Ⓐ $\frac{1}{8}$; 1.25%   Ⓑ $\frac{1}{80}$; 1.25%

Ⓒ $\frac{1}{125}$; 125%   Ⓓ $\frac{1}{12.5}$; 12.5%

Resolución de problemas y razonamiento

46. Escoge una estrategia Un pequeño porcentaje de murciélagos trasmiten la rabia; por lo general cerca del $\frac{1}{2}$%. ¿De qué tamaño tiene que ser el grupo de murciélagos para que encuentres un murciélago trasmisor de la rabia? Explica cómo hallaste la respuesta.

47. 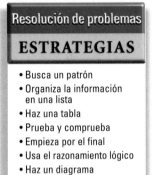 Escribe paso por paso la explicación acerca de cómo puedes escribir un porcentaje como un decimal y como una fracción. Explica el funcionamiento de cada método.

48. Razonamiento crítico La caverna Eagle Creek en Arizona era el hogar de lo que quizá fue la colonia más grande de murciélagos que existió en Estados Unidos. Cerca de 30 millones de murciélagos mexicanos sin cola vivían en esta cueva en 1963. A causa del vandalismo y otros disturbios, hoy sólo permanecen 30,000 murciélagos. ¿Qué porcentaje de la población de 1963 vive en la caverna Eagle Creek hoy día?

Resolución de problemas

ESTRATEGIAS

- Busca un patrón
- Organiza la información en una lista
- Haz una tabla
- Prueba y comprueba
- Empieza por el final
- Usa el razonamiento lógico
- Haz un diagrama
- Simplifica el problema

Murciélago mexicano sin cola

Repaso mixto

Halla cada suma o diferencia y escríbela en su mínima expresión. *[Lección 4-2]*

49. $\frac{2}{3} + \frac{1}{4}$ **50.** $\frac{3}{5} - \frac{1}{7}$ **51.** $\frac{1}{4} + \frac{4}{9}$ **52.** $\frac{5}{8} - \frac{3}{11}$ **53.** $\frac{4}{7} + \frac{1}{3}$

54. $\frac{3}{5} + \frac{1}{7}$ **55.** $\frac{2}{13} - \frac{1}{39}$ **56.** $\frac{12}{13} + \frac{1}{5}$ **57.** $\frac{2}{5} - \frac{1}{30}$ **58.** $\frac{23}{24} + \frac{1}{2}$

Elena sale de su casa a las 2:30 p.m. para visitar a Mío, quien vive a 2.5 millas de distancia. ¿A qué hora llegará Elena con cada uno de los siguientes modos de transporte? *[Lección 7-3]*

59. Caminar a 3 mi/h   **60.** Correr a 6.5 mi/h   **61.** En bicicleta a 10 mi/h

Cálculo mental del porcentaje de un número

► Enlace con la lección Con base en el significado de porcentaje, vas a investigar cómo calcular en forma mental y aproximada el porcentaje exacto de un número. ◄

Investigar Cálculo de porcentajes

¡Mesero, hay un murciélago en mi sopa!

Cuando comes en un restaurante, por lo general das una propina al mesero. Las propinas se calculan como un porcentaje del total de la cuenta. Mientras mejor sea el servicio, mejor es la propina.

Guía de propinas

Servicio	Propina
Excelente	20%
Promedio	15%
Por abajo del promedio	10%
Malo	5%

1. ¿Qué fracción en su mínima expresión equivale al 10%?

2. Usa esta fracción y el cálculo mental para determinar la propina que dejarías por un servicio por abajo del promedio si tu cuenta fuera de $40. Explica cómo calculaste la propina.

3. ¿Cómo puedes calcular en forma mental la propina para un servicio excelente? ¿Y para uno malo? ¿Qué propina darías de una cuenta de $60 por estos dos servicios?

4. ¿Qué propina dejarías por un servicio promedio de una cuenta de $30? ¿Por qué?

5. Por lo general se redondea la cuenta a un número conveniente antes de calcular la propina. Para una cuenta de $46.97, haz un cálculo aproximado de la propina que dejarías por cada tipo de servicio.

Vas a aprender...

■ a usar el cálculo mental y aproximado para hallar el porcentaje de un número.

...cómo se usa

Los vendedores necesitan calcular porcentajes con rapidez para determinar los descuentos a las mercancías.

Aprender Cálculo mental del porcentaje de un número

Usa porcentajes como 50%, 10% y 1% para calcular mentalmente otros porcentajes.

50% de un número es $\frac{1}{2}$ de un número, lo cual significa $\frac{1}{2}$ *veces* el número.

10% de un número es $\frac{1}{10}$ del número.

1% de un número es $\frac{1}{100}$ del número.

10% de 270 = 27.0 ó 27

El punto decimal se mueve una posición a la izquierda.

1% de 270 = 2.70 ó 2.7

El punto decimal se mueve dos posiciones a la izquierda.

Ejemplos

1 Usa el cálculo mental para hallar el **60%** de **480**.

Razona: 60% es igual a 50% + 10%.

50% (la mitad) de 480 es 240. 10% (un décimo) de 480 es 48.

Por tanto, 60% de 480 es 240 + 48 = 288.

2 La tasa normal de ritmo cardíaco de un murciélago pequeño café es de **400** latidos por minuto. Durante la hibernación, dicha tasa baja como a un **5%** de lo normal. Usa el cálculo mental para encontrar la tasa del ritmo cardíaco durante la hibernación.

Razona: 10% de 400 es 40. Por tanto, 5% de 400 debe ser la mitad de 40, es decir, 20.

Murciélagos pequeños cafés

La tasa del ritmo cardíaco durante la hibernación es como de 20 latidos por minuto.

3 Usa el cálculo mental para hallar el **68%** de **612**.

Razona: 68% está próximo a 70% y 612 a 600.

Razona: El 70% de un número es 7 veces el 10% del número.

10% de 600 es 60.

Por tanto, el 68% de 612 es 7 veces 60 ó 420.

4 La cuenta fue de **$42**. Calcula la propina para un servicio promedio.

La propina para un servicio promedio es 15%.

Razona: 15% es 10% más 5%. 5% es la mitad de 10%.

10% de $42.00 es $4.20. 5% es la mitad de eso, es decir, $2.10.

Por tanto, el 15% de $42.00 es $4.20 + $2.10 = $6.30.

Haz la prueba

Usa el cálculo mental para encontrar cada porcentaje.

a. 50% de 6   **b.** 20% de 80   **c.** 5% de 300   **d.** 90% de 500

Resolución de problemas
TEN EN CUENTA

Cuando calcules un porcentaje en forma mental, piensa cómo puedes dividirlo en partes de 100%, 50%, 10% y 1%.

Comprobar | Tu comprensión

1. Explica cómo puedes calcular en forma mental el 15% de un número.

2. ¿Es 35% de 55 lo mismo que el 55% de 35? Explica tu respuesta.

Práctica y aplicación

1. | Para empezar | Sigue estos pasos para calcular en forma mental el 15% de 34,000.

   a. Halla el 10% de 34,000 al mover el punto decimal una posición a la izquierda.

   b. Calcula la mitad de tu respuesta a la pregunta del inciso **a.**

   c. Suma tus respuestas para los incisos **a** y **b.**

Halla el 50%, 10% y 1% de cada número.

2. 27,000   **3.** 5800   **4.** 120   **5.** 244   **6.** 73

Comprensión numérica Utiliza el cálculo mental para encontrar cada porcentaje de 8,200.

7. 15%   **8.** 5%   **9.** 70%   **10.** 25%   **11.** 40%   **12.** 90%

Usa el cálculo mental para hallar los siguientes porcentajes.

13. 25% de 500   **14.** 10% de $40   **15.** 80% de $70   **16.** 30% de 600   **17.** 5% de 2100

18. 15% de $8.00   **19.** 60% de 400   **20.** 90% de 240   **21.** 5% de 700   **22.** 15% de $22.00

Cálculo aproximado Calcula cada porcentaje.

23. 10% de 39   **24.** 48% de 58   **25.** 15% de 79.7   **26.** 91% de 198   **27.** 22% de 9896

28. Ciencias Sólo el 3% de los originales 8,000,000 de murciélagos mexicanos sin cola viven hoy día en las cavernas Carlsbad en New Mexico. ¿Cuántos de estos murciélagos viven ahora en dichas cavernas? (*Pista*: Primero calcula el 1% del número original de murciélagos.)

29. | Para la prueba | Escoge la expresión que te ayude más a hacer un cálculo aproximado del 47% de 237.

   Ⓐ 40% de 237   Ⓑ 40% de 240

   Ⓒ 50% de 240   Ⓓ 50% de 250

Murciélagos mexicanos sin cola, cavernas Carlsbad

Resolución de problemas y razonamiento

30. Razonamiento crítico En 1993, la población mundial era como de 5.5 mil millones de personas. Cerca del 15% hablaba chino mandarín como lengua materna, 6% hablaba hindi y 2% hablaba alemán. Utiliza el cálculo mental para encontrar el número de personas que hablaba cada lengua.

31. Comunicación Un murciélago hembra mexicano sin cola que habita en Texas, por lo general produce una criatura, llamada *cría*, por año. Una colonia grande de estos murciélagos puede tener 4,000,000 de crías.

a. En un año, el 50% de las crías fue devorado por depredadores o murió durante la migración a México. ¿Cuántas crías murieron? ¿Cuántas sobrevivieron?

b. El 25% del resto de las crías murió durante el invierno o al regreso de la migración en primavera. ¿Cuántas de estas crías se murieron? ¿Cuántas regresaron a Texas?

c. ¿Qué porcentaje de la población original de 4,000,000 de crías regresó a Texas? Explica cómo resolviste este problema.

Crías de murciélagos en una hoja

32. Razonamiento crítico La población de Estados Unidos consume cerca de 1 mil 600 millones (1,600,000,000) de galones de helado cada año. Como 30% de este helado es de vainilla, 10% es de chocolate y 5% es de chispas de chocolate.

a. Utiliza el cálculo mental para hallar el número de galones vendidos de cada sabor.

b. Estados Unidos tiene una población aproximada de 260 millones de habitantes. En promedio, ¿cuántos galones de helado de vainilla consume cada persona al año?

Repaso mixto

Evalúa cada expresión. *[Lección 5-6]*

33. 16^2 **34.** 12^2 **35.** 23^2 **36.** 100^2 **37.** 1^2

38. $\sqrt{49}$ **39.** $\sqrt{484}$ **40.** $\sqrt{\dfrac{1}{4}}$ **41.** $\sqrt{361}$ **42.** $\sqrt{324}$

43. La isla de Puerto Rico mide cerca de 100 millas de este a oeste y 32 millas de norte a sur. ¿Cuál es la escala más grande que puedes utilizar para que tu mapa de Puerto Rico se ajuste a una hoja de papel de $8\frac{1}{2}$ por 14 pulgadas, si el lado de las 14 pulgadas es de este a oeste? *[Lección 7-4]*

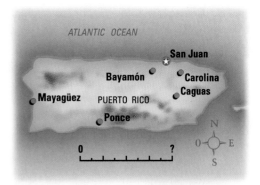

El proyecto en marcha

Haz una tabla de los artículos que aparecen en tu lista de picnic. Establece una columna para anotar el costo total de cada artículo y suma los costos. Luego elabora una gráfica de barras que muestre el porcentaje del costo total que representa cada artículo.

Resolución de problemas

Comprende
Planea
Resuelve
Revisa

En esta sección aprendiste a calcular en forma mental el porcentaje de un número. También relacionaste porcentajes, fracciones y decimales. Ahora usarás estas destrezas para saber más del murciélago mexicano sin cola.

¡A la baticueva!

Materiales: Regla de pulgadas

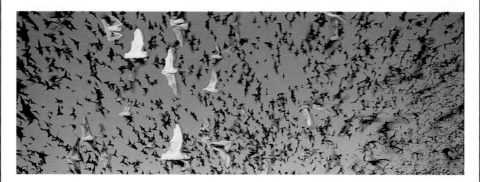

1. La fotografía muestra una parvada de murciélagos mexicanos sin cola al salir de la cueva Bracken para alimentarse cerca de Comfort, Texas. Calcula el porcentaje aproximado de la fotografía que está cubierto de murciélagos.

2. Si esta fotografía estuviera llena por completo de murciélagos, mostraría cerca de 1000 murciélagos. Calcula el número aproximado de murciélagos que aparecen en la fotografía.

3. La cueva Bracken tiene la concentración de murciélagos más grande del mundo. Veinte millones de hembras adultas viven en la cueva. ¿Qué porcentaje aproximado de murciélagos de esta cueva se muestra en la fotografía?

4. Los murciélagos llegan a la cueva durante los primeros días de la primavera, después de recorrer 1500 millas desde México. Durante sus vuelos de alimentación nocturna desde la cueva, vuelan como 3% de la distancia de la migración. Utiliza el mapa para localizar el pueblo más alejado de la cueva al que puede llegar un murciélago en una noche.

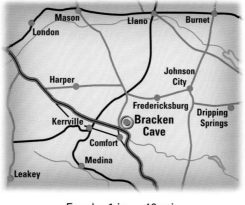

Escala: 1 in. = 40 mi

403

Comprensión numérica Escribe cada fracción o decimal como un porcentaje.

1. 0.17

2. $\dfrac{14}{50}$

3. $\dfrac{6}{20}$

4. $\dfrac{23}{25}$

5. $\dfrac{17.9}{25}$ .25

6. $\dfrac{7}{100}$

7. $\dfrac{3}{5}$

8. $\dfrac{35}{25}$

9. $\dfrac{456}{1000}$

10. $\dfrac{5}{1000}$

11. 0.89

12. 0.04

13. 0.498

14. 0.0001

15. 3.07

16. Ciencias Las cuevas de "maternidad" pueden contener miles de murciélagos bebés. Los científicos han descubierto que alrededor de 21 de cada 25 murciélagos mamás pueden identificar a sus bebés, o crías, de entre miles de recién nacidos similares. ¿Qué porcentaje de murciélagos mamás identifica a sus crías? ¿Qué porcentaje no lo hace?

Comprensión numérica Escribe los siguientes porcentajes como decimales.

17. 30%

18. 6%

19. 423%

20. 1050%

21. 0.1%

Escribe cada porcentaje como una fracción en su mínima expresión.

22. 25%

23. 70%

24. 92%

25. 306%

26. 0.5%

Utiliza el cálculo mental para hallar cada porcentaje.

27. 10% de 850

28. 50% de 2468

29. 15% de $36

30. 80% de 140

31. 5% de 6100

32. Cálculo aproximado Muchas especies de murciélagos tienen "nariz de hoja". Esta característica los ayuda a localizar a su presa por medio de ondas sensoras de sonido reflejadas desde la presa hasta su nariz. Aunque también hay especies de nariz plana. Si existen 355 especies de murciélagos de nariz plana y un total de 986 especies, calcula el porcentaje aproximado de especies de murciélagos de nariz plana.

33. En tu diario En tus propias palabras, explica cómo puedes utilizar el cálculo mental para encontrar un porcentaje de un número.

Murciélago blanco hondureño

Para la prueba

Cuando en una prueba de elección múltiple se te pide encontrar un porcentaje, utiliza el cálculo mental como ayuda para trabajar con mayor rapidez.

34. ¿Cuál es el 1% de $700?

Ⓐ $7.00

Ⓑ $70,000

Ⓒ $0.07

Ⓓ $0.70

REPASO 8A

¡TODOS ESTÁN EN EL CENTRO COMERCIAL!

Pregunta: ¿Qué tiene forma de lagarto y vende flamingos de plástico a una fracción del precio original?

Respuesta: Sawgrass Mills, el centro comercial de descuento más grande del mundo. Ubicado cerca de Fort Lauderdale, Florida, al margen de los Everglades, Sawgrass Mills es una construcción en forma de lagarto. Desde el estacionamiento, se observan señales de tránsito decoradas con tucanes amarillos, flamingos rosas y otras aves tropicales. Los clientes circulan por veredas bordeadas de árboles de palmito. El ambiente de la plaza está saturado de fragancias y sonidos tropicales. Aunque se diviertan, los compradores se toman en serio ahorrar dinero.

Las tiendas de descuento han alcanzado una gran popularidad. A pesar de los precios bajos, los dueños de las tiendas obtienen ganancias por el volumen de ventas. Los compradores inteligentes encuentran atractivas ofertas, sobre todo si saben calcular descuentos; una de las destrezas que aprenderás en esta sección.

1 ¿Por qué una tienda muy grande puede ofrecer precios más bajos que una tienda pequeña?

2 Si una máquina registradora puede calcular el descuento correcto de un artículo, ¿por qué es importante para un comprador poder calcular un descuento?

3 Un letrero en una tienda dice: "Toda la mercancía tiene el 50% de descuento". ¿Qué significa este letrero?

405

8-5

Uso de ecuaciones para resolver problemas de porcentajes

Vas a aprender...

■ a usar ecuaciones para resolver problemas relacionados con porcentajes.

...cómo se usa

Las personas que trabajan en las refinerías de petróleo fabrican gasolinas al mezclar porcentajes de diferentes componentes químicos.

▶ **Enlace con la lección** Has utilizado modelos, fracciones y decimales para resolver problemas de porcentajes. Ahora usarás ecuaciones para resolver problemas relacionados con porcentajes. ◀

Investigar | Ecuaciones de porcentaje

Materiales: Papel cuadriculado

¡Piensa en la nieve!

No ha nevado durante varias semanas y el centro comercial No es Broma ¡tiene una barata!

1. Los trineos Mogulrider ahora se venden a $40, lo cual representa el 80% de su precio normal. Explica cómo las cuadrículas muestran los precios normal y de oferta de un Mogulrider.

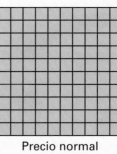

Precio normal

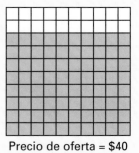

Precio de oferta = $40

2. ¿Cuál es el valor de cada cuadro? ¿Cuál es el precio normal de los Mogulriders? ¿Cómo lo sabes?

3. ¡Crisis! ¡Dos semanas más de clima cálido! El precio de los trineos Slippenslider ¡está *a la baja*! El nuevo precio de $48 es el 60% del precio original. Utiliza las cuadrículas para mostrar los precios normal y de oferta de un Slippenslider. Después encuentra el precio normal del trineo.

4. Explica cómo puedes usar las cuadrículas para calcular el precio original de un artículo si sabes el precio de oferta y el porcentaje del descuento.

Aprender | Uso de ecuaciones para resolver porcentajes

Algunas veces es más sencillo resolver los problemas de porcentajes al escribir y resolver una ecuación. A continuación se ofrecen dos pistas útiles para traducir problemas de porcentajes a ecuaciones.

- Recuerda que *de* por lo general significa *por*.

- Escribe los porcentajes como decimales.

¿Qué número	es	25%	de	200?
x	$=$	0.25	$\cdot$	200
x	$=$	50		

406 *Capítulo 8 • Porcentajes*

Ejemplo 1

¿Qué porcentaje de 48 es 15?

Sea p = el porcentaje.   Escoge una variable.

p por ciento de 48 es 15.   Parafrasea el enunciado.

$\quad p \cdot 48 = 15$ Traduce a una ecuación.

$\quad \dfrac{p \cdot 48}{48} = \dfrac{15}{48}$ Usa operaciones inversas.

$p = 0.3125 = 31.25\%$ Haz la división y escribe el decimal como un porcentaje.

15 es 31.25% de 48.

No te olvides

Cuando conviertas un decimal a un porcentaje, recorre el punto decimal dos posiciones a la derecha.

[Página 391]

Un porcentaje de *descuento* describe cuánto te ahorras del precio original. El porcentaje que pagas del precio original es 100% menos el porcentaje de descuento.

Ejemplo 2

Un disco compacto de Fats Domino está en oferta en Disk Cellar con el 35% de descuento. El precio de oferta es de $8.06. Encuentra el precio normal.

El nuevo precio es 100% − 35% = 65% del precio original.

Sea r = precio normal.

$8.06 es el 65% del precio normal.

$\quad 8.06 = 0.65 \cdot r$

$\quad \dfrac{8.06}{0.65} = \dfrac{.65r}{0.65}$

$\quad 12.40 = r$

El precio normal es $12.40.

Haz la prueba

a. ¿Qué porcentaje de 120 es 36?

b. ¿El 12% de qué número es igual a 9?

> ▶ **Enlace con Música**
>
> Fats Domino fue uno de los más importantes músicos de rock and roll en los años cincuenta. Se han vendido más de 65 millones de copias de sus discos, incluidos "Blueberry Hill" y "Ain't That a Shame". Domino fue nominado para el salón de la fama del rock and roll en 1986.

Comprobar | Tu comprensión

1. Las preguntas: "¿Qué representa 20% de 40?, ¿qué porcentaje es 20 de 40? y ¿20 es el 40% de qué número?", ¿significan lo mismo? Explica tu respuesta.

2. Escribe un problema de porcentajes que puedas resolver mediante el cálculo mental. Escribe otro problema que resuelvas con una ecuación. Explica tu razonamiento.

Práctica y aplicación

1. **Para empezar** Sigue estos pasos para hallar el precio normal de un artículo que se vende a $25.20, lo cual representa el 60% de su precio original.

   a. Escoge una variable para el precio normal.

   b. Parafrasea el problema con el formato siguiente: _____ es _____ por ciento del precio normal.

   c. Traduce el problema a una ecuación.

   d. Utiliza la operación inversa.

   e. Despeja la variable. Establece el precio normal del artículo.

Resuelve cada problema. Si es necesario, redondea las respuestas al décimo más cercano.

2. ¿Qué porcentaje de 78 es 39?

3. ¿Qué porcentaje de 70 es 22?

4. ¿Qué número es el 55% de 985?

5. ¿Qué número es el 9% de 600?

6. ¿El 30% de qué número es igual a 45?

7. ¿El 11% de qué número es igual a 36?

8. ¿Qué porcentaje de 72 es 67?

9. ¿Qué número es el 95% de 40?

10. .¿Qué número es el 240% de 58?

11. ¿El 89% de qué número es igual a 178?

12. ¿Qué porcentaje de 780 es 3.9?

13. ¿El 0.1% de qué número es igual a 12?

14. **Lógica** En el siguiente enunciado, llena los espacios en blanco con números para que la respuesta sea mayor que 100 por ciento. ¿Qué porcentaje de _____ es _____?

15. **Consumo** Los Cinemas Superplex ofrecen a los estudiantes un 25% de descuento del precio normal del boleto de $7.00.

    a. ¿Qué porcentaje del precio normal pagan los estudiantes?

    b. ¿Cuál es el precio del boleto para estudiantes?

16. **Ciencias sociales** Una estudiante de la preparatoria West Milford de New Jersey, estaba preocupada porque la comida en la cafetería de la escuela se servía en bandejas de unicel y no de cartón reciclable. Hizo una encuesta entre los estudiantes para ver si estaban dispuestos a pagar 5¢ extra por la bandeja de cartón. De estos estudiantes, 85% respondieron que estarían dispuestos a pagar 5 centavos extra. Si la encuesta se hizo a 480 estudiantes, ¿cuántos estaban dispuestos a pagar una cantidad extra por las bandejas de cartón?

17. Consumo Dos tiendas de velas tienen una oferta. Los anuncios de Velas el Buen Precio dicen: "¡10% de descuento en todas las velas!", y los de El Mundo de la Mecha: "¡Hasta 75% de descuento en todas las velas!" ¿Cuál tienda tiene la mejor oferta? ¿Por qué?

18. | Para la prueba | ¿Cuál fórmula se puede usar para hallar el 0.3% de 1829?

- Ⓐ 3×1829
- Ⓑ 0.3×1829
- Ⓒ 0.03×1829
- Ⓓ 0.003×1829

VELAS EN OFERTA

Resolución de problemas y razonamiento

19. La tabla proporciona datos acerca de los médicos en Estados Unidos en 1994.

Médicos en Estados Unidos, 1994		
Sexo	**Total**	**Menores de 35 años**
Masculino	551,151	90,528
Femenino	133,263	43,204

a. ¿Qué porcentaje de los médicos en Estados Unidos en 1994 eran mujeres?

b. ¿Qué porcentaje de los médicos en EE UU menores de 35 años eran mujeres?

c. Compara tus respuestas para los incisos **a** y **b**. Haz una predicción acerca del porcentaje de médicos femeninos para el futuro. Explica tu razonamiento.

20. Escoge una estrategia Encuentra todos los porcentajes (en números cabales) de 182 que sean iguales a un número menor que 18. Explica cómo hallaste la respuesta.

21. Razonamiento crítico Si 25% de un número es 45, ¿este número es más grande o más pequeño que 45? Si 150% de un número es 45, ¿este número es más grande o más pequeño que 45? Explica cómo puedes indicarlo.

> **Resolución de problemas**
>
> ## ESTRATEGIAS
>
> - Busca un patrón
> - Organiza la información en una lista
> - Haz una tabla
> - Prueba y comprueba
> - Empieza por el final
> - Usa el razonamiento lógico
> - Haz un diagrama
> - Simplifica el problema

Repaso mixto

Determina si cada triángulo es un triángulo rectángulo. *[Lección 5-7]*

22.
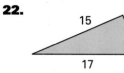
15
8
17

23.
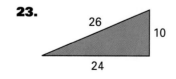
26
10
24

24.
22
11
19

Comprensión numérica Sugiere unidades apropiadas para cada tasa. *[Lección 7-5]*

25. La tasa de tu respiración

26. El precio de las patatas

27. La velocidad de la salsa de tomate al salir de la botella

Resolución de problemas de porcentajes con proporciones

Vas a aprender…

■ a utilizar proporciones para resolver problemas de porcentajes.

…cómo se usa

Los impresores combinaron diferentes porcentajes de los cuatro colores básicos para producir todos los colores que ves en este libro.

▶ **Enlace con la lección** Ya sabes resolver problemas de porcentajes con ecuaciones. Ahora usarás proporciones para resolver problemas relacionados con porcentajes. ◄

Investigar | **Resolución de problemas de porcentajes**

¡Atención, compradores!

El folleto lista los tipos de tiendas del centro comercial Lakeside.

1. ¿Cuál es el número total de tiendas en el centro comercial?

2. Utiliza una ecuación para encontrar el porcentaje de cada tipo de tienda.

3. Dibuja un cuadro de 10 × 10 unidades en el papel cuadriculado.

4. Divide el cuadro grande en 5 regiones que representen el porcentaje de los distintos tipos de tiendas y rotula cada región. Explica cómo dividiste el cuadro.

5. Escribe una fracción que compare el *número* de tiendas de ropa con el número total de tiendas. Después escribe el *porcentaje* de tiendas de ropa como una fracción. ¿Son iguales estas fracciones?

Materiales: Regla de pulgadas, papel cuadriculado

Centro Comercial Lakeside

Tipo	Número
Ropa	55
Electrónicos	20
Hogar	30
Deportes	5
Otros	15

Aprender | **Resolución de porcentajes con proporciones**

Sabes cómo resolver problemas de porcentajes por medio de ecuaciones. Sin embargo, algunas veces es más fácil establecer y solucionar estas ecuaciones como proporciones.

Puedes escribir el porcentaje como una fracción cuyo denominador sea 100. Ya tienes una fracción en la proporción; la otra debes obtenerla con la información contenida en el problema.

Ejemplos

1 ¿Qué número es el 47% de 280? Resuelve mediante una proporción.

Cálculo aproximado: 47% se acerca a 50%, lo cual es $\frac{1}{2}$. La mitad de 280 es 140. 47% de 280 debería ser un poco menos de 140.

Sea n = el número.	Escoge una variable.
$\dfrac{47}{100} = \dfrac{n}{280}$	Escribe una proporción.
$13{,}160 = 100n$	Halla los productos cruzados.
$\dfrac{13{,}160}{100} = \dfrac{100n}{100}$	Usa operaciones inversas.
$131.6 = n$	Haz la división.

131.6 es el 47% de 280.

2 Sam escogió una chamarra con el "45% de descuento". El precio original era de $35.00. Cuando el empleado registró la venta, el precio, sin impuesto, era de $23.80. ¿Qué porcentaje de descuento obtuvo Sam? ¿Es el descuento correcto?

El descuento correcto es 45%, por tanto, el precio de oferta debería ser $100\% - 45\% = 55\%$ del precio original.

Sea p = el porcentaje del precio original.	Escoge una variable.
$\dfrac{\text{precio de oferta}}{\text{precio original}} = \dfrac{p}{100}$	Escribe una proporción.
$\dfrac{23.80}{35.00} = \dfrac{p}{100}$	Sustituye los valores.
$2380 = 35p$	Halla los productos cruzados.
$\dfrac{2380}{35} = \dfrac{35p}{35}$	Usa operaciones inversas.
$68 = p$	Haz la división.

El precio de oferta era 68% del precio original. Sam obtuvo un descuento de $100\% - 68\% = 32\%$, lo cual es menor que el descuento correcto de 45%.

Haz la prueba

Resuelve estos problemas mediante una proporción.

a. ¿Qué número es el 78% de 221?

b. Si hay 16 mujeres en un salón de 30, ¿qué porcentaje de estudiantes son mujeres?

Ejemplo 3

El centro comercial más grande de Estados Unidos es Mall of America en Bloomington, Minnesota. En tanto que el centro comercial más grande del mundo es West Edmonton Mall en Alberta, Canadá.

Mall of America tiene 350 tiendas. Esto representa 43.75% del número de tiendas de West Edmonton Mall. ¿Cuántas tiendas hay en este último centro comercial?

West Edmonton Mall

Sea e = número de tiendas en West Edmonton Mall.

Escoge una variable.

$$\frac{\text{Tiendas en Mall of America}}{\text{Tiendas en West Edmonton}} = \frac{43.75}{100}$$

Escribe una proporción.

$$\frac{350}{e} = \frac{43.75}{100}$$

Sustituye los valores.

$$35{,}000 = 43.75e$$

Halla los productos cruzados.

$$\frac{35{,}000}{43.75} = \frac{43.75e}{43.75}$$

Usa operaciones inversas.

$$800 = e$$

Haz la división.

Hay 800 tiendas en West Edmonton Mall.

Haz la prueba

Resuelve estos problemas mediante una proporción.

a. ¿41 es el 25% de qué número?

b. En 1988, había cerca de 735,000 elefantes africanos. Esto representa casi el 56% del número de elefantes africanos en 1979. ¿Cuántos elefantes africanos había en 1979?

Sugerencia

Cuando compruebes una respuesta, es una buena idea utilizar un método diferente del que usaste para resolver el problema.

Comprobar Tu comprensión

1. Cuando utilizas una proporción para resolver un problema de porcentaje, uno de cada cuatro números siempre es el mismo. ¿Cuál es este número y por qué siempre es el mismo?

2. Juanita usaba una proporción para hallar el porcentaje de un número, pero advirtió que su proporción contenía una fracción impropia. Si Juanita estableció la proporción en forma correcta, ¿qué indica esto?

Práctica y aplicación

1. **Para empezar** ¿52 es el 38% de qué número? Sigue estos pasos para resolver el problema mediante una proporción.

   a. Escoge una variable.

   b. Escribe una proporción que contenga 38% escrita como fracción.

   c. Multiplica para hallar los productos cruzados.

   d. Utiliza la operación inversa.

   e. Encuentra la variable. Redondea tu respuesta al décimo más cercano.

Comprensión de operaciones Escribe una proporción y resuelve cada problema. Si es necesario, redondea las respuestas al décimo más cercano.

2. ¿Qué número es el 70% de 45?

3. ¿Qué número es el 23% de 75?

4. ¿45 es qué porcentaje de 90?

5. ¿7 es qué porcentaje de 77?

6. ¿15 es el 25% de qué número?

7. ¿43 es el 18% de qué número?

8. ¿Qué número es el 75% de 125?

9. ¿60 es qué porcentaje de 25?

10. ¿39 es el 150% de qué número?

11. ¿25 es qué porcentaje de 752?

12. ¿19 es el 95% de qué número?

13. ¿Qué número es el 0.5% de 490?

14. En parte gracias a la popularidad de los centros comerciales de descuento, cerca de 300 de las 1800 plazas comerciales tradicionales en Estados Unidos pueden clausurarse en los próximos años. Calcula el porcentaje de plazas comerciales que se pueden clausurar.

15. **Ciencias** El colibrí abeja es el ave más pequeña. Puede pesar tan poco como 2 gramos. Mientras que el ave más grande, el avestruz, puede pesar hasta 150 kilogramos. ¿Qué porcentaje del peso de un colibrí abeja corresponde al peso de un avestruz?

16. **Para resolver problemas** El Servicio Postal de Estados Unidos maneja 170,000,000,000 piezas de correo cada año. Esto representa el 40% del total mundial. ¿Cuántas piezas de correo se envían cada año en todo el mundo?

17. **Patrones** La fracción $\frac{1}{3}$ equivale a $33\frac{1}{3}\%$. Menciona otras tres fracciones equivalentes a $33\frac{1}{3}\%$.

18. Para resolver problemas Una fábrica y distribuidora de zapatos vende artículos con descuentos que van del 20% al 70%. Si un par de zapatos que por lo general cuesta $45 se vende con un 25% de descuento, ¿cuánto te puedes ahorrar si compras los zapatos en esta tienda?

19. Estadística El peso de una moneda de 5 centavos es 80% del peso de una moneda de 25 centavos.

a. Si una moneda de 5 centavos pesa 5 gramos, ¿cuánto pesa una moneda de 25 centavos?

b. Una moneda de 10 centavos pesa 50% de lo que pesa una moneda de 5 centavos. ¿Cuál es el peso de una moneda de 10 centavos?

20. **Para la prueba** ¿25 es aproximadamente qué porcentaje de 23?

    Ⓐ 0.92%   Ⓑ 1.1%   Ⓒ 92%   Ⓓ 109%

Resolución de problemas y razonamiento

21. Razonamiento crítico Los turistas de Corea gastan un promedio de $360 cuando viajan al extranjero. Mientras que los de África del Sur gastan menos, un promedio de $300 por persona. En tanto los viajeros de Estados Unidos sólo gastan en promedio como $190. Mediante porcentajes, compara el gasto de los turistas por pares de países. Menciona todas las combinaciones posibles.

22. *En tu diario* Describe dos formas diferentes de resolver: "¿Qué número es el 10% de 520?" Después explica cuál método te parece más eficiente para resolver el problema.

Repaso mixto

Halla las medidas que faltan de los siguientes triángulos. *[Lección 5-8]*

23. $b = ?, h = 14$ cm, $A = 70$ cm^2

24. $b = 4$ in., $h = 15$ in., $A = ?$

25. $b = 11$ m, $h = ?, A = 66$ m^2

26. $b = ?, h = 1$ ft, $A = 0.5$ ft^2

Convierte cada tasa en una tasa equivalente. *[Lección 7-6]*

27. 2 pies por segundo a pies por minuto

28. 30 kilómetros por hora a metros por hora

29. 2.54 centímetros por pulgada a centímetros por pie

30. 60 dólares por hora a dólares por minuto

El proyecto en marcha

Consulta un libro de nutrición para investigar cuántas calorías y gramos de grasa debe consumir un adolescente típico al día. Después calcula las calorías y gramos de grasa que contiene tu comida de día de campo. Si tu comida contiene menos de 20% o más de 35% de cualquiera de las dos cantidades, cambia tu comida hasta llegar a esos límites.

Resolución de problemas

Comprende
Planea
Resuelve
Revisa

Resolución de problemas: Incremento y disminución porcentual

▶ **Enlace con la lección** | Has visto diferentes estrategias para resolver problemas de porcentaje. Ahora usarás porcentajes para describir cantidades de incremento o disminución. ◀

Investigar | Incremento y disminución porcentual

Altas y bajas en el precio de los lápices

Eres el administrador de El Lápiz Exacto y has decidido elevar el precio de los Esmaltados y bajar el precio de los Clásico Amarillo. Ambos se venden en 20¢.

1. Determina un nuevo precio para los Esmaltados. Luego copia la tabla y completa la primera hilera. Expresa los valores de las tres últimas columnas como porcentajes.

Anterior	Nuevo	Cambio	Nuevo / Anterior	Cambio / Anterior	Cambio / Nuevo
20¢					
20¢					

2. Completa la segunda hilera de la tabla para los Clásico Amarillo, al *bajar el precio* en la misma proporción como elevaste el precio de los Esmaltados.

3. Repite los pasos 1 y 2, pero esta vez utiliza un cambio de precio diferente.

4. Describe cualquier patrón que observes en tus tablas. ¿Cuál porcentaje permanece igual mientras subes o bajas el precio?

Vas a aprender...

■ a resolver problemas relacionados con el incremento y disminución porcentual.

...cómo se usa

Los comerciantes al detalle necesitan saber cuánto pueden descontar en el precio de un artículo en oferta sin perder dinero.

Vocabulario

incremento porcentual
disminución porcentual
cambio porcentual

Aprender | Resolver incremento y disminución porcentual

Cuando un número cambia, puedes utilizar un **incremento porcentual** o una **disminución porcentual** para describir el tamaño del cambio. Un incremento o disminución porcentual siempre se basa en la cantidad original.

Resolver la proporción $\dfrac{\text{cambio porcentual}}{100} = \dfrac{\text{cantidad del cambio}}{\text{cantidad original}}$ es una manera de encontrar el **cambio porcentual**.

25% de disminución 25% de incremento

$30 ◀── −$10 ◀── $40 mochila ──▶ +$10 ──▶ $50
(precio original)

Ejemplo 1

Después de la temporada de vacaciones, el número promedio de clientes por día de la tienda La Galaxia del Juego disminuyó de 612 a 450. Encuentra la disminución porcentual.

Encuentra el valor de p para calcular la disminución porcentual.

cantidad de cambio $= 612 - 450 = 162$

$$\frac{p}{100} = \frac{162}{612} \qquad \begin{array}{l} \leftarrow \text{ cantidad de cambio} \\ \leftarrow \text{ cantidad original} \end{array}$$

$$612p = 16{,}200$$

$$\frac{612p}{612} = \frac{16{,}200}{612}$$

$$p \approx 26.5$$

Hubo una disminución de 26.5% en el número de clientes después de las vacaciones.

Cuando conoces el cambio *porcentual*, puedes utilizar una ecuación para hallar la *cantidad* de cambio.

Ejemplo 2

Resolución de problemas
TEN EN CUENTA

Otra manera de calcular el número de días de "aire malo" es restar 57% de 100% y después hallar el 43% de 47.

▶ **Enlace con Historia**

Las primeras estampillas de correo de Estados Unidos se emitieron el 1 de julio de 1847. La estampilla de 5¢ mostraba a Benjamin Franklin y la de 10¢ a George Washington.

El aire de Los Angeles violó los estándares federales de monóxido de carbono durante 47 días en 1990. En 1993, este número fue 57% más bajo, a causa de los dispositivos anticontaminantes de los autos. ¿Cuál fue el número de días de "aire malo" en 1993?

Encuentra primero la cantidad de cambio (c).

La cantidad de cambio es 57% del total de 1990.   Parafrasea la pregunta.

$c = 0.57 \cdot 47$ Traduce a una ecuación.

$c = 26.79 \approx 27$ Haz la multiplicación. Redondea a un número entero de días.

Esta es la cantidad de cambio, no el total de 1993. Para hallar la nueva cantidad, resta la cantidad de cambio del número original.

$47 - 27 = 20$

Hubo 20 días de "aire malo" en Los Angeles en 1993.

Haz la prueba

a. Durante la temporada de vacaciones, las ventas diarias de La Galaxia del Juego crecieron de $125,000 a $200,000. Encuentra el incremento porcentual.

b. El precio de una estampilla de correo de primera clase era de 10¢ en 1974. Para 1991, el precio había subido 190%. Calcula el precio de dicha estampilla en 1991.

El año pasado, la empresa Directo de Fábrica tenía 450 empleados. Este año, el número aumentó 12%. Calcula el número actual de empleados.

Will piensa...

Primero voy a calcular cuántos empleados más hay. Quiero saber qué número es el 12% de 450.

Mi ecuación es $x = 0.12 \cdot 450$. Como $0.12 \cdot 450 = 54$, hay 54 empleados más que el año pasado.

El año pasado había 450 empleados. El nuevo número de empleados es $450 + 54 = 504$.

Nedra piensa...

El número de empleados creció 12%. Por tanto, el número actual es $100\% + 12\% = 112\%$ del número original. Puesto que $1.12 \cdot 450$ es 504, hay 504 empleados hoy día.

¿Qué crees tú?

1. ¿Por qué Nedra sumó 100% a 12%?

2. Cuando Will escribió su ecuación, ¿por qué escribió 0.12 en lugar de 12%?

3. Otro estudiante utilizó la expresión $450 + (0.12 \cdot 450)$ para obtener la respuesta. ¿Funciona este método? De ser así, explica por qué.

Comprobar Tu comprensión

1. Imagina que el número de compradores en un centro comercial disminuye 100% de un año al siguiente. ¿Qué significa esto? ¿Qué pudo haber sucedido?

2. ¿Es posible que una cantidad de incremento sea mayor que la cantidad original? De ser así, ¿qué sabes acerca del incremento porcentual?

Práctica y aplicación

1. **Para empezar** El número de autos estacionados en un centro comercial aumentó de 140 a las 10:00 a 259 a las 11:00. Halla el incremento porcentual.

   a. Halla la cantidad de cambio al restar el valor más pequeño del más grande.

   b. Escribe una proporción con $\dfrac{\text{cambio porcentual}}{100} = \dfrac{\text{cantidad de cambio}}{\text{cantidad original}}$.

   c. Calcula los productos cruzados.

   d. Utiliza la operación inversa para calcular el porcentaje de cambio.

Halla cada incremento o disminución porcentual. Si es necesario, redondea las respuestas al décimo más cercano.

2. 15 se incrementa a 20.

3. 96 disminuye a 72.

4. 13.5 se incrementa a 27.

5. 125 disminuye a 2.

6. 360 se incrementa a 361.

7. 84 disminuye a 28.

Encuentra cada incremento o disminución porcentual. Si es necesario, redondea las respuestas al décimo más cercano.

8. 55 se incrementa en 20%.

9. 75 disminuye en 40%.

10. 58 se incrementa en 72%.

11. 28 se incrementa en 150%.

12. 506 disminuye en 57%.

13. 37.6 disminuye en 25%.

Halla cada cantidad de incremento o disminución. Si es necesario, redondea las respuestas al décimo más cercano.

14. $48 se incrementa en 35%.

15. 446 disminuye en 91%.

16. 84.5 se incrementa en 110%.

17. Consumo Los hoteles a menudo ofrecen precios más bajos cuando no es temporada de vacaciones. El hotel Bienvenido Inn cobra $52.00 por noche en el verano y $40.00 en el otoño. ¿Cuál es la disminución porcentual?

Consumo El impuesto sobre ventas es una cantidad de incremento. Halla dicho impuesto y el precio total (con impuesto) para estos enunciados. Redondea al centavo más cercano.

18. $8.99, 6% de impuesto sobre venta.

19. $53.49, 8.25% de impuesto sobre venta.

20. $108.05, 5% de impuesto sobre venta.

21. $79.98, 6.5% de impuesto sobre venta.

22. Ciencias Es probable que la población mundial de tigres haya sido de 125,000 en 1900. El número de tigres ha disminuido casi 95% desde entonces. ¿Aproximadamente cuántos tigres existen hoy día?

Geometría Para cada par de figuras similares, halla el incremento o disminución porcentual en su área de la figura A a la B.

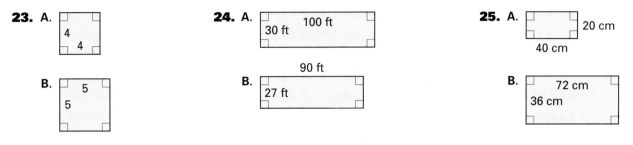

23. A.
4
4

B.
5
5

24. A.
30 ft 100 ft

B.
90 ft
27 ft

25. A.
20 cm
40 cm

B.
72 cm
36 cm

26. Para resolver problemas Un diamante de softbol es un cuadrado de 60 por 60 pies. Los lados de un diamante de béisbol son 50% más largos que los de softbol. ¿Cuál es el incremento porcentual entre el área de un diamante de softbol y un diamante de béisbol?

27. [Para la prueba] El precio de un juego de computadora es $39.99. Si el impuesto sobre ventas es 6%, su costo total es:

Ⓐ $39.99 × 0.06   Ⓑ $39.99 + 0.06   Ⓒ $39.99 × 1.06   Ⓓ $39.99 + 1.06

Resolución de problemas y razonamiento

28. Escoge una estrategia En 1916, 18,353,022 personas votaron en Estados Unidos en las elecciones presidenciales. En 1919, la Decimonovena Enmienda otorgó a las mujeres el derecho al voto. Las elecciones de 1920 tuvieron 26,768,613 votantes. ¿Cuál fue el incremento porcentual en el número de votantes? Redondea al porcentaje más cercano.

29. Para resolver problemas Muchas personas coleccionan monedas. El precio más alto jamás pagado por una moneda es $1,500,000, por una moneda de oro de $20 Doble Águila de Estados Unidos de 1907. ¿Cuál es el incremento porcentual en el valor de esta moneda desde 1907?

30. 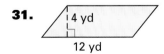 Un artículo tiene un costo original de $10. Se le ha descontado 50% y después 25% sobre el precio *reducido*. ¿Cuál es el precio de venta del artículo? ¿Cuál sería el precio de venta si el precio *original* se hubiera reducido 75%? ¿Por qué un descuento de 50% seguido de uno de 25% no es lo mismo que un descuento de 75%?

> **Resolución de problemas**
> ## ESTRATEGIAS
> • Busca un patrón
> • Organiza la información en una lista
> • Haz una tabla
> • Prueba y comprueba
> • Empieza por el final
> • Usa el razonamiento lógico
> • Haz un diagrama
> • Simplifica el problema

Repaso mixto

Halla el área de cada figura. *[Lección 5-9]*

31.
4 yd
12 yd

32.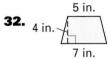
5 in.
4 in.
7 in.

33.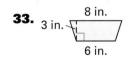
8 in.
3 in.
6 in.

Convierte cada tasa en la tasa equivalente. *[Lección 7-7]*

34. 2.5 mililitros por minuto a mililitros por día.

35. 42 pies por segundo a millas por hora.

TECNOLOGÍA

Uso de la hoja de cálculo • Interés compuesto

Problema: **¿Cuál sería el valor de una inversión de $100 con un rendimiento de 4% de interés anual después de 3 años?**

Puedes utilizar una hoja de cálculo como ayuda para contestar esta pregunta.

1 Introduce la cantidad de la inversión original y el número de años en la hoja de cálculo.

	A	B
1	Año	Cantidad
2	0	100
3	1	
4	2	
5	3	

2 Si tu inversión tiene un rendimiento de 4% anual, la cantidad inicial se incrementa 4% cada año. En la celda B3, introduce la fórmula $= B2*.04 + B2$, la cual calcula el interés para el primer año y lo suma a la cantidad original.

	A	B
1	Año	Cantidad
2	0	100
3	1	104
4	2	
5	3	

3 Copia tu fórmula de la celda B3 y pégala en las celdas B4 y B5.

	A	B
1	Año	Cantidad
2	0	100
3	1	104
4	2	108.16
5	3	112.49

Solución: La inversión tendrá un valor de $112.49 después de 3 años.

Esta inversión gana un interés *compuesto* porque cada año tú también ganas intereses sobre los intereses, no sólo de la cantidad original.

INTÉNTALO

a. ¿Cuál sería el valor de una inversión de $100 con un rendimiento de 4% de interés anual después de 10 años?

b. ¿Cuál sería el valor de una inversión de $500 con un rendimiento de 8% anual después de 6 años?

POR TU CUENTA

▶ En el paso **2**, ¿por qué se multiplicó B2 por .04 y no por 4?

▶ Si ganas un interés *simple*, el interés que se te paga es sólo sobre la cantidad original. ¿Cuál sería el valor de la inversión de $100 del problema si tuviera un rendimiento de 4% de interés simple al cabo de tres años? Compara tu respuesta con el resultado del paso **3**.

En esta sección, aplicaste los porcentajes a diferentes situaciones de compra. Ahora aplicarás este conocimiento a un problema que enfrentan los propietarios de una tienda en un centro comercial: ¿Cuál es la renta justa que se debe pagar por el local?

¡Todos están en el centro comercial!

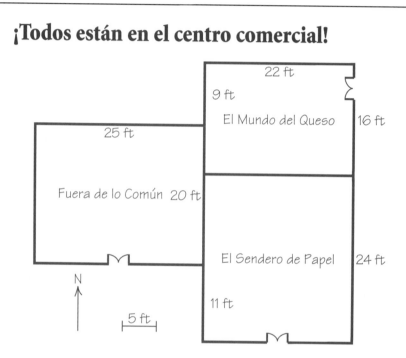

22 ft

9 ft

El Mundo del Queso   16 ft

25 ft

Fuera de lo Común   20 ft

El Sendero de Papel   24 ft

11 ft

N

5 ft

1. En el gran centro comercial Northeast Ridgemont, los propietarios de tiendas pagan $1.60 por pie cuadrado de renta mensual. Calcula el área de cada tienda y el monto de la renta.

2. Fuera de lo Común expandió su negocio y necesita más espacio. Al propietario le fue posible negociar un acuerdo con El Mundo del Queso y El Sendero de Papel para mover su pared 5 pies hacia el este. Dibuja una línea punteada que represente la ubicación de la nueva pared.

3. Encuentra el incremento o disminución porcentual del área de cada tienda.

4. ¿Cuánto debe aumentar el pago de la renta de Fuera de lo Común? ¿Cuánto debe disminuir el pago de la renta de El Mundo del Queso y El Sendero de Papel? Explica tu razonamiento.

Resuelve cada problema. Si es necesario, redondea las respuestas al décimo más cercano.

1. ¿Qué porcentaje de 108 es 24?

2. ¿Qué número es el 45% de 820?

3. ¿Qué número es el 17% de 620?

4. ¿El 30% de qué número es 33?

5. ¿Qué porcentaje de 44 es 55?

6. ¿Qué número es el 0.2% de 1100?

7. ¿El 125% de qué número es 84?

8. ¿Qué porcentaje de 408 es 3?

9. Consumo La agencia de boletos Tras Bambalinas vende boletos para conciertos en su valor nominal más 8% por cargo del servicio. Si el valor nominal del boleto es de $22.00, ¿cuál es el cargo total, incluido el cargo por el servicio?

10. Un best-seller que por lo general se vende en $25.00 en la tienda Libros de Mayor Venta, Ltd., está en oferta con un 30% de descuento. El mismo libro se vende casi siempre en $20.00 en Depósito de Libros, que ahora lo ofrece con un 15% de descuento. ¿Dónde comprarías el libro? Explica en qué basaste tu decisión.

11. Historia De acuerdo con *The Good Old Days—They Were Terrible!* de Otto Bettmann, una encuesta realizada en 1893 en 18 escuelas públicas de Brooklyn, New York, encontró que muchos maestros atendían a 90 o más estudiantes. En 1993, el número promedio de estudiantes por maestro en New York era de 15.2. ¿Cuál es la disminución porcentual de 90 a 15.2?

Usa el cálculo mental para hallar cada porcentaje. *[Lección 8-4]*

12. 25% de 240

13. 10% de $50

14. 60% de 120

15. 15% de $32

16. 5% de 7200

17. **En tu diario** Utiliza tres métodos diferentes para encontrar el 80% de 50. Proporciona una breve explicación por escrito donde indiques por qué funciona cada método.

Para la prueba

Cuando en una prueba de elección múltiple resuelves un problema de cambio porcentual, recuerda comparar el cambio con el número original.

18. Existen 820 libros de matemáticas en una librería escolar. Después de la primera hora de clases, quedan 697 libros. ¿Cuál es la disminución porcentual en el número de libros?

Ⓐ 1.5%   Ⓑ 1.76%   Ⓒ 15%   Ⓓ 17.6%

REPASO 8B

Incrementos y/o descuentos múltiples

El sábado, la tienda de ropa Cho empieza una oferta de fin de semana. Una chamarra de $100 tiene el 10% de descuento. El domingo, anuncia: "¡Damos un 10% adicional en todos los precios rebajados!" ¿Cuál es ahora el precio de la chamarra?

Parece que el descuento total debería ser 10% + 10% = 20%. Eso indicaría que el precio del domingo sería 80% de los $100 originales, es decir, $80. ¿Pero en realidad es así?

Día	Precio inicial	Porcentaje de descuento	Cantidad de descuento	Precio nuevo
Sábado	$100	10%	$100 • 0.10 = $10	$90
Domingo	$90	10%	$90 • 0.10 = $9	$81

En realidad, el precio del domingo es $81, no $80. Si observas con cuidado la tabla entenderás la razón. El segundo descuento del 10% se basa en un precio de $90, no en los $100 originales.

Cuando se calcula el resultado de varios descuentos, de varios *aumentos* de precios (incrementos) o una combinación de los dos, no puedes tan sólo sumar o restar porcentajes para encontrar el resultado total. En su lugar, calcula los descuentos o los aumentos uno a la vez.

Una tienda vende paquetes de tarjetas de baloncesto a $5.00. Durante las finales de la NBA, el precio se incrementa 12% y luego baja 30%. ¿Cuál es el precio final?

Tiempo	Precio inicial	Incremento/ descuento %	Cantidad de incremento/desc.	Precio nuevo
Durante las finales	$5.00	12%	$5.00 • 0.12 = $0.60	$5.60
Después de las finales	$5.60	30%	$5.60 • 0.30 = $1.68	$3.92

El precio final de un paquete de tarjetas es $3.92.

Haz la prueba

1. Encuentra el precio de oferta de un artículo cuyo precio original es $78, al cual se le incrementa 50% y después se descuenta 10%.

2. Héctor intentó vender su bicicleta en $50. Después de una semana, redujo el precio un 20%. Luego redujo ese precio 35%. ¿Cuál fue el precio final?

Organizador gráfico

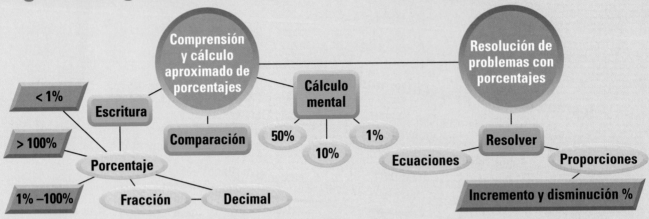

Sección 8A Comprensión y cálculo aproximado de porcentajes

Resumen

- Un **porcentaje** es una razón que compara un número con 100.

- Los porcentajes se pueden escribir como fracciones o como decimales.

- Para escribir un porcentaje como una fracción, se escribe el porcentaje sobre 100 y luego se escribe en su mínima expresión.

- Para escribir un porcentaje como un decimal, se mueve el punto decimal dos posiciones a la izquierda. Para escribir un decimal como un porcentaje, se mueve el punto decimal dos posiciones a la derecha.

- Para escribir una fracción como un porcentaje, primero se utiliza la división para escribirlo como un decimal y después se mueve el punto decimal dos posiciones a la derecha.

- Un porcentaje puede ser mayor que 100% o menor que 1%.

- Puedes calcular el 50% de un número en forma mental al tomar la mitad del mismo; el 10% de un número al mover el punto decimal una posición a la izquierda; y el 1% al mover el punto decimal dos posiciones a la izquierda.

Repaso

1. Escribe $\frac{27}{100}$ como un porcentaje.

2. Usa los porcentajes para comparar $\frac{1}{4}$ y $\frac{1}{5}$.

3. Escribe 22% como una fracción.

4. Escribe 86% como un decimal.

5. Escribe 0.73 como un porcentaje y como una fracción.

6. Escribe 45% como una fracción y como un decimal.

7. Escribe 0.8% como fracción y como porcentaje.

8. Escribe 125% como una fracción y como decimal.

9. Halla mentalmente el 10% y 1% de 2400.

10. Calcula el 60% de 460 en forma mental.

11. Halla el 5% de 280 en forma mental.

12. Encuentra el 15% de $44 en forma mental.

Sección 8B Resolución de problemas con porcentajes

Resumen

■ Puedes resolver un problema de porcentajes al escribir y resolver una ecuación o por medio de una proporción.

■ Para resolver un problema de porcentajes por medio de proporciones, escribe el porcentaje como una razón con un denominador de 100 y utilízalo para formar un lado de la proporción. Usa los datos del problema para escribir la otra razón. Después emplea productos cruzados como ayuda para resolver el problema.

■ El incremento y disminución en los valores se pueden medir como porcentajes. Para calcular un incremento o disminución porcentual, se usa esta proporción:

$$\frac{\text{cambio porcentual}}{100} = \frac{\text{cantidad de cambio}}{\text{cantidad original}}.$$

Repaso

13. ¿Qué número es el 40% de 50 ?

14. ¿Qué porcentaje de 65 es 30?

15. ¿12 es el 18% de qué número?

16. ¿Qué número es el 160% de 115?

17. Una bicicleta está en oferta a $170. Esto es el 80% de su precio normal. Halla su precio normal.

18. Una playera de $20 está en oferta con un descuento de 25%. ¿Cuál es su precio de oferta?

19. En un centro comercial, el 45% de 220 tiendas vende ropa. ¿Cuántas tiendas de ropa hay ahí?

20. Durante una epidemia de gripe, 146 de 680 estudiantes de la escuela intermedia Lincoln estuvieron ausentes. ¿Qué porcentaje faltó a clases?

21. DeJuan compró un CD en oferta de $15 a $12.60. ¿Qué porcentaje representa del precio normal? ¿Qué porcentaje de descuento obtuvo?

22. En la primera semana, la clase de matemáticas de la Srita. Yamada aumentó de 26 a 32 estudiantes. ¿Cuál fue el aumento?

23. Un comprador de ropa de moda de Prenda Admirable, Inc. adquirió 250 vestidos a $45 cada uno. Prenda Admirable vendió los vestidos a $59 cada uno. ¿Cuál fue el incremento porcentual?

24. Había 124 estudiantes en un juego de béisbol. Cuando el marcador estaba 15 a 1, sólo había 32 estudiantes en el lugar. Halla la disminución porcentual en el número de estudiantes.

1. De las 42 especies de murciélagos que hay en Estados Unidos, 33 viven en Texas. ¿Qué porcentaje de las especies de murciélagos de este país viven en Texas?

2. Usa los porcentajes para comparar $\frac{17}{20}$ y $\frac{4}{5}$.

3. Escribe 0.95 como un porcentaje y como una fracción.

4. Haz una lista de menor a mayor: $\frac{3}{8}$, 32% y 0.36.

5. Imagina que 0.5% de los murciélagos de una cueva tienen rabia. ¿Qué fracción de los murciélagos representa esta cantidad?

6. El impuesto de ventas en el condado de Green es de 6%. ¿Qué porcentaje del precio original del artículo será el total de tu cuenta?

7. Sólo 5 de 850 boletos para el concierto no se vendieron. ¿El porcentaje de boletos no vendidos fue mayor o menor que 1%?

8. Al nacer, un murciélago mexicano sin cola pesa $\frac{1}{3}$ del peso de su madre. En ese momento, qué porcentaje representa el peso de la madre respecto del peso de la cría?

9. Si la nota de consumo de una comida fuera de $43.80, ¿de cuánto sería una propina del 15%?

10. Jorge tiene exactamente $20. Si el impuesto de ventas es de 7%, ¿puede comprar una camisa cuyo precio es $19.95? Explica tu respuesta.

11. Usa el cálculo mental para hallar el 20% de 530.

12. ¿Es 48% de 65 lo mismo que 65% de 48? Explica tu respuesta.

13. Rick obtuvo 76% en un examen de historia. Su calificación fue 25% más alta en el siguiente examen. ¿Qué calificación obtuvo en el segundo examen?

14. ¿Qué porcentaje de 640 es 280?

15. ¿Cuál es mayor: 6% de 24 u 85% de 1.5?

16. Una patineta que por lo general se vende a $84.99 está en oferta a $70.00. ¿En qué porcentaje se disminuyó el precio?

17. Después de que Toni recibió un incremento salarial de 4%, su salario fue de $35,360. ¿Cuál era su salario antes del incremento?

18. ¿En qué porcentaje cambia el área de un rectángulo de 8 por 6 pies si tanto su longitud como su anchura se incrementan en 50%?

Tarea para evaluar el progreso

La etiqueta de una caja de cereal lista el contenido nutricional del producto. Proporciona cada uno de los valores en dos formas diferentes.

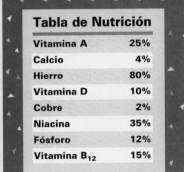

MORDISCOS CRUJIENTES

Tabla de Nutrición	
Vitamina A	25%
Calcio	4%
Hierro	80%
Vitamina D	10%
Cobre	2%
Niacina	35%
Fósforo	12%
Vitamina B$_{12}$	15%

Elección múltiple

Escoge la mejor respuesta.

1. Halla la moda para el conjunto de datos: 38, 33, 37, 36, 36, 12, 16, 32. *[Lección 1-4]*

   Ⓐ 25 　 Ⓑ 26 　 Ⓒ 36 　 Ⓓ 38

2. Resuelve: $5.2x = 18.2$ *[Lección 3-4]*

   Ⓐ $x = 3$ 　　　 Ⓑ $x = 3.5$

   Ⓒ $x = 23.4$ 　　 Ⓓ $x = 94.64$

3. Halla la descomposición factorial de 1680. *[Lección 3-6]*

   Ⓐ $4^2 \cdot 3 \cdot 5 \cdot 7$ 　　 Ⓑ $2^4 \cdot 7 \cdot 15$

   Ⓒ $2^4 \cdot 3 \cdot 5 \cdot 7$ 　　 Ⓓ $5 \cdot 6 \cdot 7 \cdot 8$

4. Halla el producto de $1\frac{1}{2} \times 1\frac{2}{3} \times 2\frac{1}{5}$. *[Lección 4-5]*

   Ⓐ $2\frac{4}{7}$ 　 Ⓑ $3\frac{2}{7}$ 　 Ⓒ $4\frac{2}{12}$ 　 Ⓓ $5\frac{1}{2}$

5. Llena el espacio en blanco: El *complemento* de un ángulo agudo es siempre un ángulo _____ . *[Lección 5-1]*

   Ⓐ Agudo 　　　 Ⓑ Obtuso

   Ⓒ Recto 　　　 Ⓓ Llano

6. ¿Cuál conjunto de longitudes formaría los lados de un triángulo rectángulo? *[Lección 5-7]*

   Ⓐ 8 m, 13 m, 18 m

   Ⓑ 15 m, 20 m, 25 m

   Ⓒ 7 m, 12 m, 17 m

   Ⓓ 9 m, 16 m, 21 m

7. ¿Cuál de estas razones no es equivalente a 24:45? *[Lección 5-7]*

   Ⓐ 8:15 　 Ⓑ 12:23 　 Ⓒ 16:30 　 Ⓓ 48:90

8. Resuelve: $\frac{p}{18} = \frac{25}{48}$ *[Lección 6-8]*

   Ⓐ $p = 5$ 　　　 Ⓑ $p = 23$

   Ⓒ $p = 9.375$ 　 Ⓓ $p = 34.56$

9. ¿Cuál de estas tasas es más rápida que 35 millas por hora? *[Lección 7-6]*

   Ⓐ 1 milla en 3 minutos

   Ⓑ 1250 pies en 30 segundos

   Ⓒ 10 millas en 15 minutos

   Ⓓ 48 pies por segundo

10. ¿Cuál conjunto de fórmulas de conversión cambia de metros por hora a centímetros por minuto? *[Lección 7-7]*

    Ⓐ $\dfrac{\text{metros}}{\text{hora}} \cdot \dfrac{\text{centímetros}}{\text{metro}} \cdot \dfrac{\text{minutos}}{\text{hora}}$

    Ⓑ $\dfrac{\text{metros}}{\text{hora}} \cdot \dfrac{\text{centímetros}}{\text{metro}} \cdot \dfrac{\text{horas}}{\text{minuto}}$

    Ⓒ $\dfrac{\text{metros}}{\text{hora}} \cdot \dfrac{\text{horas}}{\text{centímetro}} \cdot \dfrac{\text{metros}}{\text{minuto}}$

    Ⓓ $\dfrac{\text{metros}}{\text{hora}} \cdot \dfrac{\text{horas}}{\text{minuto}} \cdot \dfrac{\text{metros}}{\text{centímetro}}$

11. ¿Cuál fracción equivale a 36%? *[Lección 8-2]*

    Ⓐ $\frac{1}{36}$ 　 Ⓑ $\frac{3}{6}$ 　 Ⓒ $\frac{9}{25}$ 　 Ⓓ $\frac{100}{36}$

12. La colección de estampillas de María incrementó su valor por 125% desde 1992, cuando valía $440. ¿Cuál es el valor actual? *[Lección 8-3]*

    Ⓐ $2432 　　 Ⓑ $990

    Ⓒ $665 　　 Ⓓ $115

13. El impuesto de ventas es de 7%. ¿Cuánto impuesto pagó Ranjit por una camisa de punto que cuesta $25? *[Lección 8-5]*

    Ⓐ $1750 　　 Ⓑ $17.50

    Ⓒ $1.75 　　 Ⓓ $0.175

→ **Enlace cultural**
www.mathsurf.com/7/ch9/people

→ **Enlace con Ciencias**
www.mathsurf.com/7/ch9/science

Alrededor del mundo

En 1993, la tasa de crecimiento anual de la economía rusa fue de −12%. Mientras que la tasa de crecimiento de la economía chilena fue de +6%.

Ciencias

El tanque de combustible más grande en el exterior del cohete que impulsa al transbordador espacial está lleno de oxígeno líquido. El oxígeno se convierte en líquido a −183°C (−297°F).

Entretenimiento

En el golf, el *par* es la calificación que un buen jugador por lo general obtiene en un hoyo en particular. Las calificaciones sobre par se muestran con números positivos y los puntos bajo par con números negativos. Mientras más negativa es una calificación de golf, es mejor.

Gail Graham −9
Hiromi Kobayashi −8
Beth Daniel −7
Karen Lunn −7
Nancy López −6

Ciencias sociales

El abismo Challenger, en el océano Pacífico, es el punto más profundo en los mares del mundo. La elevación de este abismo es de −35,839 pies.

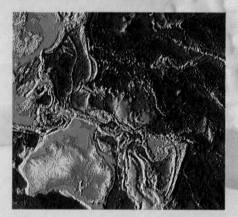

Arte y Literatura

Los arquitectos usan cuadrículas para diseñar los nuevos edificios.

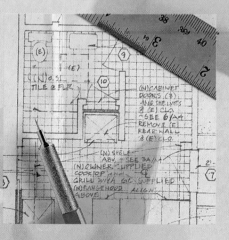

IDEAS CLAVE DE MATEMÁTICAS

Un número entero es un número cabal, positivo o negativo. Los números enteros negativos se escriben con un signo −.

El valor absoluto de un número entero indica cuál es su distancia de 0.

Los pares ordenados se pueden representar por medio de puntos en un plano de coordenadas.

Cuando sumas o restas números enteros, debes considerar sus signos. Puedes usar rectas numéricas o azulejos de álgebra para hacer un modelo de la suma o la resta de números enteros.

El producto o cociente de dos números enteros con el mismo signo es positivo; con signos diferentes es negativo.

PROYECTO DEL CAPÍTULO

Resolución de problemas

Comprende
Planea
Resuelve
Revisa

En este proyecto, vas a crear una línea cronológica personal que muestre las fechas que son importantes para ti. Para empezar el proyecto, dibuja una recta numérica. Coloca la fecha de tu nacimiento en el centro de la recta y escribe un cero debajo de ella.

429

Resolución
de problemas

Comprende
Planea
Resuelve
Revisa

Resolver el problema

Por lo general hay más de una manera de resolver un problema. Al resolver un problema, quizá adviertas que un plan funciona con mayor facilidad que otro. Una parte importante de la buena resolución de problemas consiste en elegir una estrategia mediante la cual el trabajo se simplifique.

Enfoque en la resolución de problemas

El siguiente problema ya se resolvió por medio de tres métodos.

Los cuadrados pueden usarse para elaborar patrones de escalera, como se muestra. Halla el número de cuadrados en una escalera de seis escalones.

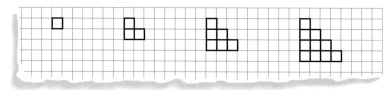

Un escalón   Dos escalones   Tres escalones   Cuatro escalones

Haz un diagrama

Al contar los cuadrados, puedes ver que hay 21 en una escalera de seis escalones.

Cinco escalones   Seis escalones

Busca un patrón

Al hacer una tabla se puede mostrar un patrón en el resultado.

Número de escalones	1	2	3	4
Número de cuadrados	1	3	6	10
Incremento	–	2	3	4

Cuando agregas un escalón, el número de cuadrados siempre se incrementa por el número de escalones en la nueva escalera. Por tanto, hay $10 + 5 = 15$ cuadrados en una escalera de **cinco** escalones, y $15 + 6 = 21$ cuadrados en una escalera de **seis** escalones.

Usa el razonamiento lógico

Cada hilera de la escalera tiene el mismo número de cuadrados que su número de hilera.

Hilera 1 **1**
Hilera 2 **1 2**
Hilera 3 **1 2 3**
Hilera 4 **1 2 3 4**

Así, una escalera de seis escalones tiene $1 + 2 + 3 + 4 + 5 + 6 = 21$ cuadrados.

Resuelve el siguiente problema. Puedes usar uno de los métodos anteriores o uno propio.

Una hilera   Dos hileras

1 ¿Cuántos triángulos pequeños necesitas para construir otro de cinco hileras de alto?

Viaje al espacio interior

EJEMPLO:
Brecha

GRANO:
Afilado y angular

EJEMPLO:
Arenisca

GRANO:
Grueso

EJEMPLO:
Gnésico

GRANO:
Con franjas

EJEMPLO:
Pizarra

GRANO:
Extendido

EJEMPLO:
Granito

GRANO:
Sin franjas

EJEMPLO:
Obsidiana

"Me desperté de un sueño profundo por un terrible sobresalto. La balsa parecía haberse estrellado contra una roca hundida. 'Oye, ¿qué es eso?', gritó mi tío, sorprendido. '¡Es un monstruo colosal!', le grité, estrujando mis manos."

En la novela de Julio Verne, *Un viaje al centro de la tierra*, escrita en 1864, un grupo de personas viajó al centro de la tierra. Durante el camino, descubrieron monstruos, setas gigantes y un vasto mar subterráneo.

En realidad, los humanos han explorado muy poco el "espacio interior". Los *barrenos* más profundos, hoyos estrechos horadados para recolectar materiales, han alcanzado profundidades de hasta 50,000 pies. Y hasta lo que se sabe, ¡no han revelado la presencia de un monstruo o una seta gigante!

La punta de una montaña de 20,000 pies es un lugar muy diferente del fondo de un barreno de 20,000 pies. Al explorar los números enteros, vas a escribir y a comparar números que describen direcciones opuestas.

1 En millas, haz un cálculo aproximado de la profundidad del barreno más hondo. Compara el resultado con el radio de la tierra, que es de casi 4000 millas.

2 La altura de la montaña más alta de la tierra es de casi 30,000 pies. ¿Cuál es la diferencia entre esta altura y la profundidad del barreno más hondo?

Uso de números enteros para representar cantidades

► Enlace con la lección La mayoría de los números que has estudiado hasta esta lección ha sido mayor que cero. Ahora investigarás los números que son menores que cero. ◄

Vas a aprender…

■ a usar números enteros para representar cantidades del mundo real.

■ a encontrar el opuesto de un número entero.

■ a calcular el valor absoluto de un número entero.

…cómo se usa

Los marineros necesitan conocer el mar y las profundidades de los puertos para prevenir que sus barcos encallen.

Vocabulario

números negativos

origen

números opuestos

números enteros

valor absoluto

Investigar | Números menores que cero

Montañas y valles

En Plaquemines Parish, Louisiana, un barreno se horadó a 22,570 pies bajo el nivel del mar. El nivel del mar es una altura promedio de los mares de la tierra.

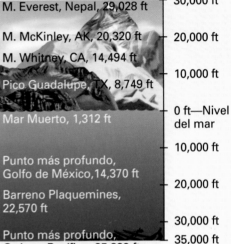

M. Everest, Nepal, 29,028 ft — 30,000 ft

M. McKinley, AK, 20,320 ft — 20,000 ft

M. Whitney, CA, 14,494 ft

Pico Guadalupe, TX, 8,749 ft — 10,000 ft

— 0 ft—Nivel del mar

Mar Muerto, 1,312 ft

— 10,000 ft

Punto más profundo, Golfo de México, 14,370 ft

— 20,000 ft

Barreno Plaquemines, 22,570 ft

— 30,000 ft

Punto más profundo, — 35,000 ft
Océano Pacífico, 35,839 ft

1. ¿Cuáles marcas están bajo el nivel del mar? ¿Y sobre el nivel del mar?

2. ¿Qué está más cerca del nivel del mar: el punto más profundo en el Golfo de México o el Monte Whitney? ¿Qué tanto más cerca?

3. ¿Qué está más lejos del nivel del mar: el Monte McKinley o el barreno de Plaquemines? ¿Qué tanto más lejos?

4. Describe una manera de mostrar la diferencia entre el número de pies sobre el nivel del mar y bajo el nivel del mar.

Aprender | Uso de números enteros para representar cantidades

Para comparar alturas y profundidades, se puede utilizar una recta numérica vertical.

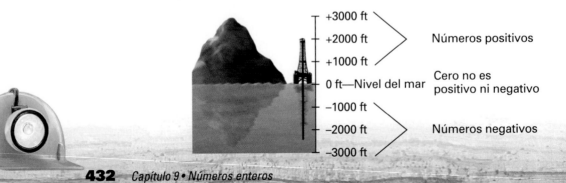

+3000 ft
+2000 ft   Números positivos
+1000 ft

0 ft—Nivel del mar   Cero no es positivo ni negativo

−1000 ft
−2000 ft   Números negativos
−3000 ft

Los números positivos, como +1000, son mayores que cero y por lo general se escriben sin un signo positivo (+). En tanto los **números negativos,** como −2000, son menores que cero. El punto cero en una recta numérica es el **origen.**

Ejemplo 1

La mayor altura registrada para un ave en vuelo, un buitre de Ruppell, es de 37,000 pies sobre el nivel del mar. Mientras que una tortuga marina puede sumergirse hasta 3,973 pies bajo el nivel del mar. Usa signos para escribir cada número.

Puedes usar números positivos para representar alturas y números negativos para indicar profundidades.

Buitre de Ruppell

Altura del buitre: +37,000   Profundidad de la tortuga: −3,973

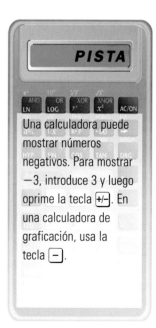

Resolución de problemas
TEN EN CUENTA

Al momento de decidir cómo representar un número como un número entero, recuerda que los números *bajo* o *menores que* el punto cero son negativos.

Una recta numérica se puede dibujar en forma horizontal. Mientras más a la derecha se encuentra un número, es mayor; mientras más a la izquierda se encuentre, es menor.

Los **números opuestos** están a la misma distancia del cero. Por ejemplo, −2 y 2 son opuestos porque ambos están a 2 unidades del cero.

A la izquierda del cero son negativos.   Origen   A la derecha del cero son positivos.

−4   −3   −2   −1   0   +1   +2   +3   +4

Números opuestos

El conjunto de números que incluye el cero y los números positivos y negativos componen los números **enteros** .

PISTA

Una calculadora puede mostrar números negativos. Para mostrar −3, introduce 3 y luego oprime la tecla +/−. En una calculadora de graficación, usa la tecla −.

Ejemplo 2

En siete carreras, un mariscal de campo de fútbol americano ganó 6, 2, −4, 0, −2, −1 y 4 yardas. ¿Cuáles números son positivos? ¿Y cuáles negativos? ¿Qué pares de números son opuestos?

−6   −5   −4   −3   −2   −1   0   +1   +2   +3   +4   +5   +6

2, 4 y 6 están a la derecha del cero, por tanto, son positivos.

−4, −2 y −1 están a la izquierda del cero, por tanto, son negativos.

−4 y 4 son opuestos así como −2 y 2.

Haz la prueba

¿Cuáles de estos números son positivos: −3, 5, 0, −1, 4, −5 y 3 ¿Y negativos? ¿Cuáles pares de números son opuestos?

▶ Enlace con Geografía

La cima del Monte Everest tiene una elevación de 29,028 pies y la profundidad del abismo Challenger, el punto más profundo de todos los mares, está a −35,839 pies. El abismo Challenger es 6,811 pies (casi 1.3 millas) más profundo que la altura del monte Everest.

Si vuelas de Chicago a Cleveland, viajas 340 millas. Y si vuelas de Chicago a Des Moines, recorres la misma distancia pero en dirección opuesta. Entonces, ¿viajas −340 millas?

¡De ninguna manera! Des Moines y Cleveland están a 340 millas de Chicago. No importa en qué dirección viajes, la distancia es un número positivo.

Así como las distancias en un mapa, las distancias en una recta numérica siempre son positivas.

El **valor absoluto** de un número es la distancia desde el cero y se muestra por medio de barras.

$$|2| = 2 \qquad |-17| = 17$$

El valor absoluto de un número negativo es su opuesto (positivo). Mientras que el valor absoluto de un número positivo ó 0 es el número mismo.

Ejemplo 3

▶ Enlace con Industria

La única mina de diamantes en operación en Estados Unidos está en Arkansas, cerca del límite con Tennessee. Opera como una atracción turística.

La mina más profunda del mundo se localiza en África del Sur. El fondo del tiro de esta mina está a −12,600 pies. ¿Qué tan lejos se encuentra esto del nivel del mar?

El valor absoluto de un número es su distancia desde el cero.

$$|-12,600| = 12,600$$

El fondo de la mina se encuentra a 12,600 pies del nivel del mar.

Haz la prueba

Halla cada valor absoluto. **a.** $|-17|$ **b.** $|5.25|$ **c.** $|-3298|$ **d.** $|0|$

Comprobar Tu comprensión

1. Describe algunas situaciones de la vida real donde pudieras usar números negativos.

2. ¿Cuál es el opuesto de cero? ¿Y de un número positivo? ¿Y de un número negativo?

Práctica y aplicación

1. | Para empezar | **a.** Grafica cada uno de los siguientes números en una recta numérica horizontal: $-1, 3, 0, 1, -5, 4$ y -3.

b. ¿Cuáles números son positivos?

c. ¿Cuáles números son negativos?

d. ¿Cuáles pares de números son opuestos?

Indica si cada número es un entero. Escribe *Sí* o *No*.

2. -3 **3.** 4.1 **4.** $-\dfrac{1}{2}$ **5.** 0 **6.** -3.14

Comprensión numérica Usa signos para escribir los siguientes números.

7. Un barreno de 31,441 pies de profundidad **8.** $10 ganados

9. 6 yardas perdidas **10.** 5280 pies sobre el nivel del mar

11. 2 unidades a la izquierda del origen en una recta numérica horizontal

12. 9 unidades sobre el origen en una recta numérica vertical

Escribe el opuesto de cada número entero.

13. 3 **14.** -23 **15.** -222 **16.** 250 **17.** 5640

Halla cada valor absoluto.

18. $|23|$ **19.** $|-23|$ **20.** $|-66|$ **21.** $|66|$ **22.** $|-1089|$

23. $|-4771|$ **24.** $|650|$ **25.** $|2435|$ **26.** $|-1000|$ **27.** $|-90,121|$

28. Ciencias Los geólogos y los geofísicos de América del Norte han horadado barrenos para ver si las temperaturas a diferentes profundidades tienen relación con el calentamiento global. La siguiente tabla muestra las profundidades de algunos de los barrenos que se han horadado. Escribe un número entero que represente cada profundidad.

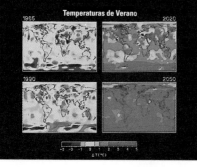

Localidad	Oeste de Canadá	Oeste de Utah	Noreste de Estados Unidos	Alberta, Canadá
Profundidad del barreno (m)	1000	160	710	220

29. Geografía La temperatura más caliente de la tierra de la que se tiene registro fue de 136°F, en Al' Aziziyah, Libia. Mientras que la más fría fue de −129°F, en Vostok, Antártida. Encuentra el valor absoluto de cada temperatura e indica cuál es la más cercana a cero.

30. <u>Para la prueba</u> Encuentra el conjunto de números que contiene los opuestos de 37, −7 y −54.

(A) −37, −7, −54   (B) −37, 7, 54   (C) 37, −7, 54   (D) 37, 7, −54

Resolución de problemas y razonamiento

31. Razonamiento crítico El volcán Mauna Kea, en la isla de Hawaii, es la montaña más alta del mundo desde la base al pico. Su base está a 19,680 pies bajo la superficie del mar y su pico está a 13,796 pies sobre el nivel del mar. Escribe los números enteros que representen la altura del Mauna Kea sobre el nivel del mar y su profundidad bajo el nivel del mar.

Mauna Kea

32. Razonamiento crítico La tierra está cubierta con una *corteza*, la cual puede tener 25 millas de espesor. Abajo de esta capa se encuentra un *manto* de rocas más pesadas de 1800 millas de grosor. Abajo de este manto está un *núcleo externo* líquido como de 1400 millas de espesor y el centro de la tierra consiste en un *núcleo interno* sólido.

Usa los números enteros para describir las profundidades mínima y máxima de cada región. (Sólo podrás indicar la profundidad mínima del núcleo interno.)

33. En tu diario Escribe acerca de una situación que cada medida pudiera representar.

a. −30 segundos   **b.** −$20   **c.** −39°F   **d.** −12 yardas

Repaso mixto

Escribe cada razón en tres formas. Si es posible, escríbelas en su mínima expresión. *[Lección 6-1]*

34. 4 días de 7 días

35. 2 calcetines para cada uniforme

36. 1 maestro por cada 30 estudiantes

37. 12 raciones para 10 personas

Encuentra el valor de *x* en cada par de figuras similares. *[Lección 7-9]*

38.

x, 3, 14, 6

39.

5, 8, *x*, 24

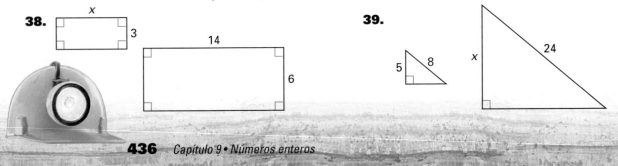

Comparación y ordenación de números enteros

► **Enlace con la lección** En la lección anterior, usaste números enteros para representar cantidades reales. Ahora vas a comparar y ordenar números enteros. ◄

Investigar | Comparación y ordenación de números enteros

Pronóstico: Vientos fuertes y frío intenso

¿Has advertido que un día frío se siente aún *más frío* cuando sopla el viento? Por ejemplo, un viento de 50 mi/h ocasiona que una temperatura de 35°F se sienta como de 0°F.

La *temperatura con viento helado* indica qué tanto frío se siente. El siguiente cuadro muestra las temperaturas reales y con viento helado en un día de febrero de 1996.

Ciudad	Cody, WY	St. Paul, MN	Helena, MT	Idaho Falls, ID	Key West, FL
Temperatura	−12°F	5°F	−16°F	0°F	73°F
Temp. con viento helado	−25°F	−10°F	−30°F	−12°F	73°F

1. ¿Cuál ciudad tuvo la temperatura real más alta, Cody o St. Paul? ¿Cómo lo sabes?

2. Elabora un bosquejo de un termómetro vertical y marca las diez temperaturas.

3. ¿Cuál temperatura era la más fría? ¿Y la más caliente?

4. ¿Cuál ciudad tuvo ese día la temperatura *más alta* de viento helado, Helena o Idaho Falls? ¿Cuál temperatura estuvo más alejada de 0°F? Explica tu respuesta.

Aprender | Comparación y ordenación de números enteros

La temperatura promedio durante el mes de enero en Chicago es de −3°C; mientras que en julio es de 24°C. Como cualquier habitante de Chicago te puede indicar, un número positivo siempre es mayor que un número negativo.

Si dos números enteros tienen diferentes signos, es fácil determinar cuál es mayor. Sin embargo, es más difícil comparar dos números enteros negativos.

Puedes usar una recta numérica para comparar números enteros.

En una recta numérica horizontal, mientras más lejos *hacia la derecha* está un número, éste es mayor.

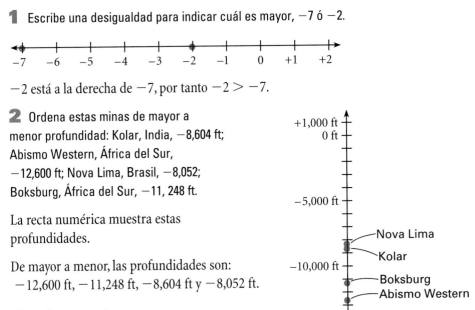

−1 está a la derecha de −3, así, −1 > −3.

−1 está a la izquierda de +1, así, −1 < +1.

En una recta numérica vertical, mientras más lejos *hacia arriba* está un número, éste es mayor.

−1 está sobre −2, así −1 > −2.

−1 está abajo de +3, así −1 < +3.

En una recta numérica, entre más a la izquierda o hacia abajo se encuentre un número, éste es *menor*. Así, un número negativo cercano a cero como −2 es *mayor* que −25,000.

Ejemplos

1 Escribe una desigualdad para indicar cuál es mayor, −7 ó −2.

−2 está a la derecha de −7, por tanto −2 > −7.

2 Ordena estas minas de mayor a menor profundidad: Kolar, India, −8,604 ft; Abismo Western, África del Sur, −12,600 ft; Nova Lima, Brasil, −8,052; Boksburg, África del Sur, −11, 248 ft.

La recta numérica muestra estas profundidades.

De mayor a menor, las profundidades son: −12,600 ft, −11,248 ft, −8,604 ft y −8,052 ft.

Haz la prueba

a. ¿Cuál es la temperatura más caliente: −67°F ó 45°F?

b. Escribe una desigualdad para indicar cuál número es mayor: −22 ó −1.

c. Ordena estas cavernas de las Montañas Rocosas de mayor a menor profundidad: Papoose, −252 m; Sunray, −245 m; Silvertip, −313 m; Big Brush, −262 m.

¿LO SABÍAS?

Marble Bar, Australia, tuvo 160 días consecutivos con una temperatura arriba de 100°F. Langdon, North Dakota, tuvo 92 días seguidos con una temperatura por debajo del punto de congelación (0°C).

A Jacob y Winona se les pidió que compararan las temperaturas durante el mes de enero en cuatro ciudades, al ordenarlas de menor a mayor.

Ciudad	Albany, NY	Bismarck, ND	Duluth, MN	Fairbanks, AK
Temperaturas bajas promedio en enero	16°F	−2°F	0°F	−20°F

Jacob piensa...

Mostraré las temperaturas en una recta numérica.

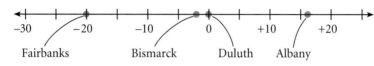

Fairbanks   Bismarck   Duluth   Albany

Leeré el orden de las temperaturas de izquierda a derecha. De la más baja a la más alta, las temperaturas son: −20°, −2°, 0° y 16°.

Winona piensa...

Usaré los signos de los números para ordenarlos.

La única temperatura positiva es 16°. Por tanto, esta es la temperatura más alta y va al final de la lista.

Como cero es más grande que un número negativo, sigue 0°.

−2° está más cerca del cero que −20°; −20° es menor que −2°.

Las temperaturas son −20°, −2°, 0° y 16°.

¿Qué crees tú?

1. ¿Cómo podrían Jacob y Winona usar sus métodos para comparar −2 y 2?

2. ¿Cómo puede Winona utilizar su método para determinar cuál es más grande, 8 ó 4?

Comprobar | Tu comprensión

1. Explica por qué −5,000 es mayor que −1,000,000.

2. ¿Cuál es el mayor número entero negativo?

Práctica y aplicación

1. | **Para empezar** | Sigue estos pasos para determinar cuál número es el mayor, -6 ó -8.

   a. Dibuja una recta numérica y localiza -6 y -8.

   b. Determina cuál número está más lejos hacia la derecha. Este es el número más grande.

Comprensión numérica Por medio de la recta numérica, escribe una desigualdad para indicar cuál número es el más grande.

$$\begin{array}{c} \leftarrow\!\!+\!\!\rightarrow \\ \small{-10\ -9\ -8\ -7\ -6\ -5\ -4\ -3\ -2\ -1\quad 0\ +1\ +2\ +3\ +4\ +5\ +6\ +7\ +8\ +9\ +10} \end{array}$$

2. $-3, -8$ **3.** $-7, -5$ **4.** $0, 6$ **5.** $-8, 5$ **6.** $6, -4$

7. $-9, -7$ **8.** $0, -10$ **9.** $-3, -2$ **10.** $1, -1$ **11.** $-4, 3$

Usa $>, <$ o $=$ para comparar los siguientes pares de números.

12. $-4 \,\square\, 5$ **13.** $-4 \,\square\, 0$ **14.** $-34 \,\square\, -25$ **15.** $-679 \,\square\, -769$

16. $-901 \,\square\, -910$ **17.** $|5| \,\square\, |-5|$ **18.** $|-56| \,\square\, |-61|$ **19.** $-100 \,\square\, -104$

Ordena cada conjunto de números de mayor a menor.

20. $-2°, 12°, 54°, 0°, -18°, -5°$ **21.** $\$12, -\$7, \$11, \$0, -\$2, -\$5, \$8$

22. $32°, -24°, -10°, 0°, 212°$ **23.** $-3551, -3155, -3515, -3151, -3555$

24. Ciencias El mapa muestra la profundidad bajo el nivel del mar de varios barrenos.

   a. Representa cada profundidad como un número entero.

   b. Ordena los números enteros del inciso **a** de menor a mayor.

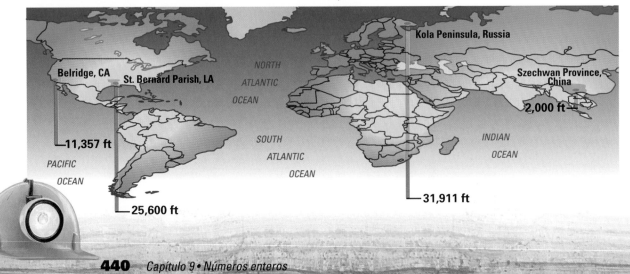

25. Lógica Llena los espacios en blanco con *algunas veces, siempre* o *nunca*.

a. Un número entero positivo _____ es mayor que un número entero negativo.

b. El valor absoluto de un número entero positivo _____ es mayor que el valor absoluto de un número entero negativo.

c. Si dos números enteros son positivos, el que está más cercano al cero _____ es mayor.

d. Cero _____ es mayor que cualquier número entero negativo.

26. Para resolver problemas La tabla muestra la temperatura superficial mínima aproximada de varios planetas. Ordena las temperaturas de mayor a menor.

Planeta	Mercurio	Venus	Tierra	Marte	Júpiter	Plutón
Temperatura	−300°F	890°F	−130°F	−190°F	−240°F	−390°F

27. **Para la prueba** Determina cuál enunciado es verdadero.

    Ⓐ −13 > −4   Ⓑ −18 < −12   Ⓒ −2 > 0   Ⓓ −14 < −16

Resolución de problemas y razonamiento

28. Escoge una estrategia La tabla muestra la elevación de los puntos *más bajos* en 5 estados. Escríbelas como un número entero y ordénalas de menor a mayor.

Estado	Alabama	California	Colorado	Louisiana	Wyoming
Punto más bajo	Nivel del mar	282 ft bajo el nivel del mar	3350 ft	8 ft bajo el nivel del mar	3099 ft

> **Resolución de problemas**
> ## ESTRATEGIAS
> - Busca un patrón
> - Organiza la información en una lista
> - Haz una tabla
> - Prueba y comprueba
> - Empieza por el final
> - Usa el razonamiento lógico
> - Haz un diagrama
> - Simplifica el problema

29. Comunicación Los cambios en el precio de las acciones bursátiles se listan por medio de números positivos y negativos. Por ejemplo, "$-1\frac{1}{2}$" significa que una acción perdió $1.50 de su valor. Explica el significado de cada cambio de precio.

    a. $-2\frac{3}{4}$ **b.** $-3\frac{1}{4}$ **c.** $+1\frac{1}{4}$ **d.** -4

Repaso mixto

Expresa cada tasa como una tasa unitaria. *[Lección 6-2]*

30. 360 millas con 12 galones

31. 30 páginas en 60 minutos

32. 24 juegos de marcadores para 3 salones de clase

33. 10 horas de tarea en 5 días

Halla el perímetro y el área de las siguientes figuras. *[Lección 7-10]*

34. Factor de escala 1.5

12   13

5

35. Factor de escala 3

6 in.

El plano de coordenadas

▶ **Enlace con la lección** Has elaborado diagramas de dispersión al graficar puntos con coordenadas positivas. Ahora graficarás puntos con coordenadas negativas. ◀

Vas a aprender...

■ a graficar puntos en un plano de coordenadas.

...cómo se usa

Los arqueólogos utilizan cuadrículas para registrar la ubicación de los artefactos que encuentran al cavar en un sitio.

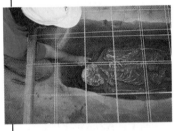

Vocabulario

sistema de coordenadas

plano de coordenadas *x-y*

eje de las *x*

eje de las *y*

origen

cuadrantes

par ordenado

abscisa

ordenada

Investigar **El plano de coordenadas**

La X señala el punto

Materiales: Papel de calcar, regla

Una compañía petrolera planea horadar un barreno cerca de Odessa, Texas, y necesita dar una descripción exacta de su ubicación.

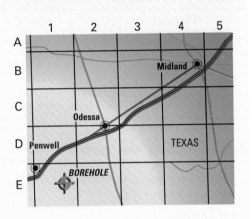

1. Usa las letras y los números del mapa para describir la ubicación de Midland.

2. Ahora describe la ubicación del barreno.

　a. En el papel de calcar, dibuja dos rectas numéricas (una vertical y otra horizontal), donde el punto de intersección sea el origen de ambas rectas.

　b. Coloca el papel de calcar de manera que el origen esté sobre Midland. Asegúrate de que tu recta numérica vertical apunte hacia el norte.

　c. Utiliza los números enteros de tus rectas para describir la ubicación del barreno. Explica cómo encontraste la respuesta.

3. Mueve el papel de calcar de manera que el origen esté sobre Odessa. ¿Cuál es ahora la ubicación del barreno?

Aprender **El plano de coordenadas**

Los mapas por lo general utilizan una cuadrícula de números y letras que ayudan a localizar puntos de interés. Por ejemplo, en el mapa adjunto, el edificio del Parlamento en Victoria, British Columbia, está localizado en R38.

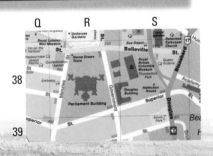

Puedes localizar puntos con un **sistema de coordenadas** similar al intersectar una recta numérica horizontal y otra vertical.

El **plano de coordenadas x-y** se basa en dos rectas numéricas. La recta horizontal es el **eje de las x** y la recta vertical es el **eje de las y**, las cuales se intersecan en el **origen** del plano de coordenadas.

Los ejes dividen el plano en cuatro **cuadrantes**, numerados como I, II, III y IV. El punto P está en el cuadrante III.

Los ejes no están en ningún cuadrante.

Cualquier punto se puede describir mediante un **par ordenado**, como $(-3, 5)$. El primer número es la **abscisa**, la cual indica qué tan lejos a la izquierda o derecha del origen está el punto en el eje de las x. Mientras que la **ordenada** indica qué tan lejos hacia arriba o hacia abajo está el punto en el eje de las y. El origen mismo se encuentra en $(0, 0)$.

Sugerencia

Puedes usar el orden alfabético para recordar la dirección de los ejes. Así, *horizontal* (x) está antes de *vertical* (y).

Ejemplos

Marca cada punto en un plano de coordenadas.

1 $(4, -3)$

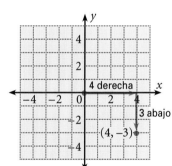

Empieza en el origen. Muévete 4 unidades hacia la derecha sobre el eje de las x. Luego muévete 3 unidades hacia abajo (en paralelo al eje de las y) y grafica el punto.

2 $(-400, 0)$

Empieza en el origen. Muévete 400 unidades hacia la izquierda en el eje de las x y grafica el punto. (Puesto que la ordenada es 0, no te muevas hacia arriba o hacia abajo.)

Para la prueba

Cuando grafiques puntos en un plano de coordenadas, recuerda que x viene antes de y, por tanto, la abscisa es la primera de los dos números en el par ordenado.

Haz la prueba

Grafica cada punto en el mismo plano de coordenadas.

a. $(-3, 4)$ **b.** $(4, -3)$ **c.** $(2, 0)$ **d.** $(0, -5)$

e–h. Indica el cuadrante o eje en donde se encuentra cada punto de los incisos **a**–**d.**

Ejemplo 3

▶ **Enlace con Historia**

El plano de coordenadas *x-y* se conoce como sistema *cartesiano* de coordenadas. Recibe este nombre en honor de su inventor, el filósofo y matemático francés, René Descartes.

Encuentra las coordenadas del punto *A*.

A está a la izquierda -5 unidades sobre el eje de las *x*, por tanto, su abscisa es -5. *A* está hacia abajo -4 unidades sobre el eje de las *y*, así que su ordenada es -4.

Las coordenadas del punto *A* son $(-5, -4)$.

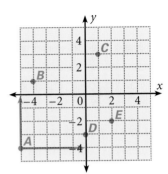

Haz la prueba

Utiliza la gráfica del ejemplo 3 para hallar las coordenadas de los puntos *B, C, D* y *E*.

Puedes indicar en qué cuadrante se encuentra un punto por los signos de su abscisa y ordenada. Por ejemplo, el cuadrante I contiene todos los puntos que están a la derecha de y sobre el origen. Por tanto, cualquier punto cuyas dos coordenadas sean positivas, debe estar en el cuadrante I.

Ejemplo 4

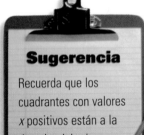

Sugerencia

Recuerda que los cuadrantes con valores *x* positivos están a la derecha del origen y aquellos con valores *y* positivos están arriba del origen.

¿Cuáles son los signos de la abscisa y la ordenada de los puntos del cuadrante II?

Están graficados cuatro puntos en el cuadrante II. Observa estos patrones en los signos:

- La abscisa de cada punto es negativa.
- La ordenada de cada punto es positiva.

En el cuadrante II, la abscisa de cada punto es negativa y la ordenada es positiva.

Haz la prueba

¿Cuáles son los signos de la abscisa y la ordenada de los puntos del cuadrante III?

Comprobar | Tu comprensión

1. ¿Cuál es la abscisa de un punto en el eje de las *y*? ¿Cuál es la ordenada de un punto en el eje de las *x*?

2. En una recta numérica, la coordenada del origen es 0. ¿Por qué el origen en un plano de coordenadas tiene coordenadas $(0, 0)$?

3. ¿El punto $(-4, 5)$ es lo mismo que el punto $(5, -4)$? Explica tu respuesta.

Práctica y aplicación

1. **Para empezar** Sigue estos pasos para graficar el punto $(-3, -5)$.

  a. Dibuja y rotula un eje de las x horizontal y un eje de las y vertical.

  b. Puesto que la abscisa es negativa, muévete 3 unidades *a la izquierda* en el eje de las x.

  c. Dado que la ordenada es negativa, muévete 5 espacios *hacia abajo*, en paralelo al eje de las y.

  d. Grafica el punto.

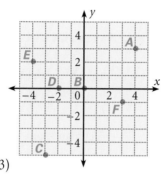

Halla las coordenadas de cada punto.

2. A **3.** B **4.** C **5.** D **6.** E **7.** F

8. **Patrones** ¿Cuál es la abscisa y la ordenada de los puntos en el cuadrante IV?

Grafica cada punto en el mismo plano de coordenadas.

9. $(4, 4)$ **10.** $(-2, 0)$ **11.** $(3, -1)$ **12.** $(-1, -5)$ **13.** $(0, -3)$

Grafica cada punto en el mismo plano de coordenadas.

14. $(16, -6)$ **15.** $(20, 14)$ **16.** $(-5, 10)$ **17.** $(-11, 9)$ **18.** $(-14, -12)$

19. **Industria** La profundidad de una formación geológica no siempre es la misma. A 200 pies del punto A, la formación mostrada está a 100 pies de profundidad. A una distancia de 500 pies del punto A, la profundidad es de 200 pies.

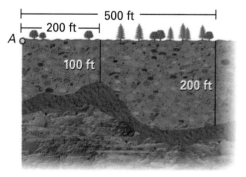

  a. Usa dos pares ordenados para describir esta información. Sea la abscisa de cada punto la distancia de A y la ordenada la profundidad de la formación.

  b. Grafica estos pares ordenados en un plano de coordenadas. Escoge la escala que se ajuste a los datos.

20. **Geometría** Dibuja un trapecio en un plano de coordenadas de manera que cada uno de sus vértices esté en un cuadrante diferente. Rotula las coordenadas de cada punto.

Lógica Menciona el cuadrante que contiene cada punto.

21. $(7, -3)$ **22.** $(-4, -9)$ **23.** $(6, 3)$ **24.** $(-5, 8)$ **25.** $(-2, -2)$

26. $(17, 26)$ **27.** $(40, -60)$ **28.** $(-324, 119)$ **29.** $(404, 15)$ **30.** $(-628, -705)$

31. **Para la prueba** ¿En cuál cuadrante podrías encontrar $(-6, -3)$?

Ⓐ I   Ⓑ II   Ⓒ III   Ⓓ IV

Resolución de problemas y razonamiento

32. Razonamiento crítico Sigue estos pasos para *trasladar* una figura geométrica. Una traslación mueve una figura pero no cambia su tamaño ni su forma.

a. Grafica los pares ordenados $(4, 1), (3, 2)$ y $(2, 1)$. Luego conecta los puntos.

b. Haz tres nuevos pares ordenados al restar 2 a las abscisas y sumar 3 a las ordenadas de los puntos originales. Grafica estos puntos y conéctalos.

c. Describe la nueva figura. ¿Cómo se compara con la original?

33. Razonamiento crítico El sistema de *latitud-longitud* describe ubicaciones en la superficie de la Tierra. La latitud mide los grados al norte o al sur del Ecuador; mientras que la longitud mide los grados al este u oeste de una línea llamada *primer meridiano*. Por ejemplo, Dakar está 15° norte, 17° oeste.

Usa el mapa para proporcionar la latitud y longitud aproximadas de Cairo y Zanzibar.

34. **En tu diario** En un plano de coordenadas, grafica los puntos cuya abscisa sea igual a la ordenada. Luego conecta los puntos y describe el resultado.

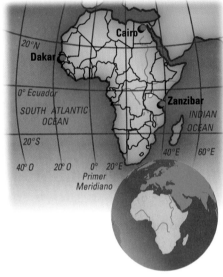

Repaso mixto

Multiplica y divide para hallar dos razones equivalentes a cada razón. *[Lección 6-3]*

35. $\dfrac{8}{22}$ **36.** $\dfrac{6}{14}$ **37.** $\dfrac{20}{42}$ **38.** $\dfrac{18}{20}$ **39.** $\dfrac{42}{100}$

Expresa cada fracción como un porcentaje. *[Lección 8-1]*

40. $\dfrac{9}{12}$ **41.** $\dfrac{67}{100}$ **42.** $\dfrac{4}{25}$ **43.** $\dfrac{17}{50}$ **44.** $\dfrac{4}{5}$

El proyecto en marcha

Coloca contraseñas en tu línea cronológica, a la izquierda y derecha del origen. Usa estas marcas para representar los años antes y después de tu nacimiento. Haz una lista de acontecimientos y datos que te gustaría incluir en tu línea cronológica. Pregunta a tus padres o busca en libros para conocer los sucesos que tuvieron lugar antes de que nacieras.

Resolución de problemas

Comprende
Planea
Resuelve
Revisa

Sección 9A • Asociación

Has usado números enteros para describir y comparar cantidades reales. Ahora aprenderás acerca de una relación entre la profundidad y la temperatura al examinar las medidas que se tomaron cuando una barrenadora gigante horadó a profundidad el interior de la tierra.

Viaje al espacio interior

Materiales: Papel cuadriculado

Conforme descendían al centro de la tierra, los personajes ficticios de Julio Verne encontraron que de repente la temperatura era confortable. A 10,000 pies bajo el nivel del mar, la temperatura era de aproximadamente 63°F. Ahora verás las temperaturas *reales* en el interior de la tierra. La tabla indica la profundidad (Prof.) y temperatura (Temp.) de las mediciones realizadas al horadar un barreno en África del Sur.

Prof. (ft)	Temp. (°F)	Prof. (ft)	Temp. (°F)	Prof. (ft)	Temp. (°F)
−2094	75.4	−597	68.6	−3644	82.9
−4747	88.2	−8937	110.3	−6860	100.1
−9904	114.0	−5806	92.6	−7912	105.6

1. Escribe cada par de valores de datos como un par ordenado, donde la profundidad sea la abscisa y la temperatura la ordenada.

2. Ordena los puntos de acuerdo con la temperatura, de las más fría a la más caliente.

3. Ordena los puntos según la profundidad, de lo más profundo a lo menos profundo.

4. ¿Los grupos de puntos que hiciste en los pasos 2 y 3 están en el mismo orden?

5. Señala los puntos en una gráfica de coordenadas. ¿Qué patrones observas?

6. Usa tu gráfica para predecir la temperatura de cada profundidad. Explica cómo haces tus predicciones.

    a. −5000 ft   **b.** −20,000 ft   **c.** Nivel del mar

EJEMPLO:
Brecha

GRANO:
Afilado y angular

EJEMPLO:
Arenisca

GRANO:
Grueso

EJEMPLO:
Gnésico

GRANO:
Con franjas

EJEMPLO:
Pizarra

GRANO:
Extendido

EJEMPLO:
Granito

GRANO:
Sin franjas

EJEMPLO:
Obsidiana

GRANO:
Cristalino

447

Comprensión numérica Escribe el opuesto de cada número entero.

1. -4 **2.** 50 **3.** 0 **4.** -726 **5.** 201

Halla cada valor absoluto.

6. $|-6|$ **7.** $|6|$ **8.** $|-1800|$ **9.** $|613|$ **10.** $|-24{,}789|$

Usa $>$, $<$ **o** $=$ **para comparar los siguientes pares de números.**

11. $-3 \square -8$ **12.** $-12 \square 12$ **13.** $-702 \square -720$ **14.** $0 \square |-10|$

15. Ciencias La profundidad del fondo de la corteza terrestre varía de 5 a 25 millas bajo el nivel del mar. Escribe números enteros para representar estos dos números.

Grafica cada punto en el mismo plano de coordenadas.

16. $(1,5)$ **17.** $(-2,-4)$ **18.** $(5,-3)$ **19.** $(3,0)$ **20.** $(-4,2)$

21. En tus propias palabras, explica la diferencia entre el *valor absoluto* y el *opuesto* de un número.

22. Geografía La siguiente tabla muestra el punto más bajo de cada continente excepto Antártida. Ordena las elevaciones de menor a mayor.

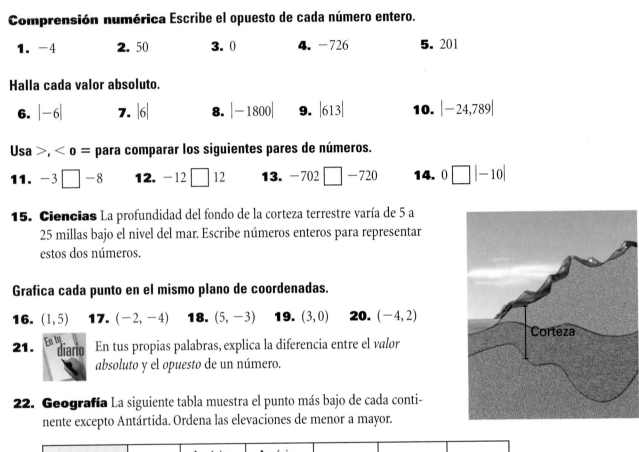

Corteza

Continente	África	América del Norte	América del Sur	Asia	Australia	Europa
Ubicación	Lago Assal	Death Valley	P. de los Balcanes	Mar Muerto	Lago Eire	Mar Caspio
Elevación más baja (ft)	−509 ft	−282 ft	−131 ft	−1312 ft	−52 ft	−92 ft

Para la prueba

Cuando en una prueba de elección múltiple se te pide encontrar las coordenadas de un punto, asegúrate de prestar atención a las escalas de los ejes.

23. ¿Cuáles son las coordenadas del punto A?

Ⓐ $(-3,1)$ Ⓑ $(3,-1)$ Ⓒ $(-300,10)$ Ⓓ $(-300,-100)$

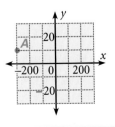

Es tiempo de divertirse

El suelo se abre debajo de ti. Subes a una altura de 150 pies, te detienes, y después te precipitas 128 pies, a más de 60 millas por hora. Tú y tu estómago giran primero en un rizo vertical de 104 pies, luego en dos rizos de 45 grados y por último en un rizo *subterráneo* de 60 pies y un tirabuzón. Luego de tres minutos sales del carro dando traspiés. Has sobrevivido a Montu™ ¡una de las montañas rusas invertidas más altas y largas del mundo!

Montu se inauguró en 1996 en Busch Gardens®, en Tampa, Florida, estremece a cerca de 1700 pasajeros cada hora.

Los diseñadores de montañas rusas usan las matemáticas para modelar los movimientos y la fuerza de los recorridos que crean y luego los analizan en una computadora. Los diseñadores de Montu confiaban que sería tan segura que quitaría el aliento. Ahora usarás los números enteros para investigar los juegos de un parque de diversiones.

1 Un carro de Montu sube 150 pies y después baja 128 pies. ¿Cómo podrías usar los números enteros para representar estos valores? ¿Cuál es la altura del carro después de su descenso de 128 pies? Explica tu razonamiento.

2 Si descendieras 128 ft tres veces consecutivas, ¿cuántos pies descenderías en total? Explica tu respuesta.

Suma de números enteros

Vas a aprender…

■ a sumar números enteros.

…cómo se usa

Las personas que pronostican el tiempo utilizan números enteros para describir los cambios en las temperaturas y presiones barométricas.

Vocabulario

inverso aditivo

pares de cero

▶ **Enlace con la lección** En la sección anterior, aprendiste las propiedades básicas de los números enteros. Ahora aprenderás cómo sumar números enteros. ◀

Investigar Suma de números enteros

Materiales: Azulejos de álgebra

¡Todo se puede sumar!

Suma de números enteros

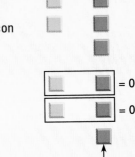

$+2$ + (-3)

- Para modelar $2 + (-3)$, representa los números enteros positivos con azulejos amarillos y los enteros negativos con azulejos rojos.

- $+1 + (-1) = 0$, por tanto, puedes eliminar cualquier par amarillo-rojo sin modificar el valor de la pila.

- Usa el (los) azulejo(s) restante(s) para calcular la suma.

1. Utiliza los azulejos de álgebra para hallar cada suma.

  a. $2 + 1$ **b.** $-1 + (-2)$ **c.** $3 + (-1)$

  d. $-1 + 2$ **e.** $1 + (-2)$ **f.** $-4 + 2$

$+2 + (-3) = -1$

2. Cuando sumas dos números enteros positivos, ¿la suma es positiva, negativa o imposible de predecir? ¿Puedes predecir el signo de la suma cuando sumas dos números enteros negativos? ¿Y cuando se trata de un número entero positivo y uno negativo? Explica tu respuesta.

3. ¿En qué difiere sumar números enteros de sumar números enteros?

Aprender Suma de números enteros

Puedes usar una recta numérica o los azulejos de álgebra para sumar números enteros.

Recta numérica

Para sumar un número *positivo*, muévete a la derecha.

Para sumar un número *negativo*, muévete a la izquierda.

$-1 + 3$

-3 -2 -1 $\quad 0$ $\;+1$ $+2$ $+3$

$+3 + (-5)$

Azulejos de álgebra

Usa los azulejos amarillos para representar números enteros positivos y los rojos para indicar los números enteros negativos.

Elimina los pares amarillo-rojo. El número de azulejos restantes es la suma.

Ejemplo 1

Usa la recta numérica y los azulejos de álgebra para sumar: $-2 + (-4)$

Recta numérica

Muévete 4 unidades a la izquierda

$-2 + (-4) = -6$

Azulejos de álgebra

sumado a →

La suma es 6 azulejos rojos.

$$-2 + (-4) = -6$$

Haz la prueba

Usa los azulejos de álgebra o la recta numérica para calcular cada suma.

a. $-2 + (-1)$ **b.** $3 + 2$ **c.** $-5 + (-3)$ **d.** $1 + 5$

En el ejemplo 1, se sumaron dos números con el *mismo* signo.

Cuando sumas números con signos *diferentes*, utilizas el
inverso aditivo, el cual es el opuesto de un número.
Por ejemplo, el inverso aditivo de -5 es 5.

Para ver el funcionamiento del inverso aditivo, imagina que compras 3 boletos en un parque de diversiones y después los usas para tomar un paseo que equivale a tres fichas. ¿Cuántas fichas te quedan?

LA PROPIEDAD DEL INVERSO ADITIVO

En palabras: La suma de un número entero y su inverso aditivo es 0.

En símbolos: $3 + (-3) = 0$ $a + (-a) = 0$

$1 + (-1) = 0$, por tanto, los azulejos ▢ ▦ forman un **par de cero**.

> **No te olvides**
>
> Las *operaciones inversas* se anulan entre sí. La suma y la resta son operaciones inversas.
>
> **[Página 75]**

Ejemplo 2

Usa los azulejos de álgebra para sumar: $-5 + 3$

Utiliza cinco azulejos rojos para representar -5 y tres azulejos amarillos para representar $+3$.

Elimina tres pares de ceros. (Advierte que -3 y 3 son inversos aditivos.) Quedan dos azulejos rojos a la izquierda.

más →   →

$-5 + 3 = -2$

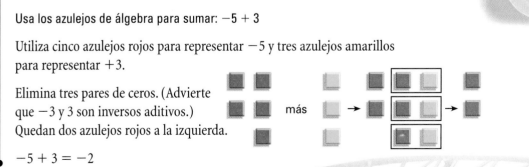

Ejemplo 3

En el juego de Hoop Shoot, los jugadores ganan un tanto por cada canasta que hacen. Clark empleó 6 fichas e hizo 9 canastas. Usa una recta numérica para encontrar cuántas fichas más tenía cuando terminó con relación a la cantidad con la que empezó.

Utiliza números negativos para representar las fichas que empleó y números positivos para indicar las que ganó.

fichas empleadas + fichas ganadas = total

$$-6 \quad + \quad 9 \quad = \quad 3$$

Clark salió del juego con tres fichas más que cuando empezó.

Muévete 9 unidades a la derecha

-6 0 3
Inicio   Final

Haz la prueba

Usa los azulejos de álgebra o la recta numérica para calcular cada suma.

a. $-1 + 4$ **b.** $3 + (-4)$ **c.** $-2 + 1$ **d.** $2 + (-2)$

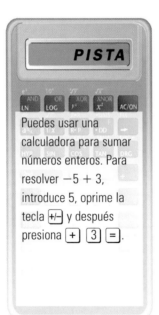

Como se muestra en el ejemplo 1, sumar números enteros con el mismo signo es similar a sumar números enteros. En los ejemplos 2 y 3, cuando los sumandos tienen signos opuestos, la operación se parece más a una resta de números enteros. Estos resultados se resumen a continuación.

REGLAS PARA LA SUMA DE NÚMEROS ENTEROS

Suma de números enteros con el mismo signo	• *Suma* los valores absolutos de los números. • Usa el signo de los números.
Suma de números enteros con signos diferentes	• *Resta* los valores absolutos de los números. • Usa el signo del número con el mayor valor absoluto.

Ejemplos

Halla cada suma.

4 $-7 + (-14)$

$$7 + 14 = 21 \qquad \text{Suma los valores absolutos.}$$
$$-7 + (-14) = -21 \qquad \text{Usa el signo de los números.}$$

5 $23 + (-12)$

$$23 - 12 = 11 \qquad \text{Resta los valores absolutos.}$$
$$23 + (-12) = 11 \qquad \text{Usa el signo del número con el mayor valor absoluto.}$$

1. ¿Cómo calculas la suma de dos números enteros con signos diferentes?

2. ¿Cómo se relaciona la propiedad del inverso aditivo con la idea de los pares de cero?

9-4 Ejercicios y aplicaciones

Práctica y aplicación

1. **Para empezar** Sigue estos pasos para calcular $2 + (-5)$ mediante los azulejos de álgebra.

   a. Haz un bosquejo de dos azulejos positivos y coloréalos de amarillo (o déjalos vacíos).

   b. Haz un bosquejo de cinco azulejos negativos y coloréalos de rojo (o aplícales una sombra).

   c. Elimina pares de cero.

   d. Cuenta los azulejos restantes y escribe la suma.

Escribe cada modelo como una suma y resuelve el problema.

2.

3.

4.

Halla el inverso aditivo de cada número entero.

5. -6 **6.** 8 **7.** -15 **8.** 1 **9.** 0

Usa los azulejos de álgebra o la recta numérica para calcular cada suma.

10. $2 + 4$ **11.** $-7 + (-3)$ **12.** $6 + (-2)$ **13.** $-4 + 9$ **14.** $6 + (-6)$

15. $9 + (-5)$ **16.** $-5 + 8$ **17.** $-4 + (-6)$ **18.** $7 + (-8)$ **19.** $-4 + 4$

Comprensión de operaciones Halla cada suma.

20. $-16 + 37$ **21.** $23 + (-12)$ **22.** $-25 + (-15)$

23. $-81 + 35$ **24.** $64 + (-23)$ **25.** $97 + (-75)$

26. $42 + 14$ **27.** $-55 + (-55)$ **28.** $123 + (-60)$

29. Binh empleó 15 fichas en los juegos electrónicos de un parque de diversiones. Ganó 11 fichas mientras estaba en los juegos. Si ya no le quedan fichas cuando sale de los juegos, ¿cuántas compró mientras jugaba? Explica tu respuesta.

PRACTICAR 9-4

Patrones Escribe el siguiente número entero en cada patrón.

30. $-18, -14, -10,$ _____

31. $8, 2, -4,$ _____

32. $-8, -1, 6,$ _____

33. | Para la prueba | Un equipo de fútbol americano gana 7 yardas en una jugada y luego pierde 15 yardas en la siguiente. ¿Cuál es la ganancia total del equipo?

ⓐ 8 yardas   ⓑ -8 yardas   ⓒ 22 yardas   ⓓ -22 yardas

34. Ciencias Aunque el mercurio es un metal, es un líquido a la temperatura ambiente y se derrite a $-39°C$. Si la temperatura de un bloque de mercurio empieza a $-54°C$ y se incrementa en $22°C$, ¿el mercurio se derrite? ¿Por qué?

Resolución de problemas y razonamiento

35. Razonamiento crítico La primera rueda de la fortuna se puso en operación durante la Exposición Mundial Colombina de Chicago en 1893. La parte superior de la rueda estaba a 264 pies sobre el suelo.

a. El carro de Bertram estaba hasta arriba de la rueda de la fortuna y descendió 127 pies. Escribe una suma que puedas usar para calcular su altura después de este descenso.

b. ¿Qué tan lejos del suelo estaba Bertram?

36. **En tu diario** Escribe una ecuación de suma mediante el uso de un número entero positivo y uno negativo, de manera que:

a. La suma sea positiva

b. La suma sea negativa

c. La suma sea cero

d. La suma sea -14

Repaso mixto

Usa la división o multiplicación para completar cada tabla. *[Lección 6-4]*

37. Halla cinco razones equivalentes a $\frac{3}{7}$.

3	6	9	12	15	18
7					

38. Halla cinco razones equivalentes a $\frac{60}{96}$.

60	30	20	15	10	5
96					

Escribe cada porcentaje como una fracción en su mínima expresión. *[Lección 8-2]*

39. 50%   **40.** 80%   **41.** 5%   **42.** 36%   **43.** 45%

44. 98%   **45.** 11.2%   **46.** 47%   **47.** 52%   **48.** 0.5%

Resta de números enteros

▶ **Enlace con la lección** En la lección anterior aprendiste a sumar números enteros. Ahora investigarás la resta de números enteros. ◀

Investigar | Resta de números enteros

¿Cuál es la diferencia?

Materiales: Azulejos de álgebra

Resta de números enteros

2 – 3

- Para modelar 2 − 3, usa azulejos de álgebra a fin de representar el primer número en la resta.

- El segundo número en la resta te indica cuántos azulejos debes "eliminar". Si no tienes suficientes para ello, agrega pares amarillos-rojos hasta que tengas el número correcto.

Ahora hay 3 azulejos positivos para eliminar.

- Elimina un número de azulejos igual al segundo número en la resta. Usa el (los) azulejo(s) restante(s) para escribir la diferencia.

Elimina 3 azulejos.

2 – 3 = –1

1. Utiliza los azulejos de álgebra para hallar las siguientes diferencias.

a. $5 - 3$ b. $-7 - (-2)$ c. $-6 - (-4)$

d. $2 - 3$ e. $2 - (-3)$ f. $-3 - (-5)$

2. ¿Por qué puedes agregar pares amarillo-rojo al número original de azulejos?

3. Cuando restas un número entero negativo de un número, ¿cómo se compara el resultado con el número original? Explica la causa de esta situación.

Vas a aprender...

■ a restar números enteros.

...cómo se usa

Los propietarios de negocios necesitan sumar y restar números enteros para ver si su negocio gana o pierde dinero.

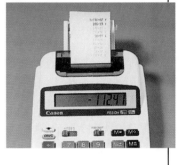

Aprender | Resta de números enteros

Puedes modelar una resta con los azulejos de álgebra. Para restar un número, elimina ese número de azulejos. Así, para restar 5 − 3:

Empieza con 5 azulejos positivos.

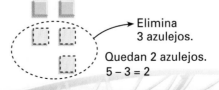

Elimina 3 azulejos.

Quedan 2 azulejos.

5 – 3 = 2

Cuando usas azulejos de álgebra para restar números enteros, quizá no tengas suficientes azulejos para eliminar. Por tanto, puedes agregar pares de cero para proporcionar los azulejos que necesitas.

Ejemplo 1

▶ **Enlace con Historia**

El matemático italiano Leonardo Fibonacci publicó *Liber Abaci* (El libro de los números) en el año 1202 d.C. En él explica que "5 disminuido por 8" daría por resultado "una deuda de 3". Esta es una de las referencias más antiguas de la que se tiene conocimiento acerca de un número negativo.

Usa los azulejos de álgebra para restar: $-2 - 3$

Empieza con dos azulejos negativos.

No tienes tres azulejos positivos para eliminar. Por tanto, para introducir los tres azulejos positivos que necesitas, agrega tres pares de cero. (Puesto que añades ceros, el valor de la pila no se modifica.)

Ahora realiza la resta al eliminar tres azulejos positivos. Quedan cinco azulejos negativos.

$$-2 - 3 = -5$$

Haz la prueba

Usa los azulejos de álgebra para calcular la resta.

a. $4 - 3$ **b.** $2 - 5$ **c.** $-3 - 3$ **d.** $-2 - (-6)$

Puedes utilizar una recta numérica para restar números enteros. Cuando restas un número positivo, la diferencia es *menor* que el número original, por lo que te mueves a la *izquierda*. Para restar un número negativo, muévete a la *derecha*.

Ejemplo 2

Usa una recta numérica para restar: $-6 - (-4)$

Empieza en -6. Para restar el 4 *negativo*, muévete cuatro unidades a la *derecha*.

$$-6 - (-4) = -2$$

Muévete 4 unidades a la derecha

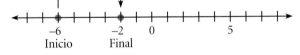

Haz la prueba

Usa una recta numérica para calcular las siguientes restas.

a. $5 - 3$ **b.** $-2 - 3$ **c.** $-1 - (-4)$ **d.** $0 - (-2)$

Puedes usar la recta numérica para mostrar una relación muy importante entre la suma y la resta de números enteros.

Compara el problema de resta $-4 - (-3)$ con el problema de suma $-4 + 3$.

Para restar 3 negativo, muévete a la *derecha*.   Para sumar 3 positivo, muévete a la *derecha*.

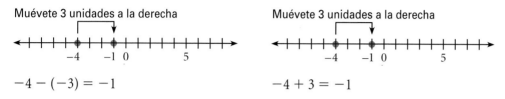

$$-4 - (-3) = -1$$

$$-4 + 3 = -1$$

En ambos casos, empiezas en el mismo punto, te mueves en la misma dirección y obtienes la misma respuesta. Esta idea se resume en la siguiente propiedad:

Restar un número es lo mismo que sumar su opuesto.

Ejemplo 3

Durante el descenso más prolongado de la montaña rusa Mean Streak en Cedar Point®, en Sandusky, Ohio, tu altura cambia a -155 pies. Mientras que el descenso más prolongado del Texas Giant™, en Six Flags® en Texas, tiene un cambio de -137 pies. ¿En qué cantidad es más rápido el descenso en Mean Streak?

$-155 - (-137) = -155 + 137$ Escribe la ecuación como una suma.

$\qquad\qquad = |-155| - |137|$ Los números enteros tienen signos diferentes. Resta sus valores absolutos.

$\qquad\qquad = 155 - 137$

$\qquad\qquad = 18$, pero escribe -18 Toma el signo del número con el mayor valor absoluto.

Desciendes 18 pies más en la montaña rusa Mean Streak.

Haz la prueba

La Torre de acrobacias Drop Zone™ de Paramount's Great America® tiene un cambio de altitud de caída libre de -129 pies. Remplaza a Edge™, que tenía un cambio de -60 pies. ¿Cuánto más es la distancia en la caída libre de Drop Zone?

La montaña rusa Mean Streak alcanza una velocidad de hasta 65 millas por hora.

Comprobar | Tu comprensión

1. ¿Cómo se relaciona la suma con la resta?

2. Michelle restó un número entero negativo de otro número entero. ¿Su respuesta fue mayor o menor que el número entero original? Explica tu respuesta.

Práctica y aplicación

1. | **Para empezar** | Sigue estos pasos para calcular la resta $1 - (-4)$ mediante los azulejos de álgebra.

   a. Dibuja un azulejo de álgebra positivo para representar 1.

   b. Como no tienes 4 azulejos negativos para eliminar, traza 4 pares de cero.

   c. Resta mediante la eliminación de 4 azulejos negativos.

   d. Cuenta los azulejos restantes y escribe la diferencia.

Usa los azulejos de álgebra para calcular las siguientes restas.

2. $3 - (-3)$ **3.** $-5 - 4$ **4.** $-2 - 7$

Utiliza una recta numérica para hallar cada resta.

5. $5 - (-5)$ **6.** $-3 - (-4)$ **7.** $8 - (-4)$

Comprensión de operaciones Calcula las siguientes restas.

8. $-12 - 33$ **9.** $42 - (-14)$ **10.** $-39 - (-45)$ **11.** $-60 - (-120)$ **12.** $85 - (-30)$

13. $-18 - 3$ **14.** $22 - (-17)$ **15.** $52 - 82$ **16.** $-75 - (-75)$ **17.** $-147 - (-56)$

18. $-67 - 136$ **19.** $271 - (-312)$ **20.** $-430 - (-650)$ **21.** $43 + (-15) - (-102)$

Patrones Escribe el número entero que siga a cada patrón.

22. $5, 0, -5,$ _____   **23.** $13, 4, -5,$ _____   **24.** $16, 2, -12,$ _____

Halla el número desconocido en cada resta.

25. $-23 - x = -35$ **26.** $7 - y = -5$

27. $-7 - w = 0$ **28.** $11 - z = 26$

29. Geografía La siguiente tabla muestra las temperaturas más altas y más bajas que se han registrado en varios estados. Halla el rango de temperatura para cada estado. ¿Cuál estado tiene el rango más amplio? ¿Y el rango más estrecho?

Death Valley, California

Temperaturas extremas					
Estado	Alaska	California	Hawaii	North Dakota	West Virginia
Temperatura alta	100°F	134°F	100°F	121°F	112°F
Temperatura baja	−80°F	−45°F	14°F	−60°F	−37°F

30. | Para la prueba | Un golfista profesional anota 5 bajo par (-5), 3 bajo par, 6 bajo par y 4 bajo par durante los cuatro días de un torneo. ¿Cuál es su calificación total?

Ⓐ $+18$ Ⓑ $+8$ Ⓒ -18 Ⓓ -8

Resolución de problemas y razonamiento

31. Escoge una estrategia Evalúa las siguientes expresiones si $x = -10$ y $y = 20$. Escribe una ecuación por cada expresión.

a. $x - y$ **b.** $y - x$ **c.** $x - x$ **d.** $y - y$

32. Razonamiento crítico El ascenso desde el inicio hasta la cima del primer monte en la montaña rusa "Yo grito, tú gritas" es de 115 pies.

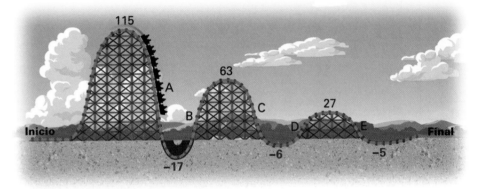

a. ¿Cuál es el cambio de altitud para el descenso A, donde la montaña rusa se sumerge en un túnel subterráneo (de 115 pies a -17 pies)?

b. Encuentra los cambios para cada uno de los restantes ascensos y descensos (B–E).

c. ¿Cómo calculaste el cambio para el descenso E?

Repaso mixto

Usa un árbol de factores para encontrar la descomposición factorial de los siguientes números. De ser posible, expresa los factores múltiples como exponentes. *[Lección 3-6]*

33. 1024   **34.** 132   **35.** 66   **36.** 375   **37.** 144

38. 210   **39.** 2730   **40.** 192   **41.** 96   **42.** 2310

Escribe cada decimal como un porcentaje. *[Lección 8-3]*

43. 0.52   **44.** 0.17   **45.** 0.9   **46.** 0.07   **47.** 2.43

48. 1   **49.** 9.87654   **50.** 0.00003   **51.** 10.2   **52.** 0.1053

> **Resolución de problemas**
> ## ESTRATEGIAS
> - Busca un patrón
> - Organiza la información en una lista
> - Haz una tabla
> - Prueba y comprueba
> - Empieza por el final
> - Usa el razonamiento lógico
> - Haz un diagrama
> - Simplifica el problema

TECNOLOGÍA

Uso de la hoja de cálculo • Duplicación de fórmulas

Problema: La familia de Magdalena tiene un restaurante. La tabla muestra las ventas totales de cinco meses. ¿Cuáles son las ventas promedio diarias de cada mes?

Usa tu destreza con la hoja de cálculo para duplicar fórmulas para contestar esta pregunta.

Ene.	$7050
Feb.	$5784
Mar.	$8992
Abr.	$7231
May.	$9067

1 Introduce los datos y el número de días de cada mes en tu hoja de cálculo.

Después, para calcular las ventas diarias de enero, divide el valor de la celda B2 entre el número de días de la celda B3. Esta fórmula es $=B2/B3$. Introdúcela en la celda B4 y aprieta la tecla "return".

	A	B	C	D	E	F
1	Mes	Enero	Febrero	Marzo	Abril	Mayo
2	Ventas	7050	5784	8992	7231	9067
3	Días del mes	31	28	31	30	31
4	Ventas diarias	227.42				

2 Para calcular las ventas diarias de los otros meses, puedes introducir $=C2/C3$ en la celda **C4**, $=D2/D3$ en la celda **D4** y así sucesivamente. Pero, excepto por las letras, estas fórmulas son las mismas que se utilizaron en la celda **B4**. En este caso, puedes copiar (con **COPY**) la fórmula y pegarla (con **PASTE**) desde la celda **C4** hasta la **F4**. La hoja de cálculo actualiza de manera automática las referencias de celda (si observas la celda **E4**, se muestra la fórmula $=E2/E3$.)

	B
1	Enero
2	7050
3	31
4	227.42

	A	B	C	D	E	F
1	Mes	Enero	Febrero	Marzo	Abril	Mayo
2	Ventas	7050	5784	8992	7231	9067
3	Días del mes	31	28	31	30	31
4	Ventas diarias	227.42	206.57	290.06	241.03	292.48

Solución: Las ventas diarias se muestran en la última hilera de la tabla.

INTÉNTALO

El mercado Misha está abierto todos los días. En las primeras 13 semanas del año, los clientes compraron 20, 21, 24, 19, 18, 23, 22, 26, 28, 24, 30, 34 y 48 bebidas Súper Aguanieve. Usa una hoja de cálculo para hallar las ventas promedio por día de cada semana.

POR TU CUENTA

▶ ¿Por qué es útil poder copiar y pegar fórmulas en una hoja de cálculo?

▶ También puedes copiar y pegar números en una hoja de cálculo. Si la familia de Magdalena tuviera otro restaurante y quisiera calcular sus ventas diarias de los primeros cuatro meses, ¿qué números de la hoja de cálculo mostrada en **1** serían útiles para copiar y pegar?

Multiplicación de números enteros

▶ **Enlace con la lección** Como ya sabes sumar y restar números enteros, en esta lección investigarás la multiplicación de números enteros. ◀

Investigar | **Multiplicación de números enteros**

Un buen giro se merece otro

Latasha filmó un video de su hermana Tonya subida en la rueda de la fortuna. Durante la primera mitad de su paseo, la rueda giró hacia adelante (en el sentido de las manecillas del reloj). Durante la segunda mitad del paseo, la rueda giró hacia atrás. Más tarde, las niñas reprodujeron el video en su videocasetera.

1. En el video, ¿la rueda parecía girar hacia adelante o hacia atrás durante la primera mitad del paseo?

2. ¿Durante la segunda mitad del paseo, ¿la rueda parecía girar hacia adelante o hacia atrás?

3. Por diversión, las niñas decidieron correr el video hacia atrás. ¿La rueda parecía girar hacia adelante o hacia atrás durante la primera mitad del paseo? ¿Cómo parecía girar la rueda durante la segunda mitad del paseo? Explica tu respuesta.

4. Usa tus respuestas a las preguntas 1–3 para copiar y completar la siguiente tabla. Describe cualquier patrón que observes.

Movimiento de la rueda	Adelante	Atrás	Adelante	Atrás
Movimiento de la videocasetera	Adelante	Atrás	Adelante	Atrás
Movimiento *aparente*				

Vas a aprender...

■ a multiplicar números enteros.

...cómo se usa

Los ingenieros civiles utilizan la multiplicación de números enteros cuando calculan la resistencia de un puente.

Cuando multiplicas dos números enteros, necesitas saber si el producto es positivo o negativo. Hay cuatro casos en los cuales debes pensar al respecto:

Primer número	Segundo número	Ejemplo
+	+	$2 \cdot 3$
+	−	$2 \cdot (-3)$
−	+	$-2 \cdot 3$
−	−	$-2 \cdot (-3)$

El primer caso es sencillo. Gracias a la aritmética, sabes que *el producto de dos números positivos es positivo.*

Puedes usar los azulejos de álgebra para investigar el segundo caso.

Razona: $2 \cdot (-3)$ significa "dos grupos de tres negativos".

Hay seis azulejos rojos, por tanto, $2 \cdot (-3) = -6$.

Gracias a la propiedad conmutativa de la multiplicación, sabes que el orden de la multiplicación no altera el producto. Para el tercer caso, $-3 \cdot 2$ debe ser igual a -6. Por tanto, *el producto de dos números enteros con signos diferentes es negativo* y $-2 \cdot 3$ también es igual a -6.

Ejemplos

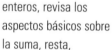
Halla cada producto.

1 $12 \cdot 5$

Ambos números son positivos, por tanto, el producto es positivo.

$12 \cdot 5 = 60$

2 $-6 \cdot 8$

-6 es negativo y 8 es positivo, por tanto, el producto es negativo.

$-6 \cdot 8 = -48$

3 $7 \cdot (-2)$

7 es positivo y -2 es negativo, por tanto, el producto es negativo.

$7 \cdot (-2) = -14$

Haz la prueba

Halla los siguientes productos.

a. $-4 \cdot 4$　　　　**b.** $10 \cdot 2$　　　　**c.** $9 \cdot (-6)$

d. $-11 \cdot 3$　　　　**e.** $28 \cdot (-5)$　　　　**f.** $-19 \cdot 0$

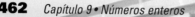

Ejemplo 4

Cuando los 32 pasajeros de la montaña rusa pasaron por un rizo, se cayeron 65¢ de cambio en promedio de cada uno de sus bolsillos. ¿Cuánto dinero en total perdieron los pasajeros?

Usa -65 para representar una pérdida de 65¢.

$$32 \cdot (-65) = -2080$$

Los factores tienen signos opuestos, por tanto, el producto es negativo.

Los pasajeros perdieron 2080¢, es decir, $20.80.

Para determinar qué sucede cuando ambos números son negativos, estudia el patrón de la tabla adjunta. ¿Qué predicciones puedes hacer sobre $-3 \cdot (-1)$ y $-3 \cdot (-2)$?

Cada producto es 3 más que el anterior. Continúa con el patrón, $-3 \cdot (-1) = 3$ y $-3 \cdot (-2) = 6$. Esto muestra que *el producto de dos números enteros negativos es positivo.*

A continuación se resumen las reglas para multiplicar números enteros.

-3×4	$=$	-12
-3×3	$=$	-9
-3×2	$=$	-6
-3×1	$=$	-3
-3×0	$=$	0
$-3 \times (-1)$	$=$	?
$-3 \times (-2)$	$=$	?

Sugerencia

Puedes recordar que el producto de dos números negativos es positivo si imaginas que sus dos signos menos forman un signo más.

REGLAS PARA MULTIPLICAR NÚMEROS ENTEROS

- El producto de dos números con el mismo signo es positivo.
- El producto de dos números con signos diferentes es negativo.

Ejemplos

5 Multiplica: $-34 \cdot (-9)$

Ambos números tienen el mismo signo, por tanto, el producto es positivo.

$$-34 \cdot (-9) = 306$$

6 Multiplica: $-2 \cdot (-3) \cdot (-4)$

$-2 \cdot (-3) \cdot (-4) = 6 \cdot (-4)$ Los signos son iguales; el producto es positivo.

$\qquad 6 \cdot (-4) = -24$ Los signos son diferentes; el producto es negativo.

Haz la prueba

Halla cada producto.

a. $-4 \cdot (-8) \cdot 2$ **b.** $5 \cdot 3 \cdot (-2)$ **c.** $6 \cdot (-2) \cdot (-2)$

CÁLCULO MENTAL

Cuando multiplicas una serie de números enteros, primero busca números compatibles para multiplicar.

1. Explica por qué $3 \cdot 4 = -3 \cdot (-4)$.

2. ¿Qué puedes decir acerca del signo de dos números cuando el producto es positivo? ¿Y cuando es negativo?

9-6 Ejercicios y aplicaciones

Práctica y aplicación

| Para empezar | Copia y completa cada patrón.

1. $4 \times 4 = 16$
$4 \times 3 = 12$
$4 \times 2 = ?$
$4 \times 1 = ?$
$4 \times 0 = 0$
$4 \times (-1) = ?$
$4 \times (-2) = ?$

2. $-5 \times 3 = -15$
$-5 \times 2 = -10$
$-5 \times 1 = ?$
$-5 \times 0 = 0$
$-5 \times (-1) = ?$
$-5 \times (-2) = ?$
$-5 \times (-3) = ?$

3. $-9 \times 3 = ?$
$-9 \times 2 = -18$
$-9 \times 1 = -9$
$-9 \times 0 = ?$
$-9 \times (-1) = ?$
$-9 \times (-2) = ?$
$-9 \times (-3) = 27$

Comprensión de operaciones Proporciona el signo de los siguientes productos.

4. $+ \times +$ **5.** $+ \times -$ **6.** $- \times +$ **7.** $- \times -$

Comprensión de operaciones Halla cada producto.

8. $8 \cdot 9$ **9.** $-8 \cdot (-9)$ **10.** $-8 \cdot 9$ **11.** $8 \cdot (-9)$ **12.** $-8 \cdot 0$

13. $-5 \cdot (-9)$ **14.** $12 \cdot (-3)$ **15.** $-20 \cdot 5$ **16.** $-14 \cdot (-10)$ **17.** $27 \cdot (-5)$

18. $-81 \cdot 1$ **19.** $-25 \cdot (-5)$ **20.** $100 \cdot (-10)$ **21.** $-16 \cdot 7$ **22.** $-50 \cdot (-50)$

23. $-2 \cdot (-2) \cdot (-2)$ **24.** $-5 \cdot 2 \cdot (-3)$ **25.** $-7 \cdot 3 \cdot 4$ **26.** $10 \cdot (-6) \cdot (-5)$ **27.** $8 \cdot (-8) \cdot 8$

28. Ciencias El arrecife de rocas en el fondo de las cataratas Horseshoe de Canadá se desgasta como 2 pies cada año a causa de la erosión.

    a. Escribe la tasa de erosión como un número entero negativo.

    b. Calcula cuánto se erosionará el arrecife de rocas en un período de siete años.

29. Deportes La calificación más-menos de un jugador de hockey compara el número de goles anotados por su equipo (más) con el número anotado por los oponentes (menos) mientras él juega. En 1996, ocho jugadores de San Jose Sharks tenían una calificación promedio más-menos de -17. ¿Cuál era el total de sus calificaciones?

30. Cálculo aproximado Haz un cálculo aproximado del producto $-5 \cdot 19 \cdot (-11)$. Explica cómo haces este cálculo.

31. [Para la prueba] Miguel retiró $20 semanales de su cuenta bancaria durante 4 semanas. ¿Cuál expresión muestra el cambio en el balance de su cuenta?

Ⓐ $-20 + 4$ Ⓑ $-20 - 4$ Ⓒ -20×4 Ⓓ $-20 \div 4$

Resolución de problemas y razonamiento

32. Comunicación En este ejercicio, buscarás patrones en las potencias de números negativos.

a. Evalúa $(-2)^2, (-2)^3, (-2)^4, (-2)^5$ y $(-2)^6$.

b. Evalúa $(-3)^2, (-3)^3, (-3)^4, (-3)^5$ y $(-3)^6$.

c. ¿Qué patrones observas en tus resultados? Explica por qué los patrones tienen sentido.

33. Comunicación ¿En qué se parece multiplicar números enteros a multiplicar números cabales? ¿En qué difiere?

34. Razonamiento crítico Imagina que un parque de diversiones compró un carrusel en $92,000 y 42,512 personas pagaron $2 cada una por subirse al carrusel en su primer año de operación. Si se ignora el costo de la operación, ¿cuánto dinero ganó o perdió el parque en el primer año de funcionamiento del carrusel?

Repaso mixto

Halla el MCD de cada par de números. *[Lección 3-7]*

35. $45, 75$ **36.** $132, 55$ **37.** $68, 187$ **38.** $76, 361$

39. $147, 168$ **40.** $51, 129$ **41.** $273, 54$ **42.** $36, 72$

Usa el cálculo mental para encontrar los siguientes porcentajes. *[Lección 8-4]*

43. 15% de 400   **44.** 10% de 42   **45.** 75% de 120   **46.** 20% de 40

47. 5% de 30   **48.** 80% de 50   **49.** 15% de $36   **50.** 60% de 200

División de números enteros

▶ **Enlace con la lección**   Ya sabes cómo sumar, restar y multiplicar números enteros. Ahora aplicarás tus conocimientos sobre la multiplicación para desarrollar las reglas de la división para los números enteros. ◀

Investigar   División de números enteros

Un descenso moderado también es divertido

La tabla proporciona los cambios de altitud de caída libre en cinco juegos del parque de diversiones.

1. Grafica estos cambios de altura en una recta numérica.

Nombre del juego	Desperado	Drop Zone™	Steel Force®	Loch Ness Monster®	Mantis
Cambio (ft)	−225	−137	−205	−114	−137

2. Haz un cálculo aproximado de un punto en la recta que represente la media de estos cambios. ¿Cómo elegiste el punto? ¿La media es positiva o negativa? (Recuerda que la media de un conjunto de datos es la suma de valores dividida entre el número de valores.)

3. Sin sumar, menciona si la suma de cambios es positiva o negativa. Explica cómo determinaste la respuesta.

4. Sin dividir, indica si la suma de cambios dividida entre 5 es positiva o negativa. Explica cómo lo sabes.

5. Dos juegos que no se listan en la tabla anterior tienen cambios de altitud de −100 pies y −200 pies. Halla la media de cambio para estos juegos. ¿Cómo calculaste la media?

Aprender   División de números enteros

La multiplicación y división son operaciones inversas. Si conoces el producto de dos números, puedes encontrar sus dos cocientes.

$$3 \cdot 4 = 12$$

$$12 \div 4 = 3 \qquad\qquad 12 \div 3 = 4$$

Ejemplos

Usa el producto dado para hallar cada cociente.

1 $8 \cdot 6 = 48$ **2** $-2 \cdot 4 = -8$ **3** $-3 \cdot (-2) = 6$ **4** $9 \cdot (-6) = -54$

$48 \div 8 = ?$ $-8 \div 4 = ?$ $6 \div (-3) = ?$ $-54 \div (-6) = ?$

$48 \div 8 = 6$ $-8 \div 4 = -2$ $6 \div (-3) = -2$ $-54 \div (-6) = 9$

Haz la prueba

Usa el producto dado para calcular cada cociente.

a. $7 \cdot 4 = 28$ **b.** $5 \cdot (-3) = -15$ **c.** $-2 \cdot 9 = -18$ **d.** $-3 \cdot (-3) = 9$

$28 \div 7 = ?$ $-15 \div (-3) = ?$ $-18 \div 9 = ?$ $9 \div (-3) = ?$

A causa de la relación entre la división y la multiplicación, las reglas para dividir números enteros son las mismas que aquellas para multiplicar números enteros.

REGLAS PARA DIVIDIR NÚMEROS ENTEROS

- El cociente de dos números con el mismo signo es positivo.
- El cociente de dos números con signos diferentes es negativo.

Ejemplo 5

Shelley jugó golfito en un parque de diversiones. *Par* es un número típico de golpes (tiros) por hoyo. Las anotaciones arriba de par son positivas, mientras que abajo de par son negativas.

En los primeros cinco hoyos, las anotaciones de Shelley fueron -2, -1, $+1$, -2 y -1. ¿Cuál fue su anotación media para estos hoyos?

Para calcular la media, divide el total de anotaciones entre el número de hoyos.

$$\frac{-2 + (-1) + 1 + (-2) + (-1)}{5} = \frac{-5}{5} = -1$$

La anotación media de Shelley para los primeros cinco hoyos fue -1 (1 bajo par).

Haz la prueba

Estos son los resultados de seis juegos del equipo de fútbol americano de la preparatoria Elbmuf. Encuentra la ganancia media por juego.

$-3, -5, 19, -7, -24, -4$

> **Resolución de problemas**
> **TEN EN CUENTA**
>
> Puedes utilizar inversos aditivos para simplificar la suma de números enteros. En el ejemplo 5, primero suma -1 y $+1$ para obtener 0 y después suma los números restantes.

¿QUÉ CREES TÚ?

Andy y Jyotsna quieren ir con su club de exploradores de cavernas al túnel de una cueva cuya elevación es de −56 pies. Tienen contemplado descender a una tasa de −8 pies/min y necesitan saber cuánto tiempo les tomará llegar a la cueva.

Andy piensa...

Ignoraré los signos positivos y negativos.

56 dividido entre 8 es 7.

Los dos números enteros (−56 y −8) tienen el mismo signo, por tanto, el cociente es 7 positivo.

Nos tomará 7 minutos llegar al pasaje.

Jyotsna piensa...

Convertiré esto en un problema de multiplicación.

Iremos −56 pies a −8 pies por minuto.

Puesto que la tasa x tiempo = distancia, necesito saber cuántas veces −8 es −56. Sé que 56 es 8 veces 7. Un producto negativo tiene que resultar de dos números con signos diferentes, por tanto, el número que busco es 7 positivo.

Nos tomará 7 minutos alcanzar el pasaje.

¿Qué crees tú?

1. ¿En realidad Andy ignoró los signos positivos y negativos? Explica tu respuesta.

2. Después de explorar la cueva, Andy y Jyotsna tardaron 28 minutos en regresar a la superficie. ¿Cómo podría cada uno calcular la velocidad de su ascenso?

Comprobar | Tu comprensión

1. El cociente de dos números enteros es positivo. ¿Qué sabes sobre los signos de los números enteros?

2. El cociente de dos números enteros es negativo. ¿Qué sabes acerca de los signos de los números enteros?

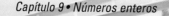

Práctica y aplicación

1. | **Para empezar** | La figura muestra los cambios de altura para las caídas más largas de algunas de las montañas rusas más grandes del mundo. Sigue los pasos para hallar el cambio promedio.

Nombre	Steel Phantom	Moonsault Scramble	Mean Streak	Texas Giant™
Cambio (ft)	–225	–207	–155	–137

a. Suma los cuatro cambios de altura.

b. Divide la suma entre 4 para hallar el cambio promedio.

c. Escribe tu respuesta como un número entero.

d. ¿Esto representa un ascenso o descenso?

Comprensión de operaciones Proporciona el signo de cada cociente.

2. $+ \div +$

3. $+ \div -$

4. $- \div +$

5. $- \div -$

Usa el producto dado para calcular cada cociente.

6. $7 \cdot 4 = 28$
$28 \div 4 = ?$

7. $-3 \cdot 17 = -51$
$-51 \div 17 = ?$

8. $-7 \cdot (-9) = 63$
$63 \div (-7) = ?$

9. $8 \cdot (-4) = -32$
$-32 \div (-4) = ?$

Halla cada cociente.

10. $-18 \div (-9)$

11. $-18 \div 9$

12. $0 \div (-8)$

13. $16 \div (-2)$

14. $-63 \div (-7)$

15. $-81 \div (-1)$

16. $-40 \div 10$

17. $80 \div (-5)$

18. $-105 \div 5$

19. $-300 \div (-20)$

20. $400 \div 0$

21. $-1000 \div 125$

22. $-256 \div (-16)$

23. $-56 \div 7 \div (-2)$

24. Ciencias Una onda fría agobió a gran parte de Estados Unidos durante la primera semana de febrero de 1996. Esa semana, las temperaturas más bajas de cuatro ciudades de Ohio fueron: $-10°F$ en Cleveland; $-11°F$ en Cincinnati; $-3°F$ en Columbus; y $-8°F$ en Toledo. ¿Cuál fue la temperatura promedio más baja de estas ciudades?

25. Estadística Antonio tenía puntuaciones de $-1, -2, -1, -2, 0,$ $2, -1, -2$ y -2 en nueve hoyos en un curso de golfito. ¿Cuál era la media de su puntaje?

PRACTICAR 9-7

26. **Para la prueba** Si divides un número negativo entre otro, el cociente es:

Ⓐ Mayor que cualquiera de los dos números. Ⓑ Menor que cualquiera de los dos números.

Ⓒ Igual que uno de los números. Ⓓ No hay información suficiente para determinarlo.

Resolución de problemas y razonamiento

27. **Comunicación** ¿Cuál es la media de cinco números enteros negativos y sus opuestos? Explica cómo lo sabes.

28. **Razonamiento crítico** La tabla muestra las cifras de asistencia aproximada a los cuatro mejores parques de diversiones y temáticos de Estados Unidos en el período 1993–1995, según datos publicados por la revista *Amusement Business*.

Halla el cambio promedio de asistencia a estos parques de 1993 a 1994. Compara el resultado con el cambio promedio de 1994 a 1995. Expresa tus respuestas como números enteros y explica el significado de sus signos.

Asistencia al parque, 1993–1995			
	1993	**1994**	**1995**
The Magic Kingdom®	12,000,000	11,200,000	12,900,000
Disneyland®	11,400,000	10,300,000	14,100,000
EPCOT®	10,000,000	9,700,000	10,700,000
Estudios Disney–MGM	8,000,000	8,000,000	9,500,000

Repaso mixto

Expresa cada fracción en su mínima expresión. *[Lección 3-8]*

29. $\frac{33}{75}$ **30.** $\frac{10}{20}$ **31.** $\frac{9}{45}$ **32.** $\frac{12}{48}$ **33.** $\frac{52}{65}$ **34.** $\frac{4}{4}$ **35.** $\frac{5}{25}$ **36.** $\frac{240}{375}$

Resuelve cada problema. Si es necesario, redondea las respuestas al décimo más cercano. *[Lección 8-5]*

37. ¿Qué porcentaje de 56 es 28? **38.** ¿5 es el 20% de qué número? **39.** ¿Qué número es el 11% de 200?

40. ¿Qué número es el 16% de 50? **41.** ¿Qué porcentaje de 144 es 36? **42.** ¿Qué número es el 45% de 40?

El proyecto en marcha

Usa tu lista de acontecimientos para completar tu línea cronológica. Ilústrala con recortes o dibujos que muestren diferentes sucesos. Elabora una lista que indique el tiempo transcurrido entre varios pares de acontecimientos en tu línea cronológica. Incluye los sucesos anteriores y posteriores a tu nacimiento así como de tu futuro.

Resolución de problemas

Comprende
Planea
Resuelve
Revisa

Has sumado, restado, multiplicado y dividido números enteros. Ahora mostrarás cómo estas operaciones se relacionan con la vida "real" en las montañas rusas, los deslizadores acuáticos y los carruseles.

Es tiempo de divertirse

Tu clase acaba de hacerse cargo de un parque de diversiones y tú eres parte del equipo de relaciones públicas (RP). Tu trabajo consiste en explicar a otros estudiantes la relación entre los parques de diversiones y las matemáticas.

1. Escribe cuatro problemas relacionados con las matemáticas en tu parque de diversiones.

- Cada problema debe contener una operación diferente ($+$, $-$, $\times$, $\div$).

- Un problema debe estar relacionado con un paseo en un juego, otro con un juego mecánico y uno más con el dinero.

- El cuarto problema puede ser un tema de tu elección.

- Por lo menos dos de los problemas deben contener números enteros negativos.

2. Resuelve cada uno de tus problemas por escrito. Asegúrate de mostrar tus soluciones con claridad a fin de que otros estudiantes puedan aprender de ellas. Explica cómo sabes que tus soluciones son correctas.

3. Prepara una exposición de tus problemas y soluciones para presentarla en tu clase.

Halla cada suma, resta, producto o cociente.

1. $7 + (-7)$ **2.** $-9 - (-3)$ **3.** $5 \cdot (-10)$ **4.** $-24 \div 6$ **5.** $-11 + 20$

6. $-24 \div (-3)$ **7.** $-15 \cdot (-10)$ **8.** $-37 - 47$ **9.** $-59 + (-181)$ **10.** $-17 \cdot 101$

11. $108 - (-274)$ **12.** $-17 \cdot (-1001)$ **13.** $288 \div (-18)$ **14.** $0 \div (-52)$ **15.** $17 \cdot (-10{,}001)$

Evalúa las siguientes expresiones.

16. $3 + (-4) - 8$ **17.** $(-2)(-8)(-10)$ **18.** $16 \div (-2) \div (-4)$ **19.** $-5 + 6 \div (-2) + (-4) \cdot (-2)$

Grafica cada punto en el mismo plano de coordenadas. *[Lección 9-3]*

20. $(-3, 7)$ **21.** $(-5, -8)$ **22.** $(9, -2)$ **23.** $(-6, 0)$ **24.** $(-3, 4)$

25. Explica por qué restar un número entero proporciona el mismo resultado que sumar su opuesto. Quizá considere conveniente usar azulejos de álgebra o rectas numéricas para ilustrar tu explicación.

26. Historia Después de la Exposición Mundial Colombina de Chicago en 1893, el número de parques de diversiones en Estados Unidos creció con gran rapidez. En 1919 había alrededor de 1520 parques. Sin embargo, a causa de la Gran Depresión iniciada en 1929, en 1935 sólo quedaban 400. Halla la tasa de cambio en el número de parques de 1919 a 1935. Proporciona tu respuesta en parques por año.

27. Ciencias La temperatura más alta de la que se tiene registro fue de 136°F (58°C), en Libia. En tanto que la temperatura más baja registrada fue de $-129°F$ ($-89°C$), en la Antártida. Halla la diferencia entre estas temperaturas extremas en °F y en °C.

Para la prueba

Cuando en una prueba de elección múltiple se te pide encontrar la media (el promedio) de varios números enteros, puedes usar el cálculo mental para hacer un cálculo aproximado del signo y el tamaño de la respuesta. Con este procedimiento, podrás eliminar algunas opciones de respuesta.

28. ¿Cuál es la media de $-29, -12, 39, -48$ y 20?

Ⓐ -60 Ⓑ -6 Ⓒ -0.6 Ⓓ 6

Los exponentes negativos y la notación científica

Has visto el uso de la notación científica para escribir números grandes. Para convertir un número a notación científica, debes escribirlo como un número mayor que o igual a 1, pero menor que 10, multiplicado por una potencia de 10.

Por ejemplo, 2300 es 2.3×10^3 en notación científica. El exponente de 10 es 3 positivo porque moviste el punto decimal *tres* posiciones a la izquierda.

La notación científica también se puede utilizar para escribir números pequeños. Observa el patrón de la tabla.

Número	2,300	230	23	2.3	0.23	0.023
Notación científica	2.3×10^3	2.3×10^2	2.3×10^1	2.3×10^0	2.3×10^{-1}	2.3×10^{-2}

Advierte que para convertir 0.023 a notación científica, el punto decimal se debe mover *dos* posiciones a la *derecha*. Esto indica que el exponente de 10 es 2 *negativo*.

$$0.023 = 2.3 \times 10^{-2}$$

Dos lugares a la derecha.

Para convertir 0.000794 a notación científica haz lo siguiente.

Mueve el punto decimal entre el 7 y el 9, de manera que el número sea mayor o igual a 1, pero menor que 10. Esto mueve el punto decimal cuatro posiciones a la derecha, por tanto, la potencia de 10 es −4.

$$0.000794 = 7.94 \times 10^{-4}$$

Puedes escribir un número como 1.175×10^{-6} sin notación científica. El exponente −6 indica que el punto decimal se debe mover 6 posiciones a la *izquierda*. Agrega 6 ceros antes de mover el punto decimal. El sexto cero se agrega porque es preferible mostrar números decimales con un dígito al frente del punto decimal.

$$1.175 \times 10^{-6} = 0.000001175$$

Haz la prueba

Escribe cada número en notación científica.

1. 0.0031   **2.** 0.24   **3.** 0.00000913   **4.** 0.00004001   **5.** 0.005515

Escribe cada número sin notación científica.

6. 2.8×10^{-3} **7.** 8.55×10^{-1} **8.** 8.03×10^{-6} **9.** 1.284×10^{-4}

Organizador gráfico

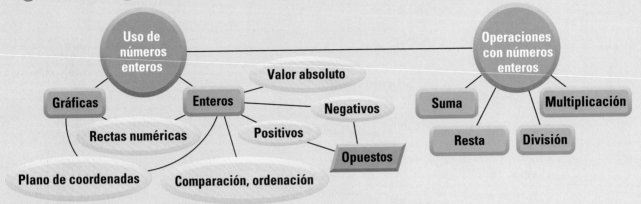

Sección 9A   Uso de números enteros

Resumen

■ Una **recta numérica** puede ser horizontal o vertical. El punto cero es el **origen**.

■ Los **números positivos** son mayores que cero. Los **números negativos** son menores que cero y se escriben con un signo −.

■ Las distancias en una recta numérica siempre son positivas. El **valor absoluto** de un número es su distancia desde el cero.

■ El conjunto de números que incluye el cero y los números positivos y negativos componen los **números enteros**.

■ El **plano de coordenadas *x-y*** se basa en una recta numérica horizontal (eje de las *x*) y una recta numérica vertical (eje de las *y*). Los ejes se intersecan en el **origen**.

■ Cualquier punto se puede describir mediante un **par ordenado,** como $(-3, 5)$. El primer número (la **abscisa**) indica qué tan lejos a la izquierda o a la derecha está el punto del origen. La **ordenada** señala qué tan arriba o abajo está el punto.

Repaso

1. Indica si -1.75 es un número entero.

2. Usa un signo para escribir el número: perder \$25

3. Escribe el opuesto de 42.

4. Halla el valor absoluto: $|-87|$

5. Utiliza $>, <$ ó $=$ para comparar los números: $-18 \;\square\; -91$

6. Ordena el conjunto de números de menor a mayor: $18, -4, 0, 10, -8$

7. Dibuja un cuadrado de manera que cada uno de sus vértices esté en un cuadrante diferente. Rotula las coordenadas de cada vértice.

8. Grafica cada punto en el mismo plano de coordenadas.

   a. $(-3, 2)$ **b.** $(0, 4)$ **c.** $(1, 3)$

Resumen

■ Puedes usar una recta numérica para sumar números enteros. Para sumar un número positivo, muévete a la derecha y para uno negativo, muévete a la izquierda.

■ Los azulejos de álgebra se pueden usar para representar y sumar números enteros. Los azulejos ▫ ▪ forman un **par de cero**. Puedes usar los azulejos para sumar o restar enteros. Después de que se eliminan todos los pares de cero, los azulejos restantes representan la suma o la resta.

■ El **inverso aditivo** de un número entero es su opuesto. La **propiedad del inverso aditivo** establece que la suma de un número entero y su inverso aditivo es 0.

■ Para sumar dos números enteros con el mismo signo, se suman sus valores absolutos y se usa el signo de los números. Para sumar dos números enteros con signos diferentes, se restan sus valores absolutos y se utiliza el signo del número con el mayor valor absoluto. Para restar un número entero, se suma su opuesto.

■ Para multiplicar dos números enteros, se multiplican sus valores absolutos y luego se determina el signo correcto. El producto es positivo si los números tienen el mismo signo; y es negativo si tienen signos diferentes.

■ Para dividir dos números enteros, se dividen sus valores absolutos y después se determina el signo correcto. El cociente es positivo si los números tienen el mismo signo; y es negativo si tienen signos diferentes.

Repaso

9. Escribe el problema como una suma y halla la respuesta del siguiente modelo.

10. Usa los azulejos de álgebra o una recta numérica para encontrar la suma $3 + (-7)$.

11. Escribe el siguiente número entero del patrón: $-16, -10, -4,$ _____

12. Halla cada suma.

  a. $-2 + 8$ **b.** $-7 + (-4)$

  c. $-41 + (-24)$ **d.** $-25 + (-62) + 25$

13. Calcula cada resta.

  a. $4 - 7$ **b.** $-2 - (-6)$

  c. $-73 - 28$ **d.** $-85 - (-97) - 12$

14. Encuentra los siguientes productos.

  a. $-7 \cdot 12$ **b.** $-10 \cdot (-4)$

  c. $21 \cdot 6 \cdot (-2)$ **d.** $32 \cdot (-3) \cdot (-5)$

15. Halla cada cociente.

  a. $110 \div (-5)$ **b.** $-32 \div (-8)$

  c. $-54 \div 9$ **d.** $168 \div 4 \div 2$

16. El negocio de Wanda perdió $42,000 en un período de ocho años. ¿Cuál fue la pérdida anual promedio?

17. El punto más bajo en Estados Unidos es Death Valley, California, a 282 ft bajo el nivel del mar. El punto más alto es el Monte McKinley, Alaska, a 20,320 ft sobre el nivel del mar. Resta para hallar el rango de elevación.

1. Usa un signo para escribir el número: 23 grados bajo cero

2. Escribe el opuesto de -54.

3. Halla el valor absoluto: $|-327|$

4. Usa $>, <$ ó $=$ para comparar el par de números: $5 \ \boxed{} \ -21$

5. Ordena el conjunto de números de menor a mayor: $5, -28, -3, 0$

6. Halla las coordenadas de cada punto.

   a. A **b.** B **c.** C **d.** D **e.** E

7. Grafica cada punto en el mismo plano de coordenadas.

   a. $(-4, 1)$ **b.** $(-3, 0)$ **c.** $(3, 1)$ **d.** $(1, -2)$

8. Menciona el cuadrante o los ejes que contiene a $(-18, -12)$.

9. Escribe el número entero que sigue en el patrón: $17, 8, -1,$ _____

10. Escribe el problema como una suma y halla la respuesta del siguiente modelo.

11. Utiliza azulejos de álgebra o una recta numérica para calcular la suma $-2 + 6$.

12. Halla cada suma, resta, producto o cociente.

   a. $-2 + 5$ **b.** $17 + (-11)$ **c.** $-26 + (-31)$ **d.** $5 - (-4)$

   e. $-23 - 8$ **f.** $-75 - 53$ **g.** $-13 \cdot (-7)$ **h.** $8 \cdot (-11)$

   i. $-5 \cdot (-6) \cdot (-7)$ **j.** $-50 \div 25$ **k.** $78 \div (-6)$ **l.** $-93 \div (-3)$

13. La cuenta bancaria de Gerry tiene un balance de \$146. ¿Cuál será su balance después de depositar \$100 y luego retirar \$33?

14. Llena el espacio en blanco con *algunas veces, siempre* o *nunca*: El producto de dos números enteros negativos _____ es mayor que el producto de un número entero negativo y un número entero positivo.

Tarea para evaluar el progreso

La figura de la izquierda se llama *cuadro mágico* porque los números enteros de cada hilera, columna y diagonal suman el mismo número. Usa números enteros para completar una copia del cuadro mágico de la derecha. Después elabora un cuadro mágico propio que contenga números enteros positivos y negativos.

6	7	2
1	5	9
8	3	4

	3	-4
	-1	
2		

Evaluación del progreso

Escoge un problema.

¡Buen juego!

Diseña tu propio tablero o juego de cartas que use suma, resta, multiplicación y división de números enteros para determinar el número de puntos obtenidos por un jugador. El juego puede consistir en destrezas, opciones o una combinación de ambos.

LA GRAN HELADA

La siguiente tabla muestra las temperaturas más bajas de las que se tiene conocimiento en cinco estados y la elevación de los lugares donde ocurrieron, redondeada a la centena de metros más cercana. Grafica estos datos en un plano de coordenadas y luego describe cualquier patrón que observes. Predice la elevación para un récord de temperatura baja de $-33°$F.

Estado	Elevación (m)	Temperatura (°F)
California	1,700	$-45°$
Georgia	300	$-17°$
New Mexico	2,200	$-50°$
Texas	1,000	$-23°$
West Virginia	700	$-37°$

Todo lo que sube, baja

Puedes mostrar valores negativos en una gráfica de barras al dibujar barras que estén debajo del eje horizontal. Dibuja una gráfica de barras que muestre el comportamiento de las acciones bursátiles del portafolio del Sr. Takagi la semana pasada.

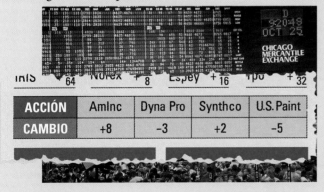

ACCIÓN	AmInc	Dyna Pro	Synthco	U.S. Paint
CAMBIO	+8	–3	+2	–5

Dibuja una sencilla casa pentagonal en un plano de coordenadas. Coloca la punta del "techo" en el eje de las y, las esquinas del techo en los cuadrantes I y II, y la base de la casa en los cuadrantes III y IV. Dibuja una segunda casa, pero esta vez duplica las coordenadas de cada vértice de tu casa original. Compara las formas, los perímetros y las áreas de las dos casas.

Patrones algebraicos: Ecuaciones

➜ Enlace con Ciencias
www.mathsurf.com/7/ch10/science

Ciencias

Para convertir temperaturas Fahrenheit a Celsius, resta 32 y multiplica el resultado por $\frac{5}{9}$. La única temperatura que es igual en ambas escalas es $-40°$.

Alrededor del mundo

En la Italia del siglo XV, la clave de los mercaderes era una regla que utilizaban para determinar el costo de una cantidad determinada de un artículo. El mercader calculaba el costo unitario y lo multiplicaba por la cantidad que solicitaba el cliente.

Entretenimiento

En las ligas deportivas de fantasía, la gente "elige equipos" de atletas profesionales. Se usan fórmulas para analizar el rendimiento de los atletas y para ver cuál equipo se desempeñó mejor.

y gráficas

Enlace con Arte y Literatura
www.mathsurf.com/7/ch10/arts

Ciencias sociales

La gente de negocios utiliza gráficas para mostrar las tendencias en las ganancias de sus compañías.

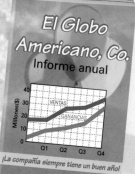

Arte y Literatura

Los patrones fractales como el mostrado en la figura se generan mediante reglas matemáticas. Algunos fractales se hacen al sustituir coordenadas de diferentes puntos en una ecuación y luego se trazan los resultados para cada punto.

IDEAS CLAVE DE MATEMÁTICAS

Las cantidades cuyos valores pueden cambiar son variables. Aquellas cuyos valores no cambian son constantes. La relación entre dos variables se puede mostrar en una tabla o una gráfica.

Una progresión es un patrón de números. Al escribir una regla algebraica para una progresión, puedes encontrar cualquiera de sus términos.

Puedes resolver una ecuación por medio de una gráfica o una tabla. Si encuentras el valor de la variable conocida en la gráfica o en la tabla, puedes leer el valor de la variable desconocida.

También puedes resolver una ecuación que contenga números enteros mediante los azulejos de álgebra o los símbolos algebraicos. Cuando utilizas estos métodos, siempre debes realizar la misma operación en ambos lados de la ecuación.

PROYECTO DEL CAPÍTULO

Resolución de problemas

Comprende
Planea
Resuelve
Revisa

En este proyecto, investigarás la población de tu ciudad, pueblo o estado. Primero elige la población que te interese analizar. Después realiza algunas indagaciones para calcular esta población en diferentes años.

Resolución
de problemas

Comprende
Planea
Resuelve
Revisa

Enfoque en la resolución de problemas

Comprobar que la respuesta/solución tenga sentido

Para asegurarte de que una solución en realidad tiene sentido, revisa la respuesta que das a un problema. Puedes hacer un cálculo aproximado para evaluar qué tanto sentido tiene tu respuesta exacta.

Cada uno de los siguientes problemas tiene una respuesta, pero no es exactamente correcta. Indica si cada respuesta es "muy aproximada", "demasiado baja" o "demasiado alta" y explica por qué.

❶ La montaña más alta del mundo, el monte Everest, tiene 29,028 ft de altura. Se localiza en la frontera entre China y Nepal. El monte más alto de América es el Aconcagua, el cual es 5,994 ft más bajo que el monte Everest. ¿Qué tan alto es el Aconcagua?
Respuesta: 21,100 ft

❷ El monte Kachenjunga, en la frontera entre Nepal y Skkim, tiene 12 ft menos que el doble de altura del pico Pike en Colorado. Si este pico tiene 14,110 ft de altura, ¿qué tan alto es el monte Kanchenjunga?
Respuesta: 28,200 ft

❸ ¿Cuál es la media de la altura del monte Everest y el monte McKinley de 20,320 ft en Alaska, el monte más alto de Estados Unidos?
Respuesta: 26,300 ft

❹ La catarata más alta del mundo, Ángel, en Venezuela, mide 1000 metros de altura, 6 metros menos que el doble de altura de las cataratas Takkakaw en British Columbia, Canadá. ¿Cuál es la altura de Takkakaw?
Respuesta: 500 metros

❺ Las cataratas Tugela de 914 m de altura en África del Sur y Cuquenán en Venezuela son la segunda y tercera cataratas más altas del mundo. Cuquenán es $\frac{2}{3}$ de la altura de Tugela. ¿Cuál es la altura de Cuquenán?
Respuesta: 400 metros

❻ Las cataratas Sutherland, en Nueva Zelanda, miden 580 m de altura, 486 metros más alto que las Lower Yellowstone, en Wyoming. ¿Cuál es la altura de las cataratas Lower Yellowstone?
Respuesta: 200 metros

¡Hola, insectos!

¿Hay algo mejor que un día de campo en un parque de la ciudad? Por desgracia, estos paseos a veces son una batalla de supervivencia de los más aptos. Mientras con una mano ahuyentas a las hormigas de tu fruta, con la otra das palmetazos a los mosquitos, al tiempo que esquivas un enjambre de abejas que piensan que tu repelente contra insectos huele a flores.

Cuando la mayoría de la gente piensa en los insectos, sólo recuerda los que causan molestia. Pero del millón de especies de insectos, menos del 2% son plagas. Muchas de estas criaturas de seis patas son esenciales para nuestra supervivencia. Casi una tercera parte de nuestra alimentación es resultado directo de la polinización de la plantas por medio de los insectos.

Los entomólogos usan las matemáticas para modelar el comportamiento de los insectos. Ahora vas a investigar muchas de las herramientas matemáticas que emplean.

1 Existen alrededor de 4600 especies de mamíferos. ¿Cuántas más especies de insectos hay?

2 Imagina que un humano adulto consume 2100 calorías en un día. En promedio, ¿qué cantidad de estas calorías son resultado directo de la polinización de los insectos?

481

10-1 Cantidades, constantes y variables

► **Enlace con la lección** Has usado variables como ayuda para resolver muchos tipos de problemas. Ahora analizarás con mayor detalle las variables y otros números. ◄

Vas a aprender...

■ a identificar variables y constantes.

...cómo se usa

Las cantidades medidas en los exámenes médicos son variables que se pueden utilizar para diagnosticar enfermedades.

Vocabulario

constante

Investigar | Tipos de números

Lección de vuelo

Piensa en cada uno de los números descritos a continuación. Haz una tabla que muestre los números que pueden cambiar y aquellos que siempre permanecen invariables.

1. El número de patas de una mosca común.

2. La cantidad de alimento que come una mosca en un día.

3. La distancia que vuela una mosca en una hora.

4. El peso de una mosca macho.

5. El número de alas de una mosca común.

6. Agrega otros números relacionados con las moscas a tu tabla. Incluye por lo menos un número que permanezca invariable y otro que pueda cambiar.

7. Proporciona el valor real de cualquier número que conozcas del paso 6. ¿Qué observas con relación a todos estos números?

Aprender | Cantidades, constantes y variables

Una *cantidad* es cualquier cosa que se pueda medir mediante un número. El número de pulgadas en un pie y el número de catarinas en una hoja son cantidades. El *valor* para la primera de estas cantidades es 12 pulgadas y el segundo valor podría ser 1 catarina.

Como ya sabes, las cantidades cuyos valores pueden cambiar se llaman *variables* y las cantidades cuyos números no se pueden modificar se denominan **constantes** .

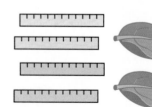

Siempre 12 in.
→ **constante**

Puede variar
→ **variable**

Ejemplos

Indica si cada cantidad es una variable o una constante.

1 El número de veces que una mariposa bate las alas en un minuto.

El número de batida de alas en un minuto puede cambiar, por tanto, esta cantidad es una variable.

2 El número de antenas de una mariposa.

Las mariposas siempre tienen dos antenas, por tanto, esta cantidad es una constante.

Haz la prueba

Especifica si cada cantidad es una variable o una constante.

a. Tu altura

b. El número de centímetros en un metro

c. El número de langostas en un enjambre

d. El número de monedas de 25 centavos en un dólar

Aunque las variables pueden tomar diferentes valores, puedes hacer una suposición de un *rango* de valores razonables para muchas de las cantidades reales.

Ejemplos

Para cada cantidad, define una variable y proporciona un rango de valores razonables.

3 La longitud de un grillo.

Sea c = la longitud de un grillo. Mediante una regla, puedes hacer un cálculo aproximado de que c está entre 1 cm y 4 cm.

4 El número de canciones en un CD.

Sea s = el número de canciones. En la mayoría de los CD, s está entre 8 y 15.

Haz la prueba

Para cada cantidad, define una variable y proporciona un rango de valores razonables.

a. El tiempo para llegar a la escuela.
b. La envergadura de una mariposa.

Comprobar | Tu comprensión

1. Explica la diferencia entre las cantidades variables y las constantes.

2. ¿Por qué piensas que se utilizan letras en lugar de números para representar los valores de las cantidades variables?

PRACTICAR 10-1

Práctica y aplicación

1. **Para empezar** Llena los espacios en blanco con la palabra apropiada.

   a. Las cantidades cuyos valores cambian son _____.

   b. Las cantidades cuyos valores no cambian son _____.

Indica si cada cantidad es una variable o una constante.

2. El número de días en un año.

3. El peso de un cachorro.

4. El número de avispones en un nido.

5. El número de estudiantes ausentes cada día.

6. El número de pies en una milla.

7. La velocidad de un auto.

Nido de avispones

Comprensión numérica Para cada cantidad, define una variable y proporciona un rango razonable de valores.

8. La longitud de un saltamontes.

9. El peso de un bebé recién nacido.

10. La altura de un edificio de dos pisos.

11. El tiempo que te toma comer.

12. El precio de un boleto de cine.

13. La altura de un escritorio escolar.

Medición Proporciona una unidad de medida apropiada para cada cantidad.

14. El peso de un mosquito.

15. La longitud de una habitación.

16. La cantidad de leche en un vaso.

17. El tiempo que dura un juego de mesa.

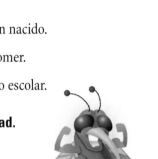

18. **Para resolver problemas** Organizas el baile de San Valentín de tu escuela. En tus planes originales, esperabas la asistencia de 200 personas, pero un virus de gripe invadió la escuela. Ahora consideras que sólo asistirán 100 personas.

   a. Menciona dos cantidades relacionadas con el baile que cambiarán.

   b. Indica dos cantidades relacionadas con el baile que permanecerán invariables.

19. **Geometría** La fórmula para calcular el área de un triángulo es $A = \frac{1}{2}bh$. ¿Qué cantidades en esta fórmula pueden variar? ¿Qué permanece constante?

20. **Ciencias sociales** En 1996, California tenía 52 miembros en la Cámara de Representantes; Florida tenía 23 y Alaska 1. Cada estado cuenta con 2 senadores. ¿Cuál cantidad es constante, el número de senadores o el de representantes? ¿Cuál cantidad es variable?

21. **Para la prueba** Marcus es un enfermero. Trabaja el mismo número de días cada semana, pero un número diferente de horas cada día. ¿Cuál de los siguientes enunciados es verdadero?

Ⓐ Las horas trabajadas por día son constantes.   Ⓑ Las horas trabajadas por semana son constantes.

Ⓒ Los días trabajados por mes son constantes.   Ⓓ Los días trabajados en dos semanas son constantes.

Resolución de problemas y razonamiento

22. **Razonamiento crítico** Cierto tipo de animales siempre tiene el mismo número de patas, mientras que otros tienen un número variable. ¿Cuáles de las siguientes cantidades son constantes y cuáles son variables?

a. El caballo de palo tiene 6 patas, como todos los insectos.

b. La estrella de sol, un tipo de estrella de mar, puede tener hasta 50 brazos.

c. El cardenal tiene 2 patas, como todas las demás aves.

23. **Comunicación** Ginny midió una habitación y encontró que tenía 4.1 metros de largo. Alex midió la misma longitud pero la medida resultante fue 13.5 pies de largo. Ellos dijeron que la longitud de la habitación es variable porque obtuvieron medidas diferentes. ¿Qué crees tú?

24. **En tu diario** Te acabas de bajar de un autobús. Durante el recorrido, ¿la velocidad del autobús fue una constante o una variable? ¿La velocidad *promedio* en tu viaje fue una constante o una variable? Explica tus respuestas.

Caballo de palo

Repaso mixto

Haz un cálculo aproximado de la distancia en el mapa. *[Lección 7-1]*

25. Omaha, Nebraska, está a 833 millas de distancia de Salt Lake City, Utah. Aproximadamente, ¿qué tan separadas aparecerán estas ciudades en un mapa con una escala de 1 in.:70 mi?

Ordena cada conjunto de números de mayor a menor. *[Lección 9-2]*

26. $10, −$9, $7, $0, −$1, $3, −$8

27. $−42°, 41°, 32°, 3°, −15°, −3°$

28. $−4, 3, −2, 1, 0, −5, 6$

29. $−4221, −4122, −4212, −4111, −4222$

10-2   Relación de gráficas con historias

Vas a aprender...

■ a relacionar una gráfica con una historia.

■ a escribir una historia para una gráfica.

...cómo se usa

Los expertos en control de calidad analizan las gráficas para detectar cuando la calidad de un producto baja y es necesario corregir algún proceso de fabricación.

Vocabulario

gráfica creciente

gráfica decreciente

gráfica de una constante

▶ **Enlace con la lección** ⎮ Has investigado cantidades que pueden cambiar. Ahora analizarás una manera visual de mostrar relaciones entre variables. ◀

Investigar ⎮ Relación de gráficas con historias

Escape de la colmena

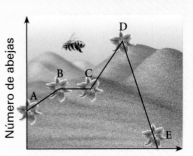

1. La gráfica muestra la población de abejas en una colmena en un período determinado. Observa los cambios en la gráfica entre los puntos A y B. Explica lo que pudo haber sucedido en este período.

2. ¿De qué manera la población cambia entre los puntos B y C? Explica lo que pudo haber sucedido en ese período.

3. ¿Qué diferencia hay en el incremento de abejas entre los puntos C y D y el que hay entre los puntos A y B?

4. ¿Qué pudo haber sucedido entre los puntos D y E?

Aprender ⎮ Relación de gráficas con historias

La dirección de una gráfica puede mostrar la relación entre las cantidades en sus ejes.

Cuando la gráfica es **creciente** de izquierda a derecha, las cantidades en los ejes se elevan.

Cuando la gráfica es **decreciente**, una cantidad baja cuando la otra se eleva.

Cuando la gráfica es **constante**, una cantidad se conserva igual cuando la otra cambia.

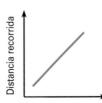

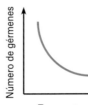

Ejemplo 1

Una abeja vuela de la colmena al jardín de flores, se detiene un momento para obtener un poco de polen y luego vuela de regreso a la colmena. ¿Cuál gráfica podría mostrar su vuelo?

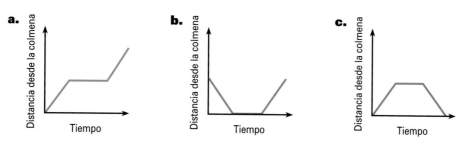

a. Distancia desde la colmena / Tiempo

b. Distancia desde la colmena / Tiempo

c. Distancia desde la colmena / Tiempo

Cuando la abeja se retira, su distancia desde la colmena *crece*. Después se detiene en el jardín, por tanto, la gráfica es *constante*. Mientras la abeja regresa a la colmena, la distancia *decrece*. La respuesta es **c**.

Haz la prueba

En el jardín de flores había otra abeja. Voló a la colmena, se detuvo ahí un momento y luego voló de regreso al jardín. ¿Cuál de las gráficas anteriores podría mostrar su vuelo?

▶ **Enlace con Ciencias**

Las abejas domesticadas producen miel en colmenas fabricadas. Hay tres tipos de abejas en cada colmena: una reina, que deposita todos los huevos; cientos de machos, llamados *zánganos;* y 50,000 o más obreras hembras.

Ejemplo 2

La gráfica muestra el número de ejercicios de tarea que Leilani hizo una noche. Narra una historia que se adapte a la gráfica.

Leilani hizo casi la mitad de los ejercicios. Después suspendió un momento la tarea para hablar con una amiga. Luego realizó el resto de los problemas, pero trabajó con mayor lentitud que al principio.

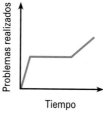

Problemas realizados / Tiempo

Haz la prueba

La gráfica muestra el número de estudiantes en un salón de clase en un período determinado. Narra una historia que se adapte a la gráfica.

Estudiantes / Período

Comprobar | Tu comprensión

1. ¿Cómo puedes indicar por medio de una gráfica cuando dos cantidades tienen una relación creciente? ¿Y una relación decreciente? ¿Y una relación constante?

2. Ninguna de las gráficas de esta lección tenía números en sus ejes. ¿Cómo es posible obtener información útil de estas gráficas?

Práctica y aplicación

1. **Para empezar** Vuelas desde Tulsa a la ciudad de Oklahoma. Mientras transcurre el tiempo, indica si cada una de las siguientes cantidades crece, decrece o se mantiene constante.

    a. Las millas que restan para llegar a la ciudad de Oklahoma.

    b. La cantidad de combustible del avión.

    c. El número de pilotos en el avión.

    d. Las millas recorridas desde Tulsa.

Comprensión numérica Especifica otra cantidad de la cual pudieran depender estas cantidades dadas.

2. La altura de un montículo de termitas.

3. El área de un cuadrado.

4. La cantidad de dinero que obtiene un negocio.

5. La altura de un adolescente.

Montículo de termitas

En los ejercicios 6 y 7, escoge la gráfica que ilustre con mayor acierto la historia.

6. Adviertes algunas pulgas en tu perro. Piensas que quizá se irán solas, pero en lugar de eso ¡el problema se agrava!

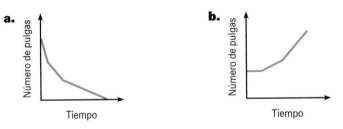
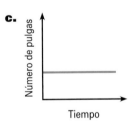

7. Te vas en bicicleta al apartamento de tu amigo y te quedas ahí a comer. Luego los dos se van a los videojuegos, donde permanecen por algún tiempo. Después de jugar, regresas en bicicleta directo a casa.

En los ejercicios 8–10, narra una historia que se adapte a cada gráfica.

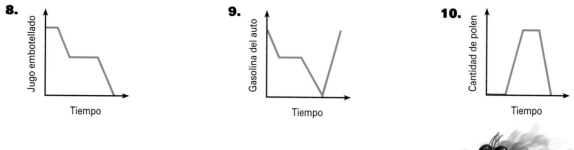

8.

Jugo embotellado / Tiempo

9.

Gasolina del auto / Tiempo

10.

Cantidad de polen / Tiempo

11. Para resolver problemas Una mosca se remonta en el aire, busca un picnic y después se sumerge en tu plato. Traza una gráfica que muestre la relación entre el tiempo y la altura del vuelo.

12. **Para la prueba** ¿Cuál de estos enunciados sobre la gráfica es verdadero?

Ⓐ Crece de X a Y

Ⓑ Decrece de Y a Z

Ⓒ Se mantiene constante de W a X

Ⓓ Ninguna de las anteriores

Resolución de problemas y razonamiento

13. Razonamiento crítico Las gráficas muestran el desempeño de tres corredores en la misma carrera. Si las escalas de tiempo son las mismas, ¿cuál gráfica muestra el desempeño del ganador? Explica tu respuesta.

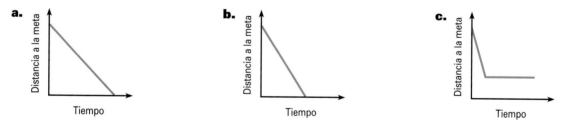

a. Distancia a la meta / Tiempo

b. Distancia a la meta / Tiempo

c. Distancia a la meta / Tiempo

14. **En tu diario** Dibuja una gráfica que incluya por lo menos una sección con pendiente hacia abajo, una pendiente hacia arriba y una sección plana. Narra una historia para la gráfica y rotula sus ejes a fin de adecuarlos a la historia.

Repaso mixto

Un barco a escala tiene 4 cm de largo. Usa cada escala para encontrar la longitud del barco real. [Lección 7-2]

15. Escala: 1 cm = 2 m

16. Escala: $1 \text{ cm} = 4\frac{1}{4} \text{ m}$

17. Escala: 2 cm = 7 m

Grafica cada punto en el mismo plano de coordenadas. [Lección 9-3]

18. $(-4, 3)$

19. $(2, 0)$

20. $(5, -1)$

21. $(-4, -2)$

22. $(0, -1)$

Tablas y expresiones

▶ **Enlace con la lección**
Ya viste de qué manera las gráficas pueden mostrar relaciones entre cantidades. Ahora aprenderás cómo mostrar esas relaciones en una tabla. ◀

Vas a aprender…

■ a escribir reglas para las progresiones.

■ a identificar progresiones aritméticas y geométricas.

…cómo se usa

Los biólogos utilizan las progresiones para analizar el crecimiento de la población.

Vocabulario

progresión

término

progresión aritmética

progresión geométrica

Investigar | **Tablas**

Patrones, patrones y más patrones

Materiales: Cubos de 1 centímetro o papel cuadriculado

1. Usa cubos para construir las figuras mostradas o trázalas en un papel cuadriculado.

2. Continúa el patrón. ¿Cuántos cubos se necesitarían para hacer la cuarta figura? ¿Y la quinta? Organiza tus hallazgos en una tabla.

Primera　Segunda　Tercera

Núm. de figura (n)	1	2	3	4	5	6
Núm. de cubos	2	4	6			

3. Describe cualquier patrón que observes en tu tabla.

4. Predice el número de cubos en la figura número 100. Explica cómo hiciste tu predicción.

5. Si se utiliza la variable n para representar el número de una figura, ¿cómo se podría usar n para describir el número de cubos? Explica tu respuesta.

Aprender | **Tablas y expresiones**

Como ya sabes, puedes usar tablas para escribir fracciones equivalentes. Las fracciones de esta tabla son útiles para crear varias proporciones.

Tanto los numeradores como los denominadores de la tabla muestran patrones consistentes. Las listas de números como ésta se llaman **progresiones**. Los números 4, 8, 12, 16,... forman una progresión. Cada número de la progresión es un **término**.

1·2　1·3　1·4

Numerador	1	2	3	4
Denominador	4	8	12	16

4·2　4·3　4·4

Las progresiones a menudo siguen patrones que se pueden describir por medio de una expresión. Observar la posición numérica (número) de un término, te puede ayudar a encontrar el patrón.

Ejemplos

1 Escribe una expresión que describa la regla para los números de la progresión 6, 7, 8, 9, 10, 11,... Después da el número 100 de la progresión.

Haz una tabla e indica un término numérico para cada número de la progresión.

Término numérico (*n*)	1	2	3	4	5	6	...	*n*
	↓ + 5	↓ + 5	↓ + 5	↓ + 5	↓ + 5	↓ + 5		↓ + 5
Núm. de progresión	6	7	8	9	10	11	...	?

En palabras, la regla es "sumar cinco al término numérico"; esto es, $n + 5$.

El número 100 de la progresión es $100 + 5 = 105$.

2 La seda es una tela hecha con capullos de gusanos de seda. Escribe una regla que muestre la relación entre el número de quimonos de seda y el número de capullos. Luego indica cuántos capullos se necesitarían para hacer 12 quimonos.

Número de quimonos (*k*)	1	2	3	4	5	...	*k*
Número de capullos	1700	3400	5100	6800	8500	...	?

En palabras, la regla es "*multiplicar el número de quimonos por 1700*"; lo cual se traduce como la expresión 1700*k*.

Por tanto, para hacer 12 quimonos, se necesitarían ¡$1700 \cdot 12 = 20,400$ capullos!

3 Escribe una regla que muestre la relación entre el número de figura y el número de cuadros.

Haz una tabla para mostrar la relación.

En palabras, la regla es "*sumar uno al doble del número de la figura*". (Porque cada vez se agregan dos cuadros en las esquinas del cuadro.) Esto se traduce en la expresión $2n + 1$.

Figura 1   Figura 2   Figura 3

Número de figura (*n*)	1	2	3	...	*n*
Número de cuadros	3	5	7	...	?

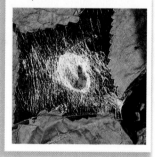

¿LO SABÍAS?

Un gusano de seda no es en realidad un gusano. Es el período larval de una mariposa nocturna de Asia.

Haz la prueba

Escribe una expresión que describa la regla para los números de la progresión 3, 6, 9, 12, ...

Si cuentas con una expresión que describe la regla para una progresión, puedes hacer una tabla de los números de la progresión.

Ejemplo 4

La regla para una progresión es 2^n. Haz una tabla que muestre los primeros 4 términos.

Haz una tabla y llena el espacio correspondiente a los términos numéricos. Usa la regla para completar la tabla.

Término numérico (*n*)	1	2	3	4
Número de progresión, 2^n	$2^1 = 2$	$2^2 = 4$	$2^3 = 8$	$2^4 = 16$

Haz la prueba

La regla para una progresión es $10x$. Haz una tabla que muestre los primeros 6 términos.

En el ejemplo 1, los términos de la segunda hilera de la tabla forman la progresión 6, 7, 8, 9, 10, 11,... En esta progresión, cada término es 1 más que el término previo. Las progresiones donde la diferencia entre los términos consecutivos es siempre la misma son **progresiones aritméticas** .

En el ejemplo 4, cada término de la progresión 2, 4, 8, 16,... era 2 veces más grande que el previo. Las progresiones como ésta son **progresiones geométricas** .

Progresión aritmética

2   5   8   11   14   17
  \ / \ / \ / \ / \ /
  +3 +3 +3   +3   +3

Cada término es 3 unidades **más que** el término previo.

Progresión geométrica

1   3   9   27   81
  \ / \ / \ / \ /
  •3 •3 •3   •3

Cada término es el **triple** del término previo.

Ejemplo 5

Especifica si la progresión es aritmética, geométrica o ninguna de éstas. Después proporciona los siguientes dos términos.

18, 23, 28, 33, 38,...

Cada término es 5 veces más que el término previo, por tanto, la progresión es aritmética. Los siguientes dos términos son $38 + 5 = 43$ y $43 + 5 = 48$.

Comprobar **Tu comprensión**

1. Cuando escribes una regla para una progresión, ¿por qué es útil listar los términos?

2. ¿Por qué puede ser útil describir una regla para una progresión con una expresión?

Práctica y aplicación

1. ⎡**Para empezar**⎤ Sigue los pasos para describir la regla de los números de la progresión 7, 14, 21, 28, 35,…

a. Haz una tabla con dos hileras. En la primera hilera, lista los términos 1, 2, 3, 4, 5 y n.

b. Llena los primeros cinco números de la segunda hilera con los números de la progresión. Deja la celda bajo n en blanco.

c. Compara cada número de la progresión con su término. Cuando reconozcas un patrón, escribe una expresión que utilice n para describir la regla. Prueba tu regla para asegurarte de que funciona.

Lógica Proporciona el siguiente término en la progresión o la siguiente figura en cada patrón.

2. 2, 4, 6, 8,…

3. $-4, -3, -2, -1,\ldots$

4. $\dfrac{1}{2}, \dfrac{1}{3}, \dfrac{1}{4}, \dfrac{1}{5},\ldots$

5. 5, 5, 5, 5,…

6. 25, 20, 15, 10,…

7. 1, 2, 4, 8,…

8.

9.

10.

Escribe una expresión que describa la regla para cada progresión. Después proporciona el término 100 de la progresión.

11. 11, 12, 13, 14,…

12. 4, 8, 12, 16,…

13. $\dfrac{1}{2}, 1, \dfrac{3}{2}, 2,\ldots$

14. 9, 18, 27, 36,…

15. 0.1, 0.2, 0.3, 0.4,…

16. $-5, -4, -3, -2,\ldots$

17. 1, 4, 9, 16,…

18. 3, 5, 7, 9,…

19. Ciencias Una termita reina puede depositar 8000 huevos al día por varios años, lo cual la convierte en el insecto con la mayor tasa de reproducción.

Días	1	2	3	4	5	6	7
Total	8,000	16,000	24,000	32,000	40,000	48,000	56,000

a. Escribe una regla que muestre la relación entre el número de días y el número de huevos.

b. ¿Cuántos huevos puede depositar una termita reina en un año? Explica cómo encontraste la respuesta.

Haz una tabla que muestre los primeros cuatro términos de la progresión para cada regla.

20. $6n$

21. $n + 8$

22. $-7x$

23. $2c + 5$

24. 3^n

25. Se muestra un patrón de cuadros.

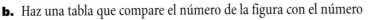

    a. Traza la cuarta y quinta figuras de este patrón.

    b. Haz una tabla que compare el número de la figura con el número de cuadros. Escribe una expresión para el número de cuadros en la figura *n*.

    c. ¿Cuántos cuadros puede haber en la figura número 100?

26. **Para la prueba** Hace algún tiempo, la cigarra fue una terrible plaga en Estados Unidos. Podía aparecer en grandes cantidades, devorar árboles y luego desaparecer por 17 años. ¿Si se presentó un enjambre en 1980, en cuál de estas progresiones de años volvería a aparecer la cigarra?

    Ⓐ 1917, 2017, 2117   Ⓑ 1997, 2014, 2031

    Ⓒ 1980, 1981, 1982   Ⓓ 2000, 2017, 2034

Especifica si cada progresión es aritmética, geométrica o ninguna de éstas. Después proporciona los dos términos siguientes.

27. $1, 3, 5, 7, \ldots$ **28.** $2, 4, 8, 16, \ldots$ **29.** $11, 22, 33, 44, \ldots$

30. $11, 111, 1{,}111, 11{,}111, \ldots$ **31.** $10, 100, 1{,}000, 10{,}000, \ldots$

32. $-3, 9, -27, 81, \ldots$ **33.** $\dfrac{1}{2}, \dfrac{2}{3}, \dfrac{3}{4}, \dfrac{4}{5}, \ldots$

Resolución de problemas y razonamiento

34. **Escoge una estrategia** El quinto término de una progresión aritmética es 96. La diferencia entre términos consecutivos es 4. Halla los primeros 4 términos.

35. **Razonamiento crítico** Imagina que una mosca mediterránea hembra (primera generación) deposita 100 huevos en su período de vida. Si la mitad de esos huevos contiene moscas hembra y cada una sobrevive para depositar 100 huevos, ¿cuántas moscas habrá en la quinta generación? ¿Por qué?

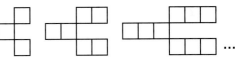

Resolución de problemas

ESTRATEGIAS

- Busca un patrón
- Organiza la información en una lista
- Haz una tabla
- Prueba y comprueba
- Empieza por el final
- Usa el razonamiento lógico
- Haz un diagrama
- Simplifica el problema

Repaso mixto

Wilson salió de su casa a las 3:00 p.m. y viajó 60 millas. Halla su tiempo de llegada con cada una de las siguientes velocidades. *[Lección 7-3]*

36. 15 mi/h   **37.** 10 mi/h   **38.** 20 mi/h   **39.** 25 mi/h   **40.** 48 mi/h

Comprensión de operaciones Halla las siguientes sumas. *[Lección 9-4]*

41. $22 + (-14)$ **42.** $-27 + (-12)$ **43.** $-49 + 22$ **44.** $-51 + 45$

45. $-71 + 23$ **46.** $88 + (-53)$ **47.** $-102 + (-77)$

48. $256 + (-101)$ **49.** $(-127) + (-341)$ **50.** $-917 + (-497)$

Comprensión y escritura de ecuaciones

▶ **Enlace con la lección** | Has escrito expresiones para describir progresiones. Ahora aprenderás a escribir ecuaciones para describir la relación entre dos cantidades. ◀

Vas a aprender…

■ a escribir una ecuación a partir de una tabla de valores.

…cómo se usa

Las ecuaciones permiten a las hojas de cálculo obtener los valores de manera automática.

Investigar | Demostración de relaciones con tablas

¿Más rápido que un veloz escarabajo?

Unos de los insectos que se mueven más rápido son los escarabajos. La tabla muestra la rapidez con la que puede reptar cierto tipo de escarabajo.

Tiempo (s)	1	2	3	4	5	...	t
Distancia (in.)	4	8	12	16	20	...	?

1. Describe cualquier patrón que veas en la tabla. En el último cuadro en la hilera de la distancia, escribe una expresión con t.

2. Usa palabras para describir la relación entre la distancia recorrida y el tiempo.

3. ¿Si este escarabajo reptara por 60 segundos, ¿qué tan lejos llegaría?

4. ¿En cuánto tiempo este escarabajo recorrería 36 pulgadas?

5. Explica cómo encontraste tus respuestas para los pasos 3 y 4. ¿Qué aspectos diferentes hay en las preguntas que se hacen en estos pasos?

Aprender | Comprensión y escritura de ecuaciones

Cuando dos expresiones mencionan la misma cantidad, se pueden enlazar en una ecuación. Escribir una ecuación es una forma importante de mostrar la relación entre variables.

Las fórmulas geométricas con las que has trabajado son ecuaciones. Por ejemplo, puesto que el perímetro de un cuadrado es cuatro veces la longitud de uno de sus lados, se escribe $p = 4s$. El signo igual muestra que p y $4s$ siempre tienen el mismo valor.

$$p = 4s$$

Ejemplos

1 Escribe una ecuación para mostrar la relación entre x y y. Usa la ecuación para hallar y cuando $x = 9$.

x	1	2	3	4
y	1	4	9	16

Observa que cada valor y es igual al *cuadrado* de su valor x. La ecuación $y = x^2$ muestra esta relación.

Para encontrar y cuando $x = 9$, sustituye 9 por x en la ecuación.

$y = 9^2 = 81$. Cuando $x = 9$, $y = 81$.

Para la prueba

Cuando escribes una ecuación para modelar una situación real, asegúrate de que la ecuación proporcione resultados razonables.

2 Escribe una ecuación para describir la relación entre el número de viajes que realiza una abeja y la cantidad de polen que acarrea a su colmena. Usa la ecuación para hallar la cantidad de polen que puede acarrear en 12 viajes.

Viajes	Polen (mg)
1	25
2	50
3	75
4	100

Sea $t = $ el número de viajes y $p = $ la cantidad de polen. La tabla muestra que la abeja acarrea 25 mg de polen en cada viaje. La ecuación es $p = 25t$.

Para calcular la cantidad de polen acarreado en 12 viajes, sustituye 12 por t.

$p = 25(12) = 300$ mg

La abeja puede acarrear 300 mg de polen en 12 viajes.

Haz la prueba

Escribe una ecuación para mostrar la relación entre x y y. Después usa la ecuación para calcular el valor de y cuando $x = 17$.

x	1	2	3	4	5
y	0.25	0.5	0.75	1	1.25

Puedes utilizar las ecuaciones para hacer tablas de valores.

Ejemplo 3

Haz una tabla de seis pares de valores para la ecuación $y = 3x + 2$.

Elige 6 valores para x y luego sustituye cada uno en $y = 3x + 2$ para hallar los valores y.

x	1	2	3	4	5	6
y	5	8	11	14	17	20

Haz la prueba

Una colonia de abejas necesita cerca de 20 kg de polen cada año. En y años, necesitará $20y$, por tanto, $p = 20y$. Haz una tabla de seis pares de valores para esta ecuación.

1. ¿Cómo muestra una ecuación una relación entre cantidades?

2. ¿Qué indica una ecuación que no muestra una tabla de valores? ¿Qué información hay en una tabla de valores que no se muestra en una ecuación?

10-4 Ejercicios y aplicaciones

Práctica y aplicación

1. **Para empezar** Sigue estos pasos para hacer una tabla de cinco valores para la ecuación $y = 3x - 4$.

   a. Haz una tabla con dos hileras (o columnas). Empieza la primera con la letra x y después llénala con cinco valores para x de tu elección.

   b. Empieza la segunda hilera (o columna) con la letra y. Sustituye el primer valor de x en la ecuación. Simplifica para encontrar el valor de y para este valor de x.

   c. Repite los pasos anteriores hasta completar la tabla.

Para cada tabla, escribe una ecuación que muestre la relación entre x y y. Usa la ecuación para hallar y cuando $x = 7$.

2.

x	1	2	3	4
y	3	4	5	6

3.

x	1	2	3	4
y	−5	−10	−15	−20

Completa cada tabla. Después escribe una ecuación para mostrar la relación entre las variables.

4.

r	D
40	80
50	100
55	110
60	
65	

5.

n	C
0	0
2	7.00
4	14.00
6	
8	

6.

s	A
1	1
2	4
3	9
4	
6	

7.

t	d
1	35
2	70
3	
4	
5	

Haz una tabla de seis pares de valores para cada ecuación.

8. $y = 2x$

9. $y = x + 8$

10. $c = -7b$

11. $k = g - 3$

12. $y = \frac{1}{3}x$

13. $y = 3x + 1$

14. $d = -14t - 22$

15. $y = 0.22x$

16. $y = -x$

17. $h = \frac{k}{4} + 1$

18. La tabla muestra la relación entre los saltos de una langosta y la distancia que cubre. Escribe una ecuación que describa esta relación y luego úsala para hallar la distancia que podría cubrir la langosta en 25 saltos.

Saltos	1	2	3	4	5	6
Distancia (in.)	20	40	60	80	100	120

19. **Para la prueba** Como se muestra en la tabla, el costo de mantener un gato en una pensión para animales depende del número de días que permanezca ahí.

Días	2	4	5	7
Costo ($)	6	12	15	21

¿Cuál ecuación representa la relación entre el costo y el número de días?

Ⓐ $C = d + 4$ Ⓑ $C = \dfrac{d}{3}$ Ⓒ $C = 3d$ Ⓓ $C = 6d$

Resolución de problemas y razonamiento

20. Razonamiento crítico Una regla importante de una progresión matemática es $\dfrac{n(n + 1)}{2}$.

a. Halla los primeros cinco términos de esta progresión.

b. Calcula las sumas $1 + 2, 1 + 2 + 3, 1 + 2 + 3 + 4$ y $1 + 2 + 3 + 4 + 5$. Compara tus resultados con la progresión en el inciso **a**. ¿Por qué es importante la regla?

21. Comunicación Dibuja un patrón cuadrado de tu propia invención, como los que se muestran en las páginas 490 y 491. Rotula cada figura con un número.

a. Si puedes, escribe una ecuación que describa el patrón. Si no es posible, explica por qué.

b. Halla el número de cuadros de la figura número 100 de tu patrón.

Repaso mixto

Un delfín nariz de botella puede tener 12 ft de largo. Halla la escala máxima para un modelo de delfín que se ajuste a estos espacios. *[Lección 7-4]*

22. Un embalaje de 6 ft de largo

23. Una caja de 3 in. de largo

24. Una sala de exhibiciones de 50 ft de largo

25. Una caja de 5 in. de largo

Comprensión de operaciones Halla las siguientes restas. *[Lección 9-5]*

26. $37 - 58$

27. $-10 - (-15)$

28. $-79 - 32$

29. $51 - (-51)$

30. $171 - 239$

31. $481 - (-308)$

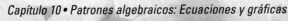

TECNOLOGÍA

Uso de la utilidad de graficación • Elegir tamaño y escala de una ventana

Problema: ¿Cómo puedes seleccionar una vista apropiada de la "ventana" para la gráfica de $y = 100x + 250$?

Puedes usar la utilidad de graficación para investigar esta pregunta.

1 Introduce la función $y = 100x + 250$ como Y1. Dirígete a ZOOM y selecciona la ventana estándar y luego oprime la tecla GRAPH para graficar la función.

2 La gráfica aparece casi vertical. Para desplegarla, limita el rango de los valores de x y extiende el rango de los valores de y. Ve a WINDOW e introduce Xmin $= -3$, Xmax $= 1$, Ymin $= -300$ y Ymax $= 300$. Oprime GRAPH para ver el resultado.

3 Observa que las "marcas" están muy separadas en el eje x y demasiado juntas en el eje y. Para cambiar esto, ve a WINDOW. Cambia Xscl a 0.5 y Yscl a 50. Luego oprime GRAPH para ver el resultado.

Solución: Los valores que dan una vista apropiada son:
Xmin $= -3$, Xmax $= 1$, Ymin $= -300$, Ymax $= 300$, Xscl $= 0.5$ y Yscl $= 50$.

POR TU CUENTA

INTÉNTALO

Determina una vista apropiada de ventana para cada gráfica.

a. $y = 200x - 100$
b. $y = 0.25x + 10$ **c.** $y = x^2 + 2$

▶ ¿Qué significa Xmin, Xmax, Ymin, Ymax, Xscl y Yscl?

▶ Si tú y un amigo graficaran $y = 25x - 100$ con diferentes valores para la vista de la ventana, ¿se verían iguales las gráficas? Explica tu respuesta.

Ecuaciones y gráficas

▶ **Enlace con la lección**   Ya has visto cómo las ecuaciones y las gráficas muestran la relación entre cantidades. En esta lección aprenderás a dibujar una gráfica de una ecuación. ◀

Investigar	**Demostración de relaciones en las gráficas**

¡Estas abejas son "asesinas"!

En Estados Unidos, la mayoría de la miel se produce por abejas de tipo europeo, también llamadas abejas melíferas. Producen un promedio de 24 kg de miel por colmena en cada temporada.

1. El diagrama de dispersión adjunto muestra la cantidad de miel producida por 1, 2, 3, 4 y 5 colmenas de abejas europeas en una temporada. Copia la tabla adjunta y después usa el diagrama de dispersión para completarla.

2. Como se muestra en el diagrama de dispersión, la abeja africana ("asesina") produce hasta 90 kg de miel por colmena. Elabora y completa una tabla como la adjunta para la producción de miel de la abeja africana.

3. Si un apicultor tiene 10 colmenas de abejas melíferas, ¿aproximadamente cuántos kilogramos de miel podrían producir en una temporada? ¿Cuánta miel obtendría de 10 colmenas de abejas africanas? Explica tu respuesta.

4. Si asumieras que las abejas africanas son inofensivas, ¿debería el apicultor cambiar las abejas? ¿Por qué? Explica de qué manera las tablas y el diagrama de dispersión fundamentan tu elección.

Producción de miel de la abeja europea

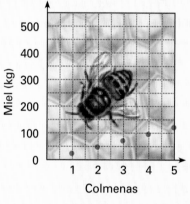

Producción de miel de la abeja europea

Colmenas	1	2	3	4	5
Miel (kg)					

Producción de miel de la abeja africana

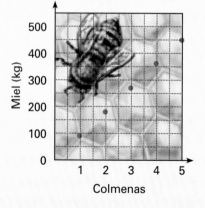

Para hacer un diagrama de dispersión con los datos de una tabla, puedes escribir los datos como pares ordenados y marcar los puntos en un plano de coordenadas.

Graficar una ecuación es similar a crear un diagrama de dispersión. Puedes empezar por elaborar una tabla de valores y luego graficar los pares ordenados que estos valores representan.

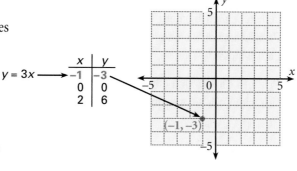

Ejemplo 1

Grafica la ecuación $y = 3x$ en un plano de coordenadas.

Primero elabora una tabla de valores. Escoge varios valores para x. Es una buena idea incluir 0 y un valor negativo.

A continuación grafica los pares ordenados $(-1, -3), (0, 0), (1, 3), (2, 6)$ y $(3, 9)$ representados en la tabla.

Todos estos puntos quedan en una recta.

Aunque estos puntos están en la gráfica de la ecuación, no son los *únicos* puntos en la gráfica. Aunque los cálculos no hubieran sido tan sencillos, se podrían haber usado valores de x como $2\frac{1}{2}$ y 1.0001.

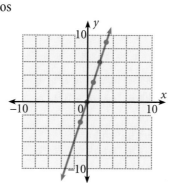

x	y
−1	−3
0	0
1	3
2	6
3	9

Para mostrar que los puntos entre y más allá de los que están en la tabla también aparecen en la gráfica, se conectan los puntos.

Haz la prueba

Grafica cada ecuación en un plano de coordenadas.

a. $y = 5x$ **b.** $y = x + 4$ **c.** $y = -2x$

No te olvides

Recuerda que el producto de dos números con el mismo signo es positivo y que el producto de dos números con signos diferentes es negativo.

[Página 463]

Puedes usar las gráficas para modelar las relaciones en la vida real. Sin embargo, cuando hagas esto, asegúrate de que los valores que elijas para tu tabla tengan sentido en una situación real.

Ejemplo 2

Una libélula puede alcanzar velocidades de 50 km/h. Una ecuación para representar la velocidad de la libélula es $d = 50t$, donde d representa la distancia en kilómetros y t es el tiempo en horas. Grafica esta ecuación en un plano de coordenadas.

Primero elabora una tabla de valores. Para esta situación, usa valores que no sean negativos para t.

Tiempo (h)	Distancia (km)
0	0
1	50
2	100
3	150
4	200
5	250

Después grafica los puntos de la tabla en un plano de coordenadas y conecta los puntos.

Observa que esta gráfica sólo se muestra en el primer cuadrante, puesto que los números negativos no tienen sentido en esta situación.

Haz la prueba

El insecto más veloz del mundo, un tipo de libélula, vuela a velocidades de hasta 87 mi/h.

Una ecuación para representar la velocidad de la libélula es $d = 87t$, donde d representa la distancia en millas y t es el tiempo en horas. Grafica esta ecuación en un plano de coordenadas.

Comprobar Tu comprensión

1. En tus propias palabras, describe un método para graficar una ecuación.

2. Proporciona un ejemplo de una gráfica de una situación real que *no* sólo se encuentre en el primer cuadrante.

10-5 Ejercicios y aplicaciones

Práctica y aplicación

1. | **Para empezar** | Sigue los pasos para graficar la ecuación $y = 2x + 3$.

a. Haz una tabla con dos hileras (o columnas). Empieza la primera con la letra x, después llena varios valores de x a tu elección. Incluye al menos un valor negativo y el cero.

b. Empieza la segunda hilera (o columna) con la letra y. Después sustituye el primer valor de x en la ecuación. Simplifica para encontrar el valor de y para este valor en particular. Escribe el valor de y en seguida de su valor de x correspondiente.

c. Repite los pasos anteriores hasta completar la tabla.

d. Cada par de valores x-y de la tabla representa un punto. Grafica estos puntos en un plano de coordenadas. Después conecta los puntos para mostrar la gráfica.

En los ejercicios 2–5, se proporciona una tabla de puntos para cada ecuación. Grafica cada ecuación en un plano de coordenadas.

2. $y = x + 2$

x	y
−1	1
0	2
1	3
2	4
3	5

3. $y = 4x$

x	y
−2	−8
0	0
1	4
2	8
4	16

4. $y = x - 1$

x	y
−1	−2
0	−1
3	2
4	3
5	4

5. $y = -2x + 5$

x	y
−2	9
0	5
2	1
4	−3
6	−7

Grafica las siguientes ecuaciones en un plano de coordenadas.

6. $y = 2x$　　**7.** $y = x + 1$　　**8.** $y = -3x$　　**9.** $y = 4x - 5$　　**10.** $y = x$

11. Observa las gráficas para las ecuaciones de los ejercicios 2–10. Compara las ecuaciones cuyas gráficas pasan por el origen con las ecuaciones cuyas gráficas no lo hacen. ¿Qué adviertes?

12. Ciencias El escarabajo Goliat es el insecto más pesado del mundo, puede pesar 3.5 onzas. Una ecuación para representar el peso de varios escarabajos Goliat es $w = 3.5b$, donde w representa el peso en onzas y b es el número de escarabajos. Grafica esta ecuación.

Grafica cada ecuación en el mismo plano de coordenadas.

13. $y = \frac{1}{2}x$ **14.** $y = \frac{1}{2}x - 1$ **15.** $y = \frac{1}{2}x + 1$ **16.** $y = \frac{1}{2}x - 3$

17. ¿Qué observas en las gráficas de los ejercicios 13–16?

18. **Para la prueba** ¿Cuál de estas ecuaciones tiene una gráfica que pasa por el origen?

     Ⓐ $y = x + 2$ Ⓑ $y = 2x$ Ⓒ $y = 2x + 1$ Ⓓ $y = x - 2$

Resolución de problemas y razonamiento

19. Razonamiento crítico Cuando un insecto está activo, su corazón puede latir a una tasa de 140 latidos por minuto. Cuando está inactivo y frío, su ritmo cardíaco puede bajar a 1 latido por hora.

     a. Escribe una ecuación que represente cada una de estas tasas.

     b. Grafica ambas ecuaciones en un mismo plano de coordenadas. Describe las similitudes y diferencias entre estas dos gráficas. Al observarlas, ¿cómo puedes determinar cuál gráfica representa la tasa más baja?

20. Comunicación Por qué la gráfica de $y = 2x + 1$ contiene el punto $(2, 5)$? ¿Por qué *no* contiene $(2, 6)$?

21. Razonamiento crítico Grafica cada par de ecuaciones en el mismo plano de coordenadas.

     a. $y = 2x$ y $y = -2x$ **b.** $y = 3x$ y $y = -3x$ **c.** $y = 10x$ y $y = -10x$

     d. Describe las diferencias entre las gráficas en cada par.

Repaso mixto

Comprensión numérica Usa los porcentajes para comparar. *[Lección 8-1]*

22. $\frac{61}{100}$ y $\frac{3}{5}$ **23.** $\frac{9}{20}$ y $\frac{1}{2}$ **24.** $\frac{1}{4}$ y $\frac{4}{25}$ **25.** $\frac{1}{4}$ y $\frac{1}{5}$ **26.** $\frac{3}{10}$ y $\frac{7}{25}$

Comprensión de operaciones Halla los siguientes productos. *[Lección 9-6]*

27. $7 \cdot 9$ **28.** $-3 \cdot (-5)$ **29.** $-4 \cdot 11$ **30.** $6 \cdot (-10)$ **31.** $-16 \cdot 0$

32. $42 \cdot (-10)$ **33.** $-12 \cdot (-9)$ **34.** $-5 \cdot 23$ **35.** $18 \cdot (-15)$ **36.** $-1 \cdot -1 \cdot -1$

El proyecto en marcha

Crea una tabla con los datos de población que investigaste para tu ciudad, pueblo o estado. Después analiza si puedes encontrar una ecuación que se ajuste a los datos. Si no hay una ecuación exacta, busca una ecuación que se aproxime. (*Pista:* Puede ser útil numerar los años desde 0 en lugar de utilizar las fechas reales.)

Resolución de problemas

Comprende
Planea
Resuelve
Revisa

Has analizado las relaciones entre cantidades por medio de gráficas, tablas y ecuaciones. Ahora aplicarás estas destrezas para agregar algo de sabor a tu dieta.

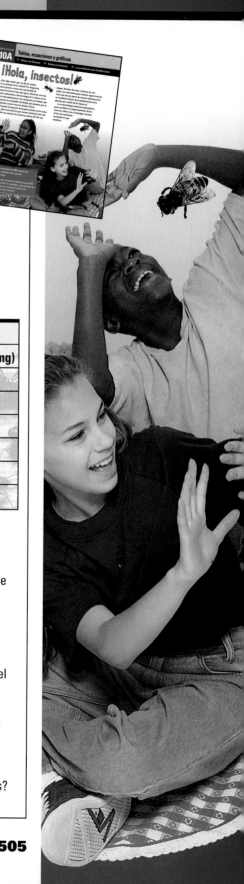

¡Hola, insectos!

Materiales: Papel cuadriculado

¿Alguna vez has tragado un insecto por accidente? Quizá te hayas sentido un poco mal en ese momento, pero al final saliste ganando. De hecho, ¡muchos insectos son buenos para tu salud!

La siguiente tabla muestra información nutricional para porciones de 1 onza de diferentes tipos de animales.

Contenido nutrimental de insectos comestibles y otros animales				
	Energía (cal)	Proteína (g)	Calcio (mg)	Hierro (mg)
Requerimientos (día/adulto)	2850	37	1000	18
Termitas	172	4.0	11.3	2.1
Gorgojos	159	1.9	52.7	3.7
Res (magra molida)	62	7.8	3.4	1.0
Pollo (carne blanca rostizada)	47	9.0	3.1	0.4
Pescado (bacalao hervido)	48	8.1	8.8	0.3

1. Haz una tabla y una gráfica de la cantidad de hierro en 1, 2, 3, 4 y 5 onzas de termitas.

2. Usa tu gráfica o tabla para hallar la cantidad aproximada de hierro en $4\frac{1}{2}$ onzas de termitas. Explica cómo hallaste tu respuesta.

3. Aproximadamente, ¿cuántas onzas de termitas necesitaría comer un adulto para obtener el requerimiento mínimo diario de hierro?

4. ¿Cuántas onzas de pescado necesitarías comer para obtener tanto calcio como el que contiene 1 onza de gorgojos?

5. Aproximadamente, ¿cuántas onzas de gorgojos necesitaría comer un adulto para obtener el mínimo diario requerido de calcio?

6. Compara las cantidades de cada tipo de comida que necesitarías ingerir para obtener el requerimiento mínimo diario de calorías para un adulto. ¿Qué observas?

1. **Historia** En 1519, Fernando de Magallanes salió de España en un viaje alrededor del mundo. A la muerte de Magallanes en las Filipinas, Juan del Cano asumió el mando. Esperó hasta que los barcos se hubieron reparado para regresar a España, lo cual fue posible en 1522. ¿Cuál gráfica podría mostrar este viaje?

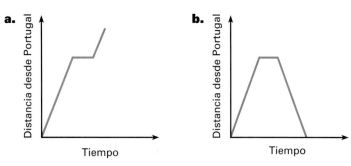

a. / b. (Distancia desde Portugal vs. Tiempo)

Escribe una expresión que describa la regla para cada progresión. Después proporciona el término 100 de la progresión.

2. $4, 5, 6, 7, \ldots$ 3. $2, 4, 6, 8, \ldots$ 4. $0.3, 0.6, 0.9, 1.2, \ldots$ 5. $-5, -10, -15, -20, \ldots$

Para cada tabla, escribe una ecuación que muestre la relación entre x y y. Usa la ecuación para hallar y cuando $x = 9$.

6.

x	1	2	3	4
y	3	6	9	12

7.

x	1	2	3	4
y	-5	-4	-3	-2

Grafica cada ecuación en un plano de coordenadas.

8. $y = x$ 9. $y = x - 4$ 10. $y = -4x$ 11. $y = 2x + 2$ 12. $y = -x$

13. Explica la relación entre una ecuación, una tabla de valores para la ecuación y la gráfica de la ecuación.

Para la prueba

Cuando en una prueba de elección múltiple se te pide hallar el próximo número de una progresión, recuerda que la progresión puede seguir una regla que no sea una expresión.

14. ¿Cuál es el siguiente número en la progresión 2, 3, 5, 7, 11, …?

   Ⓐ 12   Ⓑ 13   Ⓒ 14   Ⓓ 15

¡TENGO UN NEGOCIO PROPIO!

Todo comenzó como un jardín en South Central en Los Angeles. En 1992, luego de los disturbios en su comunidad, los estudiantes de la preparatoria 38 Crenshaw limpiaron un terreno y cultivaron vegetales. Vendieron algunos para financiar becas escolares y donaron otros a los refugios para indigentes. Con su conocimiento de vegetales, decidieron elaborar un aderezo para ensaladas.

Recibieron ayuda del profesor de biología, Tammy Bird, para obtener la receta adecuada y de Norris Bernstein, fundador de los aderezos para ensaladas Bernstein. Establecieron su propia compañía, Food From the 'Hood y en 1994 colocaron en más de 2000 tiendas el aderezo para ensaladas Straight Out' the Garden.

Al graduarse, recibieron sus ganancias como becas escolares. Esta compañía espera ganar $50,000 para sus propietarios estudiantes. Ahora verás cómo los jóvenes empresarios como estos usan las matemáticas en sus negocios.

1 Explica cómo calcularías las ganancias de un negocio si conocieras sus ingresos y sus gastos.

2 ¿Cómo piensas que los estudiantes dueños de Food From the 'Hood usaron las matemáticas en su negocio?

10-6

Resolución de ecuaciones por medio de tablas

Vas a aprender…

■ a usar tablas para resolver ecuaciones.

…cómo se usa

Los contribuyentes observan el monto del impuesto que adeudan en grandes tablas. Estas tablas muestran las soluciones a "las ecuaciones del impuesto sobre el ingreso".

▶ **Enlace con la lección** En esta lección aplicarás tus conocimientos para hacer tablas de valores y dibujar gráficas de ecuaciones en la resolución de ecuaciones. ◀

Investigar | Tablas y ecuaciones

¡Hasta el cuello en ventas!

Aunque es una estudiante de séptimo grado, Solangel Brujan de la ciudad de New York pidió prestado $50 y comenzó un negocio de joyería. En sólo 3 años, obtuvo una ganancia de $3000. Uno de los artículos que ella mantuvo en existencia fue un collar de perlas de fantasía que se vendía en $5.

1. Sea *n* el número de collares de "perlas" adquiridos por un comprador y *c* el costo total de consumo. Escribe una ecuación que muestre la relación entre estas variables.

2. Haz una tabla que indique cuánto costarían de 1 a 12 collares. ¿Cuánto costarían 7 collares? ¿Y 24 collares? Explica tu respuesta.

3. ¿Cuántos collares tendría que vender Solangel para pagar la cantidad que pidió prestada? Explica cómo hallaste la respuesta.

Aprender | Resolución de ecuaciones por medio de tablas

Mediante el uso de una tabla de valores x y y para una ecuación, puedes leer el valor de x que corresponde a un valor de y específico.

Ejemplo 1

Haz una tabla de valores para $y = x + 2$. Usa $-1, 0, 1, 2, 3$ y 4 como valores de x. Después halla el valor de x cuando y es 1, 3 y 6.

x	−1	0	1	2	3	4
y	1	2	3	4	5	6

Para hacer la tabla, sustituye cada valor de x en la ecuación.

Cuando $y = 1, x = -1$; cuando $y = 3, x = 1$; y cuando $y = 6, x = 4$.

Puedes usar una tabla de valores para resolver una ecuación. A fin de resolver $8 = x + 5$, primero elabora una tabla para la ecuación *relacionada* $y = x + 5$, y después encuentra el valor de x para $y = 8$.

Ejemplo 2

Usa una tabla para resolver $14 = 3x - 4$.

La ecuación relacionada es $y = 3x - 4$. Observa la tabla adjunta para esta ecuación.

x	−2	0	2	4	6	8
y	−10	−4	2	8	14	20

De acuerdo con la tabla, $x = 6$ cuando $y = 14$.

Haz la prueba

Elabora y utiliza una tabla para resolver las siguientes ecuaciones.

a. $7 = x - 3$ **b.** $42 = -7x$ **c.** $15 = 3k + 2$ **d.** $-6 = 2x + 8$

Quizá necesites usar una tabla para calcular la respuesta aproximada de una ecuación.

Ejemplo 3

Melissa Gollick de 11 años, originaria de Denver, empezó la compañía MelMaps. Melissa usa una computadora para dibujar mapas para una empresa de bienes raíces. Cada mapa cuesta $40. ¿Cuántos mapas necesita vender para ganar $280?

Sea $m =$ al número de mapas. Se necesita resolver $280 = 40m$.

Sea $y =$ la cantidad ganada. La tabla proporciona los valores para $y = 40m$.

Mapas, m	2	4	6	8	10
Ganancia, y ($)	80	160	240	320	400

$y = 280$ no aparece en la tabla. Sin embargo, puedes hacer un *cálculo aproximado* de que 280 es la mitad entre 240 y 320.

En la hilera m, el valor medio entre 6 y 8 es 7. Melissa debe vender 7 mapas.

Comprobar | Tu comprensión

1. ¿Cuál es la ecuación relacionada para $14 = 7x$? ¿Cómo se "relacionan" estas ecuaciones?

2. En el ejemplo 3, ¿cómo se podría comprobar que 7 mapas es la respuesta correcta?

Práctica y aplicación

1. **Para empezar** Sigue los pasos para resolver $8 = x + 3$ mediante una tabla.

   a. Escribe la ecuación relacionada para $8 = x + 3$ al remplazar 8 con y.

   b. Elabora una tabla de valores para la ecuación relacionada.

   c. Busca un valor y de 8 en tu tabla. El valor de x para este valor de y es la respuesta a la ecuación.

Esta tabla representa la ecuación $y = -2x$. Utilízala para resolver las ecuaciones relacionadas que siguen a la tabla.

x	-2	-1	0	1	2	3	4	6	8
y	4	2	0	-2	-4	-6	-8	-12	-16

2. $-6 = -2x$ **3.** $-2x = 4$ **4.** $0 = -2x$ **5.** $-2x = -8$

6. **Cálculo aproximado** Usa la tabla anterior para hacer un cálculo aproximado de la solución de $3 = -2x$. Explica cómo hallaste la respuesta.

Elabora y usa una tabla para resolver cada ecuación.

7. $4 = x - 2$ **8.** $3x = 9$ **9.** $-16 = 5r + 4$ **10.** $200 = 10n - 50$

Cálculo aproximado Elabora y usa una tabla para hacer un cálculo aproximado de la solución para las siguientes ecuaciones.

11. $7 = 2x$ **12.** $-5b = 18$ **13.** $-17 = 3z - 2$ **14.** $3\frac{1}{2} = 2k - 7$

15. **Geometría** Recuerda que la circunferencia de un círculo es igual a π veces su diámetro, por tanto, $C = \pi d$.

   a. Haz una tabla de valores para $C = \pi d$.

   b. Usa tu tabla para hacer un cálculo aproximado del diámetro de un círculo cuya circunferencia es de 11 cm.

16. **Industria** Champ Cookies and Things es un negocio que empezó en una escuela de Washington, DC, en 1987. Los estudiantes compraron los ingredientes, hornearon las galletas, las empacaron y las vendieron. Imagina que los ingredientes para una docena de galletas cuestan 35¢. Usa una tabla para determinar cuántas docenas de galletas se pueden hacer por $7.70.

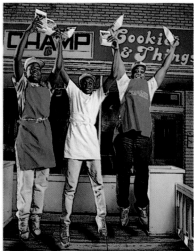

17. Literatura En *The Cricket in Times Square*, de George Selden, Mario platica a sus padres acerca de los grillos mientras vende periódicos en su puesto de revistas. (A continuación se reproduce un fragmento de *The Cricket in Times Square*, Farrar, Straus and Giroux, New York, 1960. Derechos reservados © 1960 de George Selden Thompson.)

"Mientras menos tiempo pases jugando con los grillos, más periódicos venderás", dijo mamá.

"Vamos, no es para tanto", la consoló papá. *"Mario no tiene la culpa de que nadie compre."*

"Con los grillos también puedes predecir la temperatura", dijo Mario. *"Cuentas el número de chirridos en un minuto, lo divides entre cuatro y le sumas cuarenta. Ellos son muy inteligentes."*

Haz una tabla para saber el número de chirridos que emitiría un grillo por minuto si la temperatura fuera de 90°F.

18. | **Para la prueba** | ¿Cuál de estas ecuaciones coincide con la tabla?

Ⓐ $g = -f + 3$ Ⓑ $g = 1 - 2f$

Ⓒ $g = 2f - 1$ Ⓓ $g = 2 - 3f$

f	-1	0	1	2
g	3	1	-1	-3

Resolución de problemas y razonamiento

19. Escoge una estrategia Algunas tablas no se derivan de ecuaciones, pero aun así se pueden usar para hacer predicciones. Utiliza la tabla para predecir el porcentaje de mujeres productivas en Estados Unidos para el año 2000. Explica cómo hiciste tu predicción.

Mujeres mayores de 16 años en la mano de obra civil							
Año	1930	1940	1950	1960	1970	1980	1990
Porcentaje	22.0	25.4	33.9	37.7	43.3	51.5	57.5

Resolución de problemas
ESTRATEGIAS
• Busca un patrón
• Organiza la información en una lista
• Haz una tabla
• Prueba y comprueba
• Empieza por el final
• Usa el razonamiento lógico
• Haz un diagrama
• Simplifica el problema

20. Cuando usas una tabla para resolver una ecuación, ¿cómo determinas cuál valor de *x* utilizar? (*Pista:* ¿Elegirías valores diferentes para resolver $12 = 3x$ que para resolver $27,954 = 3x$?)

Repaso mixto

Escribe los siguientes porcentajes como decimales. *[Lección 8-2]*

21. 50%   **22.** 20%   **23.** 90%   **24.** 2%   **25.** 7%

26. 120%   **27.** 5.6%   **28.** 22.2%   **29.** 84.6?%   **30.** $12\frac{1}{2}$%

Halla cada cociente. *[Lección 9-7]*

31. $-12 \div (-4)$ **32.** $-12 \div 4$ **33.** $0 \div (-17)$ **34.** $22 \div (-2)$ **35.** $-56 \div (-8)$

36. $-44 \div (-1)$ **37.** $-60 \div 15$ **38.** $80 \div (-12)$ **39.** $-170 \div 5$ **40.** $-300 \div 0$

Resolución de ecuaciones por medio de gráficas

Vas a aprender...

■ a utilizar gráficas para resolver ecuaciones.

...cómo se usa

Los científicos en materiales "diseñan" los metales y plásticos con los que se hacen los productos. Consultan las gráficas para determinar si un material será un sólido, un líquido o un gas a una temperatura y presión particulares.

▶ **Enlace con la lección** Has usado tablas y gráficas para resolver ecuaciones de un paso. Ahora aprenderás a utilizar estos métodos para resolver ecuaciones de dos pasos. ◄

Investigar | Ecuaciones y gráficas

Acumulación de ganancias

Materiales: Utilidad de graficación

En 1992, Lizzie Denis y Louise Kramer de St. Paul, Minnesota, comprobaron que las galletas tardaban demasiado en cocinarse en una sola bandeja. Así que las dos chicas de 11 años inventaron el "Bastidor de doble capa para hornear". Su compañía, Productos L&L, vende el bastidor por medio de tiendas y catálogos a un costo de $20.

Imagina que una tienda invierte $1000 en la compra de bastidores y gana $4 por cada bastidor vendido. El gerente de la tienda desea saber cuántos bastidores necesita vender para:

- Recuperar la inversión ($0 de ganancia)
- Ganar $4500

1. Sea x el número de bastidores vendidos y y la cantidad de dinero ganado. Escribe una ecuación en la forma $y =$ _____ que relacione a x y y. Recuerda restar los $1000 de la inversión.

2. Grafica la ecuación en una utilidad de graficación y describe la gráfica.

3. Para calcular cuántos bastidores se deben vender para llegar al punto de equilibrio ($0 ganancia), usa TRACE para mover tu gráfica hasta que el valor y equivalga a 0. ¿Cuál es el valor de x? ¿Qué te indica esto?

4. Usa TRACE para calcular cuántos bastidores se deben vender para que la tienda obtenga una ganancia de $4500.

Así como en el caso de las tablas, también puedes usar una gráfica para hallar el valor de x que corresponde a un valor de y en particular.

Ejemplo 1

Grafica $y = -2x$. Después halla los valores de x cuando y es -2 y 4.

x	−1	0	1	2
y	2	0	−2	−4

Haz una tabla de pocos valores para la ecuación.

Grafica los puntos en un plano de coordenadas y conéctalos.

Para hallar el valor de x cuando $y = -2$, dirígete a -2 en el eje de las y. Luego muévete en forma horizontal y cuando alcances la recta, muévete al eje de las x.

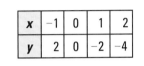

Cuando $y = -2$, $x = 1$.

Puedes usar el mismo método para hallar el valor de x cuando $y = 4$. En este caso, necesitas moverte hacia *abajo* de la recta para alcanzar el eje de las x.

Cuando $y = 4$, $x = -2$.

▶ Enlace con Historia

En 1903, una afroamericana, Maggie Lena Walker, se convirtió en el primer presidente del sexo femenino de un banco en Estados Unidos. Fundó el banco Saint Luke's Penny-Saving en Richmond, Virginia. Durante la Gran Depresión, el banco de Walker se fusionó con otras instituciones bancarias para convertirse en el Richmond Consolidated Bank and Trust.

Puedes usar una gráfica para resolver una ecuación.

Ejemplo 2

Usa una gráfica para resolver $16 = 3x - 8$.

x	−2	0	2	4
y	−14	−8	−2	4

Grafica la ecuación *relacionada* $y = 3x - 8$.

Ve al 16 en el eje de las y, muévete horizontalmente y luego baja al eje de las x. Alcanzas el eje de las x en el 8.

La solución es $x = 8$.

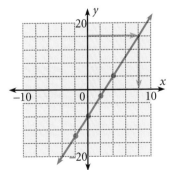

Haz la prueba

Usa una gráfica para resolver cada ecuación.

a. $4 = x - 2$

b. $12 = -3x$

c. $-10 = 4x + 2$

Resolución de problemas
TEN EN CUENTA

Haz la escala bastante larga en el eje de las y para incluir el valor que buscas; en este caso, el eje de las y necesitaba incluir al 16.

Ben Narasin es el fundador de la compañía de ropa deportiva Boston Prepatory Co. Probó las mieles de los grandes negocios a la edad de 12 años cuando pagó $65 para comprar y vender historietas en una convención de libros de historietas. ¡Su ganancia de un día fue de $2500!

Imagina que pagas $65 para vender n libros de historietas y una ganancia promedio de $10. Tu ganancia, p, se obtiene por medio de $p = 10n - 65$. ¿Cuántos libros de historietas necesitarías vender para ganar $2500?

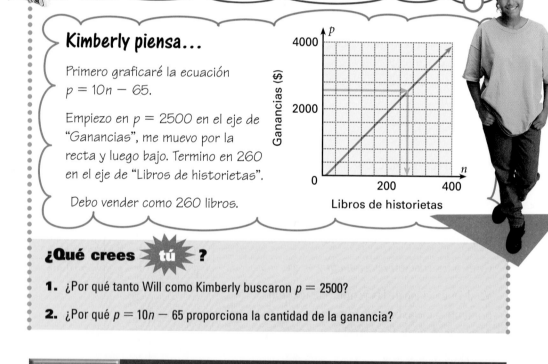

Will piensa...

Usaré la ecuación $p = 10n - 65$ para hacer una tabla.

Historietas vendidas, n	50	100	150	200	250	300
Ganancia, p ($)	435	935	1435	1935	2435	2935

En $p = 2435$, $n = 250$. 2500 es poco más de 2435. Aproximaré $n = 260$. Debo vender como 260 libros de historietas.

Kimberly piensa...

Primero graficaré la ecuación $p = 10n - 65$.

Empiezo en $p = 2500$ en el eje de "Ganancias", me muevo por la recta y luego bajo. Termino en 260 en el eje de "Libros de historietas".

Debo vender como 260 libros.

¿Qué crees tú ?

1. ¿Por qué tanto Will como Kimberly buscaron $p = 2500$?

2. ¿Por qué $p = 10n - 65$ proporciona la cantidad de la ganancia?

Comprobar | Tu comprensión

1. ¿Es más sencillo usar una tabla o gráfica para aproximar las soluciones? ¿Por qué?

2. Cuando resuelves una ecuación al graficar, ¿por qué es necesario moverse por la gráfica desde un punto en el eje de las y en lugar de moverse hacia arriba o hacia abajo?

Práctica y aplicación

Para empezar Usa la gráfica de $y = x + 3$ que se muestra a la derecha para resolver las ecuaciones relacionadas.

1. $2 = x + 3$ **2.** $x + 3 = -1$ **3.** $4 = x + 3$ **4.** $x + 3 = 0$

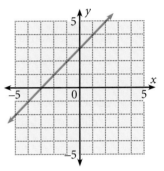

5. Cálculo aproximado Usa la gráfica para hacer un cálculo aproximado de la solución para $\frac{1}{2} = x + 3$. Explica cómo hallaste tu respuesta.

6. Sigue los pasos para resolver $10 = 3x - 2$ por medio de una gráfica.

     a. Escribe la ecuación relacionada para $10 = 3x - 2$ al remplazar 10 con y.

     b. Haz una tabla de valores para la ecuación relacionada.

     c. Grafica los puntos de tu tabla en un plano de coordenadas y conecta los puntos.

     d. Empieza en 10 sobre el eje de las y de tu plano de coordenadas. Cruza hasta alcanzar la gráfica. Después desciende en forma vertical al eje de las x y lee la solución.

Usa una gráfica para resolver cada ecuación.

7. $5 = x + 3$ **8.** $2x = 8$ **9.** $-5 = 3p - 2$ **10.** $500 = 8n - 100$

Cálculo aproximado Usa una gráfica para hacer un cálculo aproximado de la solución para cada ecuación.

11. $6 = 2x - 3$ **12.** $-7 = 4x + 2$ **13.** $35 = -3t - 11$ **14.** $22.75 = 5n - 8$

15. Para resolver problemas Cuando *alquilas* un auto, lo regresas al arrendador después de haberlo usado por cierto tiempo. Imagina que para alquilar un auto se requiere un pago inicial de $1500 y pagos de $300 al final de cada mes. ¿Después de cuántos meses el costo total del alquiler será de $4500? Usa una gráfica para contestar esta pregunta.

16. **Para la prueba** Darryl sale a un viaje de negocios. Su compañía le proporciona $140 diarios para gastos, hasta un total de $1000. ¿Cuál ecuación puede usar Darryl para calcular el máximo número de días que cubren sus gastos?

     Ⓐ $1000 = 140d$ Ⓑ $1000 = \dfrac{d}{140}$

     Ⓒ $d = 140 \cdot 1000$ Ⓓ $1000 = \dfrac{140}{d}$

17. Industria Cuando estaba en quinto grado, Alexia Abernathy de Cedar Rapids, Iowa, inventó el Oops! Proof™, un tazón a prueba de derrames. Parte de su dinero lo obtiene de estas ventas.

Imagina que una familia invierte $1200 en el desarrollo de un invento y que gana $2.00 por cada objeto que venden.

a. ¿Cuánto dinero gana la familia si se venden *n* artículos?

b. ¿Cuáles son los gastos de la familia?

c. La *utilidad* es la diferencia entre el dinero ganado (*ingreso*) y los gastos. Escribe una ecuación para la utilidad y grafica la ecuación.

d. ¿Cuántos artículos se deben vender para tener una utilidad de $3000? Explica cómo hallaste tu respuesta.

Resolución de problemas y razonamiento

18. Razonamiento crítico Eres el vicepresidente de una compañía de juguetes y vas a hacer la presentación de un nuevo juguete cuyo precio de venta es $15.

a. Consideras que los asistentes a la presentación querrán saber cuántos juguetes necesita vender la compañía para obtener $50,000, $125,000 y $250,000. Prepara una gráfica y una tabla para contestar estas preguntas. ¿Cuáles son las respuestas?

b. En la presentación real, ¿cuándo podrías utilizar la tabla y cuándo la gráfica? Explica las ventajas y desventajas de cada una.

19. Comunicación Imagina que un banco carga una comisión mensual de $5.00 a las cuentas de sus clientes, más una tarifa de $0.25 por cada cheque expedido durante el mes.

a. Escribe una ecuación para determinar la cantidad total que el banco cobraría a un cliente en un mes.

b. ¿Cuánto se cargaría a un cliente si expidiera 10 cheques en un mes?

c. Si a un cliente se le aplica un cargo de $8.75, ¿cuántos cheques expidió? Explica tu respuesta.

Repaso mixto

Escribe cada fracción como un porcentaje. *[Lección 8-3]*

20. $\dfrac{1}{1000}$ **21.** $\dfrac{135}{100}$ **22.** $\dfrac{920}{100}$ **23.** $\dfrac{\frac{1}{2}}{100}$ **24.** $\dfrac{57}{10}$

Escribe el opuesto de cada número entero. *[Lección 9-1]*

25. 7 **26.** -5 **27.** -417 **28.** 550 **29.** -114

30. 5,040 **31.** $-22,714$ **32.** 101 **33.** 4×10^4 **34.** 0

Relación entre ecuaciones y desigualdades

▶ **Enlace con la lección** Ya has usado tablas y gráficas para resolver ecuaciones. Ahora utilizarás tu conocimiento sobre ecuaciones para resolver desigualdades. ◀

Investigar | Desigualdades

Ganancias del fútbol

Siendo estudiantes de preparatoria, Rachel Rief y Margaret Kowalski fundaron el "Campamento de verano para fútbol sólo para mujeres" en Yakima, Washington. Cobraban $22 por jugadora por una semana de entrenamiento en este deporte.

1. Haz una tabla que muestre el ingreso por entrenar de 1 a 10 jugadoras, donde *n* sea el número de jugadoras.

2. En tu tabla, halla el (los) valor(es) de *n* que producirían un ingreso:

a. Igual a $110 **b.** Menor que $110 **c.** Mayor que $110

3. Explica cómo encontraste estos valores en tu tabla.

Vas a aprender…

■ a graficar desigualdades en una recta numérica.

■ a escribir la desigualdad representada por una gráfica.

…cómo se usa

Las desigualdades se utilizan para describir cuánto tiempo puedes hablar por teléfono antes de que cambie el horario de las tarifas.

Vocabulario

desigualdad

soluciones de una desigualdad

Aprender | Relación entre ecuaciones y desigualdades

Una ecuación consiste en dos expresiones separadas por un signo de igual. Dos expresiones separadas por un signo de desigualdad forman una **desigualdad**. Entre los ejemplos de desigualdades se incluyen $4 + 3 < 12$, $5 - 2 \leq 3$ y $x + 12 \geq 15$.

Las **soluciones de una desigualdad** son los valores que hacen verdadera una desigualdad y se pueden graficar en una recta numérica. Un círculo lleno significa que ese valor satisface la desigualdad.

$x > -2$ ("mayor que")

```
←—+——+——+——●——+——+——+——+——+——+——+——→
 -5  -4  -3  -2  -1   0   1   2   3   4   5
```

$x < -2$ ("menor que")

```
←——+——+——○——+——+——+——+——+——+——+——→
 -5  -4  -3  -2  -1   0   1   2   3   4   5
```

$x \geq -2$ ("mayor que o igual a")

```
←—+——+——+——●——+——+——+——+——+——+——+——→
 -5  -4  -3  -2  -1   0   1   2   3   4   5
```

$x \leq -2$ ("menor que o igual a")

```
←——+——+——●——+——+——+——+——+——+——+——→
 -5  -4  -3  -2  -1   0   1   2   3   4   5
```

Ejemplos

No te olvides

Los números en una recta numérica horizontal se incrementan de izquierda a derecha. **[Página 437]**

1 Grafica la desigualdad $x \geq 3$ en una recta numérica.

Los valores x *mayores* que 3 están a la derecha de 3. Puesto que la desigualdad tiene un signo mayor que *o igual a*, el círculo está lleno.

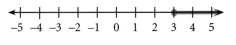

2 Escribe una desigualdad para la gráfica.

La desigualdad incluye puntos menores que 1, pero no incluye al 1.

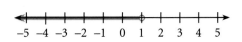

La desigualdad $x < 1$ se adapta a la gráfica.

Haz la prueba

a. Grafica la desigualdad $x \leq -1$.

b. Escribe una desigualdad para la gráfica.

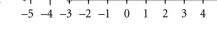

Sugerencia

El extremo más largo de un signo de desigualdad se abre hacia el número más grande.

Ejemplos

3 Escribe un enunciado de la vida real para la desigualdad $n < 150$.

El enunciado muestra una cantidad menor que 150. Así, el enunciado "El número de patinetas vendidas la semana pasada fue menor que 150", se adapta a la desigualdad.

4 Escribe una desigualdad para el enunciado "Las ganancias de la semana pasada fueron mayores que \$800" y grafica la desigualdad.

Sea p = ganancias.   Define una variable.

$p > 800$ Usa un símbolo de desigualdad para escribir una desigualdad.

La flecha apunta hacia la derecha porque la desigualdad es "mayor que". El círculo está vacío.

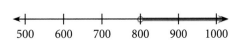

Haz la prueba

Escribe una desigualdad para el enunciado "El costo de la publicidad para el estadio de fútbol fue menor que \$450" y grafica la desigualdad.

Comprobar | Tu comprensión

1. ¿Cómo puedes comprobar la gráfica de una desigualdad?

2. ¿La desigualdad $x > 4$ es lo mismo que la desigualdad $4 < x$? Explica tu respuesta.

Práctica y aplicación

1. | **Para empezar** | Sigue los pasos para graficar la desigualdad $x \leq -3$.

 a. Dibuja una recta numérica que incluya -3.

 b. Haz un círculo en -3. Puesto que la desigualdad incluye la posibilidad "igual a", llena el círculo.

 c. Dado que los valores de x *menores que* -3 hacen que la desigualdad sea verdadera, dibuja una flecha que empiece en el círculo lleno y se dirija a la izquierda.

Grafica cada desigualdad en una recta numérica.

2. $x > 1$ **3.** $x \geq 0$ **4.** $k \leq 4$ **5.** $t > -3$ **6.** $x \geq 7$

7. $p \leq 40$ **8.** $r > 25$ **9.** $d \geq 100$ **10.** $n < -32$ **11.** $v \geq 2,000$

Para cada desigualdad, indica si el número en negrilla es una solución.

12. $x > 4; \mathbf{8}$ **13.** $z > -12; \mathbf{-13}$ **14.** $x + 4 \geq 7; \mathbf{3}$ **15.** $2m \leq -5; \mathbf{-3}$ **16.** $2x + 1 < 0; \mathbf{-1}$

Escribe una desigualdad para cada gráfica.

17. (recta numérica de -5 a 5, círculo lleno en -2, flecha a la derecha)

18. (recta numérica de -5 a 5, círculo abierto en 0, flecha a la izquierda)

19. (recta numérica de 0 a 80, círculo lleno en 40, flecha a la derecha)

20. (recta numérica de -10 a 0, círculo lleno en -9, flecha a la izquierda)

Escribe un enunciado de la vida real para cada desigualdad.

21. $n > 150$ **22.** $t \leq 12$ **23.** $g \geq 90$ **24.** $t \leq 0.06$ **25.** $s \leq 65$

26. Industria Stephen Lovett comenzó su propio negocio de lavado de autos a los 13 años. En 5 años, prosperó hasta convertirse en un negocio de accesorios y limpieza de autos personalizado. Lovett cobraba hasta $80 por el servicio completo de un auto.

 a. Escribe una desigualdad que represente la cantidad que Lovett cobraba por trabajar en un auto.

 b. Dibuja una gráfica de la desigualdad que escribiste en el inciso **a.**

Escribe y grafica una desigualdad para cada enunciado.

27. ¡Cada artículo de la tienda cuesta un dólar o menos!

28. La población de China es de al menos 1,000,000,000 de personas.

29. Comprensión numérica ¿Si $20 + 40 > m$, es $m > 20 + 40$? Explica tu respuesta.

30. Ciencias La mayoría de los elementos tiene un punto de congelamiento y un punto de ebullición. Abajo del punto de congelamiento, el elemento es un sólido; sobre el punto de ebullición, el elemento es un gas. Escribe y grafica una desigualdad para mostrar cada rango de temperatura.

a. El punto de congelamiento del mercurio es $-39°C$. ¿A qué temperatura el mercurio es un sólido?

b. El punto de ebullición de la plata es $2210°C$. ¿A qué temperatura la plata es un gas?

31. [Para la prueba] ¿Cuál de estos valores para c hacen que $c + 0.25 < 19.75$ sea verdadero?

Ⓐ 19　　　Ⓑ 19.75　　　Ⓒ 20　　　Ⓓ 20.25

El mercurio es el único metal que es un líquido a temperatura ambiente

Resolución de problemas y razonamiento

32. Comunicación ¿El enunciado $|-5| < |3|$ es verdadero o falso? ¿Por qué?

33. Razonamiento crítico Haz una tabla de la *ecuación* $x + 3 = y$. Luego úsala para investigar la *desigualdad* $x + 3 > 7$. Halla al menos tres valores para x que hagan verdadera esta desigualdad. (Quizá necesites agregar algunos registros a tu tabla original.)

34. Razonamiento crítico Responde cada pregunta para los números enteros -5 a 5. Quizá sea útil elaborar una tabla.

a. ¿Cuándo es $n = n^2$?　　**b.** ¿Cuándo es $n < n^2$?　　**c.** ¿Cuándo es $n > n^2$?

Repaso mixto

Haz un cálculo aproximado de cada respuesta. *[Lección 8-4]*

35. 10% de 41　　　**36.** 52% de 74　　　**37.** 15% de $13.92　　　**38.** 26% de 392

Usa $>$, $<$ o $=$ para comparar cada par de números. *[Lección 9-2]*

39. -3 ☐ 3　　　**40.** -7 ☐ 0　　　**41.** -27 ☐ -26　　　**42.** -1 ☐ -905

43. -707 ☐ -770　　　**44.** $|17|$ ☐ $|-17|$　　　**45.** $|-27|$ ☐ $|-26|$　　　**46.** 1 ☐ $-1,000,000$

El proyecto en marcha

Elabora una gráfica y un diagrama de dispersión de los datos sobre población que has recopilado. Si has escrito una ecuación que se adapte a tus datos, muestra la gráfica de esa ecuación en tu diagrama de dispersión.

Resolución de problemas

Comprende
Planea
Resuelve
Revisa

Has visto algunas de las maneras como los negocios pueden utilizar tablas, gráficas y ecuaciones. Ahora aplicarás este conocimiento para resolver las preguntas que pudieran enfrentar los estudiantes propietarios de Food From the 'Hood.

¡Tengo un negocio propio!

Materiales: Papel para graficar

Food From the 'Hood gana $1.25 por cada botella de salsa italiana cremosa o de mostaza dulce que vende a su precio normal al detalle.

1. Escribe una ecuación que relacione el ingreso con el número de botellas vendidas.

2. Haz una tabla que muestre el ingreso de las ventas de 20, 40, 60, 80 y 100 botellas. Usa la tabla para dibujar una gráfica.

3. Haz un cálculo aproximado del número de botellas que se deben vender para ganar $105. Explica cómo hiciste tu cálculo.

Food From the 'Hood tiene como meta ganar $50,000 en el período 1996-1997, ganancia que se distribuirá entre los estudiantes propietarios al momento de graduarse.

4. Imagina que Food From the 'Hood tiene gastos de $35,000 y gana $1.25 por cada botella de aderezo que vende. Escribe una ecuación de dos pasos que muestre que sus ingresos menos sus gastos genera una ganancia de $50,000.

5. Resuelve la ecuación que escribiste en el paso 4. ¿Cuál es tu solución y qué significa? Explica cómo resolviste la ecuación.

La tabla representa la ecuación $y = -2x + 6$. Úsala para resolver las ecuaciones relacionadas que están abajo de la tabla.

x	−2	−1	0	1	2	3	4	5	6
y	10	8	6	4	2	0	−2	−4	−6

1. $6 = -2x + 6$　　**2.** $-2x + 6 = -2$　　**3.** $10 = -2x + 6$　　**4.** $-2x + 6 = 0$

La gráfica de $y = 5x + 30$ se muestra a la derecha. Utilízala para resolver las ecuaciones relacionadas.

5. $30 = 5x + 30$　　**6.** $40 = 5x + 30$　　**7.** $5x + 30 = 10$

8. Cálculo aproximado Usa la gráfica para hacer un cálculo aproximado de la solución para $25 = 5x + 30$.

9. En tu diario Explica la diferencia entre una ecuación y una desigualdad.

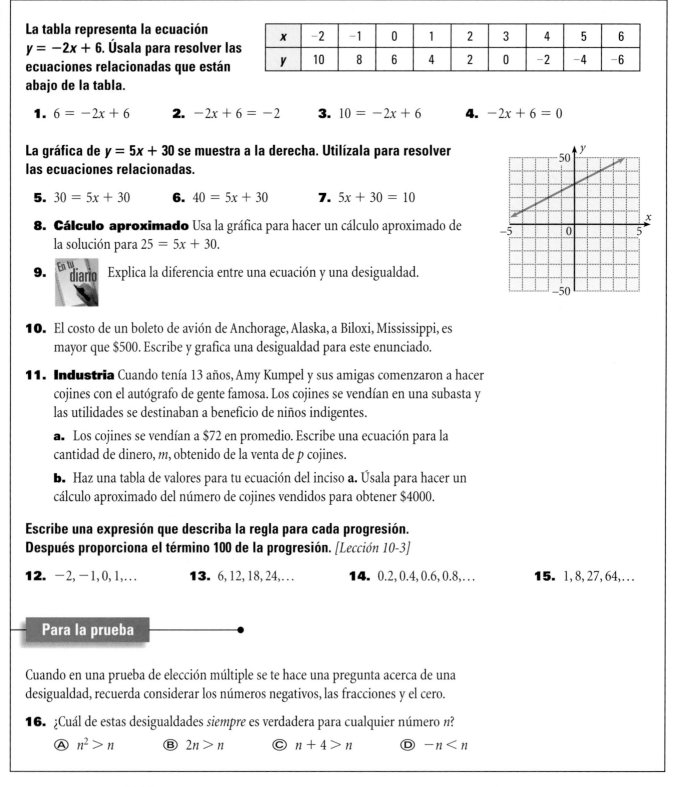

10. El costo de un boleto de avión de Anchorage, Alaska, a Biloxi, Mississippi, es mayor que $500. Escribe y grafica una desigualdad para este enunciado.

11. Industria Cuando tenía 13 años, Amy Kumpel y sus amigas comenzaron a hacer cojines con el autógrafo de gente famosa. Los cojines se vendían en una subasta y las utilidades se destinaban a beneficio de niños indigentes.

　a. Los cojines se vendían a $72 en promedio. Escribe una ecuación para la cantidad de dinero, m, obtenido de la venta de p cojines.

　b. Haz una tabla de valores para tu ecuación del inciso **a.** Úsala para hacer un cálculo aproximado del número de cojines vendidos para obtener $4000.

Escribe una expresión que describa la regla para cada progresión. Después proporciona el término 100 de la progresión. *[Lección 10-3]*

12. $-2, -1, 0, 1, \ldots$　　**13.** $6, 12, 18, 24, \ldots$　　**14.** $0.2, 0.4, 0.6, 0.8, \ldots$　　**15.** $1, 8, 27, 64, \ldots$

Para la prueba

Cuando en una prueba de elección múltiple se te hace una pregunta acerca de una desigualdad, recuerda considerar los números negativos, las fracciones y el cero.

16. ¿Cuál de estas desigualdades *siempre* es verdadera para cualquier número n?

　Ⓐ $n^2 > n$　　Ⓑ $2n > n$　　Ⓒ $n + 4 > n$　　Ⓓ $-n < n$

Se avecina una fuerte tormenta

El 11 de septiembre de 1995, la tormenta tropical Luis golpeó a Newfoundland, Canadá. Sus fuertes vientos y lluvias torrenciales deslavaron las carreteras e inundaron las áreas de tierra bajas. Causó daños por millones de dólares y cobró una vida. Una aterradora tormenta, ¿verdad? Sí, pero…

Ésta fue sólo la última embestida de lo que una vez fuera el huracán Luis. A su paso violento por el Caribe, con vientos envolventes cuyas ráfagas alcanzaron 170 mi/h, causó daños por miles de millones de dólares. Destruyó hoteles y hospitales en Antigua y levantó los techos de tres cuartos de los hogares en la isla de St. Kitts–Nevis.

Por supuesto, advertir a la gente sobre la aproximación de una tormenta como el huracán Luis puede salvar millones de vidas. Los meteorólogos usan la física, las matemáticas y los datos de los satélites para pronosticar el tiempo. Las ecuaciones como las que vas a investigar juegan un papel importante en la predicción de nuestro loco, loco clima.

1 Menciona algunas condiciones climatológicas que hayan afectado a tu estado el año pasado.

2 Elabora una lista de la información que consideres está asociada con la predicción del clima.

3 Proporciona algunos ejemplos del uso de las matemáticas en los informes del tiempo.

Ecuaciones de suma y resta con números enteros

▶ **Enlace con la lección** Has resuelto ecuaciones por medio de gráficas y tablas. Ahora usarás el álgebra para resolver ecuaciones relacionadas con la suma y resta de números enteros. ◀

Vas a aprender…

■ a resolver ecuaciones de suma y resta relacionadas con números enteros positivos y negativos.

…cómo se usa

Las ecuaciones de suma y resta son importantes cuando realizas un seguimiento del balance de una cuenta bancaria.

Investigar | Modelado de ecuaciones con números enteros

Todo el día con los azulejos

Materiales: Azulejos de álgebra

Debes seguir estas reglas cuando uses los azulejos de álgebra para resolver ecuaciones:

• Cualquier cosa que hagas en un lado de la ecuación, la tienes que hacer en el otro lado.

• Cualquier par de cero en un lado de la ecuación se puede eliminar.

• La ecuación se resuelve cuando un azulejo x positivo está solo en un lado.

Pares de cero

1. Escribe la ecuación modelada en cada cuadro de ecuación. Después usa los azulejos de álgebra y las reglas para resolver cada ecuación. Establece tu ecuación final para cada problema y proporciona la solución.

a. 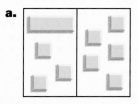   **b.** 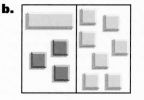   **c.**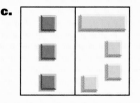

2. Elabora y resuelve una ecuación relacionada con x y los números enteros.

Aprender | Ecuaciones de suma y resta con números enteros

Al momento de resolver una ecuación, es útil recurrir a la imagen de una báscula balanceada.

Para mantener el balance, debes hacer lo mismo en cada lado de la ecuación.

   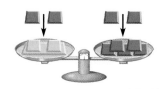

Ejemplos

1 Resuelve: $x + (-3) = -5$

Los azulejos de álgebra ilustran los pasos que se han de seguir. Cada lado del cuadro de ecuación representa un lado de la misma.

$$x + (-3) = -5$$

$$x + (-3) + 3 = -5 + 3 \qquad \text{Para despejar } x, \text{ suma 3 positivo en ambos lados.}$$

$$x = -5 + 3 \qquad -3 + 3 = 0$$
$$x = -2 \qquad \text{Haz la suma.}$$

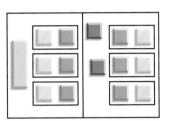

No te olvides

Cuando sumas dos números enteros con signos diferentes, resta sus valores absolutos y utiliza el signo del número con el mayor valor absoluto.

[Página 452]

2 El cambio de temperatura más grande registrado en un día fue de 100° F, en Browning, Montana. Si la temperatura más alta fue de 44°F, ¿cuál fue la temperatura más baja?

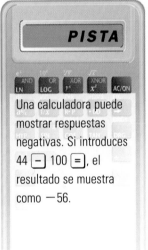

PISTA

Una calculadora puede mostrar respuestas negativas. Si introduces 44 [−] 100 [=], el resultado se muestra como −56.

Sea $l = $ la temperatura baja.

$$l + 100 = 44 \qquad \text{Escribe una ecuación.}$$
$$l + 100 - 100 = 44 - 100 \qquad \text{Usa operaciones inversas.}$$
$$l = -56 \qquad \text{Haz la resta.}$$

La temperatura baja fue $-56°$F. Puesto que $-56 + 100 = 44$, la solución es correcta.

Haz la prueba

Resuelve cada ecuación.

a. $x + 1 = -4$ **b.** $x + 5 = -2$ **c.** $x + 11 = -29$ **d.** $x + (-7) = 41$

Observa que en el ejemplo 1 se utilizó el *inverso aditivo* para anular la suma; mientras que en el ejemplo 2, se usó una *operación inversa*. Ambas estrategias funcionan.

¿QUÉ CREES TÚ?

Jacob y Jyotsna viven en Helena, Montana. Mientras se preparan para ir a la escuela, el pronóstico del clima local establece que se espera un ascenso de temperatura durante el día de 15°F hasta llegar a −7°F. ¿Cuál es la temperatura en este momento?

Jyotsna piensa...

Escribiré una ecuación. Si la temperatura actual es t, $t + 15 = -7$.

Tengo que despejar t. Para anular la suma de 15 con t, restaré 15.

$$t + 15 - 15 = -7 - 15$$
$$t = -22$$

La temperatura en este momento es de −22°.

Jacob piensa...

Hallaré una ecuación. Sea t los grados en este momento. Si sube 15 grados, serán −7, por tanto, $t + 15 = -7$.

Para anular la suma de 15 positivo, sumaré 15 negativo.

$$t + 15 + (-15) = -7 + (-15)$$
$$t = -22$$

Si la temperatura actual es de −22°, ¿estará abierta la escuela?

¿Qué crees tú?

1. ¿Por qué estos métodos dan el mismo resultado?

2. Explica cómo supo Jyotsna que −7 − 15 es igual a −22.

Comprobar | Tu comprensión

1. Describe cómo se ve una ecuación cuando terminas de resolverla.

2. Imagina que resuelves $x + 7 = 12$. ¿Afectaría de alguna manera si sumas −7 a cada lado o restas 7 de cada lado? Explica por qué.

Práctica y aplicación

1. [Para empezar] Sigue los pasos para resolver $x + (-2) = (-11)$.

a. Para despejar x, necesitas anular la suma de -2. Para ello, suma 2 (positivo) a ambos lados de la ecuación.

b. El lado izquierdo de la ecuación se simplifica a x. Usa tus reglas para la suma de números enteros a fin de simplificar el lado derecho de la ecuación.

c. Comprueba tu respuesta al sustituirla en la ecuación original.

Escribe la ecuación representada por cada cuadro de ecuación y luego resuélvela.

2.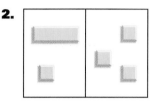

3.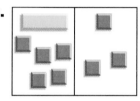

4.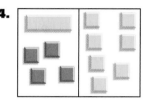

Para cada ecuación, indica si el número en negrilla es una solución.

5. $m - (-4) = -5; \mathbf{-1}$ **6.** $x + 18 = 3; \mathbf{-15}$ **7.** $24 + b = -2; \mathbf{26}$ **8.** $c + (-4) = -1; \mathbf{-5}$

Resuelve cada ecuación y comprueba tus soluciones.

9. $x + 2 = -3$ **10.** $m + 1 = -9$ **11.** $z - 7 = -8$ **12.** $x + (-7) = -8$

13. $-10 + k = 17$ **14.** $p - 45 = -32$ **15.** $x - (-33) = 28$ **16.** $(-4) + x = -19$

17. $22 + x = 11$ **18.** $n + 111 = 95$ **19.** $x - (-59) = -1$ **20.** $b + (-61) = -85$

21. Ciencias El ascenso más rápido de temperatura registrado fue 49° en 2 minutos, en Spearfish, South Dakota. Si la temperatura después el ascenso fue de 45°F, ¿cuál era la temperatura antes del ascenso?

22. Ciencias sociales La cantidad de utilidades que obtiene un negocio (o un gobierno) es igual a sus ingresos menos sus gastos. Traducido a una ecuación: $U = I - E$. En 1994, el gobierno de Estados Unidos tenía un déficit como de 203 mil millones de dólares. (Esto significa lo mismo que una utilidad de -203 mil millones de dólares.) Si los gastos del gobierno fueron alrededor de 1461 mil millones de dólares en ese año, ¿cuál fue el ingreso?

23. Ciencias La presión atmosférica algunas veces se mide en *milibares*. La presión baja está asociada con el clima severo. La presión en el centro del huracán Luis descendió 73 milibares en diez días, hasta llegar a 948 milibares. ¿Cuál fue la presión original?

24. [Para la prueba] En un atardecer en la luna, la temperatura es alrededor de 58°F. Después de que cae la noche, la temperatura puede descender a -261°F. ¿Cuál ecuación se podría usar para hallar la diferencia entre las dos temperaturas?

Ⓐ $D = 261 - 58$ 　　Ⓑ $D = 58 - 261$

Ⓒ $D = 58 - (-261)$ 　　Ⓓ $D = -261 + 58$

Resolución de problemas y razonamiento

25. Comunicación Escribe un problema que se pueda modelar mediante la ecuación $x + 5 = -55$. Después proporciona la solución a tu problema.

26. Escoge una estrategia El Índice Industrial Dow Jones mide los precios de las acciones importantes en la bolsa de valores de New York. Imagina que dicho índice termina la semana en 5602.10. El índice perdió 8.70 puntos el lunes, ganó 37.70 el martes, perdió 11.25 el miércoles, ganó 24.90 el jueves y ganó 27.15 el viernes. ¿Cuál fue el índice Dow Jones al inicio de la semana?

27. Razonamiento crítico Imagina que se proporciona la ecuación $-x + 27 = -32$.

a. ¿Cuál es la diferencia entre esta ecuación y otras ecuaciones de suma y resta que hayas resuelto?

b. Resuelve esta ecuación y explica cómo encontraste la solución.

Resolución de problemas

ESTRATEGIAS

- Busca un patrón
- Organiza la información en una lista
- Haz una tabla
- Prueba y comprueba
- Empieza por el final
- Usa el razonamiento lógico
- Haz un diagrama
- Simplifica el problema

Repaso mixto

Completa cada tabla para crear razones equivalentes. Después escribe cuatro proporciones relacionadas con las razones de la tabla. *[Lección 6-5]*

28.

2	4	8	16
3			

29.

1	3	4	7
5			

Escribe una proporción y resuelve los siguientes problemas. Si es necesario, redondea las respuestas al décimo más cercano. *[Lección 8-6]*

30. ¿Qué porcentaje de 24 es 11?　　**31.** ¿12 es el 20% de qué número?

32. ¿Qué número es el 90% de 1210?　　**33.** ¿57 es el 0.1% de qué número?

Ecuaciones de multiplicación y división con números enteros

▶ Enlace con la lección   Como ya sabes resolver ecuaciones de suma y resta con números enteros, es tiempo de resolver ecuaciones de multiplicación y división con números enteros. ◀

Investigar   Modelado de ecuaciones de multiplicación

¡Divide y vencerás!

Materiales: Azulejos de álgebra

1. El siguiente conjunto de ecuaciones está modelado por medio de los azulejos de álgebra. Escribe una ecuación para cada cuadro de ecuación.

a.

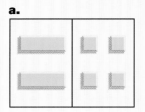

b.

c.

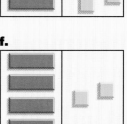

d.

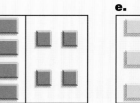

e.

f.

2. Usa los azulejos para resolver cada ecuación y comprueba tus soluciones.

3. Explica cómo resolviste estas ecuaciones. Indica por qué el método que utilizaste no rompe ninguna de las reglas para resolver ecuaciones.

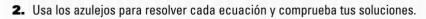

Aprender   Multiplicación y división con números enteros

Has visto que la multiplicación y la división son operaciones inversas. Puedes usar este concepto para resolver ecuaciones de multiplicación y división con números negativos.

Cuando resuelvas estas ecuaciones, necesitarás recordar las reglas de los signos para la multiplicación y división de números.

Cuando dos números tienen el mismo signo, su producto o cociente es positivo; pero cuando tienen signos diferentes, su producto o cociente es negativo.

Vas a aprender...

■ a resolver ecuaciones de multiplicación y división relacionados con números enteros positivos y negativos.

...cómo se usa

Las tripulaciones de los submarinos pueden resolver una ecuación relacionada con la velocidad de ascenso para determinar cuándo alcanzarán la superficie.

Los azulejos de álgebra se pueden utilizar para mostrar por qué funcionan los pasos para resolver un trabajo de ecuaciones de multiplicación. Observa cómo se muestra la división en los cuadros de ecuación.

Ejemplos

1 Resuelve: $3x = -9$

Los azulejos de álgebra ilustran los pasos que se han de seguir. Cada lado del cuadro de ecuación representa un lado de la misma.

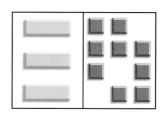

$3x = -9$

$\dfrac{3x}{3} = -\dfrac{9}{3}$ Para anular la multiplicación, divide entre 3.

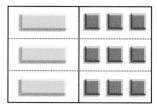

$x = -3$ Haz la división. El cociente de un número negativo y uno positivo es negativo.

La solución es $x = -3$.

2 En Yakutsk, Rusia, la temperatura alta promedio de julio a enero desciende 20°F por mes ($-20°$). ¿Cuánto tiempo transcurre antes de que la temperatura alta promedio cambie (descienda) a $-90°$F?

Sea $m =$ el número de meses. Define una variable.

$-20m = -90$ Escribe una ecuación para el problema.

$\dfrac{-20m}{-20} = \dfrac{-90}{-20}$ Usa operaciones inversas.

$m = \dfrac{-90}{-20} = \dfrac{9}{2} = 4\dfrac{1}{2}$ Haz la división. El cociente de dos números negativos es positivo.

La temperatura alta promedio cambia a $-90°$F en $4\dfrac{1}{2}$ meses.

Haz la prueba

Resuelve las siguientes ecuaciones.

a. $2x = -4$ **b.** $-18h = -80$ **c.** $-15x = 65$

Si bien es difícil modelar las ecuaciones de división con los azulejos de álgebra, es posible resolverlas mediante operaciones inversas.

Ejemplos

3 Resuelve: $\dfrac{x}{-10} = 20$

$\dfrac{x}{-10}(-10) = 20(-10)$ Usa operaciones inversas.

$x = -200$ Haz la multiplicación.

La solución es $x = -200$. Para comprobar, sustituye el valor en la ecuación original.

$\dfrac{-200}{-10} = 20$

$20 = 20$ ✓

4 En una inundación en la ciudad de Kansas, Missouri, y la ciudad de Kansas, Kansas, el río Kansas subió un promedio de 6 pulgadas por hora durante 40 horas, hasta que se desbordó sobre un muro de contención e inundó las ciudades. ¿Cuánto subió el nivel del agua durante este tiempo?

Sea $r =$ elevación del nivel del agua.   Define una variable.

$\dfrac{r}{40} = 6$ Escribe una ecuación para el problema.

$\dfrac{r}{40} \cdot 40 = 6 \cdot 40$ Usa operaciones inversas.

$r = 240$ Haz la multiplicación.

El nivel del agua de la inundación subió 240 pulgadas, es decir, 20 pies.

Haz la prueba

Resuelve las siguientes ecuaciones.

a. $\dfrac{y}{5} = -30$ **b.** $\dfrac{w}{-6} = -220$ **c.** $\dfrac{m}{-2} = -224$

Comprobar | Tu comprensión

1. Explica cómo puedes usar los azulejos de álgebra para resolver $-3x = 6$.

2. ¿Puedes determinar el signo de la respuesta para una ecuación de multiplicación antes de resolverla? Si es así, explica cómo. De lo contrario, indica por qué.

Práctica y aplicación

1. $\boxed{\textbf{Para empezar}}$ Sigue los pasos para resolver $-3x = -15$.

   a. Para despejar x, necesitas anular la multiplicación por -3. Para ello, divide ambos lados de la ecuación entre -3.

   b. El lado izquierdo de la ecuación se simplifica a x. Usa tus reglas para la división de números enteros a fin de simplificar el lado derecho de la ecuación.

   c. Comprueba tu respuesta al sustituirla en la ecuación original.

Escribe la ecuación representada por cada cuadro de ecuación y luego resuélvela.

2.
   3.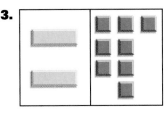
   4.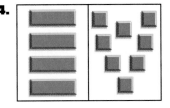

Para cada ecuación, indica si el número en negrilla es una solución.

5. $-4p = -20;\ \mathbf{-5}$
   6. $\dfrac{x}{4} = -16;\ \mathbf{-4}$
   7. $8t = -168;\ \mathbf{-21}$
   8. $\dfrac{v}{-2} = 12;\ \mathbf{-24}$

Resuelve cada ecuación y comprueba tus soluciones.

9. $3m = 99$
   10. $11g = -44$
   11. $-8z = -80$
   12. $84 = -2s$

13. $\dfrac{c}{4} = -16$
   14. $\dfrac{g}{7} = -11$
   15. $\dfrac{d}{-3} = -12$
   16. $\dfrac{f}{-8} = -22$

17. $-1x = 19$
   18. $\dfrac{n}{-25} = -101$
   19. $-5.2x = -18.2$
   20. $\dfrac{y}{-107} = 0$

21. Ciencias El lugar habitado más húmedo del mundo es Buenaventura, Colombia. Su precipitación pluvial anual promedio es de 6,743 mm, es decir, ¡arriba de 22 pies de lluvia! La precipitación en Buenaventura es 13,486 veces mayor que la del lugar habitado más seco: Aswan, Egipto. ¿Cuál es la precipitación pluvial anual en Aswan?

Aswan, Egipto

22. Geometría Si el área de un paralelogramo es 42 cm² y su longitud es 14 cm, ¿cuál es su anchura? Explica cómo resolviste este problema.

Resolución de problemas
TEN EN CUENTA

Haz un dibujo que te ayude a escribir una ecuación algebraica.

23. Comprensión de operaciones Escribe dos ecuaciones de división diferentes que obtengan un resultado de −4.

24. Para la prueba Yakutat, Alaska, tiene una precipitación pluvial anual promedio de 135 pulgadas. Esto es como 5 veces la precipitación anual de Minneapolis, Minnesota. ¿Cuál ecuación se podría usar para hallar la precipitación anual aproximada de Minneapolis?

Ⓐ $r = 135 \cdot 5$ Ⓑ $r = 135 + 5$ Ⓒ $r = 135 - 5$ Ⓓ $r = \dfrac{135}{5}$

25. Consumo Usar un filtro protector de sol puede prevenir el cáncer en la piel. Un filtro con un SPF de 15 significa que puedes exponerte al sol 15 veces más tiempo sin broncearte de lo que podrías hacerlo sin filtro solar. Jules tiende a broncearse después de 30 minutos de exposición al sol. Si compra un filtro solar para una excursión de 12 horas por un soleado cañón, ¿cuál sería el mínimo SPF que debería buscar?

Resolución de problemas y razonamiento

26. Comunicación Escribe un problema que se pueda modelar por medio de la ecuación $-5x = -100$. Después proporciona la solución para tu problema.

27. _En tu diario_ Si bien es difícil usar los azulejos de álgebra para modelar una ecuación de división, ¡no es imposible! Explica cómo podrías utilizar dichos azulejos para modelar una ecuación de división. Después muestra el funcionamiento de tu método mediante un bosquejo de la solución para una ecuación de división.

28. Razonamiento crítico Imagina que la temperatura baja promedio para un período de 4 días en Chicago, Illinois, fue −8°F. Un día después, el promedio de los 5 días fue −9°F. ¿Cuál fue la temperatura baja para el quinto día? Explica tu razonamiento.

Repaso mixto

29. George ganó $12.00 por trabajar 2 horas y $35.00 por trabajar 5 horas. ¿Las tasas son proporcionales? _[Lección 6-6]_

Halla la nueva cantidad después de cada incremento o disminución. Si es necesario, redondea las respuestas al décimo más cercano. _[Lección 8-7]_

30. $80 se incrementa en un 55%

31. 1580 se disminuye en un 90%

32. 22.7 se incrementa en un 120%

33. $108 se disminuye en un 34%

Resolución de ecuaciones de dos pasos

Vas a aprender…

■ a resolver ecuaciones de dos pasos relacionadas con números enteros positivos y negativos.

…cómo se usa

Las ecuaciones de dos pasos te pueden ayudar a analizar membresías o suscripciones que implican un pequeño pago inicial más una tarifa mensual.

▶ **Enlace con la lección**   Ya has resuelto ecuaciones con números enteros que implican un solo paso. Ahora resolverás ecuaciones de dos pasos. ◀

Investigar   **Modelado de ecuaciones de dos pasos**

A ritmo de paso doble

Materiales: Azulejos de álgebra

1. Modela la ecuación $3x + (-2) = 4$ con los azulejos de álgebra.

2. Para esta ecuación, usa las reglas para resolver ecuaciones. Anota cada paso y comprueba tu respuesta cuando termines.

3. Para resolver esta ecuación, ¿qué anulaste primero, la suma de -2 a x o la multiplicación de x por 3? ¿Por qué escogiste anular esta operación primero?

4. Haz la prueba con los azulejos para resolver la ecuación del paso 1 de diferente forma. Si lo logras, explica cómo lo hiciste. De lo contrario, explica por qué.

Aprender   **Resolución de ecuaciones de dos pasos**

Quizá recuerdes el concepto de un mecanismo de operación inversa. Dicho mecanismo siempre retrocede el mismo número que avanza. Observa que deshace las operaciones de manera *opuesta* a su orden original.

multiplica por 4   resta 3   suma 3   divide entre 4

(3) ⟶ (12) ⟶ (9) ⟶ (12) ⟶ (3)

Puedes usar este concepto como ayuda para resolver las ecuaciones de dos pasos. Puesto que *haces* la suma y la resta al final en el orden de las operaciones, necesitas *anularlas* primero cuando resuelves ecuaciones.

Ejemplos

1 Resuelve: $3 + 2x = -5$

$$3 + 2x = -5$$

$$3 + (-3) + 2x = -5 + (-3)$$ Primero anula la suma de 3.

$$2x = -8$$ Haz la suma.

$$\frac{2x}{2} = \frac{-8}{2}$$ Después anula la multiplicación por 2.

$$x = -4$$ Haz la división.

Sugerencia

Cuando resuelvas problemas relacionados con números negativos y positivos, predice el signo que tendrá tu respuesta *antes* de empezar.

2 Resuelve: $\dfrac{x}{-3} + 7 = -2$

$$\frac{x}{-3} + 7 - 7 = -2 - 7$$ Primero anula la suma.

$$\frac{x}{-3} = -9$$ Haz la resta.

$$\frac{x}{-3}(-3) = -9(-3)$$ Usa operaciones inversas.

$$x = 27$$ Haz la multiplicación.

Haz la prueba

Resuelve las siguientes ecuaciones.

a. $2x + 2 = -4$ **b.** $12 - 8c = 76$ **c.** $\dfrac{x}{5} - 11 = -5$ **d.** $\dfrac{x}{-4} + 2 = 7$

Algunas situaciones reales se pueden modelar por medio de ecuaciones de dos pasos.

Ejemplo 3

Conforme subes de altura, la temperatura decrece. Por lo general hay un descenso de temperatura como de 6.5°C por cada kilómetro que subes.

Imagina que inicias un viaje para escalar una montaña. Durante el día, la temperatura se incrementa 18°C. Sin embargo, a causa de la altitud que se va ganando, sientes un descenso de alrededor de 8°C. ¿Cuántos kilómetros escalaste?

Sea k = el número de kilómetros escalados.

El cambio de temperatura a causa de la altura es $-6.5k$. Si sumas esto a 18° resulta un descenso de $-8°$. La ecuación es:

$$-6.5k + 18 = -8$$

$$-6.5k + 18 - 18 = -8 - 18$$

$$-6.5k = -26$$

$$\frac{-6.5k}{-6.5} = \frac{-26}{-6.5}$$

$$k = 4$$

Escalaste 4 kilómetros.

Haz la prueba

a. En el ejemplo 3, imagina que sientes un *incremento* de 5°C en lugar de un descenso de 8°C. ¿Cuántos kilómetros escalaste?

b. En el ejemplo 3, imagina que sientes un descenso de 14.5°C. ¿Cuántos kilómetros escalaste?

▶ Enlace con Ciencias

Un incremento en la elevación, cambia de manera drástica la temperatura. Por arriba de una altitud particular, la atmósfera no puede contener el suficiente vapor de agua para que los árboles sobrevivan. Este punto de transición se llama *límite de la vegetación arbórea.*

Comprobar | Tu comprensión

1. Cuando resuelves ecuaciones de dos pasos, ¿por qué anulas la suma o la resta antes de anular la multiplicación o la división?

2. Imagina que se te pide resolver una ecuación de dos pasos. ¿Puedes indicar lo que vas a necesitar para resolverla con sólo mirar la ecuación? Si es así, explica cómo puedes determinarlo. De lo contrario, explica por qué.

536   *Capítulo 10 • Patrones algebraicos: Ecuaciones y gráficas*

Práctica y aplicación

1. ⬛ **Para empezar** ⬛ Sigue los pasos para resolver $-4x - 2 = -14$.

a. Primero debes anular la resta al sumar 2 en ambos lados de la ecuación.

b. El lado izquierdo de la ecuación se simplifica a $-4x$. Usa las reglas para la suma de números enteros a fin de simplificar el lado derecho de la ecuación.

c. Para despejar x, necesitas anular la multiplicación por -4. Para ello, divide ambos lados de la ecuación entre -4.

d. El lado izquierdo de la ecuación se simplifica a x. Utiliza tus reglas para dividir números enteros a fin de simplificar el lado derecho de la ecuación.

e. Comprueba tu respuesta al sustituirla en la ecuación original.

Escribe la ecuación representada por cada cuadro de ecuación y luego resuélvela.

2. 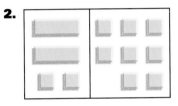 **3.** 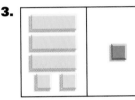 **4.**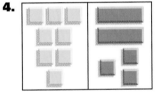

Para cada ecuación, especifica si el número en negrilla es una solución.

5. $4 = 2x + 10; \mathbf{-3}$ **6.** $\dfrac{m}{3} + 3 = 3; \mathbf{2}$ **7.** $2j + (-5) = -3; \mathbf{-4}$ **8.** $\dfrac{y}{-2} + 4 = -8; \mathbf{6}$

Resuelve cada ecuación y comprueba tus soluciones.

9. $2x - 1 = 1$ **10.** $2m + 3 = -5$ **11.** $\dfrac{t}{6} - 1 = -7$ **12.** $3 = 5w + (-2)$

13. $8 = -5g - 7$ **14.** $96 = \dfrac{v}{-2} + 90$ **15.** $5n + 100 = 60$ **16.** $2e + 6 = 6$

17. $\dfrac{x}{-4} - (-8) = -12$ **18.** $2k - 11 = -22$ **19.** $\dfrac{f}{7} + 52 = -108$ **20.** $6p + 27 = -3$

21. **Ciencias** La mayor precipitación pluvial de un día que se ha registrado en la historia fue de 72 pulgadas (¡seis *pies*!) del 7 al 8 de enero de 1966, en la isla de Réunion. Esto significa 14 pulgadas menos que el doble de la mayor precipitación pluvial de un día registrada en la historia de Estados Unidos. Halla la mayor precipitación pluvial de un día registrada en Estados Unidos.

22. Geometría Escribe y resuelve una ecuación para encontrar la longitud de este rectángulo si su perímetro es de 32 m.

6 m

l

23. | Para la prueba | La profundidad de la nieve en este momento en un refugio para esquiar es de 64 pulgadas y la nieve cae a una tasa de 2 pulgadas por hora. ¿Cuál ecuación podrías utilizar para calcular el número de horas que deberán transcurrir para que la profundidad de la nieve llegue a 77 pulgadas?

Ⓐ $2h + 64 = 77$ Ⓑ $\frac{h}{2} + 64 = 77$

Ⓒ $2h - 64 = 77$ Ⓓ $\frac{h}{2} - 77 = 64$

Resolución de problemas y razonamiento

24. Razonamiento crítico La famosa alocución de Abraham Lincoln, el Discurso Gettysburg, empieza así: "Hace cuatro veintenas y siete años". Lincoln se refería al hecho de que la Declaración de Independencia se había escrito 87 años antes.

a. ¿Cuántos años tiene una veintena? Explica tu respuesta.

b. Si la Declaración de Independencia se escribió en 1776, ¿cuándo pronunció Lincoln el Discurso Gettysburg?

25. Comunicación Escribe dos ecuaciones diferentes de dos pasos, cuya solución de ambas sea -3.

26. Razonamiento crítico Resuelve la ecuación $\frac{2}{3}x + 7 = -19$. (Recuerda que tu objetivo es despejar x y que debes hacer lo mismo en ambos lados de la ecuación.) Explica qué hiciste para resolver esta ecuación.

Repaso mixto

Convierte a decimales. Indica si el decimal es finito o periódico. *[Lección 3-10]*

27. $\frac{2}{9}$ **28.** $\frac{5}{11}$ **29.** $\frac{7}{8}$ **30.** $\frac{26}{39}$ **31.** $\frac{7}{16}$

El maíz esta rebajado a 5 mazorcas por $1.25. Calcula los siguientes costos. *[Lección 6-7]*

32. El costo de 1 mazorca de maíz   **33.** El costo de 12 mazorcas de maíz

El proyecto en marcha

Escoge una cifra de población hacia la cual tienda tu pueblo, ciudad o estado. Después haz un cálculo matemático aproximado del año en que la población alcanzará esa cifra. Puedes usar gráficas, tablas o ecuaciones que te ayuden a hacer tu cálculo aproximado.

Resolución de problemas

Comprende
Planea
Resuelve
Revisa

Resolución de problemas con ecuaciones con números enteros

▶ **Enlace con la lección** Ya sabes resolver ecuaciones con números positivos y negativos. En esta lección, usarás esos métodos para resolver problemas reales. ◀

Vas a aprender…

■ a resolver problemas reales mediante ecuaciones con números enteros.

…cómo se usa

Los productores de cine necesitan resolver ecuaciones relacionadas con números enteros para ver si una película obtendrá ganancias.

Investigar | **Problemas con ecuaciones con números enteros**

Materiales: Papel cuadriculado

Pronóstico: ¡Inundación!

El río Raging tiene 8 pies de profundidad a las 9:00 a.m. La fuerte lluvia causa que el río crezca.

1. El río se desbordará e inundará el pueblo si alcanza una profundidad de 32 ft. Si crece a 3 ft/h, ¿cuánto tiempo pasará antes de que el río se desborde? Escribe una ecuación que modele este problema.

2. Haz una tabla o una gráfica para resolver la ecuación que escribiste en el paso 1. ¿A qué hora se desbordará el río? Comprueba que tu respuesta tenga sentido.

3. Escribe un informe breve donde expliques cómo resolviste este problema.

Aprender | **Problemas con ecuaciones con números enteros**

Usa tu destreza para resolver ecuaciones a fin de responder preguntas de la vida real.

Ejemplo 1

Después del despegue, un avión asciende en una velocidad de 750 pies por minuto. ¿Cuánto tiempo le tomará alcanzar una elevación de crucero de 30,000 pies?

Sea $m =$ el número de minutos para alcanzar la elevación de crucero.

$$750m = 30,000$$

$$\frac{750m}{750} = \frac{30,000}{750}$$

$$m = 40$$

El avión tardará 40 minutos en alcanzar una altura de 30,000 pies.

Ejemplos

Resolución de problemas
TEN EN CUENTA

Si tienes problemas para resolver una ecuación con números grandes, quizá sea útil resolver primero una ecuación similar con números más pequeños. El método que utilices para resolver una ecuación más sencilla te puede ayudar a analizar cómo resolver una más difícil.

2 Entre 1990 y 1992, la población de St. Louis, Missouri, disminuyó en 12,952 habitantes. Si la población de 1992 era de 383,733, ¿cuál era la población de 1990?

Sea $p = $ la población de 1990.

$$p - 12{,}952 = 383{,}733$$

$$p - 12{,}952 + 12{,}952 = 383{,}733 + 12{,}952$$

$$p = 396{,}685$$

La población de St. Louis en 1990 era de 396,685 habitantes.

3 En Bismarck, North Dakota, la temperatura alta promedio en julio es como de 28°C. Entre julio y enero, la temperatura alta desciende en promedio 6°C cada mes. A esta tasa de descenso, ¿cuánto tiempo deberá transcurrir antes de que la temperatura alta promedio sea de 4°C?

Sea $m = $ al número de meses. El cambio de temperatura en m meses es $-6m$.

La temperatura inicial es 28°C, por tanto, la temperatura después de m meses es $28 + (-6m)$. Se requiere saber cuándo este número será equivalente a 4°C.

$$28 + (-6m) = 4$$

$$28 - 28 + (-6m) = 4 - 28$$

$$-6m = -24$$

$$\frac{-6m}{-6} = \frac{-24}{-6}$$

$$m = 4$$

La temperatura será equivalente a 4°C en 4 meses.

Haz la prueba

a. Entre 1980 y 1990, el ingreso per cápita en Estados Unidos se incrementó en $9,202. Si el ingreso per cápita en 1990 fue de $18,696, ¿cuál fue el ingreso per cápita en 1980?

b. Luisa quiere comprar un par de zapatos de baloncesto que cuesta $60. Ella gana alrededor de $15 cada semana por trabajos esporádicos. Pero antes de que pueda comprar los zapatos, tiene que pagarle a su mamá $15. ¿En cuánto tiempo podrá Luisa adquirir los zapatos?

1. La ecuación del ejemplo 2 se pudo haber escrito con un número entero negativo en lugar de usar la resta. Escribe esta forma de la ecuación.

2. Imagina que resuelves un problema real y obtienes una respuesta negativa. ¿Hiciste algo mal? De no ser así, ¿en qué tipo de problemas tiene sentido una respuesta negativa?

10-12 Ejercicios y aplicaciones

Práctica y aplicación

Para empezar **Escribe una ecuación para cada enunciado, pero no la resuelvas.**

1. El número de horas (h) incrementado por 2 es igual a 14.

2. El número de pulgadas de nevada (s) multiplicado por 3 es 6.

3. El doble de la temperatura (t) disminuido en 7 es igual a -27.

4. Un número (x) dividido entre -5, y luego incrementado por 4, es igual a 100.

5. **Para resolver problemas** Imagina que la temperatura baja 17° hasta llegar a -12°F. ¿Cuál fue la temperatura inicial?

6. **Industria** El Departamento Forestal utiliza la fórmula $D = 2A + V$ para describir el daño potencial, D, que un incendio forestal puede causar en un área. A representa la edad promedio del matorral y V es el *valor de clase*, utilizado para describir el valor de los recursos y las estructuras del área. Si el valor de clase de un área es 5 y el daño potencial es 25, ¿cuál es la edad promedio del matorral?

7. **Ciencias** Bagdad, California, pasó casi dos años sin tener una lluvia considerable. Esto equivale a $\frac{1}{7}$ del número de años que pasó sin lluvia Arica, Chile. ¿Cuánto tiempo dejó de llover en Arica?

8. **Ciencias** La presión a nivel del mar es de 1 *atmósfera*. Los buzos al bajar al mar deben considerar 1 atmósfera adicional de presión por cada 33 pies de profundidad. La presión se puede calcular mediante la fórmula $P = \frac{d}{33} + 1$, donde P es la presión en atmósferas y d es la profundidad en pies. Halla el número de atmósferas experimentado por:

a. Un buzo a una profundidad de 33 ft.

b. El batiscafo *Trieste* poseedor del récord a una profundidad de 35,817 ft.

9. **Para la prueba** Carole hizo un viaje en auto por California. Después de dejar el punto más bajo en Death Valley, ganó 1597 metros en altitud al cruzar Towne Pass. Si la elevación de Towne Pass es de 1511 m, ¿cuál es la elevación del punto más bajo en Death Valley?

Ⓐ −282 m   Ⓑ −86 m   Ⓒ 86 m   Ⓓ 3108 m

Resolución de problemas y razonamiento

10. **Razonamiento crítico** Imagina que el primer minuto de una llamada de larga distancia cuesta 25¢ y 15¢ cada minuto adicional. El costo de una llamada telefónica se puede expresar con la fórmula $c = 0.25 + 0.15(m - 1)$, donde c es el costo total en dólares y m es el número de minutos.

     a. ¿Cuánto puedes hablar por $1.75?

     b. ¿Cuál es el costo de una llamada que duró 1 hora 15 minutos?

11. **Comunicación** De acuerdo con algunos científicos, la temperatura promedio de la Tierra se ha incrementado alrededor de $\frac{1}{2}$°C durante los últimos 100 años. A este fenómeno se le llama *calentamiento global*. Si esta tendencia continúa, y la temperatura promedio actual es de aproximadamente 17°C, ¿cuándo la temperatura promedio de la Tierra alcanzará:

Área cubierta de hielo

CANADA

UNITED STATES

     a. 18°C ?   **b.** 20°C?   **c.** 21°C?

     d. En la última era glacial, hace 15,000 años, la temperatura promedio era 5°C menor que hoy día. Encuentra la tasa promedio del incremento de temperatura en este período de 15,000 años. ¿Cómo se compara con la tasa actual del calentamiento global?

Repaso mixto

Resuelve cada proporción. *[Lección 6-8]*

12. $\dfrac{x}{5} = \dfrac{4}{10}$ 13. $\dfrac{1}{6} = \dfrac{k}{18}$ 14. $\dfrac{5}{x} = \dfrac{25}{20}$ 15. $\dfrac{1}{10} = \dfrac{6}{x}$

16. $\dfrac{8}{1} = \dfrac{t}{7}$ 17. $\dfrac{y}{9} = \dfrac{12}{27}$ 18. $\dfrac{4}{9} = \dfrac{6}{x}$ 19. $\dfrac{3}{2} = \dfrac{2}{x}$

Halla cada valor absoluto. *[Lección 9-1]*

20. $|10|$ 21. $|-10|$ 22. $|-108|$ 23. $|0|$ 24. $|-4.6|$

25. $|75|$ 26. $|8.14|$ 27. $|-32|$ 28. $|-3007|$ 29. $|101|$

30. $|5 + 9|$ 31. $|-5 + (-9)|$ 32. $|9 - 5|$ 33. $|-9 + 5|$ 34. $|-\pi|$

Sección 10C • Asociación

Has investigado muchas maneras de resolver ecuaciones relacionadas con números enteros, positivos y negativos. Ahora aplicarás tus destrezas para resolver problemas reales sobre un huracán importante.

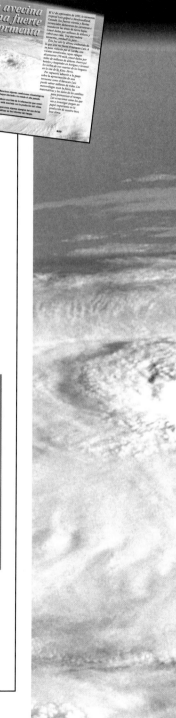

Se avecina una fuerte tormenta

El huracán Luis fue una de las tormentas más fuertes de este siglo. Dejó una huella terrible de destrucción por el mar Caribe durante agosto y septiembre de 1995.

Escribe y resuelve una ecuación para cada una de las siguientes preguntas. Explica cómo resolviste los problemas.

1. Del 30 de agosto al 2 de septiembre, la velocidad de los vientos de Luis se incrementaron en 100 mi/h. Si el 2 de septiembre la velocidad del viento de Luis fue de 140 mi/h, ¿cuál fue su velocidad el 30 de agosto?

2. El 3 de septiembre, a las 11:00 p.m., el *ojo* (centro) del huracán Luis estaba a 355 millas al este de las islas Leeward. Se movía al oeste a una velocidad de 14 mi/h. Si su trayectoria y velocidad no se modificaran, ¿cuándo alcanzaría el centro de Luis las islas Leeward?

3. El 6 de septiembre, la velocidad de los vientos de Luis era de 130 mi/h. Durante los siguientes días, su velocidad declinó a alrededor de 8 mi/h por día. ¿Para qué día la velocidad del viento sostenida de Luis había declinado a 90 mi/h?

Escribe una ecuación representada por cada cuadro de ecuación y luego resuélvela.

1.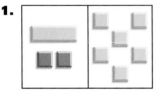

2.

3.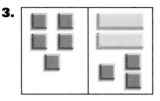

Para cada ecuación, indica si el número en negrilla es una solución.

4. $x + (-7) = -22;$ **−15**

5. $\dfrac{g}{3} = -81;$ **−27**

6. $38 = -2p;$ **−19**

7. $-4g - 18 = (-22);$ **1**

Resuelve cada ecuación y comprueba tus soluciones.

8. $w + 70 = 65$

9. $3p = -66$

10. $s - 85 = 50$

11. $\dfrac{x}{-6} = -30$

12. $-19 = f + (-19)$

13. $64 = \dfrac{d}{2}$

14. $-2h + 6 = -24$

15. $\dfrac{x}{-4} + 2 = 10$

16. Ciencias Como la tierra se calienta y se enfría más rápido que el agua, las áreas alejadas del mar tienden a tener un rango de temperatura más amplio. Verkhoyansk, Rusia, tiene uno de los rangos de temperatura más amplios del mundo. Según el *Libro guinness de récords mundiales,* la temperatura más alta en ese lugar fue de 98°F. Si fue 192° mayor que la temperatura más baja registrada, ¿cuál fue la temperatura más baja?

Resuelve cada ecuación mediante una tabla. Después resuélvelas con una gráfica. *[Lección 10-6]*

17. $4 = x - 1$

18. $10 = x + 4$

19. $2x = 8$

20. $56 = 8x$

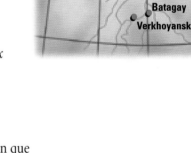

Para la prueba

Cuando en una prueba de elección múltiple se te pide identificar una ecuación que describa un problema, usa las palabras clave del problema (como *veces, menor que* o *sumado a*) para identificar las operaciones que deben estar en la ecuación.

21. En la nevada de 1888, Albany recibió cerca de 48 pulgadas de nieve. Esto fue casi 4 veces la cantidad que recibió Boston. ¿Cuál ecuación usarías para calcular la nevada de Boston?

   Ⓐ $48 + 4 = s$ Ⓑ $48 - 4 = s$ Ⓒ $48 \cdot 4 = s$ Ⓓ $\dfrac{48}{4} = s$

Gráficas cuadráticas y de valores absolutos

No todas las gráficas y ecuaciones son rectas.

La ecuación $y = x^2 - 5$ es *cuadrática*. Las ecuaciones cuadráticas tienen términos al cuadrado, como la x^2 en esta ecuación.

Puedes graficar una ecuación cuadrática mediante una tabla de valores. A continuación se muestra una tabla para $y = x^2 - 5$.

x	−3	−2	−1	0	1	2	3
y	4	−1	−4	−5	−4	−1	4

Al graficar y conectar estos puntos obtienes la gráfica de la ecuación cuadrática. Observa que la ecuación tiene la apariencia de una *U*. Esta forma se llama *parábola*.

También puedes graficar ecuaciones relacionadas con el valor absoluto de una variable.

Para graficar $y = |x| - 2$, primero elabora una tabla de valores.

x	−3	−2	−1	0	1	2	3
y	1	0	−1	−2	−1	0	1

Después grafica y conecta los puntos.

Observa que la gráfica de esta ecuación de valor absoluto tiene la forma de V. Esta es una forma típica de la gráfica de este tipo de ecuaciones. Tiene una forma de V porque la parte de la ecuación que está dentro de las barras del valor absoluto no puede ser menor que cero.

Haz la prueba

Grafica cada ecuación cuadrática y de valor absoluto en un plano de coordenadas.

1. $y = x^2$ **2.** $y = x^2 + 2$ **3.** $y = |x| - 5$ **4.** $y = |x - 5|$ **5.** $y = 5 - x^2$

Organizador gráfico

Sección 10A Tablas, ecuaciones y gráficas

Resumen

■ Una cantidad es una *variable* si su valor puede cambiar y una **constante** si es lo contrario.

■ La dirección de una gráfica (**creciente, decreciente** o **constante**) ayuda a mostrar la relación entre las cantidades en sus ejes.

■ Una **progresión** es una lista de números o **términos**. Las progresiones a menudo siguen un patrón que se puede describir mediante una expresión.

■ Puedes graficar una ecuación por medio de una tabla de valores, al graficar los pares ordenados que representan estos valores y al conectar los puntos.

Repaso

1. Define una variable y da un rango razonable de valores para el número de pétalos de una flor.

2. Menciona una cantidad de la cual pueda depender el volumen de un cilindro.

3. Escribe una regla para la progresión 6, 12, 18, 24,… y proporciona el término 100 de la misma.

4. Haz una tabla con seis pares de valores para la ecuación $y = 2x + 5$.

5. Narra una historia que se adapte a la gráfica.

6. Para la siguiente tabla, escribe una ecuación que muestre la relación entre x y y; úsala para hallar y cuando $x = 9$.

x	1	2	3	4
y	4	8	12	16

7. Grafica cada ecuación en un plano de coordenadas.

   a. $y = x - 3$ **b.** $y = x^2 - 4$

Resumen

■ Puedes usar una tabla o una gráfica para resolver una ecuación.

■ Una **desigualdad** utiliza un signo de desigualdad para comparar dos expresiones. Las **soluciones** de una desigualdad son valores de la variable que hacen verdadera la desigualdad y se pueden graficar en una recta numérica.

Repaso

8. La siguiente tabla se creó de la ecuación $y = -2x + 3$. Úsala para resolver estas ecuaciones relacionadas.

a. $-3 = -2x + 3$ **b.** $3 = -2x + 3$

x	0	1	2	3	4
y	3	1	-1	-3	-5

9. Utiliza una gráfica para resolver $-7 = 3x + 5$.

10. Escribe y grafica una desigualdad en una recta numérica para mostrar que el costo era menor que $7.

Resumen

■ Resolver las ecuaciones con números enteros negativos implica seguir las mismas reglas para resolver ecuaciones con enteros positivos. El objetivo es despejar la variable y recuerda que cualquier cosa que hagas en un lado de la ecuación, lo debes hacer en el otro.

■ Puedes usar los azulejos de álgebra para modelar y resolver ecuaciones. Resuelves la ecuación al obtener un solo azulejo x en un lado y azulejos de unidades en el otro.

Repaso

11. Resuelve la ecuación $-3s + 5 = 14$ y comprueba tu resultado.

13. Resuelve cada ecuación y compruébalas.

a. $4x = -16$ **b.** $\frac{t}{-2} = -10$

15. Escribe la ecuación modelada en el cuadro de ecuación y resuélvela. Indica los pasos realizados.

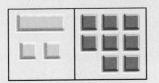

12. La longitud de un rectángulo es 15 cm. Si su perímetro es 36 cm, ¿cuál es su anchura?

14. La cintas cuestan $9 cada una y un cargo por envío de $5. Kadie pagó $41 por algunas cintas. ¿Cuántas compró?

16. Resuelve cada ecuación y compruébalas.

a. $x + 3 = 7$ **b.** $k + (-3) = -4$

17. Para cada ecuación, indica si el número en **negrilla** es una solución.

a. $-2x = 24;$ **−12** **b.** $\frac{g}{3} = -18;$ **−6**

1. Indica si el número de onzas en 500 libras es una variable o una constante.

2. Define una variable y proporciona un rango de valores para el número de horas que pasa un estudiante haciendo la tarea en las noches durante una semana.

3. En la mañana vas a la escuela en tu bicicleta. Después de la escuela, recorres casi todo el camino de regreso a tu casa antes de recordar que necesitas tu libro de matemáticas. Regresas a la escuela por él y luego te diriges otra vez hacia tu casa. Traza una gráfica que muestre la relación entre el tiempo y la distancia desde tu casa.

4. Proporciona la siguiente figura de este patrón.

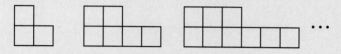

5. Escribe una regla para la progresión $-4, -3, -2, -1,\ldots$ y proporciona el término 100 de la misma.

6. Completa la tabla y escribe una ecuación para mostrar la relación entre las variables.

u	3	4	5	6	7
v	9	12	15		

7. Haz una tabla con seis pares de valores para la ecuación $y = 2x - 5$.

8. Grafica cada ecuación en un plano de coordenadas.

   a. $y = -2x$ **b.** $y = x + 2$

9. La tabla adjunta se creó de la ecuación $u = 5t - 7$. Úsala para resolver las siguientes ecuaciones relacionadas.

t	0	1	2	3	4
u	-7	-2	3	8	13

   a. $13 = 5t - 7$ **b.** $-2 = 5t - 7$

10. Grafica la desigualdad $x \geq -4$ en una recta numérica.

11. Escribe una desigualdad para esta gráfica.

12. Resuelve cada ecuación y comprueba tus resultados.

   a. $z - 18 = -7$ **b.** $\dfrac{w}{6} = -9$ **c.** $-7t + 12 = 33$

13. Un día de invierno, la temperatura se eleva 29° para alcanzar 12°F. ¿Cuál fue la temperatura baja del día?

Tarea para evaluar el progreso

Escribe una historia que describa un día típico en la escuela. Elige un lugar fijo de la escuela como tu casillero o tu salón de clase. Después traza una gráfica que muestre la relación entre el tiempo y la distancia desde el lugar que hayas elegido.

Elección múltiple

Escoge la mejor respuesta.

1. Para el conjunto de datos a continuación, ¿cuál de las siguientes medidas es igual a 6.5? *[Lección 1-4]*

3, 7, 9, 9, 8, 5, 4, 6, 7, 7, 5, 8

Ⓐ Media   Ⓑ Mediana

Ⓒ Moda   Ⓓ Media y mediana

2. Evalúa: $8 \cdot 4 + 3 \cdot 5$ *[Lección 2-2]*

Ⓐ 47   Ⓑ 105   Ⓒ 152   Ⓓ 280

3. Redondea 6.938471 al milésimo más cercano. *[Lección 3-2]*

Ⓐ 6.94   Ⓑ 6.938

Ⓒ 6.9385   Ⓓ 6.939

4. Encuentra la diferencia: $5\frac{5}{12} - 2\frac{11}{18}$ *[Lección 4-3]*

Ⓐ $2\frac{7}{18}$ Ⓑ $2\frac{29}{36}$ Ⓒ $3\frac{23}{36}$ Ⓓ $3\frac{29}{36}$

5. ¿Cuál es la suma de los ángulos en un hexágono? *[Lección 5-4]*

Ⓐ 360°   Ⓑ 540°   Ⓒ 720°   Ⓓ 900°

6. Resuelve la proporción: $\frac{15}{z} = \frac{27}{99}$ *[Lección 6-8]*

Ⓐ $z = 45$ Ⓑ $z = 55$

Ⓒ $z = 66$ Ⓓ $z = 85$

7. Myra salió de su casa a las 4:35 p.m. y se fue en su bicicleta a la biblioteca a una velocidad de 12 mi/h. Si la biblioteca está a 5 mi de su casa, ¿a qué hora llegó? *[Lección 7-3]*

Ⓐ 4:40   Ⓑ 4:47   Ⓒ 5:00   Ⓓ 5:35

8. El valor de la colección de monedas de Ron ha subido 25% desde el año pasado. Si el año pasado valía $500, ¿cuánto vale ahora? *[Lección 8-7]*

Ⓐ $400   Ⓑ $525

Ⓒ $625   Ⓓ $12,500

9. ¿Cuál cuadrante contiene $(3, -2)$? *[Lección 9-3]*

Ⓐ I   Ⓑ II   Ⓒ III   Ⓓ IV

10. Llena el espacio en blanco: La suma de dos números positivos _____ es mayor que la suma de un número positivo y uno negativo. *[Lección 9-4]*

Ⓐ Siempre   Ⓑ Algunas veces   Ⓒ Nunca

11. Halla el producto: $-3 \cdot (-4)$ *[Lección 9-6]*

Ⓐ -12 Ⓑ -7 Ⓒ 7 Ⓓ 12

12. ¿Dónde se incrementa la gráfica? *[Lección 10-2]*

Ⓐ P a Q

Ⓑ Q a R

Ⓒ R a S

Ⓓ En ningún lado

13. ¿Cuál ecuación muestra la relación entre las variables de la siguiente tabla? *[Lección 10-4]*

x	1	2	3	4
y	-6	-12	-18	-24

Ⓐ $y = 6x$ Ⓑ $y = x - 7$

Ⓒ $y = -6x$ Ⓓ $x = -6y$

14. Resuelve la ecuación: $k + (-18) = -11$ *[Lección 10-9]*

Ⓐ $k = -29$ Ⓑ $k = -7$

Ⓒ $k = 7$ Ⓓ $k = 29$

15. Resuelve la ecuación: $-3x = -27$ *[Lección 10-10]*

Ⓐ $x = -81$ Ⓑ $x = -9$

Ⓒ $x = 9$ Ⓓ $x = 81$

16. Resuelve la ecuación: $5x - 4 = 21$ *[Lección 10-11]*

Ⓐ $x = 4$ Ⓑ $x = 5$

Ⓒ $x = 6$ Ⓓ $x = 7$

Ciencias sociales

Las líneas de longitud y latitud son círculos imaginarios. Todos los círculos que conforman las líneas de longitud son del mismo tamaño; la línea de latitud más larga es la del ecuador.

Arte y Literatura

El palacio de la Alhambra se construyó para albergar a los soberanos musulmanes de Granada, España. Los patrones de azulejos que cubren los pisos y muros de la Alhambra muestran reflexiones y rotaciones de figuras geométricas.

Entretenimiento

Las antiguas cajas musicales reproducían música "grabada" en cilindros. El dentado en los cilindros representa las notas.

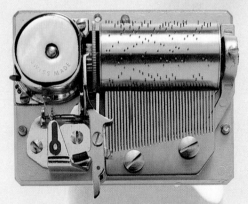

transformaciones

Enlace con Geografía
www.mathsurf.com/7/ch11/people

Ciencias

La mayoría de los animales tiene un lado derecho y otro izquierdo que son imágenes espejo del otro lado.

Alrededor del mundo

Muchas culturas construyen casas que no tienen esquinas cuadradas. Por ejemplo, los nómadas mongoles viven en tiendas cilíndricas llamadas *yurts*.

IDEAS CLAVE DE MATEMÁTICAS

Un poliedro es una figura de tres dimensiones cuyas superficies, o caras, son polígonos.

El área total de una figura de tres dimensiones es la suma de las áreas de todas sus caras. En tanto el volumen de una figura es la cantidad de espacio que ocupa.

Un círculo es un conjunto de puntos que están a la misma distancia (el radio) de su punto central. El perímetro de un círculo se llama circunferencia.

Un cilindro tiene dos bases circulares. La fórmula para calcular el área de un círculo es importante para determinar el área total y el volumen de un cilindro.

Una figura tiene simetría si la reflexión o rotación de la figura es idéntica a la original. Cuando desplazas (trasladas), reflejas o rotas una figura geométrica, creas una transformación.

PROYECTO DEL CAPÍTULO

Resolución de problemas

Comprende
Planea
Resuelve
Revisa

En este proyecto vas a diseñar y construir un envase para bebidas que contenga una sola ración. Para empezar el proyecto, piensa en las diferentes formas de los envases donde se venden los jugos y las bebidas gaseosas.

Enfoque en la resolución de problemas

Comprobar que se hayan seguido las reglas del problema

Después de resolver un problema, revisa los pasos realizados a fin de asegurarte de que tu(s) respuesta(s) cumple(n) las reglas descritas en el problema.

Identifica la respuesta correcta. Menciona la regla que no hayan seguido las otras dos respuestas.

1 Un parque de animales salvajes tiene un elefante africano, un rinoceronte negro, una jirafa y un Komodo monitor. El peso total de estos animales es de 17,000 lb. Si el rinoceronte pesa 100 lb más que la jirafa y ésta tiene 15 veces el peso del Komodo monitor, el cual pesa 10,500 lb menos que el elefante, ¿cuánto pesa cada uno?

Respuesta 1: El Komodo monitor pesa 100 lb; la jirafa, 1,500 lb; el elefante, 10,600 lb y el rinoceronte, 1,600 lb.

Respuesta 2: El Komodo monitor pesa 200 lb; la jirafa, 3,000 lb; el elefante, 10,700 lb y el rinoceronte, 3,100 lb.

Respuesta 3: El Komodo monitor pesa 150 lb; la jirafa, 2,250 lb; el elefante, 10,650 lb y el rinoceronte, 3,950 lb.

2 El Komodo monitor, la jirafa, el elefante y el rinoceronte pueden alcanzar en total una edad de 175 años en cautiverio. La duración de la vida del Komodo monitor es $\frac{5}{7}$ de la que tiene la jirafa; en tanto la de ésta es 50% de la que presenta el elefante; la vida del rinoceronte es 10 años más larga que la de la jirafa. ¿Cuál es la duración de la vida de cada animal?

Respuesta 1: El Komodo monitor vive 45 años; la jirafa, 30 años; el elefante, 60 años y el rinoceronte, 40 años.

Respuesta 2: El Komodo monitor vive 35 años; la jirafa, 49 años; el elefante, 98 años y el rinoceronte, 59 años.

Respuesta 3: El Komodo monitor vive 25 años; la jirafa, 35 años; el elefante, 70 años y el rinoceronte, 45 años.

MANIFESTACIÓN

DE EMOCIONES

Cuando escuchas la palabra escultura, ¿en qué piensas? ¿Te imaginas acaso una pieza de piedra cincelada, convertida en una heroica figura humana? ¿O una masa de metal soldado en formas geométricas abstractas? ¿O bien un móvil animado con piezas hechas de plástico moldeado?

La escultura se manifiesta en todas estas formas y aún más. Una escultura puede ser tan pequeña como para caber en la palma de tu mano o tan grande como la Estatua de la Libertad. Asimismo, puede recordar un momento de la historia o ser una colección de formas abstractas, como *Amanecer* de Louise Nevelson, la cual se ilustra en esta página. De cualquier manera, el trabajo de un escultor pretende comunicar una emoción o una idea.

Un artista a menudo hace detallados bosquejos en dos dimensiones antes de comenzar una escultura de tres dimensiones. Las destrezas de dibujo y las medidas geométricas que vas a investigar desempeñan un papel importante en la creación de una escultura.

1 ¿Qué medidas tiene que hacer un artista antes de empezar una escultura?

2 ¿Qué factores pueden influir en el costo, tamaño y peso de una escultura?

Investigación sobre poliedros

Vas a aprender…

■ a reconocer los poliedros.

■ a trazar poliedros.

…cómo se usa

Los gemólogos bruñen y pulen piedras de formas irregulares para transformarlas en poliedros.

Vocabulario

sólido

cara

poliedro

arista

vértice

prisma

base

pirámide

▶ **Enlace con la lección** A lo largo de este curso has trabajado con polígonos de dos dimensiones. Ahora es tiempo de investigar las figuras geométricas de tres dimensiones. ◀

Investigar | Figuras de tres dimensiones

Un toque de clase

1. A continuación se muestran varias figuras de tres dimensiones. Determina una manera de clasificar estas figuras en al menos tres categorías y explica tu sistema de clasificación.

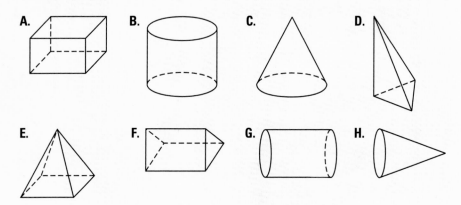

2. Busca y explica otras dos maneras de clasificar estas figuras.

3. Imagina que debes describir una de estas figuras a un artista que hace un bosquejo para una escultura. ¿Cuáles son algunas de las características que incluirías en tu descripción?

Aprender | Investigación sobre poliedros

Las figuras geométricas que has investigado hasta esta lección son de dos dimensiones porque son planas. Sin embargo, todo elemento que ocupe un espacio es un objeto de tres dimensiones.

Un objeto de tres dimensiones, o **sólido**, cuyas **caras** sean polígonos es un **poliedro**. Los segmentos que unen las caras son **aristas** y las esquinas son los **vértices**.

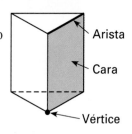

Un **prisma** es un poliedro cuyas **bases** son congruentes y paralelas. Una **pirámide** tiene una base poligonal pero converge a un punto.

El nombre de un prisma o pirámide indica la forma de su base.

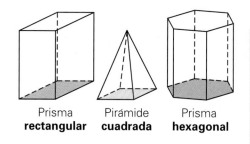

Prisma **rectangular**   Pirámide **cuadrada**   Prisma **hexagonal**

Cuando dibujas una figura de tres dimensiones, puedes mostrar la profundidad al imaginar que estás enfrente o debajo del objeto. Las aristas ocultas se muestran como líneas punteadas.

Ejemplos

1 Menciona los poliedros de la escultura de la fotografía adjunta.

En la escultura, puedes ver cubos y otros prismas rectangulares.

2 Traza un prisma triangular recto.

Traza una base.

Dibuja una base idéntica abajo de la primera.

Agrega líneas verticales que unan los vértices de las bases. Traza la arista oculta con líneas punteadas.

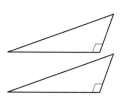

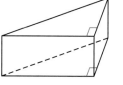

Haz la prueba

Proporciona el nombre de los siguientes poliedros.

a.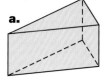

b.

c. Traza un prisma pentagonal.

Comprobar | Tu comprensión

1. ¿El cubo es un prisma? ¿Por qué? ¿Qué otro nombre se puede asignar a un cubo?

2. Proporciona ejemplos reales de por lo menos tres poliedros.

11-1 Ejercicios y aplicaciones

Práctica y aplicación

1. ┃ **Para empezar** ┃ Sigue estos pasos para trazar un prisma rectangular.

    a. Dibuja un paralelogramo a fin de mostrar una base rectangular en perspectiva.

    b. Dibuja un segundo paralelogramo directamente debajo del primero.

    c. Agrega líneas verticales que unan los vértices de las bases.

    d. Determina las aristas que están ocultas y represéntalas con líneas punteadas.

Geometría Usa el dibujo del prisma adjunto para contestar cada pregunta.

2. Menciona el nombre del poliedro.

3. Menciona los polígonos que forman las caras del prisma. ¿Cuántos polígonos de cada tipo tiene?

4. ¿Cuántas aristas, caras y vértices tiene el poliedro?

Proporciona el nombre de cada poliedro.

5.

6.

7.

Dibuja los siguientes poliedros.

8. Un prisma octagonal   **9.** Una pirámide triangular   **10.** Un prisma hexagonal

Bellas Artes Menciona los poliedros que se encuentran en cada escultura.

11.

12.

13. ┃ **Para la prueba** ┃ ¿Cuántas caras, aristas y vértices tiene una pirámide cuadrada?

    Ⓐ 4 caras, 8 aristas, 6 vértices   Ⓑ 4 caras, 6 aristas, 4 vértices

    Ⓒ 5 caras, 8 aristas, 5 vértices   Ⓓ 5 caras, 9 aristas, 6 vértices

PRACTICAR 11-1

14. Ciencias Los diferentes minerales forman cristales de distintas figuras. Menciona la forma de los siguientes minerales.

a. Halita (roca de sal)

b. Berilo

Resolución de problemas y razonamiento

15. Razonamiento crítico Los *sólidos platónicos*, llamados así en honor del filósofo griego Platón, son poliedros cuyas caras forman polígonos regulares. A continuación se muestran tres de los cinco sólidos platónicos.

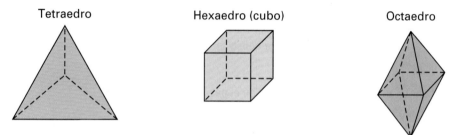

Tetraedro   Hexaedro (cubo)   Octaedro

a. Encuentra el números de caras, aristas y vértices de cada sólido platónico.

b. Existe una ecuación que relaciona el número de caras, vértices y aristas de un poliedro. Usa tus resultados del inciso **a** para hallar la ecuación.

16. En tus propias palabras, describe las similitudes y diferencias entre las pirámides y los prismas.

17. Razonamiento crítico *Sin título*, de Donald Judd, está hecha a base de diez prismas rectangulares idénticos. ¿Cuál es el número total de caras, aristas y vértices de los prismas de esta escultura?

Repaso mixto

Dibuja cada par de ángulos. *[Lección 5-1]*

18. Dos ángulos complementarios, uno de los cuales debe medir 45°.

19. Dos ángulos suplementarios, uno de los cuales debe medir 105°.

20. Dos ángulos complementarios, uno de los cuales debe medir 80°.

Grafica y rotula cada punto en el mismo plano de coordenadas. Menciona el cuadrante o eje que contiene cada punto. *[Lección 9-3]*

21. $(-3, 4)$ **22.** $(0, -2)$ **23.** $(-5, -3)$ **24.** $(5, 0)$ **25.** $(6, 2)$

Perspectiva isométrica y dibujo ortogonal

Vas a aprender...

■ a unir vistas isométricas y ortogonales.

■ a dibujar vistas frontales, laterales y superiores de un sólido.

■ a dibujar una figura en perspectiva desde su vista frontal, superior y lateral.

...cómo se usa

Los dibujantes hacen dibujos ortogonales para mostrar las especificaciones exactas de una parte manufacturada.

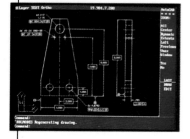

Vocabulario

perspectiva isométrica

dibujo ortogonal

▶ **Enlace con la lección** En la lección anterior identificaste y dibujaste diferentes poliedros. Ahora vas a investigar las técnicas para dibujar cualquier objeto de tres dimensiones. ◀

Investigar | Figuras de tres dimensiones

¿Cuál es tu punto de vista?

Materiales: Cubos de 1 centímetro

¡Tú eres parte del equipo de construcción! En seguida se muestran las vistas frontal, lateral y superior de tres edificios sencillos.

1. Usa cubos para construir cada edificio. ¿Hay más de una manera de construir alguno o todos los edificios?

2. Traza los edificios que hiciste en el paso 1. Haz todo lo posible para que tus trazos se vean en tres dimensiones.

3. Diseña y construye un edificio propio con cubos. Dibuja las vistas frontal, lateral y superior de tu edificio.

4. Cuando describes un edificio, ¿qué ventajas y desventajas tienen las vistas frontal, lateral y superior en comparación con los dibujos como los que hiciste en el paso 2?

A.

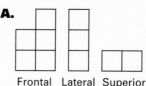

Frontal Lateral Superior

B.

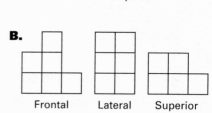

Frontal   Lateral   Superior

C.

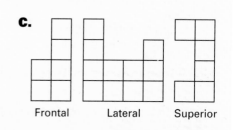

Frontal   Lateral   Superior

Aprender | Perspectiva isométrica y dibujo ortogonal

En muchas culturas, los artistas han tratado de dar la ilusión de profundidad a sus pinturas. Así, en la escultura babilónica, las figuras del frente bloquean en forma parcial la vista de las figuras del fondo. Durante el Renacimiento, los artistas europeos desarrollaron una forma matemática para mostrar la perspectiva.

La **perspectiva isométrica** es un método que se utiliza para dar perspectiva a un dibujo. El uso de papel isométrico de puntos facilita el dibujo de perspectivas isométricas.

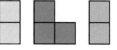

Sin embargo, la perspectiva isométrica puede distorsionar los ángulos; por ejemplo, los ángulos rectos del cubo se ven como ángulos obtusos y agudos.

Por su parte, los **dibujos ortogonales** muestran ángulos y longitudes precisas. En una vista ortogonal, ves el objeto directamente desde la vista frontal, lateral y superior. Se necesita más de una vista para describir al objeto completo.

Frontal   Lateral   Superior

Ejemplo 1

Relaciona cada perspectiva isométrica con un conjunto de vistas ortogonales.

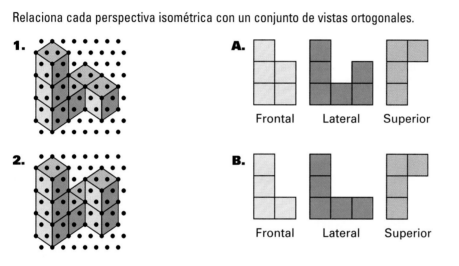

Resolución de problemas
TEN EN CUENTA

Usa la altura de las pilas de cubos como ayuda para relacionar las perspectivas isométricas y los dibujos ortogonales.

La perspectiva isométrica del dibujo 2 tiene una pila de dos cubos que no tiene el dibujo 1. Las vistas frontal y lateral de la figura **A** muestran pilas de dos cubos en el lugar apropiado para coincidir con el dibujo 2.

El dibujo 1 coincide con **B** y el dibujo 2 con **A**.

Haz la prueba

Relaciona la perspectiva isométrica con un conjunto de vistas ortogonales.

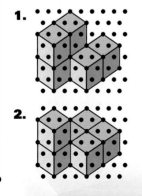

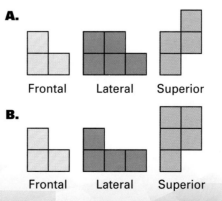

Ejemplos

2 Traza las vistas frontal, superior y lateral del objeto mostrado.

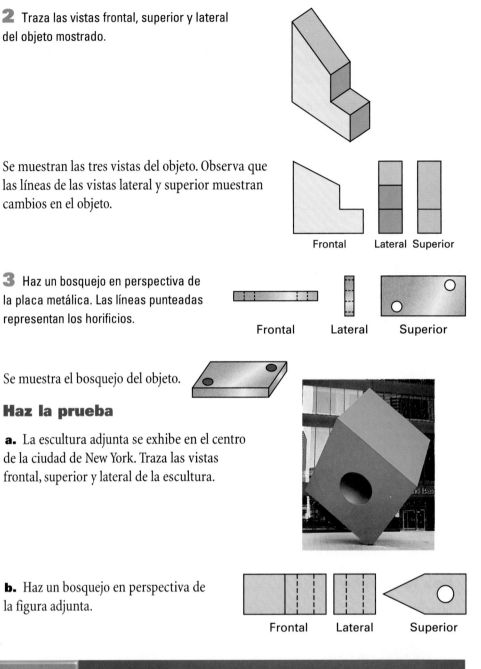

Se muestran las tres vistas del objeto. Observa que las líneas de las vistas lateral y superior muestran cambios en el objeto.

Frontal   Lateral Superior

3 Haz un bosquejo en perspectiva de la placa metálica. Las líneas punteadas representan los horificios.

Frontal   Lateral   Superior

Se muestra el bosquejo del objeto.

Haz la prueba

a. La escultura adjunta se exhibe en el centro de la ciudad de New York. Traza las vistas frontal, superior y lateral de la escultura.

b. Haz un bosquejo en perspectiva de la figura adjunta.

Frontal   Lateral   Superior

▶ **Enlace con Historia**

El Coloso de Rodas fue una de las siete maravillas del mundo. La estatua de bronce de Apolo tenía 120 pies de altura y se erigía en la cumbre de una base de mármol de 25 pies de altura. Alrededor del año 220 a.c., tan sólo 60 años después de su terminación, el Coloso se rompió por las rodillas y se derrumbó durante un temblor. Después se vendió como pedazos de metal.

Comprobar Tu comprensión

1. Menciona algunas situaciones donde las vistas ortogonales serían más útiles que una perspectiva isométrica. ¿Cuándo sería más útil una perspectiva isométrica?

2. Si se proporcionaran las vistas frontales de un conjunto de cubos, ¿podrías trazar la vista posterior? Si es así, explica cómo; de lo contrario, indica por qué.

Práctica y aplicación

1. **Para empezar** Sigue estos pasos para dibujar las vistas ortogonales frontal, lateral y superior de los cubos.

a. Imagínate a ti mismo frente a los cubos. Determina primero cuántas pilas de cubos podrías ver y después el número de cubos que verías en cada pila. Luego dibuja la vista frontal.

b. Imagina que te mueves al lado derecho del "edificio". Repite el inciso **a** para dibujar la vista lateral.

c. Imagina que estás encima de los cubos. Repite el inciso **a** para dibujar la vista superior.

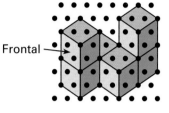

Frontal →

Halla el número de cubos en cada figura. Da por hecho que todos los cubos están visibles.

2.   **3.**   **4.**

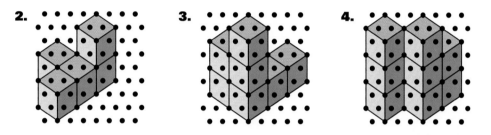

Relaciona cada perspectiva isométrica con un conjunto de vistas ortogonales.

5.   **6.**   **7.**   **8.**

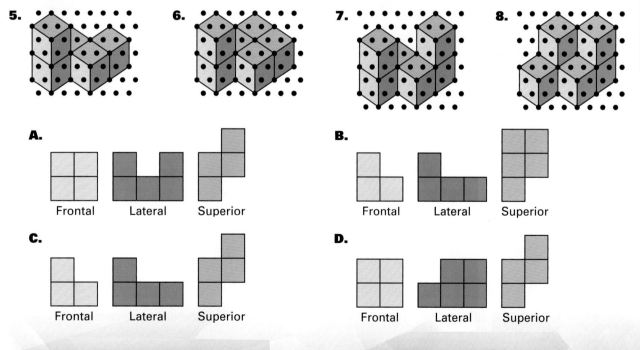

A.

Frontal   Lateral   Superior

B.

Frontal   Lateral   Superior

C.

Frontal   Lateral   Superior

D.

Frontal   Lateral   Superior

Traza las vistas frontal, superior y lateral de los siguientes objetos.

9.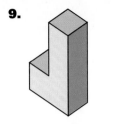

10.

11.

Haz un bosquejo en perspectiva de cada objeto.

12.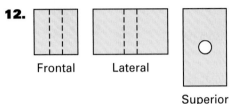

Frontal   Lateral

Superior

13.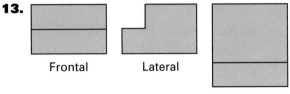

Frontal   Lateral

Superior

Resolución de problemas y razonamiento

14. Comunicación La fotografía del *Sol negro*, de Isamu Noguchi, es casi una vista frontal de la escultura. Haz un bosquejo de cómo piensas que se verían las vistas superior y lateral.

15. Comunicación Los dibujos técnicos de partes manufacturadas son dibujos ortogonales. Explica por qué se utiliza el dibujo ortogonal para ilustrar estas partes.

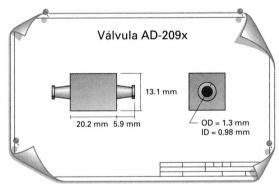

Válvula AD-209x

13.1 mm

20.2 mm   5.9 mm

OD = 1.3 mm
ID = 0.98 mm

Repaso mixto

Escribe la palabra que describa las rectas o segmentos de recta. *[Lección 5-2]*

16. Una línea doble color amarillo en la calle.

17. Las aristas superior y lateral de una puerta.

18. La línea lateral y final de un campo de juego.

19. Las aristas unidas de un disquete.

Indica cuáles cantidades son variables y cuáles son constantes. *[Lección 10-1]*

20. El número de estudiantes en un salón de clase.

21. El número de pulgadas en un pie.

22. La cantidad de agua que tomas al día.

23. El número de hojas en un árbol.

Desarrollos de poliedros y áreas totales

11-3

▶ **Enlace con la lección** Como ya sabes calcular áreas de figuras de dos dimensiones, ahora aplicarás esos conocimientos para hallar el área total de figuras de tres dimensiones. ◀

Investigar Desarrollos para poliedros

Envoltura poliédrica

Materiales: Papel cuadriculado, tijeras, cinta adhesiva

Un *desarrollo* es un patrón en dos dimensiones de cuyo doblez resulta un objeto de tres dimensiones.

1. Copia cada desarrollo en papel cuadriculado. Luego córtalos y después dobla y pega los lados para formar un poliedro.

2. Indica el nombre del poliedro de cada desarrollo. Después identifica cada una de sus caras. ¿Cuántas caras de cada tipo hay en los poliedros?

3. Al observar un desarrollo, ¿puedes predecir qué poliedro se formará? Explica tu respuesta.

4. Crea tu propio desarrollo para un poliedro y pruébalo para ver si funciona.

Vas a aprender...

■ a calcular el área total de un poliedro.

...cómo se usa

Los voluntarios que participan en los desfiles necesitan saber el área total de un carro alegórico para decidir cuánto material decorativo necesitan.

Vocabulario

área total

Aprender Desarrollos de poliedros y áreas totales

El **área total** de una figura de tres dimensiones es la suma del área de sus caras. Las caras incluyen la(s) base(s) del poliedro.

El área total de una caja para regalo es igual al área del papel que necesitarías para envolverla, sin contar aberturas ni traslapes.

Al dibujar un desarrollo para un poliedro, puedes ver las formas y dimensiones de sus caras. Luego puedes usar las fórmulas del área como ayuda para calcular el área total.

Ejemplos

1 Traza un desarrollo para el poliedro y después halla su área total.

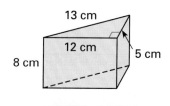

Se muestra el desarrollo para el poliedro.

Para calcular el área total, primero halla el área de cada cara.

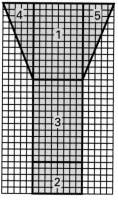

Cara 1: Área =   12 cm · 8 cm   = 96 cm²

Cara 2: Área =   5 cm · 8 cm   = 40 cm²

Cara 3: Área =   13 cm · 8 cm   = 104 cm²

Caras 4 y 5: Área $= 2\left(\frac{1}{2} \cdot 12 \text{ cm} \cdot 5 \text{ cm}\right) = 60$ cm²

Área total = 96 cm² + 40 cm² + 104 cm² + 60 cm²

           = 300 cm²

2 Encuentra el área total del prisma.

Cara rectangular de 11 por 14 pulgadas: Área = 11 in. · 14 in. = 154 in²

Dos caras rectangulares de 5 por 11 pulgadas: Área = 2(5 in. · 11 in.) = 110 in²

Cara rectangular de 8 por 11 pulgadas:
Área = 8 in. · 11 in. = 88 in²

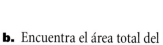

Dos caras trapezoidales, bases de 8 y 14 pulgadas, altura = 4 pulgadas:
Área $= 2\left(\frac{1}{2} \cdot (8 \text{ in.} + 14 \text{ in.}) \cdot 4 \text{ in.}\right) = 88$ in²

Área total = 154 in² + 110 in² + 88 in² + 88 in² = 440 in²

Haz la prueba

a. Traza un desarrollo para esta "escultura" y halla su área total.

b. Encuentra el área total del prisma.

Comprobar | Tu comprensión

1. ¿Cómo te ayudó dibujar un desarrollo a calcular el área total de un poliedro?

2. ¿Por qué el área total se mide en unidades cuadradas?

Práctica y aplicación

1. **Para empezar** Sigue los pasos para hallar el área total de un prisma triangular.

a. Calcula el área de la cara rectangular de 10 por 4.

b. Halla el área de la cara rectangular de 10 por 13.

c. Encuentra el área de la cara rectangular de 10 por 15.

d. Calcula el área de las dos bases triangulares.

e. Suma las áreas de los incisos **a–d** para hallar el área total.

Traza un desarrollo para los siguientes poliedros.

2.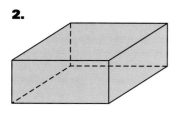

3.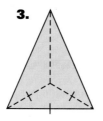

4.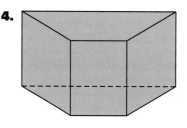

Traza un desarrollo para cada poliedro y después calcula su área total.

5. 8 cm, 4 cm, 5 cm

6. 6.5, 8.4, 8.4

7. 6 cm, 8 cm, 5 cm, 10 cm

8. 6 ft, 5 ft, 10.5 ft

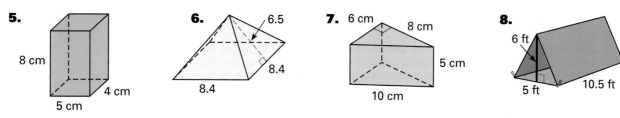

9. **Consumo** Necesitas pintar el exterior de la casa mostrada en la figura adjunta. Un galón de pintura cubre entre 300 y 400 pies cuadrados. ¿Cuántos galones debes comprar? (Ignora las áreas de las ventanas y puertas y ¡no pintes el techo!)

10. **Literatura** En *Flat Stanley*, Stanley mide "cuatro pies de altura, cerca de un pie de anchura y media pulgada de grosor". Si se asume que Stanley es un sólido rectangular, ¿cuál es su área total? (Fragmento de *Flat Stanley* de Jeff Brown, Harper and Row, New York, 1964. Derechos reservados © 1964 de Jeff Brown.)

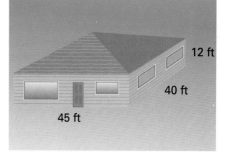

11. **Para la prueba** ¿Cuál fórmula proporciona el área total de un cubo cuyos lados miden *s* unidades de largo?

Ⓐ s^2 Ⓑ $3s^2$ Ⓒ $6s^2$ Ⓓ s^3

12. Cálculo aproximado Haz un cálculo aproximado del área total del poliedro.

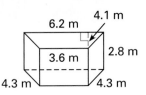

6.2 m 4.1 m
3.6 m 2.8 m
4.3 m 4.3 m

13. Identifica los desarrollos que sirven para formar un cubo.

a. **b.** **c.** **d.**

14. Bellas Artes El artista Larry Bell creó esta escultura en forma de cubo titulada *Memories of Mike*. Cada lado del cubo tiene una longitud de $24\frac{1}{4}$ pulgadas.

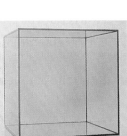

a. ¿Cuál es el área total de la escultura?

b. Dibuja un desarrollo de esta escultura y rotula las medidas de cada lado.

Resolución de problemas y razonamiento

15. Razonamiento crítico Un cubo grande está formado por cubos pequeños como se muestra en la ilustración. ¿Puedes eliminar un cubo de la figura y:

a. Aumentar su área total? ¿Cómo?

b. Disminuir su área total? ¿Cómo?

c. Mantener su área total sin cambios? ¿Cómo?

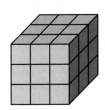

16. Comunicación Halla una fórmula para el área total del exterior de una caja *abierta*, cuya longitud es *l*, la anchura es *w* y la altura es *h*. Explica por qué tu fórmula es eficaz.

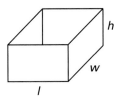

Repaso mixto

Clasifica cada polígono en tantas formas como puedas. *[Lección 5-3]*

17.
4 cm
4 cm

18.

19.

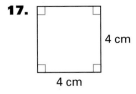

Menciona una cantidad donde cada valor dependa de ella. *[Lección 10-2]*

20. Distancia recorrida en un auto. **21.** Área de un triángulo. **22.** Tu calificación en una clase.

Volumen de los prismas

▶ **Enlace con la lección** Ya sabes cómo calcular el área total de un prisma. Ahora vas a investigar otra medida relacionada con el tamaño de un prisma: su volumen. ◀

Investigar Llenado de sólidos rectangulares

Materiales: Cubos de 1 centímetro, papel cuadriculado de 1 centímetro, tijeras, cinta adhesiva

¡Empácalos!

Puedes hacer una caja con papel cuadriculado al cortar un cuadro de cada esquina y después doblar los lados. ¿Cuál es la caja *más grande* que puedes hacer?

1. Corta un rectángulo de 16 por 12 cm de tu papel cuadriculado. Luego corta un cuadro de 1 cm de cada esquina; en seguida dóblalos y pégalos con cinta adhesiva para hacer una caja.

2. ¿Cuántos cubos de 1 centímetro puede contener tu caja? Anota las dimensiones de la caja y el número de cubos que puede contener.

3. Ahora elabora una caja al recortar cuadros de 2 por 2 de un rectángulo de 16 por 12. Calcula cuántos cubos contiene. Repite este paso con cuadros más grandes, hasta que halles la caja que puede contener el mayor números de cubos.

4. ¿Cuáles son las dimensiones de la caja que contiene el mayor número de cubos? ¿Cuántos cubos contiene? ¿Por qué estás seguro de que es la caja más grande?

Vas a aprender…

■ a encontrar el volumen de un prisma.

…cómo se usa

Los diseñadores de empaques calculan los volúmenes para determinar la mejor manera de crear empaques que sean tanto eficientes como atractivos.

Vocabulario

volumen

altura

Aprender Volumen de los prismas

El **volumen** de un objeto de tres dimensiones es la cantidad de espacio que ocupa. El volumen describe el número de cubos que puede contener un objeto, por eso se mide en unidades cúbicas.

Volumen = 24 unidades³

Un prisma tiene dos bases idénticas. La distancia entre las bases es la **altura**, *h*, del prisma. Si imaginas el prisma como una pila de bases de *h* unidades, la altura te conduce a la fórmula para calcular su volumen.

VOLUMEN DE UN PRISMA

El volumen de un prisma cuya área de la base es *B* y su altura es *h* se obtiene por medio de $V = Bh$.

Ejemplos

1 Halla el volumen del prisma triangular recto.

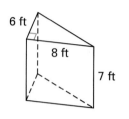

El volumen es igual al área de la base por la altura.

$$B = \frac{1}{2} \cdot 8 \cdot 6 = 24 \text{ ft}^2 \qquad\qquad h = 7 \text{ ft}$$

$$V = Bh = 24 \cdot 7 = 168 \text{ ft}^3$$

2 Un prisma tiene un área de la base de 32 cm² y una altura de 7 cm. Calcula su volumen.

$$V = Bh = 32 \cdot 7 = 224 \text{ cm}^3$$

El prisma tiene un volumen de 224 cm³.

Haz la prueba

a. En el Monumento Nacional Postpile de Devil, el basalto, una roca volcánica, forma columnas hexagonales. Si una columna tiene un área de la base de 2 pies² y una altura de 24 pies, ¿cuál es el volumen de la columna?

b. Halla el volumen de un prisma trapezoidal.

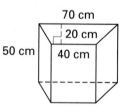

El área de la base de un prisma rectangular es *lw*, así que la fórmula del volumen de un prisma rectangular es $V = lwh$.

Para la prueba

Recuerda incluir unidades en tus respuestas a los problemas de área total y volumen. El área total se mide en unidades cuadradas y el volumen en unidades cúbicas.

Ejemplo 3

Calcula el volumen de un prisma rectangular cuyas medidas son: 4 mm de altura, 10 mm de longitud y 8 mm de anchura.

Usa $V = lwh$ para un prisma rectangular.

$$V = 10 \cdot 8 \cdot 4 = 320 \text{ mm}^3$$

Comprobar | Tu comprensión

1. Describe la diferencia entre el área total y el volumen.

2. Si mides el volumen de un prisma en centímetros cúbicos, ¿obtienes un volumen más grande que si lo midieras en pulgadas cúbicas? Explica tu respuesta.

Práctica y aplicación

1. **Para empezar** Sigue estos pasos para calcular el volumen de un prisma.

   a. Halla el área de la base. Puesto que la base de este prisma es un triángulo, usa la fórmula del área de un triángulo.

   b. Multiplica el área de la base por la altura.

   c. Escribe tu respuesta; asegúrate de usar unidades cúbicas.

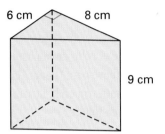

Halla el volumen de cada prisma.

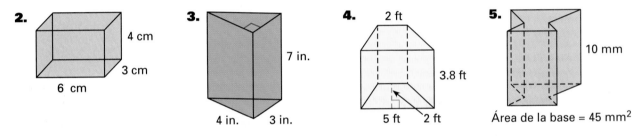

2.
3.
4.
5. Área de la base = 45 mm²

6. **Bellas Artes** La escultura *Sin título*, de Donald Judd, está hecha a base de diez prismas rectangulares. La longitud de cada prisma mide 40 pulgadas, la anchura es de 31 pulgadas y la altura mide 9 pulgadas. ¿Cuál es el volumen de uno de estos prismas?

7. La familia de Sarah quiere instalar una alberca en su patio trasero y desea saber qué tanto se va a incrementar su consumo de agua. La alberca tendrá forma de un prisma rectangular con dimensiones de 10 por 8 por 2 m. ¿Cuál es el volumen máximo de agua que puede contener?

8. **Consumo** Las dos cajas de azúcar tienen el mismo precio, pero ¿cuál es la mejor compra? Explica tu respuesta.

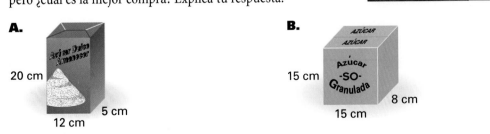

A.

B.

PRACTICAR 11-4

9. **Para la prueba** Un artista usa 2280 cm³ de arcilla para modelar la construcción de un prisma. Si el área de la base del prisma es de 152 cm², ¿cuál es su altura?

Ⓐ 15 cm   Ⓑ 25 cm   Ⓒ 2128 cm   Ⓓ 346,560 cm

10. Imagina que las aristas de los cubos de estas figuras miden 1 cm de largo y todos los cubos están visibles.

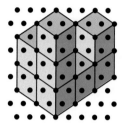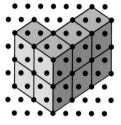

a. ¿Cuál es el volumen de la primera figura?

b. ¿Cuál es su área total?

c. Imagina que el cubo en la parte superior de la pila de tres cubos se mueve para "llenar" la pila formada por un cubo, como se muestra en la ilustración. ¿Cómo cambian el volumen y el área total?

Resolución de problemas y razonamiento

11. Razonamiento crítico El volumen de una pirámide se obtiene mediante la fórmula $V = \frac{1}{3}Bh$. Imagina que tienes una pirámide rectangular con las mismas medidas de base y altura que un prisma rectangular. ¿Cómo se podrían comparar sus volúmenes?

12. Escoge una estrategia Imagina que cada dimensión (longitud, anchura y altura) de un sólido rectangular se modifica como se describe. ¿Cómo cambia el volumen de la caja? Prueba con varios ejemplos para cada modificación.

a. Cada dimensión se duplica.   **b.** Cada dimensión se triplica.

c. Cada dimensión se cuadruplica.   **d.** Cada dimensión se divide a la mitad.

e. Describe cualquier patrón que observes en tus resultados.

> **Resolución de problemas**
> ## ESTRATEGIAS
> • Busca un patrón
> • Organiza la información en una lista
> • Haz una tabla
> • Prueba y comprueba
> • Empieza por el final
> • Usa el razonamiento lógico
> • Haz un diagrama
> • Simplifica el problema

Repaso mixto

Halla la suma de los ángulos de cada polígono. *[Lección 5-4]*

13. Polígono de 12 lados   **14.** Polígono de 14 lados   **15.** Polígono de 17 lados

Proporciona el siguiente término en cada progresión. Escribe una regla para cada una. *[Lección 10-3]*

16. 5, 9, 13, 17, _____   **17.** 3, 3, 3, 3, _____   **18.** −4, −2, 0, 2, _____   **19.** $\frac{1}{6}, \frac{1}{8}, \frac{1}{10}, \frac{1}{12},$ _____

El proyecto en marcha

Diseña un envase para bebidas con la forma de un prisma. El envase debe tener un volumen de 360 cm³. Traza un desarrollo para tu envase y muestra sus dimensiones en él.

> **Resolución de problemas**
> Comprende
> Planea
> Resuelve
> Revisa

En esta sección has explorado las maneras de trazar poliedros así como calculado sus áreas totales y volúmenes. Ahora utilizarás todos esos conocimientos para diseñar y analizar esculturas propias.

Manifestación de emociones

Materiales: Cartulina, regla, tijeras, cinta adhesiva

Así como muchos artistas y escultores usan figuras geométricas en sus obras, ahora tú harás una escultura geométrica con poliedros.

1. Determina cómo quieres que se vea tu escultura. (Incluye al menos un prisma en el diseño.) Haz un bosquejo de una figura de tres dimensiones de tu escultura. Después traza las vistas frontal, lateral y superior.

2. Usa cartulina, tijeras y cinta adhesiva para construir tu escultura.

3. La *hoja de oro* es oro sólido que se ha laminado hasta convertirlo en una hoja delgada. Cuesta alrededor de 11¢ por pulgada cuadrada. ¿Cuánto costaría cubrir tu escultura con hoja de oro?

4. ¡Un museo del extranjero quiere exhibir tu escultura! Ésta se tiene que empacar para trasladarla en un embalaje en forma de prisma rectangular. Halla las dimensiones y el volumen de un embalaje lo suficientemente grande para contener tu escultura. Explica cómo hallaste tu respuesta.

Indica si cada enunciado es verdadero o falso. Si es falso, explica por qué.

1. Un cubo es un prisma rectangular.

2. Algunas pirámides son prismas.

3. Una pirámide cuadrada tiene cinco vértices.

4. Un cilindro es un poliedro.

Traza los siguientes poliedros.

5. Un prisma rectangular.

6. Una pirámide triangular recta.

7. Un prisma pentagonal.

8. Traza un desarrollo para la pirámide cuadrangular mostrada a la derecha. Luego halla su área total.

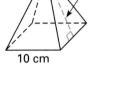

12 cm

10 cm

Calcula el área total y el volumen para cada figura.

9.

Cada arista mide 1 cm de largo

10.

20 in.

32 in.

20 in.

11.

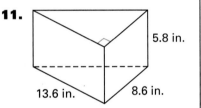

5.8 in.

13.6 in.

8.6 in.

12. **Bellas Artes** Esta escultura de Hubert Dalwood está hecha de aluminio, madera y oropel. Traza las vistas frontal, superior y lateral de la escultura.

13. En tu diario

Imagina que quieres construir una perrera para tu perro Melvin. Al diseñar la perrera, ¿necesitarías pensar en el área total, en su volumen o en ambos? Explica tu respuesta.

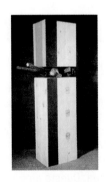

Para la prueba

Cuando en una prueba de elección múltiple se te pide calcular un volumen, puedes usar el cálculo mental para eliminar algunas de las opciones.

14. Halla el volumen de este prisma rectangular.

Ⓐ 10.5 in³   Ⓑ 842 in³   Ⓒ 1,050 in³   Ⓓ 13,500 in³

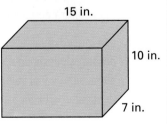

15 in.

10 in.

7 in.

El redondo mundo del juguete

¿Qué tienen en común un Frisbee®, una canica, un balón de fútbol, un aro Hula Hoop® y un yo-yo? Desde luego que es divertido jugar con ellos, pero no serían así de divertidos (¡algunos incluso serían bastante peligrosos!) si no fuera por otra característica común: todos estos juguetes son *redondos* de algún modo.

La gente ha fabricado juguetes con forma circular casi desde que se descubrió que las cosas redondas ruedan. En Mohenjo Daro, hoy Pakistán, se encontró una carreta de juguete de 3800 años de antigüedad. El caballito de madera con ruedas mostrado en esta página fue realizado por egipcios en el año 200 d.C. En todo el mundo, la gente se divierte al dar vuelta a los aros, aventar pelotas y lanzar discos.

Conforme explores las matemáticas de los círculos y objetos circulares, aprenderás más sobre las medidas que describen los juguetes redondos.

1 ¿Con cuál de los juguetes que se mencionan en el primer párrafo sería imposible jugar si fuera cuadrado en lugar de redondo? Explica tu respuesta.

2 Aunque una canica, un aro de Hula Hoop y un yo-yo son "redondos", tienen formas distintas. Describe las diferencias en la forma de estos juguetes.

573

Círculos y gráficas circulares

▶ **Enlace con la lección** En este curso has interpretado los datos que se muestran en las gráficas circulares. Ahora investigarás las propiedades de un círculo y dibujarás tus propias gráficas circulares. ◀

Vas a aprender…

■ a hacer gráficas circulares.

…cómo se usa

Los editores de periódicos utilizan gráficas circulares para mostrar los datos en un reportaje.

Nostalgia de los cincuenta de los californianos

Aproximadamente 9 de cada 10 adultos en California mayores de 65 años dicen estar satisfechos de haber crecido en su época en lugar de hoy día. Esa década, según su opinión, fue la mejor para vivir.

Fuente: Yankelovich Partners for Secure Horizons

Vocabulario

círculo

centro

ángulo central

Investigar | Elaboración de gráficas circulares

Razonamiento circular

¿Cuál de estos juguetes te gustó más cuando eras niño?

1. Haz una encuesta en tu grupo para hallar el número de estudiantes que prefieren cada juguete.

2. Copia la tabla de frecuencia. Introduce el número de votos para cada juguete. Luego halla el porcentaje de tu grupo que votó por cada juguete.

3. Dibuja un círculo y marca su centro. Con tu conocimiento sobre porcentajes, haz una gráfica circular que muestre los resultados del paso 2.

4. Explica cómo hiciste tu gráfica circular.

Materiales: Compás, lápices o marcadores de colores

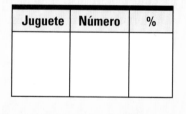

Juguete	Número	%

Aprender | Círculos y gráficas circulares

La gráfica circular muestra cómo estaban distribuidas las computadoras del mundo en 1993 y señala las partes importantes de un círculo.

Todos los puntos del **círculo** están a la misma distancia con respecto de su **centro**.

Cada "rebanada" de una gráfica circular es un *sector* del círculo. El **ángulo central** que determina el tamaño del sector tiene su vértice en el centro del círculo.

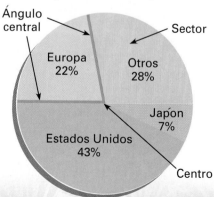

Computadoras en uso, 1993

Ángulo central
Sector
Europa 22%
Otros 28%
Estados Unidos 43%
Japón 7%
Centro

Al momento de hacer una gráfica circular, debes calcular qué tan grande debe ser el ángulo central de cada sector. Puedes referirte al hecho de que hay 360° grados en un círculo para hallar los ángulos centrales.

Ejemplo 1

No te olvides

Para dibujar un ángulo con un transportador, coloca el transportador sobre un lado del ángulo y marca tu papel a la medida deseada del ángulo. Dibuja el segundo lado del ángulo a través de la marca.

[Página 213]

En 1996, los Pittsburgh Penguins jugaron 82 partidos en la temporada regular de hockey. Ganaron 49 partidos, perdieron 29 y empataron 4. Dibuja una gráfica circular para mostrar estos datos.

Halla el porcentaje de juegos ganados, perdidos y empatados.

$$\text{Ganados} = \frac{49}{82} \approx 0.60 = 60\% \qquad\qquad \text{Perdidos} = \frac{29}{82} \approx 0.35 = 35\%$$

$$\text{Empatados} = \frac{4}{82} \approx 0.05 = 5\%$$

Para hallar cada ángulo central, multiplica el porcentaje (en forma decimal) por 360°.

Ganados: $0.60 \cdot 360° = 216°$ Perdidos: $0.35 \cdot 360° = 126°$ Empatados: $0.05 \cdot 360° = 18°$

Dibuja un círculo. Usa un transportador para dibujar cada ángulo central que mida menos de 180°. Asigna un rótulo a cada sector de la gráfica circular y un título a la gráfica.

Observa que como los Penguins ganaron más del 50% de sus juegos, el ángulo central correspondiente a "Ganados" mide *más* de 180°. El ángulo se *pasa* de la recta.

Puntuación de los Pittsburgh Penguins, 1996

Haz la prueba

Dibuja una gráfica circular que muestre cada conjunto de datos.

a. Una investigación reciente mostró que el 89% de los habitantes de Estados Unidos ha oído hablar del Slinky®. (*Pista*: ¿Qué porcentaje *no* ha oído hablar del Slinky?)

b. En la elección presidencial de 1992, cerca de 44 millones de personas votaron por Bill Clinton, 39 millones por George Bush y 20 millones por Ross Perot.

¿LO SABÍAS?

El Slinky® se inventó cuando Richard Jones, quien trataba de hacer un resorte para usarlo en los instrumentos de navegación, hizo saltar un resorte de un anaquel. En lugar de caerse, el resorte "caminó" por el piso.

Comprobar | Tu comprensión

1. Imagina que en una encuesta, el 25% de la gente elige la pizza como su alimento favorito. ¿Qué tan grande sería el ángulo central en el sector "pizza" en una gráfica circular? ¿Cómo lo sabes?

2. ¿Una gráfica circular puede tener dos ángulos centrales que midan más de 180°? Explica tu respuesta.

Práctica y aplicación

1. **Para empezar** En 1990, cerca del 29% de los habitantes de Estados Unidos era menor de 20 años de edad, 40% estaba entre 20 y 44 años y 31% era mayor de 45 años. Sigue estos pasos para hacer una gráfica circular con estos datos.

   a. Halla el ángulo central para el sector "Menores de 20" al multiplicar 29% (en forma decimal) por 360°.

   b. Encuentra el ángulo central para los dos sectores restantes.

   c. Dibuja un círculo y marca el centro.

   d. Usa un transportador para dibujar cada ángulo central.

   e. Asigna un rótulo y sombrea cada sector; luego da un título a tu gráfica.

Datos Usa la gráfica circular para resolver los ejercicios 2 y 3.

2. **Cálculo aproximado** Haz un cálculo aproximado del porcentaje de gobernadores de cada categoría.

3. Identifica cualquier sector que tenga un ángulo central mayor que 180°. Explica cómo puedes determinarlo.

Gobernadores de Estados Unidos, 1996

Cálculo aproximado Traza una gráfica circular para mostrar cada conjunto de datos. (*No* calcules o midas los ángulos centrales.)

4. **Deportes** Durante la temporada 1994, Steve Young fue el mariscal de campo mejor calificado de todos los tiempos de la NFL. Cerca de 64% de sus pases fueron completos, 33% fueron incompletos y 3% fueron interceptados.

5. **Ciencias** De la masa total de los planetas del sistema solar, Júpiter tiene como 71%, Saturno 21% y los otros planetas (incluida la Tierra) el restante 8%.

6. **Para la prueba** ¿Cuál categoría de la gráfica circular representa cerca del 15% de los datos?

   Ⓐ A   Ⓑ B   Ⓒ C   Ⓓ D

7. **Comprensión numérica** Si una gráfica circular muestra que el 72% de 1200 estudiantes en una escuela intermedia está interesado en la música, ¿cuántos estudiantes representa este porcentaje?

Datos En los ejercicios 8–10, dibuja una gráfica circular que muestre cada conjunto de datos.

8. **Historia** En la elección presidencial de 1964, Lyndon Johnson recibió 61% del voto popular y Barry Goldwater un 39%.

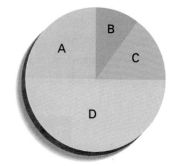

9.

Exportaciones de Estados Unidos, 1994				
Categoría	Alimentos y agricultura	Maquinaria y transporte	Bienes manufacturados	Otros
Porcentaje del valor total	8%	29%	18%	45%

10. Geografía

Área territorial de los continentes (millones de millas cuadradas)							
Continente	África	Antártida	Asia	Australia y Oceanía	Europa	América N.	América S.
Área	11.7	6.0	17.2	3.3	4.0	9.4	6.9

Resolución de problemas y razonamiento

11. Razonamiento crítico En el juego Disc Golf, se lanza un disco volador a una serie de objetivos lejanos. Analiza los datos del marcador y haz una gráfica circular para mostrar tus resultados.

Núm. de hoyo	1	2	3	4	5	6	7	8	9	10	11	12	13	14	15	16	17	18
Marcador	3	4	4	5	4	4	4	4	4	5	4	4	4	3	3	4	3	3

12. *En tu diario* Determina el número de horas que pasas en diferentes actividades en un día escolar común. Haz una gráfica circular con tus datos.

13. Comunicación El consejo estudiantil de tu escuela quiere hacer una investigación entre los alumnos para decidir cómo gastar el fondo destinado al entretenimiento de este año. Tienen contemplado que cada estudiante pueda elegir más de una opción. Explica al consejo estudiantil por qué *no* deben exponer los resultados de la encuesta en una gráfica circular.

Repaso mixto

Halla el área y el perímetro de cada rectángulo. *[Lección 5-5]*

14. $l = 10$ cm, $w = 7$ cm

15. $l = 17$ in., $w = 4$ in.

16. $l = 8.2$ ft, $w = 7.4$ ft

17. $l = 18$ cm, $w = 0.4$ cm

18. $l = \frac{3}{4}$ in., $w = \frac{1}{2}$ in.

19. $l = 145$ mi, $w = 75$ mi

Copia y completa las siguientes tablas de valores. *[Lección 10-4]*

20. $y = 2x + 5$

x	−2	−1	0	1	2	3
y						

21. $y = -x - 10$

x	−2	−1	0	1	2	3
y						

Vas a aprender...

■ el significado de π.

■ a calcular la circunferencia de un círculo.

...cómo se usa

La circunferencia del neumático de un auto afecta su consumo de gasolina. Los conductores necesitan mantener los neumáticos inflados a niveles adecuados para obtener más millas por galón.

Vocabulario

diámetro

radio

circunferencia

π (pi)

▶ **Enlace con la lección** Como ya sabes que todos los puntos de un círculo están a la misma distancia del centro, ahora investigarás el radio de esa distancia hacia el perímetro del círculo. ◀

Investigar | **El radio de un círculo**

El eterno retorno

Materiales: Software de hoja de cálculo, cinta métrica, objetos redondos

1. Mide la longitud que rodea y la distancia a lo largo de cinco de los objetos proporcionados. Prepara una tabla como ésta en una hoja de cálculo y anota los resultados.

Distancia a lo largo

Longitud que rodea

	A	B	C	D	E	F
1	Objeto	1	2	3	4	5	
2	Longitud que rodea						
3	Distancia a lo largo						

2. Halla la razón $\dfrac{\text{longitud que rodea}}{\text{distancia a lo largo}}$ para cada objeto medido.

3. Escribe una conclusión sobre la razón $\dfrac{\text{longitud que rodea}}{\text{distancia a lo largo}}$ de un círculo.

Aprender | **Pi y la circunferencia**

Hay tres maneras de describir el tamaño del Hula Hoop® o de cualquier otro objeto circular.

El **diámetro** de un círculo es la distancia a través del círculo que pasa por su centro. El **radio** es la distancia desde el centro a cualquier punto en el círculo. El perímetro de un círculo es su **circunferencia** .

El diámetro de un círculo es el doble de su radio: $d = 2r$.

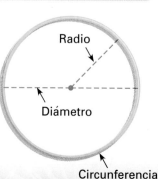

Radio

Diámetro

Circunferencia

Ejemplo 1

Si el radio de un Hula Hoop® es de 88 cm, ¿cuál es su diámetro?

El diámetro es el doble del radio: $d = 2r = 2 \cdot 88 = 176$ cm.

Hace más de cuatro mil años, los egipcios sabían que la razón $\dfrac{\text{circunferencia}}{\text{diámetro}}$ es la misma para todos los círculos. Este radio está representado por la letra griega

π (pi), la cual equivale a aproximadamente 3.14, es decir, $\frac{22}{7}$. Puesto que $\pi = \frac{C}{d}, C = \pi d$.

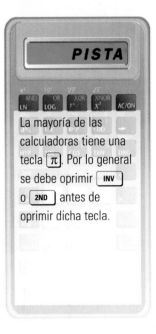

La mayoría de las calculadoras tiene una tecla $\boxed{\pi}$. Por lo general se debe oprimir $\boxed{\text{INV}}$ o $\boxed{\text{2ND}}$ antes de oprimir dicha tecla.

FÓRMULAS DE LA CIRCUNFERENCIA

La circunferencia de un círculo se obtiene mediante $C = \pi d = 2\pi r$.

Ejemplos

2 El diámetro de un balón de voleibol es de $8\frac{1}{4}$ pulgadas. Calcula su circunferencia.

Usa $C = \pi d$.

$C \approx \left(\dfrac{22}{7}\right)\left(8\dfrac{1}{4}\right)$ Sustituye. Como el diámetro es una fracción, usa $\frac{22}{7}$ para π.

$C \approx \left(\dfrac{22}{7}\right)\left(\dfrac{33}{4}\right)$ Convierte $8\frac{1}{4}$ a una fracción impropia.

$C \approx \dfrac{726}{28} = \dfrac{363}{14}$ Multiplica y simplifica la fracción.

La circunferencia es alrededor de $\dfrac{363}{14} = 25\dfrac{13}{14}$ pulgadas.

3 Si la circunferencia de un yo-yo es de 16 cm, ¿cuál es su diámetro? Redondea al décimo más cercano.

Usa $C = \pi d$.

$16 \approx 3.14 \cdot d$ Sustituye los valores.

$\dfrac{16}{3.14} \approx \dfrac{3.14d}{3.14}$ Usa operaciones inversas.

$5.0955\ldots \approx d$. El diámetro es cerca de 5.1 cm.

Enlace con Lenguaje

El yo-yo se introdujo en Estados Unidos proveniente de las Filipinas. La palabra *yo-yo* viene del dialecto Tagalog, el cual es bastante común en ese país.

Haz la prueba

Halla el diámetro de la circunferencia de un círculo cuyo radio es de 32 pulgadas.

Comprobar | **Tu comprensión**

1. Explica por qué la fórmula $C = 2\pi r$ es adecuada.

2. En los ejemplos 2 y 3 se usó $\approx$ luego de remplazar π con un número, ¿por qué?

Práctica y aplicación

1. ☐ **Para empezar** ☐ Sigue estos pasos para calcular el diámetro y la circunferencia de un círculo cuyo radio es de 5 cm.

a. El diámetro de un círculo es el doble de su radio. Usa $d = 2r$ para calcular el diámetro. Recuerda incluir unidades en tu respuesta.

b. La circunferencia de un círculo es 2π veces su radio. Usa $C = 2\pi r$ para calcular la circunferencia. (Usa $\pi \approx 3.14$.) Incluye unidades en tu respuesta.

5 cm

2. Lógica Explica otra manera de calcular la circunferencia en el ejercicio 1b.

Halla el diámetro y la circunferencia de cada círculo según su radio. Usa $\pi \approx 3.14$ y redondea las respuestas al décimo más cercano.

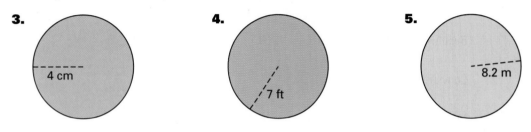

3. 4 cm

4. 7 ft

5. 8.2 m

Halla la circunferencia de cada círculo según su radio. Usa $\pi \approx \frac{22}{7}$ y expresa tus respuestas en su mínima expresión.

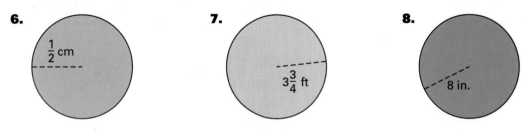

6. $\frac{1}{2}$ cm

7. $3\frac{3}{4}$ ft

8. 8 in.

Según el radio, diámetro o circunferencia de un círculo, halla las otras dos medidas. Usa $\pi \approx 3.14$. Si es necesario, redondea las respuestas al décimo más cercano.

9. $r = 8$ cm   **10.** $d = 22$ mi   **11.** $C = 6$ mm   **12.** $r = 17.5$ in.   **13.** $d = 51$ ft

14. $C = 17.8$ mm   **15.** $r = 100$ in.   **16.** $d = 4.9$ m   **17.** $C = 88$ ft   **18.** $C = \pi$ cm

19. ▮ **Para la prueba** ▮ La órbita de la Tierra alrededor del Sol es casi circular. Nuestra distancia promedio del Sol es de 93,000,000 de millas. ¿Cuál es el mejor cálculo aproximado de la circunferencia de la órbita terrestre?

   Ⓐ 3×10^7 mi   Ⓑ 6×10^7 mi   Ⓒ 3×10^8 mi   Ⓓ 6×10^8 mi

20. Historia La piedra del Calendario Azteca contiene figuras talladas que representan los días del mes azteca. Su circunferencia tiene alrededor de 36 pies. Calcula el diámetro de la piedra del calendario al décimo de pie más cercano.

21. Para resolver problemas El yo-yo más grande del mundo mide 50 pulgadas de diámetro y pesa 256 libras. ¡Se probó con una grúa de 80 pies! Halla la circunferencia del yo-yo a la pulgada más cercana.

Resolución de problemas y razonamiento

22. Razonamiento crítico La pista de carreras está hecha de dos medios círculos en cada extremo de un rectángulo. Calcula la longitud de la pista.

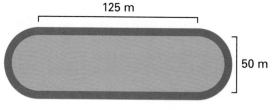

125 m

50 m

23. Comunicación Un amigo afirma que mientras más grande es un círculo, mayor debe ser la razón $\frac{circunferencia}{diámetro}$. Por escrito, explica a tu amigo por qué su afirmación es incorrecta.

24. Escoge una estrategia Un CD de audio tiene un diámetro de 12.5 cm y un reproductor de CD gira 200 veces por minuto. ¿Qué distancia recorre un punto en el borde exterior de un CD en 1 minuto? ¿Y en 30 minutos?

Resolución de problemas

ESTRATEGIAS

- Busca un patrón
- Organiza la información en una lista
- Haz una tabla
- Prueba y comprueba
- Empieza por el final
- Usa el razonamiento lógico
- Haz un diagrama
- Simplifica el problema

Repaso mixto

Proporciona una tasa unitaria que describa cada situación. *[Lección 7-5]*

25. 153 millas en 3 horas.

26. El lavado de 4 autos por $10.00.

27. 510 estudiantes para 30 maestros.

28. 750 palabras en 3 páginas.

Grafica cada ecuación en la misma gráfica de coordenadas y menciona sus diferencias. *[Lección 10-5]*

29. $y = x$ **30.** $y = 3x$ **31.** $y = 4x$ **32.** $y = \frac{2}{3}x$

TECNOLOGÍA

Uso del software interactivo de geometría • Investigar círculos y tangentes

Problema: ¿Cómo puedes:

- Comprobar que la razón $\frac{circunferencia}{diámetro}$ es constante para un círculo de cualquier tamaño?

- Trazar una recta que toque un círculo en un solo punto?

Puedes usar el software interactivo de geometría para investigar estos problemas.

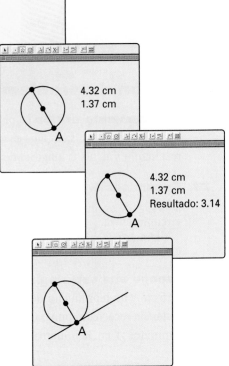

① Usa tu software para hacer un círculo. Coloca y marca un punto *A* en el círculo. Dibuja un diámetro al trazar un segmento desde *A*, que pase por el centro, hasta otro punto del círculo. Mide la circunferencia y el diámetro.

② Elige "calcular" del menú de medición. Haz clic en la circunferencia, en la tecla ⟦÷⟧, en el diámetro y en la tecla ⟦=⟧. Arrastra el resultado sobre la pantalla. Luego haz clic en el círculo y arrástralo de manera que cambie su tamaño. ¿Qué observas acerca de $\frac{C}{d}$?

③ Utiliza el software para dibujar una recta que pase por *A* y que sea perpendicular al diámetro. Esta recta se llama *tangente* (la recta que sólo toca en un punto al círculo). La tangente de cualquier punto en un círculo siempre es perpendicular al radio que pasa por dicho punto.

INTÉNTALO

a. Dibuja un nuevo círculo y agrega su radio. Mide el radio y después redimensiona el círculo hasta que su radio sea de 1 cm. Predice la circunferencia de este círculo. Después usa la herramienta de medición para hallar la circunferencia.

b. Construye una tangente al círculo que dibujaste en el inciso **a.**

Soluciones: La razón $\frac{circunferencia}{diámetro}$ para un círculo de cualquier tamaño es π. Para trazar una recta que toque un círculo en un solo punto, dibuja una recta perpendicular al radio en ese punto.

POR TU CUENTA

▶ Explica cómo podrías usar papel y lápiz para dibujar una tangente a un círculo.

Área de un círculo

▶ **Enlace con la lección** Como ya sabes usar una fórmula para calcular la circunferencia de un círculo, ahora vas a desarrollar y aplicar una fórmula para hallar su área. ◀

Vas a aprender...

■ a calcular el área de un círculo.

...cómo se usa

El radio de una señal de una estación radiofónica determina el área que puede alcanzar.

Investigar | Área de un círculo

El pay es cuadrado

Materiales: Papel cuadriculado, compás, software de hoja de cálculo

Puedes contar los cuadros en el papel cuadriculado para hacer un cálculo aproximado del área de un círculo.

1. Usa tu compás para dibujar varios círculos de diferentes tamaños en el papel cuadriculado. Haz que el radio de cada círculo sea un número cabal.

2. Cuenta los cuadros para hacer un cálculo aproximado del área de cada círculo.

3. Anota el radio (r) y el área (A) de cada círculo en dos hileras de una hoja de cálculo. En otra hilera, calcula $\frac{A}{r^2}$ de cada círculo. ¿Qué observas?

4. Usa tu conclusión del paso 3 para escribir una ecuación con $\frac{A}{r^2}$.

$r = 4$

Aprender | Área de un círculo

Un tablero de dardos está dividido en sectores.

Si los sectores se cortan por separado y se acomodan como se muestra en la figura adjunta, la nueva figura se ve como un paralelogramo.

La altura del paralelogramo es el radio del círculo y su base es la mitad de la circunferencia; por tanto, su área es $A = bh = \frac{1}{2}Cr$.

Dado que la circunferencia del círculo es igual a $2\pi r$,

$$A = \frac{1}{2}(2\pi r)r = \pi \cdot r \cdot r = \pi r^2.$$

$\frac{1}{2}C$

r

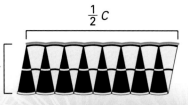

ÁREA DE UN CÍRCULO

El área de un círculo cuyo radio es r se obtiene mediante $A = \pi r^2$.

Ejemplos

Resolución de problemas
TEN EN CUENTA

En el orden de las operaciones, las potencias vienen antes de la multiplicación. Asegúrate de obtener *primero* el cuadrado del radio cuando uses $A = \pi r^2$.

1 El radio de una rueda de un vagón de juguete es de 3.8 cm. Calcula el área aproximada de la superficie circular de la rueda.

Usa $A = \pi r^2$.

3.8 se acerca a 4, por tanto, usa $r = 4$. Utiliza 3 para aproximar π al número cabal más cercano.

$A \approx 3 \cdot 4^2$ Sustituye los valores.

$A \approx 3 \cdot 16$ Calcula las potencias antes de multiplicar.

$A \approx 48$ Multiplica los términos.

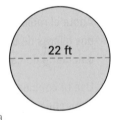

El área de la superficie circular de la rueda es de aproximadamente 48 cm².

2 Calcula el área del círculo de la figura adjunta. Redondea al décimo más cercano.

Primero halla el radio. Puesto que el diámetro del círculo es de 22 pies, el radio es de 11 pies.

Luego usa $A = \pi r^2$.

$A \approx 3.14 \cdot 11^2$ Sustituye los valores.

$A \approx 379.94 \approx 379.9$ Multiplica y redondea tu respuesta.

22 ft

El área del círculo es de aproximadamente 379.9 ft².

Haz la prueba

Halla el área de cada objeto. Redondea la respuesta al décimo más cercano. Usa $\pi \approx 3.14$.

a. Un tablero de dardos cuyo radio es de 20 in.

b. Un CD cuyo diámetro es de 12.5 cm.

Comprobar   Tu comprensión

1. Explica cómo puedes calcular el área de un círculo si conoces su diámetro.

2. Menciona algunos objetos circulares de tu salón de clase. Haz un cálculo aproximado del área de uno de ellos y explica cómo hiciste dicho cálculo.

Práctica y aplicación

1. **Para empezar** Sigue estos pasos para hallar el área de un círculo con un diámetro de 16 pulgadas.

   a. La fórmula del área para un círculo requiere el radio del círculo. Halla el radio mediante la división del diámetro entre 2.

   b. El área de un círculo es π veces su radio al cuadrado. Usa $A = \pi r^2$ para calcular el área. (Utiliza $\pi \approx 3.14$.) Incluye unidades en tu respuesta.

2. **a.** Haz un cálculo aproximado del área del círculo al contar los cuadros de la cuadrícula. Asume que cada cuadro mide 1 cm^2.

   b. Usa $A = \pi r^2$ para hallar el área del círculo. Compara esta área con tu cálculo aproximado del inciso **a.**

Calcula el área de cada círculo según su radio. Usa $\pi \approx 3.14$ y redondea las respuestas al décimo más cercano.

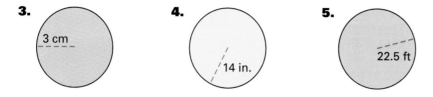

3. 3 cm

4. 14 in.

5. 22.5 ft

Calcula el área de cada círculo según su diámetro o radio. Utiliza $\pi \approx \frac{22}{7}$ y proporciona las respuestas en su mínima expresión.

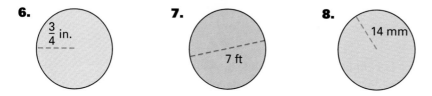

6. $\frac{3}{4}$ in.

7. 7 ft

8. 14 mm

De acuerdo con el radio o el diámetro de un círculo, calcula su área. Redondea las respuestas al décimo más cercano. Usa $\pi \approx 3.14$.

9. $r = 2$ cm
10. $r = 22$ m
11. $r = 153$ ft
12. $r = 37.4$ in.

13. $d = 10$ cm
14. $d = 36$ in.
15. $d = 8.8$ m
16. $d = 0.8$ mm

17. **Historia** Los habitantes de Yap, un conjunto de islas en el océano Pacífico, alguna vez usaron enormes discos de piedra como moneda ceremonial. Estos discos tenían 12 pies de diámetro. ¿Cuál era el área de un lado de una moneda yapesa?

18. Cálculo aproximado Haz un cálculo aproximado del área de un círculo cuyo radio es de 5.87 pulgadas. Explica cómo hiciste dicho cálculo.

19. Comprensión numérica Los primeros seis dígitos de π son 3.14159. (No puedes escribir el último dígito de π, porque ¡sigue hasta el infinito!) ¿Cuál aproximación está más cerca a π, 3.14 ó $\frac{22}{7}$? Explica tu respuesta.

20. | Para la prueba | ¿Cuál es el área exacta de un círculo cuyo radio mide 2 cm?

    Ⓐ 12.56 cm²   Ⓑ 12.6 cm²   Ⓒ 4π cm²   Ⓓ $\frac{88}{7}$ cm²

Resolución de problemas y razonamiento

21. *En tu diario* La pizzería Todaro vende pizzas de queso de 9 pulgadas de diámetro a $8.00. ¿Cuál sería un precio justo para una pizza con un diámetro de 13 pulgadas? Explica cómo determinaste este precio.

22. Razonamiento crítico ¿Es lo mismo el área combinada de dos círculos con el mismo radio que el área de un círculo con el doble de radio? Explica tu razonamiento.

23. Ciencias sociales Los niños nativos americanos algunas veces usaban aros para practicar su puntería. Primero se colocaba una pantalla en el centro del aro; luego se rodaba el aro por el césped entre dos filas de jugadores, quienes lanzaban dardos al blanco que se movía con gran rapidez. Si el aro del blanco tenía una circunferencia de 60 pulgadas, ¿cuál era su área?

24. Para resolver problemas Cada vez que giran las ruedas, un auto de juguete se mueve una distancia igual a su circunferencia. Si este juguete se mueve hacia adelante 12.1 mm cada vez que giran sus ruedas, ¿cuál es el área de la superficie circular de una de sus ruedas? Redondea tu respuesta al décimo más cercano.

Repaso mixto

Convierte las siguientes cantidades a las unidades mencionadas. (Consulta el cuadro de la página 346 si no recuerdas cómo comparar algunas de estas unidades.) *[Lección 7-6]*

25. 2 días a horas   **26.** 200 centímetros a metros   **27.** 80 onzas a libras

28. 52 pulgadas a pies   **29.** 672 tazas a galones   **30.** 5.2 centímetros a milímetros

Grafica $y = x + 35$. Usa la gráfica para resolver las siguientes ecuaciones. *[Lección 10-7]*

31. $40 = x + 35$ **32.** $65 = x + 35$ **33.** $10 = x + 35$ **34.** $35 = x + 35$

Área total de cilindros

▶ **Enlace con la lección** | Como ya sabes calcular áreas totales de poliedros y círculos. Ahora usarás estas destrezas para hallar el área total de los cilindros. ◀

Investigar | Desarrollos para cilindros y conos

Sobre latas y conos

Materiales: Papel cuadriculado, objetos cilíndricos y cónicos, tijeras, cinta adhesiva

Al observar las caras de un poliedro, puedes deducir la forma de su desarrollo. Ahora, ¿cómo se verán los desarrollos de los cilindros y los conos?

1. Escoge un cilindro y haz un desarrollo para esta figura en el papel cuadriculado. Primero traza los círculos de la parte superior e inferior. Después corta la tira que envolverá el exterior.

2. Une con cinta adhesiva las piezas del desarrollo para hacer un cilindro. ¿Qué figuras encuentras en el desarrollo? ¿Crees que *cualquier* cilindro tendrá esta apariencia en su desarrollo? Explica tu respuesta.

3. ¿Qué apariencia crees que tenga el desarrollo de un cono?

4. Usa papel cuadriculado para hacer el desarrollo de un cono. Une con cinta adhesiva las piezas de tu desarrollo para asegurarte de que forman un cono. ¿Qué figuras encontraste?

Vas a aprender...

■ a calcular el área total de un cilindro.

...cómo se usa

Los granjeros almacenan el grano en silos cilíndricos. El área total del cilindro representa la cantidad de material que se necesita para hacer el silo.

Vocabulario

cilindro

cono

esfera

Aprender | Área total de cilindros

Todas las caras de un poliedro son planas. Otros objetos de tres dimensiones tienen caras circulares y lados curvos.

Un **cilindro** tiene dos bases circulares paralelas con el mismo radio; mientras que un **cono** tiene una base circular.

Una **esfera** es la versión en tres dimensiones de un círculo; todos sus puntos están a la misma distancia de su centro.

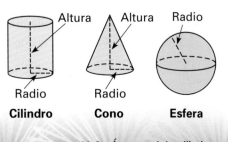

Cilindro   **Cono**   **Esfera**

El desarrollo para un cilindro tiene dos círculos y un rectángulo. Puedes usar las fórmulas de área de superficie de esas figuras para calcular el área total de un cilindro.

Como el "tubo" se envuelve alrededor de la base, su longitud es igual a la circunferencia de la base. Esto es importante que lo recuerdes al momento de calcular el área de un "tubo" rectangular.

Ejemplo 1

Halla el área total de un cilindro cuya altura mide 10 cm y el radio es de 8 cm. Redondea al décimo más cercano.

- Usa $A = \pi r^2$ para calcular el área de los círculos.

  Para un círculo:

  $A = \pi r^2 \approx 3.14 \cdot 8^2 \approx 201.0 \text{ cm}^2$

  El área combinada de *ambos* círculos es alrededor de $201.0 \cdot 2 = 402.0 \text{ cm}^2$.

- Utiliza $A = lw$ para hallar el área del rectángulo. Primero calcula la longitud.

  $l = C = 2\pi r \approx 2 \cdot 3.14 \cdot 8 = 50.2 \text{ cm}$

  La longitud es igual a la circunferencia de una base.

  $A = lw = 50.2 \cdot 10 = 502.0 \text{ cm}^2$

- Para hallar el área total, suma el área de los círculos al área del rectángulo.

  Área total $= 402.0 + 502.0 = 904.0 \text{ cm}^2$

  El área total es cerca de 904.0 cm^2.

Haz la prueba

Para la prueba

Asegúrate de incluir el área combinada de las *dos* bases circulares cuando calcules el área total de un cilindro.

a. Un palo de lluvia usa piedras para imitar el sonido de una tormenta. Si un palo de lluvia tiene una altura de 12 pulgadas y un diámetro de 2 pulgadas, calcula su área total. Redondea tu respuesta al décimo más cercano.

b. Halla el área total de un cilindro cuyo radio y altura son de 5.4 pulgadas. Redondea tu respuesta al décimo más cercano.

Luis y Paula pintan un tambor de juguete cuyo radio mide 6 pulgadas y su altura es de 5 pulgadas. ¿Cuál es el área total del tambor?

Luis piensa...

Voy a sumar el área de las bases circulares al área del tubo del tambor.

El área de cada base circular es $\pi r^2 \approx 3.14 \cdot 6 \cdot 6 = 113.04$ in². Puesto que hay dos bases, su área combinada es alrededor de $2 \cdot 113.04 = 226.08$ in².

Ahora necesito calcular la circunferencia de una de las bases. Esto es $2\pi r$, o bien $2 \cdot 3.14 \cdot 6 = 37.68$ in.

La altura del tambor es de 5 in., así que el área del tubo es $5 \cdot 37.68 = 188.4$ in².

El área total del tambor es alrededor de 226.08 in² + 188.4 in² = 414.48 in².

Paula piensa...

Encontraré una fórmula.

El área de cada base circular es πr^2, así que el área de dos bases es $2\pi r^2$.

El área del tubo es su anchura por su altura. La anchura es la circunferencia de una de las bases, por tanto, $w = 2\pi r$. El área del tubo es $2\pi rh$.

La fórmula del área total es $A_T = 2\pi r^2 + 2\pi rh$. Puedo sustituir $r = 6$ y $h = 5$.

$$A_T \approx 2 \cdot 3.14 \cdot 6^2 + 2 \cdot 3.14 \cdot 6 \cdot 5 = 226.08 + 188.4 = 414.48 \text{ in}^2$$

El área total del tambor es como de 414.48 in².

¿Qué crees tú ?

1. ¿En qué se parece el método de Luis al de Paula? ¿En qué difieren?

2. ¿La fórmula de Paula se aplica a cualquier cilindro? Explica por qué.

1. ¿En qué se parece un cilindro a un prisma? ¿En qué difieren?

2. Explica por qué el desarrollo de un cilindro contiene un rectángulo.

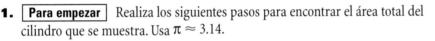

11-8 Ejercicios y aplicaciones

Práctica y aplicación

1. **Para empezar** Realiza los siguientes pasos para encontrar el área total del cilindro que se muestra. Usa $\pi \approx 3.14$.

   a. Usa $A = \pi r^2$ para hallar el área de uno de los círculos.

   b. Puesto que hay dos extremos, multiplica tu respuesta al inciso **a** por 2.

   c. El "tubo" es un rectángulo enrollado. Su longitud es la circunferencia de uno de los círculos. Usa $C = 2\pi r$ para calcular la longitud.

   d. Multiplica tu respuesta al inciso **c** por la altura para hallar el área del "tubo".

   e. Para hallar el área total del cilindro, suma tus respuestas a los incisos **b** y **d**. No te olvides de incluir las unidades.

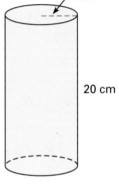

Elabora un dibujo en perspectiva de los siguientes objetos.

2. Un cilindro

3. Un cono

4. Una esfera

5. **Para la prueba** ¿Cuál de estos elementos es el desarrollo de un cilindro?

Ⓐ 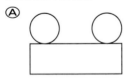 Ⓑ   Ⓒ 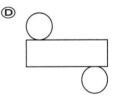 Ⓓ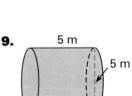

Halla el área total de cada cilindro. Usa $\pi \approx 3.14$ y redondea al décimo más cercano.

6.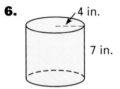
4 in.
7 in.

7.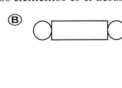
3 cm
6 cm

8.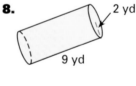
2 yd
9 yd

9.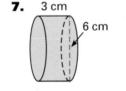
5 m
5 m

10. **Cálculo aproximado** Una lata cilíndrica de sopa tiene un radio de 1.3 in. y una altura de 3.9 in. Halla el área aproximada de su etiqueta y explica cómo lo hiciste.

11. Historia Los primeros fonógrafos se inventaron a fines del siglo XIX por Thomas Edison y su equipo. Estos fonógrafos usaban cilindros cóncavos de cera para grabar y reproducir el sonido. Si un cilindro de grabación tenía cerca de 4 pulgadas de largo y 2 pulgadas de diámetro, ¿cuál era su área total?

12. Para resolver problemas Un pintor necesita pintar un tanque cilíndrico de un vagón de tren. El vagón tiene un diámetro de 9 pies y una longitud de 22 pies. ¿Cuál es el área que se pintará?

Resolución de problemas y razonamiento

13. Razonamiento crítico Un juguete chino llamado *diábolo* se juega con dos palos y un cordón. Imagina que un diábolo tiene $5\frac{1}{2}$ pulgadas de alto y 5 pulgadas de diámetro. Si el diábolo se vende en un empaque cilíndrico en donde cabe con exactitud, halla el área total del empaque.

14. Razonamiento crítico Un cilindro con un radio de 5 cm tiene un área total de 345.4 cm². ¿Cuál es su altura?

15. Comunicación Algunas tribus de nativos de Alaska y del noroeste del Pacífico hacen postes de tótems. Estos postes cilíndricos exhiben animales y aves, o *tótems*, asociados con los clanes de la tribu. Los tótems pueden medir hasta 80 pies de altura.

Diseña tu propio tótem. Marca tu dibujo con las medidas de diámetro y radio. Después encuentra el área total de tu tótem.

Repaso mixto

Comprensión de operaciones Convierte cada tasa a una tasa equivalente. *[Lección 7-7]*

16. 3 metros por segundo a metros por minuto.

17. 35 millas por hora a pies por hora.

18. 12,800 onzas fluidas por segundo a galones por segundo.

La siguiente tabla se creó a partir de la ecuación $y = 3x + 4$. Úsala para resolver cada una de las ecuaciones relacionadas. *[Lección 10-6]*

x	−2	−1	0	1	2	3	4
y	−2	1	4	7	10	13	16

19. $13 = 3x + 4$ **20.** $-2 = 3x + 4$ **21.** $10 = 3x + 4$ **22.** $1 = 3x + 4$

Volumen de cilindros

Vas a aprender…

■ a calcular el volumen de un cilindro.

…cómo se usa

Los trabajadores de las refinerías de petróleo necesitan conocer el volumen de los tanques y barriles cilíndricos.

▶ **Enlace con la lección**   Ya sabes cómo calcular el volumen de un prisma y que un cilindro es similar a un prisma con bases circulares. Ahora aprenderás que calcular el volumen de un cilindro es similar a pero diferente de calcular el volumen de un prisma. ◀

Investigar | **Volumen de un cilindro**

¡Hazlo con cubos!

Materiales: Cubos de 1 centímetro, regla, frasco cilíndrico, vaso o cubilete

Has participado en concursos donde adivinas cuántos caramelos suaves hay en un frasco. Ahora vas a investigar cuántos cubos de 1 centímetro puede contener un objeto cilíndrico.

1. Haz un cálculo aproximado del número de cubos que tu cilindro puede contener. ¿Cómo hiciste dicho cálculo?

2. Llena el cilindro con cubos de 1 centímetro. Vacía el cilindro y cuenta los cubos. ¿Cuántos cubos caben en el cilindro? ¿Qué tan cerca estuvo tu cálculo aproximado del paso 1?

3. ¿Crees que el número de cubos que calculaste en el paso 2 es mayor que, menor que, o igual al volumen del cilindro? ¿Cómo lo determinaste?

4. Mide el diámetro (*d*) y la altura (*h*) de tu cilindro. Calcula el volumen de un *prisma* con una altura *h* y una base cuadrada de *d* unidades en uno de sus lados. ¿Crees que este volumen es mayor o menor que el volumen de tu cilindro? ¿Por qué?

5. Haz un cálculo aproximado del volumen de tu cilindro. ¿Cómo hiciste dicho cálculo?

Aprender | **Volumen de cilindros**

Recuerda que el volumen de un prisma es igual al área de su base por su altura.

Al igual que un prisma, un cilindro tiene dos bases idénticas, por tanto, su volumen se obtiene por medio de $V = Bh$. Puesto que la base es un círculo, entonces $B = \pi r^2$. Estos resultados se resumen a continuación.

> **VOLUMEN DE UN CILINDRO**
>
> El volumen de un cilindro se obtiene mediante $V = Bh = \pi r^2 h$.

Aunque no puedes llenar por completo un cilindro con cubos, el volumen de un cilindro, como cualquier otro volumen, se mide en unidades cúbicas.

Ejemplos

1 Un caleidoscopio tiene una altura de 20.5 cm y un diámetro de 4.2 cm. Haz un cálculo aproximado de su volumen.

El volumen es igual al área de su base por su altura.

El área de la base es πr^2. π se aproxima a 3. El radio es la mitad de 4.2 cm, es decir, cerca de 2 cm.

$B \approx 3 \cdot 2^2 = 12 \text{ cm}^2$

La altura es como de 20 cm.

$V = Bh \approx 12 \cdot 20 = 240 \text{ cm}^3$

El volumen del caleidoscopio es como de 240 cm³.

2 Encuentra el volumen del cilindro.

Para la base circular, $B = \pi r^2$.

$B = \pi r^2 \approx 3.14 \cdot 10 \cdot 10 = 314 \text{ in}^2$

$V = Bh \approx 314 \cdot 6 = 1884 \text{ in}^3$

El volumen del cilindro es alrededor de 1884 in³.

10 in.

6 in.

> **Para la prueba**
>
> Recuerda que para obtener el volumen tanto de un prisma como de un cilindro, multiplicas el área de la base por la altura.

Haz la prueba

a. La altura del bote de pelotas de tenis mostrado a la derecha es de 24 cm y su radio de 3.8 cm. Haz un cálculo aproximado de su volumen.

b. Encuentra el volumen del cilindro. Redondea al décimo más cercano.

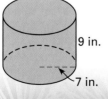

9 in.

7 in.

El volumen es la cantidad de espacio que ocupa un objeto. Cuando se mide la cantidad de líquido que puede contener un recipiente, se usan diferentes unidades. Estas unidades se llaman unidades de *capacidad*.

Sistema usual	Sistema métrico
Las unidades de volumen son: yd³, ft³, in³	Las unidades de volumen son: m³, cm³, mm³
Las unidades de capacidad son: cucharadita (tsp), taza (c), pinta (pt), cuarto de galón (qt) y galón (gal)	Las unidades de capacidad son: kilolitro (kL), litro (L), mililitro(mL)

Convertir unidades de volumen a unidades de capacidad no es fácil en el sistema usual. Por ejemplo, 1 pie cúbico equivale a 7.481 galones.

Mientras que en el sistema métrico, hay una relación directa y, por tanto, las conversiones son más fáciles.

1 litro = 1000 centímetros cúbicos.

1 mililitro = 1 centímetro cúbico.

Ejemplo 3

Una lata de té helado tiene un diámetro de 6.3 cm y una altura de 12.3 cm. Calcula su capacidad al mililitro más cercano.

Primero calcula el volumen.

El radio es $6.3 \div 2 = 3.15$ cm.

$V = Bh = \pi r^2 h \approx 3.14 \cdot 3.15^2 \cdot 12.3$

$V \approx 383.227$ cm³

Puesto que 1 mL = 1 cm³, la capacidad de la lata es alrededor de 383 mL.

Haz la prueba

Un vaso cilíndrico para bebida tiene 15 cm de altura y un diámetro de 7 cm. Calcula su capacidad al mililitro más cercano.

Comprobar | Tu comprensión

1. Menciona algunos productos empacados en envases cilíndricos. ¿Por lo general qué es más grande, la altura del empaque o el radio? ¿Cuál crees que es la razón de esto?

2. ¿En qué se parece la fórmula para calcular el volumen de un cilindro a la fórmula para obtener el volumen de un prisma? ¿Cuáles son las diferencias entre ambas?

Práctica y aplicación

1. ⬜ **Para empezar** ⬜ Sigue los pasos a continuación para calcular el volumen del cilindro redondeado al décimo más cercano. Usa $\pi \approx 3.14$.

   a. Un cilindro tiene bases circulares. Usa $A = \pi r^2$ para calcular el área de uno de los círculos.

   b. El volumen de un cilindro es igual al área de su base por su altura. Multiplica tu respuesta del inciso **a** por la altura del cilindro.

   c. Redondea tu respuesta al décimo más cercano. No te olvides de incluir las unidades.

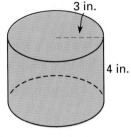

2. **Para resolver problemas** Un yo-yo es casi cilíndrico, con un área de la base de alrededor de 3 pulgadas cuadradas y una altura de 2 pulgadas. Halla el volumen de un cilindro con esta área de la base y altura.

3. **Cálculo aproximado** Halla el volumen aproximado de un cilindro cuya altura es de 24.8 cm y un radio de 2.2 cm. Explica cómo hiciste tu cálculo.

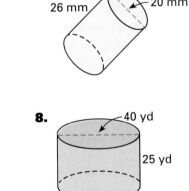

Encuentra el volumen de cada cilindro. Usa $\pi \approx 3.14$ y redondea las respuestas al décimo más cercano.

4. 3 ft, 5 ft

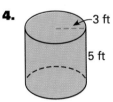

5. 26 mm, 20 mm

6. 8 m, 8 m

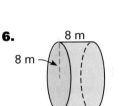

7. 16 in., 10 in.

8. 40 yd, 25 yd

9. 1.6 cm, 6.5 cm

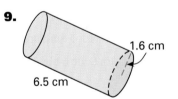

10. **Para resolver problemas** La típica lata de una bebida gaseosa tiene una altura como de 4.8 in. y un diámetro de alrededor de 2.5 in. Una caja que contiene 12 latas es un prisma rectangular de aproximadamente 5 in. de alto, 11 in. de largo y 7.6 in. de ancho.

   a. ¿Cuál es el volumen total de las 12 latas?

   b. ¿Cuál es el volumen de la caja?

   c. ¿Qué porcentaje del espacio de la caja está ocupado por las latas?

PRACTICAR 11-9

11. Industria En 1956, mientras los inventores trataban de desarrollar un limpiador para papel tapiz, crearon la plastilina Play-Doh®. Si una lata cilíndrica de Play-Doh® tiene un diámetro de $2\frac{1}{2}$ pulgadas y una altura de $3\frac{1}{8}$ pulgadas, ¿cuál es su volumen?

12. **Para la prueba** ¿Cuál es el volumen de un recipiente de 680 mL?

Ⓐ 0.68 L Ⓑ 680 cm Ⓒ 680 mm³ Ⓓ 680 cm³

Dadas la altura y el radio, halla la capacidad de cada lata cilíndrica redondeada al décimo de mililitro más cercano. Usa $\pi \approx 3.14$.

13. $h = 10$ cm, $r = 6$ cm　　　**14.** $h = 14$ cm, $r = 5$ cm　　　**15.** $h = 19.4$ cm, $r = 3.8$ cm

Resolución de problemas y razonamiento

16. Razonamiento crítico La fórmula para calcular el volumen de un cono es $\frac{1}{3}Bh$. Imagina que en un cine se venden botes cilíndricos de palomitas que tienen un volumen de 140 pulgadas cúbicas y 7 pulgadas de altura.

a. Si el cine vendiera botes de palomitas en forma cónica con el mismo volumen y radio que los cilíndricos, ¿cuál sería su altura?

b. Si los botes de forma cónica tuvieran el mismo volumen y altura que los botes cilíndricos, ¿cuál sería su radio?

17. Comunicación Muchos alimentos, como las frutas y los vegetales enlatados, vienen en envases cilíndricos. Otros, como la mayoría de los cereales y harinas para pasteles, vienen en cajas (prismas rectangulares). En general, ¿qué tipo de alimentos se vende en latas? ¿Qué tipo de alimentos por lo común se vende en cajas? Menciona algunas razones posibles para esta relación entre el tipo de alimento y la forma del envase.

Repaso mixto

18. ¿Estas tarjetas son similares a una tarjeta rectangular de 3 por 5 pulgadas? *[Lección 7-8]*

a. Una tarjeta de 6 por 10 in.　　　**b.** Una tarjeta de 5 por 7 in.　　　**c.** Una tarjeta de 20 por 12 in.

Para cada desigualdad, menciona si el número en negrilla es una solución. *[Lección 10-8]*

19. $x + 7 > 14; \mathbf{6}$　　　**20.** $m - 8 < 18; \mathbf{23}$　　　**21.** $3k + 7 \leq 10; \mathbf{1}$　　　**22.** $9 \geq n; \mathbf{10}$

El proyecto en marcha

Diseña un envase cilíndrico para bebidas con un volumen de 360 cm³. Traza un desarrollo para este envase y muestra sus dimensiones en él.

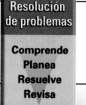

Resolución de problemas

Comprende
Planea
Resuelve
Revisa

En esta sección aplicaste las propiedades del círculo para hacer gráficas circulares y para calcular circunferencias, áreas, áreas totales y volúmenes. Ahora usarás tu conocimiento sobre los círculos para analizar un juguete popular.

El redondo mundo del juguete

Los juguetes Slinky® han rodado por las escaleras de los hogares en Estados Unidos desde 1945. Usa tu conocimiento sobre los círculos y cilindros para analizar las dimensiones de dos Slinky.

1. A pesar de que el Slinky no es un cilindro, tiene forma cilíndrica. Calcula las áreas totales de los cilindros que sugieren estos Slinky.

2. Encuentra el volumen de los cilindros.

3. Compara la razón de las dos áreas totales con la razón de los volúmenes. ¿Cuál razón es mayor?

4. Si estiraras estos Slinky, ¿qué tan largos serían? (*Pista:* Cuenta o haz un cálculo aproximado del número de rizos. ¿Cómo puedes calcular la circunferencia de un rizo?)

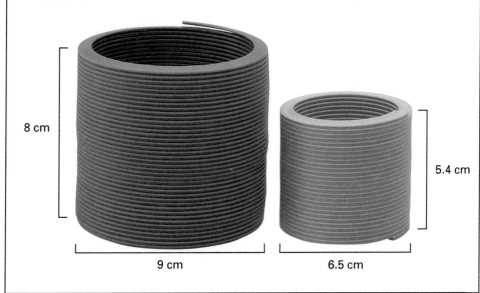

1. Datos En 1994, una familia promedio con dos ingresos en Estados Unidos gastaba su dinero como se muestra en la siguiente tabla. Dibuja una gráfica circular para mostrar estos datos.

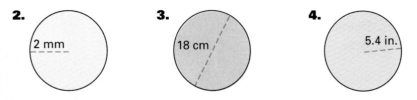

Categoría	Impuestos	Casa y mantenimiento	Asistencia médica	Comida	Otros
Porcentaje	40%	16%	10%	10%	24%

Halla la circunferencia y el área de cada círculo dado su diámetro o radio. Usa π ≈ 3.14 y redondea tus respuestas al décimo más cercano.

2.

2 mm

3.

18 cm

4.

5.4 in.

5. Historia En el siglo XIX, los niños en ocasiones usaban los rines de acero de las ruedas como un aro para jugar. Si la circunferencia de una rueda de carretón era de 10 pies, calcula el radio del aro.

Halla el área total y el volumen de cada cilindro. Usa π ≈ 3.14 y redondea tus respuestas al décimo más cercano.

6.

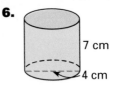

7 cm

4 cm

7.

5 in.

6 in.

8. Halla el área total y el volumen de un sólido rectangular con una altura de 6 cm, una longitud de 8 cm y una anchura de 5 cm. *[Lecciones 11-3 y 11-4]*

Para la prueba

Cuando en una prueba de elección múltiple se te da la circunferencia de un círculo y se te pide calcular su radio, quizá sea más rápido revisar cuál respuesta es la más aproximada en lugar de resolver la ecuación para obtener el radio.

9. La circunferencia de un círculo es de 18.8 cm. Calcula su radio al centímetro más cercano.

Ⓐ 3 cm   Ⓑ 4 cm   Ⓒ 5 cm   Ⓓ 6 cm

El mundo en un caleidoscopio

En 1816, un científico escocés, Sir David Brewster, descubrió que si colocaba una cámara llena de objetos de cristal de colores en el extremo de un cilindro con espejos dentro de él, las reflexiones creaban patrones geométricos maravillosos. ¡Y nació el caleidoscopio!

A través de los años, los caleidoscopios se han hecho con diferentes disposiciones de espejos que crean una amplia variedad de patrones. Los objetos usados en estos patrones incluyen conchas de mar, piedras, cuentas, perlas de fantasía flotando en aceite y el mundo mismo.

Cuando miras a través de un caleidoscopio, las secciones del patrón que ves son copias unas de otras en diferentes posiciones. En esta sección empezarás a investigar las traslaciones, reflexiones y rotaciones que describen estos patrones.

Pregunta: ¿Qué es menor que un pie de largo y está lleno de millones de intrincadas piezas de arte? *Pista:* Si no te gusta el arte que ves, lo puedes cambiar con un simple giro de la muñeca de tu mano.

Respuesta: ¡Un caleidoscopio!

1 Observa el patrón del caleidoscopio. Describe dos maneras de doblarlo de modo que cada mitad sea una imagen espejo de la otra.

2 Mira la mitad superior e inferior de la imagen de un caleidoscopio. ¿Qué observas? ¿Qué hay del lado izquierdo y del lado derecho?

3 Describe cualquier traslación, reflexión o rotación que veas en el patrón circular del caleidoscopio.

599

11-10 Traslaciones

► Enlace con la lección Ya sabes graficar puntos en los cuatro cuadrantes de un plano de coordenadas. Ahora vas a investigar los desplazamientos de las figuras geométricas. ◄

Vas a aprender…

■ a dibujar traslaciones en un plano de coordenadas.

■ a escribir reglas para las traslaciones.

…cómo se usa

La animación por computadora usa las traslaciones para mover las figuras en torno de la escena.

Vocabulario

transformación

traslación

Investigar | Traslaciones en un plano de coordenadas

¿Por dónde se fue?

Materiales: Papel cuadriculado, tijeras

1. En un papel cuadriculado, traza y recorta una copia de uno de los triángulos rectángulos que se muestran en el plano de coordenadas adjunto. Después copia los ejes y triángulos en otra hoja de papel cuadriculado.

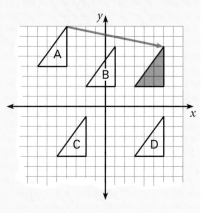

2. Dibuja una flecha para mostrar la trayectoria de una traslación desde el vértice superior de un triángulo A hasta el vértice superior del triángulo sombreado. Luego dibuja las flechas para los triángulos B, C y D.

3. Coloca el triángulo recortado en la parte superior del triángulo A. Desplázalo a lo largo de la flecha hasta que coincida con el triángulo sombreado. Piensa en una forma de describir este desplazamiento hacia cualquier lugar del papel cuadriculado, diferente de donde se muestra el triángulo sombreado.

4. Repite el paso 3 para describir los desplazamientos de los triángulos B, C y D al triángulo sombreado.

5. Pide a un compañero que pruebe tus instrucciones de los pasos 3 y 4.

Aprender | Traslaciones

Cuando cambias la posición o el tamaño de una figura, realizas una **transformación**. Una **traslación** es una transformación que desplaza una figura sin modificar su tamaño u orientación.

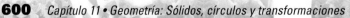

Ejemplo 1

¿Cuál figura marcada con una letra es una traslación de la figura sombreada?

Aunque todas las figuras se han movido a nuevas posiciones, A también se ha girado, B se ha reflejado y D se ha reducido.

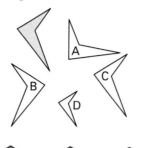

C es una traslación de la figura sombreada.

Haz la prueba

Identifica las figuras marcadas con una letra en el patrón de caleidoscopio que son traslaciones del cuadrilátero sombreado.

▶ Enlace con Ciencias Sociales

Los diseños de ropa en muchas culturas muestran repetición de patrones que implican traslaciones. Los bordados griegos, africanos y de los nativos americanos a menudo usan diseños basados en la traslación.

Cuando una figura se traslada en un plano de coordenadas, puedes usar las coordenadas para describir la traslación.

En la traslación mostrada a la derecha, cada punto se movió 5 unidades a la derecha y 4 unidades hacia arriba. Por ejemplo, $(4, 0)$ se desplaza a $(9, 4)$. La traslación del punto A está marcada como A' ("A prima").

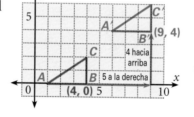

Puesto que cada punto se mueve 5 unidades a la derecha, cada abscisa se incrementa en 5. Como cada punto se mueve 4 unidades hacia arriba, cada ordenada se incrementa en 4.

Para describir la traslación "5 derecha, 4 arriba", se puede escribir la regla $(x, y) \rightarrow (x + 5, y + 4)$.

No te olvides

La **abscisa** de un punto indica qué tan a la izquierda o a la derecha del origen se encuentra el punto sobre el eje de las x. En tanto la **ordenada** señala qué tan arriba o abajo está el punto sobre el eje de las y.

[Página 443]

Ejemplos

2 Escribe una regla para la traslación "6 izquierda, 3 abajo".

Como izquierda y abajo son direcciones negativas, se debe *restar* en ambas coordenadas.

La regla es $(x, y) \rightarrow (x - 6, y - 3)$.

3 Un segmento de recta tiene extremos en $(0, 0)$ y $(-3, -2)$. Proporciona los extremos de su segmento trasladado mediante la regla $(x, y) \rightarrow (x + 1, y - 3)$.

$(0, 0) \rightarrow (0 + 1, 0 - 3) = (1, -3)$
$(-3, -2) \rightarrow (-3 + 1, -2 - 3) = (-2, -5)$

Haz la prueba

Un triángulo tiene vértices en $(0, 0)$, $(0, 4)$ y $(2, 3)$. Proporciona los vértices de su traslación mediante la regla $(x, y) \rightarrow (x - 5, y + 1)$.

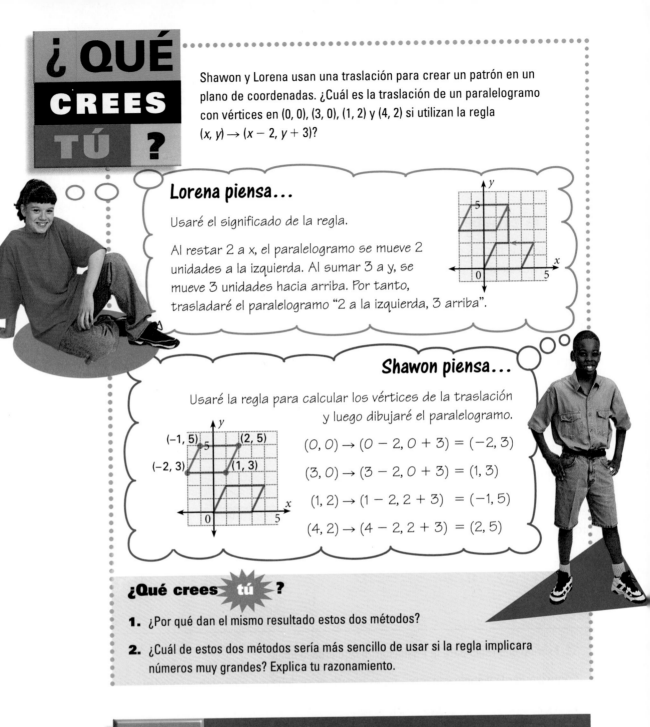

¿QUÉ CREES TÚ?

Shawon y Lorena usan una traslación para crear un patrón en un plano de coordenadas. ¿Cuál es la traslación de un paralelogramo con vértices en (0, 0), (3, 0), (1, 2) y (4, 2) si utilizan la regla $(x, y) \rightarrow (x - 2, y + 3)$?

Lorena piensa...

Usaré el significado de la regla.

Al restar 2 a x, el paralelogramo se mueve 2 unidades a la izquierda. Al sumar 3 a y, se mueve 3 unidades hacia arriba. Por tanto, trasladaré el paralelogramo "2 a la izquierda, 3 arriba".

Shawon piensa...

Usaré la regla para calcular los vértices de la traslación y luego dibujaré el paralelogramo.

$$(0, 0) \rightarrow (0 - 2, 0 + 3) = (-2, 3)$$

$$(3, 0) \rightarrow (3 - 2, 0 + 3) = (1, 3)$$

$$(1, 2) \rightarrow (1 - 2, 2 + 3) = (-1, 5)$$

$$(4, 2) \rightarrow (4 - 2, 2 + 3) = (2, 5)$$

¿Qué crees tú?

1. ¿Por qué dan el mismo resultado estos dos métodos?

2. ¿Cuál de estos dos métodos sería más sencillo de usar si la regla implicara números muy grandes? Explica tu razonamiento.

Comprobar | Tu comprensión

1. Describe una traslación de tu escritorio a la puerta del salón de clase en términos de pasos hacia adelante o hacia atrás y a la derecha o a la izquierda.

2. ¿Cómo puedes determinar si dos conjuntos de coordenadas representan una traslación?

Práctica y aplicación

1. | **Para empezar** | Traza la traslación de $\triangle MNP$ mediante la regla $(x, y) \rightarrow (x + 2, y - 1)$.

   a. Halla las coordenadas del punto M' al sumar 2 a la abscisa de M y restar 1 de su ordenada. Grafica el punto M'.

   b. Repite el inciso **a** para graficar los puntos N' y P'.

   c. Dibuja el triángulo trasladado $\triangle M'N'P'$ por medio de conectar sus vértices.

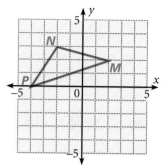

Para cada conjunto de figuras, identifica todos los polígonos marcados con letras que son traslaciones del polígono sombreado.

2.

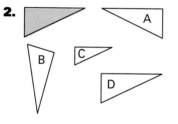

3.

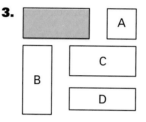

4.

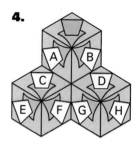

5. Ciencias Algunos caleidoscopios utilizan cuatro espejos perpendiculares. Estos caleidoscopios producen imágenes como la que se muestra a continuación. Usa las transformaciones para describir esta imagen.

Escribe una regla para cada traslación.

6. 1 derecha, 2 arriba   **7.** 5 izquierda, 7 arriba   **8.** 6 izquierda, 5 abajo   **9.** 3 abajo

El punto A es $(2, -3)$. Utiliza las siguientes reglas para hallar las coordenadas de A'.

10. $(x, y) \rightarrow (x + 3, y - 1)$ **11.** $(x, y) \rightarrow (x - 2, y + 3)$

12. $(x, y) \rightarrow (x, y - 4)$ **13.** $(x, y) \rightarrow (x - 5, y + 7)$

14. | **Para la prueba** | Si trasladas $(4, -2)$ tres unidades a la derecha y cinco unidades hacia abajo, ¿cuáles son las coordenadas del punto trasladado?

   Ⓐ $(7, -7)$ Ⓑ $(1, -7)$ Ⓒ $(7, 3)$ Ⓓ $(1, 3)$

PRACTICAR 11-10

Con las siguientes reglas, dibuja en un plano de coordenadas una traslación de la figura *ABCD*. Proporciona las coordenadas de los vértices de la traslación.

15. 3 unidades a la derecha

16. $(x, y) \rightarrow (x + 1, y - 3)$

17. $(x, y) \rightarrow (x - 1, y - 1)$

18. **Geografía** El mapa adjunto muestra los condados en el sur de Iowa. Describe cualquier traslación que observes.

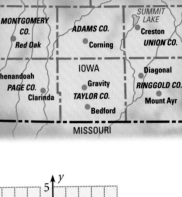

Resolución de problemas y razonamiento

19. **Comunicación** Una transformación del $\triangle ABC$ mueve $A(2, -3)$ a $D(0, -2)$, $B(1, 4)$ a $E(-1, 5)$ y $C(-2, 1)$ a $F(-4, 2)$. ¿Es el $\triangle DEF$ una traslación del $\triangle ABC$? De ser así, ¿cuál es la regla para la traslación? De lo contrario, indica por qué.

20. **Razonamiento crítico** Cuando crean animaciones, los programadores de computadoras usan traslaciones para describir la manera como las imágenes se moverán por la pantalla. Imagina que la figura adjunta se mueve en dirección de la flecha. Escribe una regla para la traslación de esta figura.

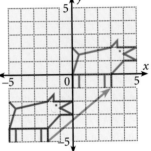

Repaso mixto

Halla la longitud de los lados que faltan en los siguientes pares de figuras similares. *[Lección 7-9]*

21.

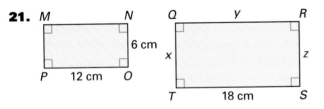

22.

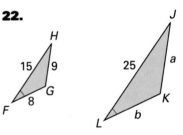

Resuelve cada ecuación y comprueba tus soluciones. *[Lección 10-11]*

23. $5a - 4 = 11$

24. $6v + 2 = 44$

25. $\frac{c}{10} + 11 = 13$

26. $3x - 75 = 75$

27. $\frac{m}{2} - 5 = -3$

28. $-4b + 2 = 10$

29. $2f - 5 = 14$

30. $7c - 11 = -4$

31. $\frac{c}{3} + 7 = 0$

32. $-2x - 5 = -13$

33. $8k + 6 = -10$

34. $700t + 2800 = 4200$

Reflexiones y simetría axial

▶ Enlace con la lección En la lección anterior transformaste figuras mediante la traslación. Ahora investigarás las transformaciones que se generan al reflejar figuras. ◀

Investigar Reflexiones

Espejito, espejito, ¿cuál es la gráfica más bonita?

Materiales: Papel cuadriculado, marcadores

1. Establece tus ejes *x* y *y* en el papel cuadriculado. Usa un marcador para hacer el bosquejo del personaje de una caricatura sencilla o un diseño irregular en el segundo cuadrante de tu sistema de coordenadas.

2. Dobla tu papel sobre el eje de las *y* de manera que la figura original se encuentre en el exterior. Voltea tu papel y traza tu figura en la otra mitad del papel.

3. Desdobla tu papel. Compara tu figura original con la del trazo. ¿Son figuras idénticas? De no ser así, ¿qué diferencias observas?

4. Elige un punto en tu figura original. ¿Qué tan lejos está el punto del eje de las *y*? ¿Y qué tan lejos está el punto coincidente de tu trazo del eje de las *y*?

Vas a aprender…

■ a identificar ejes de simetría.

■ a reflejar figuras en un plano de coordenadas.

…cómo se usa

Los jueces de las exhibiciones caninas buscan la simetría cuando eligen a los perros ganadores.

Vocabulario

simetría

simetría axial

eje de simetría

reflexión

Aprender Reflexiones y simetría axial

El balance, o **simetría** , se encuentra con frecuencia en la naturaleza y en el arte.

Cuando la mitad de un objeto es una imagen espejo de otra, el objeto tiene **simetría axial** y el "espejo" imaginario es el **eje de simetría** .

Puesto que los caleidoscopios usan varios espejos, el patrón que producen tiene muchos ejes de simetría.

Ejemplos

Determina si las siguientes figuras tienen simetría axial. De ser así, copia la figura y después dibuja e indica el número de ejes de simetría.

1 Pentágono regular

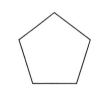

Un pentágono regular tiene 5 ejes de simetría.

2 Cuadrado

Un cuadrado tiene 4 ejes de simetría.

3 Triángulo escaleno

Un triángulo escaleno no tiene ejes de simetría.

Haz la prueba

Determina si las siguientes figuras tienen simetría axial. De ser así, copia la figura y después dibuja e indica el número de ejes de simetría.

a. Triángulo isósceles

b. Rectángulo

c. Hexágono regular

Cualquier figura, tenga o no simetría axial, se puede reflejar en un espejo. Las reflexiones en las imágenes del caleidoscopio se pueden producir por medio de objetos irregulares.

La transformación creada al reflejar una figura es una **reflexión**.

Cuando reflejas una figura a través de un eje, cada punto de la figura original está a la misma distancia del eje que su punto reflejado.

Puedes usar esta idea como ayuda para dibujar reflexiones en un plano de coordenadas.

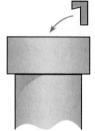

Ejemplo 4

Los vértices de $\triangle FGH$ son $F(-4, 1)$, $G(-2, 5)$ y $H(4, 3)$. Dibuja la reflexión de $\triangle FGH$ a través del eje de las x. Proporciona las coordenadas de los vértices de la reflexión.

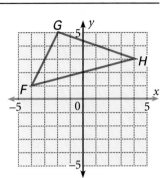

Dibuja la reflexión por medio de reflejar los vértices y después conecta los puntos.

Para reflejar un punto, halla la distancia al eje de reflexión. Muévete la misma distancia en el otro lado del eje y marca el punto de reflexión.

Por ejemplo, puesto que el punto F está una unidad *arriba del* eje de las x, su reflejo F' está una unidad *abajo* del eje.

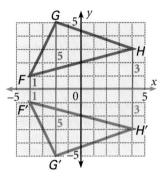

Las coordenadas de los vértices de la reflexión son $F'(-4, -1)$, $G'(-2, -5)$ y $H'(4, -3)$.

Haz la prueba

Los vértices de $\triangle ABC$ son $A(3, 2)$, $B(-3, 4)$ y $C(0, 5)$. Dibuja una reflexión de $\triangle ABC$ a través del eje de las x y da las coordenadas de sus vértices.

Las coordenadas de los puntos en el ejemplo 4 demuestran un patrón importante. Cuando un punto se refleja a través del eje de las x:

- Su abscisa se mantiene igual.
- Su ordenada se multiplica por -1.

Hay una regla similar para las reflexiones por el eje de las y. Cuando un punto se refleja a través del eje de las y:

- Su abscisa se multiplica por -1.
- Su ordenada se mantiene igual.

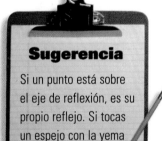

Sugerencia

Si un punto está sobre el eje de reflexión, es su propio reflejo. Si tocas un espejo con la yema del dedo, ¿dónde está la reflexión de tu dedo?

Comprobar Tu comprensión

1. ¿Cómo se relacionan los conceptos de simetría axial y reflexión? ¿Cuáles son algunas diferencias entre ellas?

2. Explica cómo trazar la reflexión de un polígono a través de un eje.

3. Si una figura se refleja a través de un eje, ¿la reflexión tiene simetría axial? Explica tu respuesta.

Práctica y aplicación

1. | Para empezar | Sigue estos pasos para dibujar la reflexión de $\triangle DEF$ a través del eje de las y.

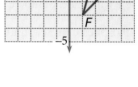

a. Puesto que la reflexión es a través del eje de las y, halla las coordenadas del punto D' al multiplicar la abscisa de D por -1 y mantén la ordenada sin cambio. Grafica el punto D'.

b. Repite el inciso **a** para graficar los puntos E' y F'.

c. Dibuja el triángulo reflejado $\triangle D'E'F'$ mediante la conexión de sus vértices.

Geometría Determina si las siguientes figuras tienen simetría axial. De ser así, copia la figura y después dibuja e indica el número de ejes de simetría.

2. Triángulo equilátero

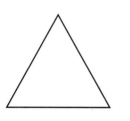

3. Rombo

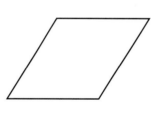

4. Octágono regular

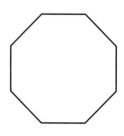

Determina si cada patrón u objeto tiene simetría axial. De ser así, haz una copia simplificada de la figura y después dibuja e indica el número de ejes de simetría.

5. Patrón de caleidoscopio

6. **Ciencias** Diatomea (planta microscópica)

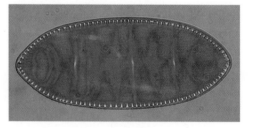

7. | Para la prueba | Si reflejas el punto $(3, -5)$ sobre el eje de las y, ¿cuáles son las coordenadas de la reflexión?

Ⓐ $(3, 5)$ Ⓑ $(-3, -5)$ Ⓒ $(3, -5)$ Ⓓ $(-3, 5)$

8. Dibuja la reflexión del △*JKL* a través del eje de las *x* y proporciona las coordenadas de los vértices de la reflexión.

9. Dibuja la reflexión de △*JKL* a través del eje de las *y* y proporciona las coordenadas de los vértices de la reflexión.

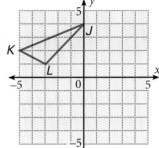

Dibuja cada figura y su reflexión en un plano de coordenadas.

10. △*RST* con $R(1, 3)$, $S(5, 4)$ y $T(4, 1)$, reflejados a través del eje de las *y*.

11. *VWXY* con $V(1, 2)$, $W(2, 4)$, $X(5, 5)$ y $Y(6, 1)$, reflejados a través del eje de las *x*.

12. Geografía Menciona cuántos ejes de simetría hay en las siguientes banderas.

a. **b.** **c.** **d.**

Resolución de problemas y razonamiento

13. Comunicación Traza polígonos regulares con diferentes números de lados y observa cuántos ejes de simetría tiene cada uno. ¿Qué aprecias? Explica los patrones que observas.

Resolución de problemas
TEN EN CUENTA

Busca un patrón.

14. Razonamiento crítico Dibuja un cuadrilátero con sólo dos ejes de simetría. ¿Qué tipo de cuadrilátero dibujaste? ¿Es éste el único o hay otros con dos ejes?

15. *En tu diario* Explica por qué al reflejar un punto a través del eje de las *x* multiplicas su ordenada por -1 pero su abscisa no cambia.

Repaso mixto

Imagina que dos figuras son similares. Para cada factor de escala de la figura más pequeña a la más grande, halla el perímetro y el área desconocidos. *[Lección 7-10]*

16. Factor de escala = 4, perímetro de la figura más pequeña = 15 cm, área de la más pequeña = 9 cm². Halla el perímetro y el área de la figura más grande.

17. Factor de escala = 3, perímetro de la figura más grande = 90 in., área de la más grande = 450 in². Halla el perímetro y el área de la figura más pequeña.

Resuelve las siguientes ecuaciones y comprueba tus resultados. *[Lección 10-9]*

18. $-6 + x = 26$ **19.** $m + 42 = -3$ **20.** $t - 12 = 144$ **21.** $y + 100 = 100$

22. $-72 + a = 100$ **23.** $d + (-4) = 38$ **24.** $22 - r = 38$ **25.** $17 - z = -35$

11-12 Rotaciones y simetría rotacional

▶ Enlace con la lección En las lecciones anteriores investigaste traslaciones y reflexiones. Ahora verás una transformación que gira una figura. ◀

Vas a aprender...

■ a identificar figuras con simetría rotacional.

■ a determinar qué tan lejos se ha rotado una figura.

■ a rotar figuras en un plano de coordenadas.

...cómo se usa

Los carpinteros utilizan tornos giratorios para crear diseños simétricos.

Vocabulario

rotación

simetría rotacional

simetría central

Investigar   La simetría de giros

Una gran voltereta

Materiales: Papel cuadriculado, alfileres, regla, tijeras, cartón

1. Establece los ejes *x* y *y* en una hoja cuadriculada. Luego corta un cuadrado de 4 por 4 y un rectángulo de 2 por 4 de otra hoja.

2. Coloca el cartón detrás de tu plano de coordenadas. Usa el alfiler para unir el centro de tu cuadrado al origen de la gráfica. Rotula el vértice superior derecho como *A* en el papel cuadriculado *y* en el cuadrado. Haz trazos alrededor del cuadrado.

3. Gira el cuadrado en el sentido de las manecillas del reloj hasta que coincida con su posición inicial. Observa en dónde está *A*. Continúa girando el cuadrado. ¿Cuántos traslapes perfectos hay antes de que el cuadrado regrese a su posición inicial?

4. Repite los pasos 2 y 3 con el rectángulo.

5. Traza y corta el hexágono regular mostrado en la figura adjunta y luego repite los pasos 2 y 3 con esta figura.

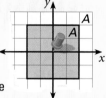

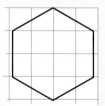

Aprender   Rotaciones y simetría rotacional

Una **rotación** es una transformación que gira una figura sobre un eje en torno de un punto. Una vuelta completa es una rotación de 360°. Por tanto, $\frac{1}{4}$ de giro es una rotación de 90°, $\frac{1}{2}$ giro es una rotación de 180° y $\frac{3}{4}$ de giro es una rotación de 270°.

Posición original

Rotación de 90° en el sentido de las manecillas del reloj

Rotación de 180° en el sentido de las manecillas del reloj

Rotación de 270° en el sentido de las manecillas del reloj

Rotación de 360°

Posición original

Una figura tiene **simetría rotacional** si una rotación de menos de 360° hace que la figura se posicione sobre sí misma. Si una figura tiene 180° (medio giro) de simetría rotacional, tiene simetría **central**.

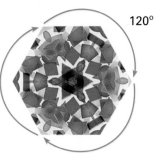
120°

▶ **Enlace con Ciencias**

Distintas disposiciones de los espejos de un caleidoscopio producen diferentes tipos de imágenes. Los caleidoscopios de tres espejos producen patrones con simetría rotacional de 120° y 240°.

Ejemplos

1 Determina si este paralelogramo tiene simetría rotacional. De ser así, menciona todos los giros parciales en el sentido de las manecillas del reloj que hacen que la figura se posicione sobre sí misma.

Imagina una figura que rota alrededor de su centro. La figura original se muestra en azul.

$\frac{1}{4}$ de giro $\frac{1}{2}$ giro se **traslapa** $\frac{3}{4}$ de giro

El paralelogramo tiene medio giro de simetría rotacional (simetría central).

2 Proporciona el giro parcial más pequeño a la que esta figura se ha rotado en el sentido de las manecillas del reloj. Después expresa tu respuesta en grados.

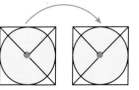

Imagina una figura que rota alrededor de su centro.

$\frac{1}{4}$ de giro $\frac{1}{2}$ giro $\frac{3}{4}$ de giro

La figura se ha rotado $\frac{3}{4}$ de giro, es decir, 270°.

Haz la prueba

Determina si este trapecio tiene simetría rotacional. De ser así, menciona todos los giros parciales en el sentido de las manecillas del reloj para que la figura se posicione sobre sí misma.

¿LO SABÍAS?

Cuando alguien dice que un objeto tiene "simetría", por lo general significa que tiene simetría *axial*.

Puedes usar coordenadas como ayuda para describir las rotaciones.

Ejemplo 3

Proporciona las coordenadas de la rotación de $\triangle RST$ después de un giro en el sentido de las manecillas del reloj de 90° $\left(\frac{1}{4}\text{ de giro}\right)$, 180° $\left(\frac{1}{2}\text{ giro}\right)$, 270° $\left(\frac{3}{4}\text{ de giro}\right)$ y 360° (giro completo) alrededor del origen.

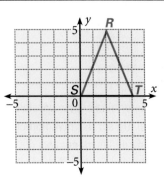

90°: Puesto que S es el centro de rotación, las "rotaciones" no lo afectan. Por tanto, S' está en $(0, 0)$. T' se encuentra en el eje de las *y*. Aún está a 4 unidades del origen, así que T' está en $(0, -4)$. R' está en $(5, -2)$.

180°: S'' está en $(0, 0)$. T'' se encuentra en el lado negativo del eje de las *x*, 4 unidades enfrente de S, en $(-4, 0)$. R'' está en $(-2, -5)$.

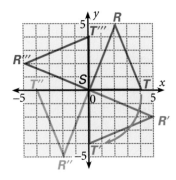

270°: S''' está en $(0, 0)$. T''' se encuentra en el lado positivo del eje de las *y*, así que sus coordenadas son $(0, 4)$. R''' está en $(-5, 2)$.

360°: El triángulo está de regreso en su posición original, con las coordenadas de los vértices $(0, 0)$, $(4, 0)$ y $(2, 5)$.

Observa que la *forma* de la figura no cambia mientras se rota.

Cuando rotas un objeto, el único punto que no se mueve es el centro de la rotación. Puedes usar este dato para identificar el centro de una rotación.

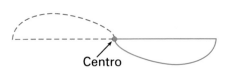

Centro

Comprobar | **Tu comprensión**

1. ¿Qué pasa cuando rotas una figura a 360°?

2. Identifica algunos objetos en tu salón de clase que tengan simetría rotacional.

3. Si una figura tiene simetría central, ¿tiene simetría rotacional? Y si tiene simetría rotacional, ¿tiene simetría central? Explica tu respuesta.

4. ¿Es posible que una figura tenga simetría axial pero no simetría rotacional? De ser así, traza dicha figura; de lo contrario, explica por qué no es posible.

Práctica y aplicación

1. **Para empezar** Sigue los pasos para determinar si la figura tiene simetría rotacional.

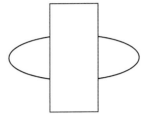

a. Copia la figura original.

b. Rota con lentitud tu copia. Mientras giras la figura, verifícala para ver si coincide con la original. En especial, asegúrate de verificar después de cada $\frac{1}{4}$ de giro.

c. Si la copia coincide con la original en cualquier momento antes de que hayas hecho un giro completo, tiene simetría rotacional.

Determina si cada figura tiene simetría rotacional. De ser así, menciona todos los giros parciales en el sentido de las manecillas del reloj que hace que la figura se posicione sobre sí misma.

2. Cuadrado

3. Paralelogramo

4. Triángulo isósceles

5. Patrón de caleidoscopio generado por computadora.

6. **Bellas Artes** *Azul, verde, amarillo, naranja, rojo* de Ellsworth Kelly.

7. Haz una lista de las imágenes de los ejercicios 2–6 que tienen simetría central.

8. En un plano de coordenadas, dibuja un rectángulo *WXYZ* con $W(0,0)$, $X(2,0)$, $Y(2,3)$ y $Z(0,3)$. Proporciona las coordenadas de las rotaciones de *WXYZ* después de los giros en el sentido de las manecillas del reloj alrededor del origen de:

a. $90°$ $\left(\frac{1}{4}$ de giro$\right)$ **b.** $180°$ $\left(\frac{1}{2}$ giro$\right)$ **c.** $270°$ $\left(\frac{3}{4}$ de giro$\right)$ **d.** $360°$ (giro completo)

9. **Para la prueba** ¿Cuántos grados de una rotación representa $\frac{3}{4}$?

Ⓐ $90°$ Ⓑ $180°$ Ⓒ $270°$ Ⓓ $360°$

Proporciona el giro parcial más pequeño al que cada figura se ha rotado en el sentido de las manecillas del reloj. Después expresa tu respuesta en grados.

10. Ciencias sociales Bandera suiza.   **11.**   **12. Ciencias** Molécula del agua (H_2O).

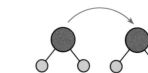

13. Proporciona las coordenadas de rotación de $\triangle DEF$ después de los giros en el sentido de las manecillas del reloj alrededor del origen de:

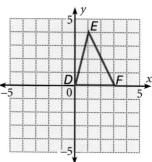

   a. $90°\left(\frac{1}{4}\text{ de giro}\right)$ **b.** $180°\left(\frac{1}{2}\text{ giro}\right)$ **c.** $270°\left(\frac{3}{4}\text{ de giro}\right)$

Resolución de problemas y razonamiento

14. Razonamiento crítico ¿Cómo puedes decir si una figura se ha rotado $180°$ o reflejado sobre un eje?

15. Comunicación Determina si alguno de estos polígonos regulares tiene simetría rotacional. De ser así, menciona todos los giros parciales en el sentido de las manecillas del reloj para que la figura se posicione sobre sí misma.

   a. Triángulo equilátero   **b.** Cuadrado   **c.** Pentágono regular   **d.** Hexágono regular

   e. ¿Qué patrones de simetría rotacional existen para los polígonos regulares?

Repaso mixto

Escribe una proporción y resuelve cada problema. Si es necesario, redondea tus respuestas al décimo más cercano. *[Lección 8-6]*

16. ¿Cuál es el 30% de 220?   **17.** ¿Qué porcentaje es 25 de 125?   **18.** ¿12 es el 5% de qué número?

Resuelve las siguientes ecuaciones y comprueba tus respuestas. *[Lección 10-10]*

19. $5x = 105$ **20.** $\frac{y}{12} = 3$ **21.** $4m = 52$ **22.** $\frac{g}{-3} = 5$

23. $7v = 56$ **24.** $\frac{h}{11} = 11$ **25.** $-12x = 12$ **26.** $15n = 30$

El proyecto en marcha

Decide cuál de tus envases prefieres. Después diseña una etiqueta para tu envase mediante el uso de transformaciones y simetría. Por último, copia el desarrollo para el envase que elegiste, decóralo con el diseño de la etiqueta y elabora el envase.

Resolución de problemas

Comprende
Planea
Resuelve
Revisa

En esta sección utilizaste reflexiones, rotaciones y traslaciones para transformar objetos. Ahora usarás las transformaciones para crear un teselado caleidoscópico.

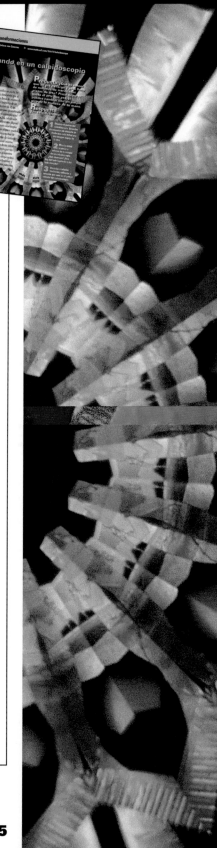

El mundo en un caleidoscopio

Un *teselado* es un patrón de formas congruentes que cubre una superficie plana sin espacios ni traslapes.

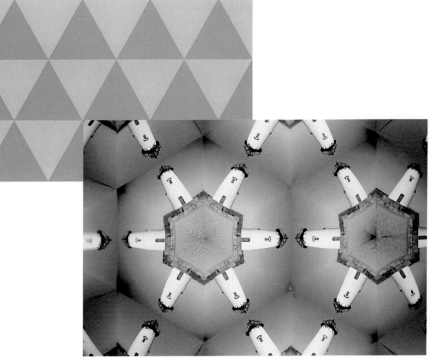

1. Observa el patrón del caleidoscopio que forma un teselado. Identifica la figura geométrica básica (la más grande) en el teselado caleidoscópico.

2. Examina el patrón sin una de las figuras básicas (*células*) que identificaste en el paso 1. Describe algunas de las simetrías (axial o rotacional) que observes.

3. Diseña una célula de un patrón sencillo de caleidoscopio que use al menos una transformación. Luego repite el patrón para hacer un teselado.

1. Copia el plano de coordenadas y dibuja la reflexión de $\triangle ABC$ a través del eje de las x. Proporciona las coordenadas de los vértices de la reflexión.

2. Proporciona las coordenadas de las rotaciones de $\triangle ABC$ después de las rotaciones en el sentido de las manecillas del reloj alrededor del origen de:

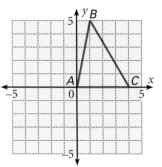

   a. $90°$ $\left(\frac{1}{4} \text{ de giro}\right)$ **b.** $180°$ $\left(\frac{1}{2} \text{ giro}\right)$

   c. $270°$ $\left(\frac{3}{4} \text{ de giro}\right)$ **d.** $360°$ (giro completo)

El punto D está en $(-4, -1)$. Usa cada regla de traslación para hallar las coordenadas de D'.

3. $(x, y) \rightarrow (x + 5, y + 3)$ **4.** $(x, y) \rightarrow (x - 3, y - 4)$

5. Explica cómo la imagen del caleidoscopio muestra las reflexiones y las rotaciones.

6. Áreas del lenguaje El alfabeto cirílico se usa en Rusia y en otros países de Europa del Este. Diez de sus treinta y dos letras se muestran a continuación.

Б Д Е Ж И К П Ф π Щ

   a. ¿Cuáles letras tienen un eje de simetría horizontal?

   b. ¿Cuáles letras tienen un eje de simetría vertical?

   c. ¿Cuáles letras tienen simetría rotacional?

Para la prueba

Cuando en una prueba de elección múltiple se te pide identificar una figura con simetría central, recuerda que esto significa un medio giro de simetría rotacional.

7. ¿Cuál de estas figuras tiene simetría central?

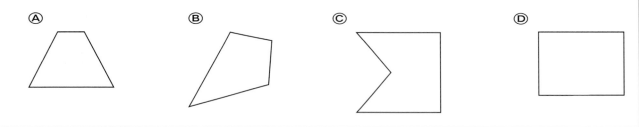

Ⓐ   Ⓑ   Ⓒ   Ⓓ

Polígonos inscritos y circunscritos

Cuando un polígono esta *inscrito* en un círculo, todos sus vértices yacen en él.

Cuando un polígono está *circunscrito* alrededor de un círculo, éste sólo toca todos sus lados.

El triángulo está **inscrito** en el círculo.

El cuadrado está **circunscrito** alrededor del círculo.

Puedes usar un compás y una escuadra para construir polígonos regulares inscritos.

Para inscribir un hexágono regular o un triángulo equilátero dentro de un círculo:

- Dibuja un círculo. Marca un punto *P* en el círculo.

- Sin modificar la colocación de tu compás, mueve su punta a *P*. Dibuja un arco que interseque otro punto en el círculo.

- Mueve la punta de tu compás al punto donde tu primer arco se intersecó con el círculo. Haz otro arco que interseque el círculo. Repite este paso hasta regresar al punto *P*.

- Para inscribir un hexágono, dibuja segmentos que conecten los puntos de intersección. Para inscribir un triángulo equilátero, conecta los puntos de intersección intercalados.

Para inscribir un cuadrado dentro de un círculo:

- Dibuja un círculo. Marca su centro y dibuja el diámetro del círculo.

- Construye la mediatriz del diámetro del círculo. (Si necesitas recordar cómo hacerlo, consulta la página 221.) Extiende la bisectriz hasta que forme un segundo diámetro del círculo.

- Dibuja un cuadrado cuyos vértices sean los extremos de los diámetros.

Haz la prueba

1. Usa un compás para dibujar un círculo. Inscribe un cuadrado dentro del círculo.

2. Usa un compás para dibujar un círculo. Inscribe un triángulo equilátero y un hexágono regular dentro del círculo.

Organizador gráfico

Sección 11A   Poliedros

Resumen

- Un **poliedro** es un objeto de tres dimensiones, o **sólido**, cuyas **caras** son polígonos. Un **prisma** es un poliedro cuyas **bases** son congruentes y paralelas. Una **pirámide** tiene una base poligonal y un vértice adicional sobre o debajo de la base.

- Una **perspectiva isométrica** muestra una perspectiva de la figura. Un **dibujo ortogonal** muestra los ángulos y longitudes con exactitud en una vista frontal, superior y lateral.

- El **área total** de un poliedro es la suma del área de sus caras. Para calcular dicha área, se puede usar un desarrollo.

- El **volumen** de un objeto de tres dimensiones es la cantidad de espacio que ocupa. El volumen de los prismas se obtiene mediante las fórmulas $V = Bh$ y $V = lwh$.

Repaso

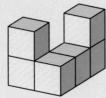

1. Encuentra el número de cubos de la figura de la derecha. Imagina que todos los cubos están visibles.

2. Traza una pirámide cuadrada. ¿Cuántas aristas, caras y vértices tiene?

3. Las bases del prisma son triángulos rectángulos.

   a. Traza un desarrollo para este prisma.

   b. Calcula su área total y el volumen.

15 in.

10 in.   17 in.

8 in.

Sección 11B Círculos y cilindros

Resumen

■ El **círculo** es un conjunto de puntos en un plano que están a la misma distancia (el **radio**) del centro. El **diámetro** es el doble del radio.

■ La **circunferencia** es la distancia que rodea a un círculo: $C = \pi d$ o $C = 2\pi r$. El área de un círculo se obtiene mediante $A = \pi r^2$. **Pi** (π) es la razón de la circunferencia de un círculo a su diámetro.

■ Un **cilindro** tiene dos bases circulares y un **cono** tiene una base circular.

Repaso

4. Los datos de la tabla adjunta muestran el tiempo que Hal permanece en cada trabajo. Haz una gráfica circular y rotula cada sector.

Mecanografía	Llenado	Teléfono	Juntas
35%	25%	30%	10%

5. Encuentra la circunferencia y el área de un círculo cuyo radio mide 21.98 m. Usa 3.14 como valor de π y redondea al décimo más cercano.

6. Calcula el área total y el volumen del cilindro mostrado en la figura. Utiliza 3.14 como valor de π.

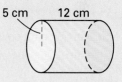
5 cm   12 cm

Sección 11C Transformaciones

Resumen

■ Una **traslación** desplaza todos los puntos de una figura.

■ Un **eje de simetría** divide la figura en dos mitades de imágenes espejo. La **reflexión** de una figura es su imagen espejo a través de un eje.

■ Una **rotación** gira una figura. Una figura tiene **simetría rotacional** si se puede rotar a una fracción de 360° y coincide exactamente con la figura original.

Repaso

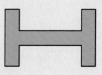

7. Copia la figura y dibuja todos sus ejes de simetría. Después indica si tiene simetría rotacional.

8. El punto A está en $(-4, -1)$. Usa la regla de traslación $(x, y) \rightarrow (x - 3, y + 2)$ para hallar las coordenadas de A'.

9. $ABCD$ tiene coordenadas $A(0, 0), B(4, 0), C(6, 3)$ y $D(2, 5)$.

a. Dibuja la figura en un plano de coordenadas.

b. Dibuja la reflexión de $ABCD$ a través del eje de las x. Proporciona las coordenadas de los vértices de la reflexión.

c. Proporciona las coordenadas de una rotación de $ABCD$ para una rotación de 90° en el sentido de las manecillas del reloj en torno del origen.

Capítulo 11 • Evaluación

1. Traza un prisma pentagonal. ¿Cuántas aristas, caras y vértices tiene?

2. Haz un bosquejo en perspectiva del objeto mostrado a la derecha.

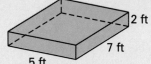

Frontal   Lateral   Superior

3. La semana pasada, Autos Importados vendió 3 autos amarillos, 7 azules, 5 blancos, 4 rojos y 6 verdes. Haz una gráfica circular para mostrar estos datos.

4. En la figura de la derecha se muestra un prisma rectangular.

    a. Traza un desarrollo para el prisma.

    b. Halla el área total y el volumen del prisma.

5. Un círculo tiene un diámetro de 8 cm. Encuentra su radio, área y circunferencia. Usa 3.14 como valor de π y redondea al décimo más cercano.

6. Marc corrió en un circuito alrededor de un gran césped circular con un área de 15,000 m². ¿Qué distancia corrió Marc?

7. Un bloque cilíndrico de un niño tiene 4 pulgadas de largo y un diámetro de 2 pulgadas. Calcula su área total y su volumen. Usa 3.14 como valor de π y redondea al décimo más cercano.

Usa la figura de la derecha para resolver los ejercicios 8–10.

8. Dibuja la reflexión de *ABCD* a través del eje de las *x*. Proporciona las coordenadas de los vértices de la reflexión.

9. Proporciona las coordenadas de una rotación de *ABCD* para una rotación de 180° en el sentido de las manecillas del reloj en torno del origen.

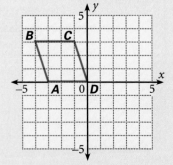

10. Traza la imagen formada al trasladar *ABCD* por medio de la regla de traslación $(x, y) \rightarrow (x + 4, y - 5)$.

11. De los dígitos **1, 2, 3, 6** y **8:**

    a. ¿Cuáles no tienen ejes de simetría?   **b.** ¿Cuáles tienen sólo un eje de simetría?

    c. ¿Cuáles tiene dos ejes de simetría?   **d.** ¿Cuáles tienen simetría rotacional?

Tarea para evaluar el progreso

Las rampas para sillas de ruedas por lo regular son prismas triangulares. Diseña una rampa de este tipo con una longitud horizontal de 40 pies. El ángulo entre el suelo y la rampa debe medir 4°. Usa un desarrollo para hacer un modelo a escala de tu rampa y calcula el área total así como el volumen.

Evaluación del progreso

Escoge un problema.

BLOQUES AL POR MAYOR

Diseña un conjunto de cuatro bloques de construcción con las figuras que aprendiste en este capítulo. Dibuja las vistas superior, frontal y lateral de cada bloque. Elabora un desarrollo para cada figura y después construye tu conjunto de bloques. Luego haz un cálculo aproximado o exacto del volumen y del área total de cada bloque.

Círculos, círculos y más círculos

Usa un compás para dibujar círculos que tengan el mismo centro y los siguientes radios: $\frac{1}{2}$ in., 1 in., $1\frac{1}{2}$ in., 2 in., $2\frac{1}{2}$ in., 3 in., $3\frac{1}{2}$ in. y 4 in. ¿Cómo se compara la circunferencia de cada círculo con la que está dentro de él? Ahora imagina que se usa una cinta adhesiva de $\frac{1}{2}$ in. para hacer un círculo con un radio de 1 milla. En realidad hay *dos* círculos, uno corresponde al borde interno de la cinta y otro al borde externo. ¿Cómo se comparan las circunferencias de estos dos círculos?

Todo por un tiro de dados

Cada número de un cubo tiene $\frac{1}{6}$ de probabilidad de salir en cada tirada. Algunas veces los diseñadores de juegos quieren usar un sólido donde *no* todas las probabilidades sean de $\frac{1}{6}$.

Existen cinco poliedros especiales llamados *sólidos de Platón*. Todas las caras de estos poliedros son polígonos regulares. Investiga los nombres y las formas de los cinco sólidos de Platón. Construye un modelo de cada uno y numera sus caras. ¿Cuál sólido lanzarías si quisieras que cada número apareciera $\frac{1}{4}$, $\frac{1}{6}$, $\frac{1}{8}$, $\frac{1}{12}$ y $\frac{1}{20}$ de las veces?

Multiplicación del dinero

Para este experimento, necesitarás dos espejos rectangulares pequeños, una moneda y un transportador.

Coloca la moneda sobre una mesa. Coloca los dos espejos juntos de manera que puedas ver la reflexión de la moneda. ¿Cuántas monedas ves?

Experimenta con el ángulo entre los espejos. Usa un transportador para medir los ángulos que dan diferente número de reflexiones. Haz una tabla que muestre la relación entre el ángulo y el número de monedas que ves.

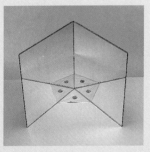

¿Hay alguna manera de "hacer" una cantidad infinita de dinero con tus espejos? Explica cómo.

Conteo y probabilidad

Enlace con Ciencias
www.mathsurf.com/7/ch12/science

Ciencias sociales

Antes de la Guerra Civil, el "Tren clandestino" ayudó a miles de esclavos a trasladarse a los estados libres y a Canadá. Harriet Tubman fue la "conductora" de tren más famosa. Para cada una de las más de 300 personas que ella transportó, la probabilidad de alcanzar la libertad era del 100%.

Ciencias

De acuerdo con la NASA, la probabilidad de que la tierra se colisione con un asteroide o cometa de 1 km de diámetro en el siguiente siglo es 1 de 1000.

Arte y Literatura

De acuerdo con *What the Odds Are*, de Les Krantz, una vez que se somete un libro a un editor, las posibilidades de que se publique oscilan entre 1:50 y 1:100.

Un cuento de dos ciudades

de Chuck Dickens

RECHAZADO

Capítulo 1

Eran los mejores tiempos, cargados de torpeza, era la época de la sabiduría, era la edad de los asuntos realmente estúpidos,

Alrededor del mundo

La probabilidad de que una persona elegida al azar viva en la India es alrededor de 16%.

Entretenimiento

De acuerdo con *Numbers*, de Andrea Sutcliffe, las posibilidades de que vayas a la cárcel durante un juego de Monopoly® son de 1 a 1.74.

IDEAS CLAVE DE MATEMÁTICAS

Puedes encontrar el número de los diferentes resultados para una serie de sucesos mediante un diagrama de árbol o al multiplicar el número de posibilidades para cada elemento.

Una permutación es una forma posible de poner un grupo de objetos en orden. Una combinación es una disposición de objetos donde no importa el orden.

Las posibilidades de un suceso son la razón del número de veces que puede ocurrir contra el número de veces que no puede ocurrir. La probabilidad (teórica) de un suceso es la razón del número de maneras como podría ocurrir contra el número total de resultados posibles.

Dos sucesos son independientes cuando el resultado de uno no cambia las probabilidades del resultado del segundo; si no, los sucesos son dependientes.

PROYECTO DEL CAPÍTULO

Resolución de problemas

Comprende
Planea
Resuelve
Revisa

En este proyecto, vas a diseñar un experimento para simular el desempeño típico de tu jugador favorito, como el porcentaje de un tiro libre de un jugador de baloncesto o el promedio de bateo de un jugador de béisbol o de softbol. Para empezar el proyecto, elige una estrella deportiva cuyas destrezas simularás.

623

Comprobar que la respuesta/ solución tenga sentido

Incluso si usas una calculadora como herramienta para resolver un problema, revisa las operaciones para comprobar que tu respuesta sea razonable. También puedes utilizar el cálculo aproximado y el sentido común como ayuda.

Enfoque en la resolución de problemas

Cada uno de los siguientes problemas tiene una respuesta, pero ésta no es exactamente correcta. Indica si cada respuesta es "muy aproximada", "demasiado baja" o "demasiado alta" y explica por qué.

1 Una encuesta realizada a televidentes en 1996 mostró que 15,440,000 de ellos veían programas de misterio y suspenso. Cerca del 4% de esta audiencia estaba compuesta por adolescentes entre los 12 y 17 años. ¿Cuántos adolescentes observaban los programas de misterio y suspenso?
Respuesta: 61,760,000

2 La encuesta encontró que 2,720,000 televidentes más veían comedias de enredo que programas de suspenso y misterio. Cerca del 30% de la audiencia de las comedias eran hombres mayores de 18 años. ¿Cuántos hombres mayores de 18 años veían las comedias?
Respuesta: 5,400,000

3 Una encuesta de 1995 encontró que las chicas adolescentes pasaban menos tiempo ante la TV que cualquier otro grupo: un promedio de 160 minutos al día. Si los muchachos adolescentes veían TV el 129% de ese tiempo, ¿cuántos minutos al día veían TV?
Respuesta: 320 minutos

4 Las mujeres mayores de 55 años pasaban la mayor parte del tiempo ante la televisión, con un promedio diario del 199% del tiempo de exposición de las chicas adolescentes. ¿Cuántos minutos al día estaban ante la TV las mujeres mayores de 55 años?
Respuesta: 320 minutos

Algún día aparecerán mis huellas

"Es un error capital teorizar antes de tener toda la evidencia [dijo Sherlock Holmes]. Desvía el juicio."

—Arthur Conan Doyle
La mancha escarlata

Desde que Arthur Conan Doyle introdujo a Sherlock Holmes al mundo, la gente ha disfrutado la lectura de historias de detectives. Es divertido tratar de resolver el misterio junto con (¡o más rápido que!) una súper sabueso como Miss Marple de Agatha Christie.

En la vida real, una huella es una de las pistas más importantes para los detectives. Cada persona tiene huellas digitales únicas, de ahí que una asociación entre el sospechoso y las huellas digitales en la escena del crimen sea una evidencia poderosa.

Los expertos en huellas digitales usan un sistema de clasificación basado en 3 patrones básicos. Aunado al sistema computarizado de identificación de huellas digitales, este sistema de clasificación ayuda a comparar una huella con millones de huellas archivadas. Las matemáticas de ordenación y conteo que vas a investigar son una parte importante de este sistema.

1 Observa una de tus huellas digitales con detenimiento y describe cualquier patrón que veas en ella.

2 Compara las huellas digitales de tus dedos meñiques. ¿Observas algún detalle?

3 ¿Por qué crees que los expertos en huellas necesitan desarrollar un sistema para clasificar huellas digitales?

625

Métodos de conteo

Vas a aprender…

■ a usar diagramas de árbol y el Principio de conteo para hallar todos los resultados de un grupo de elecciones.

…cómo se usa

Los biólogos utilizan diagramas de árbol para analizar lo que puede suceder en diferentes generaciones de animales.

Vocabulario

diagrama de árbol

resultado

Principio de conteo

▶ **Enlace con la lección**   Como ya sabes hacer listas organizadas, ahora investigarás acerca de la ayuda que te pueden brindar para contar con eficacia. ◀

Investigar | Características de clasificación

Tras la huella de un ladrón

Tú eres un detective que entrevista a los testigos en la escena de un robo. Tu objetivo es conseguir una descripción exacta del sospechoso.

1. Haz una lista de todas las características que puedas imaginar, acerca de las cuales harías preguntas a los testigos.

2. Para cada característica, ¿cuáles son las respuestas posibles? (Por ejemplo, entre las respuestas posibles para determinar el color del cabello se incluyen rubio, castaño, pelirrojo y negro.)

3. ¿Cuántas de tus características esperarías que recuerde un testigo? Explica tu respuesta.

4. Proporciona algunas posibilidades diferentes para la descripción de tu sospechoso.

Aprender | Métodos de conteo

Imagina que un testigo ve a un ladrón huir después de un robo y puede describir el color y el largo del cabello. Puedes hacer una lista organizada para contar el número de descripciones posibles.

Color del cabello	Largo del cabello		Color del cabello	Largo del cabello	
Negro	Corto		Castaño	Corto	
Negro	Mediano		Castaño	Mediano	
Negro	Largo		Castaño	Largo	
Rubio	Corto		Pelirrojo	Corto	
Rubio	Mediano		Pelirrojo	Mediano	
Rubio	Largo		Pelirrojo	Largo	

Puedes ver que, si hay 4 colores y 3 medidas de largo del cabello, existen 12 combinaciones diferentes de largo y color del cabello.

Existen otras maneras organizadas de contar la información de esta tabla. Una de ellas consiste en usar un **diagrama de árbol**. La estructura del árbol muestra todas las posibilidades, o **resultados**, de una situación determinada.

Ejemplo 1

Usa un diagrama de árbol para mostrar todos los resultados posibles para 4 colores de cabello (negro, rubio, castaño y pelirrojo) y 3 medidas de largo del cabello (corto, mediano y largo).

Desde el punto de inicio, dibuja una "rama" para cada uno de los 4 colores.

Para cada color, dibuja 3 "vástagos" para cada medida de largo posible.

Al contar los retoños, se observa que hay 12 resultados diferentes para el largo y color del cabello.

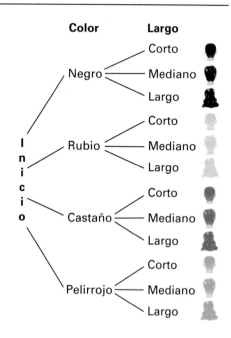

¿LO SABÍAS?

Sólo cerca del 8% de la gente en Estados Unidos es pelirroja.

Haz la prueba

La juguería El Néctar de Héctor vende dos tipos de jugo, naranja y manzana. Puedes ordenar un vaso pequeño, mediano o grande de cualquier tipo. Usa un diagrama de árbol para mostrar cuántas órdenes diferentes de jugo son posibles.

En el ejemplo 1, el diagrama de árbol tiene 4 ramas y cada una tiene 3 vástagos. Advierte que el número de combinaciones posibles, 12, es igual a 4 • 3.

4 ramas por 3 vástagos es igual a 12 combinaciones.

$4 \times 3 = 12$

Esta idea se resume en el **Principio de conteo**.

PRINCIPIO DE CONTEO

Para encontrar el número de resultados diferentes para hacer elecciones en una progresión, multiplica el número de posibilidades de cada elemento.

Ejemplos

2 Una escuela tiene 3 maestros de matemáticas, 4 maestros de inglés y 2 maestros de español. Mediante el Principio de conteo, encuentra cuántos grupos diferentes de maestros podría tener un estudiante para estas 3 materias.

Multiplica el número de elecciones para cada tipo de maestro.

$3 \cdot 4 \cdot 2 = 24$

Hay 24 grupos posibles de maestros.

3 Un detective inventa un disfraz. Puede elegir entre 2 pelucas (pelirroja o rubia), 2 narices falsas (bulbosa o puntiaguda) y 2 pares de gafas (verdes o de espejo). ¿Cuántos disfraces diferentes puede crear y cuáles son?

Mediante el Principio de conteo, hay $2 \cdot 2 \cdot 2 = 8$ disfraces. Sin embargo, se necesita organizar la información en una lista, como un diagrama de árbol, para describir los disfraces.

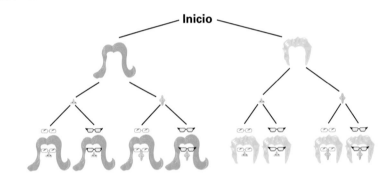

Al contar los tipos de pelucas, se confirma que hay 8 disfraces posibles. Las claves de las pelucas muestran los diferentes disfraces.

Haz la prueba

Una entrenadora de softbol tiene 5 lanzadores, 2 receptores y 2 paradores en corto en su equipo. Mediante el Principio de conteo, calcula cuántos equipos diferentes de jugadores puede usar para estas posiciones.

Comprobar | Tu comprensión

1. En el diagrama de árbol del ejemplo 1, ¿tendrías un número diferente de resultados si las ramas fueran largos de cabello y los vástagos fueran colores? Explica tu respuesta.

2. Describe una situación donde el Principio de conteo sea más útil que el diagrama de árbol y otra donde el diagrama de árbol sea más útil.

Práctica y aplicación

1. **Para empezar** Sigue los pasos para encontrar cuántos helados diferentes puedes hacer al elegir un sabor de helado, una compota y un coronado de la lista.

a. Multiplica el número de sabores de helados por el número de sabores de compotas.

b. Multiplica tu respuesta al inciso **a** por el número de coronados. El producto es el número de los diferentes helados que puedes hacer.

c. ¿Cuál es el nombre del principio que usaste para resolver este problema?

Sabores de helados	Sabores de compota	Coronados
Vainilla	Chocolate	Nueces
Chocolate	Cajeta	Crema batida
Melocotón	Caramelo	Chispas
Fresa		

Comprensión de operaciones Usa el Principio de conteo para hallar el número de resultados en cada situación.

2. Pericos: 2 tipos, 5 colores. ¿Cuántas elecciones?

3. Ropa: 3 camisas, 4 pares de pantalones, 2 pares de zapatos. ¿Cuántas combinaciones?

4. Bicicletas: 5 colores, 3 tamaños, 3 estilos. ¿Cuántas elecciones?

5. Comida: 2 bebidas, 4 sándwiches diferentes, 3 tipos de fruta. ¿Cuántas elecciones?

6. **Lógica** Presentas una prueba de verdadero o falso que tiene 3 preguntas y hay 2 elecciones (V y F) para cada una.

a. Haz un diagrama de árbol para mostrar los resultados posibles de respuestas para esta prueba. ¿Cuántos resultados hay? ¿Cuáles son los resultados?

b. Imagina que las respuestas correctas son FFV. ¿Cuántos resultados del inciso **a** dan 3 respuestas correctas? ¿Cuántos dan 2 respuestas correctas? ¿Y cuántos dan 1 respuesta correcta?

7. **Ciencias sociales** En 1996, durante una campaña en San Jose, California, había 8 candidatos para la Presidencia, 5 para la Cámara de Representantes de Estados Unidos y 3 para el Senado del Estado. ¿De cuántas maneras posibles podía un votante seleccionar un candidato para cada puesto?

8. La cadena de restaurantes El Parador ofrece a sus clientes un menú del cual pueden elegir un tipo de sopa y un sándwich. El lunes, las sopas son de fideo con pollo y de tomate, y los sándwiches son de res asada, pavo y vegetales. ¿Cuántas comidas diferentes se pueden seleccionar y cuáles son?

9. Los dibujantes de la policía hacen *retratos hablados* de los sospechosos. El sistema FaceKit permite a los detectives crear retratos hablados por medio de una computadora. Entre otras características, el FaceKit tiene 96 formas de cabezas, 248 narices, 176 bocas y 224 barbillas. ¿Cuántas combinaciones de estas características se pueden hacer con el FaceKit?

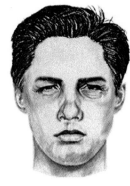

10. **Para la prueba** Hay 4 caminos de la ciudad A a la ciudad B, 2 de B a C y sólo 1 de C a D. ¿Cuántas rutas diferentes hay de A a B a C a D?

Ⓐ 7   Ⓑ 8   Ⓒ 9   Ⓓ 10

Imagen creada por FaceKit
Pacer Infotec, Inc.

Resolución de problemas y razonamiento

11. Razonamiento crítico Ms. Potatohead® viene con: un sombrero de paja, un visor amarillo, una cachucha roja de béisbol, un sombrero floreado; ojos con gafas, ojos sin gafas; labios abiertos con dientes, labios cerrados, labios abiertos sacando la lengua; zapatos de color verde, morado y rosa; y dos tipos de nariz. ¿Cuántas versiones diferentes de Ms. Potatohead puedes crear si usas una elección de cada característica?

12. Razonamiento crítico Imagina que tienes x elecciones para tu primer período de clases, y elecciones para tu segundo período y z elecciones para tu tercer período.

a. ¿Cuántas maneras posibles hay para seleccionar estas clases?

b. Proporciona valores posibles para x, y y z si hay 42 maneras de seleccionar las clases.

13. **En tu diario** Escribe una historia interactiva donde el lector pueda tomar 2 decisiones. (Por ejemplo, en un punto puedes preguntar: "¿Debería entrar Ana a la cueva del dragón? Si tu respuesta es sí, pasa al siguiente párrafo. Si es no, ve al párrafo 5".) Debe haber por lo menos 6 versiones de la historia.

Repaso mixto

Traza los siguientes poliedros. *[Lección 11-1]*

14. Pirámide cuadrada   **15.** Prisma triangular   **16.** Prisma hexagonal

Haz un trazo en perspectiva de cada objeto. *[Lección 11-2]*

17.

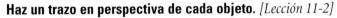

Frontal   Lateral

Superior

18.

Frontal   Lateral   Superior

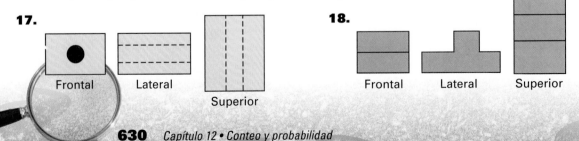

Ordenaciones

▶ **Enlace con la lección**   Luego de calcular el número de resultados para una serie de sucesos, investigarás las situaciones donde el orden de los sucesos es importante. ◀

Vas a aprender...

■ a contar el número de maneras como se pueden acomodar los elementos.

■ a usar productos factoriales para contar ordenaciones.

...cómo se usa

Utilizas las permutaciones cuando ordenas una selección de fotografías en un marco.

Investigar | Ordenaciones

¡Esto no es la comedia musical *Chorus Line*!

Materiales: Tarjetas o tiras de papel

El jefe de la policía hace planes para una *alineación* policíaca, donde los testigos de un crimen tratan de reconocer al criminal entre un grupo de personas. ¿De cuántas maneras puede alinear a 3 personas de izquierda a derecha?

1. Escribe en las tarjetas las letras de las 3 personas en la alineación y ordénalas en todas las formas posibles. (Necesitarás varias tarjetas para cada persona.) Anota tus resultados y cuenta las ordenaciones.

Persona X   Persona Y   Persona Z

2. Toma las tarjetas y ordénalas en un diagrama de árbol para mostrar todas las posibilidades. Al terminar, vuelve a anotar tus resultados y cuenta las ordenaciones.

3. Una vez que colocaste a la primera persona en la alineación, ¿cuántas elecciones tuviste para la segunda? Luego de que colocaste a las dos primeras personas, ¿cuántas elecciones tuviste para la tercera?

4. ¿En qué difiere esta situación de las combinaciones que has investigado hasta esta lección?

Vocabulario

permutación

Aprender | Ordenaciones

Cuando ordenas un grupo de libros en un estante, cada libro que colocas elimina una posibilidad para el siguiente. Cuando la posición de los elementos en una ordenación es importante, cada posición posible se llama   **permutación** .

El hecho de que tengas una elección menos en cada etapa de la decisión es de gran importancia al momento de calcular el número de las permutaciones.

Ejemplo 1

▶ Enlace con Lenguaje

La palabra *permutación* viene del latín *permutare* que significa "cambiar por completo".

Hoy, Azucena, Bert y Chao-Yee entregarán sus informes en la clase de matemáticas. ¿En cuántas órdenes pueden dar estos estudiantes sus informes?

Hay 3 posibilidades para el primer informe.

Una vez que el primer estudiante entrega su informe, hay 2 elecciones (ilustradas con las ramas) para el segundo.

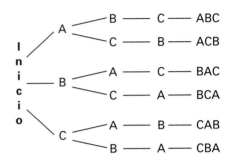

Primer informe	Segundo informe	Tercer informe	Órdenes
A	B	C	ABC
A	C	B	ACB
B	A	C	BAC
B	C	A	BCA
C	A	B	CAB
C	B	A	CBA

Por último, sólo queda 1 persona para el tercer informe, como se muestra al tener 1 solo vástago por cada rama.

Hay 6 órdenes posibles para los informes de los estudiantes.

Observa que hay 3 "troncos" con 2 "ramas" cada uno, las cuales a su vez tienen 1 "vástago"; de ello resulta $3 \cdot 2 \cdot 1 = 6$ permutaciones.

El Principio de conteo puede ayudar a determinar el número de permutaciones posibles en una situación determinada.

Ejemplo 2

La familia de Darryl consta de 4 miembros. ¿De cuántas maneras se pueden acomodar para un retrato de familia?

Existen 4 elecciones posibles para la persona de la izquierda, 3 para la que ocupa el segundo lugar, 2 para el tercero y la persona que sobra tiene que estar de pie a la derecha.

Según el Principio de conteo, hay $4 \cdot 3 \cdot 2 \cdot 1 = 24$ formas como la familia de Darryl se puede acomodar para el retrato.

Haz la prueba

La tienda de artículos fotográficos La Cámara del Futuro, la Joyería Gema, la ferretería La Herramienta Mágica, el Yogur Iglú y el Tiradero de Autos Joe, fueron robados en Napoleonville la anoche anterior. ¿En qué órdenes diferentes pudieron ocurrir los robos?

¿Observaste algún patrón en las multiplicaciones de los ejemplos 1 y 2? Los factores decrecieron en 1 cada vez, puesto que cada paso redujo el número de elecciones en 1.

Otra manera de escribir 4 · 3 · 2 · 1 es 4!. Esto se lee "factorial de cuatro" (no "cuatro!"). El signo de exclamación es el signo de un factorial.

Los productos factoriales, y las porciones de los productos factoriales, son importantes al momento de calcular el número de permutaciones.

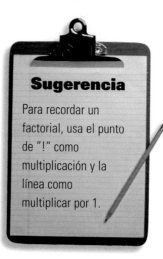

Ejemplos

Proporciona cada producto factorial.

3 5!

$5! = 5 \cdot 4 \cdot 3 \cdot 2 \cdot 1 = 120$

4 8!

$8! = 8 \cdot 7 \cdot 6 \cdot 5 \cdot 4 \cdot 3 \cdot 2 \cdot 1$
$= 40,320$

5 Bicilandia emplea un número de 3 dígitos para cada una de las placas de sus bicicletas. Los ceros no se usan y ningún dígito se repite en una licencia. El Comandante Pedales quiere saber cuántas licencias diferentes puede emitir.

Hay **9** posibilidades (1–9) para el primer dígito.
Imagina que eliges un 7 para el primer dígito.

Sólo quedan **8** posibilidades para el segundo dígito: 1, 2, 3, 4, 5, 6, 8 y 9.

Bicilandia
7_ _

Si eliges un 4 para el segundo dígito, sólo restan **7** posibilidades para el tercero: 1, 2, 3, 5, 6, 8 y 9.

Bicilandia
74_

Una vez que eliges el tercer dígito, la licencia está completa.

Por tanto, hay **9 · 8 · 7** = 504 números diferentes de licencias.

Bicilandia
742

Haz la prueba

Proporciona cada producto factorial.

a. 4!

b. 10!

c. El Comandante Pedales (del ejemplo 5) determina que 504 números de licencias no son suficientes para Bicilandia. Si usara números de 4 dígitos, ¿cuántos números de licencias habría?

PISTA

Muchas calculadoras tienen la tecla de factorial. Por lo general es una función [2ND] o [INV]. Para hallar el 6!, introduce 6, oprime [2ND], y después oprime la tecla de factorial.

Comprobar Tu comprensión

1. Escribe los valores del 2! al 6! y verás con qué rapidez crece el tamaño de un producto factorial. ¿Por qué crees que estos productos crecen tan rápido?

2. Explica por qué, cuando ordenas un grupo de elementos, el número de posibilidades decrece en 1 en cada paso del proceso de ordenación.

Práctica y aplicación

1. Para empezar Un sábado, tienes en mente ir de compras, comer, llamar a un amigo y ver una película. Sigue los pasos para determinar cuántas ordenaciones diferentes hay para estas actividades.

a. Determina cuántas elecciones hay para la primera actividad.

b. Después de que realizas la primera actividad, ¿cuántas elecciones te quedan para la segunda?

c. ¿Cuántas elecciones te quedan para la tercera actividad?

d. ¿Cuántas elecciones te quedan para la cuarta actividad?

e. Multiplica tus respuestas para los incisos **a, b, c** y **d** a fin de hallar el número de ordenaciones diferentes para estas actividades.

Comprensión de operaciones Proporciona cada producto factorial.

2. 3!　　**3.** 7!　　**4.** 11!　　**5.** 9!

6. Para resolver problemas Un detective decide barrer la escena del crimen al buscar huellas, hacer moldes de huellas del pie y recoger muestras de cabello y de fibras. ¿En cuántas ordenaciones puede realizar estas actividades?

7. Deportes En los Juegos Olímpicos de 1996, las ganadoras de las medallas de oro, plata y bronce en el maratón femenino fueron Yuko Arimori de Japón, Fatuma Roba de Etiopía y Valentina Yegorova de Rusia, pero no en ese orden. Lista las ordenaciones posibles de llegada a la meta de estas atletas.

8. Ciencias Muchos grupos de animales tienen ordenaciones establecidas por *la ley del más fuerte*. Usa la notación factorial para proporcionar el número de ordenaciones posibles establecidas por esta ley para:

a. Una bandada de 15 pollos　　**b.** Una manada de 22 lobos

9. Haz una lista de la ordenación posible para las letras A, B, C y D (sin repetir las letras). ¿Alguna de estas ordenaciones forma palabras?

10. Consumo Polly debe hacer un código secreto de 4 dígitos para su tarjeta ATM. Si ella puede escoger cualquiera de los dígitos del 1 al 6, pero no tiene permitido repetir dígitos, ¿cuántas posibilidades tiene para su código?

11. Para la prueba ¿Cuántas licencias de 4 dígitos se pueden hacer con dígitos del 0 al 9 sin repetir dígitos?

Ⓐ 10　　Ⓑ 3,024　　Ⓒ 5,040　　Ⓓ 362,880

PRACTICAR 12-2

12. Se les ha pedido a Kadim y María que diseñen una bandera para la escuela. Decidieron hacer una bandera con tres franjas horizontales, similar a la bandera de Sierra Leona mostrada a la derecha. Pueden elegir entre franjas verdes, blancas, rojas y amarillas. ¿Cuántas posibilidades hay para el diseño si las tres franjas deben tener colores diferentes? (Advierte que una bandera verde, blanca y roja es diferente de una bandera roja, blanca y verde.)

Resolución de problemas y razonamiento

13. Comunicación Completa la siguiente tabla para la ecuación $y = x!$ y luego grafica tus resultados. ¿Qué observas acerca del crecimiento de los productos factoriales?

x	2	3	4	5	6	7	8	9	10
$y = x!$									

14. Escoge una estrategia Hay 4 niños y 4 niñas en una clase de baile de figuras.

a. ¿Cuántas ordenaciones posibles hay para los 4 niños?

b. ¿Cuántas ordenaciones posibles hay para las 4 niñas?

c. ¿Cuántas parejas de 1 niño y 1 niña se pueden formar?

d. ¿Cuántas ordenaciones posibles hay para 4 parejas de niños y niñas en la clase? Explica cómo encontraste la respuesta.

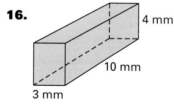

Resolución de problemas

ESTRATEGIAS

- Busca un patrón
- Organiza la información en una lista
- Haz una tabla
- Prueba y comprueba
- Empieza por el final
- Usa el razonamiento lógico
- Haz un diagrama
- Simplifica el problema

Repaso mixto

Traza un desarrollo para cada poliedro. Después calcula su área total.
[Lección 11-3]

15.
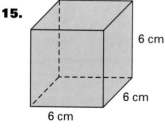
6 cm
6 cm
6 cm

16.
4 mm
10 mm
3 mm

17. Pirámide cuadrada
5 in.
4 in.
4 in.

Halla el volumen de los siguientes prismas. *[Lección 11-4]*

18.
5 in.
3 in.
4 in.

19.
7 m
6 m
8 m

20.
7 cm
10 cm
12 cm
14 cm

Elección de un grupo

Vas a aprender…

■ cómo calcular el número de maneras para elegir algunos elementos de un grupo mayor cuando el orden no es importante.

…cómo se usa

Los entrenadores utilizan combinaciones cuando seleccionan una alineación de inicio.

Vocabulario

combinación

▶ **Enlace con la lección** En la lección anterior aprendiste a calcular el número de permutaciones cuando el orden de un conjunto de elementos es importante. Ahora investigarás los métodos para contar las maneras de elegir elementos sin importar el orden. ◀

Investigar | **Elección de un grupo**

Tras un par de delincuentes

Materiales: Tarjetas o tiras de papel

Testigos oculares dicen que 2 ladrones robaron la receta de la salsa secreta de La Casa de la Hamburguesa. Los detectives han reducido la lista de sospechosos a Injustina, Rob A. Chicos, Esteban Dido y Soyla Drona. Ayuda a los detectives a descubrir cuántos pares posibles de estos sospechosos hay.

1. Escribe los nombres o las iniciales de los sospechosos en las tarjetas.

2. Encuentra todos los pares posibles que se pueden formar con estos sospechosos.

3. Cuando consideres que has encontrado todos los pares posibles, comprueba tu respuesta mediante una lista o un dibujo.

4. ¿Cuántos pares de ladrones puedes formar de la lista de 4 sospechosos? Explica cómo sabes que has encontrado todas las posibilidades.

Injustina   Rob A. Chicos

Esteban Dido   Soyla Drona

Aprender | **Elección de un grupo**

Cuando resolviste problemas sobre permutaciones, tuviste que cuidar el orden en que se presentaban los elementos.

 ≠

Ahora vas a contar las maneras de seleccionar unos cuantos elementos de un grupo más grande. Pero en estos problemas, el orden *no* importa.

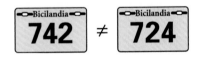

Una selección de elementos donde el orden no importa es una **combinación**.

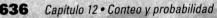

Ejemplos

1 En la escena de un crimen, un detective recopiló 3 muestras de fibra de ropa rotuladas como A, B y C. El laboratorio de criminología tiene tiempo para analizar 2 de las muestras antes de que el caso se turne al juzgado. ¿Cuántos tipos de muestras se pueden analizar? ¿Cuáles son los pares?

Puedes usar un diagrama de árbol para contestar esta pregunta.

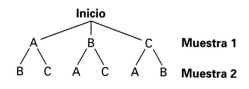

Hay 6 pares listados en la base del diagrama de árbol. Sin embargo, los pares tachados con rojo son duplicados de los que están en negro.

Hay 3 pares de muestras que se pueden analizar: AB, AC y BC.

2 Hay 4 candidatos, Winnie, Xavier, Yolanda y Zeke que compiten por 3 posiciones en el consejo estudiantil. ¿Cuántas maneras hay de elegir a 3 de los 4?

Puedes hacer una lista organizada de las posibilidades para contestar esta pregunta.

Primero halla todas las elecciones que incluyen a Winnie. Asegúrate de listar todas las posibilidades para los otros 2 candidatos.

WXY   WXZ   WYZ

Después halla todas las elecciones que no incluyan a Winnie. Puesto que sólo hay otros 3 candidatos, existe una sola posibilidad.

XYZ

Hay 4 formas diferentes de elegir 3 candidatos.

Haz la prueba

a. Imagina que puedes escoger 2 de 3 opciones: Dibujo, Taller de metales o Periodismo. ¿Cuántas opciones tienes?

b. En el ejemplo 2, imagina que hay un quinto candidato para elegir: Víctor. ¿Cuántas combinaciones hay para 3 de los 5 candidatos?

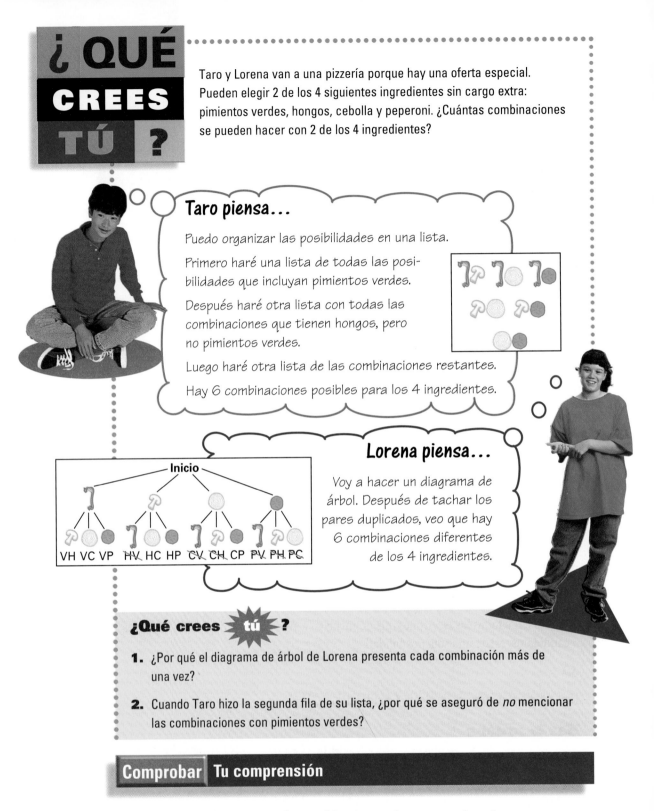

¿QUÉ CREES TÚ?

Taro y Lorena van a una pizzería porque hay una oferta especial. Pueden elegir 2 de los 4 siguientes ingredientes sin cargo extra: pimientos verdes, hongos, cebolla y peperoni. ¿Cuántas combinaciones se pueden hacer con 2 de los 4 ingredientes?

Taro piensa...

Puedo organizar las posibilidades en una lista.

Primero haré una lista de todas las posibilidades que incluyan pimientos verdes.

Después haré otra lista con todas las combinaciones que tienen hongos, pero no pimientos verdes.

Luego haré otra lista de las combinaciones restantes.

Hay 6 combinaciones posibles para los 4 ingredientes.

Lorena piensa...

Voy a hacer un diagrama de árbol. Después de tachar los pares duplicados, veo que hay 6 combinaciones diferentes de los 4 ingredientes.

Inicio

VH VC VP   HV HC HP   CV CH CP   PV PH PC

¿Qué crees tú?

1. ¿Por qué el diagrama de árbol de Lorena presenta cada combinación más de una vez?

2. Cuando Taro hizo la segunda fila de su lista, ¿por qué se aseguró de *no* mencionar las combinaciones con pimientos verdes?

Comprobar | Tu comprensión

1. ¿Cuál es la diferencia entre las combinaciones y las permutaciones?

2. ¿En qué medida escribir una lista organizada te ayuda a encontrar todas las posibles combinaciones de una situación determinada? ¿Qué debes recordar hacer?

Práctica y aplicación

1. **Para empezar** Alex, Bess y Chandra compiten por dos puestos en el consejo estudiantil. Sigue los pasos para hallar todas las combinaciones posibles para estos dos candidatos.

  a. Haz una lista de todos los pares de candidatos que incluyen a Alex. Recuerda que el orden no importa.

  b. Haz otra lista de todos los pares de candidatos que *no* incluyen a Alex. De nuevo, recuerda que el orden no importa.

  c. Los resultados de los incisos **a** y **b** proporcionan una lista completa de las combinaciones posibles. ¿Cuántas combinaciones hay?

Determina si el orden es o no importante en cada situación. Escribe *Sí* o *No*.

2. Elección de 4 CD de una lista de 100 en una oferta de un club de discos.

3. Elección de dígitos para una clave de alarma.　　**4.** Acomodar estudiantes en un salón de clase.

Estás en una pizzería que ofrece 4 ingredientes: anchoas, aceitunas, piña y salchicha. ¿Cuántas combinaciones de estos artículos puedes hacer si escoges:

5. Dos ingredientes?　　**6.** Tres ingredientes?　　**7.** Cuatro ingredientes?

8. Los agentes secretos 001, 002, 003, 004 y 005 están disponibles para hacerse cargo de un caso. Su jefe, el Agente 000, decide enviar sólo a dos de ellos. ¿Cuántos pares de estos agentes hay?

9. **Para resolver problemas** Un florista usa 6 tipos diferentes de flores para hacer ramilletes: ásters, begonias, claveles, margaritas, rosas y alheñas. ¿De cuántas maneras se pueden seleccionar 3 de estos tipos de flores?

10. Cinco tiendas de la ciudad fueron asaltadas en los últimos días: el Acuario Alicia, la Panadería Boris, la Dulcería Carlos, Muñecas Dorinda y Electrónicos Ellis. El detective Wilson sabe que la misma persona cometió 3 de los asaltos. ¿Cuántas combinaciones de 3 de estas tiendas hay?

> **Resolución de problemas**
> **TEN EN CUENTA**
>
> Usa letras para representar cada tienda. Luego organiza las posibilidades en una lista; empieza con todas las que incluyan la letra A (Acuario Alicia).

11. **Para la prueba** ¿De cuántas maneras puede un estudiante escoger 2 libros de una lista de lectura de 5 libros?

  Ⓐ 5　　　Ⓑ 10　　　Ⓒ 20　　　Ⓓ 50

Resolución de problemas y razonamiento

12. Razonamiento crítico Hay otra manera de contestar la pregunta del escenario ¿Qué crees tú? de la página 638. Puedes hallar todas las maneras de escoger 2 de los 4 ingredientes al dibujar todos los segmentos que puedan conectarlos. Con este método, muestra cómo puedes usar un pentágono para resolver el ejercicio 11.

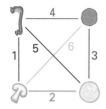

13. Comunicación El señor Marble ganó un viaje con todos los gastos pagados por ser el "Detective distinguido del año". Él puede elegir visitar 3 de los siguientes países: Argentina, Brasil, Chile, Ecuador, Perú y Uruguay.

   a. ¿Cuántos viajes puede realizar el señor Marble si no se considera el orden de los países?

   b. ¿Cuántos viajes puede realizar si se considera el orden de los países?

   c. ¿Qué número es mayor, el que hallaste en el inciso **a** o en el inciso **b**? Explica por qué esto tiene sentido.

14. Razonamiento crítico Imagina que puedes elegir 1, 2, 3 ó 4 de las siguientes frutas para una malteada: banano, arándano, piña y fresa. ¿Cuántas malteadas diferentes son posibles?

Repaso mixto

15. En 1994, cerca del 41% de los autos fabricados en Estados Unidos fueron de General Motors, 25% de Ford, 8% de Chrysler y 26% de otras compañías. Dibuja una gráfica circular que muestre estos datos. *[Lección 11-5]*

Halla la circunferencia de cada círculo según su radio o diámetro. Usa π ≈ 3.14 y redondea las respuestas al décimo más cercano. *[Lección 11-6]*

16.   **17.**   **18.**   **19.**

2 cm   8 in.   15 ft   5.5 mm

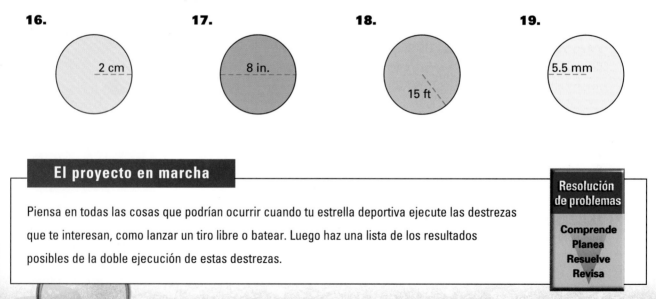

El proyecto en marcha

Piensa en todas las cosas que podrían ocurrir cuando tu estrella deportiva ejecute las destrezas que te interesan, como lanzar un tiro libre o batear. Luego haz una lista de los resultados posibles de la doble ejecución de estas destrezas.

Resolución de problemas

Comprende
Planea
Resuelve
Revisa

En esta sección aprendiste a usar diagramas de árbol, listas organizadas y el Principio de conteo como ayuda para contar las posibilidades en diferentes situaciones. Ahora aplicarás parte de este conocimiento para analizar tus propias huellas digitales.

Algún día aparecerán mis huellas

Materiales: Cinta adhesiva, tarjetas, lupa, calculadora

Hay 3 tipos básicos de patrones de huellas digitales: *espirales, rizos* y *arcos*.

1. Tú puedes tener un patrón diferente de huella digital (espiral, rizo o arco) en cada dedo. ¿Cuántas combinaciones de estos patrones puedes tener en tu mano derecha? (*Pista*: ¿El orden hace la diferencia?)

Espiral

2. Imagina que tienes patrones diferentes de huella digital en el dedo anular y el meñique de tu mano izquierda. ¿Cuántos pares de patrones posibles hay para esos dos dedos?

3. Toma un lápiz #2 y frótalo de manera que cubras alrededor de 1 pulgada cuadrada de papel con el grafito. Frota el dedo índice de la mano con la que no escribes sobre el grafito. Luego toma un pedazo de cinta adhesiva y enróllala alrededor de tu huella digital. Quita la cinta con cuidado y colócala sobre una tarjeta.

Rizo

4. Compara tu huella con los patrones. ¿Cómo puedes caracterizar tu huella digital?

arco

Comprensión de operaciones Usa el Principio de conteo para hallar el número de resultados en cada situación.

1. Bebidas: 3 sabores, 4 tamaños. ¿Cuántas elecciones hay?

2. Entretenimiento: 6 películas, 2 formas de llegar ahí, 12 filas. ¿Cuántas elecciones hay?

3. Para resolver problemas Un ladrón se cortó su mano al robar un auto y las pruebas van a revelar si su sangre es de tipo A, B, AB u O. Asimismo, al analizar las raspaduras de la intromisión, los detectives podrán determinar si es diestro o zurdo. Haz un diagrama de árbol para mostrar todas las posibilidades del tipo de sangre y del uso de la mano. ¿Cuántas posibilidades hay?

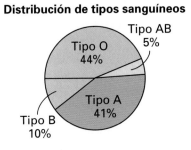

Distribución de tipos sanguíneos

Tipo AB 5%
Tipo O 44%
Tipo A 41%
Tipo B 10%

Comprensión de operaciones Proporciona los siguientes productos factoriales.

4. 4!   **5.** 8!   **6.** 10!   **7.** 6!

8. Ciencias El código genético del cuerpo humano se llama ADN. Los "peldaños" en la escalera en espiral de un filamento de ADN están formados por 2 de las 4 *bases*: adenina, citosina, guanina y timina.

a. ¿De cuántas maneras puedes seleccionar 2 de estas 4 bases?

b. La adenina y la timina siempre se presentan en pares. ¿Cuántos pares de bases en realidad son posibles y cuáles son?

Modelo por computadora de un filamento de ADN

9. ¿Cuántas placas de tres números es posible hacer con los dígitos del 0 al 9 si:

a. Los dígitos se pueden repetir? **b.** Los dígitos no se pueden repetir?

10. **En tu diario** Explica por qué los productos factoriales y los productos factoriales parciales son importantes para calcular números de permutaciones.

Para la prueba

Cuando resuelvas un problema de conteo en una prueba de elección múltiple, asegúrate de revisar si el orden es determinante.

11. ¿Cuántas combinaciones de 3 letras se pueden hacer con las letras A, B, C y D?

Ⓐ 4   Ⓑ 12   Ⓒ 16   Ⓓ 24

¡NO te juegues el todo por el todo!

¿Cuál es tu juego de mesa favorito? ¿Prefieres un juego de destreza pura, como el ajedrez o Go? ¿O acaso te inclinas por uno como Monopoly®, donde toda tu destreza y astucia se pueden destruir con un tiro desafortunado de los dados? Durante cientos de años, la gente se ha entretenido con juegos donde la suerte es el factor principal. Se han encontrado dados con puntos en las tumbas egipcias y otros que datan de hace 2500 años en excavaciones realizadas en China. En la antigua India, en lugar de dados, la gente arrojaba seis conchas de cauri.

Ya sea que juegues Chutes and ladders®, Scrabble® o una versión moderna de un antiguo juego como el Pachisi (de la India) o la Cacería de hienas (de África del Norte), ganar o perder depende, en parte, de una posibilidad. Conforme investigues la posibilidad y la probabilidad, comprenderás mejor las matemáticas de los juegos.

1 En Monopoly®, se lanzan dados para saber cuánto se debe avanzar. ¿Crees que Monopoly® depende de la suerte?

2 ¿Qué número(s) podrías usar para describir la posibilidad de que una moneda lanzada al aire caiga en cara? ¿Cómo determinaste el (los) número(s)?

3 Una concha de cauri tiene un lado plano y otro redondo. ¿Cómo piensas que se usaban seis conchas de cauri en un juego?

643

▶ **Enlace con la lección** En la sección anterior, aprendiste los métodos para contar todas las maneras como algo puede suceder. Ahora verás que el hecho de conocer todos los resultados posibles te puede ayudar a encontrar las posibilidades de un suceso. ◀

Vas a aprender...

■ a encontrar las posibilidades de que ocurra un suceso.

...cómo se usa

Los criadores de aves necesitan conocer las posibilidades de que ciertas características aparezcan en sus polluelos.

Vocabulario

experimento

suceso

posibilidades

juegos justos

Investigar | **Equidad**

Dades de multiplicación

Materiales: Dados

Tú y un compañero están a punto de empezar un juego de azar llamado "Dados de multiplicación". Las reglas del juego son las siguientes.

- Determina cuál jugador será "impar" y cuál "par".

- Lancen los dados por turnos. Por cada tiro, encuentra el producto de los números resultantes. Si el producto es impar, el jugador impar gana un punto; si es par, el jugador par gana un punto.

- Repite este paso hasta que cada jugador haya lanzado 10 veces. Al terminar, gana el jugador con más puntos.

1. Juega "Dados de multiplicación" varias veces. Cambia de jugador "impar" a "par" en cada juego.

2. Si pudieras escoger ser el jugador "par" o el "impar", ¿cuál elegirías? ¿Por qué?

3. ¿Consideras que el jugador "impar" debe ganar este juego? Explica tu respuesta.

4. ¿"Dados de multiplicar" es un juego justo? Explica por qué.

Aprender | **Posibilidad y equidad**

Cuando escuchas la palabra *experimento*, quizá pienses en un laboratorio científico. Sin embargo, en probabilidad, un **experimento** puede ser cualquier cosa que implique una posibilidad (como lanzar una moneda o tirar un dado).

El efecto de un experimento es un *resultado*. Así, al lanzar una moneda, los resultados posibles son cara o cruz.

Ejemplos

Menciona los resultados posibles para cada experimento.

1 Lanzar un dado.

Los resultados posibles son los números 1, 2, 3, 4, 5 y 6.

2 Sacar una canica de una bolsa con canicas rojas, blancas y azules.

Los resultados posibles son sacar una canica roja, sacar una canica blanca y sacar una canica azul.

Un **suceso** es cualquier resultado (o conjunto de resultados) de interés. Las **posibilidades** se pueden usar para describir la eventualidad de que ocurra un suceso.

POSIBILIDADES DE UN SUCESO

Las posibilidades de un suceso son: El número de maneras como puede ocurrir un suceso : el número de maneras como puede no ocurrir.

Ejemplos

Proporciona las posibilidades para cada suceso.

3 Que salga un 2 al lanzar un dado.

Sólo hay una forma de que el suceso ocurra: obtener un 2. Los **cinco** tiros restantes (1, 3, 4, 5 y 6) son maneras de que *no* suceda.

Las posibilidades de que salga un 2 al lanzar un dado son 1:5.

4 Sacar una canica azul de una bolsa con 2 canicas azules, 5 rojas y 4 blancas.

Hay dos formas de que el suceso ocurra: las 2 canicas azules. Las 9 canicas restantes son maneras de que no suceda.

Las posibilidades de sacar una canica azul son de 2:9.

Haz la prueba

Proporciona las posibilidades de cada suceso.

a. Obtener cara al lanzar una moneda.

b. Sacar un 2 o un 5 al tirar un dado.

> **▶ Enlace con Historia**
>
> Estados Unidos ha tenido 44 vicepresidentes antes de Al Gore. Hasta ahora, las posibilidades de que un vicepresidente con el tiempo llegue a ser presidente son de 14:30.

En algunos juegos, ambos jugadores empiezan con igualdad de fuerzas. En otros, como "Vacas y leopardos" de Asia del Sur, un jugador inicia con una desventaja.

Un juego donde todos los jugadores tiene las mismas posibilidades de ganar es un **juego justo** .

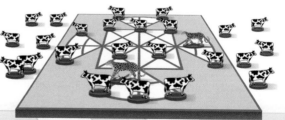

Ejemplos

Para cada juego descrito, proporciona las posibilidades de ganar de cada jugador. Después indica si el juego es justo.

5 Alice, Bess, Cedric y Deepak toman turnos para girar la ruleta de la figura adjunta. Cada jugador gana un punto si la letra en la que se detiene la aguja coincide con la inicial de su nombre.

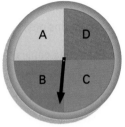

En cualquier giro, cada jugador tiene 1:3 posibilidades de obtener un punto. Por tanto, el juego es justo.

6 Clarissa, Melissa y Narissa se entretienen con un juego de dados. Clarissa obtiene un punto cada vez que sale un 1, Melissa gana un punto cada vez que sale cualquier número par y Narissa obtiene un punto por un 3 o un 5.

La siguiente tabla muestra las posibilidades de cada jugador. Este es un juego injusto.

Jugador	Tiro ganado	Tiro no ganado	Posibilidades
Clarissa	1	2, 3, 4, 5, 6	1:5
Melissa	2, 4, 6	1, 3, 5	3:3
Narissa	3, 5	1, 2, 4, 6	2:4

Haz la prueba

Para cada juego descrito, proporciona las posibilidades de ganar de cada jugador. Después indica si el juego es justo.

a. Alex y Bronwyn lanzan un dado. Alex obtiene un punto si cae en número impar y Bronwyn gana un punto si cae en número par.

b. Dos jugadores giran la ruleta mostrada. El jugador A gana un punto si la aguja se detiene en una parte sombreada; el jugador B gana un punto si se detiene en una parte sin sombrear.

c. Evan tira un dado. Obtiene un punto si el número que cae es par, en tanto Primo gana un punto si el dado cae en número primo y Trace obtiene un punto si el número se puede dividir entre 3.

Comprobar Tu comprensión

1. Si los dos números dados en una razón de posibilidades son iguales, ¿cómo describirías las posibilidades de un suceso?

2. ¿Un suceso es más probable que ocurra si sus posibilidades son 9:2 ó 2:9? ¿Por qué?

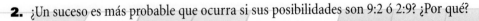

Práctica y aplicación

1. [**Para empezar**] Sigue los pasos para encontrar las posibilidades de obtener un 5 o un 6 al tirar un dado.

    a. Determina en cuántas formas puede ocurrir el suceso que buscas.

    b. Determina en cuántas formas el suceso *no* puede ocurrir.

    c. Escribe la razón del número en el inciso **a** con relación al número en el inciso **b**. Esta razón representa las posibilidades de que salga un 5 o un 6 al tirar los dados.

Menciona los resultados posibles para cada experimento.

2. Lanzar una moneda.

3. Girar la ruleta que se muestra a la derecha.

4. Colocar una moneda en una máquina de venta automática y apretar un botón.

Proporciona las posibilidades de los siguientes sucesos.

5. Obtener cruz al lanzar una moneda.

6. Obtener un número mayor que o igual a 2 al tirar un dado.

7. Sacar una canica verde de una bolsa con 2 canicas verdes y 3 rojas.

8. Sacar una vocal de una bolsa que contiene 3 mosaicos rotulados con las letras A, B y C.

9. Ciencias sociales En la elección presidencial de 1992, alrededor de 104 millones de los 170 millones de personas en edad de votar en Estados Unidos acudieron a las urnas. ¿Cuáles fueron las posibilidades de que una persona en edad de votar acudiera a las urnas en 1992?

El juego de Rummikub® contiene 13 mosaicos rojos, 13 azules, 13 negros, 13 anaranjados y 2 comodines. Los mosaicos rojos, azules, negros y anaranjados están numerados del 1 al 13. Si eliges un mosaico de Rummikub, ¿cuáles son las posibilidades de que sea:

10. Azul?

11. Un comodín?

12. Número 4?

13. Azul o anaranjado?

14. No sea comodín?

15. Un múltiplo de 3?

Lógica Para cada juego descrito, proporciona las posibilidades de ganar de cada jugador. Después indica si el juego es justo.

16. Lanzar una moneda. El jugador A obtiene un punto si cae en cara y el jugador B si cae en cruz.

17. Lanzar un dado. El jugador A obtiene un punto si cae en 1; el jugador B gana un punto por 2, 3, 4 ó 5 y el jugador C obtiene un punto por el 6.

18. **Para la prueba** ¿Cuáles son las posibilidades de obtener un 3 o un 4 en un dado?

Ⓐ 1:3   Ⓑ 2:4   Ⓒ 3:4   Ⓓ 4:2

Resolución de problemas y razonamiento

19. **En tu diario** "Corderos y tigres" es un juego que se practica en la India. Un jugador tiene 3 piezas llamadas tigres y el otro tiene 15 corderos. Los tigres eliminan a los corderos al saltar sobre ellos y los corderos eliminan a los tigres al entramparlos. ¿Se trata de un juego justo? ¿Por qué?

20. **Comunicación** Escoge una página de un libro o periódico y observa las primeras 50 letras que aparecen en la página.

  a. ¿Cuántas de estas letras son vocales? ¿Cuántas son consonantes?

  b. Con base en tus resultados, ¿cuáles son las posibilidades de que una letra elegida al azar sea una vocal? ¿Y una consonante?

  c. ¿Crees que tus resultados serían similares para cualquier idioma? Explica tu respuesta.

21. **Razonamiento crítico** Esta ruleta se usa en un juego donde un equipo es amarillo y el otro es verde. Si la aguja se detiene en amarillo, el equipo amarillo gana 6 puntos; si se detiene en verde, el equipo verde gana 2 puntos. El primer equipo que alcance los 6000 puntos gana. ¿Este juego es justo? Fundamenta tu respuesta.

Repaso mixto

Encuentra el área de cada círculo según su radio o diámetro. Usa π ≈ 3.14 y redondea las respuestas al décimo más cercano. *[Lección 11-7]*

22. 11 mm

23. 15 in.

24. 5.2 cm

25. 1 m

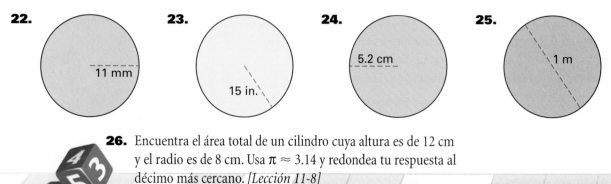

26. Encuentra el área total de un cilindro cuya altura es de 12 cm y el radio es de 8 cm. Usa π ≈ 3.14 y redondea tu respuesta al décimo más cercano. *[Lección 11-8]*

Probabilidad

> ► **Enlace con la lección**   En la lección anterior usaste la posibilidad de ocurrencia de un suceso y ahora utilizarás la *probabilidad* de un suceso. ◄

Investigar | Medición de las posibilidades

¿Una historia probable?

1. Traza una "recta de probabilidad" como la mostrada a continuación.

Imposible ●————————————|————————————● Seguro

2. Usa tu intuición para hacer un cálculo aproximado de la posibilidad de cada uno de los siguientes sucesos. Coloca cada suceso en la recta de probabilidad.

   a. Obtener cara al lanzar una moneda.

   b. Obtener un 3 en un tiro de dados.

   c. Obtener ya sea cara o cruz al lanzar una moneda.

   d. Sacar una canica roja de una bolsa llena de canicas verdes y blancas.

   e. Que mañana sea un día soleado.

   f. Obtener un número impar en un tiro de dados.

   g. Que veas un tren esta semana.

   h. Que viajes a la luna algún día de tu vida.

3. Explica cómo colocaste estos sucesos en la recta. ¿Colocaste alguno en el punto medio? De ser así, ¿cuál(es) y por qué?

Vas a aprender…

■ a encontrar la probabilidad de un suceso.

…cómo se usa

Los geólogos utilizan las probabilidades para describir la posibilidad de que ocurra un temblor en una falla en un determinado número de años.

Vocabulario

probabilidad

Aprender | Probabilidad

Durante un juego que involucra el azar, piensas en los diferentes sucesos probables que pueden ocurrir. ¿Debes arriesgarte a tirar el dado una vez más si un total de 12 te podría llevar a la cárcel? ¿Cuáles son las posibilidades de que la ruleta se detenga en "Pierde un turno"?

Puedes usar la probabilidad para asignar números a estas posibilidades.

La **probabilidad** de un suceso compara el número de maneras como puede ocurrir con el número de resultados posibles. Expresado como una fracción, sería:

$$\text{Probabilidad (suceso)} = \frac{\text{número de maneras como puede ocurrir el suceso}}{\text{número de resultados posibles}}$$

Una probabilidad también se puede expresar como un porcentaje, un decimal o una razón.

Ejemplos

Proporciona la probabilidad de cada suceso como una fracción, un porcentaje y un decimal.

1 Obtener un número par al lanzar un dado.

Este suceso puede ocurrir de tres maneras: obtener 2, 4 ó 6. Hay seis resultados (los números del 1 al 6).

P(número par) es $\frac{3}{6} = \frac{1}{2} = 50\% = 0.5$.

2 Caer en "Pierde un turno" al girar la ruleta.

Uno de los cuatro sectores de igual tamaño representa "Pierde un turno".

P("Pierde un turno") es $\frac{1}{4} = 25\% = 0.25$.

3 *No* caer en "Pierde un turno" al girar la ruleta.

Tres de los cuatro sectores *no* representan "Pierde un turno".

La probabilidad de no caer en "Pierde un turno" al girar la ruleta es de $\frac{3}{4} = 75\% = 0.75$.

Haz la prueba

Proporciona la probabilidad de cada suceso como una fracción, un porcentaje y un decimal.

a. Caer en "Bancarrota" al girar la ruleta.

b. Obtener un número primo al lanzar un dado.

c. Sacar un caramelo de goma rosa de una bolsa con 3 color rosa, 1 amarillo, 2 morados y 4 verdes.

En los ejemplos 2 y 3, advierte que la suma de las probabilidades de que un suceso *ocurra* y de que *no* ocurra es igual a 1 (100%). La posibilidad de que un suceso ocurra y no ocurra siempre es verdadero.

Puedes usar las posibilidades de un suceso para hallar su probabilidad y viceversa.

No te olvides

Para convertir una fracción a un decimal, divide el numerador entre el denominador.

[Página 154]

Resolución de problemas
TEN EN CUENTA

Si un suceso tiene una probabilidad del 50%, tiene las mismas oportunidades de ocurrir que de no ocurrir. Es útil recordar esto cuando se comprueba si una probabilidad tiene sentido.

Ejemplos

4 Si las posibilidades de un suceso son 3:10, ¿cuál es su probabilidad?

El primer número en las posibilidades indica que el suceso puede ocurrir de 3 maneras. El segundo número señala que *no* puede ocurrir de 10 maneras. Por tanto, hay $3 + 10 = 13$ resultados posibles.

La probabilidad del suceso es de $\frac{3}{13}$.

5 En el juego Scrabble®, los jugadores sacan mosaicos con letras de una bolsa. De los 100 mosaicos, 42 son vocales. ¿Cuál es la probabilidad de que la primera letra que salga sea vocal? ¿Y cuáles son las posibilidades?

¿LO SABÍAS?
La probabilidad de nacer un viernes 13 es de $\frac{1}{213}$.

Puesto que 42 de los 100 mosaicos son vocales, $P(\text{vocal})$ es $\frac{42}{100}$. Como $100 - 42 = 58$, 58 de los mosaicos *no* son vocales y las posibilidades de sacar una vocal son de 42:58.

Haz la prueba

a. Si las posibilidades de un suceso son de 7:1, ¿cuál es su probabilidad?

b. En el juego Scrabble, sólo hay un mosaico con la letra Z. ¿Cuál es la probabilidad de que el primer mosaico que salga sea la Z? ¿Y cuáles son las posibilidades?

Si no hay forma de que un suceso pueda ocurrir, su probabilidad es 0. Pero si un suceso es seguro que ocurra, su probabilidad es 1.

Probabilidades

0	$\frac{1}{2}$	1
Imposible		Seguro

Ejemplo 6

Proporciona la probabilidad de que al tirar un dado típico resulte π.

Puesto que π no aparece en un dado típico, $P(\pi) = 0$.

Comprobar Tu comprensión

1. ¿Por qué la suma de la probabilidad de que un suceso ocurra y la probabilidad de que *no* ocurra siempre es igual a 100%?

2. Explica cómo puedes hallar las posibilidades de un suceso si conoces su probabilidad. ¿Por qué funciona tu método?

Práctica y aplicación

1. **Para empezar** Sigue los pasos para encontrar la probabilidad de sacar una canica roja de una bolsa que contiene 3 canicas rojas, 5 azules y 4 amarillas.

a. Halla el número total de canicas.

b. Escribe una fracción con el número de canicas rojas en el numerador y el número total de canicas en el denominador.

c. Escribe la fracción en su mínima expresión.

Proporciona la probabilidad de cada suceso como una fracción, un porcentaje y un decimal.

2. Al tirar un dado obtener 1, 3, 4 ó 5.

3. Al girar la ruleta se detenga en "Vuelve a girar".

4. Sacar una canica morada de una bolsa que contiene:

a. 2 canicas amarillas, 4 moradas y una roja.

b. 5 canicas moradas.

c. 2 canicas rosas.

5. **Datos** La gráfica circular de la figura adjunta, muestra los hábitos de transporte de los 26 a los 44 años de edad. ¿Cuál es la probabilidad de que una persona seleccionada en forma aleatoria de este grupo:

a. Conduzca solo para ir al trabajo?

b. *No* conduzca solo?

c. Utilice el transporte público o las rondas de transporte?

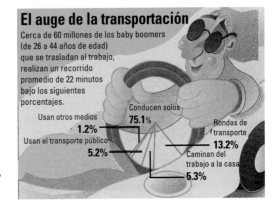

El auge de la transportación

Cerca de 60 millones de los baby boomers (de 26 a 44 años de edad) que se trasladan al trabajo, realizan un recorrido promedio de 22 minutos bajo los siguientes porcentajes.

Usan otros medios 1.2%

Conducen solos 75.1%

Usan el transporte público 5.2%

Rondas de transporte 13.2%

Caminan del trabajo a la casa 5.3%

Copia y completa la siguiente tabla.

	Probabilidad del suceso	Probabilidad de que el suceso no ocurra	Posibilidades del suceso
6.	$\frac{1}{4}$		
7.	$\frac{1}{8}$		
8.			4:6
9.		$\frac{1}{2}$	

10. En el Yahtzee®, los jugadores tienen 3 turnos para obtener cualquier número de los 5 dados. La puntuación más alta (los 5 dados deben tener el mismo número) es un Yahtzee. Si 4 dados dan 4 y tiras el quinto dado de nuevo, ¿cuál es la probabilidad de obtener un Yahtzee en esta jugada?

Proporciona la probabilidad de las siguientes posibilidades.

11. 1:1   **12.** 3:2   **13.** 1:7   **14.** 11:9   **15.** 55:44

Imagina que completas la primera hilera en un juego de Scrabble®. Usa la tabla para hallar cada probabilidad. Expresa cada resultado como un porcentaje.

16. $P(E)$ **17.** $P(Q)$

18. P(blanco)   **19.** P(consonante)

20. [Para la prueba] ¿Cuál de estas posibilidades significa lo mismo que una probabilidad del 25%?

 Ⓐ 1:5   Ⓑ 1:4   Ⓒ 1:3   Ⓓ 1:2

Ficha	Núm.	Ficha	Núm.	Ficha	Núm.
A	9	J	1	S	4
B	2	K	1	T	6
C	2	L	4	U	4
D	4	M	2	V	2
E	12	N	6	W	2
F	2	O	8	X	1
G	3	P	2	Y	2
H	2	Q	1	Z	1
I	9	R	6	Blanco	2

Resolución de problemas y razonamiento

21. Razonamiento crítico Menciona un suceso que tenga una probabilidad de 1 y otro con una probabilidad de 0.

22. Comunicación Indica si expresarías cada probabilidad como una fracción, un decimal o un porcentaje. Explica cada respuesta.

 a. La probabilidad de contagiarte de gripe este invierno.

 b. La probabilidad de que obtengas un 1 o un 3 al tirar un dado.

 c. La probabilidad de que llueva mañana.

Repaso mixto

Halla el volumen de cada cilindro. Usa π ≈ 3.14 y redondea las respuestas al décimo más cercano. *[Lección 11-9]*

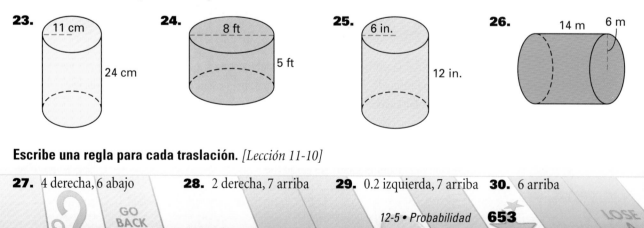

23. 11 cm, 24 cm   **24.** 8 ft, 5 ft   **25.** 6 in., 12 in.   **26.** 14 m, 6 m

Escribe una regla para cada traslación. *[Lección 11-10]*

27. 4 derecha, 6 abajo   **28.** 2 derecha, 7 arriba   **29.** 0.2 izquierda, 7 arriba   **30.** 6 arriba

12-6

Probabilidad experimental

Vas a aprender…

■ a usar la probabilidad experimental para hacer cálculos aproximados de probabilidades.

■ a encontrar probabilidades relacionadas con figuras geométricas.

…cómo se usa

Un promedio de bateo es la probabilidad experimental de que el bateador conecte un hit.

Vocabulario

probabilidad teórica

probabilidad experimental

probabilidad geométrica

▶ **Enlace con la lección** En las lecciones anteriores contabilizaste las probabilidades de diferentes sucesos. Ahora usarás las probabilidades experimentales para hacer un cálculo aproximado de la probabilidad de un suceso. ◀

Investigar | Probabilidad experimental

Una jugada persistente

Materiales: Dados

1. Escribe los resultados posibles de lanzar un dado. ¿Cuál es la probabilidad de obtener un 6? ¿Y de sacar cualquier número par? Expresa tus probabilidades como porcentajes.

2. Tira un dado 12 veces y anota los resultados. ¿Qué porcentaje de los tiros cayó en 6? ¿Qué porcentaje resultó en par? ¿Estos porcentajes son iguales a las probabilidades que encontraste en el paso 1?

3. Tira el dado 12 veces más. Contabiliza el porcentaje de resultados en seis y en número par de los 24 tiros. Compara estos porcentajes con las probabilidades de un 6 y de un número par. ¿Qué observas? ¿Qué cambios adviertes con relación a tus resultados del paso 2?

4. Combina tus resultados de los 24 tiros con los de otro estudiante. ¿Cómo se comparan los resultados combinados con las probabilidades?

5. ¿Qué crees que daría porcentajes más cercanos a las probabilidades reales: tirar un dado 6 veces o tirar un dado 600 veces? Explica tu respuesta.

Aprender | Probabilidad experimental

Para calcular la probabilidad de que al lanzar una moneda caiga en cara, no necesitas lanzar una moneda. Puesto que las caras representan uno de los dos lados, la **probabilidad teórica** de las caras es $\frac{1}{2} = 50\%$.

Sin embargo, mientras estuvo preso durante la II Guerra Mundial, el matemático John Kerrich lanzó una moneda 10,000 veces y obtuvo 5,067 caras. Su **probabilidad experimental** de caras fue $\dfrac{\text{número de caras}}{\text{número de lanzamientos}} = \dfrac{5,067}{10,000} = 50.67\%$.

Es fácil hallar la probabilidad de obtener cara o cruz. Pero otras probabilidades teóricas son difíciles, o incluso imposibles, de calcular. En estos casos, se puede hacer un cálculo aproximado de la probabilidad mediante un experimento.

Ejemplo 1

De los primeros 10 lanzamientos de monedas que hizo Kerrich, 6 fueron cruces. ¿Cuál es la probabilidad experimental de obtener cruces para estos lanzamientos? Expresa la respuesta como un decimal.

La probabilidad experimental es $\dfrac{\text{número de cruces}}{\text{número total de lanzamientos}} = \dfrac{6}{10} = 0.6.$

Puesto que hay 6 números en un dado, el Principio de conteo señala que hay $6 \cdot 6 = 36$ resultados posibles para un tiro de dos dados, como se muestra a continuación.

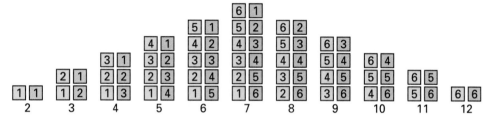

Ejemplo 2

En Monopoly®, una manera de salir de la cárcel es tirar un "doble" con dos dados. Imagina que tiras un par de dados 24 veces y obtienes dobles en 6 ocasiones. ¿Cuál es la probabilidad experimental de obtener dobles? Compara esto con la probabilidad teórica de obtener dobles.

Probabilidad experimental $= \dfrac{\text{número de dobles}}{\text{número de tiros}} = \dfrac{6}{24} = \dfrac{1}{4}$

Según la gráfica: Probabilidad teórica $= \dfrac{\text{formas como puede salir un doble}}{\text{número de resultados}} = \dfrac{6}{36} = \dfrac{1}{6}$

La probabilidad experimental de $\dfrac{1}{4}$ es mayor que la probabilidad teórica de $\dfrac{1}{6}$.

Haz la prueba

a. Si tiras una rebanada de pan con mermelada 100 veces de un lado, y cae con el "lado de la mermelada hacia abajo" 58 veces, ¿cuál es la probabilidad experimental del "lado de la mermelada hacia abajo"? Expresa tu respuesta como un decimal.

b. Imagina que tiras un par de dados 72 veces y obtienes una suma de 7 en ocho de estos tiros. ¿Cuál es la probabilidad experimental de una suma de 7? Usa la figura del ejemplo 1 para comparar esto con la probabilidad teórica de esta suma.

¿LO SABÍAS?

La idea original de Monopoly® fue desarrollada por Lizzie Magie en 1904, pero no tuvo aceptación entre las compañías de juguetes. Durante la Gran Depresión, la idea del juego se modificó y así se vendió a Parker Brothers.

Cuando una probabilidad se relaciona con una figura geométrica, puedes hallar la probabilidad teórica al comparar las áreas, perímetros u otras medidas. Una probabilidad calculada de esta manera se llama **probabilidad geométrica**.

Ejemplos

3 ¿Cuál es la probabilidad geométrica de que una moneda lanzada al azar sobre este tablero de ajedrez caiga en su mayor parte en un cuadro rojo?

$$P(\text{rojo}) = \frac{\text{número de cuadros rojos}}{\text{número total de cuadros}} = \frac{13}{25}$$

4 En el juego de carnaval mostrado, ganas un premio si un marcador cae en el área sombreada de la tabla cuadrada. Mientras Saskia observa, 15 de los 80 tiros ganan un premio.

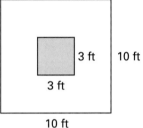

a. Si los marcadores caen al azar en la tabla, ¿cuál es la probabilidad teórica de ganar un premio? Expresa tu respuesta como un porcentaje.

El área de la región sombreada es $3^2 = 9$ ft^2 y el área de la tabla es $10^2 = 100$ ft^2.

La probabilidad teórica de ganar es $\dfrac{\text{área de la región ganadora}}{\text{área total}} = \dfrac{9}{100} = 9\%.$

b. ¿Cuál es la probabilidad experimental de ganar un premio?

La probabilidad experimental de ganar es $\dfrac{\text{juegos ganados}}{\text{total de juegos}} = \dfrac{15}{80} = 18.75\%.$

Haz la prueba

Si un dardo cae al azar en este "tablero de dardos", ¿cuál es la probabilidad teórica de que caiga en la región triangular?

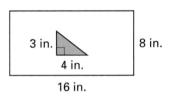

Comprobar | **Tu comprensión**

1. ¿La probabilidad experimental de un suceso siempre es la misma? Explica tu respuesta.

2. ¿Qué pensarías si la probabilidad experimental de lanzar una moneda resultara muy diferente de su probabilidad teórica?

3. En el ejemplo 4, ¿por qué piensas que la probabilidad experimental de ganar el juego haya sido más alta que la probabilidad teórica?

Práctica y aplicación

1. **Para empezar** Un dardo cae al azar en el tablero de dardos de la figura adjunta. Sigue los pasos para encontrar la probabilidad geométrica de que el dardo caiga en el área sombreada.

   a. Encuentra el área de la región sombreada. Usa la fórmula para calcular el área de un trapecio.

   b. Halla el área del tablero de dardos. Usa la fórmula para calcular el área de un rectángulo.

   c. Escribe una fracción con el área de la región sombreada en el numerador y el área del tablero de dardos completo en el denominador. Escribe la fracción en su mínima expresión.

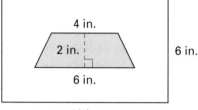

4 in.
2 in.
6 in.
6 in.
10 in.

La hoja de conteo muestra los resultados de varios tiros de dos dados. Úsala para encontrar la probabilidad experimental para cada suceso.

Tiro	Frecuencia
2	2
3	5
4	9
5	8
6	10
7	15
8	7
9	8
10	5
11	2
12	1

2. Un tiro de 3

3. Un tiro de 4

4. Un tiro de 6

5. Un tiro de 7

6. Un tiro de 8

7. Un tiro de 12

8–13. Usa la figura de la página 655 para hallar la probabilidad *teórica* de cada suceso de los ejercicios 2–7. Compara las probabilidades.

14. **Para la prueba** Tiras un par de dados 36 veces y obtienes una suma de 8 en cinco ocasiones. ¿Cómo se compara la probabilidad experimental de obtener una suma de 8 con la probabilidad teórica?

    Ⓐ Menor que

    Ⓑ Igual a

    Ⓒ Mayor que

    Ⓓ No hay información suficiente

15. **Historia** A través de los años, muchas culturas han usado las conchas de cauri como un tipo de dados. Por ejemplo, las culturas africanas las han usado en juegos de posibilidad y fungieron como dados en las primeras versiones del juego Pachisi de la India. Si una concha de cauri queda "boca arriba" en 48 de 80 tiros, ¿cuál es la probabilidad experimental de que caiga "boca arriba" una concha de cauri? Expresa tu respuesta como un porcentaje.

GO BACK 7 SPACES

LOSE A TURN

16. Una mosca vuela sobre el mantel de picnic tipo tablero de ajedrez que se muestra. ¿Cuál es la probabilidad teórica de que se pose sobre un cuadro verde?

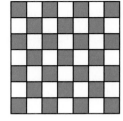

17. Una probabilidad experimental es una aproximación de las posibilidades reales de un suceso. ¿Confiarías más en una probabilidad experimental obtenida de 10 o de 1000 pruebas? ¿Por qué?

En un juego de lanzamiento de monedas, ganas puntos si la moneda cae en las figuras sombreadas. Imagina que las monedas caen al azar en el cuadro grande. ¿Cuál es la probabilidad de que una moneda:

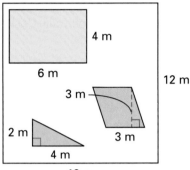

18. Caiga sobre el rectángulo sombreado?

19. Caiga sobre el paralelogramo no rectangular?

20. Caiga sobre el triángulo rectángulo?

Resolución de problemas y razonamiento

21. Escoge una estrategia Ser bombero es una ocupación con un alto riesgo de heridas. Por cada bombero que resulta herido, 3.6 salen ilesos.

   a. ¿Estos números representan una probabilidad experimental o teórica?

   b. Crea un conjunto de datos que proporcione esta probabilidad de heridas. Explica cómo creaste dicho conjunto.

22. Encuentra la probabilidad teórica de un suceso. Luego diseña un experimento y calcula la probabilidad experimental del suceso. Al terminar, compara tus hallazgos.

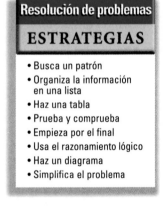

Resolución de problemas

ESTRATEGIAS

- Busca un patrón
- Organiza la información en una lista
- Haz una tabla
- Prueba y comprueba
- Empieza por el final
- Usa el razonamiento lógico
- Haz un diagrama
- Simplifica el problema

Repaso mixto

Indica si las siguientes figuras tienen simetría axial. De ser así, copia la figura y traza y numera los ejes de simetría. *[Lección 11-11]*

23. Triángulo rectángulo isósceles

24. Pentágono regular

25. Trapecio isósceles

26. Imagina que una chamarra viene en 3 colores, 2 estilos y 5 tallas. Usa el Principio de conteo para calcular el número de chamarras diferentes. *[Lección 12-1]*

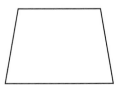

▶ **Enlace con la lección** | En la lección anterior encontraste probabilidades para diferentes tipos de sucesos. Ahora vas a usar estas destrezas para hallar la probabilidad de que *dos* sucesos particulares ocurran. ◀

Investigar | Sucesos dependientes e independientes

Materiales: Dados

Un elefante con forma de ocho

Un antiguo juego africano consiste en encontrar coincidencias entre los números y los animales. Imagina que la suma de ocho en un tiro de dos dados equivale a un "elefante".

Usa la probabilidad experimental para investigar cada pregunta. Para cada experimento, tira los dados 20 veces.

1. ¿Cuál es la probabilidad de que salga "elefante" al tirar los dados?

2. Imagina que tiras los dados uno a la vez. Si obtienes un 1 en el primer dado, ¿cuál es la probabilidad de que resulte "elefante"? Explica cómo lo sabes.

3. Si obtienes un 4 en el primer dado, ¿cuál es la probabilidad de que resulte "elefante"? Explica tu respuesta.

4. Si tus respuestas para los pasos 1–3 fueron los mismos, explica por qué esto tiene sentido. De no ser así, indica por qué piensas que las probabilidades son diferentes.

Vas a aprender...

■ a determinar si dos sucesos son dependientes o independientes.

■ a encontrar las probabilidades de sucesos dependientes e independientes.

...cómo se usa

Los investigadores de la genética utilizan las probabilidades dependientes cuando identifican genes que causan enfermedades como la fibrosis cística.

Vocabulario

sucesos independientes

sucesos dependientes

sucesos compuestos

espacio muestral

Aprender | Sucesos dependientes e independientes

Si una moneda cae en cara varias veces, mucha gente piensa que la probabilidad de obtener cara en el siguiente lanzamiento será menor que 50%. Sin embargo, aunque la moneda tiene una cara, ¡no tiene memoria! La probabilidad de que en el siguiente lanzamiento caiga una cara sigue siendo $\frac{1}{2}$.

Cuando los resultados de un suceso no modifican las probabilidades de otro, los sucesos son **independientes**. Dos lanzamientos de monedas son independientes, puesto que el resultado del primer lanzamiento no afecta al segundo.

Veamos, ¿cómo caí la última vez?

Ahora, imagina que hay 11 caramelos suaves en una bolsa y 2 de ellos son morados. Si sacas un caramelo de la bolsa y no lo regresas, cambias la probabilidad de sacar uno morado la siguiente vez.

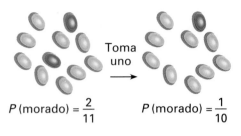

$$P(\text{morado}) = \frac{2}{11} \qquad P(\text{morado}) = \frac{1}{10}$$

Las dos veces que sacaste caramelos suaves son **sucesos dependientes** ; es decir, la probabilidad del segundo resultado depende del resultado del primero.

Ejemplos

Indica si los siguientes sucesos son dependientes o independientes.

1 Obtener un número par en el primer tiro de un dado y después obtener un número impar en el segundo tiro.

El primer tiro no afecta al segundo. Los sucesos son independientes.

2 Enfermarse el lunes y seguir enfermo el martes.

Si estás enfermo un día, es muy probable que aún lo estés al día siguiente. Los sucesos son dependientes.

Un **suceso compuesto** se conforma con dos o más sucesos individuales. Para hallar el **espacio muestral** o conjunto de resultados posibles de un suceso compuesto, organiza las posibilidades de los sucesos en una lista.

Ejemplos

3 Imagina una bolsa con 1 canica roja y 3 canicas verdes. Representa un espacio muestral que permita tomar dos canicas si regresas la primera de ellas.

Las posibilidades para la primera canica son dos: roja y verde. Las posibilidades para la segunda canica también son roja y verde.

El espacio muestral es: (rojo, rojo), (rojo, verde), (verde, rojo) y (verde, verde).

4 Para ganar un juego debes obtener un **5** al tirar un dado, después girar la ruleta y que ésta se detenga en "Regresa a la base". Mediante el Principio de conteo, determina la probabilidad de ganar.

Hay 6 resultados posibles en un dado y 4 sectores iguales en la ruleta. De acuerdo con el Principio de conteo, hay $6 \cdot 4 = 24$ resultados posibles. Sólo 1 es la combinación ganadora.

La probabilidad de que ganes es de $\frac{1}{24}$.

En el ejemplo 4, observa que $P(5) = \frac{1}{6}$ y $P(\text{Regresa a la base}) = \frac{1}{4}$. El producto $\frac{1}{6} \times \frac{1}{4}$ es igual a $\frac{1}{24}$, lo cual es la probabilidad de que *ambos* sucesos independientes ocurran.

PROBABILIDAD DE DOS SUCESOS INDEPENDIENTES

La probabilidad de que dos sucesos independientes, A y B, ocurran está dada por: $P(A, B) = P(A) \times P(B)$.

Ejemplos

5 Para un lanzamiento de moneda y un tiro de dado, encuentra $P(\text{cara}, 4)$.

Los sucesos son independientes. $P(\text{cara}) = \frac{1}{2}$ y $P(4) = \frac{1}{6}$.

Por tanto, $P(\text{cara}, 4) = \frac{1}{2} \times \frac{1}{6} = \frac{1}{12}$.

6 Cheryl saca los 2 primeros mosaicos en un juego de Scrabble®. ¿Cuál es la probabilidad de que ambos sean A? (Nota: 9 de los 100 mosaicos son A.)

En el primer turno, el número de mosaicos restantes cambia y puede cambiar el número de A, por tanto, los sucesos son dependientes.

La probabilidad de sacar una A en el primer turno es de $\frac{9}{100}$. La probabilidad de obtener A en el segundo turno *después* de una A en el primero es de $\frac{8}{99}$, porque quedan 8 A y 99 mosaicos después de que se sacó la primera A.

$P(A, \text{luego } A) = \frac{9}{100} \times \frac{8}{99} = \frac{72}{9900} = \frac{2}{275}$.

> ▶ **Enlace con Ciencias Sociales**
>
> Una vez que una persona en Estados Unidos ha estado en prisión, la probabilidad de que vuelva a estar tras la rejas es mayor de 60%.

Haz la prueba

a. En el ejemplo 3, si *no* regresas la canica a la bolsa, ¿cuál sería el espacio muestral de la bolsa de canicas?

b. Para un lanzamiento de moneda y un giro de la ruleta, halla $P(\text{cruz}, \text{rojo})$.

c. Un cajón contiene 8 calcetines negros y 8 calcetines azules. Si sacas 2 calcetines del cajón en la oscuridad, ¿cuál es la probabilidad de que ambos sean azules?

Comprobar | Tu comprensión

1. Explica la diferencia entre sucesos dependientes e independientes.

2. Proporciona dos maneras de hallar la probabilidad de dos sucesos independientes.

Práctica y aplicación

1. **Para empezar** En una bolsa hay cinco cubos rojos y cinco cubos verdes. Sigue los pasos para encontrar P(verde, verde); es decir, la probabilidad de que saques dos cubos verdes de la bolsa dos veces seguidas.

a. ¿Cuál es la probabilidad de que el primer cubo que saques de la bolsa sea verde?

b. Después de que sacas un cubo verde de la bolsa, ¿cuántos cubos verdes quedan? ¿Cuántos cubos quedan en total?

c. Cuál es la probabilidad de que el segundo cubo que saques de la bolsa sea verde?

d. Encuentra el producto de tus respuestas a los incisos **a** y **c**. Escribe tu respuesta en su mínima expresión.

Indica si los siguientes sucesos son dependientes o independientes.

2. La primera vez que se lanza una moneda cae en cara y en la siguiente cae en cruz.

3. Obtener dos seis seguidos al tirar un dado.

4. Ser la persona más alta de tu clase un año y después ser la más alta al año siguiente.

Los ejercicios 5–7 se refieren a tirar un dado y después girar la ruleta mostrada en la figura adjunta. Encuentra las siguientes probabilidades.

5. P(obtener un 2, caer en A).

6. P(obtener un número par, caer en una vocal).

7. P(obtener un número menor que 3, caer en una consonante).

8. **Ciencias sociales** Durante el Hanukkah, los niños juegan con un *dreidel*, el cual tiene cuatro lados, con las letras en hebreo correspondientes a N, G, S y H. Los niños giran el dreidel como un trompo y la letra que sale determina el resultado de cada turno.

a. ¿Los giros del dreidel son sucesos dependientes o independientes?

b. ¿Cuál es la probabilidad de sacar 2 haches (H) seguidas?

9. **Ciencias** Imagina que el informe meteorológico dice que hay un 25% de posibilidades de que llueva durante los dos días siguientes.

a. Si los sucesos son independientes, ¿cuál es la probabilidad de que llueva los *dos* días?

b. ¿Consideras que estos sucesos en realidad son independientes? Explica por qué.

Menciona el espacio muestral de cada suceso compuesto.

10. Lanzar una moneda y un dado.

11. Tomar dos canicas de una bolsa que contiene 3 canicas rojas, 2 azules y 1 amarilla si la primera canica no se regresa antes de tomar la segunda.

12. Para resolver problemas Un maestro hace que los estudiantes cambien de escritorio cada mes. Para ello, pide a los estudiantes que saquen un número de escritorio de un sombrero. Tú y tu mejor amiga sacan los dos primeros números. Si hay 20 escritorios, ¿cuál es la probabilidad de que saques el escritorio número 1 y tu amiga el número 2?

**Resolución de problemas
TEN EN CUENTA**

Cortar tiras de papel y representar la escena de sacar el número de un sombrero te puede ayudar a comprender mejor el problema.

13. [Para la prueba] Una ruleta está dividida en cinco secciones iguales, numeradas del 1 al 5. ¿Cuál es la probabilidad de obtener dos 5 seguidos?

Ⓐ $\frac{1}{5}$ Ⓑ $\frac{1}{10}$ Ⓒ $\frac{1}{15}$ Ⓓ $\frac{1}{25}$

Resolución de problemas y razonamiento

14. **En tu diario** Imagina que lanzas una moneda varias veces.

    a. ¿Cuál es la probabilidad teórica de que los dos primeros lanzamientos caigan en cara? Lanza la moneda para hallar la probabilidad experimental de este suceso. Repite el experimento al menos 20 veces. ¿Cómo se comparan los resultados del experimento con la probabilidad teórica?

    b. ¿Cuál es la probabilidad teórica de que los tres primeros lanzamientos caigan en cara? ¿Y los cuatro primeros?

    c. ¿Cuál es la probabilidad teórica de n caras seguidas? Explica tu razonamiento.

15. Razonamiento crítico La gráfica circular muestra los resultados de una encuesta realizada por la Asociación de Juegos de Estados Unidos. Si las preferencias por el tipo de juego y el tamaño del grupo son independientes: ¿Cuál es la probabilidad de que una persona prefiera los juegos de cartas individual? ¿Y de juegos de palabras para grupos grandes?

Tipo de juego   Tamaño del grupo

30% Tablero 20% Palabras 50% Cartas

20% En pares 70% Grande 10% Individual

Repaso mixto

16. Este verano deseas visitar Austin, Houston, y San Antonio, Texas. ¿En cuántos órdenes diferentes puedes visitar esas ciudades? *[Lección 12-2]*

Te integras a un club de lectura mediante el cual obtienes libros gratuitos. ¿Cuántas elecciones tienes en cada situación? *[Lección 12-3]*

17. Si puedes elegir 2 de 4 libros

18. Si puedes elegir 3 de 4 libros

RESOLVER PROBLEMAS 12-7

TECNOLOGÍA

Uso de la calculadora gráfica • Simulación con números aleatorios

Problema: Washington, DC, tiene cerca de 124 días de precipitación pluvial cada año. ¿Cómo puedes hacer un cálculo aproximado de la probabilidad de que haya precipitación en una semana determinada?

Puedes usar una calculadora científica o de graficación para contestar esta pregunta.

1 Halla la probabilidad de precipitación en un día particular y expresa la respuesta en decimales. La probabilidad es $\frac{124}{365} \approx 0.34$.

2 Oprime el botón MATH en tu calculadora de graficación y luego escoge PRB y Rand.

3 Cuando oprimes ENTER dos veces, obtienes un número aleatorio entre 0 y 1. Si este número es menor que 0.34, representa un día con precipitación. (Pero no el número que aparece en la pantalla, porque es mayor que 0.34.)

4 Oprimir ENTER seis veces más te proporciona una semana completa. Determina si hubo precipitación durante la semana y anota este resultado. (En la semana representada en esta página, hubo precipitación en los días 4 y 6.)

5 Simula algunas semanas más. Anota si llovió o no en cada día.

INTÉNTALO

a. Belén, Brasil, tiene alrededor de 251 días de lluvia cada año. Usa los números aleatorios para hacer un cálculo aproximado de la probabilidad de que no llueva durante 3 días consecutivos en Belén.

b. Imagina que la probabilidad de que un jugador de béisbol conecte un hit es de 0.289. Usa los números aleatorios para hacer un cálculo aproximado de la probabilidad de que conecte dos hits consecutivos.

Solución: Para hacer un cálculo aproximado de la probabilidad de precipitación en una semana dada, divide el número de semanas con lluvia de tu simulación entre el número total de semanas.

POR TU CUENTA

▶ Imagina que deseas usar números aleatorios para simular el giro de una ruleta con números del 0 al 9. ¿Cómo podrías hacer esto?

En esta sección investigaste las posibilidades, los juegos justos y algunas maneras de encontrar probabilidades. A continuación vas a combinar estos conocimientos para diseñar un juego propio.

¡NO te juegues el todo por el todo!

Materiales: Compás, transportador, cartón, alfileres, sujetapapeles, dados

En esta investigación vas a elaborar un juego propio. Si escoges usar una ruleta en tu juego, a continuación se indica cómo hacerla.

- Usa un compás para dibujar un círculo.

- Determina cuántos sectores quieres que tenga tu ruleta. Usa tu transportador para medir tus ángulos centrales y después dibuja los sectores.

- Coloca el papel con tu círculo en la parte superior del cartón y pon el sujetapapeles sobre el centro del círculo. Después clava un alfiler en el centro del círculo de manera que el sujetapapeles se pueda usar como una aguja.

1. Usa tus conocimientos sobre probabilidad para diseñar un juego de azar. Debes usar al menos dos maneras diferentes de generar resultados (por ejemplo, una moneda o un dado). Una vez que tengas un juego de tu agrado, practica unas cuantas rondas para ver si se requiere hacer algún cambio.

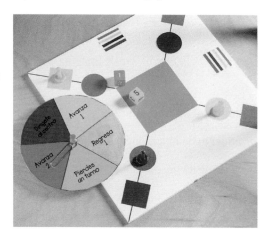

2. ¿Tu juego es justo? Explica por qué.

3. ¿Tu juego está relacionado con sucesos dependientes? De ser así, indica cuáles son.

4. Identifica al menos dos sucesos que podrían ocurrir en tu juego. Encuentra la probabilidad de cada uno y explica cómo encontraste cada probabilidad.

Nombra los posibles resultados para cada experimento.

1. Girar una ruleta cuyos sectores están numerados del 1 al 10.

2. Tirar dos dados y encontrar la suma de los dos números.

Proporciona las posibilidades para los siguientes sucesos.

3. Obtener un número menor que o igual a 4 en un dado.

4. Que la aguja se detenga en rojo al girar la ruleta.

5. *En tu diario* En un juego, el jugador A gana un punto si al lanzar una moneda cae en cara y al tirar un dado se obtiene un número par. El jugador B gana un punto si al lanzar una moneda cae en cruz y al tirar un dado se obtiene un número impar. De no ser así, ningún jugador gana un punto. ¿Es un juego justo? Explica por qué.

Una bolsa contiene 5 canicas rojas, 3 azules y 2 amarillas. Proporciona la probabilidad de cada suceso como una fracción, un porcentaje y un decimal. (Redondea las respuestas si es necesario.)

6. $P(\text{rojo})$　　**7.** $P(\text{azul})$　　**8.** $P(\text{naranja})$　　**9.** $P(no\ \text{amarillo})$

10. Si sacas dos canicas de la bolsa, ¿cuál es la $P(\text{azul, azul})$? Imagina que no regresas la primera canica a la bolsa.

Indica si los sucesos son dependientes o independientes.

11. Obtener cara en el primer lanzamiento de una moneda y obtener cruz en el segundo.

12. Clima soleado un día y al día siguiente lluvioso.

13. **Ciencias sociales** Un juego hawaiano llamado Lu-Lu usa discos de roca volcánica marcados por un lado. Si un disco se lanza dos veces, ¿cuál es la probabilidad de que ambos lanzamientos caigan por el lado marcado?

Disco Lu-Lu

Para la prueba

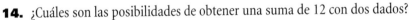

Cuando en una prueba de elección múltiple se te pide encontrar la posibilidad de un suceso, recuerda que el segundo número de la razón representa el número de maneras como *no* puede ocurrir, no el número total de resultados posibles.

14. ¿Cuáles son las posibilidades de obtener una suma de 12 con dos dados?

Ⓐ 1:36　　　Ⓑ 1:35　　　Ⓒ 2:12　　　Ⓓ 12:2

Ampliar ideas clave ● Lógica

Diagramas de Venn y enunciados condicionales

Un diagrama de Venn muestra las relaciones entre conjuntos de objetos o *elementos*.

Si las regiones en un diagrama de Venn no se traslapan, no tienen elementos en común.

Las regiones traslapadas contienen elementos presentes en ambos conjuntos. En este diagrama de Venn dicha región contiene murciélagos porque son mamíferos que vuelan.

Si una región contiene a otra, todos los elementos de la región más pequeña también corresponden a la más grande. El diagrama muestra que *si* una figura es un triángulo, *entonces* también es un polígono.

Estos enunciados son importantes en el lenguaje de la lógica. La parte "si" es su *hipótesis* y la parte "entonces" es su *conclusión*. Para que el enunciado sea verdadero, la conclusión debe ser verdadera si la hipótesis también lo es.

¿Verdadero o falso? Si una figura es un cuadrado, entonces es un rectángulo. El enunciado es verdadero. Imagina que una figura es un cuadrado. La conclusión *debe* ser verdadera, puesto que todos los cuadrados tienen cuatro lados y cuatro ángulos rectos. En el diagrama de Venn, el óvalo que muestra la hipótesis se "adapta" a la conclusión.

¿Verdadero o falso? Si un animal es un ave, entonces vuela. Este enunciado es falso. Algunas clases de aves no pueden volar. En el diagrama de Venn, el óvalo representa la hipótesis, la cual queda fuera del óvalo que muestra la conclusión.

Haz la prueba

Dibuja un diagrama de Venn para mostrar las relaciones entre:

1. Triángulos y cuadrados   **2.** Leones, osos y animales

Explica si los siguientes enunciados condicionales son verdaderos o falsos. Después dibuja un diagrama de Venn.

3. Si un ángulo mide 30°, entonces es agudo.

4. Si un vehículo tiene cuatro neumáticos, entonces es un auto.

Organizador gráfico

Sección 12A   Conteo

Resumen

■ Puedes contar los **resultados** para una serie de elecciones mediante una lista organizada, un **diagrama de árbol** o el **Principio de conteo**.

■ Una **permutación** es el número posible de ordenaciones para una colección de elementos. Se puede usar el Principio de conteo o los **factoriales** para contar las permutaciones.

■ Una **combinación** es una selección de elementos donde no importa el orden.

Repaso

1. Para la comida, el Restaurante Jo ofrece 3 sopas, 4 platos principales y 5 postres. Usa el Principio de conteo para hallar el número de comidas diferentes que consisten en sopa, plato principal y postre.

2. Una tienda de discos de segunda mano tiene estantes diferentes para los CD y casetes de cada categoría: jazz, popular, clásica y otros. Haz un diagrama de árbol para mostrar cuántos estantes necesita la tienda.

3. El Banco Quinto Estado, ofrece 3 diferentes cuentas de cheques y 5 diferentes cuentas de ahorro. ¿De cuántas maneras se puede abrir tanto una cuenta de cheques como una cuenta de ahorro?

4. Un club elige un presidente, un vicepresidente, un secretario y un tesorero. Sólo Jed, Karl, Lori y Marti son buenos prospectos para dirigir la oficina. ¿De cuántas maneras se puede elegir a los representantes?

5. Haz una lista de todas las ordenaciones posibles para las letras T, U y V sin repetir letras.

6. Reggie tiene 7 libros que intenta leer. ¿De cuántas maneras puede elegir 2 de los libros para llevarse a sus vacaciones?

Resumen

■ En probabilidad, un **experimento** es cualquier cosa relacionada con la posibilidad. Los efectos posibles de un experimento son los resultados. Un **suceso** es cualquier resultado (o un conjunto de resultados) de interés.

■ Las **posibilidades** de un suceso son la razón del número de maneras como puede ocurrir contra el número de maneras como puede no ocurrir un suceso.

■ En un juego **justo**, todos los jugadores tiene las mismas posibilidades de ganar.

■ La **probabilidad,** o **probabilidad teórica,** de un suceso está dada por

$$\text{Probabilidad (suceso)} = \frac{\text{número de maneras como puede ocurrir un suceso}}{\text{número de resultados posibles}}.$$

Un suceso imposible tiene 0 probabilidades. Un suceso que es seguro que ocurra tiene una probabilidad de 1.

■ La **probabilidad experimental** de un suceso es el número de veces que el suceso ocurre dividido entre el número de veces que se realiza el experimento.

■ Cuando la ocurrencia de un suceso no cambia la probabilidad de otro, los sucesos son **independientes.** De lo contrario, son **dependientes.**

Repaso

7. Una bolsa contiene 5 canicas rojas y 3 azules. Se elige una canica al azar. Halla la posibilidad de que la canica sea roja.

8. Una ruleta tiene 7 secciones iguales, numeradas del 1 al 7. Melanie gana si la aguja se detiene en un número impar y Nathan gana si se detiene en un número par. Proporciona la posibilidad de ganar de cada jugador. Determina si el juego es justo.

9. Se tira un dado. Encuentra la probabilidad de obtener un número:

a. Menor que 5   **b.** *No* menor que 5

10. Usa la tabla de la página 653 para hallar la probabilidad de escoger U, V o W cuando saques el primer mosaico en un juego de Scrabble®. Expresa tu respuesta como un porcentaje.

11. Paula lanzó una moneda 25 veces y obtuvo cara en 14 ocasiones. Encuentra la probabilidad experimental de obtener cruces.

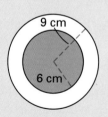

12. Una mosca se para en el tablero de dardos. ¿Cuál es la probabilidad de que se pose en la región sombreada?

13. Se tira un dado dos veces. ¿Cuál es la probabilidad de obtener un 5 en el primer tiro y después un número par en el segundo?

14. Sandy saca 2 canicas de una bolsa con 5 canicas verdes y 6 negras. ¿Cuál es la probabilidad de que ambas sean verdes?

1. La compañía Astucia Computacional ofrece una elección de 4 procesadores, 3 unidades de disco duro y 3 paquetes de software instalados. Usa el Principio de conteo para hallar el número de computadoras diferentes.

2. La comida especial de una cafetería incluye una selección de sopa o ensalada; hamburguesa, pollo o cacerola de vegetales; y jugo de fruta o bebida gaseosa. Haz un diagrama de árbol para mostrar el número de maneras para ordenar una comida especial. ¿Cuántos resultados diferentes existen?

3. Calcula 6!.

4. Pearl, Quan, Raúl, Sally y Tim necesitan formarse en una sola fila para comprar boletos para el cine. ¿De cuántas maneras se pueden formar?

5. El Paraíso de la Vainilla ofrece sólo un sabor de helado, pero los clientes pueden escoger cualquiera de los 4 coronados. ¿Cuántas combinaciones diferentes de 3 coronados hay?

6. Una bolsa contiene 3 canicas amarillas, 4 moradas y 7 transparentes. Proporciona los resultados posibles de sacar 1 canica.

7. En un juego, se tira un dado. Xien gana si obtiene un 1 o un 3; Yoshi gana si obtiene un 2 o un 6; y Zelda gana si obtiene un 4 o un 5. Proporciona las posibilidades que tiene cada jugador de ganar. Después menciona si el juego es justo.

8. Sam sacó un mosaico de Scrabble® de una bolsa 100 veces y regresó su selección en cada ocasión. Si los turnos incluyeran 10 letras A, 3 letras B y 2 letras C, ¿cuál sería la probabilidad experimental de sacar A, B o C?

9. Una moneda cae al azar en el tablero de la figura adjunta. Encuentra la probabilidad de que caiga en la región sombreada.

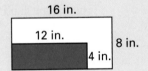

10. Hans sacó una canica de la bolsa descrita en el ejercicio 6. Después sacó otra sin regresar la primera. ¿Los resultados de las dos veces que sacó canicas son sucesos *independientes* o *dependientes*?

11. Art lanzó una moneda y un dado al mismo tiempo. Halla $P(\text{cara}, 6)$.

Tarea para evaluar el progreso

Tira un par de dados 36 veces y anota las sumas. Halla la probabilidad experimental de obtener un 2, un 3 y así en lo sucesivo. Compara tus resultados con las probabilidades teóricas. Después tira los dados otras 36 veces y combina los resultados de los 72 tiros. ¿Cuáles resultados se acercan más a las probabilidades teóricas, aquellos de las 36 veces o los de las 72 veces?

Elección múltiple

Escoge la mejor respuesta.

1. ¿Cuál de los siguientes números es divisible entre 2, 3 y 5? *[Lección 3-6]*

Ⓐ 270   Ⓑ 276   Ⓒ 280   Ⓓ 285

2. Encuentra el producto: $3\frac{3}{8} \cdot 2\frac{2}{3}$ *[Lección 4-5]*

Ⓐ $1\frac{17}{64}$ Ⓑ $6\frac{1}{4}$ Ⓒ $8\frac{17}{24}$ Ⓓ 9

3. La hipotenusa de un triángulo rectángulo mide 12 pies de largo y un cateto mide 7 pies de largo. ¿Cuál de las siguientes es la longitud aproximada del otro cateto? *[Lección 5-7]*

Ⓐ 5.0 ft   Ⓑ 8.3 ft   Ⓒ 9.7 ft   Ⓓ 13.9 ft

4. Usa las tasas unitarias para determinar cuál es la mejor compra de aguacates. *[Lección 6-2]*

Ⓐ $3.45 por 3   Ⓑ $3.60 por 4

Ⓒ $4.30 por 5   Ⓓ $6.00 por 6

5. ¿32 es el 8% de qué número? *[Lección 8-5]*

Ⓐ 2.56   Ⓑ 4   Ⓒ 256   Ⓓ 400

6. ¿Cuál punto está en el cuadrante II? *[Lección 9-3]*

Ⓐ $(-3, 4)$ Ⓑ $(-5, -7)$

Ⓒ $(2, 2)$ Ⓓ $(4, -1)$

7. ¿La gráfica de cuál ecuación *no* pasa por el origen? *[Lección 10-5]*

Ⓐ $y = -x$ Ⓑ $y = 2x$

Ⓒ $y = 3x - 3$ Ⓓ $y = x^2$

8. ¿Cuántas caras tiene una pirámide rectangular? *[Lección 11-1]*

Ⓐ 4   Ⓑ 5   Ⓒ 6   Ⓓ 8

9. Un edificio es un prisma rectangular cuya base mide 65 por 80 pies. Su volumen es de 624,000 pies cúbicos. ¿Qué tan alto es? *[Lección 11-4]*

Ⓐ 96 ft   Ⓑ 120 ft   Ⓒ 520 ft   Ⓓ 7800 ft

10. ¿Cuál desarrollo *no* se puede doblar para formar un cubo? *[Lección 11-3]*

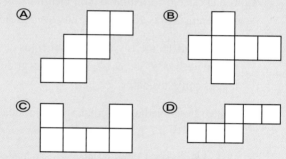

11. Encuentra el área total de un cilindro con un radio de 8 m y una altura de 5 m. Usa 3.14 como valor de π. *[Lección 11-8]*

Ⓐ 251.2 m²   Ⓑ 408.2 m²

Ⓒ 452.16 m²   Ⓓ 653.12 m²

12. El jabón está disponible en 3 aromas. Cada uno está disponible en 4 tamaños. ¿Cuántas elecciones diferentes hay? *[Lección 12-1]*

Ⓐ 3   Ⓑ 4   Ⓒ 7   Ⓓ 12

13. Stella se unió a un club de música. Si las selecciones disponibles incluyen 5 álbumes que ella quiere, ¿de cuántas maneras puede elegir 3 selecciones? *[Lección 12-3]*

Ⓐ 6   Ⓑ 10   Ⓒ 60   Ⓓ 120

14. Una bolsa contiene 8 canicas azules y 5 negras. Halla la probabilidad de sacar una canica negra. *[Lección 12-5]*

Ⓐ $\frac{8}{5}$ Ⓑ $\frac{5}{8}$ Ⓒ $\frac{5}{13}$ Ⓓ $\frac{8}{13}$

15. ¿Cuál de los siguientes enunciados describe los resultados de 2 tiros consecutivos de un dado? *[Lección 12-7]*

Ⓐ Sucesos independientes   Ⓑ Juego injusto

Ⓒ Sucesos dependientes   Ⓓ Juego justo

Capítulo 1 • Repaso

1. Usa el cálculo aproximado para identificar el mes con la diferencia más amplia entre costo e ingreso.

2. La longitud, en metros, de 7 lanzamientos de disco fueron 52, 34, 39, 50, 59, 64, 43. Haz una gráfica de barras con estos datos.

3. Encuentra la media, la mediana y la(s) moda(s) de los valores: 9, 19, 15, 4, 23, 14, 20, 15, 7.

4. Elabora una tabla arborescente con estos datos: 57, 76, 75, 61, 53, 68, 75, 59, 64, 67.

5. Haz una gráfica de barras con el eje vertical interrumpido para mostrar los datos de las cuatro películas más populares de la década de los ochenta. Explica por qué tu gráfica podría ser engañosa.

6. Encuentra la mediana y la(s) moda(s) de los valores expuestos en la siguiente tabla arborescente. ¿Hay algún valor extremo?

Tallo	Hoja
8	4 5 5 6 9 9
9	0 0 0 1 4 5 7 7 9 9
10	1 1 2 3 3 3 5 6
11	8

7. Haz un diagrama de puntos para mostrar los tiempos de llegada de los nadadores en una carrera.

8. La siguiente tabla proporciona el total de puntos anotados en el Super Bowl por año. Haz una gráfica de línea quebrada para exponer los datos.

9. Elabora un diagrama de dispersión con los datos de los jugadores en un equipo de tenis. Dibuja una línea de tendencia y úsala para predecir el número de triunfos esperado para un jugador con 15 errores naturales.

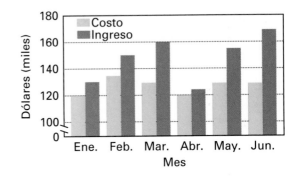

Ingresos en taquilla: Películas de los ochenta	
Película	**Ingresos ($ millones)**
E.T.: El extraterrestre	228
El regreso del Jedi	168
Batman	151
El imperio contraataca	142

Segundos	40	45	50	55	60	65	70
Llegadas	3	4	5	4	3	6	1

Total de puntos anotados en el Super Bowl					
Año	1991	1992	1993	1994	1995
Puntos	39	61	69	43	75

Triunfos	24	12	17	20	10
Errores naturales	19	8	14	14	5

1. Una llamada de larga distancia cuesta $1.50 más $0.80 por cada minuto. Sea $C = 0.8m + 1.5$, donde C es el costo y m es el número de minutos. ¿Cuánto costaría una llamada de 12 minutos?

Evalúa las siguientes expresiones.

2. $7 + 3 \times 5$ **3.** $48 - 36 \div (11 - 2)$

4. Indica qué operación harías primero para evaluar $\dfrac{3 \times (9 - 5)}{6}$.

5. Encuentra una fórmula que relacione las siguientes variables.

x	1	2	3	4	5	6	7
y	5	6	7	8	9	10	11

6. ¿Cuál propiedad está sugerida por las fórmulas $A = lw$ y $A = wl$?

7. Usa la fórmula $v = \dfrac{d}{t}$ para hacer una tabla de valores que muestre la velocidad (v) necesaria para recorrer una distancia (d) de 120 millas en 2, 3, 4, 5 y 6 horas (t).

8. Menciona la acción inversa de caminar 3 millas al oeste.

Indica si el número en negrilla es una solución para la ecuación.

9. $x - 24 = 9$; **15**   **10.** $j \cdot 14 = 56$; **4**

Resuelve cada ecuación y comprueba tu respuesta.

11. $a - 31 = 47$ **12.** $53 = c + 17$ **13.** $18m = 396$

14. $\dfrac{n}{7} = 6$ **15.** $15k + 32 = 77$ **16.** $7 = \dfrac{n}{3} - 5$

17. Un número se multiplica por 2 y luego se suma 13 al resultado. ¿Qué operaciones se requieren para regresar al número original?

18. Escribe una ecuación para este enunciado: El número de estudiantes que disminuyó en 4 es 31.

19. Escribe una expresión algebraica para el producto de 8 y un número (n).

20. Lauren compró 6 huesos para roer para cada uno de sus perros. Compró 24 huesos en total. Escribe y resuelve una ecuación para hallar el número de perros (d) que tiene.

Escribe una frase para cada expresión algebraica.

21. $a + 4$ **22.** $8n - 1$ **23.** $\dfrac{h}{3} - 2$ **24.** $\dfrac{5}{x + 9}$

1. Proporciona el valor de cada 6 en 4168.9206.

2. Usa $<, >$ o $=$ para comparar: 2.89 ☐ 2.091

3. Redondea 4.9275 al milésimo más cercano.

Haz un cálculo aproximado de las siguientes expresiones.

4. $294.91 \cdot 5.81$

5. $141.83 + 308.11$

6. Halla la suma: $129.56 + 85.403$

7. Encuentra el cociente: $\frac{766.38}{31.8}$

Resuelve cada ecuación.

8. $x + 64.1 = 331.09$

9. $129.98 = 9.7y$

10. $\frac{n}{5.2} = 9.1$

11. $x - 10.5 = 22.9$

12. $1.01x = 102.01$

13. $\frac{w}{35.74} = 13.45$

14. Escribe 4.597×10^6 en forma usual.

15. Escribe 385,000 en notación científica.

16. Usa un árbol de factores para encontrar la descomposición factorial de 300.

17. Halla el MCD de 120 y 144.

18. Encuentra el MCM de 16 y 20.

19. Proporciona dos fracciones que sean equivalentes a $\frac{24}{39}$.

Escribe cada fracción en su mínima expresión.

20. $\frac{56}{77}$

21. $\frac{40}{64}$

22. $\frac{75}{225}$

23. $\frac{18}{99}$

24. $\frac{13}{52}$

25. $72\backslash160$

Compara las siguientes fracciones por medio de $<, >$ o $=$.

26. $\frac{8}{11}$ ☐ $\frac{16}{21}$

27. $\frac{15}{24}$ ☐ $\frac{35}{56}$

28. $\frac{18}{45}$ ☐ $\frac{24}{60}$

Convierte cada decimal a una fracción en su mínima expresión.

29. 0.124

30. 0.85

31. 0.25

32. 0.625

33. 0.32

34. 0.05

35. Convierte $\frac{14}{18}$ a decimal e indica si es finito o periódico.

Haz un cálculo aproximado de las siguientes sumas o diferencias.

1. $\dfrac{4}{5} + \dfrac{1}{10}$

2. $\dfrac{7}{15} - \dfrac{1}{4}$

3. Usa números compatibles para hacer un cálculo aproximado del cociente $48\frac{1}{3} \div 5\frac{5}{8}$.

4. ¿Cerca de cuántas piezas de $4\frac{3}{4}$ pulgadas se pueden cortar de una cuerda que mide $32\frac{7}{8}$ pulgadas? Haz un cálculo aproximado para encontrar tu respuesta.

Halla cada suma o diferencia y escribe las respuestas en su mínima expresión.

5. $\dfrac{4}{15} + \dfrac{8}{15}$

6. $\dfrac{7}{8} - \dfrac{2}{3}$

7. $\dfrac{2}{5} + \dfrac{1}{4}$

8. $\dfrac{5}{6} - \dfrac{1}{3}$

9. $\dfrac{7}{18} + \dfrac{11}{24}$

10. $\dfrac{10}{50} - \dfrac{1}{10}$

11. Resuelve la ecuación: $x - \dfrac{1}{4} = \dfrac{2}{5}$

12. Escribe $4\frac{5}{6}$ como una fracción impropia.

Halla las siguientes sumas o diferencias.

13. $6\frac{7}{9} - 4\frac{8}{9}$

14. $14\frac{3}{5} + 9\frac{2}{3}$

15. $9\frac{1}{6} - 8\frac{1}{3}$

16. $22\frac{3}{7} + 19\frac{8}{21}$

17. $9\frac{9}{99} - 8\frac{8}{88}$

18. $1\frac{17}{18} + 3\frac{2}{3}$

19. Calcula el área de un marco con dimensiones de $\dfrac{11}{12}$ pies por $\dfrac{3}{4}$ pies.

20. Un paquete es $2\frac{1}{3}$ veces más pesado que otro. Si el paquete más ligero pesa 9 libras, ¿cuánto pesa el paquete más pesado?

Encuentra cada producto o cociente y escribe las respuestas en su mínima expresión.

21. $\dfrac{4}{5} \cdot \dfrac{7}{12}$

22. $6\frac{2}{5} \cdot 4\frac{7}{8}$

23. $\dfrac{5}{7} \div \dfrac{25}{4}$

24. $4\frac{5}{8} \div 1\frac{7}{12}$

25. $1\frac{2}{5} \cdot 3\frac{3}{4}$

26. $\dfrac{1}{4} \div \dfrac{16}{64}$

27. El área de una parcela de tierra tiene $1\frac{1}{4}$ acres. ¿Cuántas parcelas con esta área están contenidas en 20 acres de tierra?

28. Un frasco contiene $\dfrac{7}{8}$ de galón. ¿Cuántos frascos de este tamaño se necesitan para contener 28 galones?

1. Dibuja un rayo $\overrightarrow{AB}$ y una recta $\overleftrightarrow{CD}$ que se intersecan para formar $\angle BEC$.

2. ¿Cuál es la suma de los ángulos de un octágono?

3. Si $\angle ABC$ mide 63°:

a. ¿Cuánto mide un ángulo complementario a $\angle ABC$?

b. ¿Cuánto mide un ángulo suplementario a $\angle ABC$?

4. Las rectas $\overleftrightarrow{AB}$ y $\overleftrightarrow{CD}$ son paralelas. Haz una lista de los ángulos congruentes a $\angle CFE$ y explica por qué son congruentes.

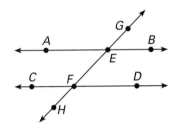

5. Halla el área y el perímetro de la base de un edificio rectangular de 36 pies de ancho y 52 pies de largo.

6. Llena los espacios en blanco: Todos los lados de un cuadrado son _____ . Todos los lados de un triángulo equilátero son _____ . Los lados de cualquier otro polígono regular son _____ .

7. Encuentra un cuadrado perfecto entre 60 y 70.

8. Halla $\sqrt{42}$ y redondéala a tres posiciones decimales.

9. Encuentra la longitud del cateto más corto de un triángulo rectángulo cuya hipotenusa tiene 13 m de largo y el cateto más largo mide 12 m de longitud.

10. Halla el área de un triángulo cuya altura es de 6.4 pulgadas y su base es de 5 pulgadas.

11. Encuentra el área de este trapecio.

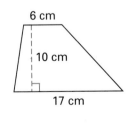

6 cm

10 cm

17 cm

12. Halla el área de este escenario.

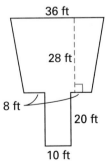

36 ft

28 ft

8 ft

20 ft

10 ft

1. Aproxima la razón de la anchura con relación a la longitud del rectángulo mostrado.

2. Halla la tasa: 144 pies en 6 segundos; recuerda incluir unidades en tu tasa.

3. Expresa la tasa como una tasa unitaria: $46.00 por 8 horas de trabajo.

4. Usa las tasas unitarias para hallar el mejor rendimiento de gasolina por milla: 162 millas con 6 galones de gasolina ó 203 millas con 7 galones.

5. El mercado de la esquina vende 3 libras de manzanas por $6.45. A esta tasa, ¿cuánto costarían 5 libras de manzanas?

6. Usa la multiplicación y la división para encontrar dos razones equivalentes a $\frac{14}{24}$.

7. Utiliza una tabla para hallar dos tasas equivalentes a la presentación de 45 marionetas en 2 minutos.

8. Usa la multiplicación para completar la tabla y encontrar cinco razones equivalentes a $\frac{2}{5}$.

2	4	6	8	10	12
5					

9. Mediante la división, completa la tabla para encontrar cinco razones equivalentes a $\frac{288}{216}$.

288	144	48	16	8	4
216					

10. Completa la siguiente tabla de razones. Después escribe cuatro proporciones relacionadas con las razones.

5	10	15	20
6			

11. Sam horneó un pay de manzana con 4 manzanas y 3 cucharadas de azúcar; además de un pay más grande con 6 manzanas y 5 cucharadas de azúcar. ¿Estas razones son proporcionales?

12. Determina si estas razones forman una proporción: $\frac{84}{124} \stackrel{?}{=} \frac{42}{60}$

13. Indica si estas razones son proporcionales y explica por qué: $\frac{5}{8} \stackrel{?}{=} \frac{17}{24}$

14. Halla la tasa unitaria de: 54 páginas en 9 minutos.

15. La madre de Kamilah manejó 138 millas con 6 galones de gasolina. Encuentra el rendimiento de gasolina por milla para su auto.

16. Resuelve la proporción: $\frac{16}{20} = \frac{n}{35}$

1. Escribe 5 cm:20 m de dos maneras diferentes.

2. Encuentra la escala de un mapa si el lago de 42 km de ancho tiene 9 cm de ancho en el mapa.

3. Un modelo a escala de un camión tiene 3.5 pulgadas de largo. Halla la longitud del camión real si la escala es de 1 in.:6 ft.

4. Resuelve la proporción: $\dfrac{8 \text{ in.}}{6 \text{ mi}} = \dfrac{28 \text{ in.}}{x}$

5. Paul necesita estar en la escuela a las 8:30 a.m. Si la escuela está a 6 millas de su casa y el autobús viaja a 30 mi/h, ¿a qué hora necesita salir el autobús de su casa?

6. Anne empieza a correr a las 4:15 p.m. a una velocidad de 8 km/h. Si corre 6 km, ¿a qué hora termina?

7. Un modelo de un tren de 82 pies de largo tiene que caber en un estuche de exhibición que tiene 10 pulgadas de largo. Sugiere una escala apropiada para el modelo.

8. Una fotografía mide 4 por 6 pulgadas. ¿Cuál es la escala más grande que se puede usar para hacer una ampliación que se ajuste a un marco de 60 por 85 pulgadas?

9. Sugiere unidades apropiadas para la tasa a la cual crece tu cabello.

10. Proporciona una tasa unitaria recíproca que signifique lo mismo que 4 galones por $1.

11. Convierte 84 pulgadas por segundo a pies por segundo.

12. Ting conduce su bicicleta a una velocidad de 20 millas por hora. Convierte esta tasa a pies por segundo.

13. Indica si los triángulos de la derecha son similares. De ser así, escribe un enunciado de similitud donde utilices ∼ y proporciona un factor de escala. De lo contrario, explica por qué.

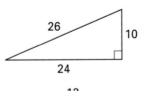

14. Dos trapecios son similares, con un factor de escala 3:1. El trapecio más pequeño tiene un perímetro de 15 cm y un área de 20 cm². Encuentra el perímetro y el área del trapecio más grande.

15. Dos pentágonos similares tienen una razón de área de 36:1. Halla la razón de sus perímetros y el factor de escala.

16. El rectángulo *ABCD* tiene un área de 44 cm² y un perímetro de 30 cm; en tanto el rectángulo *EFGH* es similar a *ABCD*. Si el área de *EFGH* es 11 cm², ¿cuál es su perímetro?

1. Escribe $\frac{19}{25}$ como un porcentaje.   **2.** Escribe 56% como una fracción.   **3.** Escribe 31% como un decimal.

Escribe los siguientes decimales como una fracción y como un porcentaje.

4. 0.24   **5.** 1.5   **6.** 0.002   **7.** 0.75

Escribe cada porcentaje como una fracción y como un decimal.

8. 0.2%   **9.** 96%   **10.** 120%   **11.** 36%

Calcula cada una de las siguientes operaciones en forma mental.

12. 10% de 340   **13.** 50% de 410   **14.** 1% de $50

15. ¿Qué número es el 80% de 35?   **16.** ¿Qué porcentaje de 72 es 40?

17. ¿60 es el 12% de qué número?   **18.** ¿Qué número es el 220% de 145?

19. Un reproductor de discos compactos está en oferta a $119. Esto significa el 85% de su precio normal. Encuentra el precio normal.

20. En un pueblo, el 20% de los 165 restaurantes venden pizza. ¿Cuántos restaurantes venden pizza?

21. De los 700 estudiantes de la Escuela Central, 112 fueron a una excursión. ¿Qué porcentaje de los estudiantes fueron a dicha excursión?

22. Un libro de $15 está en oferta con el 30% de descuento. ¿Cuál es el precio de oferta del libro?

23. Nate compró un suéter de $42 que estaba en oferta a $36.96. ¿A qué porcentaje corresponde esta cantidad del precio normal? ¿Qué porcentaje de descuento obtuvo?

24. En un fin de semana de días festivos, el número de gatos en un asilo se incrementó de 35 a 48. ¿Cuál fue el incremento porcentual?

25. Después de que Janine recibió un incremento a su salario del 6%, éste fue de $44,520. ¿Cuál era su salario antes del incremento?

26. A María se le dieron a vender 120 boletos para una rifa. Vendió 29 de ellos en una semana. ¿A qué disminución porcentual en los boletos corresponde esta cifra?

27. El número de aves en una reserva natural se incrementó de 2980 a 3610. ¿Cuál fue el incremento porcentual?

28. Había 650 estudiantes en un maratón musical. Para la hora en que tocó la última banda, quedaban 480 estudiantes. Encuentra la disminución porcentual en el número de estudiantes.

Capítulo 9 • Repaso

1. Indica si -4.5 es un número entero.

2. Usa un signo para escribir este número: 2000 pies bajo el nivel del mar.

3. Escribe el opuesto de -19.

4. Encuentra el valor absoluto: $|-53|$.

5. Usa $>$, $<$ o $=$ para comparar: $-47 \boxed{} -35$.

6. Ordena este conjunto de números de menor a mayor: $24, -6, 7, -13, -2$.

7. Llena el espacio en blanco con *algunas veces*, *siempre* o *nunca*: Un número entero _____ es igual a su valor absoluto.

8. Grafica cada punto en el mismo plano de coordenadas.

    a. $(2, 4)$ **b.** $(1, -2)$ **c.** $(-3, 0)$

9. Menciona el cuadrante o el eje que contiene el punto $(-4, -7)$.

10. Dibuja un paralelogramo de manera que cada uno de sus vértices esté en un cuadrante diferente. Rotula las coordenadas de cada punto.

11. Escribe un problema que relacione una suma con el modelo de la siguiente figura.

12. Escribe el siguiente número entero del patrón: $-14, -5, 4,$ _____ .

Halla cada suma o diferencia.

13. $24 + (-11)$ **14.** $-9 + (-7)$ **15.** $-63 + 91$ **16.** $37 + (-38)$

17. $8 - 15$ **18.** $-4 - (-7)$ **19.** $-29 - 45$ **20.** $-18 - (-57) - 39$

21. La temperatura promedio más alta del mundo es de 95°F, en la depresión Dalol Danakil en Etiopía. Mientras que la temperatura promedio más baja es de -72°F, en la Estación Plateau en la Antártida. Haz una resta para calcular el rango de las temperaturas promedio.

Halla los siguientes productos o cocientes.

22. $-8 \cdot (-5)$ **23.** $-12 \cdot 3$ **24.** $15 \cdot (-4) \cdot 3$ **25.** $-7 \cdot (-9) \cdot (-8)$

26. $84 \div (-12)$ **27.** $-54 \div (-6)$ **28.** $-90 \div 3 \div (-5)$ **29.** $-39 \div 3$

30. Las ganancias del negocio de Rocia en los primeros cinco meses de 1996 fueron de $3500, -2200, $-$2900$, $800 y $-$1700$. ¿Cuál fue la ganancia mensual promedio?

1. Narra una historia que se adapte a la gráfica mostrada a la derecha.

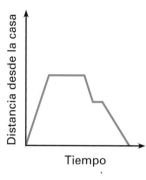

Distancia desde la casa

Tiempo

2. Define una variable y proporciona un rango razonable de valores para la altura de un auto.

3. Menciona una cantidad de la que pueda depender el volumen de un cono.

4. Escribe una regla para la progresión 5, 10, 15, 20,… y proporciona el término 100 de esta misma progresión.

5. Para la siguiente tabla, escribe una ecuación que muestre la relación entre x y y. Usa la ecuación para calcular y cuando $x = 7$.

x	1	2	3	4
y	3	4	5	6

6. Haz una tabla de seis pares de valores para la ecuación $y = 3x - 7$.

Grafica cada ecuación en un plano de coordenadas.

7. $y = x + 2$

8. $y = x^2 + 1$

9. La tabla a continuación se creó de la ecuación $y = -4x + 2$. Úsala para resolver las siguientes ecuaciones relacionadas.

x	0	1	2	3	4
y	2	-2	-6	-10	-14

a. $-2 = -4x + 2$

b. $-14 = -4x + 2$

10. Utiliza una gráfica para resolver $-11 = 2x - 5$.

11. Escribe la ecuación modelada en el cuadro de ecuación. Luego resuélvela y describe los pasos que seguiste.

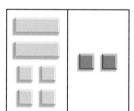

12. Escribe y grafica una desigualdad para mostrar que por lo menos 150 estudiantes asistieron a una obra de teatro.

Resuelve las siguientes ecuaciones y comprueba tu solución.

13. $p - 14 = -6$

14. $a + 11 = 36$

15. $\dfrac{d}{-6} = -72$

16. $-9r = 63$

17. $3x + 4 = 1$

18. $\dfrac{c}{3} - 2 = 5$

19. Un recorrido en taxi cuesta $3 más $2 por milla. Alonzo pagó $17 por un recorrido. ¿Cuántas millas viajó?

1. Traza un prisma triangular. ¿Cuántas aristas, caras y vértices tiene?

2. Encuentra el número de cubos en la figura mostrada a la derecha. Imagina que todos los cubos están visibles.

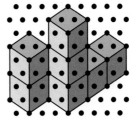

3. A continuación se muestra un prisma rectangular.

    a. Traza un desarrollo para este prisma.

    b. Encuentra su área total.   **c.** Encuentra su volumen.

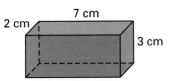

4. Los datos muestran el resumen de la temporada del equipo de béisbol de Phil. Haz una gráfica circular y rotula cada sector.

Ganados	Perdidos	Empatados
40%	50%	10%

5. Halla la circunferencia y el área de un círculo cuyo diámetro es de 12.54 cm. Usa 3.14 como valor de π y redondea al centésimo más cercano.

6. Encuentra el área total y el volumen del cilindro mostrado. Utiliza 3.14 como valor de π y redondea al décimo más cercano.

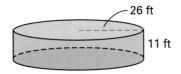

7. Copia la figura y dibuja todos los ejes de simetría. Luego indica si tiene o no simetría rotacional.

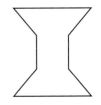

8. El punto A está en $(3, -1)$. Usa la regla de traslación $(x, y) \rightarrow (x - 4, y - 1)$ para encontrar las coordenadas de A'.

9. Las coordenadas de un triángulo son $A(0, 0)$, $B(-4, 4)$ y $C(-1, 2)$.

    a. Dibuja la figura en el plano de coordenadas.

    b. Dibuja la reflexión de ABC a través del eje de las y. Proporciona las coordenadas de los vértices de la reflexión.

    c. Proporciona las coordenadas de una rotación de ABC para un giro sobre el origen de 90° en el sentido de las manecillas del reloj.

1. La pizzería Mamá Grande, ofrece 3 tipos de masa, 2 elecciones de queso y 6 elecciones de ingredientes. Usa el Principio de conteo para encontrar el número de las diferentes pizzas que consisten en un tipo de masa, un queso y un ingrediente.

2. Una librería tiene secciones separadas para los libros de pasta dura y los de bolsillo en cada una de estas categorías: ficción, misterio, no ficción, ciencia ficción y poesía. Haz un diagrama de árbol para mostrar los resultados posibles. ¿Cuántas secciones necesita la librería?

3. Un concurso otorga 4 premios. Sandra, Miguel, Tasha y Jimmy son los cuatro finalistas. ¿De cuántas maneras se pueden asignar el primero, segundo, tercer y cuarto lugares?

4. Haz una lista de todas las ordenaciones posibles para los números 1, 2 y 3 sin repetir dígitos.

5. Elena tiene 10 CD que desea llevar a su viaje, pero no caben todos en su equipaje. ¿De cuántas maneras diferentes puede elegir 4 de los CD para llevarlos?

6. Una bolsa contiene 4 canicas rojas, 6 azules y 3 amarillas; se elige una canica al azar. Encuentra las posibilidades de que una canica sea:

   a. Azul   **b.** Amarilla

7. Una ruleta tiene 6 secciones iguales, rotuladas como A, B, C, D, E y F. Pramit gana si la aguja se detiene en una vocal y Molly gana si se detiene en una consonante. Indica las posibilidades de ganar de cada jugador. Después determina si el juego es justo.

8. Imagina que se tira un dado. Halla la probabilidad de cada suceso.

   a. Obtener un número mayor que 4.   **b.** Obtener un número que *no* sea mayor que 4.

9. Encuentra la probabilidad de que al tirar dos dados se obtenga una suma de 9. Expresa tu respuesta como un porcentaje.

10. Mike lanzó una moneda 20 veces y obtuvo cara en 7 ocasiones. Halla cada una de las siguientes probabilidades:

    a. Probabilidad teórica de obtener cara.   **b.** Probabilidad experimental de obtener cara.

11. Se lanza un dardo al tablero de dardos mostrado. ¿Cuál es la probabilidad de que caiga en la región sombreada?

12. Un dado se tira dos veces. ¿Cuál es la probabilidad de obtener un número menor que 3 en el primer tiro y luego un 6 en el segundo?

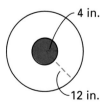

13. Roberto saca dos monedas de su bolsillo, el cual contiene 4 monedas de 25¢ y 5 monedas de 5¢. ¿Cuál es la probabilidad de que ambas monedas sean de 25¢?

Fórmulas geométricas

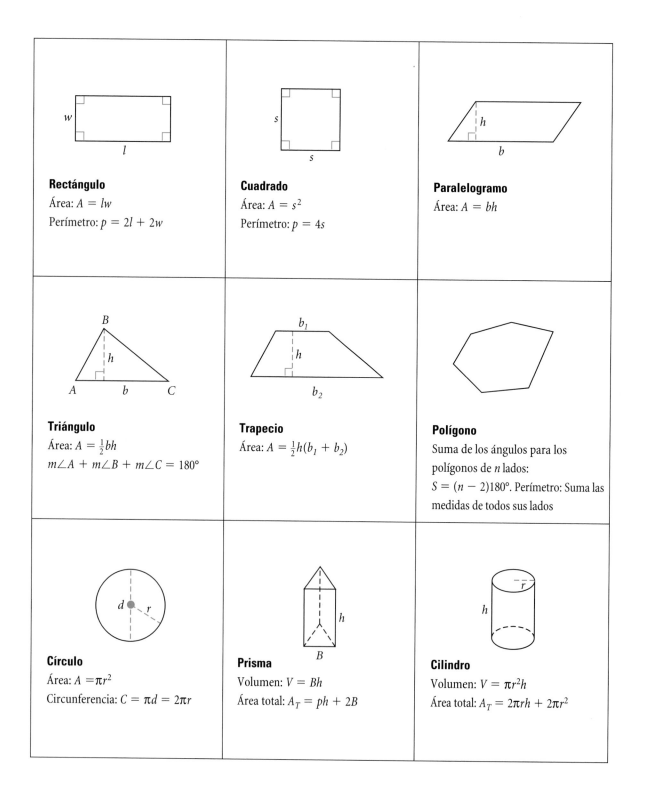

Rectángulo
Área: $A = lw$
Perímetro: $p = 2l + 2w$

Cuadrado
Área: $A = s^2$
Perímetro: $p = 4s$

Paralelogramo
Área: $A = bh$

Triángulo
Área: $A = \frac{1}{2}bh$
$m\angle A + m\angle B + m\angle C = 180°$

Trapecio
Área: $A = \frac{1}{2}h(b_1 + b_2)$

Polígono
Suma de los ángulos para los polígonos de n lados:
$S = (n - 2)180°$. Perímetro: Suma las medidas de todos sus lados

Círculo
Área: $A = \pi r^2$
Circunferencia: $C = \pi d = 2\pi r$

Prisma
Volumen: $V = Bh$
Área total: $A_T = ph + 2B$

Cilindro
Volumen: $V = \pi r^2 h$
Área total: $A_T = 2\pi rh + 2\pi r^2$

Tabla de equivalencias

Medidas métricas de longitud

1000 metros (m) = 1 kilómetro (km)

100 centímetros (cm) = 1 m

10 decímetros (dm) = 1 m

1000 milímetros (mm) = 1 m

10 cm = 1 decímetro (dm)

10 mm = 1 cm

Medidas usuales de longitud

12 pulgadas(in.) = 1 pie (ft)

3 ft = 1 yarda (yd)

36 in. = 1 yd

5280 ft = 1 milla (mi)

1760 yd = 1 mi

6076 ft = 1 milla náutica

Área

100 milímetros cuadrados = 1 centímetro cuadrado

(mm^2)   (cm^2)

10,000 cm^2 = 1 metro cuadrado (m^2)

10,000 m^2 = 1 hectárea (ha)

Área

144 pulgadas cuadradas = 1 pie cuadrado

(in^2)   (ft^2)

9 ft^2 = 1 yarda cuadrada (yd^2)

43,560 ft^2 = 1 acre (A)

Volumen

1000 milímetros cúbicos = 1 centímetro cúbico

(mm^3)   (cm^3)

1000 cm^3 = 1 decímetro cúbico (dm^3)

1,000,000 cm^3 = 1 metro cúbico (m^3)

Volumen

1728 pulgadas cúbicas = 1 pie cúbico

($in.^3$)   (ft^3)

27 ft^3 = 1 yarda cúbica (yd^3)

Capacidad

1000 mililitros (mL) = 1 litro (L)

1000 L = 1 kilolitro(kL)

Capacidad

8 onzas fluidas (fl oz) = 1 taza (c)

2 c = 1 pinta (pt)

2 pt = 1 cuarto (gt)

4 gt = 1 galón (gal)

Masa

1000 kilogramos (kg) = 1 tonelada métrica (t)

1000 gramos (g) = 1 kg

1000 miligramos (mg) = 1 g

Peso

16 onzas (oz) = 1 libra (lb)

2000 lb = 1 tonelada (T)

Temperaturas en grados Celsios (°C)

0°C = punto de congelación del agua

37°C = temperatura normal del cuerpo

100°C = punto de ebullición del agua

Temperaturas en grados Fahrenheit (°F)

32°F = punto de congelación del agua

98.6°F = temperatura normal del cuerpo

212°F = punto de ebullición del agua

Tiempo

60 segundos (s) = 1 minuto (min)

60 min = 1 hora (h)

24 hrs = 1 día

TABLAS

Símbolos

$+$	más o positivo	$\llcorner$	ángulo recto
$-$	menos o negativo	$\perp$	es perpendicular a
$\cdot$	por	$\|\|$	es paralelo a
$\times$	por	AB	longitud de $\overline{AB}$; distancia entre A y B
$\div$	dividido entre		
$\pm$	positivo o negativo	$\triangle ABC$	triángulo con vértices A, B y C
$=$	es igual a	$\angle ABC$	ángulo con lados $\overrightarrow{BA}$ y $\overrightarrow{BC}$
$\neq$	no es igual a	$\angle B$	ángulo con vértice B
$<$	es menor que	$m\angle ABC$	medida del ángulo ABC
$>$	es mayor que	$'$	primo
$\leq$	es menor que o igual a	a^n	la *enésima* potencia de a
$\geq$	es mayor que o igual a	$\|x\|$	valor absoluto de x
$\approx$	es aproximadamente igual a	$\sqrt{x}$	raíz cuadrada principal de x
$\%$	porcentaje	π	pi (aproximadamente 3.1416)
$a{:}b$	la razón de a a b o $\frac{a}{b}$	(a, b)	par ordenado con la abscisa a y la ordenada b
$\cong$	es congruente con		
$\sim$	es similar a	$P(A)$	la probabilidad del suceso A
$^\circ$	grado(s)	$n!$	factorial n
$\overleftrightarrow{AB}$	recta que contiene los puntos A y B		
$\overline{AB}$	segmento de recta con extremos A y B		
$\overrightarrow{AB}$	rayo con origen en A y que contiene a B		

TABLAS

Cuadrados y raíces cuadradas

N	N^2	$\sqrt{N}$	N	N^2	$\sqrt{N}$
1	1	1	51	2,601	7.141
2	4	1.414	52	2,704	7.211
3	9	1.732	53	2,809	7.280
4	16	2	54	2,916	7.348
5	25	2.236	55	3,025	7.416
6	36	2.449	56	3,136	7.483
7	49	2.646	57	3,249	7.550
8	64	2.828	58	3,364	7.616
9	81	3	59	3,481	7.681
10	100	3.162	60	3,600	7.746
11	121	3.317	61	3,721	7.810
12	144	3.464	62	3,844	7.874
13	169	3.606	63	3,969	7.937
14	196	3.742	64	4,096	8
15	225	3.873	65	4,225	8.062
16	256	4	66	4,356	8.124
17	289	4.123	67	4,489	8.185
18	324	4.243	68	4,624	8.246
19	361	4.359	69	4,761	8.307
20	400	4.472	70	4,900	8.367
21	441	4.583	71	5,041	8.426
22	484	4.690	72	5,184	8.485
23	529	4.796	73	5,329	8.544
24	576	4.899	74	5,476	8.602
25	625	5	75	5,625	8.660
26	676	5.099	76	5,776	8.718
27	729	5.196	77	5,929	8.775
28	784	5.292	78	6,084	8.832
29	841	5.385	79	6,241	8.888
30	900	5.477	80	6,400	8.944
31	961	5.568	81	6,561	9
32	1,024	5.657	82	6,724	9.055
33	1,089	5.745	83	6,889	9.110
34	1,156	5.831	84	7,056	9.165
35	1,225	5.916	85	7,225	9.220
36	1,296	6	86	7,396	9.274
37	1,369	6.083	87	7,569	9.327
38	1,444	6.164	88	7,744	9.381
39	1,521	6.245	89	7,921	9.434
40	1,600	6.325	90	8,100	9.487
41	1,681	6.403	91	8,281	9.539
42	1,764	6.481	92	8,464	9.592
43	1,849	6.557	93	8,649	9.644
44	1,936	6.633	94	8,836	9.695
45	2,025	6.708	95	9,025	9.747
46	2,116	6.782	96	9,216	9.798
47	2,209	6.856	97	9,409	9.849
48	2,304	6.928	98	9,604	9.899
49	2,401	7	99	9,801	9.950
50	2,500	7.071	100	10,000	10

Glosario

abscisa El primer número en un par ordenado. [p. 443]

altura En un triángulo o cuadrilátero, la distancia de la base al vértice o lado opuesto. En un prisma o cilindro, la distancia entre las bases. [pp. 233, 249, 567, 587]

ángulo Dos rayos con un origen común. [p. 213]

ángulo agudo Ángulo que mide menos de 90°. [p. 213]

ángulo central Ángulo cuyo vértice está en el centro de un círculo. [p. 574]

ángulo llano Un ángulo que mide 180°. [p. 213]

ángulo obtuso Un ángulo que mide más de 90° y menos de 180°. [p. 213]

ángulo recto Un ángulo que mide 90°. [p. 213]

ángulos alternos internos Un par de ángulos formado por dos rectas y una transversal. En la siguiente figura, ∠1 y ∠3 forman un par de ángulos alternos internos, así como ∠2 y ∠4. [p. 218]

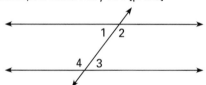

ángulos complementarios Dos ángulos cuyas medidas suman 90°. [p. 214]

ángulos congruentes Dos ángulos que tienen la misma medida. [p. 214]

ángulos correspondientes (en figuras similares) Ángulos coincidentes en figuras similares. [p. 361]

ángulos correspondientes Ángulos formados por dos rectas y una transversal. ∠1 y ∠5, ∠2 y ∠6, ∠4 y ∠8 y ∠3 y ∠7 son ángulos correspondientes. [p. 218]

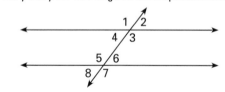

ángulos opuestos por el vértice Ángulos en lados opuestos de la intersección de dos rectas. ∠1 y ∠2 son un par de ángulos opuestos por el vértice. [p. 218]

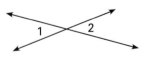

ángulos suplementarios Dos ángulos cuyas medidas suman 180°. [p. 214]

árbol de factores Diagrama que muestra la descomposición de un número cabal en sus factores primos. [p. 136]

área El número de unidades cuadradas necesarias para cubrir una figura. [p. 233]

área total En un sólido, la suma de las áreas de sus superficies. [p. 563]

arista Segmento que une dos caras de un poliedro. [p. 554]

base (de un polígono) Cualquier lado de un polígono o la longitud de ese lado. [pp. 233, 249]

base (de un sólido) Consulta los siguientes ejemplos. [pp. 555, 587]

base (en numeración) Un número multiplicado por sí mismo el número de veces indicado por un exponente. Por ejemplo: $5^2 = 5 \cdot 5$, donde 5 es la base y 2 es el exponente. [p. 125]

bisecar Dividir un ángulo o segmento en dos ángulos o segmentos congruentes. [pp. 214, 218]

bisectriz de un ángulo Un rayo que interseca un ángulo. [p. 214]

cálculo aproximado Una aproximación del resultado de un cálculo.

cambio porcentual La cantidad de un cambio dividida entre la cantidad original multiplicada por 100. [p. 415]

capacidad El volumen de una figura, dado en términos de medida líquida. [p. 594]

cara Una superficie plana de un sólido. [p. 554]

cateto Un lado de un triángulo rectángulo que no es la hipotenusa. [p. 244]

centro El punto donde se localiza la mitad exacta de un círculo o de una esfera. [pp. 574, 587]

cilindro Un sólido con dos bases circulares paralelas con el mismo radio. [p. 587]

círculo Una figura plana cuyos puntos se encuentran a la misma distancia de su centro. [p. 574]

circunferencia El perímetro de un círculo. [p. 578]

cociente Consulta *dividendo*.

combinación Una selección de elementos sin importar el orden. [p. 636]

cono Un sólido con una base circular. [p. 587]

constante Una cantidad cuyo valor no cambia. [p. 482]

contraejemplo Un ejemplo que muestra que un enunciado es falso. [p. 265]

coordenadas Un par de números usados para localizar un punto en un plano de coordenadas. [p. 443]

correlación negativa Dos conjuntos de datos tienen una correlación negativa cuando los valores de un conjunto se incrementan conforme los valores del otro conjunto disminuyen. [p. 37]

correlación positiva Dos conjuntos de datos tienen correlación positiva si sus valores de datos se incrementan o disminuyen al mismo tiempo. [p. 37]

cuadrado (en numeración) Un número elevado a la segunda potencia. [p. 240]

cuadrado (figura geométrica) Un cuadrilátero con cuatro lados congruentes y cuatro ángulos rectos. [p. 223]

cuadrado perfecto El cuadrado de un número cabal. [p. 240]

cuadrantes Las cuatro regiones determinadas por los ejes de un plano de coordenadas. [p. 443]

cuadrilátero Un polígono de cuatro lados. [p. 223]

cubo (en numeración) Un número elevado a la tercera potencia.

cubo (figura geométrica) Un prisma de seis lados cuyas caras son cuadrados congruentes.

decágono Un polígono con 10 lados.

decimal finito Un número decimal que tiene fin. Por ejemplo: 2.31. [p. 154]

decimal periódico Un número decimal que repite un patrón de dígitos. Por ejemplo: $2.313131\ldots = 2.\overline{31}$. [p. 154]

denominador El número en la parte inferior de una fracción. [p. 144]

denominador común Un denominador igual para dos o más fracciones. [p. 150]

descomposición factorial Escribir un número como el producto de números primos. Por ejemplo: $60 = 2^2 \cdot 3 \cdot 5$. [p. 136]

desigualdad Enunciado que establece la desigualdad de dos expresiones. Por ejemplo: $3x < 11$, $x + 2 \leq 6$. [p. 517]

diagrama de árbol Un diagrama de ramas que muestra todos los resultados posibles para una situación dada. [p. 627]

diagrama de dispersión Una gráfica que muestra pares de valores de datos en forma de puntos. [p. 35]

diagrama de puntos Un diagrama con base en x apiladas que muestra la distribución de los valores en un conjunto de datos. [p. 17]

diagrama de Venn Un diagrama que usa regiones para mostrar relaciones. [p. 667]

diámetro La distancia a través de un círculo pasando por su centro. [p. 578]

dibujo a escala Un dibujo que usa una escala para ampliar o reducir la imagen de un objeto. [p. 328]

dibujo ortogonal Un dibujo que presenta las vistas frontal, lateral y superior de un objeto. [p. 559]

diferencia La respuesta a un problema de resta.

disminución porcentual Un cambio porcentual que describe una disminución en una cantidad. [p. 415]

dividendo El número que se va a dividir en un problema de división. En $8 \div 4 = 2$, 8 es el dividendo, 4 es el *divisor* y 2 es el *cociente*.

divisible Un número es divisible entre un segundo número si se puede dividir entre dicho número sin producir ningún residuo. [p. 134]

divisor Consulta *dividendo*.

ecuación Un enunciado matemático que establece la igualdad de dos expresiones. Por ejemplo: $x - 10 = 6$. [p. 82]

ecuación cuadrática Una ecuación con términos al cuadrado. Por ejemplo: $x^2 + 3 = 12$. [p. 545]

eje de las *x* La recta horizontal en un sistema de coordenadas x-y. [p. 443]

eje de las *y* La recta vertical de un sistema de coordenadas x-y. [p. 443]

eje de simetría El "espejo" imaginario en la simetría axial. [p. 605]

ejes Consulta *eje de las x* y *eje de las y*.

enunciado condicional Un enunciado lógico que usa *si* y *entonces* para demostrar la relación entre dos condiciones. Por ejemplo: *Si* un triángulo es escaleno, *entonces* ninguno de sus lados son congruentes. [p. 667]

error en la medición Lo incierto en una medición. El error más grande que se puede cometer en una medición es la mitad de la unidad más pequeña. [p. 203]

escala (en dibujos y mapas a escala) La razón de la distancia entre dos puntos en el mapa o el dibujo y la distancia real. [p. 324]

escala (en una gráfica) Las marcas equitativas en el eje vertical de una gráfica de barras; se utiliza para medir la altura de las barras. [p. 11]

esfera Un sólido cuyos puntos están a la misma distancia del centro. [p. 587]

experimento En probabilidad, es cualquier actividad que incluye posibilidades (como lanzar un dado). [p. 644]

exponente Número que expresa cuántas veces se multiplica la base por sí misma. Por ejemplo: $8^3 = 8 \cdot 8 \cdot 8$, donde 3 es el exponente y 8 la base. [p. 125]

expresión Un enunciado matemático hecho de variables y/o números y operaciones. Por ejemplo: $3x - 11$. [p. 60]

expresión algebraica Una expresión que contiene una variable. Por ejemplo: $2(x - 9)$. [p. 78]

factor Un número cabal que divide otro número de manera equitativa. Por ejemplo: 8 es un factor de 48. [p. 134]

factor común Si un número es un factor de dos o más números, es un factor común de ese conjunto de números. [p. 139]

factor de escala La razón utilizada para ampliar o reducir figuras similares. [p. 361]

factorial El factorial de un número es el producto de todos los números cabales desde 1 hasta el número en cuestión. El símbolo para el factorial es "!". [p. 633]

figura circunscrita Una figura que contiene a otra. Un polígono está circunscrito alrededor de un círculo si el círculo toca cada uno de sus lados. [p. 617]

figura inscrita Una figura que cabe justo dentro de otra. Un polígono está inscrito en un círculo si todos sus vértices tocan ese círculo. [p. 617]

figuras similares Figuras que tienen la misma forma pero no necesariamente el mismo tamaño. [p. 360]

fórmula Regla que muestra las relaciones entre las cantidades. Por ejemplo: $A = bh$. [p. 56]

forma usual La forma común de escribir los números (al contrario de la notación científica). [p. 126]

fórmula de conversión Una fracción, igual a 1, cuyo numerador y denominador representan la misma cantidad pero en diferentes unidades. [p. 349]

fracción Un número en la forma $\frac{a}{b}$. [p. 144]

fracción impropia Una fracción mayor que o igual a 1. [p. 178]

fracciones equivalentes Dos fracciones que representan el mismo número, como $\frac{1}{2}$ y $\frac{8}{16}$. [p. 144]

fractal Patrón con similitud consigo mismo. Al ampliar una pequeña parte de un fractal, la región aumentada se ve idéntica a la figura original. [p. 377]

función Una regla que relaciona dos conjuntos de números. [p. 97]

grados (°) Una unidad de medida para los ángulos. [p. 213]

gráfica circular Una gráfica en forma de círculo que emplea divisiones para representar porciones de un conjunto de datos. [p. 7]

gráfica creciente Gráfica en la cual la altura de la recta crece de izquierda a derecha. [p. 486]

gráfica de una constante Una gráfica en donde la altura de la recta nunca cambia. [p. 486]

gráfica de barras Una gráfica que muestra los datos por medio de barras. [p. 7]

gráfica de doble barra Una sola gráfica que compara gráficas de barras para dos conjuntos de datos relacionados. [p. 12]

gráfica de doble línea quebrada Una sola gráfica que compara gráficas de línea quebrada para dos conjuntos de datos relacionados. [p. 32]

gráfica de línea quebrada Gráfica que usa una línea quebrada para mostrar el cambio de los datos con el paso del tiempo. [p. 30]

gráfica de mediana y rango Una gráfica que muestra la distribución de una colección de datos. [p. 26]

gráfica decreciente Una gráfica en donde la altura de la recta decrece de izquierda a derecha. [p. 486]

heptágono Polígono de siete lados.

hexágono Polígono de seis lados. [p. 227]

hipotenusa El lado opuesto del ángulo recto en un triángulo rectángulo. [p. 244]

histograma Tipo de gráfica de barras en donde las categorías son rangos de números iguales. [p. 47]

incremento porcentual Un cambio porcentual que describe un aumento en una cantidad. [p. 415]

intervalo El espacio entre valores marcados en la escala de una gráfica de barras. [p. 11]

inverso aditivo El opuesto de un número. Por ejemplo: el inverso aditivo de 2 es –2. [p. 451]

juegos justos Juegos en donde todos los jugadores tienen la misma posibilidad de ganar. [p. 645]

lados correspondientes Lados coincidentes en figuras similares. [p. 361]

línea de tendencia Una recta dibujada a través de un conjunto de puntos para mostrar una tendencia en los valores de datos. [p. 41]

máximo común divisor (MCD) El factor más grande que tienen en común dos números. Por ejemplo: 6 es el MCD de 24 y 18. [p. 139]

media La suma de los valores en un conjunto de datos dividido entre el número de valores. También se conoce como *promedio*. [p. 22]

mediana El valor medio en un conjunto de datos cuando los valores están ordenados. [p. 22]

mediatriz Una recta, rayo o segmento que interseca un segmento en su punto medio y es perpendicular a él. [p. 219]

mínima expresión Una fracción con un numerador y un denominador cuyo único factor común es 1. [p. 145]

mínimo común denominador (mcd) El mínimo común múltiplo (MCM) de dos o más denominadores. [p. 174]

mínimo común múltiplo (MCM) El múltiplo común más pequeño de dos números. Por ejemplo: 56 es el MCM de 8 y 14. [p. 141]

moda El (los) valor(es) que aparece(n) con más frecuencia en un conjunto de datos. [p. 22]

múltiplo El producto de un número dado y un número enteros. Por ejemplo: puesto que $3 \cdot 7 = 21$, el número 21 es el múltiplo de 3 y 7. [p. 141]

múltiplo común Un número que es múltiplo de dos números dados. Por ejemplo: 24 es un múltiplo común de 4 y de 3. [p. 141]

notación científica Un número escrito como un decimal mayor que o igual a 1 y menor que 10, por una potencia de 10. Por ejemplo: $937 = 9.37 \times 10^2$. [p. 126]

numeración hexadecimal Sistema de valor posicional de base 16. [p. 159]

numerador El número en la parte superior de una fracción. [p. 144]

número compuesto Un número enteros mayor que 1 que tiene más de dos factores. [p. 136]

número entero Un número enteros, su opuesto, o cero. Los números enteros son … $-3, -2, -1, 0, 1, 2, 3, …$ [p. 433]

número mixto Un número formado por un número enteros y una fracción. [p. 169]

número primo Un número enteros mayor que 1 cuyos únicos factores son 1 y él mismo. Algunos números primos son: 2, 3, 5, 7, 11,… [p. 136]

números negativos Números menores que cero. [p. 433]

números opuestos Números que están a la misma distancia del cero pero en lados opuestos, como 5 y –5. [p. 433]

números positivos Números mayores que cero. [p. 433]

octágono Polígono de ocho lados. [p. 227]

operaciones inversas Operaciones que se "anulan" entre sí, como la suma y la resta. [p. 75]

orden de las operaciones Regla que establece el orden en que se hará una serie de operaciones. El orden de las operaciones es: 1) calcular las operaciones entre símbolos de agrupación; 2) calcular potencias; 3) multiplicar y dividir de izquierda a derecha; 4) sumar y restar de izquierda a derecha. [p. 61]

ordenada El segundo número en un par ordenado. [p. 443]

origen El punto cero en una recta numérica, o el punto (0, 0) donde se intersecan los ejes de un sistema de coordenadas. [pp. 433, 443]

par ordenado Par de números, como (12, –8), usado para localizar puntos en un plano de coordenadas. [p. 443]

paralelogramo Un cuadrilátero cuyos lados opuestos son congruentes y paralelos. [p. 223]

pares de cero Un número y su opuesto. Por ejemplo: 23 y (–23). [p. 451]

pentágono Polígono de cinco lados. [p. 227]

perímetro La longitud que rodea a una figura. [p. 233]

permutación Una de las maneras de ordenar un conjunto de elementos. [p. 631]

perpendicular Rectas, rayos o segmentos de recta que se intersecan en ángulos rectos. [p. 219]

perspectiva isométrica Un dibujo en perspectiva. [p. 559]

pi (π) La razón de la circunferencia de un círculo a su diámetro: $\pi \approx 3.14159265…$ [p. 579]

pirámide Un poliedro con una base poligonal. [p. 555]

plano Una superficie plana que se extiende al infinito. [p. 217]

plano de coordenadas *x-y* Un sistema de coordenadas para localizar puntos que se basa en dos rectas numéricas, el eje de las *x* y el eje de las *y*. [p. 443]

poliedro Un sólido cuyas caras son polígonos. [p. 554]

polígono regular Un polígono cuyos lados y ángulos son congruentes. [p. 228]

polígono Una figura geométrica que tiene por lo menos tres lados. [p. 227]

porcentaje Razón que compara un número con 100. Por ejemplo: $29\% = \frac{29}{100}$. [p. 386]

posibilidad La razón del número de maneras como puede ocurrir un suceso con relación al número de formas en que no puede ocurrir. [p. 645]

potencia El número que resulta de elevar una base a un exponente. Por ejemplo: $16 = 2^4$, por tanto, 16 es la cuarta potencia de 2. [p. 125]

precio unitario Una tasa unitaria que proporciona el costo de un artículo. [p. 279]

Principio de conteo Para encontrar el número de resultados al seleccionar varios objetos, se multiplica el número de posibilidades por cada objeto. [p. 627]

prisma Un poliedro cuyas bases son congruentes y paralelas. [p. 555]

probabilidad El número de maneras como puede ocurrir un suceso dividida entre el número total de resultados posibles. [p. 650]

probabilidad experimental La probabilidad basada en los resultados estadísticos de un experimento. [p. 654]

probabilidad geométrica La probabilidad basada en la comparación de medidas de figuras geométricas. [p. 656]

probabilidad teórica La razón entre el número de formas que puede ocurrir un suceso entre el número de resultados posibles. [p. 654]

producto La respuesta a un problema de multiplicación.

producto cruzado En una proporción, el producto del numerador de un lado y el denominador del otro lado. [p. 308]

progresión geométrica Una progresión en donde la razón entre sus términos consecutivos siempre es la misma. Por ejemplo: 3, 6, 12,… [p. 492]

progresión Una lista de números, como −1, 4, 9, 14… [p. 490]

progresión aritmética Una progresión donde la diferencia entre sus términos consecutivos siempre es la misma. Por ejemplo: 3, 6, 9,… [p. 492]

promedio Consulta *media*.

Propiedad asociativa de la multiplicación Señala que la agrupación no afecta el producto de tres o más números. $a(bc) = (ab)c$ [p. 62]

Propiedad asociativa de la suma Señala que la agrupación no afecta la suma de tres o más números. $a + (b + c) = (a + b) + c$ [p. 62]

Propiedad conmutativa de la multiplicación Señala que una ordenación no afecta el producto de dos o más números. $ab = ba$ [p. 62]

Propiedad conmutativa de la suma Señala que una ordenación no afecta la suma de dos o más números. $a + b = b + a$ [p. 62]

Propiedad distributiva Señala que $a(b+c) = ab + ac$. [p. 62]

proporción Un enunciado que demuestra la igualdad de dos razones. [p. 294]

punto medio El punto que divide un segmento en dos segmentos congruentes más pequeños. [p. 218]

radical Signo $\sqrt{}$ usado para representar una raíz cuadrada. [p. 241]

radio La distancia desde el centro de un círculo hasta un punto del mismo. [p. 578]

raíz cuadrada La longitud del lado de un cuadrado con un área igual a un número dado. [p. 240]

rango (en estadística) La diferencia entre el número menor y mayor en un conjunto de datos. [p. 22]

rayo Parte de una recta con un origen y que se extiende al infinito. [p. 212]

razón Una comparación de dos cantidades, a menudo escritas como una fracción. [p. 274]

razonamiento deductivo Uso de la lógica para demostrar que un enunciado es verdadero. [p. 265]

razonamiento inductivo Uso de un patrón para llegar a una conclusión. [p. 265]

razones equivalentes Razones correspondientes a fracciones equivalentes. [p. 282]

recíprocos Dos números cuyo producto es 1. Por ejemplo: $\frac{5}{7}$ y $\frac{7}{5}$ son recíprocos. [p. 198]

recta Una agrupación de puntos en línea recta que se extienden de manera infinita en ambas direcciones. [p. 212]

rectángulo Un cuadrilátero con cuatro ángulos rectos. [p. 223]

rectas paralelas Rectas en un plano que nunca se intersecan. [p. 217]

redondeo Cálculo aproximado de un número a un valor posicional dado. Por ejemplo: 2153 redondeado a la centena más cercana es 2200. [p. 110]

reflexión Una transformación que gira una figura sobre un eje. [p. 606]

resolver Hallar las soluciones de una ecuación o desigualdad. [p. 82]

resultado (en probabilidad) La manera como un experimento o situación podría manifestarse. [p. 627]

resultados igualmente probables Resultados que tienen la misma probabilidad.

rombo Un paralelogramo con todos sus lados congruentes. [p. 223]

rotación Una transformación que hace girar una figura alrededor de un punto. [p. 610]

sector Una parte de un círculo en forma de rebanada. [p. 7]

segmento bisector Una recta, rayo o segmento que atraviesa el punto medio de un segmento. [p. 218]

segmento Consulta *segmento de recta*.

segmento de recta Dos puntos, llamados *extremos* de un segmento, y todos los puntos entre ellos. [p. 218]

segmentos congruentes Dos segmentos que tienen longitudes iguales. [p. 218]

simetría Consulta *simetría axial*, *simetría central* y *simetría rotacional*.

simetría axial Una figura tiene simetría axial si una mitad es la imagen espejo de la otra mitad. [p. 605]

simetría central Una figura tiene simetría central si no sufre ningún cambio después de una rotación de 180°. [p. 611]

simetría rotacional Una figura tiene simetría rotacional cuando conserva su forma después de sufrir una rotación menor a 360°. [p. 611]

simulación (en probabilidad) Un modelo de un experimento de probabilidad. [p. 664]

sin correlación Dos conjuntos de datos no tienen relación cuando no hay una correlación ni positiva ni negativa. [p. 37]

sistema binario de numeración Un sistema de valores con base dos. [p. 159]

sistema de coordenadas (plano de coordenadas) Un sistema de rectas numéricas horizontales y verticales que se intersecan, usado para localizar puntos. [p. 443]

sistema decimal Un sistema de valor posicional de base 10.

sistema métrico decimal El sistema de medición más común en todo el mundo: centímetros, metros, kilómetros, gramos, kilogramos, mililitros, litros, etcétera.

sistema usual de medidas El sistema de medición utilizado en Estados Unidos: pulgadas, pies, millas, onzas, libras, toneladas, tazas, cuartos de galón, galones, etcétera.

sólido Un objeto de tres dimensiones. [p. 554]

soluciones de una ecuación o desigualdad Valores de una variable que hacen que una ecuación o desigualdad sea verdadera. [pp. 82, 517]

suceso Un resultado o conjunto de resultados de un experimento o una situación. Por ejemplo: obtener un 3 o un número mayor es un suceso posible al lanzar un dado. [p. 645]

sucesos dependientes Sucesos en donde el resultado de uno afecta la probabilidad del otro. [p. 660]

sucesos independientes Sucesos en donde el resultado de uno no afecta la probabilidad del otro. [p. 660]

suma La respuesta a un problema de adición.

sumando Un número sumado a uno o más números.

sustituir Remplazar una variable con un valor conocido. [p. 57]

tabla arborescente Una tabla que muestra la distribución de valores de un conjunto de datos al separar cada valor en un tallo y una hoja. [p. 17]

tangente Una recta que toca un círculo en un solo punto. [p. 582] En un triángulo rectángulo, la tangente de un ángulo es la razón de la longitud del lado opuesto al ángulo sobre la longitud del lado adyacente a él. [p. 315]

tasa Una razón que muestra cómo se relacionan dos cantidades con unidades distintas. Por ejemplo: $\frac{72\ dólares}{8\ horas}$. [p. 278]

tasa unitaria Una tasa en donde la segunda cantidad es una unidad. Por ejemplo: $\frac{55\ millas}{1\ hora}$. [p. 278]

tasas equivalentes Tasas correspondientes a fracciones equivalentes. [p. 282]

tendencia Una dirección clara en una gráfica de línea quebrada que sugiere cómo serán los datos en el futuro. [p. 31]

Teorema de Pitágoras En un triángulo rectángulo donde c es la longitud de la hipotenusa y a y b son las longitudes de los catetos, $a^2 + b^2 = c^2$. [p. 245]

término Un número en una progresión. [p. 490]

teselado Un conjunto de figuras repetidas que cubren una superficie plana sin dejar espacios ni traslaparse. [p. 615]

transformación Un cambio en el tamaño o posición de una figura. [p. 600]

transportador Una herramienta para medir ángulos. [p. 213]

transversal Una recta que interseca dos o más rectas. [p. 217]

trapecio Cuadrilátero con dos lados paralelos. [p. 223]

traslación Una transformación que desplaza una figura. [p. 600]

triángulo Un polígono de tres lados.

triángulo acutángulo Un triángulo con tres ángulos agudos. [p. 223]

triángulo equilátero Un triángulo cuyos tres lados tienen la misma longitud. [p. 222]

triángulo escaleno Un triángulo cuyos lados tienen diferente longitud. [p. 222]

triángulo isósceles Triángulo con dos lados congruentes. [p. 222]

triángulo obtusángulo Un triángulo con un ángulo obtuso. [p. 223]

triángulo rectángulo Un triángulo con un ángulo recto. [p. 223]

valor absoluto La distancia de un número con respecto al cero, se muestra por medio de | |. Por ejemplo: |–7| = 7 [p. 434]

valor extremo Un valor demasiado alejado de los otros en un conjunto de datos. [p. 17]

valor posicional El valor que se da a la posición que ocupa un dígito.

variable Una cantidad cuyos valores pueden variar. [p. 56]

vértice En un ángulo, el origen de los rayos que forman el ángulo. En un polígono, una esquina donde se encuentran dos lados. En un poliedro, la esquina donde se encuentran las aristas. [pp. 213, 227, 554]

volumen La cantidad de espacio que ocupa un sólido. [p. 567]

Selección de respuestas

Capítulo 1

1-1 Haz la prueba (Ejemplos 1–2)

Servicio público y comercio

Haz la prueba (Ejemplos 3–4)

Una gráfica de barras

1-1 Ejercicios y aplicaciones

1. a. Ruíz: Hekla   **b.** Colima y Etna
c. Altura en pies   **3. a.** Gráfica de
barras   **b.** Gráfica circular   **c.** Gráfica
circular   **5.** C   **7.** Jardinería
13. 16,002   **15.** 133   **17.** 938
19. 108

1-2 Haz la prueba

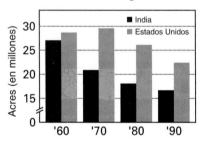

Tierra irrigada

1-2 Ejercicios y aplicaciones

1. a. 250,000,000   **b.** 50,000,000
3. B   **5.** Respuesta posible:
Escala 1000–5000, intervalo 1000.
7. Respuesta posible: Escala 120–360,
intervalo 40.   **13.** Cuatrocientos
veintiocho   **15.** Cuarenta y tres mil
ciento ochenta y cinco   **17.** Tres
millones setecientos treinta y cuatro mil
setecientos noventa   **19.** 16   **21.** 186

1-3 Haz la prueba

a.

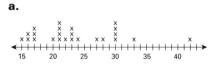

b.

Tallo	Hoja
4	2
3	0, 0, 0, 0, 3
2	0, 1, 1, 1, 1, 2, 3, 3, 3, 4, 7, 8
1	5, 6, 6, 7, 7, 7

1-3 Ejercicios y aplicaciones

1. a. 29   **b.** 36
c.

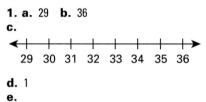

d. 1
e.

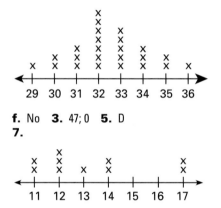

f. No   **3.** 47; 0   **5.** D
7.

9.

Tallo	Hoja
3	8
2	0 3 3 5 5 8
1	2 4 6 7 9
0	5 8

11. a.

Tallo	Hoja
6	1 1 4 5 8
5	0 1 2 4 4 6 7 7 7 7 8
4	6 8 9 9

13. 410   **15.** 3560   **17.** 8060
19. 354,450   **21.** 20,861
23. 101,000   **25.** 24,000   **27.** 4000
29. 0   **31.** 10,000

1-4 Haz la prueba

a. Media 38.4, mediana 41, rango 45.
b. Media 46, mediana 40.5, rango 67.

1-4 Ejercicios y aplicaciones

1. a. 5, 6, 17, 19, 23, 26, 34; Mediana: 19.
b. 27, 38, 39, 45, 47, 48, 49, 52; Mediana 46.
3. a. Media ≈ 59.7 in., mediana 59.5 in.,
rango 7 in., moda 59 in.   **5.** Media
≈ 320.1; Mediana 321.5; Modas 320 y 327;
Rango 202.   **7. a.** ≈ 6,000,000
personas   **9.** Media 11.87, mediana 10,
moda 6.   **11.** C   **17.** 9 R2   **19.** 97 R3
21. 6999; 7286; 8003   **23.** 28; 82; 288;
2228; 8282; 8822; 8882

Sección 1A • Repaso

1. 25%   **3.** Sí
5.

Tallo	Hoja
3	1 2 2 2 2 3 4 4 6 6 7 8 9
2	3 3 3 6 6 7 7 8 8 9 9 9
1	9

7. China

1-5 Haz la prueba

Características de los hogares nuevos

1-5 Ejercicios y aplicaciones

1. Una tendencia creciente; cada vez
compiten más naciones.

3.

Marcador del juego de bolos de Josie

Puntaje vs. Entrada

9. C **13.** 13,951 **15.** 101,555
17. 771,936 **19.** Respuesta posible:
Escala 100–700, intervalo 50.
21. Respuesta posible: Escala: 0–150,
intervalo 10. **23.** Respuesta posible:
Escala 0–50, intervalo 5.

1-6 Haz la prueba (Ejemplo 1)

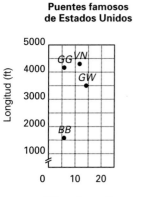

Puentes famosos de Estados Unidos

Longitud (ft) vs. Núm. de carriles

1-6 Haz la prueba (Ejemplos 2–3)

a. Negativa **b.** Positiva

1-6 Ejercicios y aplicaciones

3. Gorila: 50; Rinoceronte: 72
5.

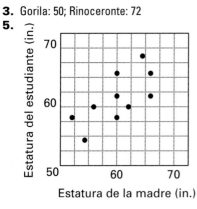

Estatura del estudiante (in.) vs. Estatura de la madre (in.)

7. Negativa **9.** D **15.** 38 R6
17. 118 R24 **19.** 17,269,827

21.

Tallo	Hoja
2	1, 1, 3
1	0, 1, 2, 2, 4, 6, 7, 9
0	4, 7, 8, 9

1-7 Haz la prueba

a.

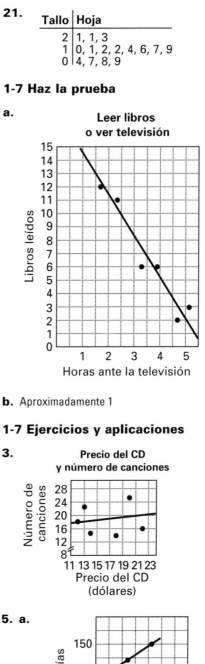

Leer libros o ver televisión

Libros leídos vs. Horas ante la televisión

b. Aproximadamente 1

1-7 Ejercicios y aplicaciones

3.

Precio del CD y número de canciones

Número de canciones vs. Precio del CD (dólares)

5. a.

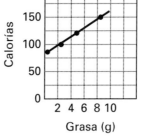

Calorías vs. Grasa (g)

11. 3530 **13.** 54,566 **15.** 1,521,688
17. Media 34.67, mediana 36.5, moda 38.
19. Media 101, mediana 98, no hay moda.

Sección 1B • Repaso

1. a.

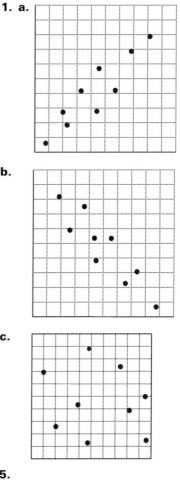

b.

c.

5.

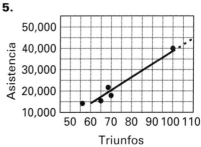

Asistencia vs. Triunfos

Capítulo 1 • Resumen y Repaso

1.

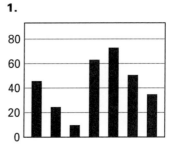

2. Media 20.3, mediana 21, moda 23, rango 44

3.

Tallo	Hoja
4	1 2 5
3	2 3 4 7
2	2 3 8

4. Una gráfica circular   **5.** Asia y África

6.

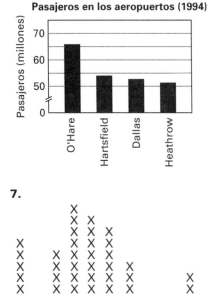

Pasajeros en los aeropuertos (1994)

7.

8. c

9.

Graduación de Conchita Martínez

10.

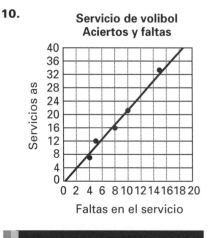

Servicio de volibol Aciertos y faltas

Capítulo 2

2-1 Haz la prueba

a. 14   **b.** $160

2-1 Ejercicios y aplicaciones

1. a. p, l y w **b.** 20 cm   **3.** 230 m^2
5. 240 ft^2 **7.** $\approx$ 0.435 km/h
9. 0.6 km/h   **11.** 9 millas   **13.** B
17. 24,000   **19.** 7,500
21. 296,000   **23.** 74,600
25. 146,000   **27.** 3,820,000

2-2 Haz la prueba (Ejemplos 1–2)

a. 7   **b.** 2   **c.** 14   **d.** 26

2-2 Haz la prueba (Ejemplo 3)

a. 2430   **b.** 2456   **c.** 2460

2-2 Ejercicios y aplicaciones

1. Multiplicación   **3.** División
5. Sí; Paréntesis   **7.** Sí; Barra de división   **9.** 13   **11.** 89
13. 66   **15.** B   **17.** $18 + 12 \div (3 + 1) = 21$ **19.** $7 \times (2 + 3 \times 6) = 140$
21. Propiedad asociativa de la multiplicación   **23.** Propiedad conmutativa de la multiplicación   **25.** Propiedad conmutativa de la multiplicación
27. a. $65.10   **b.** $71.40   **31.** 80
33. 190   **35.** 170   **37.** 220

2-3 Haz la prueba (Ejemplo 1)

s (in.)	2	3	5	8	10	12
A (in^2)	4	9	25	64	100	144

2-3 Haz la prueba (Ejemplo 2)

a. $y = 8x$ **b.** $n = m - 4$

2-3 Ejercicios y aplicaciones

1. a. 72   **b.** 96

c.

Días	3	4	5	6	7	8
Horas	72	96	120	144	168	192

3.

C	0°	20°	40°	60°	80°	100°
K	273°	293°	313°	333°	353°	373°

5. $y = 5x$ **7.** $n = 6m$ **9.** $v = 0.1w$

11.

A	4	8	12	16
C	1	2	3	4

15. 50   **17.** 170   **19.** 270
21. 4600

Sección 2A • Repaso

1. 10   **3.** 7   **5.** 16   **7.** $9 \times (9 - 9) \div 9 = 0$ **9.** $(9 \times 9) - (9 \div 9) = 80$ **11.** 120   **13.** $y = 3x$
16. B

2-4 Haz la prueba

a. 12   **b.** Restar 3 y multiplicar por 2

2-4 Ejercicios y aplicaciones

1. Conducir 5 millas al oeste   **3.** Bajar corriendo las escaleras de tres pisos
5. Restar $4.50   **7.** 25, 30, 240, 30, 25
9. 44, 49, 392, 49, 44   **11.** Multiplicar por 4, restar 7   **13.** Adelantar su reloj 3 horas   **15.** 2   **19.** 240   **21.** 1500
23. 52,000   **25.** 3,000,000   **27.** 1000
29. 125   **31.** 10,000   **33.** 100,000
35. 32,768

2-5 Haz la prueba (Ejemplos 1–2)

a. $h \div 2$ **b.** $25 + d$ **c.** $d(v - 5)$

2-5 Haz la prueba (Ejemplos 3–4)

a. Doce disminuido por un número (g)
b. La suma de los productos de 3 y un número (a) y 4 y un número (b)
c. El producto de 11 y la diferencia entre 5 y un número (r).

2-5 Ejercicios y aplicaciones

1. Resta **3.** Suma **5.** $2k$ **7.** $u - 4$
9. $2c + 8$ **11.** $4(n - 6)$ **13.** $3(x + 15)$
15. 6 disminuido por un número (x)
17. La suma del doble de un número (r)
y 3 **19.** La mitad de un número (f)
21. El producto de 3 y la suma de un número (d) y 3 **23.** 4 más que el cociente de 3 y la suma de un número (c) y 2
25. a. $267n$ **b.** $267n - 25$
27. $5 + 2y$ **29. a.** $2x + 6$
b. $2(x + 3)$ **33.** 16 **35.** 4 **37.** 20
39. 40 **41.** $P = 102$ ft; $A = 620$ ft^2
43. $P = 204$ m; $A = 2480$ m^2

2-6 Haz la prueba

a. $x = 181$ **b.** $b + 67 = 122$; $b = 55$; $55

2-6 Ejercicios y aplicaciones

1. Sumar 80 a ambos lados: $d - 80 + 80 = 70 + 80$ **3.** Restar 16 de ambos lados: $f + 16 - 16 = 32 - 16$
5. Sí **7.** No **9.** $d = 9$ **11.** $f = 9$
13. $x = 88$ **15.** $p = 0$ **17.** $h = 68$
19. $f = 1000$ **21.** $g = 12$
23. $c = 149$ **25.** D
27. $p - 25 = 180$ **29.** $n = 59 - 17$;
$n = 42$ **31.** $n + 127 = 250$; $n = 123$
33. $t \approx 1400$ **35.** $s \approx 6000$
37. Se sumó 13 a ambos lados.
39. $h = 1300 - 115$, $h = 1185$
41. Sumar 17 **43.** Dividir entre 20
45. 7 **47.** 3 **49.** 16 **51.** 18

2-7 Haz la prueba

a. $x = 245$ **b.** $s = 222$
c. 120 kilowatts

2-7 Ejercicios y aplicaciones

1. Dividir ambos lados entre 15:
$15d \div 15 = 1200 \div 15$ **3.** Multiplicar ambos lados por 16: $\frac{f}{16} \times 16 = 32 \times 16$
5. No **7.** No **9.** $m = 2$
11. $p = 1$ **13.** $d = 15$ **15.** $y = 1$
17. $r = 21$ **19.** $h = 3484$ **21.** A
23. Un rectángulo con 4 cm de base tiene una altura de 3 cm y un rectángulo con 6 cm de base tiene una altura de 2 cm.
25. Cerca de 3,775,000 mi^2
27. $k \approx 30$ **29.** $t \approx 20,000$ **31.** C
35. $n = 1235 \div 36$; $n \approx 34.31$; Hua tiene que comprar 35 rollos de película.
37. Como $\frac{1}{4}$ de milla **41.** $2c - 3$
43. $r - 10$

2-8 Haz la prueba

a. $x = 51$ **b.** $5t + 48 = 73$. Él trabajó 5 horas.

2-8 Ejercicios y aplicaciones

1. Suma **3.** Resta **5.** $n = 1$
7. $u = 1$ **9.** $m = 7.5$ **11.** $s = 1$
13. $u = 4$ **15.** $s = 5$ **17.** $x = 7$
19. $s = 16$ **21.** $8 = 4 + 2x$; 2 oz
23. a. 176 chirridos por minuto
b. 16 chirridos por minuto **25.** No
27. 4 días **29.** Primero se restó 6 de los dos lados, luego ambos lados se multiplicaron por 4. **31.** $x = 26$
33. $x = 76$ **35.** $x = 63$ **37.** $x = 857$
39. $e = d + 4$ **41.** $y = 9x$

Sección 2B • Repaso

1. Desabrocharse el cinturón de seguridad, luego abrir la puerta, levantarse para salir del auto y cerrar la puerta.
3. $32 + y$ **5.** 28 disminuido por un número (f) **7.** El producto de 6 y la diferencia de g y 8 **9.** 1 **11.** 21
15. $k = 8$ **17.** $z = 38$ **19.** $x = 2$
21. $k = 49$ **23.** $m = 4$

Capítulo 2 • Resumen y Repaso

1. 20 ft^2 **2.** Costará $20 viajar 6 millas.
3. 23 **4.** 10 **5.** Suma
6. La propiedad distributiva
7. $y = 4x$
8.

Tiempo (t) en h	0	1	2	3	4	5
Distancia (d) en mi	0	40	80	120	160	200

9. Volando 260 millas al sur.
10. Sí, $35 \div 5 = 7$ **11.** $d + 7 = 23$; $d = 16$ **12.** Multiplicar por 11
13. No, $18 + 6 \neq 26$. **14.** $x = 13$
15. $a = 17$ **16.** $n = 96$ **17.** $x = 135$
18. $x = 120$ **19.** Dividir entre 3 y restar 18. **20. a.** $k + 21$ **b.** $10u$
21. $x = 7$ **22. a.** El producto de 5 y un número (z). **b.** El producto de 12 y la diferencia entre un número (j) y 4.
c. El cociente de 5 más que un número (d) y 14.

Capítulos 1–2 • Repaso acumulativo

1. B **2.** B **3.** C **4.** A **5.** B
6. D **7.** C **8.** A **9.** C **10.** A

Capítulo 3

3-1 Haz la prueba

a. $>$ **b.** $=$

3-1 Ejercicios y aplicaciones

1. Treinta y seis y cinco décimos
3. Cuatro mil setecientos noventa y dos y seiscientos treinta y nueve milésimos
5. $\frac{6}{100}$ **7.** $\frac{6}{10}$ **9.** 6 millares, 6 centenas,
$\frac{6}{10}$, $\frac{6}{100}$ **11.** $<$ **13.** $<$ **15.** $<$
17. Mayor: 1993; Menor: 1991
19. a. Yogur natural **25.** 23, 29, 34, 43, 45, 46, 65, 78, 89; Mediana 45 **27.** 2, 3, 3, 3, 4, 5, 5, 6, 6, 6, 7, 8, 8, 9; Mediana 5.5
29. 7 menos que un número (x)
31. El producto de 8 y 4 menos que un número (n) **33.** El cociente de 3 más que un número (d) y 4 **35.** 5 disminuido por un número (n)

3-2 Haz la prueba (Ejemplo 1)

7.9; 7.87; 7.865

3-2 Haz la prueba (Ejemplos 2–4)

a. $\approx 68 - 32 = 36$ **b.** $\approx 10 \times 60 = 600$
c. $\approx 450 \div 90 \approx 5$

3-2 Ejercicios y aplicaciones

1. 3.1 **3.** 17.5 **5.** 15 **7.** 10
9. 15, 1; 15 **11.** 2, 9; 18 **13.** ≈ 800
15. ≈ 9 **17.** ≈ 290 **19.** ≈ 240
21. ≈ 9600 **23.** ≈ 7 **25.** ≈ 2.5
27. ≈ 550 **29. a.** 23.38 **b.** 23.4
c. 23.383 **31. a.** 19.01 **b.** 19.0
c. 19.010 **33. a.** 0.05 **b.** 0.0
c. 0.046 **35. a.** 43.43 **b.** 43.4
c. 43.434 **37.** $\approx $240 **39.** B
41. Marte: 0.2 años; Júpiter: 1.3 años; Saturno: 2.7 años; Neptuno: 9.3 años
47. $x = 22$ **49.** $m = 197$ **51.** $y = 3$
53. $n = 55$

3-3 Haz la prueba

a. $x = 13.1$ **b.** $x = 21.35$

697

3-3 Ejercicios y aplicaciones

1. a. $42.4 > 42.268$ **d.** 0.132
3. ≈ 170 **5.** ≈ 0.4 **7.** ≈ 0.6
9. ≈ 0.01 **11.** ≈ 0.04 **13.** ≈ 0.26
15. $x = 84.304$ **17.** $x = 16.395$
19. $x = 0.015667$ **21.** A
23. 2.3125 puntos **25.** Gasolina usada $=$
33.39 kg; Gasolina sobrante $= 22.31$ kg
31. $v = 12$ **33.** $c = 140$ **35.** $w = 60$
37. $d = 72$

3-4 Haz la prueba (Ejemplo 1)

a. $x = 1.6173$ **b.** $x = 152.165$

3-4 Haz la prueba (Ejemplos 2–3)

a. 34.5 **b.** 0.66

3-4 Haz la prueba (Ejemplo 4)

a. $x \approx 9.47$ **b.** $n \approx 197.95$

3-4 Ejercicios y aplicaciones

1. a. $\frac{x}{9} \approx 4$; $x \approx 36$ **b.** 38.22
c. 38.22 y 36 están cerca, por tanto, la respuesta es razonable **3.** ≈ 36
5. ≈ 12.5 **7.** 2 **9.** 20 **11.** 0.5
13. ≈ 0.4 **15.** ≈ 0.004 **17.** ≈ 20
19. ≈ 24 **21.** ≈ 0.05 **23.** $u = 0.46552$
25. $x \approx 2.8147$ **27.** $a = 0.9968$
29. $k = 0.5068$ **31.** B **33.** $\$10.68$
35. $w \approx 3.0698$ **37.** 364 **39.** 1
41. $g = 7$ **43.** $x = 14$ **45.** $w = 826$
47. $c = 306$

3-5 Haz la prueba

a. 3.17×10^{10} **b.** 9.6005×10^3
c. $410,000$ **d.** $2,894,000,000,000$

3-5 Ejercicios y aplicaciones

1. a. 1.6120000 **b.** 7
c. 1.612×10^7 **3.** 9 **5.** $10,000$
7. 9.37×10^9 **9.** 1.75×10^2
11. 1.01×10^9 **13.** 3.654×10^7
15. 9.9×10^{17} **17.** 2.43×10^8
19. C **21.** $600,000,000$
23. $1,200,000,000,000$ **25.** $498,000$
27. $5,690,000$ **29.** $\$18,157.69$
31. 2.2744×10^9 **33.** $\$5,446$
37. Restar 5 **39.** Sentarse
41. 12.0 **43.** 6.5 **45.** 109
47. 88

Sección 3A • Repaso

1. a. $>$ **b.** $<$ **c.** $=$ **3.** ≈ 69
5. ≈ 82 **7.** 2 **9.** 0.2 **11.** $x \approx 9$;
$x = 8.96$ **13.** $x \approx 5.3$; $x \approx 4.90$
15. a. 1.21×10^4 **b.** 5.206×10^6
c. 4.86×10^9 **19.** Como $\$6$ **21.** C

3-6 Haz la prueba (Ejemplo 2)

a. 2, 3, 4 y 6 **b.** 5 **c.** 2, 4 y 8
d. 2, 3, 6 y 9

3-6 Haz la prueba (Ejemplo 3)

a. $2^2 \times 31$ **b.** $3^2 \times 7$ **c.** $2^2 \times 7 \times 11$
d. $2 \times 3 \times 17$

3-6 Ejercicios y aplicaciones

1. No **3.** Sí **5.** Sí **7.** Sí
9. 3 **11.** 3, 5 y 9 **13.** 2, 4, 5, 8 y 10
15. 2, 3, 6 y 9 **17.** Compuesto
19. Compuesto **21.** Compuesto
23. Compuesto **25.** 2×3^2 **27.** 5×37
29. $2^3 \times 3^2 \times 5$ **31.** $3^2 \times 5^3$
33. C **35.** 2, 3, 6, 7, 9, 14, 18, 21, 27, 42, 54, 63, 126 y 189 segundos
43. $1,758,289,144$
45.

Tallo	Hoja
4	13
3	18
2	3 6 9
1	5 7

47.

Tallo	Hoja
11	7
10	3 5
9	4 5 9
8	6 7

49. $>$ **51.** $<$ **53.** $>$ **55.** $>$

3-7 Haz la prueba (Ejemplo 2)

a. 18 **b.** 24 **c.** 13 **d.** 2

3-7 Haz la prueba (Ejemplos 3–4)

a. 15 **b.** 48 **c.** 60 **d.** 63

3-7 Ejercicios y aplicaciones

1. a. 1, 2, 3, 6, 7, 14, 21, 42 **b.** 1, 3, 7, 9, 21, 63 **c.** 1, 3, 7, 21 **d.** 21 **3.** 12 **5.** 17
7. 54 **9.** 81 **11.** 45 **13.** 60
15. 56 **17.** 120 **19.** El cliente 300
21. 85 barras

31. ≈ 160 **33.** ≈ 0.28
35. ≈ 4 **37.** ≈ 100

3-8 Haz la prueba (Ejemplo 1)

Respuestas posibles: **a.** $\frac{2}{3}, \frac{12}{18}$
b. $\frac{5}{6}, \frac{50}{60}$ **c.** $\frac{5}{6}, \frac{30}{36}$ **d.** $\frac{5}{7}, \frac{30}{42}$

3-8 Haz la prueba (Ejemplo 2)

a. No **b.** No **c.** Sí **d.** Sí

3-8 Ejercicios y aplicaciones

1. a. 1, 2, 4, 8, 16 **b.** 1, 2, 3, 4, 6, 8, 12, 24
c. MCD $= 8$ **d.** $\frac{2}{3}$ **3.** $\frac{5}{9}, \frac{30}{54}$ **5.** $\frac{8}{11}, \frac{32}{44}$
7. $\frac{2}{3}$ **9.** $\frac{7}{9}$ **11.** $\frac{4}{5}$ **13.** $\frac{2}{3}$ **15.** $\frac{3}{4}$
17. $\frac{3}{4}$ **19.** $\frac{2}{3}$ **21.** $\frac{1}{7}$ **23.** $\frac{13}{27}$
25. $\frac{18}{25}$ **27.** $\frac{5}{22}$ **29.** $\frac{24}{53}$ **31.** C
33. Cerca de $\frac{11}{20}$ **35.** $x = 21$
37. $x = 75$ **41.** $t = 9$ **43.** $x = 2$
45. $n = 204$ **47.** $y = 408$ **49.** 31
51. 470 **53.** 87 **55.** 56

3-9 Haz la prueba

a. $>$ **b.** $>$ **c.** $<$

3-9 Ejercicios y aplicaciones

1. a. $\frac{48}{56}$ **b.** $\frac{49}{56}$ **c.** $\frac{7}{8} > \frac{6}{7}$ **3.** $=$
5. $<$ **7.** $>$ **9.** $>$ **11.** $=$ **13.** $=$
15. $=$ **17.** $=$ **27.** 4.756×10^5
29. 9.3×10^7 **31.** 8.3×10^2
33. 5.0×10 **35.** $46,000$
37. $620,000,000$ **39.** $347,000$
41. $749,000,000,000,000$ **43.** $\frac{25}{51}$

3-10 Haz la prueba (Ejemplo 1)

a. $\frac{3}{10}$ **b.** $\frac{3}{4}$ **c.** $\frac{46}{125}$

3-10 Haz la prueba (Ejemplos 2–3)

a. 0.85; finito **b.** $0.\overline{6}$; periódico
c. 0.28125; finito

3-10 Ejercicios y aplicaciones

1. a. $\frac{25}{1000}$ **b.** $\frac{1}{40}$ **3.** $\frac{3}{25}$ **5.** $\frac{1}{25}$
7. $\frac{27}{250}$ **9.** $\frac{203}{250}$ **11.** $0.\overline{571428}$, periódico
13. $0.\overline{6}$, periódico **15.** 0.8, finito
17. 0.52, finito

19. C **21.** $\frac{5}{6}$ **23.** $\frac{2}{11}$ **27.** 63.25

29. 56.625

31.

Galones	1	2	3	4	5
Millas	36	72	108	144	180

Sección 3B • Repaso

1. < **3.** > **5.** > **7.** > **9.** $w = 8.5$
11. $c = 26.72$ **13.** 2×3^3 **15.** $5^2 \times 7$
17. $2^4 \times 3^2$ **19.** MCD: 9; MCM: 810
21. MCD: 27; MCM: 810

23. $\frac{1}{32}$; un treintaidosavo

25. $0.\overline{428571}$ **27.** $0.\overline{6}$

Capítulo 3 • Resumen y Repaso

1. 400, $\frac{4}{1000}$ **2.** $8.041 > 8.04$

3. 18.64 **4.** ≈ 840 **5.** ≈ 6
6. 343.615 **7.** $y = 43.783$
8. 29.555 **9.** $e = 58.824$ **10.** $p = 45.3$
11. 723,400 **12.** 1.739×10^6
13. 2, 3, 5, 6 y 10 **14.** $2^2 \times 3 \times 23$
15. 5 **16.** 60 **17.** Respuestas
posibles: $\frac{5}{6}, \frac{30}{36}$ **18.** $\frac{1}{4}$ **19.** $\frac{5}{11}$
20. $\frac{24}{31} > \frac{23}{31}$ **21.** $\frac{9}{16} > \frac{5}{9}$ **22.** $\frac{6}{25}$
23. $\frac{66}{125}$ **24.** $0.\overline{81}$; periódico

Capítulo 4

4-1 Haz la prueba (Ejemplo 1)

a. $\approx \frac{1}{2}$ **b.** ≈ 1 **c.** ≈ 2

4-1 Haz la prueba (Ejemplo 2)

a. ≈ 9 **b.** ≈ 4 **c.** ≈ 21

4-1 Haz la prueba (Ejemplos 3–4)

a. ≈ 5 **b.** ≈ 5 **c.** ≈ 176

4-1 Ejercicios y aplicaciones

1. $\frac{1}{2}$ **3.** 0 **5.** 0 **7.** $\approx \frac{1}{2}$ **9.** ≈ 0
11. ≈ 1 **13.** $\approx \frac{1}{2}$ **15.** ≈ 1
17. ≈ 12 **19.** ≈ 1 **21.** ≈ 14
23. ≈ 4 **25.** ≈ 4 **27.** ≈ 8
29. ≈ 7 **31.** ≈ 9 **33.** De 30 a 35 veces
35. ≈ 5 piezas **39.** Sur; Montaña
41. > **43.** > **45.** <

4-2 Haz la prueba

a. $d = \frac{7}{12}$ **b.** $w = \frac{14}{15}$ **c.** $h = \frac{1}{3}$

4-2 Ejercicios y aplicaciones

1. Como está escrito **3.** Volver a
escribirse **5.** Como está escrito
7. 12 **9.** 24 **11.** 20
13. $\frac{4}{5}$ **15.** $\frac{7}{8}$ **17.** $\frac{5}{12}$ **19.** $\frac{13}{18}$ **21.** $\frac{1}{2}$
23. $y = \frac{2}{9}$ **25.** $n = \frac{9}{28}$ **27.** $\frac{7}{8}$
29. A **31.** Acción A **33.** $p = 7$
35. $u \approx 7.09$ **37.** $a = 996$
39. $x = 2976$ **41.** ≈ 49 **43.** ≈ 1260
45. ≈ 111 **47.** ≈ 1500 **49.** ≈ 55
51. ≈ 470 **53.** ≈ 130 **55.** ≈ 5000

4-3 Haz la prueba

a. $8\frac{1}{8}$ **b.** $1\frac{2}{3}$ **c.** $3\frac{9}{10}$

4-3 Ejercicios y aplicaciones

1. $3\frac{3}{7}$ **3.** $3\frac{7}{9}$ **5.** $4\frac{7}{8}$ **7.** $\frac{25}{8}$ **9.** $\frac{31}{4}$
11. $\frac{55}{8}$ **13.** $4\frac{1}{4}$ **15.** $2\frac{2}{7}$ **17.** $6\frac{4}{5}$
19. $2\frac{7}{8}$ **21.** $n = 3\frac{5}{21}$ **23.** $y = 6\frac{13}{20}$
25. a. $1\frac{4}{5}$ in. **b.** $1\frac{3}{4}$ in. **27.** $5\frac{1}{5}$ UA
29. a. $\frac{1}{8}$ **b.** $\frac{1}{16}$ **33.** $d = 50$ mi
35. $d = 375$ km **37.** $d = 220$ mi
39. $x = 68.86$ **41.** $x = 45.56$
43. $x = 0.049$

Sección 4A • Repaso

1. ≈ 1 **3.** $\approx 1\frac{1}{2}$ **5.** ≈ 0 **7.** ≈ 8
9. ≈ 21 **11.** $\frac{19}{24}$ **13.** $\frac{43}{45}$ **15.** $8\frac{1}{5}$
17. $4\frac{4}{5}$ **19.** $6\frac{5}{8}$ **21.** $z = 3\frac{7}{20}$
23. $x = 9\frac{7}{8}$ **25.** 2 ft $5\frac{1}{4}$ in. **27.** D

4-4 Haz la prueba (Ejemplos 1–2)

a. $\frac{15}{56}$ **b.** $\frac{2}{3}$ **c.** $\frac{1}{4}$ **d.** $\frac{1}{6}$ **e.** $\frac{1}{10}$

4-4 Haz la prueba (Ejemplos 3–4)

a. $\frac{8}{9}$ **b.** $\frac{1}{3}$ **c.** $\frac{27}{125}$ **d.** $\frac{1}{2}$ **e.** $\frac{1}{4}$

4-4 Ejercicios y aplicaciones

1. $\frac{1}{3}$ **3.** $\frac{8}{45}$ **5.** $\frac{3}{20}$ **7.** $\frac{2}{5}$ **9.** $\frac{1}{3}$
11. $\frac{3}{10}$ **13.** $\frac{1}{7}$ **15.** $\frac{1}{6}$ **17.** $\frac{1}{4}$ **19.** $\frac{5}{14}$
21. $\frac{4}{25}$ **23.** $\frac{3}{14}$ **25.** $\frac{1}{5}$ **27.** B
29. $\approx 13,000$ **31.** $1\frac{1}{3}$ **37.** $p = 1.15$
39. $u = 3.8$ **41.** $x = 2.65$
43. $y = 9.26$

4-5 Haz la prueba

a. 18 **b.** 6 **c.** $4\frac{1}{2}$ **d.** $16\frac{1}{2}$ **e.** $17\frac{1}{3}$

4-5 Ejercicios y aplicaciones

1. $\frac{27}{8}$ **3.** $\frac{71}{8}$ **5.** $\frac{13}{6}$ **7.** 14
9. 16 **11.** 16 **13.** 56 **15.** 9
17. $6\frac{2}{3}$ **19.** $73\frac{1}{8}$ **21.** $3\frac{23}{27}$ **23.** $43\frac{1}{2}$
25. $9\frac{2}{7}$ **29.** 26 **31.** $6\frac{3}{8}$ gramos
39. 1.8×10^1 **41.** 4.21×10^7
43. 1.27×10^8 **45.** 1.933×10^4
47. 2.7×10^2 **49.** 9.3×10^7

4-6 Haz la prueba

a. 35 **b.** $\frac{3}{4}$ **c.** $1\frac{1}{3}$

4-6 Ejercicios y aplicaciones

1. 2 **3.** $\frac{10}{3}$ **5.** 4 **7.** $\frac{7}{2}, \frac{2}{7}$ **9.** $\frac{19}{4}, \frac{4}{19}$
11. $\frac{3}{8} \times 4 = 1\frac{1}{2}$ **13.** $\frac{3}{5} \times 3 = 1\frac{4}{5}$
15. $\frac{5}{8} \times \frac{2}{7} = \frac{5}{28}$ **17.** $\frac{12}{5} \times \frac{6}{5} = 2\frac{22}{25}$
19. $\frac{5}{7}$ **21.** $2\frac{1}{2}$ **23.** $1\frac{25}{44}$ **25.** $4\frac{13}{20}$
27. C **29.** $13\frac{1}{3}$ ó 14 sombreros

31. Respuesta posible: Un número cabal
es la suma de muchos unos. Una fracción
propia es menor que uno, por tanto, debe
haber más de una fracción en un número
cabal.

33. a. $x = 1\frac{5}{9}$ **b.** $x = 8\frac{8}{25}$ **37.** 2, 3, 6
39. 2, 5, 10

Sección 4B • Repaso

1. $\frac{5}{21}$ **3.** $3\frac{7}{8}$ **5.** $\frac{1}{8}$ **7.** $1\frac{7}{10}$ **9.** $\frac{7}{12}$
11. $1\frac{2}{25}$ **13.** $5\frac{4}{9}$ **15.** 2 **17.** $\frac{1}{8}$
19. $\frac{8}{25}$ **21.** $\frac{203}{325}$ **23.** $\frac{65}{96}$ **25.** ≈ 42 ft
27. A

Capítulo 4 • Resumen y Repaso

1. $\approx 1\frac{1}{2}$ **2.** ≈ 0 **3.** ≈ 5
4. ≈ 29 **5.** $1\frac{17}{30}$ **6.** $\frac{13}{18}$ **7.** $\frac{19}{60}$
8. $\frac{31}{8}$ **9.** $9\frac{3}{8}$ **10.** $5\frac{13}{15}$ **11.** $\frac{6}{11}$
12. $1\frac{3}{7}$ **13.** $\frac{5}{16}$ ft² **14.** 36 años
15. 18 **16.** $61\frac{39}{40}$ **17.** $\frac{9}{16}$
18. $1\frac{13}{55}$ **19.** $41\frac{2}{3}$ ó 42 discos
20. 8

Capítulos 1–4 • Repaso acumulativo

1. C **2.** C **3.** B **4.** C **5.** B **6.** C
7. B **8.** C **9.** C **10.** B **11.** A
12. D **13.** C **14.** C

Capítulo 5

5-1 Haz la prueba

Complemento: 47°; Suplemento: 137°

5-1 Ejercicios y aplicaciones

3. $\angle XYZ$; 140° **5.** $\angle LMN$; 100°
7. Ninguno; 45° **9.** 56°; 146° **11.** 145°
13. 13° **15.** Obtuso **17.** Agudo
19. A **23.** < **25.** > **27.** >
29. > **31.** MCD = 5; MCM = 2805
33. MCD = 12; MCM = 672
35. MCD = 33; MCM = 2178
37. MCD = 4; MCM = 504

5-2 Haz la prueba (Ejemplo 1)

a. Correspondientes **b.** Opuestos por el vértice **c.** Alternos internos **d.** 59°
e. 121° **f.** 121° **g.** 59°

5-2 Haz la prueba (Ejemplo 2)

a. El punto medio de la "vara" más corta está en el punto en donde se interseca con la más larga.
b. La vara más larga es la mediatriz de la más corta; La vara más larga interseca a la más corta en su punto medio y forma un ángulo recto.

5-2 Ejercicios y aplicaciones

1. Paralelas **3.** Perpendiculares
5. Paralelas **7.** Perpendiculares
9. Perpendiculares **11.** $\overleftrightarrow{EF}$ y $\overleftrightarrow{GH}$
13. $\angle 1$ y $\angle 2$ **19.** A **25.** $\approx$ 85
27. $\approx$ 15 **29.** $\approx$ 35 **31.** $\approx$ 1000
33. $\frac{1}{3}$ **35.** $\frac{6}{13}$ **37.** $\frac{24}{35}$ **39.** $\frac{9}{16}$

5-3 Haz la prueba

a. 90°

5-3 Ejercicios y aplicaciones

1. a. Conocido: 87°, 76°, 98°; Desconocido: m **b.** $87 + 76 + 98 + m = 360$
c. $261 - 261 + m = 360 - 261$

d. 99 **3.** Rectángulo escaleno
5. Rectángulo isósceles **7.** Cuadrilátero, paralelogramo **9.** Cuadrilátero, rectángulo, paralelogramo **11.** Cuadrilátero, rombo, paralelogramo **13.** $t = 38°$
15. $x = 177°$ **21.** $y = 31.95$
23. $x = 12.78$ **25.** $k = 106.575$
27. > **29.** < **31.** < **33.** <

5-4 Haz la prueba

a. 1080° **b.** 1800°

5-4 Ejercicios y aplicaciones

1. Hexágono regular **3.** Cuadrilátero irregular **5.** Lados no congruentes.
7. Lados y ángulos no congruentes.
11. 900° **13.** 3240° **17.** C **19.** 13
21. 108° **23.** 135° **27.** $m = 3.6$
29. $y = 1.46$ **31.** $x = 9.84$
33. $b = 12.8$ **35.** 0.4375; Finito
37. 0.428571; Periódico **39.** 0.13125; Finito **41.** 0.875; Finito

5-5 Haz la prueba

a. 268 ft **b.** 4200 ft^2

5-5 Ejercicios y aplicaciones

1. a. 48 ft **b.** $A = 14$ ft $\times$ 10 ft
c. 140 ft^2 **3.** P: 80 m; A: 364 m^2
5. P: 346 yd; A: 6360 yd^2 **7.** P: 9,232 ft; A: 5,270,220 ft^2 **9.** P: 42 ft; A: 108 ft^2
11. 2760 m^2 **17.** 10% **19.** $\approx$ 12
21. $\approx$ 16 **23.** $\approx$ 12 **25.** $\approx$ 34
27. $\approx$ 35

Sección 5A • Repaso

1. 143° **3.** 13° **5.** Hexágono irregular
7. 1260° **9.** 2520°
11. P: 800 ft; A: 33,600 ft^2

5-6 Haz la prueba (Ejemplo 1)

a. 9 **b.** 11 **c.** 15 **d.** 100 **e.** 8

5-6 Haz la prueba (Ejemplos 2–3)

a. 9.22 **b.** 6.40 **c.** 8.54
d. 9.49 **e.** 17.32

5-6 Ejercicios y aplicaciones

1. 16 **3.** 625 **5.** 81 **7.** 0.0121
9. $\frac{9}{64}$ **11.** Sí **13.** Sí **15.** No **17.** 10
19. 9 **21.** 15 **23.** 100 **25.** 25
27. 23.32 **29.** 27.04

31. 9.90 **33.** 7.55 **35.** 3.46 **37.** 1
39. $\approx$ 115 ft **41.** B **43.** 36 y 64
47. $\frac{1}{6}$ **49.** $\frac{43}{75}$ **51.** $1\frac{1}{80}$ **53.** $\frac{87}{91}$ **55.** $\frac{11}{60}$
57. $\frac{189}{1100}$

5-7 Haz la prueba

a. $c = 25$ ft **b.** $b \approx 10.39$ ft

5-7 Ejercicios y aplicaciones

1. Hipotenusa r; catetos p y q
3. Hipotenusa s; catetos t y u
5. $j^2 + h^2 = k^2$ **7.** $w^2 + v^2 = u^2$
9. Sí **11.** No **13.** $a = 9$ in.
15. $y = 35$ cm **17.** $\approx$ 127.3 ft
19. C **25.** $20\frac{7}{48}$ **27.** $22\frac{18}{35}$
29. $3\frac{51}{70}$ **31.** $36\frac{1}{21}$

5-8 Haz la prueba

a. 42 in^2 **b.** 152 in^2 **c.** 60 ft^2

5-8 Ejercicios y aplicaciones

1. a. 9 **b.** 4 **c.** 36 **d.** 18 unidades^2
3. $62\frac{1}{2}$ ft^2 **5.** $6\frac{2}{3}$ in^2 **7.** 22 ft^2
9. 810 m^2 **11.** 18 ft **13.** 90 in.
15. 18 yd **17.** 26 in. **19.** 7 in^2 **25.** 3
27. 5 **29.** 2, 4 **31.** Ninguno
33. $\frac{7}{12}$ **35.** $\frac{7}{15}$ **37.** $\frac{2}{9}$ **39.** $\frac{56}{225}$
41. $\frac{55}{96}$ **43.** 1

5-9 Haz la prueba (Ejemplo 1)

a. $\frac{15}{4}$ in^2 **b.** 253 m^2 **c.** 2.88 km^2

5-9 Haz la prueba (Ejemplo 3)

a. 19.5 in^2 **b.** 13.25 cm^2
c. 8.4375 in^2

5-9 Ejercicios y aplicaciones

1. Altura n; base m **3.** Altura x; base y
5. $A = \frac{1}{2}h(b_1 + b_2)$
7. $A = bh$ **9.** 175.2 cm^2 **11.** $\frac{2}{9}$ in^2
13. 96 cm^2 **15.** $\frac{9}{16}$ in^2 **17.** 64 cm^2
19. A **25.** MCD = 2; MCM = 2376
27. MCD = 42; MCM = 840
29. MCD = 30; MCM = 13,260
31. MCD = 30; MCM = 3780

33. $18\frac{6}{7}$ **35.** $55\frac{1}{4}$ **37.** $16\frac{11}{18}$
39. $14\frac{7}{12}$

5-10 Haz la prueba

700 ft²

5-10 Ejercicios y aplicaciones

1. c. Área = 39 m² **3.** 328 ft²
5. 615 in² **7.** 690 yd² **9.** 191.5 in²
11. 6144 m² **13.** 864 in² **15.** $\frac{5}{7}$
17. $\frac{2}{9}$ **19.** $\frac{21}{32}$ **21.** $\frac{13}{25}$ **23.** $\frac{27}{56}$
25. 4 **27.** $\frac{55}{108}$ **29.** $\frac{5}{12}$

Sección 5B • Repaso

1. Perímetro = 74 m; Área = 300 m²
3. Perímetro = $15\frac{1}{4}$ in.; Área =
$14\frac{7}{32}$ in² **5.** 11 **7.** $\frac{81}{100}$ **9.** 30 in.
11. 2 yd **13.** 17.1 cm² **15.** 0.9 mi²
19. A

Capítulo 5 • Resumen y Repaso

1.

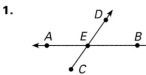

2. 1440° **3. a.** 132° **b.** 42°
4. ∠*EFD*, un ángulo alterno interno
5. Área: 24 ft²; Perímetro: 20 ft
6. Recto; agudo; obtuso **7.** 49
8. 4.123 **9.** 10 ft **10.** 28 cm²
11. 5.425 cm² **12.** 260 ft²

Capítulo 6

6-1 Haz la prueba

1:2

6-1 Ejercicios y aplicaciones

1. a. 12 **b.** 36 **c.** $\frac{12}{36}$; $\frac{1}{3}$ **3.** $\frac{7}{8}$; 7:8;
7 a 8 **5.** $\frac{4}{3}$; 4:3; 4 a 3 **7.** 44; 44:1; 44 a 1
9. $\frac{37}{1}$ **11.** $\frac{22}{70}$ **13.** $\frac{29}{99}$
15. 1:7 **17.** B **21.** 40 s
23. Obtuso; 133°

6-2 Haz la prueba

a. $\frac{1}{4}$ de pulgada por hora **b.** $8.42 por 5
videocasetes

6-2 Ejercicios y aplicaciones

1. a. $\frac{480}{8}$ **b.** $\frac{60}{1}$ **c.** 60 millas por hora
3. $\frac{65 \text{ millas}}{2 \text{ galones}} = \frac{32.5 \text{ millas}}{1 \text{ galón}}$
5. $4.00 por libreta **7.** 3 galletas por
estudiante **9.** $5.50 por hora de trabajo
11. $2.07 por 3 canastas
13. $3.36 por 24 rebanadas **15.** No
17. Sí **19.** No **21.** $\frac{12}{1000} = \frac{3}{250}$
23. 108,000 mi/h **25.** A **29.** 144
31. 13 **33.** 9 **35.** 8
37. $\overleftrightarrow{AD}$ y $\overleftrightarrow{AC}$

6-3 Haz la prueba

a. Respuesta posible: $\frac{3}{7}$ y $\frac{12}{28}$
b. 2 tazas

6-3 Ejercicios y aplicaciones

1–11. Respuestas posibles:
1. a. 2 **b.** $\frac{16}{40}$ **c.** 4 **d.** $\frac{2}{5}$ **3.** $\frac{20}{28}$; $\frac{5}{7}$
5. $\frac{44}{48}$; $\frac{11}{12}$ **7.** $\frac{54}{90}$; $\frac{3}{5}$ **9.** $\frac{80}{150}$; $\frac{8}{15}$
11. $\frac{200}{350}$; $\frac{4}{7}$ **13.** 1000 pesetas
15. 60 s **17.** 720; $\frac{720 \text{ cuadros}}{30 \text{ segundos}}$
21. < **23.** < **25.** > **27.** <
29. Isósceles rectángulo

6-4 Haz la prueba

$\frac{4}{10}$, $\frac{6}{15}$, $\frac{8}{20}$, $\frac{10}{25}$, $\frac{12}{30}$

6-4 Ejercicios y aplicaciones

1. a–d.

4	8	12	16	20	24
7	14	21	28	35	42

3. $\frac{24}{36}$, $\frac{16}{24}$, $\frac{12}{18}$, $\frac{8}{12}$, $\frac{6}{9}$ **5.** $\frac{16}{32}$, $\frac{4}{8}$, $\frac{1}{2}$, $\frac{64}{128}$
7. 11 videojuegos **15.** B **19.** $\frac{1}{4}$
21. $\frac{671}{1000}$ **23.** $\frac{19}{50}$ **25.** $\frac{617}{5000}$ **27.** 540°

Sección 6A • Repaso

1. 1:5 **3.** $\frac{1}{7}$ **5.** $\frac{5}{6}$ **7.** 21 planchas por
minuto **9.** $2.22 por 2 canastas

6-5 Haz la prueba

a. Las entradas que faltan en la tabla son:
10, 15, 20; $\frac{2}{5} = \frac{4}{10}$, $\frac{2}{5} = \frac{6}{15}$, $\frac{2}{5} = \frac{8}{20}$
b. $\frac{3 \text{ ballenas grises}}{8 \text{ orcas}} = \frac{6 \text{ ballenas grises}}{16 \text{ orcas}}$,
$\frac{3 \text{ ballenas grises}}{8 \text{ orcas}} = \frac{9 \text{ ballenas grises}}{24 \text{ orcas}}$

6-5 Ejercicios y aplicaciones

1. a–b.

2	4	6	8
7	14	21	28

c. $\frac{2}{7} = \frac{4}{14}$, $\frac{2}{7} = \frac{6}{21}$, $\frac{2}{7} = \frac{8}{28}$

3.

5	10	20	50
9	18	36	90

$\frac{5}{9} = \frac{10}{18}$, $\frac{5}{9} = \frac{20}{36}$, $\frac{5}{9} = \frac{50}{90}$, $\frac{10}{18} = \frac{20}{36}$

5.

7	14	21	28
8	16	24	32

$\frac{7}{8} = \frac{14}{16}$, $\frac{7}{8} = \frac{21}{24}$, $\frac{7}{8} = \frac{28}{32}$

7.

13	26	39	52
15	30	45	60

$\frac{13}{15} = \frac{26}{30}$, $\frac{13}{15} = \frac{39}{45}$, $\frac{13}{15} = \frac{52}{60}$

9.

10	20	30	40
14	28	42	56

$\frac{10}{14} = \frac{20}{28}$, $\frac{10}{14} = \frac{30}{42}$, $\frac{10}{14} = \frac{40}{56}$

11.

2	4	6	8
100	200	300	400

$\frac{2}{100} = \frac{4}{200}$, $\frac{2}{100} = \frac{6}{300}$, $\frac{2}{100} = \frac{8}{400}$

13.

17	34	51	68
19	38	57	76

$\frac{17}{19} = \frac{34}{38}$, $\frac{17}{19} = \frac{51}{57}$, $\frac{17}{19} = \frac{68}{76}$ **19.** C
23. $x = 10$; $y = 63$ **25.** $g = 100$;
$h = 144$ **37.** P = 68 ft; A = 280 ft²
39. P = 34 m; A = 72 m²

6-6 Haz la prueba (Ejemplo 3)

a. Sí, ambas son equivalentes a $\frac{1}{5}$.
b. No **c.** Sí: 7 • 3 = 21 y 10 • 3 = 30

6-6 Haz la prueba (Ejemplo 4)

a. Proporcional

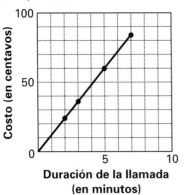

Duración de la llamada
(en minutos)

b. No proporcional

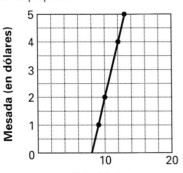

Edad (años)

6-6 Ejercicios y aplicaciones

1. a. $\frac{3}{4}$ **b.** $\frac{3}{4}$ **c.** Son equivalentes y proporcionales **3.** Sí **5.** Sí **7.** Sí
9. Sí **11.** No **13.** No **15.** Sí
19. Sí **21.** D **23.** No **27.** Restar 45
29. Multiplicar por 10 **31.** Multiplicar por 7, luego restar 24 **33.** 9 **35.** 60
37. 10 **39.** 17

6-7 Haz la prueba

$58.80

6-7 Ejercicios y aplicaciones

1. 4 páginas por minuto **3.** $0.12 por una **5. a.** $0.33 **b.** $0.66
7. a. 74.6 millas por hora **b.** 149.2 millas
c. 0.0134 horas por milla
d. 5.36 horas **9. a.** 12.8 días
b. 2187.5 millas **11.** 17 **15.** $u - 5$
17. $g + 12$ **19.** 10 **21.** 26 ft

6-8 Haz la prueba

a. No **b.** Sí **c.** $x = 48$ **d.** $k = 72$
e. $n = 5.83$

6-8 Ejercicios y aplicaciones

1. a. 3 **b.** 15 **c.** 3.75 **d.** $x = 3.75$
3. 18 **5.** 320 **7.** No **9.** Sí **11.** No
13. Sí **15.** $x = 2$ **17.** $x = 5.\overline{45}$
19. $t = 36$ **21.** $x = 22.5$ **23.** C
25. No **27.** 2394 g **31.** $x = 33$
33. $y = 52$ **35.** 24

Sección 6B • Repaso

7. No **9.** Sí **11.** Sí **13.** 12.5 **15.** 20
17. $0.65; 120

Capítulo 6 • Resumen y Repaso

1. 4 a 3; 4:3; $\frac{4}{3}$ **2.** $\frac{3}{5}$ **3.** 65 millas
por hora **4.** 17 casas por milla
5. $3.20 por 2 hogazas **6.** 189 millas
7. Respuesta posible: $\frac{32}{40}, \frac{8}{10}$
8. Respuesta posible: $\frac{30 \text{ puntos}}{8 \text{ juegos}}, \frac{45 \text{ puntos}}{12 \text{ juegos}}$
9. $\frac{6}{8}, \frac{9}{12}, \frac{12}{16}, \frac{15}{20}, \frac{18}{24}$ **10.** $\frac{60}{40}, \frac{30}{20}, \frac{24}{16}, \frac{12}{8}, \frac{6}{4}$
11. No

12.

4	8	12	16
7	14	21	28

$\frac{4}{7} = \frac{8 \cdot 4}{14 \cdot 7} = \frac{12 \cdot 4}{21 \cdot 7} = \frac{16 \cdot 8}{28 \cdot 14} = \frac{12}{21}$

13.

5	10	15	20
13	26	39	52

$\frac{5}{13} = \frac{10 \cdot 5}{26 \cdot 13} = \frac{15 \cdot 5}{39 \cdot 13} = \frac{20}{52}$ **14.** No;

Sus productos cruzados no son iguales.
15. $0.85 por panecillo **16.** $n = 30$
17. Sí **18.** $8.25 por hora

Capítulo 1–6 • Repaso acumulativo

1. B **2.** C **3.** B **4.** D **5.** B **6.** A
7. B **8.** D **9.** C **10.** A **11.** A
12. B **13.** B

Capítulo 7

7-1 Haz la prueba (Ejemplos 1–2)

Un poco menos de 12 pulgadas: $\approx$ 1.9 pulgadas

7-1 Haz la prueba (Ejemplo 3)

$\approx$ 150 km

7-1 Ejercicios y aplicaciones

1. a. 75 millas **b.** $\approx$ 1.9 millas
c. $\approx$ 76.9 millas **3.** 1 in.:225 mi,
$\frac{1 \text{ in.}}{225 \text{ mi}}$ **5.** 6 cm = 100 km, $\frac{6 \text{ cm}}{100 \text{ km}}$
7. 1 in.:10-12 mi **9.** 1 in.:7-8 mi
11. $\approx$ 2 cm **13.** $\approx$ 9000 km
15. $\approx$ 100 mi **17.** 25 ft:3000 mi $\approx$
1 ft:100 mi **19.** $\approx$ 7 in. de largo, $\approx$
5 in. ancho **21.** 1 in.:100 ft **23.** $\approx \frac{1}{2}$
25. $\approx$ 1 **27.** $\approx$ 0 **29.** $\approx \frac{1}{2}$
31. $\approx$ 1 **33.** 36 unidades^2

7-2 Haz la prueba

5 pies

7-2 Ejercicios y aplicaciones

1. a. 3 cm **b.** $\frac{3 \text{ cm}}{x \text{ m}} = \frac{1 \text{ cm}}{3 \text{ m}}$ **c.** 9 m
3. 12.75 ft **5.** 18.375 ft **7.** 20 m
9. 250 mi **11.** $x = 20$ ft
13. $x = 125$ mi **15.** 2860 km
17. 160 ft $\times$ 255 ft **21.** $\frac{1}{30}$ **23.** $\frac{59}{60}$
25. 82.5 unidades^2 **27.** 71 unidades^2

7-3 Haz la prueba

Cerca de las 5:35 p.m.

7-3 Ejercicios y aplicaciones

1. a. 6 km **b.** $1\frac{1}{2}$ horas **c.** 5:00 p.m.
3. 8:00 p.m. **5.** $\approx$ 5:45 p.m.
7. a. $\approx$ 30 mi **b.** $\approx$ 45 min
c. $\approx$ 7:15 p.m. **9. a.** 12:30 p.m.
b. 7:50 p.m. **11. a.** 1,375 mi
b. 125 galones **c.** $162.50 **15.** $2\frac{4}{5}$
17. $1\frac{11}{56}$ **19.** $16\frac{19}{63}$ **21.** $18\frac{2}{21}$
23. 3 libras: 1 dólar; $\frac{3 \text{ libras}}{1 \text{ dólar}}$,
3 libras = 1 dólar

7-4 Haz la prueba

1:11

7-4 Ejercicios y aplicaciones

1. a. 2.5 in. **b.** 14.4:1 **c.** 2 in.; 10.5:1
d. La escala es 10.5:1 **3.** 1 ft:3 ft
5. 1 in.:3.6 ft **7.** $\approx$ 4.25:1
9. 1 in.:200 mi **11.** 27 ft:5 in. =
1 ft:0.185 in. **13. a.** $\approx$ 1:7,326,300,000
b. $\approx$ 20.4 m **c.** $\approx$ 812.1 m
d. $\approx$ 0.06 m = 6 cm **15.** $q = 60$
17. $n = 5$ **19.** $t = 21$ **21.** $r = 2$
23. $w = 40$ **25.** 3 secciones por día

27. 33.4 millas por galón **29.** 24 latas por estuche

Sección 7A • Repaso

1. $\frac{4 \text{ in.}}{200 \text{ mi}}$, 4 in. = 200 mi
3. 10 cm:4 km, 10 cm = 4 km
5. 2 cm:400 km **7.** 60 in.

7-5 Haz la prueba (Ejemplo 1)

a. Millas por hora **b.** Problemas por hora

7-5 Haz la prueba (Ejemplo 2)

Sí

7-5 Haz la prueba (Ejemplo 3)

$\frac{1 \text{ sem.}}{25 \text{ lb}}$, $\frac{0.04 \text{ sem}}{1 \text{ lb}}$

7-5 Ejercicios y aplicaciones

1. a. $\frac{20 \text{ millas}}{1 \text{ galón}}$ **b.** $\frac{1 \text{ galón}}{20 \text{ millas}}$
c. $\frac{0.05 \text{ galones}}{\text{milla}}$ **3–5.** Respuestas posibles:
3. Galones por milla **5.** Dólares por hora **7.** $\frac{1}{2}$ cuarto de sopa por estudiante
9. 10 metros por segundo **11.** Sí
13. Sí **15.** $\frac{\$0.20}{1 \text{ lb}}$ **17.** $\frac{0.5 \text{ T}}{\text{semana}}$
19. No **23.** Sí **25.** $q = 75$
27. $n = 3$ **29.** 3 mm por segundo
31. 33 escritorios por salón
33. 1000 mL por L

7-6 Haz la prueba

a. 3 horas **b.** 30 yd

7-6 Ejercicios y aplicaciones

1. a. $\frac{1000 \text{ m}}{1 \text{ km}}$ y $\frac{1 \text{ km}}{1000 \text{ m}}$ **b.** $\frac{1 \text{ km}}{1000 \text{ m}}$ **c.** 3 km
3. $\frac{365 \text{ días}}{1 \text{ año}}$, $\frac{1 \text{ año}}{365 \text{ días}}$
5. $\frac{1 \text{ libra}}{16 \text{ onzas}}$, $\frac{16 \text{ onzas}}{1 \text{ libra}}$ **7.** $\frac{1000 \text{ gramos}}{1 \text{ kilogramo}}$, $\frac{1 \text{ kilogramo}}{1000 \text{ gramos}}$ **9.** 240 inches
11. 42 libras **13.** 2 galones
15. 12.5 pies **17.** 40 cuartos
21. C **25.** 4.00452×10^4
27. 4.3567×10^1 **29.** 5.77×10^2
31. 4.03770×10^2

7-7 Haz la prueba (Ejemplo 1)

a. $\approx$ 29,762 árboles por hora
b. 12,000 milímetros por segundo
c. 720,000 milímetros por minuto

7-7 Haz la prueba (Ejemplo 2)

a. $\approx$ 1083.3 metros por minuto
b. 15 centavos por onza

7-7 Ejercicios y aplicaciones

1. a. $\frac{1 \text{ gal.}}{4 \text{ qz}}$, $\frac{4 \text{ qz}}{1 \text{ gal}}$ **b.** $\frac{4 \text{ qz}}{1 \text{ gal}}$ **c.** $\frac{64 \text{ qz}}{1 \text{ día}}$
3. $10\frac{2}{3}$ pies por segundo **5.** $4\frac{1}{2}$ tazas por día **7.** $\approx$ 137,000 collares contra pulgas por día **9.** $\approx$ 46,000 onzas por hora
11. A **13.** $\approx$ 216.8 millas por hora
17. $\frac{13}{52} < \frac{5}{16}$ **19.** $\frac{23}{92} = \frac{1}{4}$
21. $\frac{5}{3} = \frac{10}{6}$, $\frac{10}{6} = \frac{15}{9}$, $\frac{15}{9} = \frac{20}{12}$
23. $\frac{11}{44} = \frac{22}{88}$, $\frac{22}{88} = \frac{33}{132}$, $\frac{33}{132} = \frac{44}{176}$
25. $\frac{27}{36} = \frac{9}{12}$, $\frac{9}{12} = \frac{3}{4}$, $\frac{3}{4} = \frac{54}{72}$

Sección 7B • Repaso

1. Respuestas posibles: Páginas por hora
3. $\frac{2.5 \text{ pizzas}}{1 \text{ estudiante}}$, $\frac{0.4 \text{ pizza}}{1 \text{ estudiante}}$ **5.** No **7.** Sí
9. 3.5 días **11.** 600 millas por día
13. 2880 galones por día **15.** 208 onzas por año **17.** B

7-8 Haz la prueba

Sí; El factor de escala es $\frac{4}{3}$; $\triangle UVW \sim \triangle XZY$

7-8 Ejercicios y aplicaciones

1. a. $\angle E$, $\angle D$, $\angle F$
b. Los ángulos correspondientes son congruentes. **c.** $\overline{ED}$, $\frac{1}{3}$; $\overline{DF}$, $\frac{1}{3}$; $\overline{EF}$, $\frac{1}{3}$
d. Las razones son equivalentes; El factor de escala es $\frac{1}{3}$. **3.** No es similar
7. $m\angle U = 38°$; $m\angle V = 46°$; $m\angle W = 96°$
9. $\frac{1}{960}$ **11.** B
13.

En algún lugar del segmento $\overline{AB}$.

15. $\frac{2}{15}$ **17.** 1 **19.** 1 **21.** Sí
23. Sí

7-9 Haz la prueba

$a = 9$, $b = 18$, $c = 21$

7-9 Ejercicios y aplicaciones

1. a. $\overline{AB}$ **b.** $\frac{x}{18}$ **c.** $\overline{HE}$ **d.** $\overline{DA}$; $\frac{1}{3}$
e. $\frac{x}{18} = \frac{1}{3}$; $x = 6$ **3.** $x = 45$ **5.** 50 m
7. $t = 3$, $s = 5$, $u = 3$ **9.** A
13. Sí **15.** $25\frac{11}{24}$ **17.** $24\frac{7}{10}$
19. 40 palabras por minuto
21. \$1.699 por galón

7-10 Haz la prueba

Perímetro = 96 unidades; Área = 99 unidades cuadradas

7-10 Ejercicios y aplicaciones

1. a. 42 **b.** 9 **c.** 252 unidades^2
3. 16 **5.** Perímetro = 30 cm; Área = 54 cm^2 **7.** Perímetro = 21 ft; Área = 58.5 ft^2 **9.** 5 **11.** 0.62
13. B **15.** 1875 m^2 **17.** $\frac{9}{20}$
19. $3\frac{1}{3}$ **21.** 64 **23.** $p = 9$
25. $n = 10$

Sección 7C • Repaso

1. Sí; $\triangle XYZ \sim \triangle RQP$; 2 **3.** No
5. Perímetro = 40 ft; Área = 96 ft^2
7. $12\frac{1}{3}$ millas por minuto

Capítulo 7 • Resumen y Repaso

1. 1 in.:25 mi; 1 in. = 25 mi **2.** $x = 8$ yd
3. 450 ft **4.** 14 cm = 63 km ó 1 cm = 4.5 km **5.** 4:27 p.m.
6. Cerca de 1:3 **7.** Las respuestas pueden variar. **8.** $\frac{0.2 \text{ s}}{\text{pie}}$ **9.** 6 millas por minuto **10.** $\approx$ 1.5 centavos por segundo
11. Similares **12.** Perímetro = 28 in.; Área = 80 in^2 **13.** Razón del perímetro = 9; Factor de escala = 9

Capítulo 8

8-1 Haz la prueba

a. $\frac{1}{2} = 50\%$; $\frac{3}{5} = 60\%$; $\frac{1}{2} < \frac{3}{5}$
b. $\frac{7}{10} = 70\%$; $\frac{3}{4} = 75\%$; $\frac{7}{10} < \frac{3}{4}$
c. $\frac{13}{20} = 65\%$; $\frac{16}{25} = 64\%$; $\frac{13}{20} > \frac{16}{25}$

8-1 Ejercicios y aplicaciones

1. a. 4 **b.** $\frac{28}{100}$ **c.** 28% **3.** 75%

5. 48.3% **7.** 75% **9.** 13.5%

11. 80% **13.** $\frac{11}{25}$ = 44%, $\frac{1}{2}$ = 50%;
$\frac{11}{25} < \frac{1}{2}$ **15.** $\frac{3}{4}$ = 75%, $\frac{4}{5}$ = 80%;
$\frac{3}{4} < \frac{4}{5}$ **17.** 9% < 15% **19.** 16% < 28%

21. 1% **23.** 63% **25.** 100%

27. 1% de un dólar **29.** 100% de un dólar **31.** D **35.** $\frac{44}{125}$ **37.** $\frac{1101}{2000}$

39. $\frac{49}{80}$ **41.** 0.375 **43.** 0.46 **45.** 0.$\overline{3}$

47. 1 cm:20 m **49.** 1 in.:20 ft

8-2 Haz la prueba

a. $\frac{27}{50}$ **b.** 91% **c.** 60% **d.** 13.5%

8-2 Ejercicios y aplicaciones

1. a. 0.1875 **b.** 18.75% **3.** 0.75

5. 0.05 **7.** 1.0 **9.** 0.143 **11.** 0.475

13. $\frac{1}{5}$ **15.** $\frac{17}{20}$ **17.** $\frac{11}{20}$ **19.** $\frac{7}{25}$

21. $\frac{3}{8}$ **23.** 8% **25.** 87.5%

27. 50% **29.** 44.$\overline{4}$% **31.** 80%

33. 45% **35.** 15.5% **37.** ≈ 3% **39.** C

41. No; 54 de las 130 calorías ≈ 41.5%.

43. ≈ 1 **45.** ≈ $\frac{3}{4}$ **47.** ≈ $\frac{1}{2}$ **49.** ≈ $\frac{1}{2}$

51. ≈ $\frac{1}{3}$ **53.** x = 25 in. **55.** x = 0.8 in.

57. x = 250 m **59.** x = 52.5 mm

61. x = 110 km

8-3 Haz la prueba

a. $\frac{1}{250}$, 0.004 **b.** $1\frac{1}{4}$, 1.25

8-3 Ejercicios y aplicaciones

1. a. $\frac{0.8}{100}$ **b.** $\frac{8}{1000}$ **c.** $\frac{1}{125}$ **3.** A

5. B **7.** C **9.** A **11.** B **13.** >

15. < **17.** 0.03% **19.** 350%

21. 130% **23.** 280% **25.** 0.8%

27. 0.7% **29.** 0.125% **31.** 6.04%

33. 1.25 **35.** 0.002 **37.** 0.065

39. 0.00375 **41.** 0.000067

43. ≈ 0.27% **45.** B **49.** $\frac{11}{12}$ **51.** $\frac{25}{36}$

53. $\frac{19}{21}$ **55.** $\frac{5}{39}$ **57.** $\frac{11}{30}$ **59.** 3:20

61. 2:45

8-4 Haz la prueba

a. 3 **b.** 16 **c.** 15 **d.** 450

8-4 Ejercicios y aplicaciones

1. a. 3,400 **b.** 1,700 **c.** 5,100

3. 2,900; 580; 58 **5.** 122; 24.4; 2.44

7. 1,230 **9.** 5,740 **11.** 3,280

13. 125 **15.** $56 **17.** 105

19. 240 **21.** 35 **23.** ≈ 4

25. ≈ 12 **27.** ≈ 2000 **29.** C

31. a. Murieron 2,000,000; sobrevivieron 2,000,000 **b.** Murieron 500,000; 1,500,000 regresaron a Texas. **c.** 37.5 **33.** 256

35. 529 **37.** 1 **39.** 22 **41.** 19

43. 14 in.:100 mi ≈ 1 in.:7.1 mi

Sección 8A • Repaso

1. 17% **3.** 30% **5.** 71.6% **7.** 60%

9. 45.6% **11.** 89% **13.** 49.8%

15. 307% **17.** 0.3 **19.** 4.23

21. 0.001 **23.** $\frac{7}{10}$ **25.** $3\frac{3}{50}$ **27.** 85

29. $5.40 **31.** 305

8-5 Haz la prueba

a. 30% **b.** 75

8-5 Ejercicios y aplicaciones

1. a. Sea r el precio normal.
b. $25.20 es el 60% del precio normal.
c. 25.20 = 0.6 • r **d.** $\frac{25.20}{0.6} = \frac{0.6}{0.6} • r$
e. r = 42. El precio normal es $42.00. **3.** 31.4% **5.** 54 **7.** 327.3 **9.** 38
11. 200 **13.** 12,000 **15. a.** 75%
b. $5.25 **17.** No se puede decir.
21. Más grande que 45; Más pequeño que 45 **23.** Sí   Respuestas posibles para ejercicios 25 y 27: **25.** Respiraciones por minuto **27.** Centímetros cúbicos por minuto

8-6 Haz la prueba (Ejemplos 1–2)

a. 172.38 **b.** 53.$\overline{3}$%

8-6 Haz la prueba (Ejemplo 3)

a. 164 **b.** 1,312,500 elefantes africanos

8-6 Ejercicios y aplicaciones

1. a. x **b.** $\frac{38}{100} = \frac{52}{x}$ **c.** 38x = 5200
d. $\frac{38x}{38} = \frac{5200}{38}$ **e.** 136.8 **3.** 17.3

5. 9.1% **7.** 238.9 **9.** 240%

11. 3.3% **13.** 2.5 **15.** 7,500,000%

17. Respuesta posible: $\frac{4}{12}$, $\frac{8}{24}$, $\frac{16}{48}$

19. a. 6.25 gramos **b.** 2.5 gramos
23. b = 10 cm **25.** h = 12 m
27. 120 pies por minuto
29. 30.48 centímetros por pie

8-7 Haz la prueba

a. 60% **b.** 29¢

8-7 Ejercicios y aplicaciones

1. a. 119 **b.** $\frac{c}{100} = \frac{119}{140}$
c. 140c = 11,900 **d.** 85% **3.** 25%

5. 98.4% **7.** 66.7% **9.** 30 **11.** 42

13. 9.4 **15.** 40.1 **17.** ≈ 23.1%

19. Impuesto: $4.41; Precio: $57.90

21. Impuesto: $5.20; Precio: $85.18

23. 56.25% **25.** 224% **27.** C

29. 7,499,900% **31.** 48 yd^2 **33.** 21 in^2

35. 28.$\overline{63}$ millas por hora

Sección 8B • Repaso

1. 22.2% **3.** 105.4 **5.** 125%

7. 67.2 **9.** $23.76 **11.** $83\frac{1}{9}$%

13. $5 **15.** $4.80

Capítulo 8 • Resumen y Repaso

1. 27% **2.** $\frac{1}{4}$ = 25%; $\frac{1}{5}$ = 20%; $\frac{1}{4} > \frac{1}{5}$

3. $\frac{11}{50}$ **4.** 0.86 **5.** 73%, $\frac{73}{100}$ **6.** $\frac{9}{20}$, 0.45

7. $\frac{1}{125}$, 0.008 **8.** $\frac{5}{4}$, 1.25

9. 240, 24 **10.** 276 **11.** 14

12. $6.60 **13.** 20 **14.** ≈ 46.2%

15. $66\frac{2}{3}$ **16.** 184 **17.** $212.50

18. $15.00 **19.** 99 **20.** ≈ 21.5%

21. 84%; 16% **22.** ≈ 23.1%

23. $31\frac{1}{9}$% **24.** ≈ 74.2%

Capítulos 1–8 • Repaso acumulativo

1. C **2.** B **3.** C **4.** D **5.** A **6.** B
7. B **8.** C **9.** C **10.** B **11.** C
12. B **13.** C

9-1 Haz la prueba (Ejemplos 1–2)

3, 4, 5; −1, −3, −5; −3 y 3, −5 y 5

9-1 Haz la prueba (Ejemplo 3)

a. 17   **b.** 5.25   **c.** 3298   **d.** 0

9-1 Ejercicios y aplicaciones

1. a.

b. 1, 3, 4   **c.** −1, −3, −5   **d.** −1 y 1, −3 y 3   **3.** No   **5.** Sí   **7.** −31,441
9. −6   **11.** −2   **13.** −3   **15.** 222
17. −5640   **19.** 23   **21.** 66   **23.** 4771
25. 2435   **27.** 90,121   **29.** 136°;
129°; −129°   **31.** 13,796; −19,680   **35.** $\frac{2}{1}$,
2:1, 2 a 1   **37.** $\frac{12}{10}$, 12:10, 12 a 10
39. $x = 15$

9-2 Haz la prueba

a. 45°F   **b.** −1 > −22
c. −313, −262, −252, −245

9-2 Ejercicios y aplicaciones

1. a.

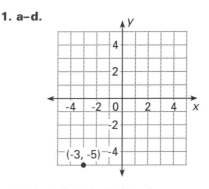

b. −6   **3.** −5 > −7   **5.** 5 > −8
7. −7 > −9   **9.** −2 > −3   **11.** 3 > −4
13. <   **15.** >   **17.** =   **19.** >
21. $12, $11, $8, $0, −$2, −$5, −$7
23. −3151, −3155, −3515, −3551,
−3555   **25. a.** Siempre
b. Algunas veces   **c.** Nunca
d. Siempre   **27.** B   **29. a.** Perdió $2.75
b. Perdió $3.25   **c.** Ganó $1.25   **d.** Perdió
$4.00   **31.** Media página por minuto
33. 2 horas por día   **35.** Perímetro del
primero: 24; Área del primero: 36; Perímetro
del segundo: 72; Área del segundo: 324

9-3 Haz la prueba (Ejemplos 1–2)

a–d.

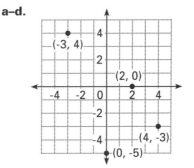

e. II   **f.** IV   **g.** Eje de las x
h. Eje de las y

9-3 Haz la prueba (Ejemplo 3)

$B(−4, 1)$, $C(1, 3)$, $D(0, −3)$, $E(2, −2)$

9-3 Haz la prueba (Ejemplo 4)

Negativos.

9-3 Ejercicios y aplicaciones

1. a–d.

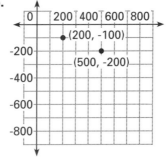

3. (0, 0)   **5.** (−2, 0)   **7.** (3, −1)
19. a. (200, −100); (500, −200)
b.

21. IV   **23.** I   **25.** III   **27.** IV   **29.** I
31. C   **33.** El Cairo: 30° norte, 31° este;
Zanzíbar: 6° sur, 39° este   Respuestas
posibles para ejercicios 35–39:
35. $\frac{4}{11}$, $\frac{16}{44}$ **37.** $\frac{10}{21}$, $\frac{40}{84}$ **39.** $\frac{21}{50}$, $\frac{84}{200}$
41. 67%   **43.** 34%

Sección 9A • Repaso

1. 4   **3.** 0   **5.** −201   **7.** 6   **9.** 613
11. >   **13.** >   **15.** −5, −25   **23.** C

9-4 Haz la prueba (Ejemplo 1)

a. −3   **b.** 5   **c.** −8   **d.** 6

9-4 Haz la prueba (Ejemplos 2–3)

a. 3   **b.** −1   **c.** −1   **d.** 0

9-4 Ejercicios y aplicaciones

1. a–b.

c.

d. −3   **3.** 4 + (−6) = −2   **5.** 6
7. 15   **9.** 0   **11.** −10   **13.** 5   **15.** 4
17. −10   **19.** 0   **21.** 11   **23.** −46
25. 22   **27.** −110   **29.** 4 fichas
31. −10   **33.** B   **35. a.** 264 + (−127)
b. 137 ft   **37.** $\frac{6}{14}$, $\frac{9}{21}$, $\frac{12}{28}$, $\frac{15}{35}$, $\frac{18}{42}$ **39.** $\frac{1}{2}$
41. $\frac{1}{20}$ **43.** $\frac{9}{20}$ **45.** $\frac{14}{125}$ **47.** $\frac{13}{25}$

9-5 Haz la prueba (Ejemplo 1)

a. 1   **b.** −3   **c.** −6   **d.** 4

9-5 Haz la prueba (Ejemplo 2)

a. 2   **b.** −5   **c.** 3   **d.** 2

9-5 Haz la prueba (Ejemplo 3)

69 pies

9-5 Ejercicios y aplicaciones

1. a–b.

c. ☐ ☐ ☐ ☐ ☐

d. 5   **3.** −9   **5.** 10   **7.** 12   **9.** 56
11. 60   **13.** −21   **15.** −30   **17.** −91
19. 583   **21.** 130   **23.** −14   **25.** 12
27. −7   **29.** Alaska: 180; California: 179;
Hawaii: 86; North Dakota: 181; West
Virginia: 149; Más amplio: North Dakota;
Más estrecho: Hawaii
31. a. −10 − 20 = −30

b. $20 - (-10) = 30$ **c.** $-10 - (-10) = 0$
d. $20 - 20 = 0$ **33.** 2^{10} **35.** $2 \times 3 \times 11$
37. $2^4 \times 3^2$ **39.** $2 \times 3 \times 5 \times 7 \times 13$
41. $2^5 \times 3$ **43.** 52% **45.** 90%
47. 243% **49.** 987.654% **51.** 1020%

9-6 Haz la prueba (Ejemplos 1–3)

a. -16 **b.** 20 **c.** -54 **d.** -33
e. -140 **f.** 0

9-6 Haz la prueba (Ejemplos 4–6)

a. 64 **b.** -30 **c.** 24

9-6 Ejercicios y aplicaciones

1. $8, 4, -4, -8$ **3.** $-27, 0, 9, 18$
5. $-$ **7.** $+$ **9.** 72 **11.** -72
13. 45 **15.** -100 **17.** -135
19. 125 **21.** -112 **23.** -8
25. -84 **27.** -512 **29.** -136
31. C **33.** Los números enteros se multiplican igual que los números cabales, pero
el signo del producto está determinado por
los signos de los valores.
35. 15 **37.** 17 **39.** 21 **41.** 3
43. 60 **45.** 90 **47.** 1.5 **49.** $5.40

9-7 Haz la prueba (Ejemplos 1–4)

a. 4 **b.** 5 **c.** -2 **d.** -3

9-7 Haz la prueba (Ejemplo 5)

-4

9-7 Ejercicios y aplicaciones

1. a. -724 **b.** -181 **c.** Descenso
d. -181 **3.** $-$ **5.** $+$ **7.** -3 **9.** 8
11. -2 **13.** -8 **15.** 81 **17.** -16
19. 15 **21.** -8 **23.** 4 **25.** -1
27. 0 **29.** $\frac{11}{25}$ **31.** $\frac{1}{5}$ **33.** $\frac{4}{5}$ **35.** $\frac{1}{5}$
37. 50% **39.** 22 **41.** 25%

Sección 9B • Repaso

1. 0 **3.** -50 **5.** 9 **7.** 150
9. -240 **11.** 382 **13.** -16
15. $-170,017$ **17.** -160 **19.** 0
27. 265°F; 147°C

Capítulo 9 • Resumen y Repaso

1. No **2.** $-$25 **3.** -42 **4.** 87
5. $>$ **6.** $-8, -4, 0, 10, 18$

---

7. Respuesta posible:

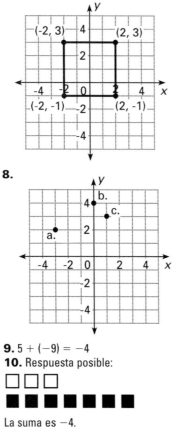

8.

9. $5 + (-9) = -4$
10. Respuesta posible:

La suma es -4.
11. 2 **12. a.** 6 **b.** -11 **c.** -65
d. -62 **13. a.** -3 **b.** 4 **c.** -101
d. 0 **14. a.** -84 **b.** 40 **c.** -252
d. 480 **15. a.** -22 **b.** 4 **c.** -6
d. 21 **16.** $-$5250 **17.** 20,602 ft

Capítulo 10

10-1 Haz la prueba (Ejemplos 1–2)

a. Variable **b.** Constante
c. Variable **d.** Constante

10-1 Haz la prueba (Ejemplos 3–4)

Respuestas posibles: **a.** Sea $T = $ tiempo
para llegar a la escuela; Entre 5 y 60 minutos **b.** Sea $W = $ envergadura de una
mariposa; Entre 1 y 10 cm

10-1 Ejercicios y aplicaciones

1. a. Variables **b.** Constantes
3. Variable **5.** Variable

---

7. Variable   Respuestas posibles para
ejercicios 9–17: **9.** Sea $W = $ peso del
recién nacido; Entre 5 y 12 lb **11.** Sea
$T = $ tiempo que te toma comer; Entre 5 y 45
min **13.** Sea $H = $ altura del escritorio;
Entre 2 y 4 ft **15.** Pies o metros
17. Minutos u horas **19.** La medida del
área, la base y la altura pueden variar;
El valor $\frac{1}{2}$ es constante. **21.** D
23. La longitud es constante.
25. Cerca de 12 in. **27.** 41°, 32°, 3°, $-3°$,
$-15°$, $-42°$ **29.** $-4111, -4122, -4212,$
$-4221, -4222$

10-2 Haz la prueba (Ejemplo 1)

b

10-2 Haz la prueba (Ejemplo 2)

No había estudiantes al inicio del día,
algunos llegaron y tomaron la primera
clase, otros llegaron después y tomaron la
segunda clase, algunos se fueron antes de
la tercera clase y al final todos salieron del
salón.

10-2 Ejercicios y aplicaciones

1. a. Decrece **b.** Decrece
c. Se mantiene constante **d.** Crece
Respuestas posibles de ejercicios 3 y 5:
3. La longitud de un lado **5.** La edad de
un adolescente **7.** a **9.** Respuesta
posible: Inicias con el tanque lleno. Haces
una parada y continúas conduciendo por
largo rato. Después llenas de nuevo el
tanque. **13.** b **15.** 8 m **17.** 14 m

10-3 Haz la prueba (Ejemplos 1–3)

$3n$

10-3 Haz la prueba (Ejemplo 4)

x	1	2	3	4	5	6
$10x$	10	20	30	40	50	60

10-3 Ejercicios y aplicaciones

1.

Térm. #	1	2	3	4	5	n
# progres.	7	14	21	28	35	$7n$

3. 0   **5.** 5   **7.** 16   **11.** $n + 10$; 110
13. $\frac{n}{2}$; 50   **15.** $\frac{n}{10}$; 10   **17.** n^2; 10,000
19. a. 8000n **b.** 2,920,000
25. b. 3n **c.** 300   **27.** Aritmética; 9, 11
29. Aritmética; 55, 66
31. Geométrica; 100,000; 1,000,000
33. Ninguna; $\frac{5}{6}$, $\frac{6}{7}$ **35.** 1,250,000,000
37. 9:00 p.m.   **39.** 5:24 p.m.   **41.** 8
43. -27 **45.** -48 **47.** -179
49. -468

10-4 Haz la prueba
(Ejemplos 1–2)

$y = \frac{x}{4}$; $y = 4.25$

10-4 Haz la prueba (Ejemplo 3)

Respuestas posibles:

y	1	2	3	4	5	6
p	20 kg	40 kg	60 kg	80 kg	100 kg	120 kg

10-4 Ejercicios y aplicaciones

1. Respuesta posible:

x	1	2	3	4	5
y	-1	2	5	8	11

3. $y = -5x$; $y = -35$ **5.** $C = 21.00$,
$C = 28.00$; $C = 3.5n$ **7.** $d = 105$,
$d = 140$, $d = 175$; $d = 35t$ **19.** C
23. 1 in.:4 ft   **25.** 1 in.:2.4 ft   **27.** 5
29. 102   **31.** 789

10-5 Haz la prueba (Ejemplo 1)

a.

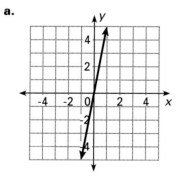

b.

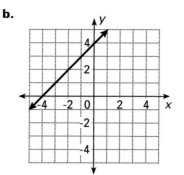

c.

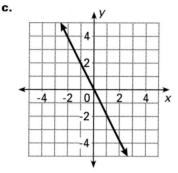

10-5 Haz la prueba (Ejemplo 2)

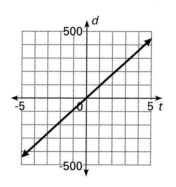

10-5 Ejercicios y aplicaciones

1.

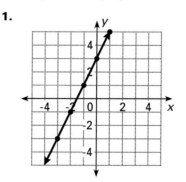

3.

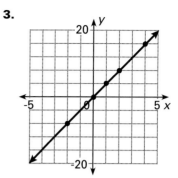

11. Las gráficas que pasan por el origen no tienen un número restado o sumado al final de la ecuación.
13, 15.

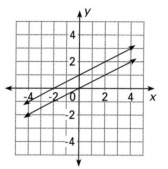

17. Son líneas paralelas.
19. a. Sea r = tasa y m = minutos; $r = 140m$ y $r = \frac{m}{60}$.   **b.** La línea con la pendiente más inclinada representa una relación mayor.   **21. d.** Las líneas son imágenes de otras líneas reflejadas en el eje de las y.   **23.** $\frac{9}{20} = 45\%$; $\frac{1}{2} = 50\%$; $\frac{9}{20} < \frac{1}{2}$ **25.** $\frac{1}{4} = 25\%$; $\frac{1}{5} = 20\%$; $\frac{1}{4} > \frac{1}{5}$
27. 63   **29.** -44 **31.** 0   **33.** 108
35. -270

Sección 10A • Repaso

1. b   **3.** 2n; 200   **5.** $-5n$; -500
7. $y = x - 6$; 3
9.

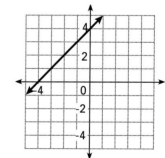

11.

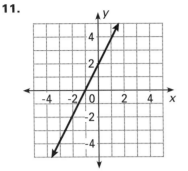

10-6 Haz la prueba

a. $x = 10$ **b.** $x = -6$ **c.** $k = 4\frac{1}{3}$
d. $x = -7$

10-6 Ejercicios y aplicaciones

1. a. $y = x + 3$ **c.** $x = 5$ **3.** $x = -2$
5. $x = 4$ **7.** $x = 6$ **9.** $r = -4$
11. $x = 3\frac{1}{2}$ **13.** $z = -5$ **15. b.** $d \approx$
$3\frac{1}{2}$cm **17.** 200 veces **19.** Respuesta
posible: Como 63.4% **21.** 0.5 **23.** 0.9
25. 0.07 **27.** 0.056 **29.** 0.8462 **31.** 3
33. 0 **35.** 7 **37.** -4 **39.** -34

10-7 Haz la prueba

a. $x = 6$ **b.** $x = -4$ **c.** $x = -3$

10-7 Ejercicios y aplicaciones

1. $x = -1$ **3.** $x = 1$ **5.** $x = -2\frac{1}{2}$
7. $x = 2$ **9.** $p = -1$ **11.** $x = 4\frac{1}{2}$
13. $t \approx -15\frac{1}{3}$ **15.** 10 meses
17. a. $2n$ **b.** \$1200 **c.** $y = 2n - 1200$
d. 2100 artículos **19. a.** $A = 5 + 0.25c$
b. \$7.50 **c.** 15 cheques **21.** 135%
23. 0.5% **25.** -7 **27.** 417 **29.** 114
31. 22,714 **33.** -4×10^4

10-8 Haz la prueba
(Ejemplos 1–2)

a.

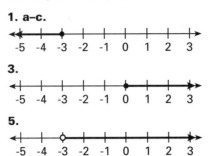

b. $x > -3$

10-8 Haz la prueba
(Ejemplos 3–4)

$A < 450$

10-8 Ejercicios y aplicaciones

1. a–c.

3.

5.

13. No **15.** Sí **17.** $x \geq -2$
19. $x > 40$ **21.** El número de boletos
vendidos fue mayor de 150.
23. El avión necesitaba por lo menos 90
galones de gasolina. **25.** No había
más de 65 sofás en el embarque.
27. $C \leq 1$ **29.** No **31.** A
33. Las tablas pueden variar; Cualquier
valor de x más grande que 4 resuelve la
desigualdad. **35.** ≈ 4 **37.** $\approx \$2.10$
39. $<$ **41.** $<$ **43.** $>$ **45.** $>$

Sección 10B • Repaso

1. $x = 0$ **3.** $x = -2$ **5.** $x = 0$
7. $x = -4$ **11. a.** $m = 72p$
b. Necesita vender alrededor de 55 cojines
para ganar \$4000. **13.** $6n$; 600 **15.** n^3;
1,000,000

10-9 Haz la prueba

a. $x = -5$ **b.** $x = -7$ **c.** $x = -40$
d. $x = 48$

10-9 Ejercicios y aplicaciones

1. a. $x + (-2) + 2 = (-11) + 2$
b. $x = -9$ **c.** $(-9) + (-2) = (-11)$;
$-11 = -11$ **3.** $x + (-5) = -3$; $x = 2$
5. No **7.** No **9.** $x = -5$ **11.** $z = -1$
13. $k = 27$ **15.** $x = -5$
17. $x = -11$ **19.** $x = -60$
21. $-4°F$ **23.** 1021 milibares
25. $x = -60$ **27. a.** La variable está
precedida por un signo menos.
b. $x = 59$ **29.** 15, 20, 35; Respuestas
posibles: $\frac{1}{5} = \frac{3}{15}, \frac{3}{15} = \frac{4}{20}, \frac{4}{20} = \frac{7}{35}$,
$\frac{3}{15} = \frac{7}{35}$ **31.** $\frac{1}{5} = \frac{12}{x}$; $x = 60$
33. $\frac{1}{1000} = \frac{57}{m}$; $m = 57,000$

10-10 Haz la prueba
(Ejemplos 1–2)

a. $x = -2$ **b.** $h = 4.\overline{4}$ **c.** $x = -4.\overline{3}$

10-10 Haz la prueba
(Ejemplos 3–4)

a. $y = -150$ **b.** $w = 1320$
c. $m = 448$

10-10 Ejercicios y aplicaciones

1. a. $\frac{-3x}{-3} = \frac{-15}{-3}$ **b.** $x = 5$
c. $-3(5) = -15, -15 = -15$
3. $2x = -8$; $x = -4$ **5.** No **7.** Sí
9. $m = 33$ **11.** $z = 10$ **13.** $c = -64$
15. $d = 36$ **17.** $x = -19$ **19.** $x = 3.5$
21. 0.5 mm **23.** Respuestas posibles:
$\frac{12}{m} = -3$ y $\frac{n}{-2} = 2$ **25.** 24 **29.** No
31. 158 **33.** \$71.30

10-11 Haz la prueba
(Ejemplos 1–2)

a. $x = -3$ **b.** $c = -8$ **c.** $x = 30$
d. $x = -20$

10-11 Haz la prueba (Ejemplo 3)

a. 2 km **b.** 5 km

10-11 Ejercicios y aplicaciones

1. a. $-4x - 2 + 2 = -14 + 2$
b. -12 **c.** $\frac{-4x}{-4} = \frac{-12}{-4}$ **d.** $x = 3$
e. $-4(3) - 2 = -14, -12 - 2 = -14$,
$-14 = -14$ **3.** $3x + 2 = -1$; $x = -1$
5. Sí **7.** No **9.** $x = 1$ **11.** $t = -36$
13. $g = -3$ **15.** $n = -8$ **17.** $x = 80$
19. $f = -1120$ **21.** 43 pulgadas **23.** A
25. Respuestas posibles: $3m + 11 = 2$ y
$3 - 2n = 9$ **27.** $0.\overline{2}$; Periódico
29. 0.875; Finito **31.** 0.4375; Finito
33. \$3.00

10-12 Haz la prueba

a. \$9494 **b.** 5 semanas

10-12 Ejercicios y aplicaciones

1. $h + 2 = 14$ **3.** $2t - 7 = -27$
5. 5°F **7.** 14 años **9.** B **11. a.** En 200
años **b.** En 600 años **c.** En 800 años
d. $0.000\overline{3}$°C por año; Esto es $\frac{1}{15}$ de la tasa
normal.
13. $k = 3$ **15.** $x = 60$ **17.** $y = 4$
19. $x = 1.\overline{3}$ **21.** 10 **23.** 0 **25.** 75
27. 32 **29.** 101 **31.** 14 **33.** 4

Sección 10C • Repaso

1. $x - 2 = 6$; $x = 8$ **3.** $-5 = 2x - 3$; $x = -1$ **5.** No **7.** Sí **9.** $p = -22$ **11.** $x = 180$ **13.** $d = 128$ **15.** $x = -32$ **17.** $x = 5$ **19.** $x = 4$ **21.** D

Capítulo 10 • Resumen y Repaso

1. Respuesta posible: p = número de pétalos en una flor; $5-50$ pétalos
2. Respuestas posibles: diámetro, circunferencia, altura **3.** $6n$; 600
4. Posible tabla de valores para (x, y): (1, 7), (2, 9), (3, 11), (4, 13), (5, 15), (6, 17) **5.** Respuesta posible: En un período de 3 meses una planta creció 3 pies y luego por la falta de agua en los siguientes 3 meses se marchitó.
6. $y = 4x$; 36
7. a.

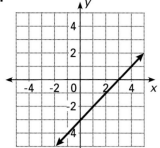

b.

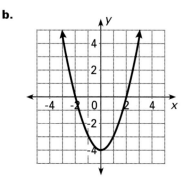

8. a. $x = 3$ **b.** $x = 0$ **9.** $x = -4$
10. $y < 7$

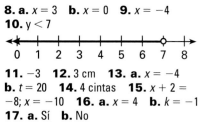

11. -3 **12.** 3 cm **13. a.** $x = -4$
b. $t = 20$ **14.** 4 cintas **15.** $x + 2 = -8$; $x = -10$ **16. a.** $x = 4$ **b.** $k = -1$
17. a. Sí **b.** No

Capítulos 1–10 • Repaso acumulativo

1. A **2.** A **3.** B **4.** B **5.** C **6.** B
7. C **8.** C **9.** D **10.** B **11.** D
12. A **13.** C **14.** C **15.** C **16.** B

Capítulo 11

11-1 Haz la prueba

a. Prisma triangular **b.** Pirámide pentagonal
c.

11-1 Ejercicios y aplicaciones

1. Respuesta posible:

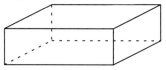

3. 2 triángulos, 3 rectángulos
5. Prisma pentagonal **7.** Prisma triangular rectángulo **11.** Pirámide rectangular
13. C **15. a.** Tetraedro:
4 caras, 6 aristas, 4 vértices; Hexaedro: 6 caras, 12 aristas, 8 vértices; Octaedro: 8 caras, 12 aristas, 6 vértices **b.** Número de caras + Número de vértices − Número de aristas = 2 **17.** 60 caras, 120 aristas, 80 vértices
19.

21. II **23.** III **25.** I

11-2 Haz la prueba (Ejemplo 1)

1. A **2.** B

11-2 Haz la prueba (Ejemplos 2–3)

a.

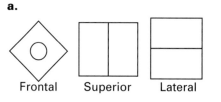

Frontal   Superior   Lateral

b.

11-2 Ejercicios y aplicaciones

1. a–c.

Frontal   Lateral
Superior

3. 7 **5.** C **7.** A **17.** Perpendiculares
19. Perpendiculares **21.** Constante
23. Variable

11-3 Haz la prueba

a.

112 ft^2 **b.** 610 mm^2

11-3 Ejercicios y aplicaciones

1. a. 40 cm^2 **b.** 130 cm^2 **c.** 150 cm^2
d. 48 cm^2 **e.** 368 cm^2 **5.** 184 cm^2
7. 168 cm^2 **9.** 7 gal **11.** C **13.** a y c
15. a. Sí; Cualquier otra pieza que no sea la esquina **b.** No **c.** Sí; Cualquier pieza de la esquina **17.** Cuadrilátero, paralelogramo, rectángulo, rombo, cuadrado
19. Triángulo obtusángulo, escaleno
21. Medida de la base o la altura

11-4 Haz la prueba

a. 48 ft^3 **b.** 55,000 cm^3

11-4 Ejercicios y aplicaciones

1. a. 24 cm^2 **b.** $24 \cdot 9 = 216$
c. 216 cm^3 **3.** 42 in^3 **5.** 450 mm^3
7. 160 m^3 **9.** A **11.** El volumen del prisma sería 3 veces el de la pirámide.
13. 1800° **15.** 2700° **17.** 3; Siempre 3
19. $\frac{1}{14}$; $\frac{1}{2n + 4}$

Sección 11A • Repaso

1. Verdadero **3.** Verdadero **9.** Área: 30 cm²; Volumen: 7 cm³ **11.** Área: ≈ 339.048 in²; Volumen: 339.184 in³

11-5 Haz la prueba

a.

No 11%

Sí 89%

Gente que ha escuchado de Slinky

b.

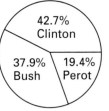

42.7% Clinton

37.9% Bush

19.4% Perot

11-5 Ejercicios y aplicaciones

1. a. 104.4° **b.** 40% es 144°; 31% es 111.6°

c–e.

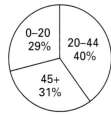

0–20 29%

20–44 40%

45+ 31%

Edades de la gente en EE UU (1990)

3. Republicano; El sector es mayor que el 50% del círculo. **7.** 864
15. $A = 68$ in²; $P = 42$ in.
17. $A = 7.2$ cm²; $P = 36.8$ cm
19. $A = 10{,}875$ mi²; $P = 440$ mi
21. $y = -8, -9, -10, -11, -12, -13$

11-6 Haz la prueba

$d = 64$ in.; $C \approx 201$ in.

11-6 Ejercicios y aplicaciones

1. a. 10 cm **b.** 31.4 cm **3.** $d = 8$ cm; $C = 25.1$ cm **5.** $d = 16.4$ m;

$C = 51.5$ m **7.** $23\frac{4}{7}$ ft **9.** $d = 16$ cm; $C \approx 50.2$ cm **11.** $d \approx 1.9$ mm; $r \approx 1.0$ mm **13.** $r = 25.5$ ft; $C \approx 160.1$ ft
15. $d = 200$ in.; $C \approx 628.0$ in.
17. $d \approx 28.0$ ft; $r \approx 14.0$ ft
19. D **21.** 157 in. **23.** La razón $\frac{\text{circunferencia}}{\text{diámetro}}$ para todos los círculos es π. No importa qué tan grande o pequeño sea el círculo. **25.** 51 mi/h
27. 17 estudiantes para 1 maestro

11-7 Haz la prueba

a. 1256 in² **b.** 122.7 cm²

11-7 Ejercicios y aplicaciones

1. a. 8 in. **b.** A ≈ 200.96 in²
3. 28.3 cm² **5.** 1589.6 ft² **7.** $38\frac{1}{2}$ ft²
9. 12.6 cm² **11.** 73,504.3 ft²
13. 78.5 cm² **15.** 60.8 m²
17. ≈ 113.04 ft² **19.** $\frac{22}{7} = 3.1428571\ldots$ es muy cercano. **23.** ≈ 286 in² **25.** 48 h
27. 5 lb **29.** 42 galones **31.** $x = 5$
33. $x = -25$

11-8 Haz la prueba

a. 81.6 in² **b.** 366.2 in²

11-8 Ejercicios y aplicaciones

1. a. 78.5 cm² **b.** 157 cm²
c. 31.4 cm **d.** 628 cm²
e. 785 cm² **5.** D **7.** 113.0 cm²
9. 117.8 m² **11.** ≈ 25.1 in²
13. ≈ 125.6 in² **17.** 184,800 ft/h
19. $x = 3$ **21.** $x = 2$

11-9 Haz la prueba (Ejemplos 1–2)

a. ≈ 1152 cm³ **b.** 1384.7 in³

11-9 Haz la prueba (Ejemplo 3)

577 mL

11-9 Ejercicios y aplicaciones

1. a. ≈ 28.26 in² **b.** ≈ 113.04 in³
c. 113.0 in³ **3.** 300 cm³ **5.** 8164 mm³
7. 1256 in³ **9.** 52.2 cm³
11. Alrededor de 15.3 in³ **13.** 1130.4 mL
15. 879.6 mL **17.** Los alimentos líquidos suelen venir en latas; los alimentos secos vienen en cajas. Los líquidos deben empacarse en envases de metal (o plástico), no en cartón; y las cajas metálicas

son difíciles de hacer (y peligrosas para guardar en anaqueles altos). **19.** No
21. Sí

Sección 11B • Repaso

3. $C = 56.5$ cm; $A = 254.3$ cm²
5. Alrededor de 1.6 ft **7.** $V = 141.3$ in³; $A_T = 150.7$ in² **9.** A

11-10 Haz la prueba (Ejemplo 1)

C y D

11-10 Haz la prueba (Ejemplos 2–3)

$(-5, 1), (-5, 5), (-3, 4)$

11-10 Ejercicios y aplicaciones

1. a–c.

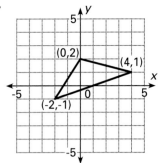

(0,2)

(4,1)

(-2,-1)

3. C **5.** La imagen muestra una traslación horizontal del patrón básico.
7. $(x, y) \rightarrow (x - 5, y + 7)$ **9.** $(x, y) \rightarrow (x, y - 3)$ **11.** $(0, 0)$ **13.** $(-3, 4)$ **15.**
$(-1, 4), (4, 4), (-1, 2)$ y $(4, 2)$ **17.** $(-5, 3)$, $(0, 3), (-5, 1)$ y $(0, 1)$ **19.** No **21.** x y z son de 9 cm, y es de 18 cm **23.** $a = 3$
25. $c = 20$ **27.** $m = 4$ **29.** $f = 9.5$
31. $c = -21$ **33.** $k = -2$

11-11 Haz la prueba (Ejemplos 1–3)

a.

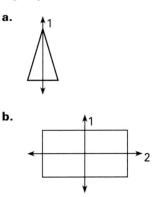

1

b.

1

2

c.

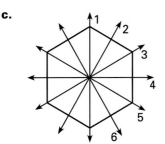

11-11 Haz la prueba (Ejemplo 4)

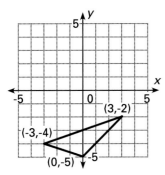

$A'(3, -2)$, $B'(-3, -4)$, $C'(0, -5)$

11-11 Ejercicios y aplicaciones

1. a–c.

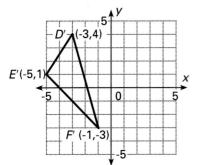

3. Sí **5.** Sí **7.** B **9.** (0, 4), (3, 1) y (5, 2) **13.** Los polígonos regulares tienen el mismo número de ejes de simetría que de lados.
17. Perímetro: 30 in.; Área: 50 in^2
19. $m = -45$ **21.** $y = 0$ **23.** $d = 42$
25. $z = 52$

11-12 Haz la prueba

No

11-12 Ejercicios y aplicaciones

1. Sí, tiene simetría rotacional de 180°.
3. $\frac{1}{2}$ **5.** $\frac{1}{4}, \frac{1}{2}, \frac{3}{4}$ **7.** 2, 3, 5 **9.** C
11. 180° **13. a.** $D'(0, 0)$, $E'(4, -1)$, $F'(0, -3)$ **b.** $D'(0, 0)$, $E'(-1, -4)$, $F'(-3, 0)$
c. $D'(0, 0)$, $E'(-4, 1)$, $F'(0, 3)$ **15. a.** $\frac{1}{3}, \frac{2}{3}$
b. $\frac{1}{4}, \frac{1}{2}, \frac{3}{4}$ **c.** $\frac{1}{5}, \frac{2}{5}, \frac{3}{5}, \frac{4}{5}$ **d.** $\frac{1}{6}, \frac{1}{3}, \frac{1}{2}, \frac{2}{3}, \frac{5}{6}$
e. Un polígono regular con n lados tiene simetría rotacional por cada múltiplo del cociente de $\frac{360°}{n}$.
17. $\frac{x}{100} = \frac{25}{125}$; $x = 20$ **19.** $x = 21$
21. $m = 13$ **23.** $v = 8$ **25.** $x = -1$

Sección 11C • Repaso

1. (0, 0), (4, 0) y (1, −5) **3.** (1, 2) **7.** D

Capítulo 11 • Resumen y Repaso

1. 6
2.

8 aristas, 5 caras, 5 vértices
3. a. Las respuestas pueden variar.
b. $A_T = 520$ in^2, $V = 600$ in^3
4.

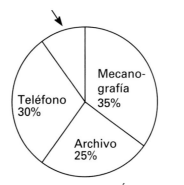

5. Circunferencia, 138.0 m; Área, 1517.0 m^2
6. Área total: 533.8 cm^2; Volumen: 942 cm^3

7.

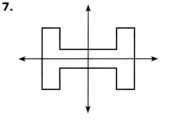

Sí **8.** $A'(-7, 1)$ **9. b.** $A'(0, 0)$, $B'(4, 0)$, $C'(6, -3)$ y $D'(2, -5)$
c. $A'(0, 0)$, $B'(0, -4)$, $C'(3, -6)$ y $D'(5, -2)$

Capítulo 12

12-1 Haz la prueba (Ejemplo 1)

Existen 6 resultados diferentes para órdenes de jugo.

12-1 Haz la prueba (Ejemplos 2–3)

20

12-1 Ejercicios y aplicaciones

1. a. 12 **b.** 36 **c.** Principio de conteo
3. 24 **5.** 24 **7.** 120 **9.** 144 **11.** 144

12-2 Haz la prueba (Ejemplos 1–2)

120

12-2 Haz la prueba (Ejemplos 3–5)

a. 24 **b.** 3,628,800 **c.** 3024

12-2 Ejercicios y aplicaciones

1. a. 4 **b.** 3 **c.** 2 **d.** 1 **e.** 24
3. 5040 **5.** 362,880 **7.** ARY, AYR, RAY, RYA, YAR, YRA (A = Arimori, R = Roba, Y = Yegorova) **9.** ABCD, ABDC, ACBD, ACDB, ADBC, ADCB, BACD, BADC, BCAD, BCDA, BDAC, BDCA, CABD, CADB, CBAD, CBDA, CDAB, CDBA, DABC, DACB, DBAC, DBCA, DCAB, DCBA; Ninguno de los órdenes forma palabras. **11.** C
13. El producto $x!$ se incrementa conforme aumenta x. **15.** Área total = 216 cm^2
17. Área total = 56 in^2 **19.** 168 m^3

12-3 Haz la prueba

a. 3 **b.** 10

12-3 Ejercicios y aplicaciones

1. a. Alex y Bess, Alex y Chandra
b. Bess y Chandra **c.** 3 **3.** Sí **5.** 6
7. 1 **9.** 20 **11.** B **13. a.** 20 **b.** 120
c. El número del inciso b es el mayor
17. 25.1 in. **19.** 34.5 mm

Sección 12A • Repaso

1. 12 **3.** Hay 8 probabilidades.
5. 40,320 **7.** 720 **9. a.** 1000 **b.** 720
11. A

12-4 Haz la prueba
(Ejemplos 3–4)

a. 1:1 **b.** 2:4

12-4 Haz la prueba
(Ejemplos 5–6)

a. Posibilidades de 1:1 para ambos; Justo
b. Posibilidades para A = 2:1, posibilidades para B = 1:2; Injusto
c. Posibilidades para Evan = 3:3, posibilidades para Primo = 3:3, posibilidades para
Trace = 2:4; Injusto

12-4 Ejercicios y aplicaciones

1. a. 2 **b.** 4 **c.** 2:4 **3.** 1, 2, 3, 4, 5,
6, 7 u 8 **5.** 1:1 **7.** 2:3 **9.** 104:66
11. 2:52 **13.** 26:28 **15.** 16:38
17. Posibilidades para A = 1:5, posibilidades para B = 4:2, posibilidades para
C = 1:5; Es injusto **21.** Sí **23.** 706.5 in^2
25. 0.8 m^2

12-5 Haz la prueba
(Ejemplos 1–3)

a. $\frac{1}{3} \approx 33.3\% = 0.333$ **b.** $\frac{1}{2} = 50\% = 0.5$
c. $\frac{3}{10} = 30\% = 0.3$

12-5 Haz la prueba
(Ejemplos 4–5)

a. $\frac{7}{8}$ **b.** $\frac{1}{100}$; 1:99

12-5 Ejercicios y aplicaciones

1. a. 12 **b.** $\frac{3}{12}$ **c.** $\frac{1}{4}$ **3.** $\frac{1}{6} \approx 16.7\% =$
0.167 **5. a.** 75.1% **b.** 24.9% **c.** 18.4%
7. La probabilidad no es $= \frac{7}{8}$; Posibilidades = 1:7 **9.** Probabilidad $= \frac{1}{2}$;
Posibilidades = 1:1 **11.** $\frac{1}{2}$ **13.** $\frac{1}{8}$

15. $\frac{55}{99} = \frac{5}{9}$ **17.** 1% **19.** 56%
21. Respuestas posibles: Una pelota lan-
zada hacia arriba caerá al suelo (probabilidad 1); Que una persona brinque a la luna
(probabilidad 0) **23.** 9118.6 cm^3
25. 1356.5 in^3 **27.** $(x + 4, y - 6)$
29. $(x - 0.2, y + 7)$

12-6 Haz la prueba
(Ejemplos 1–2)

a. 0.58 **b.** $\frac{8}{72} = \frac{1}{9}$; Menor que la
probabilidad teórica de $\frac{6}{36} = \frac{1}{6}$

12-6 Haz la prueba
(Ejemplos 3–4)

$\frac{6}{128} = \frac{3}{64}$

12-6 Ejercicios y aplicaciones

1. a. 10 in^2 **b.** 60 in^2 **c.** $\frac{10}{60} = \frac{1}{6}$
3. $\frac{9}{72} = \frac{1}{8}$ **5.** $\frac{15}{72} = \frac{5}{24}$ **7.** $\frac{1}{72}$ **9.** $\frac{3}{36} = \frac{1}{12}$;
Menor que la experimental
11. $\frac{6}{36} = \frac{1}{6}$; Menor que la experimental
13. $\frac{1}{36}$; Mayor que la experimental
15. $\frac{48}{80} = 60\%$ **17.** Un cálculo aproximado de 1000 pruebas sería más confiable.
19. $\frac{9}{144} = \frac{1}{16}$ **21. a.** Experimental
b. Conjunto de datos posible: 10 bomberos
heridos, 36 bomberos ilesos
23. La figura tiene un eje de simetría.
25. La figura tiene un eje de simetría.

12-7 Haz la prueba
(Ejemplos 1–2)

a. Dependiente **b.** Independiente

12-7 Haz la prueba
(Ejemplos 4–5)

a. $\frac{1}{10}$ **b.** $\frac{7}{30}$

12-7 Ejercicios y aplicaciones

1. a. $\frac{5}{10}$ **b.** 4 cubos verdes; 9 cubos
c. $\frac{4}{9}$ **d.** $\frac{2}{9}$ **3.** Independiente **5.** $\frac{1}{48}$
7. $\frac{1}{4}$ **9. a.** $\frac{1}{16} = 6.25\%$ **b.** No
13. D **15.** 5%, 14% **17.** 6

Sección 12B • Repaso

1. 1, 2, 3, 4, 5, 6, 7, 8, 9, 10 **3.** 4:2
7. $\frac{3}{10} = 30\% = 0.3$ **9.** $\frac{4}{5} = 80\% = 0.8$
11. Independiente **13.** $\frac{1}{4}$

Capítulo 12 • Resumen y
Repaso

1. 60 **2.** La tienda necesita 8 estantes.
3. 15 **4.** 24 **5.** TUV, TVU, UVT, UTV,
VTU, VUT **6.** 21 **7.** 5:3
8. Posibilidades de Melanie = 4:3,
posibilidades de Nathan = 3:4; Injusto
9. a. $\frac{4}{6} = \frac{2}{3}$ **b.** $\frac{2}{6} = \frac{1}{3}$ **10.** 8%
11. $\frac{11}{25}$ **12.** $\frac{4}{9}$ **13.** $\frac{1}{12}$
14. $\frac{5}{11} \cdot \frac{4}{10} = \frac{2}{11}$

Capítulos 1–12 • Repaso
acumulativo

1. A **2.** D **3.** C **4.** C **5.** D **6.** A
7. C **8.** B **9.** B **10.** C **11.** D
12. D **13.** B **14.** C **15.** A

Créditos

Fotografías

Portada/Lomo Dugald Bremner/Tony Stone Images

Preliminares   **iii** GHP Studio*
iii (fondo) John Banagan/The Image Bank
v–xvi T (margen) GHP Studio* **xviii BC** GHP Studio* **xviii TC** Thomas Johnson/Earthviews
xviii TL David Madison **xviii BR** Adam Peiperl/The Stock Market **xix T** Parker/Boon Productions and Dorey Sparre Photography* **xix B** Dennis Geaney,* Ken Karp* and Parker/Boon Productions and Dorey Sparre Photography* **xxi** Anne Dowie* **xxii** Anne Dowie* **xxiii** Anne Dowie* **xxiv** Roz Chast © 1995 de The New Yorker Magazine, Inc. **xxv** Richard Steinheimer **xxvi** Ken Karp* **xxviii** Ken Karp* **xxix** William R. Sallaz/Duomo

Capítulo 1   **2–3 (fondo)** Allen Lee Page/The Stock Market **2 TL** Giraudon/Art Resource, NY **2 BL** SEF/Art Resource, NY **2 R** Reed Saxon/AP Photo **2 TR** Cheryl Fenton* **3** Ken Karp* **4** Cheryl Fenton* **5 L** Don Mason/The Stock Market **5 R** Geoffrey Nilsen Photography* **6** Lawrence Migdale/Tony Stone Images **8** Shaw McCutcheon/Bruce Coleman Inc. **10** Nathan T. Wright/Bruce Coleman Inc. **11 L** J. Messerschmidt/Bruce Coleman Inc. **11 R** ©1996, USA TODAY. Reimpresa bajo permiso. Fotografía de Cheryl Fenton* **12** UPI/Corbis-Bettmann **13 T** Cameramann/The Image Works **13 B** Rich Iwasaki/Tony Stone Images **15** Library of Congress **16** Tim Davis **18** Chad Ehlers/Tony Stone Images **19** GHP Studio* **20** Stanley King Collection **21 R** Dan Dancer/Herd/Sipa Press **21 L** Ken Karp* **24** Robie Price* **27 T** Don Mason/The Stock Market **27 R** Geoffrey Nilsen Photography* **28** Will & Deni McIntyre/Photo Researchers **29 TL** David Madison **29 TR** David Madison/Bruce Coleman Inc. **29 B** Jim Cummins/FPG International **30** Court Mast/FPG International **31** Culver Pictures **32** Cheryl Fenton* **33** Andrea Sperling/FPG International **34** Otto Greule/Allsport **35** Geoffrey Nilsen Photography* **36** Bill Losh/FPG International **38** Andy Lyons/Allsport **40 R** David Madison **40 L** Clive Mason/Allsport **41** The Image Bank **42 R** Parker/Boon Productions and Dorey Sparre Photography* **42 L** Dennis Geaney* **43 T** David Madison **43 B** Cheryl Fenton* **44 T** Stephen Dunn/Allsport **45** Jim Cummins/FPG International **46** Stephen Dunn/Allsport **47** Geoffrey Nilsen Photography* **51 TL** David Madison **51 BL (capitolio)** Richard Pasley/Stock, Boston **51 BL (mosaicos)** Cheryl Fenton* **51 TR** Cheryl Fenton* **51 BR** George B. Fry III*

Capítulo 2   **52–53 (fondo)** GHP Studio* **52 B** Photo © Michael Holford/Collection British Museum **52 TL** David Madison **52 TR** Jenny Thomas* **53 B** Cheryl Fenton* **53 T** Joe McDonald/Animals, Animals **54 T** E. R. Degginger/Animals, Animals **54 B** Johnny Johnson/DRK Photo **55** Cindy Lewis **56** Will & Deni McIntyre/Tony Stone Images **58** Renee Lynn/Davis-Lynn Images **59** Ford Motor Company **60 L** Phil Degginger/Bruce Coleman Inc. **60 R** Cheryl Fenton*

61 GHP Studio* **62** Cindy Lewis **63** Tim Davis/Davis-Lynn Images **66** Anne Dowie* **68** Ken Karp* **69** Archive Photos **70** Maxell Corporation of America **71** Cindy Lewis **72** Tony Arruza/The Image Works **73 (inserción)** The Bancroft Library, University of California **73 (fondo)** Steve Solum/Bruce Coleman Inc. **74 L** Mindscape, Inc. **74 R** Jenny Thomas* **77** Art Wolfe/Tony Stone Images **78** Cheryl Fenton.* De la colección de Jeff Kelly **80** Detroit Industry, North Wall (detalle de fresco), 1932–1933 de Diego Rivera. Accession no. 33.10N (detalle). Photograph © 1996 The Detroit Institute of Arts, Gift of Edsel B. Ford. **81** Long Term Parking, escultura de Arman. Fotografía de Gianfranco Gorgoni/Sygma **82** Rene Sheret/Tony Stone Images **83** Photo © Michael Holford/Collection British Museum **84 L** Charles D. Winters/ Photo Researchers **84 R** Eric Gravé/Photo Researchers **85** Culver Pictures **86** Dr. Jeremy Burgess/SPL/Photo Researchers **87** NMAI/Smithsonian Institution **88** Ken Karp* **89** David J. Sams/Stock, Boston **90** Cheryl Fenton* **91** Jose L. Pelaez/The Stock Market **92** Corbis-Bettmann **93** GHP Studio* **94** David Madison **95** Steve Solum/Bruce Coleman Inc. **97** Geoffrey Nilsen Photography*

Capítulo 3   **102–103 (fondo)** M. L. Sinibaldi/The Stock Market **102 TL** Cheryl Fenton* **102 TC** Ulrike Welsch **102 TR** Ulrike Welsch **102 BL** Alfred Pasieka/G&J Images/The Image Bank **103 T** Cheryl Fenton* **103 B** Naomi Duguid/Asia Access **104 T** Cheryl Fenton* **104 B** Aneal F. Vohra/Unicorn Stock Photos **105** World Perspectives/Tony Stone Images **106** Topham/The Image Works **110 L** Richard Hutchings/Photo Researchers **110 R** USGS/NASA **113** Ken Karp* **114** Julian Baum/SPL/Photo Researchers **115 L** NASA/JPL Special Service **115 R** Cheryl Fenton* **116** James Balog/Tony Stone Images **117** Ken Karp* **117 B** Parker/Boon Productions and Dorey Sparre Photography* **118** fotos international/Archive Photos **119** Finley Holiday Film **120** John Lei* **121** NASA **123** Francois Gohier/Photo Researchers **124** Finley Holiday Film **125** John Lei* **127** Yerkes Observatory Photograph **129** Biophoto Associates/Photo Researchers **130** Cheryl Fenton* **131** World Perspectives/Tony Stone Images **132** NASA/Dan McCoy/The Stock Market **133** Ken Karp* **134 L** Peter Beck/The Stock Market **134 R** G. Holz/The Image Works **137** Jane Lidz **139 L** GHP Studio* **139 R** Mike Greenlar/The Image Works **140** Ken Karp* **141** Ken Karp **143** Cheryl Fenton* **144 L** Mark Loader/Uniphoto Picture Agency **144 R** Cheryl Fenton* **146** Ken Karp* **147** Cortesía de The Selmer Company **148** Wolfgang Kaehler **149** Anne Dowie* **150** Cheryl Fenton* **151** G. C. Kelley/Photo Researchers **152** Bob Daemmrich/Stock, Boston **153 L** Cheryl Fenton* **153 R** Anne Dowie* **154** Richard Pasley/Liaison International **155 T** JPL/NASA **155 B** GHP Studio* **156** Cheryl Fenton* **157 L** GHP Studio* **157 R** Ken Karp* **158** Cheryl Fenton* **159** Geoffrey Nilsen Photography* **163 TL** Ken Karp* **163 TR** Cheryl Fenton* **163 BL** Renee Lynn/Davis-Lynn Images **163 BR** GHP Studio*

Capítulo 4   **164–165 (fondo)** Cheryl Fenton* **164 TL** Cheryl Fenton* **164 TR** GHP Studio* **164 B** Photo © Michael Holford/Collection British Museum **165 T** Anne Dowie* **165 B** T. A. Wiewandt/DRK Photo **166 T** GHP Studio* **166 B** John Margolies/Esto **167 T** Jonathan Kirn/Liaison International **167 C** Jon Riley/Tony Stone Images **167 B** Tim Flach/Tony Stone Images **168** Ed Bock/The Stock Market **169** Ken Karp* **170** Bryan F. Peterson/The Stock Market **171 L** Joe McDonald/Animals, Animals **171 C** Stephen Green-Armytage/The Stock Market **171 R** Roy Morsch/The Stock Market **172** Roger Tully/Tony Stone Images **173** Pierre Boulat/Cosmos/Woodfin Camp & Associates **175** Laima Druskis/Photo Researchers **176** Adam Lubroth/Liaison International **178** Joe Quever* **179** Ed Lallo/Liaison International **180 L** Dennis Geaney* **180 R** Ken Karp* **181** UPI/Corbis-Bettmann **183 L** Ken Karp* **183 TR** Jonathan Kirn/Liaison International **183 CR** Jon Riley/Tony Stone Images **183 BR** Tim Flach/Tony Stone Images **184** Tim Davis/Photo Researchers **185** Ken Karp* **186** Crandall/The Image Works **187** Union Pacific Railroad **189** Ken Karp* **190** Tim Fitzharris/Masterfile **191** Joe Quever* **193 L** Ken Karp* **193 R** Dennis Geaney* **194** Porter Gifford/Liaison International **195** Cheryl Fenton* **197** Cheryl Fenton* **200** Bob Daemmrich/Stock, Boston **201** Ken Karp* **202 L** Zefa Germany/The Stock Market **202 R** Tim Davis/Tony Stone Images **203** Geoffrey Nilsen Photography*

Capítulo 5   **208–209 (fondo)** Rafael Macia/Photo Researchers **208 TR** GHP Studio* **208 L** ©1997 fotografía de Kunio Hirano/ORION PRESS, Tokyo **209 T** Roberto de Gugliemo/SPL/Photo Researchers **209 B** Bob Burch/Bruce Coleman Inc. **210 T** Cheryl Fenton* **210 B** Parker/Boon Productions and Dorey Sparre Photography* **211** Jon Simon/Liaison International **212 L** Marty Katz/Woodfin Camp & Associates **212 R** David Barnes/Tony Stone Images **213** Cheryl Fenton* **214** Ron Sanford/Tony Stone Images **216** Ken Kay/Fundamental Photographs **217 TL** Ken Karp* **217 TR** Greg Stott/Masterfile **217 B** Robert Fried/Stock, Boston **219** GHP Studio* **220** 1994 by Rand McNally R.L. 94-S-140 **221 L** Bob Krist/The Stock Market **221 R** P. Hammerschmidt/Okapia/Photo Researchers **222 L** Lisl Dennis/The Image Bank **223** Cheryl Fenton* **224** Harvey Lloyd/The Stock Market **226 L** Rafael Macia/Photo Researchers **226 C** Catherine Karnow/Woodfin Camp & Associates **226 R** M. Granitsas/The Image Works **227 T** Michal Heron/The Stock Market **227 TL** Cheryl Fenton* **227 B** Tony Craddock/SPL/Photo Researchers **228** J. C. Carton/Bruce Coleman Inc. **229 L** Ken Karp* **229 R** Parker/Boon Productions and Dorey Sparre Photography* **230 L** Wendell Metzen/Bruce Coleman Inc. **230 R** Springer/Liaison International **230 B** GHP Studio* **233** Charles Gupton/Stock, Boston **234** Kevin R. Morris/Tony Stone Images **235** Kay Chernush **236** Peter Mauss/Esto **237 L** Kevin Schafer/Tony Stone Images **237 R** Jon Simon/Liaison International **239** Cheryl Fenton* **240 L** M. Douglas/The Image Works **240 R** GHP Studio*

241 Cheryl Fenton*   242 **L** Ken Karp*   242 **R** Miles Ertman/Masterfile   244 Renee Lynn*   247 David Madison   248 Lee Foster/Bruce Coleman Inc.
250 Cheryl Fenton*   251 Schiller/The Image Works   252 Cheryl Fenton*   253 GHP Studio*   254 Lionello Fabbri/Photo Researchers   258 **L** Baron Wolman   258 **R** John Margolies/ESTO   260 Parker/Boon Productions and Dorey Sparre Photography*   261 Kal Muller/Woodfin Camp & Associates   262 Craig Wells/Liaison International   263 Cheryl Fenton*   264 Claus Andersen/Masterfile   265 Geoffrey Nilsen Photography*   269 **L** John Elk/Stock, Boston   269 **TR** GHP Studio*   269 **B** David Rosenberg/Tony Stone Images

Capítulo 6   270–271 (fondo) Cheryl Fenton*   270 **L** Cheryl Fenton*   270 **TR** Jack Vartoogian   270 **BR** The Oakland Museum of California   271 **T** Peter Menzel/Stock, Boston   271 **B** Nancy Fix/Stock, Boston   272 **B** NASA   272 **T** Warren Faidley/Weatherstock   273 Will & Deni McIntyre/Photo Researchers   274 David Sailors/The Stock Market   275 **T** Scala/Art Resource, NY   275 **B** Jeff Hunter/The Image Bank   276 Ned Gillette/The Stock Market   277 Dale O'Dell/The Stock Market   278 David Pollack/The Stock Market   279 Jim Pickerell/The Image Works   280 M. Siluk/The Image Works   281 William Johnson/Stock, Boston   282 Ken Karp*   283 Howard Sochurek/Woodfin Camp & Associates   284 Donald Dietz/Stock, Boston   285 © Aardman Animations/Wallace and Gromit Ltd. 1995   286 **L** Brownie Harris/The Stock Market   286 **R** Erwin and Peggy Bauer/Bruce Coleman Inc.   287 Ken Karp*   288 **L** Ken Karp*   288 **R** Dennis Geaney*   289 David Madison   290 Art Wolfe/Tony Stone Images   291 **L** Ken Karp*   291 **BL** Scala/Art Resource, NY   291 **R** Will & Deni McIntyre/Photo Researchers   292 David Madison   293 Art Wolfe/Tony Stone Images   294 **L** Cheryl Fenton*   294 **R** Pieter Arend Folkens   297 Richard Ellis/Photo Researchers   298 **L** Alvis Upitis/The Image Bank   298 **R** Thomas Johnson/Earthviews   299 Francois Gohier/Photo Researchers   301 Stuart Westmorland/Tony Stone Images   302 Joseph Van/The Image Bank   304 **L** Anne Dowie*   304 **BR** Tim Davis*   305 Stephen Frink/The Stock Market   306 Culver Pictures   307 Cheryl Fenton*   308 **L** Ken Karp*   308 **R** Paul Souders/Tony Stone Images   309 Steinhart Aquarium, fotografía de Tom McHugh/Photo Researchers   310 Ken Karp*   311 Nicholas Conte/Bruce Coleman Inc.   313 Art Wolfe/Tony Stone Images   314 Joe Cavaretta/Wide World Photos   315 Geoffrey Nilsen Photography*

Capítulo 7   320–321 (fondo) GHP Studio*   320 **TL** Katrine Naleid*   320 **TR** Judith Canty/Stock, Boston   320 **B** Corbis-Bettmann   321 **T** European Space Agency/SPL/Photo Researchers   321 **C** GHP Studio*   321 **B** New York Public Library, cortesía de Map Division, Astor, Lenox & Tilden Foundations   322 **T** Ken Karp*   322 **B** George B. Fry III*   323 Smithsonian Institution, fotografía #83.3049   324 **L** © AAA, reproducida bajo permiso. Fotografía de Cheryl Fenton*   324 **TR** Quattrocchi Architects   324 **B** Minnesota State Map ©Rand McNally 352-2-9611. Fotografía de Ken Karp*   325 Ken Karp*   326 RAGA/The Stock Market   327 **T** Brent Jones   327 **B** Ilustración de THE HOBBIT. Derechos reservados © 1966 by J.R.R. Tolkien. Reimpresa bajo permiso de Houghton Mifflin Company. Derechos reservados.   328 Bob Daemmrich/Stock, Boston   330 **L** Ken Karp*   330 **R** Parker/Boon Productions and Dorey Sparre Photography*   331 GHP Studio*

332 **L** Blumb/Liaison International   332 **R** GHP Studio*   333 Ken Karp*   335 Corbis-Bettmann   336 Cortesía de Northampton East High School, Conway, North Carolina   337 Bill Gallery/Stock, Boston   339 William R. Sallaz/Duomo   340 Oscar Mayer, el rombo de Oscar Mayer y el Salchichamóvil son marcas registradas de Kraft Foods, Inc., Madison, Wisconsin y se han usado bajo permiso   341 Smithsonian Institution, fotografía #83.3049   342 Giraudon/Art Resource, NY   343 Ken Karp*   344 **L** John Lei*   344 **R** Katrine Naleid*   346 Liza Loeffler*   348 Cheryl Fenton*   349 **L** John Lei*   349 **R** Eric Carle/Stock, Boston   350 **T** Hans Reinhard/Bruce Coleman Inc.   350 **B** Vanessa Vick/Photo Researchers   351 Michael Holford   352 William Strode/Woodfin Camp & Associates   353 Nancy Pierce/Photo Researchers   354 Tim Bieber Inc./The Image Bank   355 Gary Holscher/Tony Stone Images   356 **T** Laguna Photo/Liaison International   356 **B** Katrine Naleid*   357 Ken Karp*   358 Bob Daemmrich/Stock, Boston   359 Cheryl Fenton*   360 **L** John Lei*   360 **R** Alan Schein/The Stock Market   360 **BR** Ken Karp*   364 Cheryl Fenton*   366 Robb Kendrick/Aurora   368 **L** Parker/Boon Productions and Dorey Sparre Photography*   368 **R** Ken Karp*   371 **L** Steve Starr/Stock, Boston   371 **R** Cheryl Fenton*   373 Archive Photos   374 **T** John Elk III/Stock, Boston   374 **B** Everett Collection   375 Cheryl Fenton*   376 **T** Tim Davis/Tony Stone Images   376 **B** Everett Collection   377 Geoffrey Nilsen Photography*   381 **TL** Photofest   381 **TR** California State Railroad Museum   381 **BL** GHP Studio*

Capítulo 8   382–383 (fondo) Tom Bean/DRK Photo   382 **TL** Cheryl Fenton*   382 **TR** Alan Schein/The Stock Market   382 **B** Cheryl Fenton*   383 **T** David Madison/Duomo   383 **B** Jon Feingersh/The Stock Market   384 **T** GHP Studio*   384 **B** Ken Karp*   385 Jane Burton/Bruce Coleman Inc.   386 **L** Joe Quever*   386 **R** Merlin D. Tuttle   387 John Elk/Stock, Boston   388 ©1996 Cordon Art, Baarn, Holland   389 Merlin D. Tuttle/Bat Conservation International, Inc.   390 Cheryl Fenton*   391 J. McDonald/Bruce Coleman Inc.   393 Michael Fogden/DRK Photo   394 Mark Burnett/Stock, Boston   395 Merlin D. Tuttle   396 Ken Karp*   397 Michael Fogden/DRK Photo   398 Merlin D. Tuttle   399 Jenny Thomas*   400 Wayne Lankinen/DRK Photo   401 Mark Tomalty/Masterfile   402 Michael Fogden/DRK Photo   403 **L** Stephen J. Krasemann/DRK Photo   403 **R** Jane Burton/Bruce Coleman Inc.   404 Merlin D. Tuttle   405 (fondo) Kevin R. Morris/Tony Stone Images   405 (inserciones) Cheryl Fenton*   406 Anne Dowie*   407 GHP Studio*   408 Anne Dowie*   409 Cheryl Fenton*   410 Cheryl Fenton*   411 Cheryl Fenton*   412 Brian Stablyk/Tony Stone Images   414 Robert A. Tyrell   414 Will & Deni McIntyre/Tony Stone Images   415 Joe Quever*   416 Marc Biggins/Liaison International   417 Parker/Boon Productions and Dorey Sparre Photography*   421 (fondo) Kevin R. Morris/Tony Stone Images   421 (inserción) Cheryl Fenton*   422 Corbis-Bettmann   423 Geoffrey Nilsen Photography*

Capítulo 9   428–429 (fondo) Cheryl Fenton*   428 **TL** Robert Fried/Stock, Boston   428 **TR** NASA   428 **B** Cheryl Fenton*   429 **T** Dr. Peter W. Sloss/NOAA/NGDC   429 **B** Cheryl Fenton*   430 Cheryl Fenton*   432 Tom Bean/DRK Photo   433 Barbara Gerlach/DRK Photo   434 **L** Peter Essick/Aurora   434 **R** Tom McHugh/Cal. Acad. of

Sciences/Photo Researchers   435 NASA, Goddard Institute for Space Studies/SPL/Photo Researchers   436 Guido Cozzi/Bruce Coleman Inc.   437 **L** Sally Beyer/Tony Stone Images   437 **R** Ted Horowitz/The Stock Market   439 **L** Parker/Boon Productions and Dorey Sparre Photography*   439 **R** Ken Karp*   442 **T** Roger Richards/Liaison International   442 **B** Map Art Corporation   447 **L** Leo Touchet/Woodfin Camp & Associates   449 Susan Van Etten/Stock, Boston   450 © 1996, USA TODAY. Reimpresa bajo permiso. Fotografía de Cheryl Fenton*   451 Liza Loeffler*   452 Liza Loeffler*   453 Liza Loeffler*   454 UPI/Corbis-Bettmann   455 Cheryl Fenton*   457 Dan Feicht/Cedar Point   458 David M. Schleser/Photo Researchers   461 Jeff Hunter/The Image Bank   464 Dallas & John Heaton/Stock, Boston   465 **T** Rocky Widner   465 **B** Jeff Greenberg/MRp/Photo Researchers   466 **L** Cheryl Fenton*   466 **R** Paramount's Great America   467 Liza Loeffler*   468 **L** Parker/Boon Productions and Dorey Sparre Photography*   468 **R** Ken Karp*   469 J. L. Bulcao/Liaison International   470 Michele Burgess/The Stock Market   471 **L** C. Bruce Forster/Tony Stone Images   471 **R** Susan Van Etten/Stock, Boston   72 Underwood Photo Archives, SF   473 Geoffrey Nilsen Photography*   477 **TL** Cheryl Fenton*   477 **BL** Stacy Pick/Stock, Boston   477 **BR** Cheryl Fenton*

Capítulo 10   478–479 (fondo) Gregory Sams/SPL/Photo Researchers   478 **TL** Scala/Art Resource, NY   478 **TR** GHP Studio*   478 **B** Cheryl Fenton*   479 Lifesmith Classic Fractals   480 **T** John Elk III   480 **B** Rich Buzzelli/Tom Stack & Associates   481 (hormigas) Runk-Schoenberger/Grant Heilman Photography   481 (abejas) Charles Krebs/Tony Stone Images   481 Katrine Naleid*   482 **L** Bryan Peterson/The Stock Market   482 **R** Dr. Jeremy Burgess/SPL/Photo Researchers   483 Michael Lustbader/Photo Researchers   484 David Overcash/Bruce Coleman Inc.   485 Richard R. Hansen/Photo Researchers   486 Donald C. Johnson/The Stock Market   487 Aaron Strong/Liaison International   488 Wolfgang Kaehler/Liaison International   490 Phil Degginger/Bruce Coleman Inc.   491 **L** ©1997 fotografía de Noriyuki Yoshida/ORION PRESS, Tokyo   491 **R** Kim Taylor/Bruce Coleman Inc.   493 Kjell B. Sandved/Photo Researchers   494 J. M. Burnley/Bruce Coleman Inc.   495 Ken Karp*   498 **T** Michael Lustbader/Photo Researchers   498 **B** Daniel J. Cox/Liaison International   500 Mark Burnett/Stock, Boston   502 **L** Kim Taylor/Bruce Coleman Inc.   502 **R** Jeff Lepore/Photo Researchers   503 E. R. Degginger/Bruce Coleman Inc.   504 Scott Camazine/Photo Researchers   505 **L** G & J Images/The Image Bank   505 **R** Katrine Naleid*   505 **R**(inserción) Charles Krebs/Tony Stone Images   506 Richard Hurley/Cortesía de John Carter Brown Library en Brown University   507 Cheryl Fenton*   508 **L** GHP Studio*   508 **R** David Katzenstein   509 David Katzenstein   510 Paul F. Gero/KDI-Champ Cookies   511 Cheryl Fenton*   512 **L** Ted Horowitz/The Stock Market   512 **R** David Katzenstein   514 **L** Parker/Boon Productions and Dorey Sparre Photography*   514 **R** Ken Karp*   516 John Zich   517 **L** Rex Rystedt Photography   517 **R** Ken Karp*   519 Katherine Lambert   520 Charles D. Winters/Photo Researchers   521 **L** Jim McHugh   521 **R** Cheryl Fenton*   523 NASA Space Photo/The Image Bank   524 Ken Karp*   525 Gary Withey/Bruce Coleman Inc.   526 **L** Ken Karp*   526 **R** Parker/Boon Productions and Dorey Sparre Photography*   527 Cheryl Fenton*   528 NASA/Liaison International   529 Mark M. Lawrence/Stock Market   530 **TASS**/Sovfoto/Eastfoto

531 Mike Maple/Woodfin Camp & Associates
532 Robert Caputo/Stock, Boston   **533** Coco
McCoy/Rainbow   **534 L** Spencer Grant/Stock, Boston
534 R Ken Karp*   **536** B. Seitz/Photo Researchers
537 Dagmar Fabricius/Stock, Boston   **538** Inga
Spence/Tom Stack & Associates   **539 L** Keith
Gunnar/Bruce Coleman Inc.   **539 R** Archive Photos
541 Erwin & Peggy Bauer/Bruce Coleman Inc.
543 L Christopher Pfau/Wide World Photos   **543 R**
NASA Space Photo/The Image Bank   **545** Geoffrey
Nilsen Photography*

Capítulo 11   550–551 **(fondo)** Ken Lax*
550 TL GHP Studio*   **550 TR** Adam Woolfitt/Woodfin
Camp & Associates   **550 B** GHP Studio*   **551 T** Mark
Newman/Photo Researchers   **551 B** Keren Su/Stock,
Boston   **552 T** Tim Davis/Photo Researchers
552 B Jim Tuten/Animals, Animals   **553** Dawn (1962),
de Louise Nevelson. Madera pintada en oro, 94-1/2 × 75-
1/2 × 7-3/4." La fotografía es cortesía de PaceWildenstein,
New York   **554** Antonio Ribeiro/Liaison International
555 Cubi XIX (1964), de David Smith. © Derechos reservados VAGA, NY. Tate Gallery, London/Art Resource, NY
556 L John Elk III/Stock, Boston   **556 R** Peter
Menzel/Stock, Boston   **557 TL** Breck P. Kent/Earth
Scenes   **557 TR** Geoffrey Nilsen*   **557 B** Untitled
(1975), de Donald Judd. Hierro galvanizado en diez
unidades, 31" × 9" × 40" cada uno. Donald Judd
Estate/VAGA. Fotografía de Flavin Judd
558 T Ilustración de Amanda Smith, fotografía de Joe
Quever*   **558 B** Relief from Sennacherib's Palace at
Nineveh. Photo © Michael Holford/Collection British
Museum   **560** Coco McCoy/Rainbow   **562** Black Sun
(1969), de Isamu Noguchi. Cortesía de Seattle City Light
1% for Art Collection   **563** Joe Sohm/The Stock Market
566 Memories of Mike (1966), de Larry Bell. Vacuum-
plated glass with metal binding. 24" × 24" × 24".
Fotografía cortesía de PaceWildenstein, New York.
567 Cheryl Fenton*   **568** Brenda
Tharp/Photo Researchers   **569** Untitled (1975), de
Donald Judd. Galvanized iron in ten units, 31" × 9" × 40"
each. Donald Judd Estate/VAGA. Fotografía de Flavin
Judd   **571 L** Two Open Modular Cubes/Half-Off (1972)
de Sol LeWitt. Tate Gallery, London/Art Resource, NY
571 R Dawn (1962), de Louise Nevelson. Gold painted
wood, 94-1/2 × 75-1/2 × 7-3/4." Photograph courtesy
PaceWildenstein, New York   **572 T** Kathleen Culbert-
Aguilar*   **572 B** Una Grande Liberta (1963), de Hubert
Dalwood. Aluminum, gilt and wood. 60 × 30 × 10 3/4 (153
× 77 × 27). Colección y fotografía: Gimpel Fils, London
573 (fondo) GHP Studio*   **573 (inserción)** Wooden
horse on wheels from Akhmun, 200 A.D. Photo © Michael
Holford/Collection British Museum   **574 L** ©1996, USA
TODAY. Reimpresa bajo permiso. Fotografía de GHP
Studio*   **574 R** Cheryl Fenton*   **575** Cheryl Fenton*
577 Scott Halleran/Allsport   **578** Joe Quever*
579 GHP Studio*   **581 L** George Holton/Photo
Researchers   **581 R** Dr. Tom Kuhn   **583** Robert
Rathe/Stock, Boston   **584 T** Cheryl Fenton*
584 B GHP Studio*   **585** Wolfgang Kaehler
586 T Cheryl Fenton*   **586 B** GHP Studio*
587 L Ken Karp*   **587 R** Kaz Mori/The Image Bank
588 Cheryl Fenton*   **589 T** Ken Karp*   **589 B** Dennis
Geaney*   **591 T** GHP Studio*   **591 B** Rachel
Canto/Rainbow   **592 L** Jim Corwin/Tony Stone Images
592 R GHP Studio*   **593 T** GHP Studio*
593 C Cheryl Fenton*   **593 B** Cheryl Fenton*
594 GHP Studio*   **595** GHP Studio*   **596** Ken Lax*
597 GHP Studio*   **598** Corbis-Bettmann
599 (fondo) Adam Peiperl/The Stock Market
599 (inserción) Adam Peiperl/The Stock Market
600 T The Kobal Collection/Touchstone Pictures

600 B C. Bennett through Scopelens   **602** Ken Karp*
605 T John Eastcott-Yva Momatiuk/Photo Researchers
605 B Adam Peiperl/The Stock Market   **608 L** Adam
Peiperl/The Stock Market   **608 R** Eric Grave/Photo
Researchers   **610** Joe Quever*   **611** Alfred Pasieka-
Science Photo Library/Photo Researchers   **613 L** Adam
Peiperl/The Stock Market   **613 R** Blue, Green, Yellow,
Orange, Red (1966), de Ellsworth Kelly. Guggenheim
Museum, New York. Fotografía de David Heald. © The
Solomon R. Guggenheim Foundation, New York. (FN
67.1833)   **615 L** Viviane Moos   **615 R** Adam
Peiperl/The Stock Market   **616** C. Bennett through
Scopelens   **617** Geoffrey Nilsen Photography*
621 TL Ken Lax*   **621 TR** Joe Quever*
621 B Ken Karp*

Capítulo 12   622–623 **(fondo)** Joe Quever*
622 TL Jacob Lawrence: Harriet Tubman Series No. 16.
Casein tempera on gessoed hardboard, 12 × 17-7/8".
Hampton University Museum, Hampton, Virginia
622 TR Lowell Observatory/NOAO   **622 B** Cheryl
Fenton*   **623 T** Jonathan T. Wright/Bruce Coleman Inc.
623 B Cheryl Fenton*   **624 T** Cheryl Fenton*
624 B Weinberg-Clark/The Image Bank   **625** Cheryl
Fenton*   **626 L** Stephen J. Krasemann/DRK Photo
626 R Jenny Thomas*   **629** Elliott Smith*
630 T Pacer Infotec Inc.   **630 B** Cheryl Fenton*
631 Cheryl Fenton*   **632** Jenny Thomas*
634 T Richard Pasley/Stock, Boston   **634 B** Jeff
Lepore/Photo Researchers   **636** Michael
Topolovac/David Madison   **637** Bruce Iverson
638 L Parker/Boon Productions and Dorey Sparre
Photography*   **638 R** Ken Karp*   **639** Cheryl Fenton*
641 Cheryl Fenton*   **642** Bert Blokhuis/Tony Stone
Images   **643** Joe Quever*   **644 L** J. M.
Labat/Jacana/Photo Researchers   **644 R** Cheryl Fenton*
647 Cesar Rubio*   **649** Hires Chip/Liaison International
651 GHP Studio*   **652** ©1996, USA TODAY. Reimpresa
bajo permiso. Fotografía de GHP Studio*   **653** Cheryl
Fenton*   **654 L** David Madison/Bruce Coleman Inc.
654 R Cheryl Fenton*   **657** Cheryl Fenton*
659 Geoff Tomkinson/SPL/Photo Researchers
662 GHP Studio*   **665 L** Cheryl Fenton*   **665 R** Joe
Quever*   **667** Geoffrey Nilsen Photography*

*Fotografías creadas expresamente para Addison Wesley
Longman, Inc.

329b, 334a, 363e, 367b, 369e, 380c, 410a, 426a,
445b, 459a, 461a, 461b, 469a, 477b, 484b, 489d,
495a, 502b, 629b, 645a, 648a, 660b

Ilustraciones

Brian Evans: **93b**   Terry Guyer: **3d, 9a, 9b, 10b, 12b,
33c, 35a, 36c, 38a, 39f, 43a, 44b, 108a, 109a, 115a,
128a, 138a, 163e, 218b, 219b, 249e, 341a, 347b,
361b, 370b, 381c, 431b, 432a, 432d, 448a, 477a,
479a, 486a, 500a, 500b**   Gary Hallgren: **96a**   Joe
Heiner Studio: Todos los iconos y márgenes.   Paul
Koziarz: **106a, 173a, 178a, 233a, 248a, 248b, 248c,
248d, 248e, 253a, 253b, 360a, 372a, 375a, 375b,
430a, 430b, 430c, 430d, 563a, 563b, 583a, 583b,
583c, 600a, 610a, 610b, 610c, 659a**   Maryland
Cartographics: **337a**   Marlene May-Howerton: **309b**
Patrick Merewether: **631a, 636a, 659b**   Gráficas de
precisión: El arte técnico de ilustración de todo el libro se
generó por medios electrónicos.   Laurie O'Keefe: **274b,
282b**   William Pasini: **7c, 14b, 16b, 24b, 25b, 76a,
172b, 187a, 187b, 192a, 198a, 235a, 257a, 312a,
325a, 326b, 330a, 332a, 336b, 339b, 342b, 392a,
398a, 402b, 403b, 434a, 440c, 442a, 446a, 446b,
540a, 542a, 543b, 544d**   Doug Roy: **95a**   Rob
Schuster: **56a, 64a, 67a, 82a, 86a, 91a, 168a, 177b,
182a, 203a, 263a, 269d, 278a, 284b, 284c, 329a,**

Índice

A

Ábaco, 53
Abscisa, 443–446, 601, 688
ADN, 642
Ahmes, 52
Ajedrez, 275
Aldrin, Buzz, 105
Álgebra *El desarrollo de destrezas y conceptos algebraicos es un objetivo clave de este programa de matemáticas y se desarrolla a lo largo del libro.*
   cantidades, constantes y variables, 482–485
   ecuaciones, 82–90, 495–498, 500–504, 508–516, 524–542
   ecuaciones de dos pasos, 91–96, 534–538
   ecuaciones de números enteros, 524–542
   ecuaciones, graficación de, 500–504
   ecuaciones, multiplicación y división, 86–90, 529–533
   ecuaciones, resolución por medio de gráficas, 512–516
   ecuaciones, resolución por medio de operaciones inversas, 82–94
   ecuaciones, resolución por medio de tablas, 508–511
   ecuaciones, suma y resta, 82–85, 524–528
   ecuaciones y desigualdades, 517–520
   fórmulas, 56–59, 66–72
   fracciones, 175–176, 531
   funciones, 66–72, 97, 492–544
   gráficas, 486–489, 545
   operaciones inversas, 74–77
   orden de las operaciones, 60
   palabras en expresiones, 78–81
   tablas y expresiones, 490–494
   tablas, 66–72
   variables, 56–59, 482–485
Alrededor del mundo, 2, 52, 102, 164, 208, 270, 320, 383, 428, 478, 551, 623
Altura
   de un cilindro, 587
   de un paralelogramo, 253
   de un prisma, 567
   de un rectángulo, 233
   de un trapecio, 254
   de un triángulo, 249–250
   registro en el glosario, 688
Ampliación, 329, 375, 378
Ampliar ideas clave, 47, 97, 159, 203, 265, 315, 377, 423, 473, 545, 617, 667
Ángulo
   complementario, 214–215, 265–268, 557
   congruente, 214, 217–218, 228, 231
   definición, 213
   en polígonos, 228–230, 238, 290
   en triángulos, 222–226, 232, 265, 285, 315, 367

   medición de un, 213–214
   registro en el glosario, 688
   suplementarios, 214–215, 218, 220, 266–268
   tipos de, 212–218, 319
Ángulo agudo, 213–216, 265–266, 688
Ángulo central, 574–576, 688
Ángulo llano, 213–214, 223, 688
Ángulo obtuso, 213, 249, 266, 688
Ángulo recto, 213, 219, 244, 692
Ángulos alternos internos, 218, 688
Ángulos complementarios, 214, 265–268, 557, 688
Ángulos congruentes, 214, 217–218, 228, 231, 689
Ángulos correspondientes
   de figuras similares, 361–363
   de rectas paralelas, 218
   registro en el glosario, 688
Ángulos opuestos por el vértice, 218, 688
Ángulos suplementarios, 214–218, 688
Anthony, Susan B., 195
Aplicaciones *Las aplicaciones de las matemáticas en la vida real se encuentran en todo este libro. En seguida se muestran unas cuantas instancias.*
   abastecimiento, 120
   agricultura, 21, 587
   ambiente, 56, 106, 343–344, 346–348, 350, 352–358
   arqueología, 442
   arquitectura, 211–212, 214, 217, 221, 226–227, 230, 234, 236–238, 242
   artes gráficas, 197, 294
   astronomía, 60, 105, 107, 110–116, 119–124, 127–128, 131–132, 155, 162–163, 190, 340, 436, 441, 447, 580
   balances de chequeras, 115
   banquetes, 120
   biología, 86, 286, 385, 391, 393, 395–398, 400, 402–404, 490, 626, 644, 659
   biología marina, 302, 309
   cartografía, 323–328, 330, 332–337, 339, 341–342, 366
   ciencias, 9, 20, 35, 38, 58, 69, 77, 80, 82, 84, 86, 89, 93, 96, 108, 114, 118, 123, 125, 128, 132, 137, 148, 151, 155, 177, 181–182, 184, 190, 194, 198, 202, 216, 223, 226, 228, 230, 247, 271, 274, 276–277, 279–281, 283, 285, 290, 292, 297, 301, 305, 311–312, 314, 347, 356, 392, 397, 401, 404, 413, 418, 428, 435, 440, 448, 454, 464, 469, 472, 478, 493, 503, 512, 527–528, 532, 541, 544, 551, 557, 576, 603, 608, 614, 622, 634, 642, 662
   cine, 359–361, 364, 367–369, 371–376, 539
   cocina, 344

   computación, 65–66, 74, 120, 196, 232, 303, 365, 420, 460, 578, 582–583, 600
   conservación, 343, 345–348, 350, 352–358
   construcción, 91, 110, 185, 187, 191–193, 195, 197–198, 201–202, 217, 244, 248, 610
   control de calidad, 437, 486
   creación de perfumes, 173
   criminología, 625, 630, 637, 641–642
   deportes, 16–17, 19, 24, 29–36, 38–46, 118, 281, 306, 465, 576, 634, 636, 654
   diseño de interiores, 222
   diseño de vestuario, 186
   diseño industrial, 567
   elaboración de modelos, 337
   encuestas, 240
   enmarcado de cuadros, 371
   entomología, 53, 505
   escultura, 553, 555–558, 560, 562, 566, 571–572
   fabricación de edredones, 323–328, 330, 332–337, 339, 341–342, 366
   finanzas, 144, 168, 394, 399, 466, 524
   física, 353
   fisioterapia, 30
   fotografía, 308, 360, 631
   geografía, 5–7, 9–16, 18, 21–23, 25, 27–28, 76, 89, 172, 220, 235, 257, 295, 327, 331–332, 339, 398, 436, 448, 458, 544, 577, 604, 609
   geología, 431–432, 435–436, 445, 447–448, 649
   hogar, 258
   impuestos, 508
   industria, 80, 85, 139, 147, 149, 281, 286, 390, 406, 445, 510, 516, 519, 522, 541, 592, 596, 640
   ingeniería, 227, 461, 558
   ingeniería eléctrica, 102
   inventos, 78
   jardinería, 134, 191
   literatura, 84, 129, 306, 342, 351, 511, 565
   medicina, 30, 70, 273, 282, 482
   mercado de valores, 167–170, 172, 175–177, 181, 183
   mercadotecnia, 386
   meteorología, 6, 382, 450, 523, 525, 528, 530–533, 537, 540, 542–544
   mezcla de pinturas, 304
   minería, 434
   música, 133, 137, 141, 143–144, 149–152, 154–155, 157–158, 164, 500
   náutica, 432
   navegación, 212
   negocios, 455, 507–510, 512, 514, 516–517, 519, 521–522
   nutrición, 43, 58, 284, 292

ÍNDICE

MANUAL PARA LA PRUEBA: TEXAS

Aprender a presentar una prueba aumentará tu capacidad para demostrar tus conocimientos sobre matemáticas. Si desarrollas tus destrezas y estrategias, podrás resolver las pruebas con mayor eficiencia. En este manual encontrarás útiles consejos sobre las destrezas y estrategias que puedes usar para resolver una prueba.

A lo largo del libro tendrás la oportunidad de practicar diversas estrategias y resolver problemas similares a los que se presentan en las pruebas oficiales de Texas. Si ya sabes cómo resolver un problema, no te preocupes por las estrategias. Si enfrentas dificultades, aplica una o más de las estrategias que conoces.

La barra **Para la prueba** se encuentra en varias secciones de todo el libro.

Estrategias para la prueba

- **¡Lee con atención!**
- **Sigue las instrucciones**
- **Escoge el mejor método**
- **Resuelve por eliminación**
- **Trabaja a la inversa a partir de una respuesta**

◄ En los ejercicios de Práctica, encontrarás varias pruebas de elección múltiple.

◄ En Repaso de sección recibirás útiles pistas para realizar tus pruebas.

◄ En Repaso acumulativo resolverás ejercicios de elección múltiple.

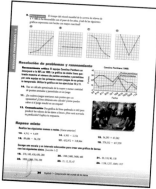

◄ En notas al margen se muestra con claridad cómo se usa cada estrategia para la prueba.

◄ En Práctica para la prueba: Texas encontrarás preguntas de elección múltiple sobre cada capítulo del libro.

En las siguientes páginas aprenderás más sobre las estrategias para la prueba. ¡Recuerda que su uso puede ayudarte a resolver las pruebas con mayor seguridad!

Estrategias para la prueba

Estrategias para la prueba

¡Lee con atención!
- Halla los problemas capciosos.
- Busca información adicional.
- Vuelve a leer el problema y tu respuesta. ¿Es razonable?

¡Lee con atención!

La Feria Mundial de 1968 en San Antonio celebró el 250 aniversario de la fundación de esta ciudad. En ese mismo año, la población más antigua de Texas celebró su aniversario 268. ¿En qué año se fundó San Antonio?

A 37   **B** 1682   **C** 1718   **D** 2218

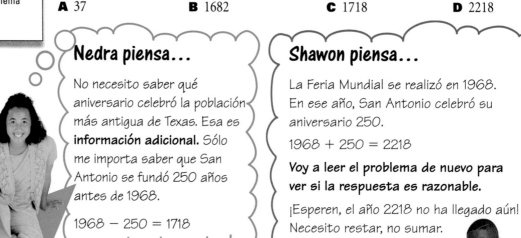

Nedra piensa...

No necesito saber qué aniversario celebró la población más antigua de Texas. Esa es **información adicional.** Sólo me importa saber que San Antonio se fundó 250 años antes de 1968.

$1968 - 250 = 1718$

La respuesta es **C**.

Shawon piensa...

La Feria Mundial se realizó en 1968. En ese año, San Antonio celebró su aniversario 250.

$1968 + 250 = 2218$

Voy a leer el problema de nuevo para ver si la respuesta es razonable.

¡Esperen, el año 2218 no ha llegado aún! Necesito restar, no sumar.

$1968 - 250 = 1718$

Sigue las instrucciones

Estrategias para la prueba

Sigue las instrucciones
- Busca palabras como *no*.
- Responde la pregunta.

Ordenados de menor a mayor, los aeropuertos de Texas con mayor afluencia de pasajeros en 1995 eran: Dallas-Fort Worth, Houston y San Antonio. Dallas-Fort Worth tuvo una afluencia de 27,013,761 pasajeros, en tanto que la de San Antonio fue de 3,058,274 pasajeros.

¿Qué valor *no* representa el número de pasajeros que partieron del Aeropuerto Intercontinental de Houston en 1995?

F 32,634,911   **G** 26,001,100   **H** 9,553,504   **J** 3,060,874

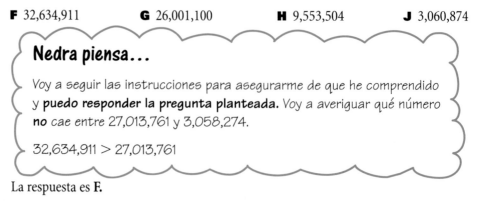

Nedra piensa...

Voy a seguir las instrucciones para asegurarme de que he comprendido y **puedo responder la pregunta planteada.** Voy a averiguar qué número **no** cae entre 27,013,761 y 3,058,274.

$32,634,911 > 27,013,761$

La respuesta es **F**.

Escoge el mejor método

En Houston, los taxis cobran $3 por la primera milla recorrida y $1.50 por cada milla adicional. ¿Cuánto costaría un recorrido de 7 millas?

A $10.50　　　**B** $12.00　　　**C** $21.00　　　**D** $22.50

Estrategias para la prueba

Escoge el mejor método
- Busca un patrón.
- Usa el cálculo mental.
- Usa el razonamiento lógico.

Primer método

En vista de que la tarifa aumenta en forma constante, puedes **buscar un patrón** para obtener la respuesta. La primera milla cuesta $3. Después usa el **cálculo mental** y suma $1.50 por cada milla adicional.

Millas	Costo
1	$3.00
2	$4.50
3	$6.00
4	$7.50
5	$9.00
6	$10.50
7	$12.00

La respuesta es **B**.

Segundo método

Puedes **usar el razonamiento lógico** para hallar la respuesta. La primera milla cuesta $3, las siguientes 6 millas cuestan $1.50 cada una.

$6 \times \$1.50 = \$9.00$

El costo total es:

$\$3.00 + \$9.00 = \$12.00$

Resuelve por eliminación

¿Por cuántas pulgadas superó el récord de lluvia en Clarksville al récord de Wink?

F 111.14　　　**G** 107.62

H 83　　　**J** 7.62

Récords de lluvias en Texas		Año
Máx.: Clarksville	109.38 in.	1873
Mín.: Wink	1.76 in.	1956

Estrategias para la prueba

Resuelve por eliminación
- Haz un cálculo aproximado.
- Primero, observa los dígitos de la derecha.

Wendy piensa...

Haré una **aproximación** para saber cuáles respuestas no son razonables.

109.38 se acerca a 110.

1.76 se acerca a 2.

110 − 2 = 108

Los valores **H** y **J** son demasiado pequeños. **F** es demasiado grande.

Ramón piensa...

Necesito hallar 109.38 − 1.76, pero en lugar de hacer la resta completa, primero voy a **observar los dígitos de la derecha**.

8 − 6 = 2

El dígito de los centésimos debe ser 2. Las únicas respuestas posibles son **G** o **J**. Sin embargo, el valor **J** es demasiado pequeño.

La respuesta es **G**.

Estrategias para la prueba

Estrategias para la prueba

Trabaja a la inversa a partir de una respuesta

- Remplaza el número que falta con cada una de las opciones.

Trabaja a la inversa a partir de una respuesta

En 1971 se descubrieron en el parque nacional Big Bend de Texas los restos de un pterosaurio, especie extinta hace millones de años y cuya envergadura medía 38 ft. Si el lomo del ave medía 4 ft de anchura, ¿cuánto medía cada ala?

A 21 ft   **B** 19 ft   **C** 17 ft   **D** 15 ft   **E** Ninguna de las anteriores

> **Jyotsna piensa...**
>
> Voy a **probar todas las opciones** para saber cuál de ellas funciona.
>
> Opción **A**: 21 ft × 2 = 42 ft para las alas. 42 + 4 ft del lomo = 46 ft. ¡El valor es demasiado grande! Voy a probar las demás opciones hasta obtener 38 ft como resultado.

La respuesta es **C**.

Haz la prueba

Escoge la respuesta correcta. Usa cualquier estrategia.

1. La Galveston Island y la Padre Island se localizan en el Golfo de México, a unas cuantas millas de la costa de Texas. Galveston mide 27 millas de largo y tiene 32 millas de playas. Padre mide 113 millas de largo y tiene 60 millas de playas. ¿Por cuántas millas supera la longitud de Padre a la longitud de Galveston?

A 5 mi

B 33 mi

C 53 mi

D 86 mi

2. En 1946 había 592 aeropuertos en Texas. Para 1995, el número de aeropuertos había aumentado a 1671, la mayor cantidad en un solo estado. ¿Cuál de los siguientes valores no puede ser el número de aeropuertos en California?

F 592

G 994

H 1671

J 1815

3. En su visita al parque Big Bend, Jake se internó hasta Lost Mine Peak, descansó 20 minutos y caminó de regreso el mismo tiempo que había caminado de ida. Si la caminata duró 4 horas, ¿cuánto tiempo duró la primera parte del recorrido?

A 1 hora 30 minutos

B 1 hora 40 minutos

C 1 hora 50 minutos

D 2 horas 10 minutos

E Ninguna de las anteriores

4. El monumento San Jacinto se localiza cerca de Houston. Si los adultos pagan $3 por usar el elevador para subir al mirador del monumento y los ancianos pagan $2.50, calcula cuánto pagarían 8 ancianos y 1 adulto.

F $27.00

G $26.50

H $23.00

J $22.50

Lee las preguntas y escoge la respuesta correcta. Después escribe la letra de la respuesta que elegiste. Si la respuesta correcta es *ninguna de las anteriores*, escribe la letra que corresponde a esta opción.

1. La mediana del número de tornados en el diagrama es _____.

Número de tornados

Tallo	Hoja
7	3 5 8 9
8	1 1 2 4 6 8 9
9	0 5

A 81 **B** 82 **C** 83 **D** 84

2. ¿Cuántas regiones de Texas tuvieron más años de sequía que la región del este?

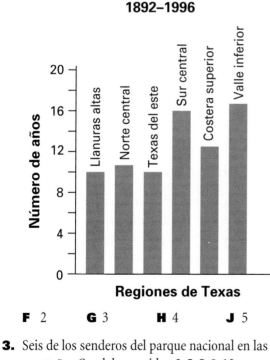

**Sequías en Texas
1892–1996**

Número de años / Regiones de Texas

Llanuras altas, Norte central, Texas del este, Sur central, Costera superior, Valle inferior

F 2 **G** 3 **H** 4 **J** 5

3. Seis de los senderos del parque nacional en las montañas Guadalupe miden 3, 5, 5, 9, 12 y 14 millas de largo. ¿Cuál es la media (promedio) de estas longitudes?

A 5 mi **B** 6 mi **C** 7 mi **D** 8 mi

4. La moda de este conjunto de datos es _____.

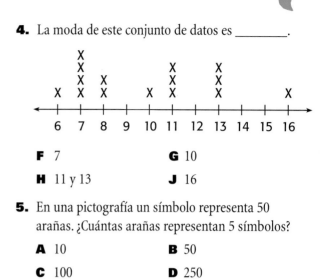

F 7 **G** 10
H 11 y 13 **J** 16

5. En una pictografía un símbolo representa 50 arañas. ¿Cuántas arañas representan 5 símbolos?

A 10 **B** 50
C 100 **D** 250

6. A partir de la información de la gráfica, ¿cuál sería una conclusión razonable?

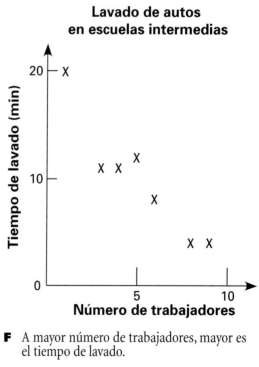

**Lavado de autos
en escuelas intermedias**

Tiempo de lavado (min) / Número de trabajadores

F A mayor número de trabajadores, mayor es el tiempo de lavado.

G Cuanto mayor es el número de trabajadores, tanto menor es el tiempo de lavado.

H El tiempo promedio de lavado es de 8 minutos.

J No puede inferirse ninguna conclusión.

Capítulo 2 Práctica para la prueba: Texas

Lee las preguntas y escoge la respuesta correcta. Después escribe la letra de la respuesta que elegiste. Si la respuesta correcta es *ninguna de las anteriores,* escribe la letra que corresponde a esta opción.

1. ¿Cuál de las siguientes fórmulas indica la relación entre las variables de la tabla?

x	1	2	3	4	5
y	3	6	9	12	15

A $y = x + 2$ **B** $y = 3x$

C $x = 3y$ **D** $x = y - 10$

2. $P = 2l + 2w$ es una fórmula para hallar el perímetro (P) de un rectángulo de longitud (l) y anchura (w). ¿Cuál es el perímetro de un rectángulo cuya longitud y anchura son, respectivamente, 5 cm y 3 cm?

F 24 cm

G 42 cm

H 36 cm

J 16 cm

3. ¿Cuál es el valor de $12 - 4 \times 2$?

A 4 **B** 16 **C** 20 **D** 80

4. Si la temperatura de Waco es w, ¿cuál de las siguientes expresiones representa la temperatura de Galveston?

Temperaturas máximas	
Ciudad	**°F**
Austin	109 °F
Galveston	101 °F
Houston	107 °F
Waco	112 °F

F $11w$ **G** $11 - w$

H $w - 11$ **J** $w + 11$

5. ¿Cuál es valor de x en la ecuación $15 - x = 5$?

A 5 **B** 10 **C** 3 **D** 20

6. ¿Qué operación debe realizarse primero para evaluar $2 + (24 - 18 \div 3^2)$?

F Suma

G Resta

H División

J Elevar al cuadrado

7. La anchura de un cuadro es w. La expresión para "20 pulgadas menos que 2 veces la anchura del cuadro" es _____.

A $20 - 2w$ **B** $(20 - 2)w$

C $2w - 20$ **D** $2(w - 20)$

8. ¿Cuál de los siguientes enunciados es más adecuado para la ecuación $3x - 5 = 25$?

F 3 veces x más veinticinco es igual a 5.

G Cinco es igual a 25 menos 3 veces un número.

H Veinticinco es igual a 5 menos 3 veces un número.

J Si a x se le resta 3, el resultado es 25.

K Ninguna de las anteriores

9. ¿Cuál es el valor de $\dfrac{15 - (6 - 3)}{3}$?

A 4 **B** 2 **C** 6 **D** 14

10. ¿Qué valor debe tener h para que la ecuación $2h + 6 = 16$ sea verdadera?

F 2 **G** 5 **H** 11 **J** 10

11. Max compró n artículos cuyo precio unitario fue de \$5. El impuesto fue de t. ¿Qué expresión muestra la cantidad que gastó?

A $5(n + t)$

B $5n + t$

C $5nt$

D $5 + n + t$

Lee las preguntas y escoge la respuesta correcta. Después escribe la letra de la respuesta que elegiste. Si la respuesta correcta es *ninguna de las anteriores*, escribe la letra que corresponde a esta opción.

1. En la siguiente tabla se indica el peso en kilogramos de cuatro muestras minerales. ¿Cuál es la muestra más pesada?

Peso de muestras de minerales	
Muestra	**Peso (kg)**
A	0.10238
B	0.1037
C	0.09121
D	0.10264

A Muestra A

B Muestra B

C Muestra C

D Muestra D

2. Marsha sabe que tarda 2.2 horas en diseñar y pintar un cromo para una camiseta. El mejor cálculo aproximado del número de camisetas que puede pintar en 42 horas es _____.

F alrededor de 100 **G** alrededor de 80

H alrededor de 40 **J** alrededor de 20

3. En 1996 en Beaumont, Texas, se registraron 62.63 in. de precipitación. El promedio de lluvia en todo el estado fue de 24.7 in. El cálculo aproximado más conveniente de cuánto más llovió en Beaumont que en el resto del estado es _____.

A 80 in. **B** 60 in.

C 40 in. **D** 20 in.

4. ¿Qué valor debe tener m para que la ecuación $5.4m = 2.7$ sea verdadera?

F 0.5 **G** 2 **H** 5 **J** 20

5. Para multiplicar un número por 0.01, es necesario desplazar el punto decimal _____.

A 1 posición a la derecha

B 1 posición a la izquierda

C 2 posiciones a la derecha

D 2 posiciones a la izquierda

6. Expresado como un número fraccional en su mínima expresión, el decimal 0.64 es _____.

F $6\frac{2}{5}$ **G** $\frac{64}{100}$ **H** $\frac{16}{25}$ **J** $\frac{3}{5}$

7. En el aeropuerto metropolitano los aviones comerciales despegan cada 8 minutos, en tanto que los aviones privados lo hacen cada 10 minutos. A veces, los aviones comerciales y los privados despegan al mismo tiempo. ¿Con qué frecuencia sucede así?

A Cada 8 min **B** Cada 10 min

C Cada 18 min **D** Cada 40 min

8. La descomposición factorial del número n es $2 \times 3^2 \times 7$. ¿Cuál es el valor de n?

F 252 **G** 126 **H** 84 **J** 42

9. Texas fue una república hasta 1845. ¿Cuál de estos enunciados acerca de 1845 es verdadero?

A Es divisible entre 5 pero no entre 9.

B Es divisible entre 2, 3, 5 y 9.

C Es divisible entre 3, 5 y 10.

D Es divisible entre 3, 6 y 9.

E Ninguna de las anteriores

10. Un compás de una melodía incluye una nota de $\frac{1}{4}$ otra de $\frac{3}{8}$ y una más de $\frac{5}{16}$. Ordenadas de menor a mayor, las fracciones son _____.

F $\frac{1}{4}, \frac{3}{8}, \frac{5}{16}$ **G** $\frac{1}{4}, \frac{5}{16}, \frac{3}{8}$

H $\frac{5}{16}, \frac{3}{8}, \frac{1}{4}$ **J** $\frac{3}{8}, \frac{1}{4}, \frac{5}{16}$

Lee las preguntas y escoge la respuesta correcta. Después escribe la letra de la respuesta que elegiste. Si la respuesta correcta es *ninguna de las anteriores,* escribe la letra que corresponde a esta opción.

1. El perímetro de este condado de Texas es de ___.

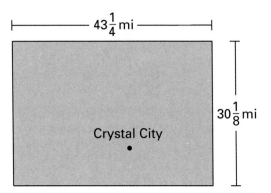

Condado de Zavala

A $73\frac{3}{8}$mi   **B** $146\frac{3}{4}$mi

C $146\frac{1}{6}$mi   **D** $146\frac{3}{16}$mi

2. La población de San Antonio es aproximadamente $3\frac{3}{4}$ veces la población de Arlington. Escrito como una fracción impropia, $3\frac{3}{4}$ es _____.

F 3.75   **G** $\frac{13}{4}$ **H** $\frac{15}{4}$ **J** $\frac{15}{3}$

3. ¿Qué opción representa el cálculo aproximado más adecuado para $4\frac{5}{6} \times 9\frac{1}{3}$?

A 36   **B** 40   **C** 45   **D** 50

4. Margo piensa tardarse 3 horas en hacer su trabajo de historia. Hasta este momento lleva $\frac{3}{5}$ de hora. ¿Cuánto tiempo le falta?

F $3\frac{3}{5}$ h   **G** $\frac{2}{5}$ h

H $2\frac{2}{5}$ h   **J** $2\frac{3}{5}$ h

5. Una rata canguro saltó un promedio de $3\frac{3}{16}$ in., 8 veces seguidas. ¿Qué distancia saltó?

A $\frac{51}{128}$ in.   **B** $24\frac{11}{16}$ in.

C $25\frac{1}{4}$ in.   **D** $25\frac{1}{2}$ in.

6. ¿Cuál es el producto representado por esta figura?

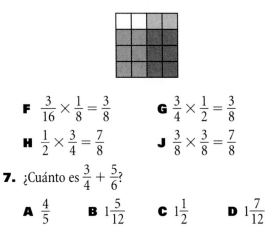

F $\frac{3}{16} \times \frac{1}{8} = \frac{3}{8}$ **G** $\frac{3}{4} \times \frac{1}{2} = \frac{3}{8}$

H $\frac{1}{2} \times \frac{3}{4} = \frac{7}{8}$ **J** $\frac{3}{8} \times \frac{3}{8} = \frac{7}{8}$

7. ¿Cuánto es $\frac{3}{4} + \frac{5}{6}$?

A $\frac{4}{5}$ **B** $1\frac{5}{12}$ **C** $1\frac{1}{2}$ **D** $1\frac{7}{12}$

8. Un carpintero cortó una tabla de $7\frac{1}{2}$ ft de largo en 4 partes iguales. ¿Cuánto mide cada sección?

F $1\frac{7}{8}$ ft   **G** $1\frac{3}{4}$ ft

H $2\frac{1}{8}$ ft   **J** $2\frac{1}{4}$ ft

9. El producto $\frac{1}{2} \times \frac{2}{3} \times \frac{3}{4} \times \frac{4}{5}$ es igual a _____.

A $\frac{1}{5}$ **B** $\frac{1}{3}$ **C** $\frac{9}{14}$ **D** $\frac{2}{5}$

10. Loren dividió un número cabal entre $\frac{1}{2}$. ¿Cuál de los siguientes enunciados es verdadero?

F El cociente es menor que $\frac{1}{2}$.

G El cociente es menor que el número cabal.

H El cociente es igual al número cabal.

J El cociente es mayor que el número cabal.

K Ninguna de las anteriores

Capítulo 5 Práctica para la prueba: Texas

Lee las preguntas y escoge la respuesta correcta. Después escribe la letra de la respuesta que elegiste. Si la respuesta correcta es *ninguna de las anteriores,* escribe la letra que corresponde a esta opción.

1. ¿Cuál de los siguientes enunciados sobre la forma del condado de Kimble, Texas, *no* es verdadero?

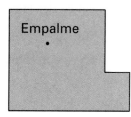

Condado de Kimble

A Es un polígono.

B Todas sus aristas forman ángulos rectos.

C Sus fronteras norte y sur son paralelas.

D Es un cuadrilátero.

2. Las rectas *a* y *b* son paralelas. ¿Qué ángulo no es congruente con el ∠5?

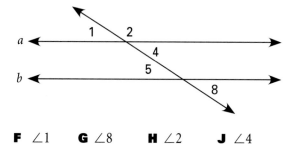

F ∠1   **G** ∠8   **H** ∠2   **J** ∠4

3. ¿Entre qué par de números cabales consecutivo está $\sqrt{71}$?

A 7 y 8   **B** 70 y 72

C 9 y 10   **D** 8 y 9

4. En un triángulo rectángulo, los ángulos que *no* son rectos son _____.

F complementarios   **G** suplementarios

H obtusos   **J** congruentes

5. El área de este triángulo es _____.

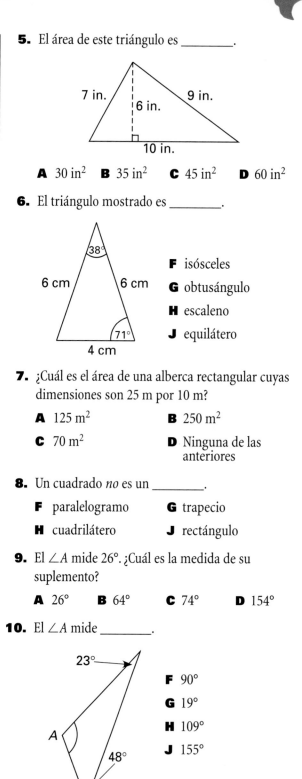

A 30 in²   **B** 35 in²   **C** 45 in²   **D** 60 in²

6. El triángulo mostrado es _____.

F isósceles

G obtusángulo

H escaleno

J equilátero

7. ¿Cuál es el área de una alberca rectangular cuyas dimensiones son 25 m por 10 m?

A 125 m²   **B** 250 m²

C 70 m²   **D** Ninguna de las anteriores

8. Un cuadrado *no* es un _____.

F paralelogramo   **G** trapecio

H cuadrilátero   **J** rectángulo

9. El ∠*A* mide 26°. ¿Cuál es la medida de su suplemento?

A 26°   **B** 64°   **C** 74°   **D** 154°

10. El ∠*A* mide _____.

F 90°

G 19°

H 109°

J 155°

Lee las preguntas y escoge la respuesta correcta. Después escribe la letra de la respuesta que elegiste. Si la respuesta correcta es *ninguna de las anteriores*, escribe la letra que corresponde a esta opción.

1. El valor que falta en esta tabla de razones equivalentes es _____.

2	4	6	8	10
5		15	20	25

  A 7   **B** 8   **C** 10   **D** 12

2. ¿Cuál de las siguientes razones *no* es equivalente a la razón 6 mesas:30 estudiantes?

  F 3 mesas:15 estudiantes

  G 12 mesas:60 estudiantes

  H 9 mesas:45 estudiantes

  J 15 mesas:3 estudiantes

3. Trent condujo su auto las 150 millas de distancia entre Abilene y Fort Worth, a una velocidad promedio de 60 mi/h. ¿Cuántas horas manejó?

  A 2   **B** 2.5   **C** 0.5   **D** 2.3

4. En 1994 los Dallas Cowboys anotaron 5 puntos por cada 3 puntos que recibieron. Dada esta tasa, ¿cuántos puntos tendrían que anotar los Cowboys si el equipo contrario anotara 15 puntos?

  F 25   **G** 9   **H** 45   **J** 75

5. El cálculo aproximado más conveniente de la razón entre la altura y la anchura de este rectángulo es _____.

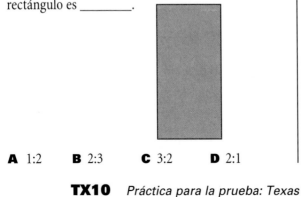

  A 1:2   **B** 2:3   **C** 3:2   **D** 2:1

6. Toni lavó 4 ventanas en 10 minutos. Dada esta tasa, ¿cuánto tardaría en lavar 1 ventana?

  F 0.4 minutos

  G 40 minutos

  H 5 minutos

  J 2.5 minutos

7. ¿Cuál es el valor de x en la proporción $\frac{6}{9} = \frac{18}{x}$?

  A 12   **B** 21   **C** 27   **D** 36

8. El mejor precio para las manzanas es _____.

  F 5 lb por $4.00

  G 10 lb por $7.90

  H 4 lb por $2.76

  J 6 lb por $4.50

9. ¿Cuál es el punto que indica que esta relación no es proporcional?

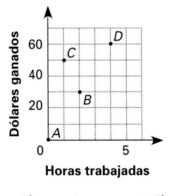

  A El punto *A*   **B** El punto *B*

  C El punto *C*   **D** El punto *D*

10. Súper Compras vende un paquete de 100 servilletas desechables en $0.75. ¿Cuál de estas razones es proporcional a la de la tienda?

  F 80 servilletas en $0.50

  G 150 servilletas en $1.20

  H 120 servilletas en $0.90

  J 60 servilletas en $0.40

  K Ninguna de las anteriores

Lee las preguntas y escoge la respuesta correcta. Después escribe la letra de la respuesta que elegiste. Si la respuesta correcta es *ninguna de las anteriores,* escribe la letra que corresponde a esta opción.

1. ¿Cuál de las figuras de la cuadrícula es similar al rectángulo sombreado?

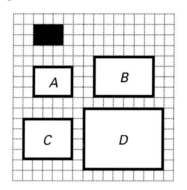

A Rectángulo *A*　　　**B** Rectángulo *B*

C Rectángulo *C*　　　**D** Rectángulo *D*

2. La escala de un mapa es 2 in. = 5 mi. ¿Cuánto mide en el mapa una distancia de 20 millas?

F 4 in.　　**G** 8 in.　　**H** 10 in.　　**J** 50 in.

3. Construido con una escala de 2 in. = 3 ft, ¿cuánto medirá el modelo de un camión de 18 ft de largo?

A 9 in.　　**B** 12 in.　　**C** 18 in.　　**D** 27 in.

4. Lubbock está a 138 millas de Odessa. En un mapa esta distancia es de 6 in. ¿Cuál es la escala del mapa?

F 1 mi = 23 in.　　　**G** 1 in. = 23 mi

H 1 in. = 138 mi　　　**J** 1 in. = 21.3 mi

K Ninguna de las anteriores

5. Un mapa del parque nacional Big Bend tiene una escala de 50 cm = 30 mi. En 2 horas Tina caminó un trayecto que en el mapa mide 10 cm. ¿A qué tasa caminó?

A 2 mi/h　　　　　　**B** 3 mi/h

C 75 mi/h　　　　　　**D** 12 mi/h

6. Los rectángulos *A* y *B* son similares. Si el perímetro del rectángulo *B* es de 50 ft, ¿cuál es el perímetro del rectángulo *A*?

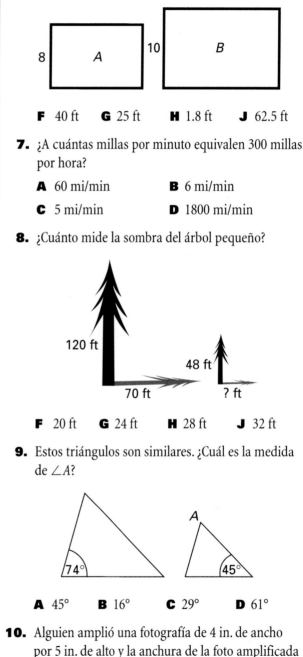

F 40 ft　　**G** 25 ft　　**H** 1.8 ft　　**J** 62.5 ft

7. ¿A cuántas millas por minuto equivalen 300 millas por hora?

A 60 mi/min　　　　**B** 6 mi/min

C 5 mi/min　　　　　**D** 1800 mi/min

8. ¿Cuánto mide la sombra del árbol pequeño?

F 20 ft　　**G** 24 ft　　**H** 28 ft　　**J** 32 ft

9. Estos triángulos son similares. ¿Cuál es la medida de $\angle A$?

A 45°　　**B** 16°　　**C** 29°　　**D** 61°

10. Alguien amplió una fotografía de 4 in. de ancho por 5 in. de alto y la anchura de la foto amplificada es de 20 in. ¿Cuál será, en pulgadas, la altura de la ampliación?

F 16 in.　　**G** 20 in.　　**H** 25 in.　　**J** 30 in.

Lee las preguntas y escoge la respuesta correcta. Después escribe la letra de la respuesta que elegiste. Si la respuesta correcta es *ninguna de las anteriores*, escribe la letra que corresponde a esta opción.

1. Expresado como un porcentaje de la cuadrícula, ¿cuántas veces más grande es el desván que el recibidor?

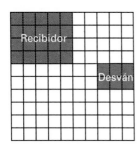

    A 14%   **B** 0.14%

    C 34%   **D** Ninguna de las anteriores

2. Aproximadamente el 8 por ciento de la población que asiste a escuelas públicas en Estados Unidos estudia en Texas. Expresado como decimal, 8% es igual a _____.

    F 0.008   **G** 0.08   **H** 0.8   **J** 8.0

3. En Thrifty Mart el precio de los videojuegos se redujo de $25 a $20. ¿Cuál es la disminución porcentual?

    A 5%   **B** 20%   **C** 25%   **D** 40%

4. Cuatro quintas partes de los habitantes de Texas viven en áreas urbanas. ¿Qué porcentaje es éste?

    F 45%   **G** 8%   **H** 80%   **J** 125%

5. En promedio, el 28% de los 365 días del año la temperatura de Corpus Christi es igual o superior a 90° F. ¿A cuántos días equivale esto?

    A 26.5   **B** 36.5   **C** 75.9   **D** 102.2

6. Con relación a 4, ¿qué porcentaje representa 8?

    F 50%   **G** 200%

    H 32%   **J** 2%

7. ¿Cuál es el incremento porcentual entre el área del cuadrado A y la del cuadrado B?

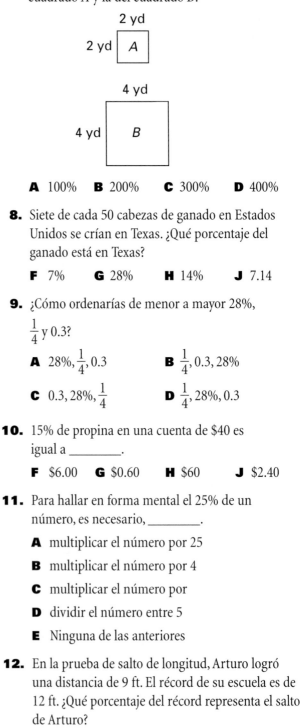

    A 100%   **B** 200%   **C** 300%   **D** 400%

8. Siete de cada 50 cabezas de ganado en Estados Unidos se crían en Texas. ¿Qué porcentaje del ganado está en Texas?

    F 7%   **G** 28%   **H** 14%   **J** 7.14

9. ¿Cómo ordenarías de menor a mayor 28%, $\frac{1}{4}$ y 0.3?

    A $28\%, \frac{1}{4}, 0.3$ **B** $\frac{1}{4}, 0.3, 28\%$

    C $0.3, 28\%, \frac{1}{4}$ **D** $\frac{1}{4}, 28\%, 0.3$

10. 15% de propina en una cuenta de $40 es igual a _____.

    F $6.00   **G** $0.60   **H** $60   **J** $2.40

11. Para hallar en forma mental el 25% de un número, es necesario, _____.

    A multiplicar el número por 25

    B multiplicar el número por 4

    C multiplicar el número por

    D dividir el número entre 5

    E Ninguna de las anteriores

12. En la prueba de salto de longitud, Arturo logró una distancia de 9 ft. El récord de su escuela es de 12 ft. ¿Qué porcentaje del récord representa el salto de Arturo?

    F 50%   **G** 60%   **H** 75%   **J** 80%

Capítulo 9 Práctica para la prueba: Texas

Lee las preguntas y escoge la respuesta correcta. Después escribe la letra de la respuesta que elegiste. Si la respuesta correcta es *ninguna de las anteriores,* escribe la letra que corresponde a esta opción.

1. ¿Cuál es el sitio con menor elevación?

Elevaciones de Texas	
Sitio	**Elevación (ft)**
Devil's Sinkhole	−140
Galveston	0
Goliad	167
Purgatory Creek	−30

A Devil's Sinkhole **B** Galveston

C Purgatory Creek **D** Goliad

2. Rhonda tomó un elevador 3 pisos debajo del nivel del suelo y llegó al piso 25 sobre el nivel del suelo. ¿Cuántos pisos ascendió?

F 22 **G** 25 **H** 28 **J** 30

3. ¿Cuál es el par ordenado que representa al punto P?

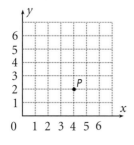

A $(3, 4)$ **B** $(4, 2)$ **C** $(4, 3)$ **D** $(2, 4)$

4. El producto de dos números enteros es positivo. Respecto de los números enteros, ¿cuál de estos enunciados es verdadero?

F Ambos números enteros son positivos.

G Los dos números enteros son negativos.

H Los números enteros tienen el mismo signo.

J Los números enteros tienen signos opuestos.

5. ¿Qué valor debe tener x para que la ecuación $5 − x = 8$ sea verdadera?

A $−13$ **B** $−3$ **C** 3 **D** 13

6. Cada mosaico rojo representa $+1$. Cada mosaico amarillo representa $−1$. ¿Qué suma representan los mosaicos?

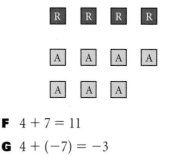

F $4 + 7 = 11$

G $4 + (−7) = −3$

H $4 + (−7) = 3$

J $4 + (−7) = −11$

7. ¿Cuál es el punto representado por $(5, 2)$?

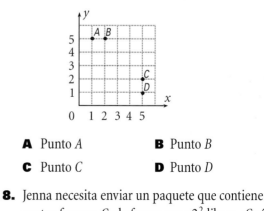

A Punto A **B** Punto B

C Punto C **D** Punto D

8. Jenna necesita enviar un paquete que contiene cuatro frascos. Cada frasco pesa $2\frac{2}{3}$ libras. ¿Cuánto pesan todos los frascos?

F $8\frac{2}{3}$ lb **G** $8\frac{8}{3}$ lb

H 11 lb **J** $10\frac{2}{3}$ lb

9. Si $x = 3$, ¿cuál es el valor de $x(3 + 2 \times 4)$?

A 20 **B** 60

C 44 **D** 33

Lee las preguntas y escoge la respuesta correcta. Después escribe la letra de la respuesta que elegiste. Si la respuesta correcta es *ninguna de las anteriores*, escribe la letra que corresponde a esta opción.

1. ¿Cuál de estos enunciados describe de manera más adecuada el entrenamiento del equipo de atletismo Runnin Rabbits?

Entrenamiento de Runnin Rabbits

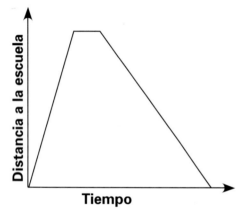

A El equipo salió de la escuela, se detuvo para descansar y después se alejó más de la escuela corriendo a menor velocidad.

B El equipo corrió todo el tiempo a la misma velocidad.

C El equipo salió de la escuela, se detuvo a descansar y luego regresó a la escuela corriendo a menor velocidad.

D El equipo salió de la escuela, se detuvo para descansar y después regresó a la escuela corriendo a mayor velocidad.

2. ¿Cuál es el siguiente número de la progresión 128, 64, 32, 16?

F 8

G 32

3. ¿Cuál de las siguientes ecuaciones describe mejor la relación entre x y y?

x	5	10	15	20	25
y	8	13	18	23	28

A $y = 5x$ **B** $y = x - 3$

C $y = x + 3$ **D** $y = x + 5$

4. Si $y = 4x - 1$ y x tiene los valores 1, 2 y 3, ¿qué valores tendrá y?

F 1, 2, 3   **G** 4, 8, 12

H 0, 1, 2   **J** 3, 7, 11

5. En Texas, el número de especies de víboras de cascabel es 3 veces el número de especies de coralillo, más 2. La ecuación que representa este problema es _____.

A $R = 2C + 3$

B $3C = R + 2$

C $R = 3C + 2$

D $R = 3(C + 2)$

6. El valor de x que resuelve la ecuación $-4x = 12$ es _____.

F 16   **G** 3   **H** 8   **J** -3

7. ¿Cuál de las siguientes expresiones tiene el valor más grande?

A 0.23×81

B $\frac{2}{5}$ de 81

C 29% de 81

D 20

8. Si los números $-13, -1.3, -31, 13$ y 0 se ordenaran de menor a mayor, ¿cuál sería el número intermedio?

F -13 **G** -1.3

H -31 **J** 13

Lee las preguntas y escoge la respuesta correcta. Después escribe la letra de la respuesta que elegiste. Si la respuesta correcta es *ninguna de las anteriores,* escribe la letra que corresponde a esta opción.

1. Encuentra la circunferencia de este círculo. Usa 3.14 para π.

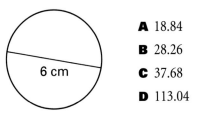

6 cm

A 18.84

B 28.26

C 37.68

D 113.04

2. ¿Con cuál de los siguientes desarrollos construirías la caja que se ilustra?

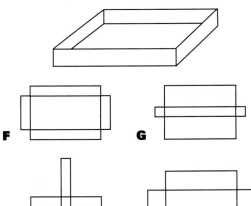

F

G

H

J

3. Un prisma es un poliedro cuyas bases son congruentes y _____.

A circulares   **B** paralelas

C cuadriláteros   **D** triangulares

4. De las ciudades de Texas, el 5% tiene una población de 50,000 habitantes o más. En una gráfica circular, ¿cuántos grados tendría el ángulo del sector circular "50,000 o más"?

F 5°   **G** 18°

H 36°   **J** 50°

5. Una caja de zapatos mide 10 in. × 6 in. × 4 in. Expresada en pulgadas cuadradas, su área total es de _____.

A 124 in.^{2} **B** 200 in.^{2}

C 240 in.^{2} **D** 248 in.^{2}

6. ¿Cuántos ejes de simetría tiene un cuadrado?

F 2   **G** 4   **H** 6   **J** 8

7. El volumen de este prisma rectangular es de ____.

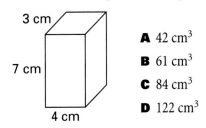

3 cm

7 cm

4 cm

A 42 cm^3

B 61 cm^3

C 84 cm^3

D 122 cm^3

8. ¿Cuántas caras tiene esta pirámide?

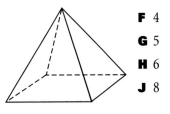

F 4

G 5

H 6

J 8

9. Si se desenrolla este cilindro, ¿cuál será la forma de su cara lateral?

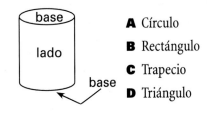

base

lado

base

A Círculo

B Rectángulo

C Trapecio

D Triángulo

10. ¿Cuáles son las coordenadas de A' si el triángulo se traslada 3 unidades hacia abajo y 2 a la derecha?

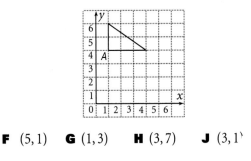

F $(5, 1)$ **G** $(1, 3)$ **H** $(3, 7)$ **J** $(3, 1)$

Lee las preguntas y escoge la respuesta correcta. Después escribe la letra de la respuesta que elegiste. Si la respuesta correcta es *ninguna de las anteriores,* escribe la letra que corresponde a esta opción.

1. Si tomas al azar una carta de las que se muestran, ¿cuál es la probabilidad de que sea un 4?

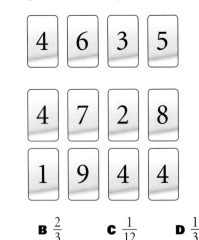

A 4 **B** $\frac{2}{3}$ **C** $\frac{1}{12}$ **D** $\frac{1}{3}$

2. Cuando se tira un dado, ¿cuál es la probabilidad de obtener un número impar?

A $\frac{1}{2}$ **B** $\frac{1}{6}$ **C** $\frac{1}{4}$ **D** $\frac{1}{3}$

3. Una tienda vende mochilas de 2 estilos, 3 tamaños y 6 colores. ¿Cuántas combinaciones de estilo, tamaño y color pueden hacerse?

F 11 **G** 20 **H** 24 **J** 36

4. Si la aguja se gira 100 veces, ¿cuál es el número de unos que es más probable obtener?

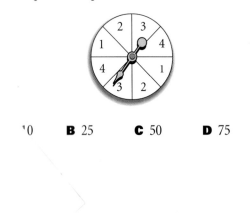

'0 **B** 25 **C** 50 **D** 75

5. La probabilidad de que una caja de cereal Big Oat contenga más cereal del que indica la etiqueta es $\frac{1}{50}$. ¿Cuál es la probabilidad de que la caja *no* contenga más cereal del que se indica?

F $\frac{99}{100}$ **G** $\frac{49}{50}$ **H** $\frac{9}{10}$ **J** $\frac{1}{2}$

6. 5% de la superficie de Texas está cubierta por agua. Si se lanzara un dardo en un mapa que incluyera los accidentes geográficos, ¿cuál sería la probabilidad de que cayese en una región cubierta por agua?

F $\frac{1}{20}$ **G** $\frac{1}{10}$ **H** $\frac{1}{5}$ **J** $\frac{1}{2}$

7. Supónte que hay cinco perros fuera de tu casa. Si abres la puerta de la cocina, ¿de cuántas maneras puedes ordenar a los perros para entrar?

A 5 **B** 15 **C** 50 **D** 120

8. Es absolutamente cierto que el lunes cae antes del martes. En términos de probabilidad, ¿cómo se indica esto?

F $\frac{1}{2}$ **G** 1 **H** 100 **J** 1000

9. Kendra lanzó 20 veces una moneda de un centavo y obtuvo 14 caras. Con base en estos resultados, ¿cuántas caras podría esperar en 100 lanzamientos?

A 14 **B** 50 **C** 56 **D** 70

10. ¿Cuál es el espacio muestral cuando se da vuelta, una sola vez, a la ruleta y se lanza una moneda al aire para obtener cara (H) o cruz (T)?

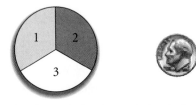

F (2,H), (2,T), (3,H), (3,T), (1,H), (1,T)

G (2,H), (2,T), (2,H), (3,T), (1,H), (1,T)

H (H,H), (H,T), (T,H), (1,3), (2,1), (2,3)

J (2,H), (3,H), (1,H), (2,T), (3,T), (1,3)